KB057485

신라의 영역지배 편성과정과 외위

新羅의 領域支配 編成過程과 外位

●이부오 지음

신라의 영역지배

편성과정과 외위

서경문화사

책을 펴내며

  이마니시 류가 근대사학의 방법으로 신라사 연구를 개척한 지 110년의 세월이 흘렀다. 일제강점기 동안 신라사 연구를 주도한 사람들은 줄곧 일본인들이었다. 해방 이후에는 우리 연구자들이 이를 계승해 방대한 성과를 축적해 왔다.

  그 중에서도 상고기(上古期)는 신라사 연구의 방향을 설정하는 핵심적인 대상이었다. 이 시기에는 신라사의 성격을 결정하는 핵심적인 요소들이 배태되었기 때문이다. 그 서막은 사로국의 탄생 과정을 밝히는 작업이었다. 본막은 이를 구성한 신라 6부(部)의 성격을 규명하고 신라 6부와 지역세력의 관계를 밝히는 일이었다. 상고기 연구는 이러한 작업의 일환이거나 이와 밀접히 연관되어 있었다.

  필자의 연구는 본막의 일부, 즉 신라 6부와 지역세력의 관계를 밝히는 데서 출발했다. 이후에도 신라와 지역세력의 관계가 변화하는 과정에 대해 연구를 계속했다. 그러는 사이에 벌써 30여 년의 세월이 흘렀다. 그 동안 사로국의 탄생이나 6부의 세력구조, 상고사와 관련된 사료의 검증에도 관심을 가졌지만, 주된 관심은 신라와 지역세력의 관계에 있었다.

  여기서 부딪친 가장 큰 난관은 사료의 부족, 그리고『삼국사기』초기기사와『삼국지』에 대한 해석의 관점이었다. 필자는 두 자료가 지닌 각각의 독자적인 정합성(整合性)을 합리적으로 연결하기 위해 노력했다. 이를 통해, 진한 소국의 하나였던 사로국이 그 대외교섭을 주도하고 지배적 위상을 확보하는 과정을 밝혔다. 나아가 진한 지역을 영역화하는 과정과 이에 대한 지역세력의 대응을 살폈다. 지역세력을 외위로 편성해 운영하고 촌민들을 동원해 고대국가의 기반을 다지는 과정에 대해서도 다뤘다.

이 과정에서 필자는 고고자료에 반영된 정치·사회적 의미를 통해 사료의 부족을 최대한 보완하려 했다. 기나긴 노력에 비하면 성과는 크다고 보기 어렵다. 하지만 주어진 자료환경에서는 나름대로 최선을 다했다. 이를 통해 기존의 진한 소국이 자치권을 가진 정치체로부터 신라 국가의 구성원으로 편입되는 과정을 밝히는 데 다소나마 도움이 되었으면 한다.

마지막으로 어려운 출판환경에서도 이 책이 나오도록 허락해 주신 서경문화사 김선경 사장님과 편집을 위해 고생한 김소라 선생님께 깊이 감사드린다. 우리집에서 제일 큰 공간을 연구실로 허락해 준 집사람 김양우에게도 한없는 고마움을 전하고 싶다.

2019년 3월 일산 문촌마을에서
이부오 씀

목차

책을 펴내며 … 4

들어가며 … 11

제1장 진한 소국의 대외교섭과 사로국의 성장 ························· 17

Ⅰ. 1세기 초 염사국(廉斯國)의 대외교섭과 사로국 … 19
  1. 머리말 _ 19
  2. 염사치(廉斯鑡) 기사의 검토 _ 21
  3. 기원 전후 염사국의 성장 _ 25
  4. 염사치의 낙랑군 귀부 _ 34
  5. 소마시(蘇馬諟)의 낙랑군 조공과 사로국 _ 42
  6. 맺음말 _ 50

Ⅱ. 중국 사서의 서술 맥락을 통해 본 『삼국지』 한조(韓條)의
  진한과 진왕(辰王) … 53
  1. 머리말 _ 53
  2. 『삼국지』 한조의 진왕 표기와 진한 _ 56
  3. 진한에 대한 중층적 서술의 배경 _ 65
  4. 중국 사서에 보이는 진왕의 층위와 진한 _ 71
  5. 맺음말 _ 84

Ⅲ. 1~3세기 진왕(辰王)의 성격 변화와 삼한 소국의 대외교섭 … 86

   1. 머리말 _ 86
   2. 초기 진왕의 역할과 그 위기 _ 89
   3. 3세기 초 낙랑·대방군의 삼한정책과 진왕 _ 101
   4. 삼한 소국의 대응과 진왕의 위상 변화 _ 107
   5. 맺음말 −진왕 소멸의 의미− _ 117

제2장 사로국의 세력확장과 지역세력의 대응 ·······························121

Ⅰ. 3세기 후반~4세기 전반 금호강 하류의 소국과 사로국의
   지배형태 변화 … 123

   1. 머리말 _ 123
   2. 금호강 하류 소국들의 복속 과정 _ 127
   3. 복속 초기 소국 집단의 동향과 사로국의 지배형태 _ 140
   4. 신라의 성주 파견 _ 145
   5. 맺음말 −지배형태 변화의 의미− _ 154

Ⅱ. 사로국의 팽창과 소문국(召文國)의 지배세력 … 157

   1. 머리말 _ 157
   2. 사로국의 낙동강상류 진출 시도와 소문국의 동향 _ 159
   3. 신라의 거점성 확보와 소문국의 지배세력 _ 167
   4. 신라의 소백산맥 선 확보와 소문국의 간층(干層) _ 174
   5. 맺음말 _ 193

Ⅲ. 실직국(悉直國) 관련 기사의 자료환경과 신라의 지배형태
   변화 … 196

   1. 머리말 _ 196

   2. 실직국(悉直國) 관련기사의 중층성과 이해조건 _ 199

   3. 기사의 신뢰도와 실직국(悉直國)의 복속과정 _ 206

   4. 신라의 지배방식 변화와 실직국 간층(干層)의 위상 _ 221

   5. 맺음말 _ 231

제3장 신라의 영역지배 편성과 지역세력의 동향 ………………………233

   Ⅰ. 문헌사료의 소문국(召文國) 서술맥락과 의성지역 고총고분의
      이해방향 … 235

      1. 머리말 _ 235

      2. 소문국 관련 기사의 이해 조건 _ 238

      3. 소문국 관련 서술의 맥락 _ 245

      4. 의성지역 고총고분의 간층(干層)과 성·촌의 편성 _ 253

      5. 맺음말 _ 271

   Ⅱ. 의성 탑리·대리리 고분군과 소문국의 친족집단 … 273

      1. 머리말 _ 273

      2. 탑리·대리리 고분군의 가족 사례 _ 277

      3. 탑리·대리리 고분군 친족의 상호관계 _ 289

      4. 탑리·대리리 고분군 친족집단의 정치적 역할 _ 297

      5. 맺음말 _ 307

Ⅲ. 5세기 후반 신라의 소백산맥 서록 진출과 지배형태 … 315

1. 머리말 _ 315
2. 대외전략 전환의 계기 _ 317
3. 보은-상주 루트의 확보 _ 328
4. 삼년산성 구축의 목적 _ 336
5. 474년 축성활동의 의미 _ 343
6. 맺음말 _ 352

제4장 신라의 외위(外位) 편성과 운영 ·······························355

Ⅰ. 상고말 신라의 외위 편성과 간지(干支) … 357

1. 머리말 _ 357
2. 소국 간지의 위상 변화 _ 361
3. 간지의 외위화 _ 370
4. 간군(干群) 외위의 분화 방향 _ 380
5. 맺음말 _ 387

Ⅱ. 신라의 비간(非干) 외위 편성 과정과 일금지 … 389

1. 머리말 _ 389
2. 일금지의 연원 _ 392
3. 비간 외위 편성과 일금지의 위상 _ 402
4. 일금지 폐지와 비간 외위의 재편 _ 412
5. 맺음말 _ 420

Ⅲ. 6세기 초중엽 신라의 비간(非干) 외위 운영과 급벌척(及伐尺) … 422

　　1. 머리말 _ 422

　　2. 율령반포와 비간 외위의 구성방향 _ 424

　　3. 비간 외위 증설과 급벌척 _ 436

　　4. 맺음말 _ 449

Ⅳ. 6세기 초중엽 신라의 간군(干群) 외위 재편과 촌민 동원 … 451

　　1. 머리말 _ 451

　　2. 중성리비 · 냉수리비를 통해 본 촌민 동원 방식과 간지(干支) _ 454

　　3. 봉평비에 나타난 촌민 동원 방식과 하간지(下干支) _ 462

　　4. 간군 외위의 상향분화와 촌민 동원 방식의 변화 _ 473

　　5. 맺음말 _ 485

　　찾아보기 … 488

들어가며

　기원전후 이후 낙동강 이동을 중심으로 한 진한(辰韓) 지역에는 12소국이 분립하고 있었다. 그 중의 하나였던 사로국(斯盧國)은 나머지 소국들을 병합해 영역으로 확보했고, 이러한 공간은 신라가 백제·고구려와 경쟁하는 핵심적인 동력이 되었다.

　이러한 이해에는 이견이 없지만, 구체적인 과정에 대해서는 백가쟁명의 견해들이 제출되었다. 관련 사료가 부족한데다 관점에 따라 견해가 다양하기 때문이다. 이해의 차이는 해방 이후 우리의 손으로 고대사를 연구하기 시작할 때부터 노출되었다. 1970년대부터 신라 상고사에 대한 연구가 활발해지면서 견해의 차이도 더 크게 드러났다.

　논의의 쟁점은 첫째, 사로국이 진한 소국을 병합한 시기로 모아졌다. 『삼국사기』에는 1세기 후반부터 사로국이 정복활동을 개시했다고 되어 있으나 『삼국지』 동이전 한조(韓條)에는 3세기 중엽까지 진한 12국이 분립했다고 되어 있기 때문이다. 『삼국사기』를 중시하는 쪽에서는 사로국이 기원후 1세기부터 3세기 중엽까지 진한 지역을 병합했다고 보았다. 반면 『삼국지』를 중시하는 쪽에서는 신라의 정복활동이 3세기 중엽 이후 또는 4세기부터 시작된다고 보았다.

　둘째, 병합된 이후 소국 세력과 사로국의 관계가 논점으로 떠올랐다. 『삼국사기』의 관련 기사에서는 정복과 함께 소국의 지배세력이 상당 부분 제거되었다고 했다. 이를 중시하는 연구자들은 사로국에 의한 중앙집권화가 정복활동 직후에 이루어진 것으로 보고 있다. 반면 옛 소국 지역에 남아 있는 고총고분들은 지역세력이 여전히 상당한 지배력을 유지했음을 보여주고 있다. 이를 중시한 연구자들은 5세기까지도 소국집단에 대한 신라의 지배 수준이 복속을 받는 정도에 머물렀다고 이해했다.

셋째, 지역지배의 제도화가 어떤 과정을 통해서 이루어졌는가가 문제로 떠올랐다. 『삼국사기』에서는 사로국이 소국들을 정복하면서 주(州)·군(郡)·현(縣)을 편성한 것처럼 되어 있는데, 이를 그대로 받아들이는 연구자는 없다. 하지만 기존 소국들을 지배하기 위한 근거지의 확보, 지방관의 파견, 통치구역의 편성 과정에 대해서는 이견이 적지 않다. 『삼국사기』를 적극적으로 활용하는 쪽에서는 사로국의 정복 직후부터 지방관이 파견되어 근거지를 확보하고 주변 소국을 지배한다고 보았다. 반면 성주를 지방관으로 파견한 시점을 5세기 이후로 보는 연구자들도 적지 않다.

넷째, 지역세력을 지방관의 통제 하로 편입하는 과정에 대한 이해도 연구자별로 적지 않은 차이를 보이고 있다. 옛 소국의 지배세력은 상당한 기간 동안 자치권을 유지하다가 지방관의 통치에 협조하는 존재로 변화했다. 이러한 위상은 일정한 시점에 외위(外位)로 체계화되었다. 그 이전에는 지역세력이 일정한 자치권을 행사했다고 이해되고 있지만, 그 방법, 시기에 대한 이해는 아직 부족한 형편이다. 다만 해방이후 다수 발견된 금석문에 힘입어 외위에 대한 이해는 점차 깊어졌다고 볼 수 있다. 하지만 외위의 편성 시기에 대해서는 5세기 초부터 6세기 초까지 견해가 다양한 형편이다. 외위의 분화과정에 대해서는 수없이 다양한 견해가 제출되어 있는데, 자료의 증가에 따라 기존의 이해가 수정될 가능성을 안고 있다.

이와 관련하여 필자는 신라의 군·성(촌)제 편성 과정을 정리해 출간한 바 있다.[1] 여기서 신라가 거점성을 확보해 국성체제(國城體制)를 편성하고 성(촌)제를 거쳐 군·성(촌)제를 정비해 갔음을 고찰했다. 이는 진한연맹의

---

1) 이부오, 『신라 군·성(촌)제의 기원과 소국집단』, 서경, 2003.

성립, 소국에 대한 통제권 확보, 지배의 체계화 과정을 단계적으로 살폈다는 점에서 의미가 있었다고 생각한다. 하지만 접근의 관점이 신라에 치우친 경향이 있었고, 현재의 관점에서는 신라에 의한 통치구역의 편성 과정을 역사적 실체보다 좀 더 적극적으로 드러내려 했다는 한계를 느낀다. 현재와 비교하면 당시에는 물질자료와 문자자료의 한계가 좀 더 컸던 것도 사실이다. 최근 십 수년 동안 새로운 고고자료가 축적되었고, 포항중성리 신라비 같은 금석문자료 외에 목간자료가 적지 않게 추가되었다. 이에 신라와 지역세력의 관계는 새롭게 추구될 여지가 커졌다.

통치구역의 편성과 제도화는 영역지배의 결과적 측면인데, 이것만으로는 신라가 소국집단에 대한 지배력을 확보한 과정을 확인하기 어렵다. 그 실질적인 과정을 파악하기 위해서는 신라와 소국 지배세력의 관계 변화를 구체적으로 확인할 필요가 있다.

우선 사로국과 진한 소국의 관계를 파악하는 수단 중의 하나는 대외교섭권이다. 진한의 대외교섭은 진왕(辰王)이라는 존재와 밀접히 관련지어 기록되었다. 이에 사로국왕과 진한, 진왕과의 관계를 파악한다면, 사로국과 진한 소국의 관계 변화를 파악하는 데 하나의 실마리가 마련될 것이다.

영역지배의 확보는 주변 소국을 사로국의 세력권(勢力圈)으로 편입시키는 데서 끝나지 않았다. 진한 소국이 사로국에 복속하더라도 기존 지배세력인 간층(干層)은 대체로 존속했을 가능성이 크다. 사로국의 입장에서는 이들을 지방관 즉 성주의 통제 아래 편입시킬 필요가 있었고, 지역 간층의 입장에서는 자신의 권력을 유지하는 것이 중요한 목표였다. 이들의 상반된 입장은 일정한 긴장을 불러일으켰다. 이들 사이의 관계가 지방관이 주도하는 종속적 관계로 변화하는 과정을 파악할 필요가 있다.

지역 간층은 자치권을 일정하게 유지하는 가운데, 신라 6부에서 파견된 지방관의 지배에 협조했을 것이다. 이들의 협조가 처음부터 체계적인 틀을 갖추지는 않았다. 이들은 기존 소국의 지배세력을 계승한 자치권을 바탕으로, 옛 소국 지역을 대표하는 입장에서 지방관의 통치에 협조했다고 생각된다. 영역지배가 강화되면 지방관에 협조하는 세력은 일정한 지위를 부여받았고, 이는 외위(外位)의 출현으로 연결되었다. 외위의 편성은 신라의 영역지배에서 일정한 완성을 의미할 것이다. 이 책에서 필자는 이상의 과정을 분석하는 데 초점을 맞췄다.

이와 관련하여 제1장에서는 진한 소국의 대외교섭과 사로국의 성장 과정 사이에 나타난 변화를 다루었다. 진한 소국의 하나로 추정되는 염사국이 1세기 초에 낙랑군과 교섭했던 상황을 토대로, 당시 사로국이 진한 지역에서 차지했던 위상의 변화를 파악했다. 진한은 3세기 중엽까지 대체로 하나의 대외교섭 단위로 나타나며, 그 대표권은 진왕(辰王)과 밀접했다고 기록되었다. 여기서는 중국 사서의 서술맥락을 통해서 진한, 진왕과 사로국의 관계를 검토했다. 이를 통해 1~3세기 동안 진왕의 성격 변화가 삼한 소국과 진한의 대외교섭에서 가지는 의미를 파악했다.

제2장에서는 사로국이 주변 지역으로 세력을 확장하는 과정에서 이들에 대한 사로국의 지배형태와 지역세력의 대응을 다루었다. 먼저 금호강 하류의 소국들이 사로국에 복속하여 그 통제권 하로 들어가는 과정을 검토했다. 특히 달벌성주의 파견이 사로국의 지배형태 변화에서 가지는 의미를 중시했다. 사로국의 대외진출 기사에서 가장 커다란 쟁점을 제공한 것은 낙동강 상류와 소백산맥 방면으로의 정복기사이다. 그 교두보에 해당하는 곳이 의성의 소문국이었다. 이에 사로국이 소문국을 정복하여 거점성을 확보하고 지역 간층과 관계를 맺어가는 과정을 다루었다. 사로국의 대외진출 과정에서 아킬레스건처럼 등장하는 주인공은 실직국(삼척)이다. 이에 실직국 관련 기사가 보여주는 중층성(重層性)의 배경을 밝히고, 지역 간층의 위상이 변화하는 과정을 다루었다.

제3장에서는 신라의 영역지배 편성과 이에 따른 지역세력의 동향을 살폈다. 우선 소문국 간층이 남긴 고총고분을 통해 간층의 재편 방향을 다뤘고, 성·촌의 편성 과정에서 이들이 보여준 역할을 검토했다. 의성 탑리·대리리 고분군에 나타난 가족의 사례와 친족의 상호관계는 이들의 정치적

역할을 살피는 데 도움이 될 것이다. 5세기 후반 소백산맥 서록(西麓)으로의 진출은 신라의 지역지배를 재편하는 계기가 되었다. 이에 삼년산성(보은)의 구축과 474년 축성활동을 통해 영역지배를 강화하는 과정을 다루었다.

제4장에서는 지역 간층이 외위(外位)로 편성되는 과정을 다루었다. 상고기 말까지 간층의 대표자를 칭했던 간지(干支)가 외위로 편입되고 간군(干群) 외위가 분화하는 방향을 검토했다. 이들의 보위자였던 일금지의 출현을 통해 비간(非干) 외위가 편성되는 과정을 다루었다. 율령 반포 이후 급벌척(及伐尺)의 편성을 계기로 6세기 중엽까지 비간 외위가 증설되는 과정도 살폈다. 나아가 이 과정에서 촌민 동원방식에서 나타난 지역세력 지배의 변화를 파악해 보았다.

이상을 통해 영역지배의 편성과 외위의 출현으로 신라의 지방통치체제가 성립해 가는 한 단면을 이해하는 데 도움이 된다면 다행이겠다. 하지만 그 동안 발표한 논문을 모아 구성했기 때문에 장별로 연결이 매끄럽지 못하거나 불가피하게 내용이 중복된 경우도 있다. 이런 부분에 대해서는 중복을 피하기 위해 원논문의 일부분을 삭제했다. 진왕 문제나 간군 외위의 분화 방향처럼 필자의 기존 논고를 수정한 부분도 있다. 성산산성 제17차 발굴로 공개된 목간자료를 새롭게 반영하는 과정에서도 적지 않은 부분을 수정하고 보완했다. 이상에 대해서는 그 내용과 근거를 제시했다. 부족하나마 이 책이 신라 6부와 소국 지배세력 간의 관계 변화를 밝히는 데 작은 기여라도 한다면 다행이겠다.

제1장
진한 소국의
대외교섭과
사로국의 성장

I
1세기 초 염사국(廉斯國)의
대외교섭과 사로국

1. 머리말

삼한(三韓) 지역에는 원래 78개 이상의 소국(小國)이 분립되어 있었다.[1] 이러한 상황에서 그 주수(主帥)가 지배력을 유지하기 위해서는 소국 내의 집단들을 통제할 뿐만 아니라 외부 세력과의 관계도 유리하게 이끌 필요가 있었다. 이는 원래 상호 대등한 입장에서 이루어졌으나 점차 특정 소국의 통솔권이[2] 확대되는 방향으로 변화해 갔다. 엄밀히 말하면, 이러한 과정은 소국 형성기부터 영역지배가 실현되기까지 계속되었다고 볼 수 있다.

---

1) 『후한서』 동이열전 한.

2) '통솔권'의 사전적 의미는 온통 몰아서 거느려 지도하는 권리이다. 이는 유사한 표현인 '통제권'과 비교될 수 있다. '통제'는 일정한 방침에 따라 제한하거나 제약함을 의미한다. 특정 소국이 다수 소국을 통솔한다면, 이는 일정한 통제를 전제로 할 수밖에 없다. 또한 중심 소국이 일정한 사안에 한해 주도권이나 대표권을 행사하는 경우도 있었을 것이다. 필자는 이러한 주도권과 대표권이 동반되는 통제권을 '통솔권'이라는 용어로 표현하려 한다. 그러나 상황에 따라서는 위의 다른 용어들이 적절히 사용될 수 있을 것이다.

이런 점에서 소국의 대외교섭은 소국 간의 상호작용을 파악하는 데 하나의 지표가 될 것이다.

이에 대한 관심은 삼한 소국 간의 관계보다는 한군현(漢郡縣)과의 교섭을 정리하는 데서 시작되었다. 특히 진왕(辰王)은 삼한 소국에 대한 통솔권을 기반으로 한군현과의 교섭 대표권을 행사했다고 이해되었다.[3] 그러나 그 실체와 역할에는 아직도 모호한 점이 많은 형편이며, 진왕과 각 소국의 대외교섭이 상호 유기적으로 설명되었다고 보기도 어렵다.

반면 부족동맹설과[4] 부족연맹설은[5] 소국 간의 관계에 중점을 두었으나, 관련 소국의 역할이 구체적으로 다루어진 것은 아니었다. 소국연맹설이 등장하면서 맹주국과 이에 속한 소국의 역할이 부각되었고,[6] 그 유형별[7]·단계별[8] 차이점도 강조되었다. 연맹체의 조건을 보다 엄격히 적용하

----

3) 이는 남부 제국(諸國)에 대한 유도권(말송보화末松保和,『신라사의 제문제新羅史の 諸問題』, 동양문고, 1954, 130쪽), 상징적 대표권(천관우,「목지국고」『한국사연 구』24, 1979, 14쪽), 조정권(무전행남武田幸男,「삼한사회에서의 진왕과 신지三 韓社會における辰王と臣智〈상〉」『조선문화연구』2, 1995, 29~32쪽 및 앞의 글〈하〉, 『조선문화연구』3, 1996, 6~9쪽), 상업·무역 주도권(정상간부井上幹夫,「"위지" 동이전에 보이는 진왕에 대하여"魏志"東夷傳にみえる辰王について」『속율령국가와 귀 족사회續律令國家と貴族社會』, 길천홍문관吉川弘文館, 1978, 622쪽) 등으로 해석되 고 있다.

4) 백남운,『조선사회경제사』, 개조사(改造社), 1933(박광순 역, 범우사, 1989, 129 쪽).

5) 김철준,『한국고대사회연구』, 지식산업사, 1975, 143쪽.

6) 예를 들면 맹주국에 대한 조공과 사대의 예, 맹주국의 원거리 교역 통제권, 소국 간 분쟁의 해결권, 대외적인 공동방어(이종욱,『신라국가형성사연구』, 일조각, 1982, 79~83쪽 :「한국사상의 소국연맹단계」『서강인문논총』8, 1998, 109~ 110쪽), 통행권 통제(이현혜,『삼한사회형성과정연구』, 일조각, 1984, 189쪽) 등이 제시되었다.

7) 경제적·군사적·정치적 연맹체의 구분이 그것이다(이종욱, 앞의 책, 1982, 82쪽).

8) 소국 간의 완만한 결합단계와 정치적 지배단계가 구분된 바 있다(이현혜, 앞의 책, 1984, 190~191쪽).

여 인접한 몇몇 소국 간의 지역연맹체를 강조하기도 했다.[9] 반면 소국연맹체는 개별 소국의 독자적 지배권을 전제로 했다는 점에서 본질적으로 소국 단계와 다르지 않다는 지적도 제기되었다.[10] 이처럼 소국의 대외교섭은 소국 간의 실질적인 관계를 파악하는 방향으로 진행되어 왔다. 이러한 방향 자체는 바람직하다고 평가될 수 있으나, 소국 간 관계의 실체라든가 이와 관련된 한군현과의 관계는 개략적인 수준에서도 합의가 이루어졌다고 보기 어렵다.

이러한 문제는 기본적으로 사료의 부족에 기인하지만, 그 검토가 몇몇 소국의 입장에서 이루어진 데에도 원인이 있다. 소국 간의 상호작용을 균형 있게 이해하기 위해서는 타 소국들의 입장을 다양하게 파악할 필요가 있을 것이다.

이와 관련하여 필자는 진한(辰韓) 지역이 하나의 정치체로 통합되기 이전 사로국 이외 소국들의 동향에 대해 관심을 두게 되었다. 그 중에서도 1세기 초경 적극적인 대외교섭을 추진했던 염사국의 사례가 주목된다. 이는 개별 소국의 일상적인 교류라는 차원을 넘어 한군현이나 진한 소국에 대한 교섭의 변화를 잘 보여주기 때문이다. 이에 필자는 염사국의 사례를 통해 1세기 초경 진한 소국이 보여주는 대외교섭의 실상을 파악하려 한다. 나아가 이것이 소국 간의 관계 변화에서 가지는 의미를 밝히려는 것이다.

2. 염사치(廉斯鑡) 기사의 검토

삼한 내에서도 염사(廉斯) 지역은 대외교섭과 관련하여 비교적 자세한 자

9) 노중국, 「마한의 성립과 변천」 『마한·백제문화』 10, 1987, 43쪽 ; 백승충, 『가야의 지역연맹사 연구』, 부산대학교 박사학위논문, 1995, 24~29쪽.
10) 남재우, 「가야사에서의 '연맹'의 의미」 『창원사학』 2, 1995, 27~31쪽 ; 이성주, 「사회에 대한 고고학적 접근의 방법과 평가」 『창원사학』 4, 1998, 54~55쪽.

료를 전하고 있다. 남조의 송(宋) 배송지(裴松之)가 『삼국지』 한조에 인용한 『위략(魏略)』의 염사치 기사가 그것이다. 그런데 그 사료적 가치에 대한 견해가 다양하여 이를 검토하는 데에는 커다란 장애물이 존재한다. 본 장에서는 이 문제를 해결하여 대외교섭 문제를 다루기 위한 기반으로 삼으려 한다.

먼저 관련 기사를 제시하면 다음과 같다.

> 가) 『위략』에 다음과 같이 되어 있다. … (A) 왕망(王莽) 지황시(地皇時)에 이르러 염사치가 ① **진한 우거수(右渠帥)**가 되었는데, (B) 낙랑(樂浪)의 토지가 좋아 인민이 풍요롭고 즐겁게 삶을 듣고서 도망해 항복해 오려 했다. (C) 자기 읍락을 나온 후 밭에서 참새를 쫓고 있는 한 남자를 만났는데, 그 언어가 한인(韓人)이 아니었다. 그에게 물으니 남자가 말했다. "우리는 한인(漢人)으로 나는 호래(戶來)라고 한다. 우리 1,500인은 재목을 벌채하다가 ② **한(韓)의 공격**을 당해 붙잡혀 모두 머리카락을 잘리우고 노(奴)가 된 지 3년이 되었다." 치(鑡)가 말했다. "나는 한(漢) 낙랑에 항복하려 하는데 너도 가겠는가?" 호래가 말했다. "그러겠다." 이에 치는 호래를 데리고 출발해 함자현(含資縣)에 이르렀다. (D) 현이 군(郡)에 말하니, 군은 즉시 치를 통역으로 삼았다. (군인郡人들과 치는) 금중(芩中)에서 대선(大船)을 타고 ③ **진한**으로 들어가 호래와 같이 항복한 무리들을 맞이하여 1,000인을 얻을 수 있었다. 나머지 500인은 이미 죽은 뒤였다. 이에 치는 ④ **진한**에 일러 말했다. "너희는 500인을 돌려보내라. 그렇지 않으면 낙랑이 만병(萬兵)을 보내 배에 태우고서 너희를 공격해 올 것이다." ⑤ **진한**이 말했다. "그 500인은 이미 죽었으니 우리는 대속할 것으로 내겠다." 이에 ⑥ **진한의 15,000인과 변한포(弁韓布) 15,000필**을 내었다. (E) 치가 이를 받아 바로 돌아오니, 군은 그의 공의(功義)를 기려 관책(冠幘)과 전택(田宅)을 하사했다. (F) 그 자손이 몇 대를 거친 뒤, 이로 인해 안제(安帝) 연광(延光) 4년에 복제(復除)를 받았다. (『삼국지』 위서 동이전 한조에 대한 배송지의 주註)

위 사료는 지황시(20~22) 염사의 거수(渠帥) 치(鑡)가[11] 낙랑군에 귀부하는 과정을 자세히 전하고 있다. 기존 연구에서 그의 활동은 진한 소국연맹[12] 내지 지역연맹체의 존속,[13] 변한의 형성,[14] 교역 전문집단의 출현에 따른 구야국(狗倻國)의 '대국'화,[15] 개인적인 귀부[16] 등 다양한 측면에서 검토된 바 있다. 반면 연광 4년(125) 복제(復除 : 부역이나 조세의 면제)를 받은 염사 치의 자손에 의해 제출된 공로전설을 기반으로 위 사료가 조작되었다고 보기도 한다.[17] 이 견해의 영향은 대체로 미미해 보이지만, 이러한 부정론이 체계적으로 비판을 받은 것도 아니다. 그 결과, 위 사료는 1세기의 사회상을 복원하는 데 적극적으로 이용되면서도 은연중에 일종의 설화로서 인식되어 온 것이 사실이다.[18] 이에 당시 염사국의 상황을 다루기에 앞

---

11) 여기서 염사가 지명인 점은 분명하다. 그런데 치는 支(지), 知(지), 智(지) 등과 같이 일종의 족장을 뜻하는 존칭일 수도 있지만(정중환, 「염사치 설화고 -가라전사 加羅前史의 시고試考로서-」『대구사학』7·8합집, 1973, 6쪽), 인명으로 사용되었을 가능성도 있다(이병도, 『한국고대사연구』, 박영사, 1976, 245쪽). 그런데 사료 가-A에서 치는 주어에 해당하며, 바로 뒤의 서술어 부분에서는 그가 '우거수'라는 일반명사로 언급되었다. 그렇다면 그 주어 부분에 같은 뜻의 일반명사가 올 가능성은 작을 것이다. 또한 위 사료의 주인공은 후대에 복제를 받은 후손들의 조상으로 명시된 인물이다. 여기에 치라는 명칭이 구체적인 활동의 주체로서 연속 등장하는 점으로 볼 때, 치는 일반명사보다는 인명일 가능성이 크다. 결국 '염사치'는 염사 지역의 치라는 인물을 표현한 것이다.
12) 이종욱, 앞의 책, 1982, 75~77쪽.
13) 노중국, 「목지국(目支國)에 대한 일고찰」『백제논총』2, 1990, 17쪽.
14) 정중환, 앞의 글, 1973.
15) 백승충, 「변한의 성립과 발전 -변진구야국의 성격과 관련하여-」『한국고대사연구』10, 1995, 204~205쪽.
16) 권오중, 『낙랑군연구』, 일조각, 1992, 137쪽.
17) 삼품창영(三品彰英), 「사실과 고증史實と考證」『사학잡지(史學雜誌)』55-1, 1944, 78쪽.
18) 정중환, 앞의 글, 1973, 3쪽.

서 위 사료의 가치에 대해 분명히 해둘 필요가 있다.

만일 위 사료가 조작되었다면, 이를 바탕으로 대외교섭 문제를 논하는 것은 허구에 빠질 것이다. 그러나 이는 하나의 개연성일 뿐 적극적 근거로 뒷받침 된 것은 아니다. 이 문제는 무엇보다도 위 사료가 정리된 동기를 통해서 파악되어야 한다.

우선 배송지가 『삼국지』에 위 기사를 삽입한 동기를 살펴보자. 『삼국지』 한조는 삼한의 개략적인 상황과 준왕(準王)의 남천 사실을 정리한 뒤, 한대 (漢代)에 한(韓)이 사시(四時)로 조알해 왔음을 강조했다. 배송지는 바로 이 점을 부각시키기 위해 위 기사를 부연했다. 또 바로 뒤에 환영(桓靈. 146~189)의 말 기사가 등장하는 점으로 볼 때, 치의 귀부는 한대 이래 2세기 중 엽 이전까지의 상황을 염두에 두고서 기록되었다고 생각된다. 그렇다면 사료 가)는 이 기간 동안 한(韓)과 낙랑군의 교섭에서 적지 않은 변화의 계 기가 마련되었음을 시사하는 것이다. 특히 그의 귀부가 여기에 커다란 기 여를 했다고 판단된 것이다. 어환(魚豢)이 『위략』에서 이를 자세히 정리한 것도 이 점을 인정한 결과라고 생각된다.

그런데 이보다 더 궁극적인 문제는 『위략』에 기록되기 이전의 관련 자료 가 어떤 동기에서 정리되었는가 하는 점이다. 일단 2세기 초 치의 후손들 이 복제를 받은 점으로 볼 때, 치의 행적이 이들에게 인지된 점은 틀림없 다. 이들이 복제를 받는 과정에서 관련 자료를 낙랑군에 제공했을 가능성 도 있다. 그러나 그 내용이 사실(史實)과 무관하게 날조되었다면, 낙랑군이 이를 받아들였을 가능성은 희박하다. 낙랑군이 이를 통해서 얻을 이익은 거의 없을 것이기 때문이다.

위 사료는 진한 거수의 귀부와 억류 한인(漢人)의 송환, 그 책임 세력에 대한 추궁 과정을 중심으로 하고 있다. 이는 주변 민족에 대한 효과적 통 제 사실을 부각시키려는 낙랑군의 입장을 잘 반영하고 있다. 치의 후손이 복제를 받은 것도 그의 행적이 주변 세력 통제에서 모범적인 사례였기 때 문일 것이다. 이는 어디까지나 낙랑군 자체의 판단에 따른 것이었다. 치의 후손이 자료를 제공했더라도 낙랑군이 전적으로 여기에만 의존했다고 보기는 어렵다. 낙랑군도 이에 대해 일정한 자료를 자체적으로 확보하고 있었을 것이다. 그렇다면 위 사료의 기초자료는 진한 지역을 효과적으로 통제하려는 낙랑군의 입장에서 정리되었다고 볼 수 있다.

이상과 같이 사료 가)는 염사인 치의 실제 행적을 바탕으로 정리되었다. 다만 낙랑군의 입장이 반영된 결과, 일부 사실이 과장되었을 가능성도 있다. 이는 구체적인 검토를 통해서 판단될 문제라 하겠다. 이 점이 고려된다면, 위 사료는 염사 지역 세력의 대외교섭을 파악하는 데 유용하게 이용될 수 있을 것이다.

3. 기원 전후 염사국의 성장

1세기 초경 진한 지역의 거수가 갑자기 귀부하여 낙랑군에 정착하는 것은 흔한 일은 아니었다. 이에 염사 치를 둘러싼 어떤 상황의 변화가 그를 근거지로부터 떠나도록 했는지 궁금해진다. 그의 위상으로 보아 이는 염사 지역의 대내외적 상황과 밀접히 연관되었을 것이다. 치(鑡)의 귀부를 다루기 위해서는 이에 대한 파악이 선행되어야 한다. 이에 본 절에서는 우선 지황시 이전 그와 염사 지역이 처했던 상황을 파악해 보려 한다.

이에 대한 직접적인 근거는 그가 '진한 우거수'가 되었다는 사실 뿐이다 (사료 가-A). 대단히 소략한 표현이지만, 치가 처했던 상황은 여기에 집약되었다고 볼 수 있다.

우선 사료 가)에서 진한의 쓰임은 일정하지 않다. 예를 들면 치와 낙랑인들이 대선을 타고 들어갔다는 진한은(가-③) 넓은 의미에서는 한(漢人) 1,500인이 억류되었던 지역을 포괄적으로 가리키고 있다. 한인 1,500인을 공격하는 데 참여했던 한(韓)도(가-②) 마찬가지로 볼 수 있다. 죽은 한인(漢人)들을 대신해 낙랑군에게 제공되었다는 진한 15,000인도(가-⑥) 그 숫자로 보아 한 소국의 사람들로만 구성되지는 않았을 것이다. 이상의 진한은 한인(漢人) 억류와 대 낙랑군 교섭, 군사적 위협의 대처 등에 공동으로 참여한 소국들을 가리키고 있다. 해당 소국들은 이러한 사안을 매개로 일정하게 결속했다고 보아도 좋을 것이다.

반면 치와 직접 협상했던 진한은(사료 가-④·⑤) 위 문제의 해결을 실질적으로 주도한 소국이었다. 위 사료에서는 그 소국명이 명시되지 않았다. 낙랑군이 염사국을 인지했다면 이 소국에 대해서도 파악하고 있었음에 틀림없다. 그럼에도 불구하고 이를 진한이라 한 것은 진한 지역의(가-②·③·⑥) 소국들을 대표하는 존재임을 고려한 결과일 것이다.

그러면 이 소국은 구체적으로 어느 곳을 가리킬까? 이는 기원전후의 유물이 풍부한 대구, 경산, 영천, 경주 중의 어느 곳에 위치했을 가능성이 있으나, 이는 하나의 개연성일 뿐이다.

다만 초기 사로국의 대외관계 기사는 이를 검토하는 데 도움을 주고 있다. 예를 들면 혁거세 30년 낙랑인의 군사가 변경을 공격했다가 이 방면이 '有道之國(유도지국)'임을 알고 돌아갔다고 한다.[19] 이들은 낙랑군의 군대이기보다 예(濊) 방면의 세력이었을 것이다. 여기서 유도지국은 후대의 사료 편찬 과정에서 사로국의 입장을 미화한 표현으로서, 실제로는 양 지역 간에 우호적인 교섭이 이루어졌음을 시사한다.[20] 또 군사적 침략이 동반된 점으로 볼 때, 우호적인 교섭과 군사적 마찰이 반복되었음을 알 수 있다. 이러한 관계의 주체가 사로국인 점으로 보아 이 소국은 예 방면으로의 대외교섭을 주도했다고 보아도 좋을 것이다. 이외에도 혁거세 38년 기사에서 마한왕은 사로국으로부터 파견된 호공(瓠公)에게 과거의 '속국'이었던 진

---

19) 『삼국사기』 권1 신라본기 시조 30년.
20) 같은 시기에 낙랑인이 항복해 왔다는 것도(『삼국유사』 권1 기이 제1 낙랑국) 이러한 상황과 무관하지 않을 것이다.

한이 공물을 바치지 않는다고 꾸짖은 바 있다.[21] 여기서 속국이라는 것은 진한 소국이 서북한 지역과 교섭하는 데 마한왕이 수행했던 중재기능을[22] 과장한 표현으로 생각된다. 그렇다면 사로국이 공물을 바치지 않았다는 것은 독자적인 대외교섭 주도권을 점차 확보해 갔음을 상징적으로 보여줄 것이다.

이처럼 사로국이 여러 방면의 대외교섭을 주도한 것은 사료 가)-④·⑤에서 대외교섭을 주도한 진한의 역할과 크게 어긋나지 않는다. 이러한 추세로 볼 때, 가)-④·⑤의 진한은 사로국을 가리킬 것이다.[23] 그런데 타소국들에 대한 사로국의 통솔권이 치의 귀부시에만 한정되지는 않았으며, 해당 소국들도 이를 용인하고 있었다. 이에 가)-③·⑥의 진한은 일종의 소국연맹을 이루었다고 볼 수 있다.[24] 결국 적어도 기원전후부터는 사로

---

21) 『삼국사기』 권1 신라본기 시조 38년.

22) 변·진한은 유리(流移)해 온 존재였기 때문에 마한의 통제를 받았다고 전한다(『삼국지』 위서 동이전 변진에 대한 배송지의 주註 『위략』). 이것이 직접지배를 의미하지 않음은 쉽게 알 수 있다. 마한의 대표적인 진왕(辰王)이 한군현과의 교섭 대표권과 연관된 점으로 볼 때, 그 통제라는 것은 서북한 지역과의 교섭에 대한 중재와 무관하지 않았을 것이다. 그 구체적 형태는 시기에 따라 적지 않게 변했을 가능성이 크다.

23) 진한의 범위를 경기도 동부, 강원도 서남부, 충북 일원까지 확대시키는 견해에서는 지황시 한인들을 억류한 진한이 이 지역에 위치했다고 보고 있다. 여기서 진한은 소국 간의 느슨한 결합체로 상정되고 있다(강종훈, 「"삼국사기" 초기기록에 보이는 '낙랑'의 실체」『한국고대사연구』10, 1995, 138~149쪽). 그런데 사료 가)-④·⑤의 진한이 사로국임을 인정한다면, 이 진한이 소백산맥 너머에서 한인 1,500인을 억류했다고 보기는 어려울 것이다.

24) 연맹체에 대한 기존의 논의를 고려할 때(ENCYCLOPEDIA BRITANICA Inc., 『ENCYCLOPEDIA BRITANICA』, 1971 ; 이영식, 「가야제국의 국가형성문제 -'가야연맹설'의 재검토와 전쟁기사분석을 中心으로-」『백산학보』32, 1985, 63~64쪽 ; 백승충, 앞의 글, 1995, 26~28쪽), 독립 소국들이 공통의 목적을 위해 지속적으로 결속했다면, 이는 소국연맹으로 정의될 수 있을 것이다.

국이 진한 소국연맹을 주도한 것이다.[25]

그렇더라도 이 진한이 '진한 우거수'의 그것과 어떤 관계에 있었는가 하는 것은 별개의 문제이다. 진한의 범위는 대체로 오늘날의 경상북도 일대와 경상남도 동북부 지역 중 낙동강하구 동안을 제외한 지역이다.[26] 그러나 '우거수'의 의미에 따라 진한과 염사 치의 관계는 크게 달라질 수밖에 없다.

우선 거수는 『삼국지』 동이전에서 일정한 정치체의 지배자로 광범위하게 사용되었다.[27] 가령 치의 근거지가 '읍락'이었다는 점을 중시하면(사료 가-C), 그는 일반 읍락의 지배자였다고 볼 수도 있다.[28] 그런데 『삼국지』 한조에서 읍락은 국읍과 동의어로 사용되기도 했으며, 삼한의 거수는 국읍 주수(主帥)뿐만 아니라 그 이하 단위의 지배자에게도 적용되었다.[29] 이에 거수의 어의만으로는 치가 국읍 주수였는지, 아니면 국읍 하의 읍락 거수였는지 단언할 수 없다. 이를 정확히 파악하기 위해서는 '거수' 앞에 붙은 '우(右)'의 의미가 함께 밝혀져야 한다.

---

25) 그 시기를 기원전 1세기 후반으로 보기도 한다(이종욱, 1982, 앞의 책, 98쪽).

26) 진한이 예의 남쪽, 마한의 동쪽, 변진의 북쪽이라는 점은 사료상으로 분명하다(『삼국지』 위서 동이전 예, 진한 및 『후한서』 동이열전 한). 또 변진 독로국(瀆盧國)이 동래 지역에 위치한 점을(『삼국지』 위서 동이전 변진) 고려했다.

27) 변진 소별읍의 거수(『삼국지』 위서 동이전 변진), 후(侯)로 봉해진 동옥저와 예의 거수(『후한서』 동이열전 동옥저 및 예), 오환 거수(『후한서』 현종효명제기顯宗孝明帝紀 영평永平 원년 시세是歲) 등이 그것이다. 마한의 장수(長帥)나 주수도(『삼국지』 위서 동이전 한) 유사한 의미로 사용되었다. 이처럼 칭호가 다양한 것은 『삼국지』가 이민족 지배자에 대한 칭호의 중복을 가급적 회피한 데(2000.9.30, 제56회 한국고대사학회 정기발표회 윤용구의 토론) 기인할 것이다.

28) 김두진, 「삼한시대의 읍락」 『한국학논총』 7, 1985, 26쪽.

29) 이부오, 「기원전후 사로국의 지배구조 변화」 『역사교육』 76, 2000, 182쪽.

'우'는 공간적 의미일 가능성과[30] 세력이 강하다는 의미일 가능성[31]을 모두 가지고 있다. 만일 이것이 낙랑군의 입장에서 진한의 오른쪽을 의미한다면, 염사치의 근거지는 진한의 서쪽에 위치한 셈이다. 그런데 당시 진한의 대략 서쪽에는 변한이 존재했다.[32] 치가 변한의 거수였다면[33] 사료 가)에서도 이렇게 기록되어야 자연스럽다. 이를 고려하여 '우'를 진한 내의 서부지역으로 해석할 수도 있다.[34] 만일 이러한 의미의 우거수가 존재했다면, 이는 좌거수의 존재를 전제로 했을 것이다.[35] 그러나 우거수와 비교되는 좌거수가 사로국의 동쪽 혹은 동해안 방면에 존재했을 가능성은 희박하며, 낙랑군이 진한 좌·우거수의 구분을 중시할 이유도 찾아지지 않는다. 또 앞서 언급했듯이, 사료 가)는 한이 낙랑군에 속해 조알한 점을 부각시키기 위한 주석이다. 이에 치를 굳이 우거수로 표현한 것은 진한 내에서도 상당한 세력을 갖춘 주수가 귀부해 왔음을 강조하는 데 목적을 두었다고 짐작된다.[36] 치는 귀부 이전의 어느 시점에 진한지역 내에서도 유력한 염사국의 주수가 되었던 것이다.

그러면 이러한 지위가 사로국 중심의 진한과 어떤 관계에 있었을까? 이

---

30) 이병도, 앞의 책, 1976, 245쪽 ; 서본창홍(西本昌弘), 「대방군치의 소재지와 진한·염사국帶方郡治の所在地と辰韓·廉斯邑」『조선학보』130, 1989, 60~63쪽.

31) 정중환, 앞의 글, 1973, 8쪽.

32) 변진은 진한의 남쪽에 위치했다고 하는데(『후한서』 동이열전 한), 이는 그 중심 소국이었던 금관국을 고려한 표현으로 생각된다. 변한의 범위는 그 이서까지 포괄하므로 전체적으로는 진한의 서남쪽에 위치한다고 볼 수 있다. 이를 동·서의 방향으로 구별한다면, 변한은 진한의 우(右) 즉 서쪽에 위치한 셈이다.

33) 백승충, 앞의 글, 1995, 162쪽.

34) 나가통세(那珂通世), 「삼한고」『외교역사』, 암파서점, 1958, 129쪽.

35) 노중국, 앞의 글, 1987, 43쪽.

36) 이런 점에서 염사 치가 대국의 주수 즉 신지(臣智)였다는 견해는(백승충, 앞의 글, 1995, 188~189쪽) 타당하다고 생각된다. 다만 그가 구야국 주수였거나 읍군의 관작을 수여 받았다고 보기는 어려울 것이다.

문제를 해결하기 위해서는 염사국의 위치 비정이 선행되어야 한다.[37] 치는 자신의 근거지를 떠나 육로를 통해[38] 낙랑으로 북상하였다. 그 도중에 호래를 만났는데, 이 인물은 위 진한에 의해 강제노역을 당하고 있었다. 그러므로 호래가 억류되었던 곳은 경주에서 그리 먼 곳은 아니었을 것이다. 이에 치의 근거지는 경주보다 남쪽에 위치했을 가능성이 크다. 진한

---

37) 변·진한 지역에서 염사와 음이 유사한 경우는 염해국(冉奚國)(『삼국지』 위서 동이전 변진), 밀양의 오야산현(烏也山縣)(『삼국사기』 지리지 양주 밀성군), 창녕 영산 등이 찾아진다. 이 중에서 영산은 고려시대에 부여된 지명이므로(『신증동국여지승람』 경상도) 검토의 대상이 될 수 없다. 나머지도 염사국과의 관련 여부를 뚜렷하게 단정짓기 어렵다. 이에 이병도는 염사를 아산으로 비정했는데(앞의 책, 1976, 245쪽), 이는 진한을 한강 유역으로 보는 전제를 가지고 있어 취하기 어렵다. 이는 강원도 횡성설의(최해룡, 「진한 연맹의 형성과 변천〈상〉」『대구사학』 52, 1996, 21쪽) 경우에도 마찬가지이다. 낙랑에서 배로 접근하기 유리한 지점을 고려해 이를 마한 지역으로 보기도 하지만(율원붕신栗原朋信, 『상대일본대외관계사의 연구上代日本對外關係の研究』, 길천홍문관吉川弘文館, 1978, 126쪽), 이러한 조건을 갖춘 곳은 너무나 광범위하다. 후대의 진한을 고려할 때 염사 지역은 경상도 지역으로 비정되어야 할 것이다(백조고길白鳥庫吉, 「한의 조선4군강역고漢の朝鮮四郡彊域考」『동양학보』 2-2, 1912 : 『조선사연구朝鮮史研究』, 1970, 312쪽). 이러한 설에서는 변한의 창원(서본창홍, 앞의 글, 1989, 60~63쪽), 김해(정중환, 앞의 글, 1973, 11쪽)가 주목된 바 있으나, 이 설의 문제점에 대해서는 본문에서 이미 지적된 바 있다. 진한 우거수가 근거했던 염사국은 적어도 후대의 진한 지역을 벗어나지 않았을 것이다.

38) 사료 가)에서 치가 귀부하러 간 길이 육로라고 명시되지는 않았다. 다만 치가 호래와 함께 도착한 함자현은(가-C) 하나의 시사점을 주고 있다. 이곳은 황해도에서도 비교적 내륙인 서흥으로 비정되는데(이병도, 앞의 책, 1976, 128쪽), 치를 맞이한 함자현은 즉시 이 사실을 낙랑군에 보고하였다(가-D). 그가 해로를 통해 낙랑군으로 출발했다면, 이곳을 통해 낙랑군에게 보고되었을 가능성은 희박하다. 이와 관련하여 그가 소백산맥-충주를 거쳐 북상했으며(나가통세, 앞의 글, 1958, 129쪽) 진한으로 돌아올 때에는 충주-죽령을 지났다고 보기도 한다(진전좌우길津田左右吉, 『조선역사지리』, 남만주철도주식회사, 1913, 34쪽). 이 견해들은 함자현이 한강 유역에 위치한다는 전제를 가지고 있어 그대로 받아들여지기는 어렵다. 그러나 적어도 그가 육로를 통해 함자현에 도착한 점은 인정될 수 있을 것이다.

지역에서 이러한 조건을 충족시키는 범위는 일단 경주 이남의 낙동강 동안 지역 중에서 부산 인근지역을 제외한 곳이다. 다만 변한과 진한은 잡거(雜居)했다고 하므로, 부산 인근 지역의 상황은 유동적이었을 가능성이 크다. 이에 염사국의 위치는 대체로 낙동강 하류 동안 지역의 어느 곳으로 비정될 수 있다.

이곳의 치가 사로국의 통솔 하에서 우거수가 되었다면, 굳이 이로부터 이탈할 이유는 없었을 것이다. 사료 가)에서도 사로국 통솔권 하의 진한은 (사료 가-③·⑥) 그의 세력기반과는 별개로 인식되고 있다. 그렇다면 '진한 우거수'(가-①)의 진한은 사로국 통솔권으로서의 진한 외에도 염사국 인근까지 포함해 막연한 공간적 범위를 칭했다고 볼 수 있다. 염사국은 이 범위 내에서 사로국과 별개의 우세 소국으로 부각된 것이다.[39]

이러한 위상은 표면적으로는 왕망 지황시에 '이르러' 얻어졌다고 되어 있다(사료 가-A). 그런데 이 표현은 조선상(朝鮮相) 역계경(歷谿卿)의 진국 출거(出居)에 이어 염사 치 기사를 언급하기 위한 서두 부분을 이루고 있다. 그렇다면 '왕망 지황시'는 치가 처음으로 우거수가 된 시점보다는 낙랑군에 귀부한 시점을 밝혔을 뿐이다. 치는 적어도 그 이전 즉 기원전후부터 이 지위를 유지해 왔던 것이다.

여기서 염사국이 우세했다는 것의 실체는 무엇일까? 우선 대외적인 차원에서는 치가 한어(漢語)에 능통했던 점이 주목된다. 이는 중국인들과 적극적으로 접촉한 결과였을 것이기 때문이다. 지황시 이전에는 낙랑군과 염사국의 직접교섭이 확인되지 않으므로, 이는 주로 간접적인 교역활동과 연관되었을 것이다. 기원전후 변·진한 지역에서는 오수전이 해안지역 뿐만 아니라 내륙으로 유입될 정도로 서북한 지역과의 교역이 확대되었다.

---

39) 이에 결과적으로는 우거수의 '우'가 공간적 의미와 그 세력이 크다는 의미를 모두 내포했다고 볼 수 있다. 이 점 자체는 이미 지적된 바 있다(노중국, 「한국고대의 읍락의 구조와 성격 -국가형성 과정과 관련하여-」『대구사학』28, 1989, 27쪽).

경산 임당 E-132호,[40) 임당 저습지,[41) 의창 다호리 1호[42) 등의 출토품이 이를 말해준다. 교역의 대상 품목도 목재와 같은 실용품으로 다양화되었다(사료 가-C). 이러한 물품의 운송을 위해서는 상대적으로 육로보다 해로 운송의 비중이 크게 확대될 수밖에 없었다.[43)

그런데 한인들이 목재를 채취하러 진한 지역까지 들어온 점으로 볼 때, 양 지역 간의 교역은 낙랑군에서 온 내군고인(內郡賈人)들에[44) 의해 주도되었을 것이다. 한경, 오수전 등의 유입도 대체로 이러한 활동의 결과로 볼 수 있다. 이러한 유물은 각 지역에 비교적 고르게 분포되어 있다.[45) 이에 낙랑 상인들과의 교역을 특정 소국이 독점했다고 보기는 어렵다. 그렇더라도 그 주도권을 확보하려는 소국 간의 경쟁은 존재했을 것이다. 치가 한어에 능숙했던 것이나 진한 우거수로 부각된 것은 이러한 경쟁에서 앞선 결과로 판단된다. 우거수 치는 중국 상인들과의 접촉을 주도하면서 경제적 이익을 확대해 간 것이다.[46)

----

40) 한국토지공사 외, 『경산 임당유적IV(도판·도면편)』, 1998, 442쪽.

41) 영남매장문화재연구원, 『경산 임당 저습지유적 발굴조사』, 1997, 12쪽.

42) 다호리 1호의 오수전은 낙양 소구한묘(燒溝漢墓) 2형에 속하며(이건무·이영훈·윤광진·신대곤, 「의창 다호리유적 발굴진전보고 I」『고고학지』1, 1989, 17쪽), 그 시기는 전한 후기로 추정되고 있다(강내삼진岡內三眞, 「한대 오수전의 연구漢代五銖錢の硏究」『조선학보』102, 1982, 106쪽).

43) 이는 B.C.1세기경 서북한 지역으로부터 수입된 위세품들이 주로 소백산맥 방면의 통로에 집중된 점과 대비된다.

44) 『한서』 지리지 제8하 현토, 낙랑.

45) 지건길, 「남해안지방 한대화폐」『창산김정기박사화갑기념논총』, 동간행위원회, 1990, 537~544쪽.

46) 이와 관련하여 백승충은 치가 대외교역의 독점을 기반으로 각 소국에 대해 정치·경제적 주도권을 행사했다고 보았다(백승충, 앞의 글, 1995, 212~216쪽). 여기서 염사국의 주도권은 어느 정도 타당하다고 생각된다. 그러나 대상범위가 변한 지역이라는 점이나 이것이 1~2세기 구야국 중심의 변한 지역연맹체와 연관된다는 점은 필자의 견해와는 차이를 보인다.

반면 주변 소국과의 관계에서는 이러한 수입품에 못지않게 철기 유통의 중요성이 컸다. 소국 주수의 지배력 유지에는 이를 통한 철제 농공구나 무기의 확보가 무엇보다도 중요했기 때문이다. 그렇다면 우세 소국의 부각은 철기 유통권과도 무관하지 않았을 것이다.

철이 제시(諸市)의 매매에서 화폐처럼 이용된 3세기경과[47] 비교할 때, 기원전후의 철기보급 수준은 훨씬 떨어졌음에 틀림 없다. 그러나 기존의 청동제 무기는 거의 철제무기로 전환되었으며, 철검과 철모의 보급이 확대되는 한편 환두도자, 철촉도 보급되기 시작했다. 농공구로서는 판상철부, 철겸의 보급이 확대되고 단조철부, 따비, 도자 등 새로운 단조제품이 출현하였다.[48] 그 보급 대상도 주수집단과 일반 민 사이의 하위 지배집단까지 확산되었다. 이 과정에서 철의 유통이 창출하는 경제적 가치는 크게 확대되었으며, 이에 대한 주수집단의 역할도 강화되어 갔다. 사로국의 경우, 이는 대외교섭 주도권과 함께 거서간(居西干)의 지배력을 확대하는 기반으로 작용했다.[49]

그러나 낙동강 하류 동안 지역에서는 철기 조사가 미미하여[50] 철제품 유통과 소국의 성장을 직접 연관시키기는 어려운 상황이다. 다만 부산 내성 유적에서 이미 기원전 2세기부터 철생산이 이루어진 점이나[51] 기원 전

---

47) 『삼국지』 위서 동이전 변진.

48) 이현혜, 앞의 책, 1984, 75쪽, 146쪽 ; 최종규, 『삼한고고학연구』, 서경문화사, 1995, 152~154쪽 ; 홍보식, 「농기구와 부장유형 −영남지역의 2세기 후반~4세기대 분묘부장품을 대상으로−」『한국고고학보』 44, 2001, 84~87쪽.

49) 이부오, 앞의 글, 2000, 189~191쪽.

50) 부산 구서동의 단조철부와(신경철, 「부산 구서동출토의 와질토기」『영남고고학』 2, 1986, 117쪽) 밀양 내이동의 철부(신경철, 「부산·경남 출토 와질계토기 −이른바 웅천·김해기 토기의 실체와 실례−」『가야문화』 1, 1989) 등은 이미 알려져 있다.

51) 부산직할시립박물관, 『동래 복천동내성유적』, 1990.

후 다호리 인근에서 철광석을 이용한 제철이 이루어진 점으로 볼 때,[52] 최소한 철기 완제품의 생산은 대체로 소국마다 개별적으로 이루어졌다고 생각된다. 이를 위한 철소재는 상당부분 양산 물금 등지의 노천철광을 통해 얻어졌을 것이다. 이를 염사국과 직접 연결시킬 만한 자료는 없다. 그러나 이처럼 중요한 재화에 대한 유통을 주도하지 않고서는 중국상인들과의 교역을 주도하거나 우거수로 부각되는 것은 불가능했을 것이다. 또 사로국의 사례에 비추어 볼 때, 이는 국읍집단과 읍락집단에 대한 주수의 지배력을 확대하는 계기로 작용했을 것이다.

이처럼 주수의 지배력이 확대되고 교역 주도권이 확보되면서 염사국은 진한 지역에서도 우거수의 소국으로 성장하였다. 낙랑군은 이러한 점 때문에 치를 진한 우거수로 인식한 것이다. 그러나 사료상에서 염사국이 주변 소국들을 적극적으로 통솔한 사실은 드러나지 않는다. 이는 염사국의 우위가 어디까지나 상대적 수준에 머물렀음을 의미한다. 이에 주변 소국과의 정치적 관계는 실질적으로 대등했다고 볼 수 있다. 다만 일부 재화의 유통과 대외교역에 대해서만 통솔권을 행사한 것이다. 낙랑군과의 교섭은 아직 본격화되지 않아 낙랑 상인들을 매개로 간접적인 형태로 이루어진 것이다.

4. 염사치의 낙랑군 귀부

염사치는 진한 지역에서도 우세한 주수로 부각되었음에도 불구하고 낙랑군에 귀부하였다. 여기에는 그 만큼 절실한 이유와 목표가 있었을 것이다. 본 장에서는 이 점과 함께 그의 귀부가 어떤 변화를 가져왔는지 주목

---

52) 동조(東潮), 「변진과 가야의 철」 『가야제국의 철』, 인제대학교 가야문화연구소, 1995, 86쪽.

하려 한다. 이를 검토하여 그의 행적이 염사국의 대외교섭에서 가지는 의미를 파악하려 한다.

우선 치가 자신의 근거지로부터 '도망'한 이유는 낙랑의 토지가 좋고 인민이 풍요로운 데 있었다고 전한다(사료 가-B). 한반도에서 서북한 지역이 철제농기구의 보급에서 앞섰으므로, 이는 일면 타당해 보이기도 한다.[53] 그러나 이러한 조건이 지황시에만 갖춰진 것은 아니었다. 이는 낙랑군의 치적을 부각시키기 위한 상징적인 표현으로 보아야 할 것이다. 그렇다면 여기에는 보다 현실적인 이유가 있었음에 틀림없다.

우거수의 위상을 중시하면, 치의 귀부는 이러한 지위를 유지하거나 더욱 강화하기 위해 이루어졌을 개연성이 있다.[54] 그러나 이 경우에는 한인(漢人)과의 접촉이 많았던 우거수가 왜 해로를 마다하고 육로로 그것도 거의 혼자 '도망'했는지 의문이 생긴다. 이 점이 무시되더라도, 그는 최소한 낙랑인과 진한의 통역을 끝낸 뒤에는 염사국에 남아 기존의 지위를 유지했어야 자연스럽다. 그러나 그는 낙랑군으로 돌아가 이곳에 정착하였다. 그가 이곳에서 관책(冠幘)과 전택을 받았다는 이유만으로 갑자기 우거수의 지위를 버렸을 가능성은 희박하다고 생각된다.

그렇다면 치가 기존의 근거지를 떠난 직접적인 이유는 염사국 내부에서 찾아질 수밖에 없다. 이와 관련하여 치가 반(反)치계와의 대립에서 패배했다는 견해가 주목된다.[55] 그 대립의 구체적인 내용은 밝혀지지 않았으나, 치의 '도망'이 우거수 지위의 상실과 연관되었다는 점은 인정되어야 할 것

---

53) 치가 생산력의 한계에 따른 경제력의 열세를 극복하기 위해 귀부했다는 견해도 있다(서의식, 『신라상대 '간F'층의 형성·분화와 중위제(重位制)』, 서울대학교 박사학위논문, 1994, 48쪽).

54) 치가 진왕(辰王)의 통제로부터 이탈하기 위해 귀부했다고 보기도 한다(리지린, 『고조선연구』, 과학원출판사, 1963, 291쪽).

55) 정상간부(井上幹夫), 앞의 글, 1978, 637쪽.

이다. 이 대립이 가계집단 간에 이루어졌는지,[56] 아니면 다른 요인에 의했
는지는 불확실하다. 다만 기원전후부터 주수의 지배력이 확대된 점은 하
나의 시사점을 제공할 수 있다. 국읍 내에서 특정 집단의 지배력이 확대되
면, 타 집단이 공동으로 반발하는 상황도 상정될 수 있기 때문이다. 치는
이들과의 대립에서 패하여 주수의 지위를 상실했을 것이다. 그의 귀부는
단순한 '도망'이 아니라 이러한 위기를 타개하는 데 목적을 두었던 것이다.

그런데 치 집단의 구성원들은 대부분 근거지를 버리지 않았으며, 그가
이들과 결별했다고 보기도 어렵다. 치는 이를 바탕으로 자기 집단의 세력
회복을 원했을 것이며, 이를 위해 낙랑군의 협조를 구했을 가능성이 크다.
그가 중국 상인들과 접촉했던 경험은 여기에 적지 않게 도움이 되었다. 그
는 낙랑군에 귀부함으로써 이곳에 근거지를 마련하는 한편 염사 주변 지역
에 대해 행사했던 기존의 교역 주도권을 회복하려 한 것이다.[57] 이를 통해
염사국 내에서도 기존 세력의 회복을 꾀한 것이다.

이에 그는 자신의 근거지를 떠나 북상하던 중 한인 호래를 만나 그와 함
께 함자현에 이르렀다. 함자현이 이 사실을 보고해 오자, 낙랑군은 치를
통역으로 삼아 낙랑군인들을 진한으로 파견했다. 이처럼 신속한 조처가
취해진 것은 일차적으로 억류 한인(漢人) 문제를 해결할 필요가 있었기 때
문이다. 그렇더라도 치를 동행시킨 이유가 단순히 그의 한어(漢語) 실력 때
문만은 아니었다고 생각된다. 당시 낙랑군에 한어(韓語)에 능한 관리가 전
무하지는 않았을 것이며, 억류 한인(漢人)에 대한 정보도 그보다는 한인(漢
人) 호래를 통해 얻는 편이 더 유리했을 것이기 때문이다. 이에 치의 파견

---

56) 사로국의 박·석·김 3집단처럼 염사국에서도 몇몇 가계집단 간에 왕위가 교체되
었다면, 치계와 반치계의 대립은 가계집단간의 대립으로 볼 수도 있다.

57) 그의 활동이 중국과의 대외교역 장악과 연관된 점은 이미 지적되었다(백승충, 앞
의 글, 1995.2, 74~75쪽). 다만 치의 낙랑군 귀부를 부정하는 전제 하에 교역주
도권을 설명한 점은 수긍하기 어렵다.

은 낙랑군의 정책적 배려에 따른 것으로 볼 수 있다.

　원래 낙랑군과 진한 지역 간의 교섭은 마한을 매개로 이루어졌다.[58] 진한 우거수가 중국 상인들과 접촉하기도 했으나, 이는 군(郡) 차원의 공식적 교섭과는 거리를 둔 것이었다. 신(新, A.D.8~23)의 성립 뒤에도 흉노, 부여, 예맥 등에 대한 관리가 불안한 상황에서[59] 낙랑군이 진한 지역에 대한 통제를 갑자기 강화할 수는 없었다. 낙랑군이 한인(漢人) 억류 사건을 장기간 방치했던 것도 군 차원의 파악과 통제가 미흡했음을 보여준다. 이러한 시기에 치가 진한의 한인(漢人) 문제를 제기해오자, 낙랑군은 이를 해결할 뿐만 아니라 해당 지역에 대한 통제에 나서야 할 필요성과 명분을 동시에 확보하게 되었다. 또한 기존 진한 우거수의 귀부는 이러한 목표를 실현하는 데 유리한 조건으로 인식되었을 것이다. 이에 낙랑군은 치를 내세워 이 문제를 해결하려 한 것이다.

　치는 이러한 요구에 부응하여 낙랑인들과 함께 대선을 타고 진한으로 들어갔다. 여기서 억류 한인 1,000인을 맞이했으나, 나머지 500인은 이미 사망한 뒤였다. 그는 나머지 500인을 돌려보내지 않으면 낙랑의 만병(萬兵)으로 진한을 공격하겠다고 위협했다. 동이 지역에 대한 통제가 불안한 상황에서 낙랑군이 실제로 이러한 의지를 가졌는지는 의문이다. 그러나 사로국이 이를 무시할 수는 없었다. 낙랑군이 실제로 공격을 가해 오거나 진한 소국과의 개별 교섭을 시도한다면, 진한 소국연맹에 대한 통솔권은 타격을 받을 가능성이 크기 때문이다. 이에 사로국은 죽은 한인(漢人) 500인의 대속으로서 진한 15,000인과 변한포 15,000필을 제공했다고 한다(사료 가-D). 이 대속은 생존한 한인 1,000인을 고려하더라도 두드러지게 많은 수량을 보이고 있다. 이에 그 실체가 무엇인지 궁금해진다.[60]

---

58) 앞의 주22) 참조.

59) 『한서』 왕망전 중 및 『후한서』 동이열전 구려.

60) 염사국 진왕설(辰王說)을 주장한 정상간부(井上幹夫)는 이를 진한과 변한이 바친

우선 진한 15,000인은 한인들을 억류한 소국들에서 징발된 생구(生口)로 표현되었다. 이를 인정한다면,[61] 억류 한인 1,500인에 대해 10배수 혹은 사망한 한인 500인에 대해 30배수의 대속이 강제되었다고 볼 수도 있다. 그러나 치가 이렇게 많은 생구를 데리고 '바로' 돌아갔다고 보기는 어렵다. 사로국이 이 정도의 생구를 임의로 징발할 정도로 강력한 지배권을 행사한 것도 아니었다. 이에 진한 15,000인은 단순한 생구는 아니었다고 판단된다. 그럼에도 불구하고 이들이 낙랑군에 바쳐졌다는 것 자체가 부정될 수는 없다.

이와 관련하여 그 인원이 구체적인 점이 주목된다. 이들이 생구가 아니면서도 '제공'되었다는 것은 낙랑군이 어떤 형태로든 이들에 대한 통제권을 행사했음을 의미한다. 특히 낙랑군의 입장에서는 이들 개개인에 대한 지배권이 확보되었다고 인정된 것이다. 이는 해당 지역 세력의 입장에서도 마찬가지였다. 다만 이들에 대해 영토적 지배가 이루어졌다고 보기는 어렵다. 이는 사실상 해당 지역이 낙랑군의 일정한 통제체제 즉 내속체제(內屬體制) 하에 편입되었음을 의미할 것이다.[62]

그러면 그 대상 범위는 어디일까? 일단 진한 15,000인이 장기간 농업노

조공물로 보고, 이 사건을 계기로 진왕국연합체의 주도권이 목지국으로 이동했다고 하였다(앞의 글, 1978, 638쪽). 이에 의하면 염사국 중심의 진왕국연합체가 1세기 초 이전부터 존재한 셈이다. 그러나 낙랑군이 삼한 지역을 통제하는 데 염사국을 대표로 내세우는 것은 효율성을 보장할 수 없었을 것이다. 또 삼한 소국이 이를 대표로 내세울 만한 이유나 그 근거도 찾아지지 않는다.

61) 노중국, 앞의 글, 1989, 37쪽.

62) 내속은 주변 종족이 집단적 형태로 한(漢)의 변군체제(邊郡體制)에 참여하는 것(김한규, 『한중관계사 I』, 아르케, 1999, 125쪽) 혹은 공간적 의미가 내포된 이민족 집단의 종속으로(권오중, 앞의 책, 1992, 138쪽) 이해되고 있다. 고구려에서는 잠지락부(蠶支落部)의 대가(大加)가 낙랑으로 가서 투항한 바 있는데, 이 경우도 일종의 내속에 해당하면서도 1만여 구(口)가 동행한 것처럼 기록되었다(『후한서』 동이열전 구려).

동을 당한 한인들의 대속인 점으로 볼 때, 이들은 성인들이었을 가능성이 크다. 또 진한 소국의 규모가 4~5천 가(家) 내지 6~7백 가였으므로,[63] 이들은 다수 소국인들로 구성되었을 것이다. 그런데 사로국이 이들을 '제공' 할 수 있었던 것은 이들이 그 통솔권 하에 있었기 때문이다. 그렇다면 이들은 사로국과 그 통솔권 하의 진한 소국인들로 볼 수도 있다.

이들이 치의 중재를 통해 낙랑군에 내속했다면, 이 문제는 쉽게 설명될 수도 있다. 그런데 이러한 내용은 진한의 항복 내지 귀부로 기록되었을 가능성이 크지만, 사료 가)의 서술은 이와 거리가 있다. 또 진한 15,000인은 사로국 중심의 진한이 자신의 잘못에 대한 대속으로 제공한 것이다. 그 '제공'의 대상은 자신 전체이기보다 그 일부였을 가능성이 크다. 이들이 대속가의 전체가 아닌 점도 이와 부합된다. 사로국이 제공한 것은 이 소국들에 대한 통솔권이었던 것이다.

그런데 사로국 중심의 결속이 더 유리했다면, 이들은 그 통솔권으로부터의 이탈을 거부했을 것이다. 이들이 낙랑군으로의 내속을 받아들인 것은 이러한 편이 훨씬 유리하게 판단되었기 때문이다. 이는 낙랑군의 선진문물을 보다 용이하게 흡수하려는 시도와 무관하지 않으리라 생각된다. 여기에 낙랑군과 진한의 교섭을 계기로 이들은 새로운 교섭권(交涉圈)으로의 편입을 시도한 것이다. 그러므로 사로국이 제공한 것은 낙랑군과의 교섭 대표권도 포함했다고 볼 수 있다. 이상의 사실이 진한 15,000인의 헌납으로 기록된 것이다.

이상의 논의가 인정될 수 있다면, 죽은 한인(漢人)들의 실질적인 대속가는 변한포 15,000필이 되는 셈이다. 이민족의 내속에 원칙적으로 호구(戶口)의 신고와 조세의 납부 등이 수반된 점을 고려하면,[64] 진한 15,000인

---

63) 『삼국지』 위서 동이전 변진.

64) 소림총(小林聰), 「한대 중국 주변민족의 내속에 대하여漢時代における中國周邊民族の 內屬について」『동방학』82, 1991, 5~10쪽.

이 일정한 주기로 1인당 변한포 1필씩을 납부했을 가능성도 있다.[65] 그러나 위 변한포는 일시적 책임의 대가였다. 해당 지역 인민의 숫자에 의거해 조세가 지속적으로 부과되었다는 근거도 확인되지 않는다. 이에 억류 한인(漢人) 1,500명에 대해 1인당 10필 혹은 죽은 한인 500명에 대해 1인당 30필의 대속가가 일시적으로 적용되었다고 볼 수도 있으나,[66] 이를 단순하게 적용할 수는 없다. 그 실제 액수는 지황시에 파견된 치와 낙랑인들이 받아 바로 돌아갈 정도를 넘어서지 못했으리라 짐작된다. 이에 변한포 15,000필은 진한 15,000인을 고려해 과장된 수치로 보아야 할 것이다.

사로국이 이상의 희생을 감내한 것은 기존의 권리를 최대한 보장받는데 목적을 두었으리라 생각된다. 예를 들면 기존의 통솔권(統率圈) 내에서도 진한 15,000인이 위치했던 지역 외에는 통솔권(統率權)이 박탈되지 않았다. 또한 낙랑군에 대한 교섭과 대속물의 제공은 이후 지속적인 교섭을 전제로 했을 것이다. 지황시 이후 사로국의 대외교섭이 확대되어 간 점은[67] 이를 잘 설명해 준다. 그렇다면 사로국 역시 지황시의 교섭을 통해 낙랑군의 내속체제에 편입되었다고 보아도 좋을 것이다. 이를 통해 기존 통솔권(統率圈)의 일부 소국들에 대해 통솔권을 유지하면서 낙랑군과의 교섭 대표권을 인정받은 것이다.

반면 낙랑군은 이를 통해 억류 한인(漢人) 문제를 해결할 수 있었다. 동

---

65) 한대의 남만(南蠻)에서는 매년 대인(大人) 1일당 포(布) 1필, 소구(小口)는 2장(丈)을 바친 경우도 있다. 그러나 이는 예외적인 경우이므로(김한규, 『고대 중국적 세계질서연구』, 일조각, 1987, 278~279쪽) 진한 15,000인을 구성한 소국들에 대해 바로 적용될 수는 없다.

66) 생구(生口) 1인당 대속가가 겸(縑 : 합사비단) 40필, 소구에 대해서는 그 절반이었던 사례가 있다(『후한서』 동이열전 구려). 겸포(縑布)는 변진 지역에서도 생산되었으므로(『삼국지』 위서 동이전 변진), 진한이 바친 변한포도 이와 유사했을 가능성이 고려될 수도 있다.

67) 이에 대해서는 다음 장에서 설명될 것이다.

시에 진한 15,000인의 근거지와 사로국에 대해 별도의 교섭을 개시하였다. 나아가 기존 진왕(辰王)의 매개 없이 진한 지역에 대한 통제력을 확보한 것이다.

이상에 대한 치의 중재활동은 표면적으로는 개인적인 차원에서 이루어졌으나 기존 진한 우거수의 지위에 기반을 둔 것이었다. 그가 진한의 헌납물을 받아온 것이나 관책과 전택을 수여받은 사실이(사료 가-E) 이를 말해준다. 이는 진한과의 교섭을 중재한 대가인 동시에 이후 진한 지역에 대한 통제에서도 일정한 역할의 수행을 전제로 했을 것이다.

그의 중재활동으로 보아 이러한 역할은 주로 진한 15,000인을 구성한 소국들과 낙랑군을 연결하는 데 있었을 것이다. 이는 해당 소국들의 대외교역과도 무관하지 않았다. 한대 이래 변군에는 이민족과의 교역을 허용한 호시(互市)가 운영되었는데,[68] 이는 낙랑군에서도 예외가 아니었다.[69] 그 개설 시기는 주로 이민족의 조공시에 맞추어졌으며,[70] 조공시에 인수의책(印綬衣幘)을 수여받은 자는 군내(郡內)에서 교역을 허가받을 수 있었다.[71] 치는 낙랑군으로부터 관책을 수여받았으며, 교역권의 확보가 귀부의 주요 목적이기도 했다. 이에 그는 호시 등의 교역에서 위 소국들을 중재할 수 있었을 것이다. 이는 낙랑군 귀부시 그가 의도했던 목표와도 부합되는 일이었다. 동시에 낙랑군과 진한 지역의 교섭을 연결하는 한 축을 담당한 것이다.

그러면 염사국 차원에서는 그의 귀부가 어떤 의미를 가졌을까? 그가 진

---

68) 월지중명(越智重明), 「한대의 시를 둘러싸고서漢時代の市をめぐって」『사연(史淵)』 123, 1986, 124쪽.

69) 권오중, 앞의 책, 1992, 160~161쪽.

70) 윤용구, 「삼한의 대중교섭과 그 성격」『국사관논총』85, 1999, 115쪽.

71) 이현혜, 「삼한의 대외교역체계」『이기백선생고희기념한국사학논총(상)』, 일조각, 1994, 38~39쪽.

한과의 교섭 과정에서 당시의 염사국 주수와 접촉했던 흔적은 찾아지지 않는다. 그러나 염사국 내 그의 집단은 그의 활동을 인지했을 것이며, 간접적으로는 그와 접촉했을 가능성이 크다. 이는 그가 낙랑군에 정착한 뒤에도 마찬가지였다. 그가 귀부한 배경으로 보아 이러한 유대관계는 교역의 형태로도 이루어졌다고 생각된다. 치 집단은 이를 통해 낙랑군과의 교역에서 주도적 위치를 차지했을 것이다. 이는 기존의 세력기반을 회복하는 데 도움이 되었다. 그러나 치 집단은 기존의 주수 지위를 회복하지는 못했다. 치도 교역상의 이권 및 관책과 전택의 혜택을 누리는 데 만족한 것이다.

이러한 상황에서 염사국 주수도 낙랑군과의 교섭에서 소외되는 것을 원하지 않았을 것이다. 여기에 기존 우거수가 행사했던 교역 주도권을 유지하기 위해서는 치와 그 집단의 역할을 무시할 수 없었다. 특히 치가 낙랑군에서 받았던 대우를 고려할 때, 염사국 역시 이들을 매개로 낙랑군과 교섭하고 이에 내속했을 것이다.

이상과 같이 치와 염사국 내 그 집단의 활동은 염사국이 낙랑군에 내속하는 계기가 되었다. 이에 지황시 이후 염사국의 대 낙랑군 교섭은 이들 비(非) 주수집단을 매개로 하였다. 이는 낙랑군과 소국 주수의 교섭이 본격화되기 이전 대외교섭의 한 형태를 보여준다. 그러나 치 집단의 중재기능이 타 소국에까지 발휘되면서 염사국 자체의 대외교섭이 강화될 수 있는 기반이 마련된 것이다.

5. 소마시(蘇馬諟)의 낙랑군 조공과 사로국

치(鑡)가 낙랑군과의 교섭에서 중재기능을 했던 것은 낙랑군이 그의 공로를 인정한 결과였다. 그러나 이는 하나의 편의상 취해졌던 조처에 불과했다. 공식적인 의미에서는 염사국이 진한 15,000인을 구성한 소국들이나 주변 소국을 대표해 낙랑군과 교섭했다고 단언할 수 없다. 이러한 상황에서 낙랑군과의 교섭이 본격화될수록 해당 소국들은 이러한 중재기능을 선호하지 않았을 가능성도 있다. 이에 양 지역간의 교섭이 이후 어떤 방향으로 변화했는지 주목된다. 본 장에서는 그 내용을 염사국의 대외교섭 변화라는 차원에서 검토하려 한다.

우선 양 지역의 교섭에 변화를 초래한 계기를 찾아보자. 이와 관련하여 건무(建武) 6년(30) 낙랑군의 상황이 주목된다. 이 해 초 왕조(王調)의 난과 함께 낙랑군의 통제기능은 일시 정지되었다. 이 난은 같은 해 9월에 진압되었으나, 낙랑군의 이민족 통제기능은 적지 않게 타격을 받을 수밖에 없었다. 한반도의 동남부에 치우친 진한 지역에서는 그 정도가 더욱 심했으리라 짐작된다. 낙랑군의 지원 하에 행사되었던 치의 중재기능도 마찬가지였을 것이다. 이를 구체적으로 전해주는 자료는 없으나, 낙랑군의 정책변화는 하나의 시사점을 제공하고 있다.

왕조의 난이 진압되자, 낙랑군은 단단대령(單單大嶺) 이동을 통치하던 동부도위(東部都尉)를 폐지하고 예와 동옥저의 거수들을 현후(縣侯)로 봉하였다.[72] 이는 한(漢)의 군도위관(郡都尉官) 폐지정책에[73] 따르는 동시에 인근 이민족에 대한 통제력을 회복하는 조처이기도 했다. 즉 재지세력의 자치권을 공인해 줌으로써 이들의 협조를 이끌어내어 보다 안정적인 통제를 꾀한 것이다. 대무신왕 27년(44) 살수(薩水, 청천강)[74] 이남이 다시 한에 '속했다는 것은[75] 남부도위(南部都尉)의 폐지와[76] 함께 삼한 지역에서도 유사한

---

72) 『후한서』 동이열전 예, 동옥저.

73) 『후한서』 광무제기 건무 6년 시세.

74) 이병도 역주, 『삼국사기(상)』, 을유문화사, 1983, 278쪽.

75) 『삼국사기』 권44 고구려본기 대무신왕 27년.

76) 남부도위의 폐지에 대한 기사는 별도로 전하지 않는다. 그러나 한의 군도위관 폐지정책을 고려하면, 남부도위도 이 시기를 전후하여 폐지되었을 것이다(삼상차남 三上次男, 『고대동북아시아사연구古代東北アジア史硏究』, 고려서림, 1966, 97쪽).

방식으로 기존의 통제력이 점차 회복되었음을 보여준다. 건무연간(建武年間, 25~55)에 동이 여러 나라가 모두 조헌, 입견했다는 것은 이러한 추세를 잘 반영하고 있다.[77]

그러면 이에 대한 진한 지역 제국(諸國)의 입장은 어떠했을까? 이와 관련하여 앞서 언급한 혁거세 38년 기사가 다시 주목된다. 이것이 기원전후 사로국의 독자적 통솔권 확보와 연관된 점은 이미 지적되었다. 그러나 거서간(居西干)이 진한, 변한, 낙랑, 왜인 등에게 경외의 대상이 되었다고 한 점은 시기적으로 다른 상황을 보여주고 있다. 여기서 혁거세를 경외의 대상으로 여겼다는 것이 사로국과의 직접적인 교섭을 반영할 수 있다면, 이는 적어도 낙랑군으로의 내속이 이루어진 지황시 이후의 상황을 반영하기 때문이다. 이외에도 혁거세 53년에는 동옥저 사신이 양마(良馬) 20필을 헌납해 왔다고 한다.[78] 여기서 말하는 동옥저는 왕조의 난 이후 자치권을 보장받고 현후에 봉해진 거수 중의 하나였을 것이다.

이처럼 지황시 이후 사로국은 낙랑군 뿐만 아니라 동옥저 등 여러 방면에 대해서 교섭을 적극화하였다. 사로국이 마한왕에게 진한을 대표하는 존재로 인식되거나 이와 군사적으로 대립했던 것도[79] 이러한 상황을 전제로 한 것이었다. 그렇다면 혁거세 38년조는 기원전후부터 지황시 이후까지 사로국의 대외교섭이 확대되어 온 사실을 집약했다고 볼 수 있다.[80]

반면 이러한 상황이 타 소국들의 입장에서는 적지 않은 압력으로 받아들여질 수밖에 없었다. 이는 건무연간 낙랑군의 적극적인 통제정책과 함

---

77) 이 시기에 흉노와의 관계가 안정된 점도 이러한 상황과 부합된다(율원붕신栗原朋信, 앞의 책, 1978, 26쪽).

78) 『삼국사기』권1 신라본기 시조 53년.

79) 『삼국사기』권1 신라본기 시조 38년, 39년.

80) 『삼국사기』 기년상 혁거세 53년은 B.C.5년이고 동 38년은 B.C.20년인데, 여기서는 혁거세대 기사가 1세기까지의 사정을 반영한다는 필자의 견해를 고려했다(이부오, 「신라초기 기년문제에 대한 재고찰」『선사와 고대』13, 1999, 252~253쪽).

께 이 소국들에게 나름대로의 대응을 요구하게 되었다. 이와 관련하여 다음 사료가 주목된다.

> 나) 건무(建武) 20년 한인(韓人) 염사인(廉斯人) 소마시(蘇馬諟) 등이 낙랑에 와서 공물을 바쳤다. 광무제가 소마시를 한염사읍군(漢廉斯邑君)으로 봉하고 낙랑군에 속하게 하니, 4시로 조알했다. (『후한서』 동이열전 한)

> 다) 가을에 동이한국인(東夷韓國人)이 무리를 이끌고 낙랑에 이르러 내부했다. (『후한서』 광무제기 건무 20년)

사료 나)에 의하면 건무 20년(44) 염사인 소마시 등이 낙랑군에 가서 공물을 바치고 이에 속했다고 한다. 진(晉) 이전에 한정하면, 이는 삼한 소국의 조공을 구체적으로 보여주는 기록으로서는 유일하다. 그 만큼 소마시의 조공은 진한 지역과 낙랑군의 교섭 과정에서 차지하는 비중이 컸던 것이다.[81] 그런데 2절에서 언급했듯이, 『위략』은 이처럼 획기적인 사건으로서 대신 치의 귀부를 주목했다. 이는 편찬자의 관점 뿐만 아니라 두 사건의 실제 의미도 서로 달랐음을 보여줄 것이다.

『후한서』는 『삼국지』 한조를 대체로 축약하면서도 마한인의 진왕(辰王) 회복 사실에 이어 바로 사료 나)를 기재했는데, 이는 일단 후한대의 사실과 공식적인 책봉을 중시한 결과로 볼 수 있다. 후대의 사서들은 이 사실의 기록에 혼란을 보이지만, 삼한과 낙랑군의 교섭에 대한 대표적인 사례로서 공통적으로 이 기사를 들고 있다.[82] 그 만큼 이 사건은 염사국과 낙랑군

---

81) 소마시의 조공이 낙랑군과 치의 압력에 따라 이루어졌다는 견해도 있다(정상간부 井上幹夫, 앞의 글, 1978, 637~638쪽). 그러나 낙랑군이 이러한 압력을 가하기에 가장 유리한 시점은 진한으로 대선(大船)을 파견했던 지황세였다. 소마시의 조공에는 염사국을 둘러싼 대외환경의 변화와 낙랑군의 필요성이 동시에 작용했다고 보아야 할 것이다.

82) 두우(杜佑)의 『통전(通典)』(801) 동이 상에서는 소마시 기사가 변진조에 기재되었

의 교섭이 본격적인 궤도에 올랐음을 보여준다고 하겠다. 이러한 중요성에 비추어 볼 때, 같은 해 가을 내부했다는 동이한국인도(사료 다) 소마시를 가리킬 것이다. 이에 그의 조공에 반영된 변화의 내용이 구체적으로 무엇인지 주목된다.

이를 파악하기 위해서는 우선 소마시와 치의 관계가 밝혀져야 한다. 만일 소마시가 치의 직계 가계집단에 속했다면,[83] 이 사실은 낙랑군에 정착한 치의 후손들에게 전승될 뿐만 아니라 사료 가)에서도 부각되었을 가능성이 크다. 그러나 이 기사에서 소마시의 조공이 무시된 점이나 치가 기존 주수의 지위를 회복하지 못한 점으로 볼 때, 소마시는 최소한 치와 다른 가계집단에 속했다고 생각된다. 그는 치를 밀어내고 주수가 된 인물이거나 그 후계자였다. 소마시 집단은 주수의 지위를 차지한 뒤 지배력의 안정을

다. 이는 『후한서』 한조를 준왕(準王) 기사부터 환영지말(桓靈之末) 기사까지 베낀 결과인데, 그 뒤엔 『삼국지』 한조의 건안중(建安中) 기사부터 진한8국 기사까지와 진대(晉代)의 마한왕 견사기록이 정리되었다. 이처럼 『통전』의 변진조는 한조 계통의 기사를 임의로 편집해 넣으면서 마한·진한·변한의 사실을 제대로 구분하지 않았다. 그러므로 소마시가 변한인이기 때문에 이 기사가 변진조에 기록된 것은 아니다. 『태평어람(太平御覽)』(982)이 이를 사이부(四夷部)1 변한조에 기재한 것도 『후한서』 한조의 '弁辰與辰韓雜居(변진여진한잡거)'부터 '환영지말' 기사까지를 그대로 베낀 결과다. 이 부분은 삼한의 상황을 전체적으로 정리했으나, 그 편찬자는 앞부분의 '변진(弁辰)'을 의식하여 소마시의 행적까지 변한조에 포함한 것이다. 반면 정초(鄭樵)의 『통지(通志)』 사이전(四夷傳) 제1에서는 이 사실이 마한조에 기재되었다. 이는 『삼국지』 한조를 그대로 베낀 뒤 바로 『후한서』 한조의 소마시 기사를 베낀 결과인데, 여기에도 마한 이외의 사실이 포함되어 있다. 이러한 모순은 변한조에 진한왕의 견사기록이 보이는 점에서도 확인된다. 그렇다면 소마시 기사가 마한조에 기재된 것은 이것이 마한의 사실이기 때문이 아니다. 이보다는 그의 조공이 삼한과의 교섭에서 중요성이 큰 사건이었기 때문에, 삼한 중에서도 세력이 가장 컸던 마한의 조에 이 사실이 기재되었다고 생각된다. 이에 소마시는 치와 마찬가지로 진한 지역 주수로 보아도 좋을 것이다.

83) 소마시를 치 본인이나(리지린, 앞의 책, 1963, 295쪽) 그 아들(정중환, 앞의 글, 1973, 7쪽) 내지 후계자로(이병도, 앞의 책, 1976, 246쪽) 보기도 하지만, 이에 대해 적극적인 근거를 제시하기는 어려울 것이다.

바탕으로 낙랑군과의 교섭에도 적극적으로 나선 것이다.

낙랑군은 이러한 소마시의 입지를 인정하여 한염사읍군을 수여했다. 이는 소마시가 후한 광무제의 외신(外臣)이 되어[84] 책봉조공관계에 편입되었음을 의미한다.[85] 그런데 염사국은 이미 지황시 이후에 낙랑군에 내속한 바 있다. 그러므로 이러한 관작의 수여는 기존의 내속이 새로운 차원으로 변화했음을 시사한다.

기존 연구에서 한염사읍군은 소국 주수에게 일반적으로 수여된 관작으로 이해되고 있다.[86] 읍군 앞에 염사가 칭해진 것 자체만으로 보면, 이러한 시각은 어느 정도 타당할 수도 있다. 그러나 당시 읍군의 수여가 그렇게 일반적이었다고 볼 만한 근거는 찾아지지 않는다. 이에 소마시가 수여받은 읍군의 의미에 대해서는 좀 더 다양한 측면에서 접근할 필요가 있다.

후한대의 이민족에게 수여된 읍군은 원래 왕, 귀의후(歸義侯), 읍장(邑長)과 마찬가지로 승(丞)을 가진 존재였으며, 이 점은 군현에 비견될 수 있었다고 한다.[87] 이는 이민족 거수들이 한군현과 동일한 지배조직을 갖췄다기보다 각자 자치적인 지배조직을 유지했음을 의미한다.[88] 그런데 삼한지역에서는 위(魏)가 일부 신지에게 귀의후를 수여했을 뿐, 그 이전에 확인되는 최고의 관작은 읍군이다. 또 경초중(景初中, 237~239) 군현으로부터 인수와 의책을 받은 자가 천여 명에 이르렀다고 하지만, 이는 위가 낙랑·대방군을 평정한 뒤 삼한 각 지의 세력들을 회유하기 위해 이례적으로 취했

---

84) 율원붕신(栗原朋信), 앞의 책, 1978, 5쪽.

85) 김한규, 앞의 책, 1999, 143쪽.

86) 삼상차남(三上次男), 앞의 책, 1966, 99쪽 ; 이종욱, 앞의 책, 1982, 246쪽.

87) 『후한서』 백관지 사이(四夷).

88) 승은 원래 중앙에서 군·현으로 파견되어 문서와 창옥(倉獄)을 담당했다. 그러나 번국 군장의 승은 번국의 지배조직이 중국에게 하나의 의사관부(擬似官府)로 인식되었음을 반영한다(권오중, 앞의 책, 1992, 150쪽).

던 조처였다. 당시 신지(臣智)들에게 읍군, 읍장이 '가사(加賜)'된 점이[89] 이를 말해준다. 그렇다면 소마시가 수여받은 관작은 당시로서는 드문 사례였다고 볼 수 있다. 이에 그 권위는 소국 주수 중에서도 신지급이었을[90] 뿐만 아니라 주변 소국과도 관련되었을 가능성이 크다.

이와 관련하여 소마시를 따라 내부한 '무리'가 주목된다(사료 다). 소국 주수의 내부시 수행원이 따르는 것은 당연한 것이다. 그럼에도 불구하고 이 점이 부각되었다면, 그 무리가 과연 염사국인에 한정되었는지 의문이 생긴다.[91] 예를 들면 염사 인근 소국들은 1세기 초 이후 사로국의 통솔권 확대에 대응할 필요가 있었다. 진한 15,000인을 구성한 소국들도 치를 매개로 낙랑군에 내속했으므로, 최소한 그 일부는 이와 유사한 입장에 처했을 것이다. 여기에 치 집단이 낙랑과의 교섭을 중재하면서 염사국은 위 소국들의 대외교섭을 주도하는 데 유리한 조건을 갖추고 있었다. 또 나)에서 소마시만이 강조된 점으로 볼 때, 그의 조공은 염사국이 위 소국들의 낙랑군에 대한 교섭을 주도한 결과라고 생각된다. 광무제가 한염사읍군을 수여하고 소마시 등을 낙랑군에 속하게 한 것은 이러한 주도권에 대한 공인이기도 했다. 그렇다면 소마시를 따라 낙랑군에 내부한 '무리'도 위 소국들로부터 파견되었을 것이다.

이 과정에서 위 소국들은 낙랑군에 공물을 바쳤는데, 이는 염사국을 매개로 이루어졌다. 염사국 등이 사시조알(四時朝謁)한 점에서 보듯이(사료 나), 이러한 방식은 그 뒤에도 주기적으로 계속되었다. 이 공물은 낙랑군으로

---

89) 『삼국지』 위서 동이전 한. '가사'가 신지의 기존 관작에 추가되었다는 의미인지, 아니면 관작이 없던 신지에게 새롭게 수여된 것인지는 불분명하다. 어느 쪽이든, 당시까지만 해도 삼한의 우세한 주수인 신지가 읍군, 읍장을 수여받지 못한 경우도 많았음을 알 수 있다.

90) 정상간부(井上幹夫), 앞의 글, 1978, 635쪽.

91) 사료 나)에서 조공한 사람들이 '소마시 등'으로 기록된 것도 마찬가지이다.

의 내속을 유지하기 위한 정치적 상징물인 동시에 선진제품을 구하기 위한 교역품이기도 했다. 여기에는 호시 등을 통한 교역도 다양한 형태로 이루어졌을 것이다. 이 과정에서 염사국은 낙랑 지역의 선진 제품을 주변 소국으로 유통시키는 한편 철소재나[92] 포, 목재 등을 낙랑 지역으로 수출했을 것이다. 4시조알은 이러한 교역을 보장받기 위한 정치적 의례이기도 했다. 그렇다면 낙랑군과의 교섭 대표권은 교역 주도권을 전제로 했다고 볼 수 있다.

그런데 이들 소국이 그 주도권을 받아들인 것은 사로국 중심의 진한에 대응하기 위한 것이기도 했다. 그렇다면 이와 교섭하는 과정에서도 염사국의 주도권이 인정되었을 가능성이 크다. 또 마한과 진한 간의 대립에서 군사적 위협이 동반된 점으로 미루어 볼 때, 이러한 주도권은 유사시 군사적 통솔권의 행사를 전제로 했을 것이다.

이상에서 보듯이, 건무 20년까지 염사국의 대외교섭은 적지 않게 변화를 보였다. 우선 낙랑군과의 기존 교섭이 치 집단을 매개로 하면서도 소국별로 이루어졌다면, 이제 염사국이 낙랑군과의 교섭 주도권을 행사했다. 이를 통해 낙랑군에 대한 내속은 책봉의 형태를 띠면서 보다 공식적인 차원으로 정립되었다. 또한 대외교섭이 주수집단에 의해 장악되었을 뿐만 아니라, 주변 소국에 대한 통솔권(統率權)의 종류가 늘어나고 크기도 확대된 것이다.

이상의 통솔권은 염사국이 소국들 공동의 관심사를 주도한 결과였으며 어느 정도 지속성을 갖추고 있었다. 소마시의 조공에서 보듯이, 이는 소국들을 결속시키는 기반으로 작용했다. 이는 연맹체의 조건과도 크게 어긋나지 않는다. 그러나 해당 소국들에 대한 지배력은 동반되지 않았으며, 염사국은 다만 공동의 관심사를 위임받아 그 주도권을 행사할 뿐이었다. 염

---

92) 염사국의 지배자가 낙랑에 철을 제공했다는 견해는 이미 제시되었다(영목정민鈴木靖民, 「가야의 철과 왜」『가야제국의 철』, 신서원, 1995, 48쪽).

사국이 이를 바탕으로 주변 소국을 통솔했음을 대외적으로 확인해 주는 사건이 소마시의 조공이었던 것이다.

사로국의 경우는 마한에 대한 공격을 논의할 뿐만 아니라 낙랑군의 군사적 위협에 대처하거나 한인(漢人) 1,500인을 공격하는 과정을 주도한 바 있다. 또 한인 1,500인과 같은 생구(生口)의 확보와 분배를 주도하고 낙랑군에 제공하기 위한 변한포를 거두었다. 이러한 통솔권이 공동사안에 대한 주도권을 기반으로 한 점은 염사국과 크게 다르지 않다. 다만 이러한 기능이 유지되기 위해서는 중심 소국의 통솔권이 보다 적극적으로 행사될 필요가 있었다. 이처럼 사로국의 통솔권은 염사국의 경우와 본질적으로 유사하면서도 상대적으로는 앞선 사례였다. 그러면서도 진한 지역 전체적으로는 양자가 균형상태를 유지한 것이다.

그렇다면 한이 소마시에게 한염사읍군을 수여한 것은 이러한 상태를 현실로 인정하고 상호 견제를 도모한 결과로 볼 수 있다. 왕조의 난으로 이완된 내속관계도 이를 통해 다시 회복될 수 있었다. 그 중에서도 염사국의 조공만이 중국측 사서에서 부각된 것은 일차적으로 염사국이 낙랑군과의 교섭에 보다 적극적이었기 때문이다. 또한 치와 소마시의 활동에서 보듯이, 낙랑군의 진한지역 통제에서 염사국이 더 커다란 역할을 했다고 판단되었기 때문일 것이다.

6. 맺음말

본고에서 필자는 치의 귀부 이후 1세기 초까지 염사국이 진한지역 내에서 우세 소국으로 등장하여 주변 소국에 대한 통솔권과 대외교섭 대표권을 확보했음을 밝혔다. 이에 마지막으로 이러한 과정이 소국 간의 상호작용에서 가지는 의미를 밝히고 이후의 변화 방향을 제시해 보려 한다.

염사국이 소국연맹을 주도했다고 해도 그 지배력이 타 소국의 내부로 침투할 정도는 아니었다. 주변 소국의 의사와 무관하게 강제력이 행사된 근거도 찾아지지 않는다. 그러나 특정 소국의 통솔 기능이 부각된 점은 소국 간의 관계에서 주목할 만한 변화로 볼 수 있다. 이는 소국 형성기의 진한 6국이[93] 중심 소국 없이 느슨하게 결속했던 점과는 커다란 차이를 보이기 때문이다. 이러한 변화는 지역에 따라 다양하게 진행되었다. 지황시 이전과 건무 20년에 염사국의 통솔권이 보여주는 차이나 염사국과 사로국의 그것에 나타나는 차이는 이를 잘 확인해 준다. 또한 그 변화가 점진적으로 이루어졌음을 알 수 있다. 사료상으로 드러나지 않지만, 진한 지역에서는 이외에도 다양한 형태의 소국 결속체가 존재했을 것이다.

1세기 초 염사국의 통솔권은 중심 소국이 타 소국에 대해 지배력을 행사하거나 복속을 받았던 후대의 경우와 분명히 차이를 보인다. 그러나 이러한 역할이 확대되면서 소국 간의 관계가 점차 불평등한 관계로 변화한 점은 인정될 수 있다. 이런 점에서 1세기 초 염사국의 대외교섭은 특정 소국이 타 소국에 대해 지배력을 행사하기 이전의 과도기적 형태를 보여준다고 하겠다. 다만 중심 소국의 통솔권이라는 면에서 볼 때, 진한 지역 내에서도 염사국은 사로국의 경우보다는 떨어졌던 것이다.

그렇다면 염사국의 대외교섭이 궁극적으로는 어떻게 진행되었는지 궁금해진다. 그러나 이를 전하는 자료는 없으며, 소마시의 조공에서 확인된 통솔권이 언제까지 지속되었는지도 불확실하다.[94] 다만 치(鑡)의 후손이 연광 4년(125) 낙랑군으로부터 복제(復除)를 받은 사실이(사료 가-F) 약간의 시

---

93) 『삼국지』위서 동이전 진한.

94) 3세기경 신지(臣智) 중에는 구야진지렴지호(拘邪秦支廉之號)를 칭한 사례가 있는데, 이는 일종의 우호(優呼)였다(『삼국지』위서 동이전 한). 이 중 '廉之(렴지)'를 '廉斯(염사)'로 볼 수 있다면(나가통세那珂通世, 앞의 글, 1958, 129쪽), 염사국의 통솔권은 당시까지도 유지되었을 가능성이 크다. 그러나 이 경우, '구야진지렴' 앞의 신지들이 '소국명+우호'의 순서로 기록된 것과 달리 '廉之(렴지)'에서만 이러한 원칙이 지켜지지 않은 이유가 합리적으로 설명되지 않는다.

사점을 제공한다. 치의 행적이 이를 초래할 정도로 낙랑군에서 칭송되었다면, 그의 귀부를 계기로 본격화된 진한 지역과의 교섭은 당시까지는 어느 정도 지속되었을 가능성이 있기 때문이다. 이에 염사국의 통솔권은 대체로 2세기 초까지는 지속되었을 가능성이 크다.

　반면 2세기 중·후반으로 추정되는 탈해·파사대에는[95] 이와 다른 상황이 확인된다. 탈해니사금은 즉위 이전부터 금관국(金官國)의 지배권을 놓고 수로왕과 다투다가 대외무역로를 통해 계림(鷄林)의 땅으로 도망쳤다고 한다.[96] 또 파사 23년에는 사로국왕과 금관국왕이 각각 진한과 변한을 대표하는 주체로 부각되고 있다.[97] 이는 사로국과 염사국의 통솔권 간에 균형이 깨지고 변·진한 소국 간에 새로운 질서가 정립되어 감을 보여준다. 염사국의 통솔권은 더 이상 확대되지 못하고 그 이전에 상실된 것이다. 그렇다면 이러한 과정이 어떻게 진행되었으며, 탈해·파사대 이후 소국 간의 관계는 실제로 어떤 것이었는지 궁금해진다. 이는 2세기 이후 사로국과 진한 소국 간의 관계를 보다 면밀히 검토할 필요성을 제기하는 것이다.

『한국고대사연구』 22, 2001

---

95) 이부오, 앞의 글, 1999, 253쪽.
96) 『삼국유사』 권2 기이 제2 가락국기.
97) 『삼국사기』 권1 신라본기 파사이사금 23년.

Ⅱ
중국 사서의 서술 맥락을 통해 본
『삼국지』 한조(韓條)의 진한과 진왕(辰王)

1. 머리말

『삼국지』오환선비동이전(烏丸鮮卑東夷傳, 이하 '동이전'으로 약칭) 한조(韓條)는 3세기까지의 진한 사회를 이해하는 유력한 근거자료로 활용되어 왔다. 3세기 말에 찬술된 이 자료에서 진한의 종족적 구분과 연원, 그리고 3세기 중엽 제국(諸國)의 상황이 비교적 자세히 언급되었기 때문이다.

이를 중시한 연구자들은 3세기 중후반까지 진한 지역이 12국으로 분립되어 있었다고 설명했다. 이러한 관점은 한치윤이 『해동역사』에서 어렴풋한 방향을 제시한[1] 이래 일본인 학자들이 근대사학적 입장으로 삼한에 대해 관심을 표명하는 과정에서 주목받기 시작했다.[2] 일제강점기에는 이러한 논의가 구체화되었고,[3] 해방 이후 지금까지 학계에서 커다란 공감을 얻

---

1) 한치윤(韓致奫), 『해동역사』권10, 신라(『한국학기본총서』제9 상권, 경인문화사, 1973, 145쪽).
2) 나가통세(那珂通世), 「삼한고」『사학잡지』제6-6호, 1895, 41쪽.
3) 금서룡(今西龍), 「신라사통설(通說)」『신라사연구』, 근택서점(近澤書店), 1933(이부오·하시모토 시게루 옮김, 『신라사 연구』, 서경문화사, 2008, 30쪽, 58쪽) ;

Ⅱ. 중국 사서의 서술 맥락을 통해 본 『삼국지』 한조(韓條)의 진한과 진왕(辰王) ― 53

어 왔다.[4] 반면『삼국사기』신라본기를 중시하는 쪽에서는 2~3세기를 거치면서 사로국이 진한 제국을 병합했다고 보았다.[5]『삼국지』한조에서 진한 제국이 분립된 것은 진한 제국의 통합 과정보다 교역의 측면을 중시했기 때문이라는 것이다.[6] 두 자료의 절충을 추구한 연구자들은『삼국사기』신라본기의 정복기사를 연맹이나[7] 대외교역에 대한 주도권 확보,[8] 복속 과정,[9] 연맹 주도권으로부터 거점지배로의 변화 과정을 강조했다.[10]

이상의 연구는 두 자료 중에서 어느 쪽을 비중 있게 수용하는가에 초점을 맞췄다고 볼 수 있다. 그런데 어느 한쪽의 사료적 가치가 분명히 검증되지 않은 상황에서는 양쪽 자료에 대한 수용의 비중을 고민하는 것만으로는 진한 사회의 실상을 이해하는 데 한계가 있다. 두 자료 간의 모순을 완벽하게 해결하는 것이 현실적으로 불가능하다면, 개별 자료의 서술 맥락

진전좌우길(津田左右吉),「《삼국사기》의 신라본기에 대하여《三國史記》の新羅本紀について」『고사기와 일본서기의 연구古事記及日本書紀の硏究』, 낙양당(洛陽堂), 1919(이부오·장익수 역,「《삼국사기》신라본기에 대하여」『신라사학보』15, 2009, 259~263쪽).

4) 이병도,『조선사대관』, 동지사, 1948, 54~61쪽 ; 노태돈,「《삼국사기》상대기사의 신빙성 문제」『아시아문화』2, 한림대학교 아시아문화연구소, 1987, 1~7쪽 ; 강종훈,「신라 상고기년의 재검토」『한국사론』26, 서울대학교 국사학과, 1991, 8~9쪽, 24쪽 ; 선석열,「신라초기 사로국의 성장과 동이전」『경대사론』7, 1994, 25~34쪽.

5) 천관우,「남북의 고대국가 −'한국사의 조류' 연재 제4회−」『신동아』1972년 9월호, 240~242쪽 :「삼한의 국가형성」상『한국학보』1976년 봄호, 4~46쪽 ; 이종욱,『신라국가형성사연구』, 일조각, 1982, 48~90쪽.

6) 이종욱, 앞의 책, 1982, 106~107쪽.

7) 이현혜,『삼한사회형성과정연구』, 일조각, 1984, 184~188쪽.

8) 서영일,「사로국의 실직국(悉直國) 병합과 동해 해상권의 장악」『신라문화』21, 2003, 15쪽.

9) 박대재,『고대한국 초기국가의 왕과 전쟁』, 경인문화사, 2006, 173~182쪽.

10) 이부오,『신라 군·성(촌)제의 기원과 소국집단』, 서경, 2003, 40~48쪽, 58~65쪽, 108~112쪽.

과 여기에 담긴 문제점을 보다 체계적으로 분석하는 것이 당시의 실상을 이해하는 데 유용할 것이다.

지금까지 진한 사회와 관련된 사료적 가치를 확인하고 모순을 가려내는 작업은 주로 『삼국사기』 신라본기를 대상으로 이루어졌다.[11] 이 자료에 대해 추구되었던 엄밀한 비판과 비교할 때 『삼국지』 기사는 상대적으로 관대하게 취급된 측면이 있다.[12] 따라서 『삼국사기』 신라본기와 『삼국지』 동이전 자체의 내부 논리를 각각 치밀하게 추구하는[13] 동시에 이를 당시의 진한 지역 상황과 관련하여 면밀히 검토할 필요가 있다.

이와 관련하여 최근 『삼국지』·『후한서』의 서술맥락이 주목되고 있다. 주로 서지학적 검토를 통해 삼한 사회에 대해 의미 있는 성과가 축적되고 있다.[14] 그러나 이러한 성과가 진한 사회의 구체적인 상(像)을 복원하는 단계에는 아직 이르지 못했다고 생각된다.

문제의 핵심은 『삼국지』 동이전 한조에 언급된 진왕(辰王)과 진한(辰韓)이 쥐고 있다고 해도 과언이 아니다. 통행본(通行本) 『삼국지』의 해당조에서는 진한에 대한 마한 목지국왕의 진왕 역할 및 변·진한과 연결된 진왕을 동시에 언급하였다. 진한에 대한 진왕 역할이 마한 목지국왕에 의해 독점되었다고 볼 경우,[15] 진한 제국 간의 결속은 미미했다고 해석될 여지가

---

11) 이부오, 「일제강점기 《삼국사기》 신라본기 초기기사 비판론에 대한 극복과정과 과제」 『한국고대사연구』 61, 2011, 16~20쪽, 29~35쪽.

12) 이강래, 「《삼국지》 동이전과 한국고대사」 『전남사학』 25, 2005, 342쪽.

13) 이강래, 앞의 글, 343쪽.

14) 윤용구, 「3세기 이전 중국사서에 나타난 한국고대사상(像)」 『한국고대사연구』 14, 1998 ; 「《삼국지》 판본과 〈동이전〉 교감」 『한국고대사연구』 60, 2010 ; 신현웅, 『후한서·삼국지 한전 연구』, 동국대학교 박사학위논문, 2003 ; 기수연, 『《후한서》 〈동이열전〉 연구』, 백산자료원, 2005.

15) 말송보화(末松保和), 『신라사의 제문제新羅史の諸問題』, 동양문고, 1954, 129~130쪽 ; 노중국, 「마한의 성립과 변천」 『마한·백제문화』 10, 1987, 44쪽 : 『백제정치사연구』, 일조각, 1988, 89쪽 : 《삼국사기》 초기기록과 《삼국지》 동이전」

있다. 반면 진한에 근거한 진왕을 인정하면[16] 진한 12국은 이를 중심으로 어떤 형태로든 결속한 셈이 된다. 진왕의 근거지가 염사국(廉斯國)이었거나[17] 진한으로부터 목지국으로 이동했을 경우,[18] 대상 공간이나 시기의 측면에서 제한된 결속체를 상정할 수 있다.

이와 관련하여 필자는 『삼국지』 동이전 한조에서 진한이 이중적으로 기술된 점을 주목했다. 이 문제는 진한과 진왕의 관계가 모순되게 서술된 점과도 연결되어 있기 때문이다. 중국 사서에서 진왕 관련 기사가 보여주는 중층성은 이러한 문제의 배경과 본질을 해명하는 데 도움을 줄 것이다. 이상은 진한과 진왕의 관계와 관련하여 위 사서에 반영된 의미를 밝히는 관건이 될 것으로 생각된다. 이를 통해 3세기 중엽 진한의 실체에 대해 일정한 단서를 얻는 것이 본고의 목적이다.

2. 『삼국지』 한조의 진왕 표기와 진한

중국 사서에서 3세기 중후반 진한 지역의 상황을 가장 구체적으로 전하

『한국고대사 연구의 새 동향』, 서경문화사, 2007, 412쪽 ; 선석열, 『신라국가 성립과정연구』, 혜안, 2001, 93~94쪽 ; 신현웅, 앞의 글, 2003, 98쪽.

16) 나가통세(那珂通世), 「삼한고(三韓考)」『외교역사(外交繹史)』, 암파서점(岩波書店), 1958, 129~130쪽 ; 천관우, 「《삼국지》 한전의 재검토」『진단학보』 41, 1976, 27쪽 : 「목지국고」『한국사연구』 24, 1979, 16~19쪽 ; 이종욱, 앞의 책, 1982, 78쪽 ; 이부오, 「1~3세기 진왕(辰王)의 성격 변화와 삼한 소국의 대외교섭」『신라사학보』 1, 2004, 22~26쪽 ; 서의식, 「진국(辰國)의 변전(變轉)과 '진왕'의 사적 추이」『역사교육』 114, 2010, 114쪽.

17) 정상간부(井上幹夫), 「"위지"동이전에 보이는 진왕에 대하여"魏志"東夷傳にみえる辰王について」『속율령국가와 귀족사회續律令國家と貴族社會』, 길천홍문관(吉川弘文館), 1978, 621쪽, 635쪽.

18) 율원붕신(栗原朋信), 『상대일본대외관계의 연구上代日本對外關係の研究』, 길천홍문관, 1978, 127쪽.

는 자료는『삼국지』동이전 한조이다. 이는『삼국사기』신라본기의 서술과 다르다는 점이 주목되어 왔으나, 그 자체 내에서도 일관되지 않은 모습을 담고 있다. 본장에서는 진한과 관련된 진왕의 표기를 중심으로 이러한 기술에 대한 이해방향을 탐색해 보자.

우선『삼국지』한조에서 본고와 가장 밀접히 연관된 부분을 제시하면 다음과 같다.

가) ① 한(韓)은 대방(帶方)의 남쪽에 있다. 동서로는 바다를 경계로 삼고 남으로는 왜와 접해 있으며, 사방 4천리이다. 3종이 있으니, 첫째는 마한, 둘째는 진한, 셋째는 변한이다. 진한은 옛 진국(辰國)이다. ② 마한은 서쪽에 있다. …… 진왕(辰王)이 월지국(月支國)을 다스린다. 신지(臣智)에게는 혹은 신운견지보(臣雲遣支報) 안야축지(安邪踧支) 분신리아불례(濆臣離兒不例) 구야진지렴(拘邪秦支廉) 등의 칭호가 더해진다. 그 관(官)에는 위솔선(魏率善) 읍군(邑君)·귀의후(歸義侯)·중랑장(中郎將)·도위(都尉)·백장(伯長) 등이 있다. …… ③ 진한은 마한의 동쪽에 있다. 노인들이 대대로 전해 스스로 하는 말에 따르면, 옛 망인(亡人)이 진역(秦役)을 피해 한국(韓國)에 오자 마한이 동쪽 경계지를 떼어 주었다고 한다. 성책(城柵)이 있다. …… 처음에 6국이 있었는데, 점차 나뉘어 12국이 되었다. ④ 변진 역시 12국이다. ⑤ 또한 여러 소별읍(小別邑)이 있어 각기 거수(渠帥)가 있다. 큰 경우는 신지라 하고, 그 다음엔 험측(險側), 그 다음엔 번예(樊濊), 그 다음엔 살해(殺奚), 그 다음엔 읍차(邑借)가 있다. 이저국(已柢國)·불사국(不斯國)·변진미리미동국(弁辰彌離彌凍國)·변진접도국(弁辰接塗國)·근기국(勤耆國)·난미리미동국(難彌離彌凍國)·변진고자미동국(弁辰古資彌凍國)·변진고순시국(弁辰古淳是國)·염해국(冉奚國)·변진반로국(弁辰半路國)·변(弁)(진辰)낙노국(樂奴國)·군미국(軍彌國)(변군미국弁軍彌國)·변진미오야마국(弁辰彌烏邪馬國)·여심국(如湛國)·변진감로국(弁辰甘路國)·호로국(戶路國)·주선국(州鮮國)(마연국馬延國)·변진구야국(弁辰狗邪國)·변진주조마국(弁辰走漕馬國)·변진안야국(弁辰安邪國)(마연국馬延國)·변진독로국(弁辰瀆盧國)·사로국(斯盧國)·

우중국(優中國)이 있으니 변진을 합해 24국이다. 대국은 4~5천 가(家)이며 소국은 6~7백 가로 총 4~5만 호이다. ⑥ 이 중 12국은 진왕(辰王)에 屬한다. ⑦ 진왕(辰王)은 항상 마한인으로 하고 대대로 이어받아서 ⑧ 진왕(辰王)은 자력으로 왕이 되지 못했다. …… ⑨ 변진(弁辰)은 진한과 잡거하는데 역시 성곽이 있다. 의복과 거처는 진한과 같다. 언어와 법속은 서로 비슷하며, 귀신을 제사하는 방식에는 차이가 있다. 부엌을 모두 집 서쪽에 설치한다. 그 중에서 독로국은 왜와 경계를 접한다. 12국에는 역시 왕이 있다.[19] (『삼국지』 권30 위서 동이전 한)

위 사료에 따르면 위대(魏代)인 3세기 중엽 진한과 변한은 각각 12국으로 분립되어 있었다고 한다(사료 가-③·④·⑤). 이중에서 12국은 진왕(辰王)에 속하는데(가-⑥), 진왕은 항상 마한인으로 하고 대대로 이어받아(가-⑦) 자력으로 왕이 될 수 없었다는 것이다(가-⑧). 진한 제국이 분립되어 있었다는 것은 그 자체로는 이해가 가능하지만, 가)-⑥·⑦·⑧과 연결하는 문제는 단순하지 않다. 변·진한 중 12국이 진왕에 속하고 그 진왕 역할을

---

19) 韓在帶方之南, 東西以海爲限, 南與倭接, 方可四千里. 有三種, 一曰馬韓, 二曰辰韓, 三曰弁韓. 辰韓者, 古之辰國也. 馬韓在西 …… 辰王治月支國. 臣智或加優呼臣雲遣支報安邪踧支濆臣離兒不例拘邪秦支廉之號. 其官有魏率善 邑君, 歸義侯, 中郞將, 都尉, 伯長. …… 辰韓在馬韓之東. 其耆老傳世, 自言古之亡人避秦役來適韓國, 馬韓割其東界地與之. 有城柵. …… 始有六國, 稍分爲十二國. 弁辰亦十二國. 又有諸小別邑, 各有渠帥, 大者名臣智, 其次有險側, 次有樊濊, 次有殺奚, 次有邑借. 有已柢國, 不斯國, 弁辰彌離彌凍國, 弁辰接塗國, 勤耆國, 難彌離彌凍國, 弁辰古資彌凍國, 弁辰古淳是國, 冉奚國, 弁辰半路國, 弁[辰]樂奴國, 軍彌國, [弁軍彌國], 弁辰彌烏邪馬國, 如湛國, 弁辰甘路國, 戶路國, 州鮮國, [馬延國], 弁辰狗邪國, 弁辰走漕馬國, 弁辰安邪國, [馬延國], 弁辰瀆盧國, 斯盧國, 優中國. 弁·辰韓合二十四國, 大國四五千家, 小國六七百家, 總四五萬戶. 其十二國屬辰王. 辰王常用馬韓人作之, 世世相繼. 辰王不得自立爲王. …… 弁辰與辰韓雜居, 亦有城郭. 衣服居處與辰韓同. 言語法俗相似, 祠祭鬼神有異, 施竈皆在戶西. 其瀆盧國與倭接界. 十二國亦有王(허동방許東方 교정, 『삼국지』, 굉업서국宏業書局, 1993 : 이하 동).

항상 마한인에게 맡겼다고 이해하더라도, 바로 그 진왕이 자립하지 못한다는 것은(가-⑧) 서로 논리적 모순을 안고 있기 때문이다.

　앞서 소개한 것처럼 위 사료의 진왕 중에서 마한의 진왕만을 인정하면, 변·진한 12국이 마한 진왕에 속하고 그에게 진왕 역할을 맡겼다고 해석할 수 있다. 이와 관련하여 『후한서』 동이열전 한조에서는 삼한이 마한을 같이 세워 진왕으로 삼고 목지국왕이 삼한 전체에 왕의 역할을 한다고 언급했다. 이는 변·진한 12국이 마한의 진왕에 속했다는 서술을 포괄하므로, 양쪽의 서술은 일단 서로 부합한다고 볼 수 있다. 그러나 바로 그 진왕이 자립하지 못한다는(사료 가-⑧) 논리적 모순은 역시 해소될 길이 없다. 진왕의 존재를 인정하면서도 그 역할을 부정하는 셈이 되기 때문이다.

　사료 가)-⑥·⑧의 진왕을 진한 내의 진왕으로, 가)-⑦의 진왕을 마한 목지국 진왕으로 보면 세 진왕 사이의 설명은 가능하다. 가)-⑥은 진한 내에 존재했던 위대의 진왕으로, 가)-⑧은 그 이전에 진한 자체 내에서 진왕 역할을 하지 못했다는 것으로, 그 이유가 가)-⑦처럼 수 세대 동안 진왕 역할을 마한인에게 맡긴 데 있었다는 것으로 해석될 수 있기 때문이다. 이러한 조건을 만족시키기 위해서는 전자의 두 진왕과 마지막의 진왕을 별개의 지역에 기반을 둔 존재라는 설명이 전제되어야 한다. 그런데 이 부분 앞에서는 목지국의 진왕만 언급되었다(가-②). 그럼에도 불구하고 위 사료처럼 연속된 문장에서 '진왕'이라는 표현이 별다른 설명 없이 서로 다른 지역의 대표권자를 표현했을지 의문이 생긴다.

　『삼국지』 동이전에는 사이(四夷) 거수들의 상황을 개관한 사례가 적지 않다. 이는 대체로 각 종족의 역사적 연원과 세력변동의 추이를 소개하고 있는데, 서술의 흐름은 이해하기가 그리 어렵지 않은 편이다. 위 사료처럼 문장 자체로 논리적 모순을 보이거나 인접한 문장 사이에서 일정한 조건을 전제로 달아야 이해가 가능한 문장은 거의 발견되지 않는다. 또한 진왕(辰王)처럼 일정한 지역에 기반을 둔 동일한 호칭의 대표권자가 인접한 지역에서 동시에 기재된 사례도 찾아지지 않는다. 그렇다면 사료 가)-⑥·⑧과

가)-⑦의 진왕이 각각 진한과 마한에 별도로 존재했을 가능성은 크지 않다고 판단된다.[20]

그런데 이 문제는 위 사료만으로는 해결되기 어려운 조건을 안고 있다. 사서에 따라 이 부분의 표기가 다르기 때문이다〈표 1〉.

〈표 1〉 변·진한 12국 관련 진왕(진한)에 대한 사서별 표기

사서	속(屬) 대상 (속의 주체)	마한왕의 역할(대상 범위)			자력으로 왕 불가능한 주체	비고
		진왕	왕	주(主)		
『위략』 (『한원』 인용)				(진한인)		
『삼국지』	진왕 (변·진12국)	월지국/ (변·진한12국)			진왕	
『후한서』		(삼한)				
『진서(晉書)』	진한 (변·진한)			(진한)	진한	시점 차이
『양서』				(진한)	진한	원문에는 馬韓人'作之'
『북사』			(진한)		진한	
『통전』		(삼한)	(진한)		진한	
『태평환우기 (太平寰宇記)』			(진한)		진한	
『태평어람』		(삼한)				『후한서』 인용
		(진한)			진왕	『위지』 인용
『책부원구』		(삼한)				'진(辰)'(왕)
『통지(通志)』	진왕 (변·진12국)	월지국/ (변·진한12국)			진왕	
『문헌통고』		(삼한)	(진한)		진한	

이 중에서 대표적인 사례를 먼저 제시하면 다음과 같다.

---

20) 필자는 앞의 글, 2004, 22~26쪽에서 마한과 진한의 이원적 진왕을 언급하였다. 그러나 본문의 서술과 뒤에서 다룰 『삼국지』 한조 원문의 표기를 고려해 본고에서는 견해를 수정하였다.

나-1) 『위략』에서 이렇게 언급했다. "진한인은 항상 마한인을 주(主)로 삼아 대대로 계속 이어받았다."[21] (『한원翰苑』 번이부蕃夷部 삼한)

나-2) 진한은 …… 처음에 6국이었는데 뒤에 차차 나뉘어 12국이 되었다. 또 변진이 있는데 역시 12국이다. 모두 합해 4~5만 호이다. 각기 거수가 있는데 모두 진한에 속한다. 진한은 항상 마한인으로 주(主)를 삼는다. 비록 대대로 서로 이어받았지만 자립하지 못했다. 이는 그들이 유리(流移)해 온 사람들이었기 때문에 마한의 통제를 받았음을 말해준다.[22] (『진서晉書』 권97 열전67 사이 진한)

660년경에 편찬된 『한원』의 삼한조에서는 『위략』을 인용해, 대대로 마한인으로 삼았던 대상과 주체를 『삼국지』 한조와 다르게 표현했다(사료 나-1). 그 주체는 진왕이 아니고 진한인이며, 이들이 마한인을 대대로 주(主)로 삼았다는 것이다.

『한원』에 실린 『위략』의 사료적 가치는 대체로 낮게 평가되고 있다.[23] 또한 원전에 대한 조자(助字)의 첨가와 개문(改文)이 많았던 유서(類書)의 한계를[24] 고려하면, 사료 나-1)만을 기준으로 삼아 가)-⑦의 주체를 '진한인'으로 수정해야 할지에 대해서는 섣불리 결론을 내리기 어렵다. 반면 『삼국지』가 필사본으로 집필되어 전해지다가 북송 함평(咸平) 5년(1002)경 처음으로 인쇄된 점을[25] 고려하면, 가)-⑦이 원래 '辰韓(진한)'이었다가 필사본의

---

21) 魏略曰 辰韓人常用馬韓人作主 代代相承.

22) 辰韓 …… 初有六國 後稍分爲十二. 又有弁辰 亦十二國 合四五萬戶. 各有渠帥 皆屬於辰韓. 辰韓常用馬韓人作主. 雖世世相承 而不得自立. 明其流移之人 故爲馬韓所制也.

23) 전해종, 『동이전의 문헌적 연구』, 일조각, 1993 중판, 125쪽.

24) 윤용구, 「《한원》 번이부(蕃夷部)의 주문(注文)구성에 대하여」 『백제문화』 45, 2011, 152~153쪽.

25) 정상간부(井上幹夫), 「《삼국지》의 성립과 텍스트에 대하여《三國志》の成立とそのテキ

전승 과정에서 '辰王(진왕)'으로 수정되었을 가능성도 배제할 수 없다. 그 여부를 가)-⑦과 나-1)의 표현만으로 판단을 내리는 것은 불가능하다.

그러면 여타 사서의 표기와 서술 맥락을 통해 사료 가)-⑦의 표기를 판단해 보자. 만일 나-1)을 중시해 가)-⑦을 '진한은 항상 마한인으로 主를 삼아 대대로 이어받아서'로 수정한다면, 이 부분을 좀 더 합리적으로 이해할 수 있다. 그러나 나-1)의 '진한인'은 『위략』의 원래 표현인지 『한원』의 주문(注文)을 작성한 옹공예(雍公叡)가[26] 가)-⑦을 수정한 것인지도 불분명하다. 또한 진한인이 마한인을 주로 삼았는데 갑자기 진왕이 자력으로 왕이 되지 못한다는 것은(가-⑧) 상호 연결이 매우 어색하다. 그러나 『위략』은 『삼국지』의 주된 저본이었다는 점에서 나-1)의 표현을 무시하기도 어렵다.

이와 관련하여 『진서(晋書)』(644)에서는 사료 가)-⑦의 주체뿐만 아니라 가)-⑧의 주체도 진한으로 표기했다. 이는 8세기 말의 『통전』 진한조와도[27] 유사다. 『양서』(629)와 『북사』(659) 신라조, 10세기 말의 『태평환우기』 삼한국조 그리고 『문헌통고』(1319) 진한조에서는 진한왕을 항상 마한인으로 세워 대대로 이어가서 진한 스스로 왕을 세울 수 없다고 했다.[28] 반면 『통지』(1161)는 그 주체를 『삼국지』 한조처럼 진왕(辰王)이라 표기했고, 『태평어람』은 『위지(魏志)』를 인용해 자력으로 왕이 불가능한 주체를 역시 진왕이라 했다〈표 1〉. 자력으로 왕이 되지 못했던 주체가 『진서』 계열의 사서와 『삼국지』 계열의 사서에서 차이를 보이는 것이다.

이상과 관련하여 사료 가)-⑥의 '辰王(진왕)'만을 '辰韓(진한)'의 오기로 보

　ㅈㅏㅇ について」『계간 야마대국(邪馬台國)』 18, 1983, 165쪽.

26) 윤용구, 앞의 글, 2011, 159~160쪽.

27) 『진서』 권97 열전67 사이 동이 진한 ; 『통전』 권185 변방1 동이 상 진한.

28) 『북사』 권94 열전82 신라 ; 『양서』 권54 제이(諸夷) 동이 신라 ; 『문헌통고』 권324 사예(四裔)1 진한.

면,[29] 12국이 진한에 '속'한다는 문구 자체는 쉽게 이해될 수 있다. 그러나 진왕 역할을 마한인으로 이어받으면서(가-⑦) 자력으로 왕이 되지 못하는 마한 '진왕'이 존재한다는 것은(가-⑧) 앞서 언급한 것처럼 행위 주체들 사이에 충돌을 불러온다.

사료 가)-⑦의 '진왕'만을 '진한'의 오기로 볼 경우에는 해당 부분은 '진한을 항상 마한인으로 삼는다'라는 해석이 되어 어색해진다. 가)-⑧의 '진왕'만을 '진한'의 오기로 볼 경우에도 동일한 문제가 발생한다. 『삼국지』 변진조의 찬자가 '辰韓不得自立爲王(진한부득자립위왕)…'을 '辰王不得自立爲王(진왕부득자립위왕)…'으로 오기했다고 본다면,[30] 가)-⑧의 '진왕'만이 '진한'의 오기라 한 셈이다. 이 경우에는 자립하지 못한 주체가 진한이므로, 기존의 수 세대뿐만 아니라 가)-⑥ 상황에서도 진한 12국은 진왕에 속한 셈이 된다. 그런데 변·진한에서 목지국 진왕과 밀접히 관련된 거수들은 주로 변한에 근거했다는 점에서(가-②) 이 경우도 납득하기 어렵다.

이와 관련하여 『위략』 원문에서 '辰韓常用馬韓人作主 辰韓不得自立爲王…'이라 한 문구를 진수가 정확히 이해하지 못하고 변진 12국이 진왕에 속했다고 기재했다는 견해가 제시되었다.[31] 일단 7세기 이후 사서의 대부분이 사료 가)-⑦·⑧의 주체를 辰韓으로 표기한 것은 찬자들에게 저본상의 근거나 서술맥락에 대한 판단 근거가 어느 정도 갖춰졌을 가능성을 시사한다. 또한 이와 정반대로 모두 진왕이라 표기한 자료가 상존했던 점을 고려하면, 해당 부분에 대해서는 현행 『삼국지』 한조 또는 『진서』 진한조처럼 표기한 필사본이 별도의 계통으로 전해졌을 가능성이 있다. 〈표 1〉로

29) 나가통세(那珂通世), 앞의 글, 1895, 35쪽 ; 이기동, 「기마민족설에서의 한·왜 연합왕국론 비판」『한국사시민강좌』 11, 일조각, 1992, 84쪽.

30) 이병도, 『한국고대사연구』, 박영사, 1985 수정판, 254쪽.

31) 성합신지(成合信之), 「삼한잡고(三韓雜考)」『학습원사학(學習院史學)』 11, 1974, 14~15쪽.

보면 『삼국지』 한조의 가)-⑦·⑧ 부분은 원래 후자에 가까웠을 가능성에 무게를 둘 수 있다.

이 경우 해당 표현은 바로 앞에서 '이 중 12국이 진왕에 속한다'(사료 가-⑥)라는 표현과 어울려야 한다. 가)-⑥에서 속(屬)한 주체를 변·진한 12국으로 보고 그 대상을 진왕으로 보되 이 진왕을 가)-⑦의 '마한인' 즉 목지국 진왕과 동일시하면, 이들 사이의 연결 자체에는 특별한 문제가 없다. 그러나 이는 『삼국지』 한조의 전체적 맥락으로 보면 문제가 발생한다. 앞서 언급한 것처럼 목지국 진왕과 밀접하게 연계된 주요 세력은 진한보다 변한에 근거한 거수들이었기 때문이다. 그렇다면 가)-⑥의 '진왕'만 수용하고 가)-⑦·⑧의 진왕을 '진한'으로 수정하는 것은 합리성이 떨어진다.

만일 사료 가)-⑥·⑧의 진왕만 '진한'의 오기라면, 당시 변·진한 중 12국이 진한에 속했고 예전에 진한이 스스로 왕 역할을 하지 못했는데(가-⑥·⑧) 그 이유가 진왕 역할을 항상 마한인으로 하고 대대로 이어받았던 데 있었다는 점에서(가-⑦) 의미가 통할 수 있다. 그러나 현재의 자료만으로 『위략』의 원문이 원래 그러하였고 『삼국지』 찬자가 위와 같이 오기를 범했다고 단정할 만한 근거가 부족하다.

이상의 문제점을 고려하면 『진서(晉書)』 찬자가 사료 가)-⑥·⑦·⑧의 '진왕(辰王)'을 오기로 판단해 '진한(辰韓)'으로 수정했거나[32] 『위략』 원문에 의거해 기술했다는 견해가[33] 주목된다. 이 경우, 12국이 진한에 속하되(가-⑥) 그 진한이 자력으로 왕이 되지 못한다는 상황은(가-⑧) 상정될 수 있다. 그러나 가)-⑦에서는 진한을 대대로 항상 '마한인'으로 한 셈이 되어 여전히 대상과 행위가 서로 어색해진다.

그런데 『삼국지』 한조의 '辰王常用馬韓人作之'를 『진서』 진한조처럼 '辰韓常用馬韓人作主'로 놓고 보면 이러한 문제가 해소된다. 이 경우 사료 가)-

---

32) 박대재, 「《삼국지》 한전의 진왕에 대한 재인식」 『한국고대사연구』 26, 2002, 45쪽.
33) 신현웅, 「《진서(晉書)》 진한전 기사의 성격」 『신라문화』 30, 2007, 19쪽.

⑥·⑦·⑧은 '변·진한 중에서 12국이 진한에 속하는데 진한이 항상 마한인으로 주(主)를 삼아 진한은 스스로 왕을 세우지 못했다'라고 이해될 수 있기 때문이다. 이상의 검토를 고려하면 가)−⑥·⑦·⑧은 다음과 같이 고쳐 정리될 수 있다.

가) ⑥' 其十二國屬辰韓 ⑦' 辰韓常用馬韓人作主 世世相繼 ⑧' 辰韓不得自立爲王.(『삼국지』권30, 위서 동이전 한의 가)−⑥·⑦·⑧에 대한 수정임)

현존하는 자료의 상호맥락을 중시할 경우, 위와 같은 기술은 합리적 설명이 가능한 유일한 사례이다. '常用馬韓人作主'를 전제로 사료 가)−⑥·⑦·⑧의 '진왕' 표기를 위와 다른 어떤 방식으로 적용해 보아도 위에서 나열한 모순이 재현된다.

이처럼 현재까지의 자료로 보아 사료 가)−⑥·⑦·⑧의 '진왕(辰王)'은 원본 『삼국지』 한조에서는 모두 '진한(辰韓)'이었다고 판단된다. 이런 점에서 『한원』에 전하는 『위략』 기사는(나-1) 원전의 흔적에 가깝다고 볼 수 있다. 원전 『삼국지』에서도 이렇게 표기되었다가 현행 『진서』 진한조로 계승되었다고 생각된다. 반면 필사 전승 과정에서 변형된 자료가 함평(咸平) 5년 인쇄본을 거쳐 통행본(通行本)으로 이어진 것이다.

그렇다면 변·진한 24국이 분립하면서도 이 중에서 12국이 진한에 속한 점, 그리고 진한이 대대로 마한인을 주(主)로 삼아 스스로 자립하지 못했던 점이 당시 진한의 상황을 해명하는 데 어떤 의미를 가지는지 파악할 필요가 있다.

3. 진한에 대한 중층적 서술의 배경

앞서 언급한 것처럼 『삼국지』 한조는 진한 12국이 분립한 점과 변·진한 12국이 '진한'에 속한 점을 동시에 언급하였다. 이 중에서 어느 쪽을 중시하는가에 따라 3세기 중엽의 진한 상(像)은 커다란 차이를 보여 왔다. 본장에서는 이처럼 진한을 중층적으로 서술한 배경과 그 의미를 파악해 보자.

우선 진한에 대한 표현의 중층성이 동일한 실체를 대상으로 한 것인지, 아니면 서술 대상 시기나 저본 작성 시기의 차이를 반영하는지 파악할 필요가 있다. 우선 진한 12국의 분립은 처음에 6국이 있었다가 점차 나뉜 결과였다(사료 가-③).『삼국지』한조의 찬자는 6국의 성립과 분화, 그리고 그이후의 상황을 차례대로 소개함으로써 진한의 연원으로부터 3세기 중엽에 이르는 과정을 단계적으로 설명하였다.

여기서 12국이 진한에 속한다는 것은(사료 가-⑥') 변·진한 24국의 상황 (가-⑤)과 연결하여 일부 국의 특징을 보완하고 있다. 문맥으로 보아 가)-⑥'는 가-⑤와 동일한 상황을 설명했다고 생각된다. 그런데 진한이 항상 마한인으로 주(主)를 삼고 대대로 이어받아서 진한이 자력으로 왕이 되지 못했다는 것은(가-⑦'·⑧') 시간적 폭이 수 세대에 걸쳐 있다. 이는 단일한 시점을 기준으로 한 가)-⑥'과는 별개의 상황을 보여준다. 수 세대에 걸 쳤다는 점으로 보아 가)-⑦'·⑧'는 과거의 상황을 나타낸 것이고, 가)-⑥' 는 위 자료의 기준 시점에 가까운 것이다. 12국이 진한에 속한 것은 적어 도 수 세대에 걸친 변화 속에서 기존과 다른 상황이 조성된 결과로 인식되 었던 것이다. 따라서 가)-⑦'·⑧'와 가)-⑥'의 차이는 동일한 실체에 대한 표현의 차이보다 시기적으로 서로 다른 자료나 대상 시기를 하나로 합쳐 서술하는 과정에서 초래되었을 것이다.

그러면 이러한 차이가 발생한 배경을 해당 사료의 기초자료가 작성된 시점을 중심으로 확인해 보자.『삼국지』동이전 서문에 의하면, 위(魏)가 낙 랑군(樂浪郡)과 대방군(帶方郡)을 수습하고 고구려를 정벌한 뒤 드디어 여러 나라를 두루 관찰하고 그들 나라의 법령과 습속을 수집하여 나라의 크고 작음의 구별과 각국의 명칭을 상세하게 기록했다고 전한다. 정시 7년(246) 관구검(毌丘儉)이 고구려를 침공한 뒤 한(韓) 나해(那奚) 등 수십 국이 각기 종락(種落)을 이끌고 위군현(魏郡縣)에 귀부했다. [34] 이로써 보면『삼국지』한조의 기초자료가 작성된 기준 시점으로서 정시 7년이 주목된다. 넓게 보면 위가 멸망한 265년까지의 정보가 포함되었을 가능성도 배제할 수 없다.

그런데 경초중(景初中, 237~239) 낙랑군·대방군을 접수한 직후에도 위는 한의 신지(臣智)들에게 읍군 이하의 관작을 수여하고 천여 명의 하호(下戶)들에게 인수의책(印綬衣幘)을 수여할 정도로 적극적인 통제정책을 폈다. [35] 이를 위해 위의 낙랑군·대방군은 삼한 각 지의 정보를 수집하는 데 힘을 기울였을 것이다.『삼국지』동이전 서문에서는 경초중 낙랑군·대방군을 접수한 뒤 해외가 안정되어 동이가 굴복했다고 기술했다. 경초중 이후의 교섭 과정에서 삼한 각 세력의 상황에 대한 조사와 정리가 이루어지지 않았다면, 이들에 대한 위군현의 '안정적' 관리는 불가능했을 것이다. 따라서 『삼국지』한조에는 경초중에 조사된 자료가 반영되었을 가능성도 있다.

한(韓)은 이미 건무(建武) 연간(25~55)의 초기부터 한(漢)과 교섭했고, 장제(章帝, 76~88)·화제(和帝, 89~105) 이후에도 후한과 사절이 왕래했다. [36] 한대(漢代)에 신라가 낙랑 지역이었다는『북사』·『구당서』·『신당서』의 서술은 이러한 교섭이 지속되었음을 반영한다.『삼국지』한조의 기초자료 작성에서는 이러한 과정에서 수집된 정보가 일정 부분 활용되었을 가능성이 있다. 더욱 거슬러 올라가면 낙랑군이 설치된 B.C.108년부터 한(漢)은 한반도 남부 지역의 상황에 대해 꾸준히 정보를 수집해 관리했을 것이다.『삼국지』한조에는 낙랑군 설치 이래 확보된 자료들이 간접적으로 반영되었을 가능성도 배제할 수 없다.

이 중에서 정시 7년경에 작성된 자료가 많이 반영되었다고 추정할 수 있지만, 어느 시기의 자료가 어떤 비중으로 반영되었는지를 정확히 판별할

---

34)『삼국지』권4 위서 삼소제기(三少帝紀) 제4 정시 7년 하5월.
35)『삼국지』권30 위서 동이전 한.
36)『후한서』권85 동이열전75 서문.

수는 없다. 전체적으로 살펴보면 정시 7년경의 사실이라고 보기 어려운 내용도 반영되어 있기 때문이다. 따라서 진한 12국의 성립, 그리고 진한이 마한을 주(主)로 삼아 스스로 자립할 수 없었던 단계(사료 가-⑦'·⑧'), 변·진한 12국이 '진한'에 속했던 단계(가-⑥')를 정시 7년이라는 시점으로 한정하여 설명할 순 없다. 위 단계들의 상황에 대한 자료를 정시 7년과 같은 특정한 시점에 일괄적으로 정리했을 가능성도 있다. 그러나 적어도 그 이전의 여러 시점에서 작성된 자료, 또는 그 내용을 전승한 자료를 함께 고려해야 할 것이다.

이를 좀 더 구체적으로 살펴보기 위하여 서술대상 시점의 차원에서 접근해 보자.『삼국지』동이전의 서문에서는 각 세력의 대소 구별과 명호(名號)를 자세히 기록했다고 언급했다. 이러한 서술방향은 오환선비동이전의 기술에서 실제로 확인된다. 대체로 각 정치체의 분포를 나열하고서 이들 간에 나타났던 복속과 유대관계의 변화를 비교적 간명하게 서술했기 때문이다. 변·진한에 대한 기술도 이러한 방식을 벗어나지 않는다.

『삼국지』동이전에 서술된 대상 시기의 하한은 247년이며,[37] 한조(韓條)는 대체로 3세기 중엽인 위대(魏代)의 상황을 반영한다고 파악되었다.[38] 이는 한조의 가장 유력한 기초자료의 작성 시기와 부합하지만, 진한에 대한 서술 대상 시기는 이보다 훨씬 커다란 폭을 가지고 있다. 그러면 사료 가)-⑥'와 가)-⑦'·⑧'의 연원을 추구하는 차원에서 진한 기사에 반영된 대상 시점을 살펴보자.

진한은 옛 진국(辰國)이었고(사료 가-①), 원래 진역(秦役)을 피해 한국(韓國)으로 들어온 세력이었다고 한다(가-③). 후자는 진한이라는 명칭을 이용해 만들어진 이야기일 가능성이 크지만, 위 사료의 작성자는 진한의 연원을 적어도 고조선의 멸망 이전까지 올라가 파악했다고 볼 수 있다.

---

37) 전해종, 앞의 책, 1993, 134쪽.
38) 서영대, 「한국종교사 자료로서의《삼국지》동이전」『한국학연구』3, 1991, 11쪽.

진한이 처음에 6국이었다가 12국으로 나뉜 것은(사료 가-③) 고조선 유민들이 남하해 제국(諸國)이 형성된 이후 일정한 시점의 일이다. 마한인이 대대로 주(主)의 역할을 이어받아서 자력으로 왕이 되지 못했다는 진한의 상황도 시기적으로 이러한 기간과 상당 부분 겹칠 가능성이 크다. 조선유민(朝鮮遺民)이 남하해 제국을 세우는 과정에서 마한의 승인과 영향을 받았다고 확인되기 때문이다.[39] 가)가 대상으로 삼은 기준 시점은 정시 7년경이 유력하지만, 진한 제국이 형성되는 단계부터 위대까지의 상황이 모두 반영되었음을 알 수 있다. 그렇다면 이상이 진한 서술의 중층성에 대해 부여하는 의미가 무엇인지 주목된다.

위대의 진한과 변한에는 각각 12국이 분립했다고 전한다(사료 가-③·④·⑤). 또한 각기 거수(渠帥)가 다스리는 여러 소별읍(小別邑)이 있었다(가-⑤). 소별읍은 주수(主帥)가 근거했다는 마한의 '국읍(國邑)'에 대응한다. 가)-⑤는 마한에 대한 기술이 끝난 뒤 이어지는데, 진한 12국과 변한 12국의 존재를 언급한 뒤 개별 국의 명칭을 일일이 나열해 보완했다. 이로 보아 당시의 진한은 변한과 마찬가지로 소별읍을 치소로 삼는 국들로 분립되었다고 인정할 수 있다.

문제는 이들 사이의 관계가 어떠했는가 하는 점이다. 예를 들면 위 사료에서 변한과 진한은 제국을 배열하는 1차적 기준이 아니다. 변·진한은 지역별로 인접한 국들이 몇 개의 군(群)을 이루어 배열되었다.[40] 변한에서 신지의 근거지인 안야국·구야국도 기재순서가 두드러지지 않는다(사료 가-④). 그 배열은 대체로 지리적 인접성과 위군현이 이 지역을 관할하는 데 필요한 정보를 기준으로 한 것이다. 『삼국지』 동이전이 동이사회의 이해보다 중국의 역사를 기록하기 위해 작성되었다는 점과[41] 함께 고려할 때,

39) 사료 가)-③ 및 『삼국사기』 권1 신라본기 혁거세거서간 38년.
40) 천관우, 「진·변한제국(諸國)의 위치 시론」 『백산학보』 20, 1976, 262~265쪽.
41) 서영대, 앞의 글, 1991, 13쪽.

변·진한 제국의 배열도 이들 간의 통속관계 여부를 확인하는 근거가 될 수 없다.

변한과 진한을 별개의 종으로 명시한 것도 정치적 통합이나 유대관계에 대한 설명과는 거리가 있다. 변한 내에서도 우세한 국의 거수인 신지가 2명 이상 확인되는데, 이는 변한 제국이 특정한 국에 속하지 않았음을 보여주기 때문이다. 따라서 진한의 존재만으로 제국 간의 관계를 평가할 순 없다.

그런데 변·진한 12국은 서로 분립하면서도 '진한'에 속해 있었다. 이는 '진한'으로 표현된 세력이 위군현과의 교섭에서 12국에 대해 대표권을 행사했음을 보여준다. '진한'이 12국에 대해 일정한 통제력을 행사하지 않았다면, 위군현도 이러한 대표권을 인정하지 않았을 것이다. 그렇다면 이러한 영향력과 대표권을 확보한 배경이 주목된다.

변·진한의 각 소별읍에서도 거수들은 신지(臣智)·험측(險側)·번예(樊濊)·살해(殺奚)·읍차(邑借)의 순서대로 세력에 차등이 있었다. 4~5천 가(家)에 이르는 대국과 6~7백 가에 불과한 소국이 공존했던 점도 이와 부합한다(사료 가-④). 진한이 처음에 6국이었다가 12국으로 분화한 점으로 보면, 제국 성립의 선후관계가 이러한 차등을 초래하는 일부 요인을 제공했다고 생각된다. 유이민 세력의 크기나 이들 간의 이합집산도 중요한 요인으로 작용했을 것이다.

진한 12국의 형성 과정에서 각 세력은 마한인 즉 목지국 진왕을 주(主)로 삼았고, 이러한 상황이 수 세대 동안 지속되었다(사료 가-⑦'·⑧'). 이후 일정 시점에 상대적으로 큰 세력을 형성한 거수가 바로 가)-⑥'의 '진한'을 대표하는 신지가 되었을 것이다. 가)-⑥'는 위대에 기존과 달리 12국이 마한 진왕과는 다른 존재 즉 '진한'에 속했음을 설명한 것이다. 이는 가)-②부분에서 마한 제국을 일일이 소개한 뒤 목지국의 진왕을 언급한 것에 대응한다. 구체적인 내용에 대해서는 뒤에서 다루겠지만, 이 사료의 찬자는 변·진한 제국 간의 관계에서 '진한'이 가장 중요한 역할을 했다고 본 것이다. 반면 이전 단계에서는 이러한 역할이 위대와 상당히 달랐음을 표현한 것이 가)-⑦'·⑧'라 할 수 있다.

그런데 사료 가)-⑥'와 동일한 단계를 표현한 가)-⑤에서는 진한 제국이 분립한 상태에서 각각 거수들이 존재한다고 기술했다. 진한 제국의 분립과 거수의 존재는 제국 내에서 이들의 지배력이 행사되었음을 보여준다. 이러한 전제하에 '진한'이 12국을 속하게 하여 일정한 영향력을 행사하였다. 그렇다면 가)-⑤와 가)-⑥'는 상호 모순된다기보다 '진한'의 대표권이 소국 거수의 자치권을 인정하는 전제하에서 행사되었음을 보여줄 것이다. 이러한 상황을 전제로 위군현은 변·진한 12국과의 교섭에서 대표권을 행사한 '진한'을 중시했다고 볼 수 있다.

이상과 같이 『삼국지』 한조에서 진한 12국이 분립하면서도 변·진한 12국이 '진한'에 속했다고 기술한 것은 개별 국이 자치권을 유지하면서도 '진한'이 이들에 대한 대표권을 행사했음을 반영한다. 이 과정에 이르는 단계의 다양성은 진한 12국이 성장하는 과정에서 상호 경쟁하였고 결국 이들을 대표하는 세력이 등장했음을 포괄적으로 언급한 셈이다. 또한 변·진한 중 12국이 마한 진왕을 주(主)로 삼다가 진한에 속하기까지 변·진한 제국간의 관계, 그리고 이들과 마한 진왕과의 관계도 적지 않게 변화했을 가능성을 보여준다. 이에 대해서는 장을 달리하여 검토하겠다.

4. 중국 사서에 보이는 진왕의 층위와 진한

『삼국지』 한조의 진왕은 위대(魏代)를 기준 시점으로 삼았지만, 실제로는 반영 시점이 단순하지 않다. 이는 변·진한의 상황과 연동되어 있는데, 진왕과 변·진한 제국의 관계에 대해서는 합의가 이루어지지 못한 상황이다. 진왕의 기능이나 대상 공간, 그리고 존속 시점에서 다양한 층위가 존재하기 때문이다. 본장에서는 이러한 층위를 통해 변·진한 12국이 진왕에 속하다가 12국이 '진한'에 속하게 되었다는 기술의 의미를 파악해보자.

'진한'이 변·진한 12국을 '속'하게 했던 역할은(사료 가-⑥') 위대를 기준으로 서술되었다. 과거에 그러하지 못했던 이유는 변·진한 12국에 대해 마한인이 진왕 역할을 대대로 이어받았기 때문이다(가-⑦'·⑧'). 배송지(裵松之)가 『삼국지』 한조의 가)-⑧에 대해 주석으로 인용한 『위략』을 보면, 그 이유는 변·진한이 유리(流移)했기 때문에 마한의 통제를 받은 데 있었다고 했다. 이는 변·진한 12국이 진왕에 '속'했던 배경을 보완하기 위해 부연되었다. 이러한 보완은 나머지 부분에서도 두 사서의 서술이 대체로 유사했음을 의미한다. 가)-⑥'·⑦'·⑧'와 관련된 『위략』의 서술은 기본적으로 『삼국지』와 부합했음을 알 수 있다. 동이전 기사의 3/4 이상이 『위략』으로부터 전사된 점도[42] 이와 일치한다. 그렇다면 변·진한에 대해 마한 목지국왕이 진왕 역할을 했던 장기간의 단계와 변·진한 12국이 '진한'에 '속'했던 위대의 단계가 『위략』에서도 언급되었다고 생각된다.[43]

그런데 다음 사료는 보다 다양한 단계의 진왕을 보여주고 있다.

다-1) 진왕(辰王)이 월지국(月支國)을 다스린다. 신지(臣智)에게는 혹은 신운견지보(臣雲遣支報) 안야축지(安邪踧支) 분신리아불례(濆臣離兒不例) 구야진지렴(拘邪秦支廉) 등의 칭호가 더해진다. 그 관(官)에는 위솔선(魏率善) 읍군(邑君)·귀의후(歸義侯)·중랑장(中郞將)·도위(都尉)·백장(伯長) 등이 있다.[44] (『삼국지』 권30 위서30 동이전 한)

다-2) (삼한은) 모두 옛 진국(辰國)이다. 마한이 가장 크며 그 종(種)을 같이 세워 ① **진왕(辰王)**으로 삼는다. (그는) 목지국(目支國)에 도읍을 두어 삼한 전체에 왕의 역할을 한다. 그 제국왕(諸國王)의 선조는 모두 마한종(馬韓種)의 사람이다. …… 준왕(準王)의 후손이 절멸하자 마한

---

42) 전해종, 앞의 책, 1993, 50쪽.

43) 진한의 진왕과 목지국의 진왕이 시기에 따라 차례대로 삼한 지역에서 가장 우세한 지배자 역할을 했다는 견해도 있다(서의식, 앞의 글, 2010, 251쪽, 257쪽).

44) 사료 가)-②의 일부를 편의상 다시 인용하였다.

사람이 다시 자립하여 ② **진왕**(辰王)이 되었다.⁴⁵⁾ (『후한서』 권85 동이
열전75 한)

이처럼 『삼국지』 한조와 『후한서』 한조는 진왕의 근거지와 관할범위, 그
리고 시점을 서로 다르게 기술했다. 우선 위 사료에 영향을 준 자료와 위
사료로부터 영향을 받은 후대의 자료에서 동일한 내용에 대한 기술을 정리
하면 〈표 2〉와 같다. 이를 비교하면서 진왕의 단계와 변·진한 12국의 관
계에 대해 검토해 보자.

사료 다-1)에서 마한 월지국(月支國) 즉 목지국(目支國)을 다스린다고 한
진왕은 위대의 상황에 초점을 맞춘 표현이다. 『한원』 삼한조에서 "도읍을
목지(目支)라 불렀다"라고 기술하기 위해 인용된 『위략』도 목지국 진왕을 언
급했다. 전후 문맥으로 보면 이 진왕은 변·진한에 대해 진왕 역할을 했던
기존 마한의 진왕을 계승했다고 생각된다. 다-1)의 진왕은 위대와 그 이
전의 역할을 전제로 한 셈이며, 시기적으로는 변·진한 12국이 '진한'에 속
했던 단계와 일치한다. 〈표 2〉에 따르면 이 단계의 진왕과 '진한'은 『위략』
과 『삼국지』 한조, 그리고 『통지』에서만 확인된다.

사료 다-2)-①의 진왕은 근거지가 동일하지만 관할 지역이 삼한 전체
라고 명시한 점에서 차이가 있다. 이와 관련하여 다-2)보다 가·다-1)의
신뢰도를 높게 평가하는 견해가 통설이었으나,⁴⁶⁾ 가)-⑧의 근거가 상대적
으로 미약하기 때문에 『후한서』 찬자가 이를 삭제하고 다-2)처럼 수정했
다는 견해가 제기되었다.⁴⁷⁾ 진왕과 관련하여 『삼국지』 한조의 기사가 여러

---

45) 皆古之辰國也. 馬韓最大, 共立其種爲辰王, 都目支國, 盡王三韓之地. 其諸國王先
　　皆是馬韓種人焉 …… 初, 朝鮮王準爲衛滿所破, 乃將其餘衆數千人走入海, 攻馬韓
　　破之, 自立爲韓王. 準後滅絕, 馬韓人復自立爲辰王.

46) 전해종, 앞의 책, 1993, 119~120쪽.

47) 신현웅, 앞의 글, 2003, 61쪽.

곳에 분산되어 산만하고 서로 모순된 반면, 『후한서』 동이열전은 한 곳에 집중되면서도 내용이 일관성을 유지했기 때문에 『삼국지』 동이전보다 더 신뢰할 수 있다는 견해도 제출되었다.[48]

〈표 2〉 진왕(辰王)·진국(辰國)에 대한 사서별 기술

사서		진왕			진국 공간	비고
		근거지	관할범위	시기		
『한서』	본문				조선 인근	
	안사고 주(注)				진한	
『위략』	『삼국지』 배송지 주				조선 동쪽	
	『한원』	목지국		위(魏)	진한	
『삼국지』	월지국 (月支國)	월지국	위	진한	『태평어람』 동 인용
		변·진한 12국	세세상계(世世相繼)		
	변·진한	변·진한 중 12국	위		
『후한서』	본문	목지국	마한	준왕 후손 절멸 후~	삼한	『태평어람』 동 인용
			삼한	(삼한 제국왕의 선대~)		
	『한원』		삼한	×	(삼한)	
『통전』		목지국	삼한	준왕 후손 절멸 후~	삼한	
『태평환우기』				준왕 후손 절멸 후~		
『책부원구』		마한?	삼한?		마한	'진'(왕)
『통지(通志)』		월지국	월지국	위	진한	
			변·진한 12국	세세상계		
		변·진한	변·진한 중 12국	위		
『문헌통고』		목지국	삼한	준왕 후손 절멸 후~	삼한	

그런데 『삼국지』와 『후한서』의 서술대상 기준 시점이 동일하지 않다는 점을 고려하면 위 사료 중에서 어느 한쪽의 신뢰도가 높다고 단언하기는

---

48) 기수연, 앞의 책, 2005, 217~218쪽.

쉽지 않다. 마한 목지국왕이 변·진한에 대해 주(主)의 역할을 했다는 것이나(사료 가-⑦'·⑧') 삼한 전체에 왕의 역할을 했다는 것이나(다-2) 내용상 서로 모순되지 않기 때문이다. 양자는 모두 위대 이전의 상황을 전하고 있다. 이 중에서 후자는 삼한에 대한 진왕 역할과 관련하여 후한대에 초점을 맞췄는데, 진왕 자체는 준왕의 후손이 절멸한 후의 일정 시점에 출현했다고 한다. 『통전(通典)』과 『문헌통고(文獻通考)』는 진왕 역할의 시기를 준왕의 후손이 절멸한 후의 일정 시점으로 보았는데, 그 관할 범위를 삼한으로 기술했다는 점에서 다-2)-①과 대체로 일치한다. 이상은 마한 목지국왕이 후한대를 포함한 위대 이전에 삼한에 대해 진왕 역할을 했음을 보여준다.

사료 다-1)은 『삼국지』 한조 중에서도 마한을 기술하는 부분에서 제시되었기 때문에 목지국에 초점을 맞췄고, 서술 대상 시점은 위대를 기준으로 하였다. 그러면서도 한조의 진한 부분에서 언급된 목지국 진왕이 변·진한에 대해 수행했던 주(主)의 역할, 그리고 목지국에서 진왕이 최초로 등장했던 상황을 전제로 하고 있다.

결국 『후한서』 한조(사료 다-2)와 『삼국지』 한조의 가)-⑦'·⑧'는 『삼국지』 한조 다-1)·가)-⑥'와 별도의 단계에 초점을 맞췄다고 볼 수 있다. 각 사료에서 초점으로 삼지 않은 단계의 진왕이나 진한에 대해서는 간략히 기술하거나 생략했을 가능성이 있다. 사료에 따라 진왕이 서로 다르게 기술된 것은 이러한 서술 초점의 차이에서 초래되었다고 판단된다.

목지국 진왕의 출현은 준왕의 후손이 절멸한 뒤 마한 사람이 다시 자립한 결과였다(사료 다-2-②). 이처럼 목지국 진왕의 기원을 비교적 자세히 언급한 것은 서술의 초점을 한대에 맞췄기 때문이다. 이는 『삼국지』 한조와 충돌하기보다 이를 보완하고 있다. 바로 이어 건무(建武) 20년(A.D.44) 소마시(蘇馬諟)의 조공이 언급되었는데, 여기서 진왕의 역할은 드러나지 않는다. 이처럼 진한에 대한 목지국 진왕의 역할이 이미 상당히 위축되었다면, 진왕은 적어도 기원전후 이전에 출현했다고 볼 수 있다. 그리고 준왕이 위만에게 쫓겨난 시기는 효혜(孝惠)·고후(高后) 시기(B.C.195~180)이므로 목지국의 진왕은 대체로 기원전 1세기경에 출현했을 가능성이 크다.[49] 이는 앞서 언급한 두 단계 이전에 존재했던 별도 단계의 진왕이다. 전체적으로 진왕은 목지국에서 출현하던 단계, 변·진한을 속하게 하던 단계, 변·진한 중 12국에 대해서는 그렇게 하지 못한 단계 등 대체로 세 단계 정도의 변화를 거친 셈이다.

이 중에서 목지국왕이 변·진한 12국에 대해 진왕 역할을 했던 시기는 위대 이전의 여러 대(代) 동안으로서(사료 가-⑦'), 후한대를 포함한다. 이러한 역할이 시작된 시기는 목지국왕이 치소에서 진왕 역할을 시작했던 시점보다 훨씬 내려온다. 목지국 진왕이 주변 지역을 넘어 마한의 광범위한 지역과 변한·진한에 대표권을 행사하기까지 적지 않은 기간을 필요로 했을 것이기 때문이다. 그 시기는 대체로 기원전 1세기 이후일 가능성이 크다. 이상을 충족하는 시기는 대체로 기원전 1세기 이후 어느 시점부터 몇 세대 동안이다. 이 중에서 다-2)-②의 진왕은 마한 중심지에 대한 지배권의 교체를 중심으로 기술되었고, 변·진한과의 관계는 언급되지 않았다. 진왕은 변·진한과 관계없이 마한 중심지의 지배권자에 대한 칭호로부터 출발한 것이다.

어의로 보면 진왕은 '진(辰)을 다스리는 왕'[50] 내지 진국의 전통을 이을 만큼 성장한 정치체의 지배자로 볼 수 있다.[51] 진국은 『한서』에서 조선의 인근에 위치한다고 언급되었다. 배송지가 『삼국지』에 주석으로 인용한 『위략』에서는 그 위치를 '동쪽'이라 했다〈표 2〉. 이는 조선상(朝鮮相) 역계경(歷谿卿)의 동래와 관련하여 언급되었고, 바로 이어 진한 염사치(廉斯鑡) 기사가 등장한다. 역계경의 이동방향이나 내용의 연결로 보아 역계경이 정착

---

49) 이부오, 앞의 글, 2004, 7쪽.

50) 박대재, 앞의 글, 2002, 57쪽.

51) 문창로, 「《삼국지》 한전의 '진왕'에 대한 이해방향」 『한국학논총』 26, 국민대학교 한국학연구소, 2003, 11쪽.

한 진국은 진한 지역일 개연성이 있다. 『삼국지』도 진한이 '고지진국(古之辰國)'이라 하여 같은 입장을 취했고(사료 가-①), 『한원』에 인용된 『위략』에서도 진국을 '진한'이라 했다〈표 2〉. 안사고(顏師古)가 『한서』를 주석하면서 진국을 진한이라 한 것은 이러한 관점을 고려한 결과로 생각된다.

이상은 진한이 옛 진국의 전체라는 의미인지, 그 일부라는 의미인지 확인해 주지 않는다. 삼한이 옛 진국이었다고 기록한 『후한서』도 마한·변한을 가리키는 진국의 사례를 별도의 자료에서 수용한 것인지, 아니면 『한서』의 진국 기사를 토대로 막연히 추정한 것인지 알 수 없다.[52] 다만 『한서』의 진국은 단일한 정치세력이기보다 조선 남쪽의 세력들을 대체적으로 가리켰고, 『삼국지』도 진한 이외 지역을 진국이 아니라고 단정하지 않았다. 이런 점에서 옛 진국의 범위와 관련하여 『삼국지』와 『후한서』가 서로 모순된다고 볼 순 없다.

목지국왕을 진왕이라 부른 것은 변·진한 지역에 비해 목지국의 성장이 앞섰던 상황과 관계가 있을 것이다. 준왕의 후손 대신 지배권을 차지한 마한의 진왕은 실질적으로는 그 주변만을 통제했지만, 상징적으로는 옛 진국 즉 한반도 남부 지역을 대표하는 세력으로서 한(漢)에게 인식되었다. 진왕이라는 호칭은 준왕 후손의 절멸에 따른 목지국왕의 자립 자체보다 이러한 상징적 대표성이 계기로 작용한 것이다.

이와 관련하여 『후한서』 한조의 찬자는 새롭게 등장한 변·진한 제국에 대해 마한의 진왕이 낙랑군과의 교섭에서 대표권을 행사한 점에 주목했을 것이다. 여러 대에 걸친 이러한 역할이 삼한 전체에 대한 왕의 역할로 기술되었다고 볼 수 있다. 삼한이 모두 옛 진국이라 한 것은 바로 이러한 역할의 대상 지역이 대체로 옛 진국 전체에 해당한다고 언급한 것이다. 그 대상 시기는 준왕의 후손이 절멸한 뒤의 일정 시점부터이며, 후한대에 초

---

52) 『삼국지』에서 '진한이 고지진국(古之辰國)'이 '삼한이 고지진국'의 오기였을 가능성도 제기되었다(신현웅, 앞의 글, 2003, 64쪽).

점이 맞춰진 것이다. 『통전』과 『문헌통고』처럼 진왕의 시기와 관할범위를 『후한서』와 유사하게 기술한 경우에는 모두 진국의 공간을 삼한이라 했다〈표 2〉. 이 역시 후한대를 중시한 『후한서』의 관점을 수용한 결과로 생각된다.

『삼국지』 한조는 위대를 기준으로 그 이전의 어느 시점부터 여러 대에 걸쳐 진왕 역할이 행사되었음을 포괄적으로 언급했다. 표현은 다르지만 후한대 변·진한에 대한 마한의 진왕 역할을 설명했다는 점에서 이는 『후한서』 한조의 설명과 부합한다. 반면 『삼국지』 한조에서 옛 진국으로 언급된 범위는 진한에 한정된다. 이처럼 진국의 범위를 다르게 기술한 이유는 무엇일까.

『삼국지』 한조에서 진국의 범위가 『후한서』 한조와 다른 것은 위대를 기준으로 진왕의 역할이 남아 있던 범위와 무관하지 않을 것이다. 『위략』·『통지』처럼 옛 진국이 진한이라 언급한 자료들에서는 진왕을 설명하는 기준시점이 모두 위대이다. 당시 목지국왕은 마한의 일부와 변한에 대해 진왕 역할을 하고 있었으나, 진한에 대해서는 이러한 역할이 사라진 상태였다. 그 12국의 대부분이 '진한'에 속하게 되었기 때문이다. 이러한 상황을 고려해 『삼국지』 한조의 찬자는 진한 지역도 옛날 목지국왕의 대표권이 행사되었던 진국에 해당했음을 밝혔고, 『통지』도 이러한 취지를 따랐다고 볼 수 있다. 진국의 범위는 사서에 따라 진왕의 관할 범위와 밀접히 연관되어 서술된 것이다.

그런데 사료 가)-⑥'의 문구만으로는 '진한'의 관할 범위가 변한인지 진한인지 명확히 알 수 없다. 진한에 속한 주체가 변·진한 중의 12국이라고만 언급되었기 때문이다. 여기서 관건이 되는 것은 가)-⑥'이 기술된 취지이다. 이것이 가)-⑤의 연장선상에서 기술되었다는 점은 앞서 언급되었다. 그런데 『삼국지』 한조에서 이 부분은 삼한의 존재를 전제로(가-①) 마한·진한·변한 각각의 상황을 구체적으로 설명하는 과정에서 언급되었다. 이 중에서 가)-②가 마한을 중심으로 설명하고 가)-⑨가 변진을 단독으로 기술한 점에 대해서는 별다른 의문이 없다. 가)-③이 진한을 위주로 설명한 것도 마찬가지이다. 그런데 진한에 12국이 존재한다고 언급한 데 이어 변한 제국의 숫자와 거수에 대한 호칭, 그리고 변·진한 24국의 명칭을 일일이 나열했다. 이 때문에 가)-⑤에 기재된 다양한 등급의 거수(渠帥)들이 변한·진한 중 어느 지역에 근거했는지에 대해 명확히 설명하기가 어려웠다. 이는 가)-⑥의 이해와도 연결된 문제이다.

이와 관련하여 통행본(通行本)을 교감한 굉업서국(宏業書局)의 『삼국지』에서는 변진의 기술을 위해 사료 가)-④ 이하와 가)-⑨로 각각 독립적인 문단을 설정했다.[53] 같은 관점에서 "변진 역시 12국이다"(가)-④) 이하와 가)-⑨를 각각 제1변진조와 제2변진조로 파악하기도 했다.[54] 그런데 '제2변진전'의 표제는 송(宋)에 의해 붙여졌다고 하므로[55] 제1·제2 변진조를 독립적인 문단으로 구분하는 것은 가)-③ 이하를 이해하는 문제와 관련하여 신중을 기할 필요가 있다.

사료 가)-③~⑧은 진한을 주제로 서술하면서 변진에 대한 정보를 함께 제시하고 있다. 여기서 빠진 변진에 대한 정보를 가)-⑨에서 단독으로 설명하였다. 가)-③~⑧에서 함께 소개한 변진의 정보는 국의 숫자와 규모, 거수의 호칭 등 그 내용이 진한과 유사하여 함께 소개하는 편이 효율적이라고 판단된 것에 한정되고 있다. 마한을 주로 언급한 가)-②에서 목지국 진왕을 다루는 가운데 이와 관련된 변한 안야국·구야국의 신지를 소개한 것도 이러한 서술상의 효율성을 추구한 결과이다. 그렇다면 가)-③~⑧은 진한을 위주로 설명하면서 변한과 공통되는 사항에 한해 함께 묶어 기술한 것이다. 이러한 맥락에서 보면 가)-⑥은 기본적으로 진한에 초점을 맞춰 언급되었다고 생각된다.

반면 변·진한 24국을 모두 나열한 뒤 사료 가)-⑥을 언급한 점이나

---

53) 진수(陳壽)(허동방許東方 교정), 『삼국지』, 굉업서국(宏業書局), 1993.
54) 신현웅, 「《삼국지》 한전 기록의 실제」 『한국고대사연구』 32, 2003, 229~233쪽.
55) 전해종, 앞의 책, 1993, 57쪽.

변·진한이 잡거(雜居)했다는 점으로(가-⑨) 보아 진한에 속한 12국은 일부 변진 제국을 포함했을 가능성도 있다.[56] 그러나 『삼국지』 한조에서 가)-⑥을 언급한 취지로 보면 이는 예외적인 사례로 생각된다. 그렇다면 진한에 속했던 12국은 변·진한을 골고루 포함하기보다 거의 진한 제국을 가리킬 것이다.

이상과 같이 위대에 12국이 '진한'에 속했다면, 삼한 중에서도 우세한 거수를 가리키는 칭호였던 신지가 진한에서도 존재했어야 합리적이다. 그럼에도 불구하고 사료상으로 삼한의 거수들 중에서 우호(優呼)가 더해진 신지들이 진한에서는 확인되지 않으며, 신운견지보(臣雲遣支報)·안야축지(安邪踧支)·분신리아불례(濆臣離兒不例)·구야진지렴(拘邪秦支廉)처럼 마한 남부와 변한에서만 보인다(사료 다-1). 이는 12국을 속하게 만든 '진한'이 출현했다는 필자의 검토와 괴리되는 측면이 있다. 이 때문에 진한 지역에서는 국들의 세력이 약체였다는 견해가 제시되었다.[57] 다-1)만을 중시하면 이러한 견해는 타당한 것처럼 보인다. 그러나 가)-②의 생략된 부분, 즉 다-1)의 뒤에서는 정시 6년 이후 대방군 기리영(崎離營)을 공격한 신지도 제시하지 않았다. 풍납토성을 근거로 3세기 중후반에는 상당한 세력으로 성장했다고 추정되는 백제국에 대해서도 마찬가지이다. 나-1)은 삼한의 유력한 거수들을 모두 제시했다기보다 마한 목지국왕과 연관된 세력을 위주로 소개했다고 판단된다. 진한 지역 거수의 상황에 대해서는 다-1)을 포함해 『삼국지』 한조의 전체적인 맥락 속에서 파악될 필요가 있다.

사료 다-1)은 주로 마한을 설명하는 과정에서 제시되었고, 신지들의 가

---

56) 변진 12국에서 왕이 별개로 존재함을 근거로 '12국'에 변한이 포함되었을 가능성은 이미 제시되었다(무전행남武田幸男, 「삼한사회에서의 진왕과 신지三韓社會における辰王と臣智」 하『조선문화연구』 3, 1996, 8~9쪽).

57) 율원붕신(栗原朋信), 「야마대국과 대화조정邪馬大國と大和朝廷」『사관(史觀)』 70, 1964, 24쪽.

우호(加優呼)는 목지국왕 바로 뒤에 언급되었다. 이를 중시하면, 『한원』의 기술처럼, 신지들의 가우호는 목지국 진왕이 수여한 관(官)으로 해석될 여지도 있다.[58] 거꾸로 4국의 신지들이 진왕에게 우호를 주었다는 견해도 있다.[59] '가우호(加優呼)'에서 상대적 우대의 의미를 강조하여 목지국 진왕에 의한 수여 자체를 부정하기도 한다.[60] 그런데 신지들의 우호는 거수마다 다른 점으로 보아 특정한 세력이 일괄적으로 수여했다기보다 각각의 고유한 전통에 따른 것으로 생각된다. 마한을 기술하는 부분에서 이들이 목지국 진왕과 연관지어 언급되었다면, 신지들의 가우호는 삼한 전체에서 우세한 거수들을 모두 제시한 것과는 거리가 있다. 그 중에서도 마한 목지국왕과 연계된 신지들을 위주로 언급했다고 보는 편이 합리적이다.

『삼국지』 한조를 액면 그대로 받아들이면 위대(魏代) 목지국 진왕이 괄할한 범위는 한(韓) 전체로부터 마한과 변한[61] 내지 마한 목지국과 변한 12국으로 축소되었다고 볼 수 있다.[62] 다만 신지의 가우호가 거수들의 고유한 칭호로 유지되었다면, 목지국왕의 영향력이 이들을 일방적으로 통치하는 수준에 이르렀다고 보기는 곤란하다.

이와 관련하여 신지들의 가우호(加優呼)에 이어 소개된 '관(官)'으로서 위솔선(魏率善) 읍군(邑君)·귀의후(歸義侯)·중랑장(中郞將)·도위(都尉)·백장(伯長)이 주목된다. 이들 관작은 해당 거수들의 현실적 지위를 고려해 수여되었다고 추정되기 때문이다. 이 관작들에 대해서는 위 수여설과[63] 진왕 수여

58) 무전행남(武田幸男), 앞의 글, 1996, 6쪽 ; 노중국, 「마한과 낙랑·대방군과의 군사 충돌과 목지국(目支國)의 쇠퇴」 『대구사학』 71, 2003, 3~4쪽.

59) 정상간부(井上幹夫), 앞의 글, 1978, 621쪽.

60) 박대재, 앞의 글, 2002, 52쪽.

61) 이도학, 「새로운 모색을 위한 점검, 목지국연구의 현단계」 『마한사 연구』, 충남대학교 출판부, 1998, 122~126쪽.

62) 기수연, 앞의 책, 2005, 228~231쪽.

63) 율원붕신(栗原朋信), 앞의 글, 1964, 19쪽.

설이 있다.[64] 관작들이 목지국왕 뒤에 등장하지만, 경초중 이래 위가 신지 이하의 거수들에게 관작을 적극적으로 수여한 점으로 보아 위군현 수여설이 타당하다고 생각된다. 다만 목지국 진왕이 강조된 점으로 볼 때, 위군현이 이를 수여하는 과정에서 목지국왕은 옛 진국 지역의 대표권을 바탕으로 일정한 영향력을 행사했을 가능성이 있다.[65] 그러나 목지국왕이 변한 제국을 실질적으로 지배한 흔적은 찾아지지 않는다. 이러한 상황에서도 위군현(魏郡縣)은 목지국 진왕을 그 인근의 마한과 변한 제국에 대한 대표 권자로 인식하였다. 그렇다면 이 범위에 대해 목지국왕의 진왕은 실질적 지배권을 행사했다기보다 기존의 상징적 대표권을 위군현으로부터 인정받은 것으로 볼 수 있다.[66]

이상을 고려하면 목지국 진왕의 대표기능과 관련하여 진한을 언급하지 않은 것은 그 기능이 마한과 변한에 한정되었기 때문일 것이다. 변한의 신지는 이와 연관되었기 때문에 마한을 설명하는 부분에서 해당 거수의 가

64) 성합신지(成合信之), 앞의 글, 1974, 13~14쪽.

65) 이는 남부 제국(諸國)에 대한 유도권(誘導權)(말송보화末松保和, 앞의 책, 1954, 130쪽), 교섭 창구 역할(성합신지成合信之, 앞의 글, 1974, 19쪽), 교섭 주도권(이병도, 앞의 책, 1985, 239~241쪽), 상징적 대표권(천관우, 앞의 글, 1979, 14쪽), 조정권(무전행남武田幸男, 「위지 동이전에서의 마한魏志東夷傳における馬韓」『마한·백제문화』12, 1990, 33쪽, 40쪽 : 「삼한사회에서 진왕과 신지三韓社會における辰王と臣智」상『조선문화연구』2, 1995, 28~32쪽), 상업·무역을 둘러싼 진왕국연합체의 주도권(정상간부井上幹夫, 앞의 글, 1978, 622쪽), 교역 주도권(권오영, 『삼한의 국에 대한 연구』, 서울대학교 박사학위논문, 1996, 220쪽), 영도권(이도학, 앞의 글, 1998, 126쪽) 등으로 해석되었다. 어의상으로는 진국의 여러 부족사회에 대한 맹주 역할을 하는 군장이라는 견해가(이병도, 앞의 책, 1985, 240~241쪽) 타당할 것이다.

66) 이부오, 앞의 글, 2004, 31~32쪽. 위대(魏代)의 시점에서 보면, 목지국 진왕이 삼한을 대표한다는 전통적 인식이 남아 있었던 상황에서 위군현이 삼한에 대한 영향력을 제고하는 차원에서 목지국 진왕의 위상을 강조했을 가능성이 있다(문창로, 앞의 글, 2003, 26쪽).

우호가 함께 언급되었다. 사료 다-1)에서 진한이 언급되지 않은 것은 진한의 신지가 존재하지 않아서라기보다 이 지역이 목지국 진왕과 별개의 교섭권(交涉圈)을 이룬 데 있었다고 생각된다. 12국이 '진한'에 속했다는 것은 (가-⑥) 바로 이러한 교섭관계를 전제로 당시 진한의 상황을 언급한 셈이다. 변한에서 안야국과 구야국의 거수가 모두 신지로 언급된 것과 달리, 진한에서는 제국을 속하게 했던 '진한'만이 대표세력으로 등장한다. 이 세력은 진한 지역에서 유일하게 자력으로 대외교섭 주도권을 장악했다고 언급한 것이다.

그런데 태강(太康) 원년(280) · 2년(281) · 7년(286)에는 진한왕이 사신을 보내 서진(西晉)에 조공했다.[67] 이는 3세기 후반에 와서 사로국의 조공무역 본격화를 반영한다고 이해되었고,[68] 앞서 소개한 것처럼 사로국의 급격한 성장을 반영하는 것으로 해석되었다. 반면『진서(晉書)』의 조공 기록이 서진 무제(武帝)의 무공을 현양시키기 위해 과장되었다는 지적도 있다.[69]

진한왕의 조공이 서진의 정치적 변화와 밀접히 연관되어 특기된 점은 분명하다. 오(吳)를 멸망시켜 삼국을 통일한 서진은 태강 연간에 진한, 마한을 비롯해 남만, 서역 등 사이(四夷)의 각 세력으로부터 적극적으로 조공을 받았기 때문이다.[70] 이러한 상황을 이용해 진한왕은 진한 지역에 대한 통솔권을 대외적으로 확인받으려 했던 것이다.

반면 위대부터 태강 연간까지 진한의 특정 세력이 급격히 성장한 흔적은 중국 사서에서 찾아지지 않는다.『삼국사기』에서는 이 기간 동안 조분대의 골벌국과 감문국, 첨해대의 사벌국에 대한 정복기사가 실렸지만, 사로국의

---

67) 『진서(晉書)』권97 열전67 진한.

68) 이현혜, 「삼한의 대외교역체계」『이기백선생고희기념 한국사학논총』상, 일조각, 1994, 53쪽.

69) 윤용구, 앞의 글, 『한국고대사연구』14, 1998, 154쪽.

70) 『진서』권97 열전67 사이(四夷).

급격한 성장보다는 기존 정복활동의 연장선상으로 기록되었다. 진한왕의 통솔권이 이 기간 동안 새롭게 확보되었다는 견해는 『삼국지』 한조의 진한 제국이 상호 독립적으로 존재했다는 전제 하에 태강연간의 진한왕을 설명하기 위한 절충의 결과였다고 판단된다.

그러나 본고의 검토로 보는 한, 태강연간의 진한왕은 적어도 정시(正始) 7년 이전부터 12국에 대해 '진한'이 행사했던 대표권의 연장선상에서 파악되어야 한다. 또한 정시 7년 당시 '진한'의 영향력이 상징적 대표권 이상이었을 가능성을 고려해야 한다. 정시 7년에 이르는 진한 제국 간의 변화, 그리고 위대의 '진한'과 태강 연간의 진한왕 사이에 나타났던 대표권의 차이는 진한 제국 사이의 관계가 다양하게 변화했을 가능성을 보여준다. 그 실제 과정과 의미에 대해서는 별도의 논의를 필요로 할 것이다.

5. 맺음말

본고에서 필자는 『삼국지』 동이전에 나타난 진한과 진왕의 층위를 중심으로 3세기 중엽 진한의 실체에 대한 단서를 찾으려 하였다. 그 결과를 정리하면 다음과 같다.

통행본(通行本) 『삼국지』 동이전 한조에서 '진왕(辰王)'은 위대(魏代)에 변·진한 12국이 속한 대상인 동시에 이들이 대대로 마한인으로 이어받았던 대상으로 되어 있다. 이 때문에 자력으로 왕이 되지 못했던 주체도 '진왕'이라 하였다. 그러나 『삼국지』 한조의 서술맥락과 다른 사서들과의 비교로 보아 위 진왕은 원본에서는 모두 '진한(辰韓)'이었다고 판단된다. 필사본 단계에서 이를 '진한'으로 표기한 자료는 『진서』 이후의 사서에 반영되었다. 이를 모두 '진왕'으로 표기한 자료는 북송 함평(咸平) 5년(1002)의 인쇄본을 거쳐 통행본으로 계승되었다.

이 기사에서 변·진한 12국이 속했다는 '진한'은 이전의 수 세대 동안 마한 목지국왕이 수행하여 변·진한 제국이 스스로 기능할 수 없었던 '왕'의 역할과 대비해 서술되었다. 전자는『삼국지』한조의 기준 시점인 정시 7년을 중심으로 위대의 상황을 설명했고, 후자는 진한 제국(諸國)의 성립 이후 위대 이전의 상황을 나타냈다. 전자의 단계에서는 진한 12국의 분립성과 '진한'에 의한 통합성이 이중적으로 기술되었다. 이는 제국 사이의 세력 차등을 기반으로 '진한'이 12국에 대해 영향력을 행사했음을 보여준다. 이를 바탕으로 '진한'은 위군현과의 교섭에서 대표권을 행사했다. 개별 국이 분립했다는 서술은 각 거수들이 이러한 대표권을 수용하면서도 자치권을 유지했음을 의미한다.

위대에 변·진한 12국이 속한 '진한'과 과거 마한 목지국왕에게 의탁했던 '진왕'은『삼국지』의 주요 저본인『위략』단계에서도 언급되었다고 추정된다.『후한서』동이열전이 전자를 생략하고 후자를 강조한 것은 후한대에 초점을 맞췄기 때문이다. 후자의 역할을 수행한 시기는 기원전 1세기 이후일 것이다. 진왕 칭호는 옛 진국이었던 한반도 남부에 대한 상징적 대표기능에서 출발했는데, 위군현(魏郡縣)은 이러한 대표권을 마한의 일부와 변한에 한정한다고 인식했다.『삼국지』한조에서 우호(優呼)를 더한 신지(臣智)는 목지국 진왕의 상징적 대표권을 수용한 마한과 변한에서만 보인다. 이는 진한이 개별 국의 자치권을 바탕으로 별개의 교섭권(交涉圈)을 이루고 있었음을 보여준다. 태강(太康) 연간에 진한왕이 서진(西晋)에 조공한 것은 '진한'의 급격한 성장보다 이러한 통솔권의 연장으로 이해되어야 한다.

『신라사학보』26, 2012

Ⅲ
1~3세기 진왕(辰王)의 성격 변화와
삼한 소국의 대외교섭

1. 머리말

일반적으로 국가형성은 두 가지 경로로 진행되었다. 첫째는 소규모 정치체들의 자체적인 통합이 국가형성을 초래한 경우이다. 둘째는 기존 정치체가 국가를 경험한 외부세력의 자극을 받아 국가 단계로 성장한 경우이다. 그러나 대부분의 국가는 어느 한 쪽보다는 두 경로를 모두 거치면서 형성되었다.

삼한 지역에서도 사정은 크게 다르지 않았다. 청동기시대 이래 읍락들이 자체적으로 성장하는 속에서 서북한 지역으로부터 유입한 세력들이 국가형성에 적지 않은 영향을 끼쳤기 때문이다. 뿐만 아니라 서북한 지역에 설치된 한군현(漢郡縣)이 이들의 움직임을 주시하고 일정한 통제를 가했다. 한군현은 유력한 정치체의 성장을 가급적 억제하면서도 중심세력과의 교섭에 대해서는 관심을 보였다. 그 중에서도 가장 두드러진 존재가 진왕(辰王)이었다.

이 때문에 진왕은 기존 연구자들에게 커다란 관심의 대상이 되어 왔다.

그 실체에 대해서는 조작설부터[1] 마한 목지국왕설(目支國王說),[2] 인천 고이왕설(古爾王說),[3] 진한왕설(辰韓王說),[4] 염사국(廉斯國) 수장설,[5] 신지설(臣智說),[6] '진한→목지국' 이동설[7] 등이 다양하게 제시되었으나, 최근에는 목지국왕설이 공감대를 형성해 가고 있다. 목지국왕은 대체로 안성천 이남 차령산맥 이북의 서해안 가까이에 근거했으며,[8] 삼한 소국에 대한 통제권

---

1) 삼품창영(三品彰英), 「사실과 고증-위지동이전의 진국과 진왕史實と考證-魏志東夷傳の辰國と辰王-」『사학잡지』55-1, 1944, 75~79쪽.

2) 말송보화(末松保和), 『신라사의 제문제新羅史の諸問題』, 동양문고, 1954, 129~130쪽 ; 노중국, 「마한의 성립과 변천」『마한·백제문화』10, 1987, 44쪽.

3) 천관우, 「목지국고」『한국사연구』24, 1979, 27~28쪽.

4) 나가통세(那珂通世), 「삼한고」『외교역사(外交繹史)』, 암파서점(岩波書店), 1958, 129~130쪽.

5) 정상간부(井上幹夫), 「"위지" 동이전에 보이는 진왕에 대하여"魏志"東夷傳にみえる辰王について」『속율령국가와 귀족사회續律令國家と貴族社會』, 길천홍문관(吉川弘文館), 1978, 621쪽, 635쪽.

6) 박대재, 「진한 제국(諸國)의 규모와 정치발전단계」『한국사학보』2, 1997, 11쪽.

7) 율원붕신(栗原朋信), 『상대일본대외관계의 연구上代日本對外關係の研究』, 길천홍문관, 1978, 127쪽.

8) 목지국의 위치에 대해서는 인천설(천관우, 앞의 글, 1979, 26~29쪽), 공주설(신채호, 『조선상고사』, 문공사, 1982, 102쪽), 위례성 즉 한성설(신채호, 『전후삼한고』『조선사연구초』, 범우사, 1997, 122쪽, 127쪽), 경기도 광주설(안재홍, 『조선상고사감』상권, 민우사, 1947, 272쪽), 충남 천원설(이병도, 『한국고대사연구』, 박영사, 1985, 242~248쪽), 천안설(권오영, 『삼한의 국에 대한 연구』, 서울대학교 박사학위논문, 1996, 202쪽), 예산설(김정배, 『한국고대의 국가기원과 형성』, 1986, 297쪽), 천원~예산설(무전행남武田幸男, 「삼한에서의 진왕과 신지三韓社會における辰王と臣智」하『조선문화연구朝鮮文化研究』3, 1996, 2~3쪽), 금강유역설(박대재, 「'삼국지' 한전의 진왕에 대한 재인식」『한국고대사연구』26, 2002, 63쪽), 익산설(신경준申景濬, 「강계고疆界考」『여암전서旅菴全書』I, 경인문화사, 1979, 225쪽), 직산~천안→나주 이동설(최몽룡, 「고고학적 측면에서 본 마한」『마한·백제문화』9, 1986, 12~14쪽) 등이 제기되었다. 사료상으로 목지국은 웅천(熊川) 이남에 위치한다고 전하는데, 웅천은 안성천 혹은 금강일 가능성이 있다. 그런데 목지국은 『삼국지』의 마한 50여 국 중에서 백제국의 여섯 번째

을 기반으로 한군현과의 교섭을 주도했다고 이해되었다.[9]

그러나 진왕의 구체적 성격은 아직 모호한 점이 없지 않다. 진왕의 역할이 상징적 대표권에 머물렀는지, 아니면 실질적 통제권을 동반했는지 명쾌하게 정리되지 않았기 때문이다. 사료상으로 볼 때, 진왕은 어느 한 쪽의 역할만을 수행하기보다 이중성을 띠었던 것 같다. 또한 양자의 비중은 상황에 따라 유동적이었을 가능성이 크며, 그 변화가 진왕의 성격에도 영향을 주었으리라 짐작된다.[10] 이러한 요소들의 상관성에 대해 구체적 검토가 필요할 것이다.

이를 파악하는 기준으로서 우선 대외교섭의 외적 조건을 고려해야 한다. 문헌상에서 진왕은 주로 중국 군현의 입장에서 부각되었다. 그렇다면

뒤에 기록되었다. 마한 50여 국이 대체로 북에서 남으로 나열되었으므로, 목지국은 아산만 이남으로 크게 벗어나지 않았을 것이다. 또한 목지국은 낙랑군과 마한 소국들을 중계할 만한 곳에 있었다. 그렇다면 목지국은 안성천 이남~차령산맥 이북에서도 서해안에 가까운 곳에 위치했을 것이다.

9) 이는 남부 제국(諸國)에 대한 유도권(誘導權)(말송보화末松保和, 앞의 책, 1954, 130쪽), 교섭 창구 역할(성합신지成合信之, 「삼한잡고三韓雜考」『학습원사학學習院史學』11, 1974, 19쪽), 연맹체적인 지배권을 동반한 교섭 주도권(이병도, 앞의 책, 1985, 239~241쪽), 상징적 대표권(천관우, 앞의 글, 1979, 14쪽), 조정권(무전행남武田幸男, 「위지동이전에서의 마한魏志東夷傳における馬韓」『마한·백제문화』12, 1990, 33쪽, 40쪽 : 「삼한사회에서의 진왕과 신지三韓社會における辰王と臣智」상『조선문화연구』2, 1995, 28~32쪽 : 앞의 글 하, 1996, 6~9쪽), 상업·무역을 둘러싼 진왕국연합체의 주도권(정산간부井上幹夫, 앞의 글, 1978, 622쪽), 교역 주도권(권오영, 앞의 글, 1996, 220쪽), 영도권(이도학, 「새로운 모색을 위한 점검, 목지국연구의 현단계」『마한사 연구』, 충남대학교 출판부, 1998, 126쪽) 등으로 해석되고 있다. 반면 이를 샤만으로서의 기능에 한정하는 견해도 있다(정상수웅井上秀雄, 『고대 조선사 서설古代 朝鮮史序說 -왕자와 종교王者と宗敎-』, 영악사寧樂社, 1978, 26쪽).

10) 진왕이 제(諸) 한국(韓國)에 대해 우월성을 보이다가 2~3세기에 종교적·상징적 대표자로 전락했다는 견해가 있다(김태식, 『가야연맹사』, 일조각, 1993, 66~68쪽). 이를 그대로 수용하기는 어렵지만, 진왕의 위상 변화를 지적한 점은 타당하다고 생각된다.

진왕의 위상은 중국 군현의 정책에 의해 일정한 영향을 받았을 것이다.

반면 삼한 정치체들의 내적 조건도 고려되어야 한다. 이들의 대외교섭에 진왕이 개입했다면, 그의 역할은 정치체들의 발전단계나 이들 간의 관계가 요구하는 범위 내에 한정되었을 것이다. 또한 이를 수행하는 데에는 타 정치체들을 이끌어갈 만큼의 정치·경제적 기반도 요구되었으리라 짐작된다.

이상을 기준으로 필자는 초기 진왕의 성격에 변화가 초래된 배경을 밝히려 한다. 이를 전제로 진왕의 성격과 삼한 소국의 대외교섭이 변화하는 과정을 다룰 것이다. 나아가 3세기 말경 진왕의 소멸이 의미하는 바를 파악하려 한다.

2. 초기 진왕의 역할과 그 위기

앞서 언급했듯이 진왕은 대외교섭을 주도하면서 주변 소국에 대해 일정한 통제력을 행사했다. 그런데 이러한 역할이 생긴 계기와 진왕의 구체적 성격에 대해서는 아직 견해가 일치되지 않고 있다. 이에 본장에서는 진왕이 출현한 배경과 당시 진왕의 역할을 밝히고, 여기에 변화가 초래된 계기를 검토할 것이다.

먼저 진왕의 출현과 관련하여 주목되어 온 자료들을 제시하면 다음과 같다.

> 가) (삼한은) 모두 옛 진국(辰國)이다. 마한이 가장 크며 그 종(種)을 같이 세워 ① **진왕(辰王)**으로 삼는다. (그는) 목지국(目支國)에 도읍을 두어 삼한 전체에 왕의 역할을 한다. 그 제국왕(諸國王)의 선조는 모두 마한종(馬韓種)의 사람이다 …… 준왕(準王)의 후손이 절멸하자 마한 사람이 다시 자립하여 ② **진왕**이 되었다. 건무(建武) 20년 한인(韓人) 염사인(廉斯

人) 소마시(蘇馬諟) 등이 낙랑에 이르러 공물을 바쳤다. 광무제(光武帝)가 소마시를 한염사읍군(漢廉斯邑君)으로 삼고 낙랑군에 속하게 하니, 4시로 조공했다. (『후한서』 권85 동이열전75 한韓)

나) 한(韓)은 대방(帶方)의 남쪽에 있다. 동서로는 바다를 경계로 하며 남쪽으로는 왜(倭)와 접해 있다. 사방 4천 리 정도이다. 3종이 있는데, 첫째는 마한, 둘째는 진한, 셋째는 변한이다. 진한이라는 것은 옛 진국이다(辰韓者 古之辰國也) …… **진왕**이 월지국(月支國)을 다스린다. (『삼국지』 권30 위서30 동이전 한)

다) 변진(弁辰) 역시 12국인데, 또한 여러 소별읍(小別邑)이 있어 각기 거수(渠帥)가 있다. 큰 경우는 신지(臣智)라 하고, 그 다음엔 험측(險側), 그 다음엔 번예(樊濊), 그 다음엔 살해(殺奚), 그 다음엔 차읍(借邑)이 있다. 이저국(已柢國)·불사국(不斯國)·변진미리미동국(弁辰彌離彌凍國) …… 변진독로국(弁辰瀆盧國)·사로국(斯盧國)·우중국(優中國) 등이 있으니 변진을 합해 24국이다. 대국은 4~5천 가(家)이며 소국은 6~7백 가로 총 4~5만 호이다. 그 12국은 ① **진왕**(辰王)에 속한다. ② **진왕**은 항상 마한인으로 하고 대대로 이어받아서 ③ **진왕**은 자력으로 왕이 되지 못했다. (앞의 책 변진)

여기서 진왕 출현의 계기를 준왕 후손의 절멸과 마한인의 자립에 둘 경우(사료 가-②), 진왕은 세형동검 단계[11] 혹은 기원전 2세기 초,[12] 진한의 남하시기,[13] 기원전 1세기 초에[14] 출현했다고 볼 수 있다. 반면『삼국지』의 진왕을(나, 다) 중시하는 쪽에서는 진왕이 환영지말(桓靈之末, 146~189)

---

11) 김태식, 앞의 책, 1993, 66~68쪽.

12) 과학·백과사전출판사, 『조선전사』 2-고대편-, 1979, 159쪽.

13) 백승충, 『가야의 지역연맹사 연구』, 부산대학교 박사학위논문, 1995.2, 74~75쪽.

14) 노중국, 「목지국에 대한 일고찰」『백제논총』 2, 1990, 12쪽.

이나[15] 대방군의 설치 이후[16] 혹은 2세기 말~3세기 초에 출현했다고 보았다.[17]

그런데 위 사료의 진왕은 대부분 출현 당시의 상황과 일정한 거리가 있다. 예를 들면 진왕이 삼한 전체에 왕의 역할을 한 것은(사료 가-①) 진왕의 통제 기능이 삼한으로 확산된 직후부터 후한이 멸망한 A.D.220년까지의 상황을 반영한다. 이는 대체로 후한대에 중점을 둔 서술이다.

3세기 중후반경 월지국(月支國) 즉 목지국(目支國)을 다스린 진왕이나(사료 나) 변진 12국이 속했다는 진왕은(다-①) 그 역할이 언제부터 시작되었는지 명시되지 않았다. 3세기 중후반까지 마한인이 대대로 이어받았다는 진왕이나(다-②) 이 때문에 자력으로 왕이 되지 못했다는 진왕도(다-③) 유사한 문제를 안고 있다. 이는 나), 다)가 위대(魏代)를 중심으로 서술한 결과로 보인다.

반면 사료 가)-②는 진왕의 출현을 직접적으로 설명할 뿐만 아니라 시점의 중복 현상도 드러내지 않는다. 진왕의 출현은 바로 이 자료를 기준으로 파악되어야 한다. 진왕은 준왕의 후손이 절멸한 뒤에 탄생했으므로, 이는 준왕이 남천한 기원전 2세기 초보다 훨씬 후대에 이루어졌을 것이다. 또한 『후한서』 한조는 삼한의 상황을 개괄적으로 언급한 뒤 준왕의 남천, 진왕의 출현, 건무(建武) 20년 소마시의 조공, 환영지말의 상황을 차례대로 언급했다. 이는 한군현의 한(韓) 지역 통제라는 관점에서 순차적으로 정리된 것이다. 그렇다면 진왕은 적어도 건무 20년(A.D.40) 이전에 출현했을 것이다. 여기에 준왕의 후손이 절멸하기까지의 기간을 고려하면, 진왕은 대체로 기원전 1세기경에 출현했다고 볼 수 있다.

---

15) 윤선태, 「마한의 진왕(辰王)과 신분고국(臣濆沽國)」『백제연구』34, 2001, 27쪽.

16) 무전행남(武田幸男), 앞의 글 하, 1996, 16쪽.

17) 삼상차남(三上次男), 『고대동북아시아사연구古代東北アジア史硏究』, 고려서림(高麗書林), 1966, 104쪽.

당시 진왕은 명목상으로는 진국 즉 한반도 중남부에 대해 왕의 역할을 수행했다.[18] 그런데 진왕은 동이 지역의 다른 거수(渠帥)들과 차이를 보인다. 예컨대 '예왕지인(濊王之印)'을 사용한 부여왕,[19] 건무(建武) 8년(32)의 고구려왕,[20] 중원(中元) 2년(57)의 왜노국왕(倭奴國王),[21] 경초(景初) 2년의 친위왜왕(親魏倭王),[22] 정시(正始) 8년(245)의 불내예왕(不耐濊王)[23] 등은 중국 황제로부터 왕호를 새롭게 수여 받거나 기존의 그것을 승인 받았다. 진왕은 상당한 기간 동안 유지되면서도 왕호의 승인에 대한 기록을 전하지 않는다. 이 점만 중시하면 진왕을 단순히 상징적인 칭호로 파악할 수도 있다. 그러나 고조선 준(準)의 칭왕(稱王)이 '참람되다'고 지적된 점으로[24] 보아 진왕의 칭호도 이에 대한 한군현의 현실적 입장을 반영했을 것이다.

원래 한(漢)은 고조선의 멸망 이전부터 그 남쪽의 세력을 하나의 교섭주체로 인식했다. 이를 『사기』 조선열전에서는 중국(衆國)이라 하고[25] 『한서』 조선전에서는 진국(辰國)으로 기록했다. 이에 대해서는 전자[26] 혹은 후자

---

18) 진국의 진(辰)은 '대(大)'의 뜻으로 해석되거나(이병도, 앞의 책, 1985, 239~241 쪽) 신지와 연관지어 이해된 바 있다(임창순, 「진한위치고」『사학연구』 6, 1959, 11쪽). 반면 3세기의 진왕과 과거에 소멸한 진국을 연결시킬 수 없다거나(무전행남, 앞의 글 상, 1995, 23쪽) 진국이 위(魏)의 작위적·추상적 인식이라는 견해도 제기되었다(촌상정웅村山正雄, 「진국辰國'억단臆斷」『조선학보』 81, 1976, 414쪽). 이와 관련하여 필자는 진국이 일정한 종족명 내지 지명으로서 고유한 고어를 차음표기한 점(무전행남, 앞의 글 상, 1995, 30쪽), 진왕과 진국이 관련된 점을 인정하려 한다.

19) 『삼국지』 권30 위서30 동이전 부여.

20) 『후한서』 권85 동이열전75 구려.

21) 『후한서』 권1하 광무제기(光武帝紀) 제1하 중원 2년 춘 정월 신미.

22) 『삼국지』 권30 위서30 동이전 왜.

23) 『삼국지』 권30 위서30 동이전 예.

24) 『삼국지』 권30 위서30 동이전 한.

25) 『사기』 권115 조선열전55.

26) 삼품창영(三品彰英), 앞의 글, 1944, 75~78쪽.

를[27] 중시하는 설과 양자를 절충하는 설이[28] 제기되었다. 그런데 대외교섭의 필요성은 소국 이상의 차원에서 제기되었을 가능성이 크다.[29] 이에 당시에는 다수 소국 즉 중국(衆國)이 존재했다고 보아도 좋을 것이다. 또한 삼한은 옛 진국의 땅으로 전해진다(사료 가). 이를 고려해 필자는 절충론을 따르고자 한다. 그렇다면 한군현은 옛 진국 지역의 대표권자를 진왕으로 승인했을 가능성이 크다.

그런데 진왕은 목지국에서 '자립한' 왕이었다(사료 가-②). 진왕은 한군현에 의해 일방적으로 수여된 것이 아니라 기존 세력을 기반으로 한 것이다. 진왕은 적어도 준왕의 후손에 필적할 만큼의 세력을 갖추고 있었다. 그 기반은 무엇이며, 이것이 진왕의 역할에 끼친 영향은 어떠했을까?

진왕의 근거지인 안성천 이남의 서해안 지역은 마한 남부와 변·진한을 낙랑군과 연결하는 중계지 역할을 할 수 있었다. 그러나 이러한 입지조건은 한강 유역이 보다 유리할 수도 있다. 이에 단순히 지리적 조건만이 진왕을 탄생시켰다고 보기는 어렵다. 목지국이 통제권을 행사하기 위해서는 소국들의 지배력에 실질적인 영향력을 끼칠 수 있는 기반을 확보해야 했을 것이다.

여기서 삼한이 진왕을 같이 세웠다는 것은(사료 가-①) 일정한 시사점을 제공한다. 이는 진왕의 역할이 소국들 공통의 이해관계에 대한 조정과 밀접히 연관되었음을 보여주기 때문이다. 그 이해관계는 무엇보다도 경제적 측면에 있었을 가능성이 크다. 이를 구체적으로 전하는 자료는 찾아지지

---

27) 도엽군산(稻葉君山), 「진번군의 위치眞番郡の位置」『역사지리(歷史地理)』24-6, 1914, 558~559쪽 ; 율원붕신(栗原朋信), 「야마대국과 대화조정邪馬大國と大和朝廷」『사관(史觀)』70, 1964, 16쪽.

28) 진국(辰國)이 중국(衆國)의 하나라는 견해도 있다(국사편찬위원회, 『중국정사조선전역주』―, 1987, 36쪽).

29) 『삼국사기』에서 삼국의 성립 직후 대외교섭이 공통적으로 강조된 것도 이를 뒷받침 한다.

않는다. 다만 청동제품의 보급 상황은 약간의 시사점을 제공하고 있다. 기원전 3~2세기의 청동기류는 안성천 이남 내지 금강유역에 집중되어 있는데,[30] 이는 해당 지역에서 소국형성의 기반이 일찍부터 마련되었음을 보여준다. 또한 이들 세력은 정문경(精文鏡) 등 청동기의 공급을 기반으로 영산강·낙동강 유역에 영향을 끼쳤다.[31] 진왕이 출현한 기원전 1세기에는 철기문화가 남한 전역으로 확산되었는데,[32] 그 보급에서 목지국이 어떤 역할을 했는지는 확실하지 않다.[33] 다만 준왕의 후손이 절멸했을 때 마한 사람이 '자립'한 것은(사료 가) 목지국 주변 세력의 경제적 기반이 거의 유지되었음을 보여준다. 이를 주도한 세력은 최종적으로는 목지국으로 귀착되었다. 그 결과 주변 정치체들은 공동사안의 결정이나 대외교섭에서 목지국왕을 매개로 했을 것이다.

이러한 상황에서 한군현이 설치되면, 주변 정치체들은 낙랑군과 교섭하거나 선진문물을 수입하는 데 목지국왕을 내세울 가능성이 컸다. 낙랑군은 이러한 상황을 파악하고 진국 지역과 교섭하는 데 목지국왕을 매개로 하게 되었다.[34] 이로써 목지국왕은 옛 진국 지역의 대표권자 즉 진왕으로 승인된 것이다.

그런데 옛 진국 지역에서도 정치발전이 상대적으로 늦었던 영남 등지에서는 대외교섭을 주도하거나 위임하려는 시도가 미미했을 것이다. 또한 진왕의 출현은 준왕의 근거지 확보 내지 마한 사람의 자립을 중심으로 기

---

30) 이현혜, 『삼한사회형성과정연구』, 일조각, 1984, 32~37쪽.

31) 전영래, 「한국 청동기문화의 연구」『마한·백제문화』 6, 1983, 88쪽 ; 「금강유역 청동기문화권 신자료」『마한·백제문화』 10, 1987, 117~118쪽.

32) 임영진, 「마한의 형성과 변천에 대한 고고학적 고찰」『한국고대사연구』 10, 1995, 107쪽.

33) 당시에는 대구, 경주 등지의 철기가 두드러진 유물상을 보인다(이현혜, 앞의 책, 1984, 43쪽, 62쪽).

34) 박순발, 「마한 대외교섭의 변천과 백제의 등장」『백제연구』 33, 2001, 11쪽.

록되었다(사료 가-②). 이는 대외교섭의 필요성이 주로 목지국 인근 세력에 의해 부각되었음을 보여준다. 자연히 진왕의 통제범위도 여기에 한정될 수밖에 없었다. 진왕은 명목상으로는 한반도 중남부 지역의 통제권을 확보했으나, 실질적으로는 이것이 인근 소국에 한정된 것이다.

다만 일정한 시점에서는 목지국왕이 삼한에 의해 진왕으로 인정받으면서 왕의 역할에 버금가는 통제권을 행사하기 시작했다고 한다(사료 가-①). 이를 액면 그대로 받아들이기는 어렵지만 최소한 진왕의 통제범위가 확산되어 갔음을 알 수 있다. 그 계기는 무엇이었을까?

여기서 마한의 속국이었다는 진·변한이 주목된다. 이들은 혁거세 38년 이전부터 마한왕에게 직공(職貢)을 바쳤다고 한다.[35] 이를 전후한 『삼국사기』 신라본기 기사들은 기년상 문제를 안고 있어 연구자들로부터 많은 지적을 받아 왔다. 그렇더라도 기원전 2세기 말부터 유입한 조선유민(朝鮮遺民)이 점차 변·진한 소국을 세운 점은 분명하다.[36] 또한 기원전후부터 삼한 지역에서는 겸, 도자, 철촉 등의 철기가 확산되면서 국읍 집단과 읍락 집단의 격차가 확대되어 갔다.[37] 이러한 추세는 독립적인 읍락들에 대해서도 소국의 형성을 촉진시켰을 것이다. 진한이 처음 6국에서 점차 12국으로 분화한 사실이 이를 말해준다.[38]

이들 소국도 대외적으로 자신의 지배력을 확인받고 선진문물을 수입할 필요가 있었다. 사로국 초기에 대외교섭이 적지 않았다는 기록은[39] 이러한 관심을 잘 보여준다. 그런데 이들에게 중개 역할을 하기 유리한 입장

---

35) 『삼국사기』 권1 신라본기1 시조 38년.
36) 『삼국사기』 권1 신라본기1 시조.
37) 이부오, 「기원전후 사로국의 지배구조 변화」 『역사교육』 76, 2000, 188~191쪽.
38) 『삼국지』 권30 위서30 동이전 진한.
39) 『삼국사기』 권1 신라본기1 시조 30년, 38년, 39년, 53년.

에 있었던 것은 바로 기존에 낙랑군과의 교섭대표권을 행사했던 진왕이었다. 진왕이 변·진한을 일종의 속국으로 인식한 것은 그 결과로 보인다. 즉 변·진한 소국은 이를 매개로 낙랑군과의 교섭을 추진한 것이다. 그 결과 진왕의 통제권역은 마한 일부에서 시작해 점차 변·진한 지역까지 확산된 것이다.

목지국과 낙랑군 사이의 한강유역에서는 백제국(百濟國), 비류(沸流) 집단, 칠중하(七重河) 북쪽의 소모(素牟) 집단, 낙랑 우두산성(牛頭山城) 세력,[40] 석두성(石頭城, 연천) 세력, 고목성(高木城, 연천) 세력[41] 등이 확인된다. 이들이 언제부터 소국 단계에 진입했는지는 분명하지 않다. 기원전 1세기까지는 백제국의 성립을 반영하는 고고자료가 희소해 그 건국이나 유이민의 정착은 원삼국기[42] 혹은 200년경[43] 내지 후한 말의 사실로 추정되기도 했다.[44] 그런데 기원전후 고구려계 유이민이 남하하면서 서울 지역에서는 조질 유문토기와 김해식 토기가 출현한다.[45] 풍납동 신우 집자리, 풍납 1지구 등에서는 기원전후의 목탄들이 적지 않게 조사되었다,[46] 이것이 바로 특정한 정치발전단계를 증명하지는 않는다. 다만 B.C.18년으로 전하는 건국연대와 연계시켜 볼 때, 서울 인근에서도 기원 전후로부터 멀지 않은 시기에 소국들이 성립되었을 가능성이 크다.

---

40) 『삼국사기』 권23 백제본기1 온조왕 18년.

41) 『삼국사기』 권23 백제본기1 온조왕 22년.

42) 이현혜, 「마한 백제국(伯濟國)의 형성과 지배집단의 출자」 『백제연구』 22, 1991, 11~12쪽.

43) 임영진, 「백제초기 한성시대 고분에 관한 연구」 『한국고고학보』 30, 1993, 82쪽.

44) 윤용구, 「구태(仇台)의 백제건국기사에 대한 재검토」 『백제연구』 39, 2004, 13쪽.

45) 권오영, 「초기백제의 성장과정에 관한 일고찰」 『한국사론』 15, 서울대학교 국사학과, 1986, 29~30쪽, 67~69쪽.

46) 강형태·나경임, 「풍납동 유적의 절대연대측정」 『한국상고사학보』 34, 2001, 91쪽.

그 과정에서 백제국은 낙랑과 우호를 맺다가 이를 다시 잃었다고 한다.[47] 한편 백제국의 선조는 마한의 '속국'이었다고도 전해진다.[48] 백제국 왕이 마한에 신록(神鹿)을 보내고 천도 사실을 알렸다는 것이나[49] 목지국 진왕이 삼한을 대표하게 되었다는 것도(사료 가-①) 이와 부합한다. 이상의 차이는 상호 모순된 것이 아니라 시기적인 변화를 반영할 것이다. 즉 백제국은 원래 독자적으로 낙랑군과 교섭하다가 얼마 후에는 진왕의 대표권 아래로 들어갔다고 볼 수 있다. 이를 유지하는 의례로서 목지국왕에게 사신을 파견하고 의례품을 바친 것이다.

그러나 백제국과 낙랑군의 교섭에서 진왕이 실질적으로 개입한 흔적은 찾아지지 않는다. 이는 백제국이 진왕의 상징적 대표권을 인정하면서도 실질적으로는 한군현과 개별적으로 교섭했음을 보여준다. 그 만큼 진왕의 실질적 통제권에는 한계가 적지 않았다.

이러한 문제는 변·진한에서도 드러나기 시작했다. 혁거세 38년 마한은 사로국을 군사적으로 위협했다고 하는데,[50] 이는 일부 소국이 기존 진왕의 통제로부터 이탈해 갔음을 보여준다. 그 과정에서 진왕과 사로국 사이에 긴장관계가 조성된 것이다. 그 이유는 무엇일까? 예를 들면 지황(地皇)연간(20~22)에 사로국은 한인(漢人) 1,500명의 억류 문제로 진한을 대표해 낙랑군과 교섭한 바 있다.[51] 또한 예(濊) 방면 세력으로 추정되는 낙랑인들에게 침입을 당하면서도[52] 거서간은 이들에게 외경(畏敬)의 대상이 되

---

47) 『삼국사기』 권23 백제본기1 온조왕 4년, 8년.

48) 『주서(周書)』 권49 열전41 이역(異域) 상 백제.

49) 『삼국사기』 권23 백제본기1 온조왕 10년, 13년.

50) 『삼국사기』 권1 신라본기1 시조 38년.

51) 『삼국지』 권30 위서30 동이전 한 ; 이부오, 「1세기초 염사국(廉斯國)의 대외교섭」 『한국고대사연구』 22, 2001, 93쪽.

52) 『삼국사기』 권1 신라본기1 혁거세 30년, 남해 1년, 11년, 유리 13년, 14년, 17년.

기도 했다.[53) 동옥저 방면과의 사신 교환도 이루어졌다.[54) 이로 보아 사로국은 주변 소국을 대표해 낙랑군 및 동예 방면 세력과의 교섭을 주도했을 것이다. 혁거세 39년 마한왕이 죽자 사로국이 마한을 치려고 시도했다는 것도[55) 이러한 움직임을 전제로 한 것이다. 염사국(廉斯國)도 진한 소국의 일부를 대표해 낙랑군에 '속(屬)'함으로써 대외교섭권을 확보했다.[56) 이역시 진왕의 역할과 상충될 수밖에 없었다. 그 과정에서 진왕과 일부 변·진한 소국 사이에 마찰이 초래된 것이다.

얼마 후 사로국이 사신을 보내 마한왕을 조문한 점에서[57) 시사되듯이, 사로국 등은 진왕의 통제권을 다시 받아들였을 가능성도 있다. 그러나 이것이 대세였다고 보기는 어렵다. 예를 들면 건무(建武)연간(25~55)에는 동이(東夷) 여러 나라들이 모두 한(漢)에 조공했다.[58) 대무신왕 27년(44)에는 살수 이남이 한에 속했다고 한다. 이는 한군현과 개별적 교섭을 시도하는 세력이 점차 증가했음을 보여준다. 그럼에도 불구하고 진왕의 역할이 소멸되었다는 근거는 찾아지지 않는다. 낙랑군은 진왕의 대표권을 계속 인정하면서도 다양한 세력과의 교섭을 추진한 것이다. 이는 진왕의 역할을 위축시켰을 가능성이 크다. 결국 기원전후 소국들의 증가가 단기적으로는 진왕의 역할을 강화시켰으나, 장기적으로는 이를 위축시킨 것이다. 다음 사료는 이것이 일시적인 현상이 아니었음을 보여준다.

라) 환영지말(桓靈之末)의 말에 한(韓)·예(濊)가 강성하여 군현이 통제할 수

---

53) 『삼국사기』 권1 신라본기1 혁거세거서간 38년.
54) 『삼국사기』 권1 신라본기1 혁거세거서간 53년.
55) 『삼국사기』 권1 신라본기1 혁거세거서간 39년.
56) 이부오, 앞의 글, 2001, 107~115쪽.
57) 『삼국사기』 권1 신라본기1 혁거세거서간 39년.
58) 『후한서』 권85 동이열전75 부여.

없어 많은 민(民)이 한국(韓國)으로 흘러 들어갔다. (『삼국지』 권30 위서30 동이전 한)

위에 의하면 환영지말(146~189)에 한·예가 강성(强盛)해지면서 한군현이 이를 제대로 통제하지 못했다. 여기서 '강성'이라는 것은 민(民)의 확보를 중심으로 설명되었다. 그런데 낙랑군에 인접한 정치체들이 성장하지 않았다면, 이러한 현상은 일어나기 어려웠을 것이다. 2세기 후반경 삼한 지역에서는 쇠스랑, 가래 같은 농기구와 환두대도, 유경식 철촉 등의 무기류가 출현하면서 정치체의 성장이 진전되었다. 고고학계에서는 이를 소국의 형성이라는 차원에서 접근하는 경향이 강하다.[59] 그러나 한군현의 정책에 거스를 만한 세력은 신생 소국보다는 기존 소국들의 결속체였을 가능성이 크다. 이러한 세력의 출현은 한군현과 진왕의 교섭에도 영향을 주었을 것이다. 그러면 이 문제를 구체적으로 살펴보자.

예를 들면 백제국은 건국 직후에 낙랑과 우호관계를 유지하다가 온조 8년(B.C.11)부터는 축성활동을 계기로 이와 마찰했다고 한다. 온조왕대 기사에는 건국기부터 후대까지의 사실이 뒤섞여 있어 이를 그대로 인정하기는 어렵다. 그런데 적어도 2세기 후반부터는 백제국 주변이 중부지방 원삼국문화와 구분되는 분포권을 보이기 시작한다.[60] 이는 한(韓) 세력의 성장을 시사하는 위 사료나 낙랑과의 마찰을 전해주는 온조대 기사들과도 부합하고 있다. 그렇다면 2세기 후반경 백제국은 세력권(勢力圈)을 인근 소국으로 확대하면서 낙랑군과 마찰했다고 볼 수 있다.

백제국을 위협한 말갈도 이런 측면에서 주목된다. 2세기까지 말갈은 북

---

59) 이재현, 「변·진한 사회의 발전과정 ─목곽묘 출현배경과 관련하여─」『영남고고학』 17, 1995, 29~30쪽.
60) 송만영, 「중부지방 원삼국시대~한성백제시대 전쟁 양상의 변화」『한국고고학보』 43, 2000, 160쪽.

쪽 방면으로부터 침입한 경우가 많으나[61] 동쪽 내지 동북쪽 방면에서 침입하기도 했다.[62] 이들이 백제국과 대립구도를 이루었다면, 그 자체도 별도의 세력권으로서 유력 소국을 중심으로 결속했음을 알 수 있다.

진한 지역에서는 사로국이 파사대(婆娑代)부터 주변 소국에 대해 통제를 강화해 갔다.[63] 탈해(脫解)와 수로왕(首露王)의 마찰이나 파사 23년 이사금과 수로왕의 마찰은 이러한 과정과 무관하지 않다. 이는 단순히 개별 소국 간의 대립에 그치는 것이 아니라 변·진한 지역에서 부각된 소국들 간의 주도권 다툼으로 해석될 수 있기[64] 때문이다. 또한 양국 간의 마찰이 낙랑 방면으로의 교섭과 연관된 점으로[65] 보아 두 세력은 변·진한의 대외교섭권을 각각 분점해 갔다고 생각된다.

이처럼 유력 소국을 중심으로 결속이 확대되는 속에서도 진왕은 '대대로' 교섭 대표권을 유지했다. 백제국이 마한에 조공을 계속한 것은 이와 무관하지 않다. 그러나 금관국과 사로국의 마찰이나 백제국과 말갈의 마찰에서 진왕이 개입한 흔적은 보이지 않는다. 이러한 상황에서 진왕이 유력 소국들의 대외교섭을 전반적으로 통제했다고 보기는 어렵다. 적어도 당시에 부각된 유력 소국들에 대해서는 진왕의 대외교섭 통제권이 상당히

---

61) 『삼국사기』 권23 백제본기1 온조왕 2년, 3년, 10년, 13년, 18년, 다루왕 28년, 초고왕 49년.

62) 『삼국사기』 권23 백제본기1 온조왕 22년, 40년, 다루왕 3년, 29년, 기루왕 32년, 초고왕 49년. 『삼국사기』 백제본기의 말갈은 춘천 일대를 중심으로 한강 상류와 남한강 일대에 근거하던 세력 및 경기도 동북지역에 근거하던 세력의 연합으로 이해되고 있다(장원섭, 「백제초기 동계의 형성에 관한 일고찰」 『청계사학』 7, 1990, 93쪽).

63) 『삼국사기』 신라본기 해당조.

64) 백승충, 「1~3세기 가야세력의 성격과 그 추이」 『부대사학』 13, 1989 ; 이부오, 『신라 군·성(촌)제의 기원과 소국집단』, 서경, 2003, 46~48쪽.

65) 이는 탈해와 수로왕의 싸움이 중국으로 가는 수로(水路)와 연관되었다는 점에서 (『삼국유사』 권2 기이2 가락국기) 확인된다.

위축되었다고 생각된다.

이상과 같이 2세기 후반경 낙랑군의 통제력이 이완된 상황에서 삼한 지역에서는 유력 소국들이 등장해 주변 소국에 대한 통제를 강화하고 대외교섭을 주도했다. 반대로 진왕의 역할은 더욱 축소되었다. 명목상으로는 기존 진왕의 대표권이 유지되었으나 실질적으로는 커다란 위기를 맞이한 것이다. 낙랑군도 약화된 통제력을 회복하기 위해서는 일정한 대책이 필요하게 되었다. 이는 진왕의 역할에 새로운 변화의 가능성을 예고하는 것이다.

3. 3세기 초 낙랑·대방군의 삼한정책과 진왕

2세기 후반 진왕 역할의 위기는 정치체 간의 통합과 후한의 지배력 약화가 빚어낸 결과였다. 그런데 2세기 말 이후 서북한 인근의 정치적 상황은 매우 복잡하게 전개되었다. 이는 삼한 소국의 대외교섭에도 적지 않게 영향을 끼쳤다. 당시의 마한과 중국군현의 관계가 집중적으로 검토된 것도 이 때문이다. 이를 종합적으로 다루는 것은 본고의 범위를 넘어서는 일이다. 다만 본장에서는 진왕의 역할을 염두에 두고서 3세기 초 중국 군현과 삼한 소국의 관계를 파악하려 한다.

우선 당시 중국 군현과 삼한 소국의 관계를 파악하는 데는 다음 사료가 중요한 정보를 제공한다.

> 마) (A) 건안중(建安中) 공손강(公孫康)이 둔유현(屯有縣) 이남의 황지(荒地)로 대방군(帶方郡)을 만들었다. 공손모(公孫模) 장창(張敞) 등을 보내 유민들을 거두어 모으고 군사를 일으켜 한(韓)·예(濊)를 정벌하니, 구민(舊民)이 점차 (군현 지역으로) 나왔다. 이후에 왜(倭)·한(韓)이 드디어 대방에 속하게 되었다. (B) 경초중(景初中) 명제(明帝)가 대방태수(帶方太守) 유흔(劉昕)과 낙랑태수(樂浪太守) 선우사(鮮于嗣)를 몰래 보내 바다를 건

너 2군을 평정했다. 이에 제 한국(韓國)의 신지(臣智)에게 읍군인수(邑君印綬)를 더해주고 그 다음에게는 읍장(邑長)을 주었다. 그 습속이 의책(衣幘)을 좋아해 하호(下戶)들이 군에 와서 조알(朝謁)하면 모두 의책을 빌려갔고, 스스로 인수의책을 착용하는 자가 천여 명이었다. 부종사(部從事) 오림(吳林)은 낙랑이 본래 한국을 통할했다는 이유로 진한 8국을 분할해 낙랑이 관할하도록 했다. 그런데 관리들이 통역해 전달하는 데 문제가 생겨 ① **신지 한(韓)이 분격하여** 대방군 기리영(崎離營)을 공격했다. 이에 (대방)태수 궁준(弓遵)과 낙랑태수 유무(劉茂)가 군대를 일으켜 이를 토벌하다가 준이 전사했으나, 2군은 결국 한을 멸망시켰다. (『삼국지』 권30 위서30 동이전 한)

위 사료는 삼한 지역에 대한 중국 군현의 통제력이 다시 회복되었음을 강조하고 있다. 그 계기는 건안중(196~220) 공손씨 정권의 대방군 설치였다. 이는 공손강이 204년 요동태수로 임명되고 요동 지역에서 자립한 이후의 사실이다. 따라서 대방군 설치는 204~220년에 진행되었을 것이다.

대방군의 설치 직후 공손모, 장창 등은 한(韓)을 정벌하고, 기존에 한 지역으로 유출된 낙랑군의 민을 거두어들였다. 이 과정에서 삼한은 대방군에 속하게 되었다. 이는 소국들이 군현의 통제권 내로 새롭게 편입되었음을 의미한다. 여기서 기존 교섭관계도 일정한 조정을 거쳤으리라 짐작된다.

2세기 후반경 일부 세력이 낙랑군과 개별적으로 교섭했던 점은 앞서 지적되었다. 그 직후의 교섭 상황은 직접적으로는 전하지 않는다. 다만 소국 간의 관계는 이를 파악하는 데 도움을 줄 수 있다. 예를 들면 백제국 초고왕 45년(210) 말갈의 사도성(沙道城) 침입, 초고왕 49년(214) 술천(述川) 침입, 구수왕 3년(216) 적현성(赤峴城) 침입, 구수왕 7년(220) 북변 침입, 구수왕 16년(229) 우곡계(牛谷界) 침입, 초고왕 49년 백제국의 말갈 석문성(石門城) 습취 등이 주목된다. 이는 백제국의 세력권 외에도 그 동쪽, 북쪽에 개별적인 세력권이 여전히 유지되었음을 보여주기 때문이다. 그렇다면 이들과 대방군의 교섭도 일단 개별적으로 이루어졌을 가능성이 크다.

반면 일정한 변화도 확인된다. 경초중(237~239) 이전부터 한(韓) 지역에서는 대방군 기리영을 공격할 만한 세력이 이미 성장해 있었기 때문이다(사료 마-B). 마)-B-①의 원문을 통행본(通行本) 『삼국지』에 의거 '臣智激韓忿(신지격한분)'으로[66] 읽는 쪽에서는 공격의 주체를 마한,[67] 목지국왕,[68] 백제 고이왕,[69] 마한연맹체의 참여를 전제로 한 백제[70] 등으로 보고 있다. 반면 남송 소흥본(紹興本)을[71] 따라 '臣幘沾韓忿(신책첨한분)'으로 읽는 연구자들은 그 주체를 신분고국(臣濆沽國)으로 보았다.[72] 최근에는 대체로 후자의 설이 큰 힘을 얻고 있다.[73] 이 중 어느 쪽을 받아들이는가 하는 문제는 공손씨정권기 삼한 소국의 대외교섭을 파악하는 데 중요한 전제조건이 될 것이다.

우선 신분고국설은 '臣幘沾韓忿(신책첨한분)'이 보다 앞선 판본에 기재된 점을 중시하고 이를 '臣濆沽韓忿(신분고한분)' 즉 '신분고국의 분(忿)'으로 이해한다. 이를 위해서는 자구의 연속적인 오류가 거듭 인정되어야 한다는 지적도 제기되었다.[74] 일단 『삼국지』 한조에 기재된 소국들의 순서로 볼

66) 진수(陳壽) 찬, 『삼국지』, 광업서국(廣業書局), 1993, 851쪽.

67) 성합신지(成合信之), 앞의 글, 1974, 19쪽.

68) 노중국, 『백제정치사연구』, 일조각, 1988, 92쪽.

69) 이기백·이기동, 『한국사강좌』 I -고대편-, 일조각, 1982, 135쪽 ; 이현혜, 「3세기 마한과 백제국」『백제의 중앙과 지방』, 충남대학교 백제연구소, 1997, 18~23쪽.

70) 김수태, 「3세기 중·후반 백제의 발전과 마한」『마한사 연구』, 충남대학교 출판부, 1998, 192~194쪽.

71) 진수 찬, 『백납본24사(百衲本二十四史) 삼국지』 12-사부총간(四部叢刊) 사부(史部)-, 상무인서관(商務印書館), 1944.

72) 말송보화(末松保和), 앞의 책, 1954, 518쪽 ; 정상간부(井上幹夫), 앞의 글, 1978, 622쪽.

73) 무전행남, 앞의 글 하, 1996, 17쪽 ; 윤용구, 「삼한의 대중교섭과 그 성격」『국사관논총』 85, 1999, 102~107쪽.

74) 이현혜, 앞의 글, 1997, 21쪽.

때, 신분고국은 백제국의 북쪽에 위치했다고 생각되는데,『삼국사기』백제본기에서는 말갈로 표현되었다.[75] 이 세력이 백제국을 위협했던 점은 분명하다. 다만 이를 근거로 3세기 전반경 한강유역의 소국들에 대해 주도권을 행사한 세력이 신분고국이었다고 단정하기는 곤란하다. 그렇다면 특정 판본의 오류 교정으로 당시의 정치적 상황을 판단하기에는 무리가 있을 것이다.

다음으로 목지국왕설은 신지가 목지국에 도읍했다는『한원(翰苑)』삼한조의 언급을 중시한 결과이다. 그런데 뒤에서 다루듯이, 신지는 삼한 지역의 비교적 우세한 거수(渠帥)로서 복수로 존재했다. 이들 중 위 사료의 신지를 충분한 설명 없이 목지국 신지로 단정할 수는 없다.

그런데 사료 마)-B에서 한과 대방군이 마찰했다는 것은 백제국이 고이왕대까지 중국 군현과 적지 않게 대립했다는 상황과도[76] 부합하고 있다. 백제국은 적어도 고이왕 13년(246)부터는 낙랑 변민을 습취할 정도의 세력을 갖추고 있었다.[77] 백제국왕이 신지에 해당하는 세력을 갖추지 않았다면 이러한 상황은 조성되기 어려웠을 것이다. 이로 보아 기리영을 공격한 주체는 대방군 인근의 신지인 백제국왕이며, 여기에 인근의 한 소국들이 협조했다고 추정된다.

백제국이 기리영을 공격한 직접적인 이유는 진한 8국에 대한 통할권의 상실을 염려한 데 있었다(사료 마-B). 진한 8국의 위치에 대해서는 견해가 다양하지만,[78] 이는 진한 소국의 일부로서 낙동강 유역에 위치했다고 생

---

75) 이 때문에 3세기 중엽까지 등장하는 말갈이 신분고국이라는 설이 제기되었다. 이 소국이 '예성강~경기북부~북한강~남한강 중상류' 일대를 지배했다는 것이다(윤선태, 앞의 글, 2001, 16~23쪽).

76)『삼국사기』권23 백제본기 온조왕 8년, 13년, 17년, 18년 및 고이왕 13년.

77)『삼국사기』권24 백제본기 해당조.

78) 그 위치에 대해서는 진번 지역설(이병도, 앞의 책, 1985, 122쪽), 예성강 이남~한강 이북설(문안식,『백제의 영역확장과 지방통치』, 신서원, 2002, 64쪽), 충주

각된다.[79] 백제국은 공손씨 정권기까지 이미 진한 소국과 대방군 사이의 중계권을 확보했던 것이다.

이상을 통해 진왕의 통제권은 공식적으로 안성천 이남의 마한 소국 및 변한 소국, 일부 진한 소국으로 축소되었다. 이를 뒤집어 보면 공손씨 정권기의 대방군은 진왕 외의 세력들과 개별적 교섭을 확대하다가 점차 백제 국왕과 진왕을 중심으로 이원적인 교섭을 전개한 것이다.

위(魏)가 낙랑군과 대방군을 손에 넣은 뒤에는 삼한 소국에 대해 좀 더 적극적인 통제가 시도되었다. 위군현은 한(韓) 신지들에게 읍군인수를 더 해주고 그 다음에게는 읍장을 주었다. 심지어 각 지역의 하호들에게도 의책을 주어 인수의책을 착용한 자가 천여 명에 이르렀다(사료 마-B). 이를 통해 위는 유력 수장들을 황제의 외신(外臣)으로 흡수하고[80] 삼한 소국에 대한 영향력을 확대하려 했다. 진한 8국을 낙랑군이 관할하도록 조처한 것도 그 연장선상에서 이루어진 것이다.

이에 대해 백제국이 크게 반발한 점은 앞서 언급되었다. 그 이유는 관리들이 진한 8국에 대한 관할 문제를 잘못 통역한 데 있었다고 한다. 그러나 단순히 통역 문제만으로 위군현(魏郡縣)과 한(韓) 세력이 정면으로 충돌했다

주변설(최해룡, 「진한 연맹의 형성과 변천」 하 『대구사학』 53, 1997, 5~6쪽), 마한 지역설(통구융차랑樋口隆次郎, 「조선반도에서 한4군의 강역과 연혁고朝鮮半島に於ける漢四郡の彊域及沿革考」 『사학잡지』 23, 1912, 506~507쪽), 한반도 동남부설 (윤용구, 「『삼국지』 한전 대외관계기사에 대한 일검토」 『마한사 연구』, 충남대학교 출판부, 1998, 100쪽) 등이 제기되었다.

79) '동이 …국' '마한 …국'의 사례로 보아(『진서』 권3 제기2 무제 태강 1년, 2년, 3년, 7년, 8년 등) 8국은 진한 소국의 일부로 추정된다. 또한 그곳은 중국 군현과의 교섭에서 백제국이 중계 역할을 하기 쉬운 지역이었다. 이러한 곳으로는 남한강 유역을 통해 백제와 연결될 수 있는 낙동강 상류지역이나 해로를 통해 연결될 수 있는 낙동강 하구의 인접지역을 들 수 있다. 두 경우 모두 진한 8국은 낙동강 유역이 되는 셈이다.

80) 무전행남(武田幸男), 앞의 글 상, 1995, 19쪽.

고 볼 수는 없다. 실질적 이유는 부종사(部從事) 오림(吳林)이 내세운 표면적 이유와 실제 이유가 달랐던 데 있었을 것이다.

표면적인 이유는 한국(韓國)이 원래 낙랑군의 통할을 받았기 때문이었다. 이 경우 진한 8국 이외의 소국들이 낙랑군의 통할 대상에서 빠진 이유가 설명되지 않는다. 위가 낙랑·대방군을 장악한 직후에 이 문제가 불거진 이유도 해명되기 어렵다. 보다 실질적인 이유는 진한 8국을 분리 통제하려는 정책에 있었을 것이다.[81] 이를 통해 낙랑군은 교역 대상 구역을 새롭게 설정하고,[82] 한 세력과 개별적으로 접촉함으로써 교역상의 이익을 추구했다.[83] 또한 진한 세력을 분리 통제함으로써 특정 세력의 부상을 막는 한편 관리의 효율을 도모한 것이다.

반면 백제국은 진한 8국에 대해 교섭 중계권을 상실할 위기에 처했다. 이에 백제국은 강력히 반발하여 대방군 기리영을 공격했으나 결국에는 '멸망'했다고 전한다. 이는 실질적인 멸망보다 위의 분리통제 정책이 관철되었음을 보여준다.[84] 그 결과 마한 지역은 기존처럼 대방군의 관할을 받고, 진한 8국은 낙랑군의 관리를 받게 되었다. 경주 인근 소국들은 진한 8국과 별도로 취급되었으므로 계속 대방군에 의해 관할되었을 것이다.

이상과 같이 위군현은 삼한과의 교섭창구를 낙랑·대방군으로 이원화하고 군별 관할범위를 재조정했다. 이는 통제의 효율을 도모하면서 특정 세력의 부상을 막기 위한 조처였다. 그 결과 백제의 교섭 대표권은 크게 축소되었다. 여기서 진왕의 대표권이 미친 범위가 변화한 흔적은 보이지 않

---

81) 이를 직접지배의 시도로 설명하기도 했다(栗原朋信, 앞의 글, 1964, 24쪽).

82) 이종욱, 「"삼국지" 한전 정치관계 기록의 사료적 가치와 그 한계」『길현익교수정년기념사학논총』, 동논총간행위원회, 1996, 379쪽.

83) 윤용구, 앞의 글, 1999, 123쪽.

84) 위 사료의 '한(韓) 멸망'을 진왕의 소멸과 연결시키기도 한다(무전행남, 앞의 글, 1990, 47쪽). 그러나 마지막 절에서 다루어지듯이, 진왕은 적어도 위가 멸망하기 직전까지는 존재했다.

는다. 거꾸로 교섭창구의 조절 과정에서도 진왕은 거의 역할을 하지 못했다. 이는 진왕이 기존의 상징적 대표권을 유지하되, 그것과 실질적 통제권 사이에 괴리가 심화되었음을 보여준다. 이를 통해 위군현은 기존 유력 세력의 대표권을 약화시키고 개별적 교섭을 강화했다. '한의 멸망'(사료 마-B)은 삼한 소국이 이러한 정책을 일단 수용했음을 보여주는 것이다.

4. 삼한 소국의 대응과 진왕의 위상 변화

3세기 초 위의 분리 통제정책은 삼한 소국을 일정한 틀 안에 묶어두려는 경향을 보였다. 이는 유력 소국들의 입장에서는 커다란 장애로 인식되었을 것이다. 이들로서는 위군현의 통제에 순응하든가 다른 방법을 모색할 필요가 있었다. 본장에서는 이러한 움직임과 위군현의 정책이 진왕의 위상에 가져온 변화를 파악하려 한다.

우선 기리영전투 이후에도 마한, 진한 등은 위군현과의 교섭을 지속한 것으로 추정된다. 이들은 대대로 위와 왕래했다고 전하기 때문이다.[85] 여기서 마한은 진왕을 가리킬 가능성이 있지만 분명치는 않다. 다만 진한처럼 진한 8국 사건에서 크게 부각되지 않은 세력이 교섭주체로 부각된 점을 주목할 수 있다. 이외에도 정시(正始) 7년(246)에는 한(韓) 나해(那奚) 등 수십 국이 각기 종락(種落)을 거느리고 항복했다.[86] 나해국의 위치는 명시되지

---

85) 『양서(梁書)』 권54 열전87 동이.

86) 『삼국지』 권4 위서4 삼소제기(三小帝紀) 제왕방(齊王芳). 이들은 진한 8국 사건에서 '멸망'한 한(韓)이라는 견해가 있다(지내굉池內宏, 「공손씨의 대방군 설치와 조위의 낙랑·대방 2군公孫氏の帶方郡設置と曹魏の樂浪·帶方二郡」『만선사연구滿鮮史硏究』 제1책, 길천홍문관吉川弘文館, 1951, 247쪽). 그런데 진한 8국 사건과 한 나해의 조공은 시간적 차이가 적지 않으며, 이들이 진한 8국이라는 근거도 빈약하다. 한편 한(韓) 나해의 조공이 정시 6년(246) 2월 관구검의 고구려 토벌 혹은 동예 정벌의 결과라는 견해도 있다(임기환, 「3세기~4세기초 위·진의 동방정책」『역사와

않았지만 금강 이남의 마한 지역으로 추정된다.[87] 위군현은 이상에 대해 교섭권을 인정함으로써 분리 통제정책을 지속한 것으로 보인다. 경원(景元) 2년(261) 낙랑 외이(外夷)인 한(韓), 예맥(濊貊)이 각기 속(屬)을 거느리고 조공한 것이나[88] 경원 4년 조공한 것도 이를 반영한다.

이는 진왕의 영향력을 더욱 축소시키는 환경을 제공했다.[89] 바로 이 시점에 진왕은 다소 혼란된 모습을 보여준다. 예컨대 3세기 중후반까지 변진에 대해 마한인이 대대로 이어왔다는 진왕은(사료 다-②) 분명히 목지국왕이었다(사료 나). 그런데 다)-①, ③의 진왕이 목지국 진왕이거나[90] 그를 기반으로 만들어진 가공의 존재였다면, 변진조에서만 '자립하지 못하는' 진왕이 명시될 필요는 없었을 것이다.[91] 적어도 마한인(馬韓人)의 진왕 계승 때

현실」 36, 2000, 20쪽).

87) 나해국에 대해서는 한강 이북 세력(유원재, 「백제의 마한정복과 지배방법」『영산강유역의 고대사회』, 학연문화사, 1999, 138쪽) 또는 예와 잡거한 한(韓) 세력(윤용구, 앞의 글, 1998, 100쪽), 동예 남쪽의 내륙 내지 동해안 세력(임기환, 앞의 글, 2000, 20쪽), 진한의 소속 부락(이병도, 앞의 책, 1985, 261쪽) 등으로 추정된 바 있다. 일단 나해국은 삼한 지역에서도 기존에 부각된 세력과는 다르므로 목지국이나 백제국은 아니었을 것이다. 동시에 이 세력은 수십 국을 대표할만한 위치에 있었다. 이러한 조건을 충족시키기에 가장 유리한 곳은 금강 이남의 마한 지역이다.

88) 『삼국지』 권4 위서4 삼소제기 진유왕환(陳留王奐).

89) 당시 진왕국연합이 해체되면서 진왕의 영향력이 거의 상실되었다는 견해도 있다(정상간부, 앞의 글, 1978, 623쪽).

90) 무전행남, 앞의 글 하, 1996, 8~9쪽.

91) 『삼국지』 찬자가 『한원』에 인용된 『위략』의 "辰韓人常用馬韓人作主(진한인상용마한인작주) 代代相承(대대상승)"과 목지국 진왕을 기초로 사료 다)-① 이하를 개작했다는 견해도 제출되었다. 즉 다)-①의 진왕은 목지국 진왕을 가리키되, 다)-②의 진왕은 '진한인(辰韓人)'을 개작한 것이고 다)-③의 진왕도 변진한 진왕의 인위적 구성이 시도된 결과라는 것이다(신현웅, 「"삼국지" 한전 기록의 실제」『한국고대사연구』 32, 2003, 253쪽). 『삼국지』 찬자가 위 부분을 인용하는 과정에서 한 두 글자 정도의 오류를 범할 가능성은 얼마든지 있다. 그러나 『삼국지』 찬

문에 자력으로 왕이 되지 못한 진왕(辰王)을(다-③) 마한의 진왕으로 볼 수는 없다. 따라서 다)-③의 진왕은 변진조가 다룬 지역의 유력 거수로 보아야 할 것이다. 이를 받아들일 수 있다면, 변·진한 12국이 속(屬)했다는 진왕도(다-①) 마찬가지였을 가능성이 크다.[92] 이처럼 문맥상 실체가 일관되지 않은 것은 다)-①, ②, ③의 '辰王' 표기가 원래 '辰韓'이었기 때문이라 생각된다.[93] 이렇게 보면 위군현은 진한을 변·진한 지역의 유력한 교섭대표자로 파악한 것이다.

그러면 변·진한 지역에서 진한이 새로운 교섭단위로 출현한 이유는 무엇일까? 기존 진왕의 출현에 비추어 볼 때, 이 역시 일정한 대표성과 지배력의 확보와 무관하지 않았을 것이다. 3세기 초경 변·진한 지역에서는 구야국(狗倻國)이 낙동강 하구에 대한 통제권을 기반으로 초기 가야연맹의 주도권을 확보했으며[94] 왜로 통하는 루트의 중간거점 역할을 했다. 진한 8국도 낙랑군으로의 이속(移屬)을 매개로 별도의 결속체를 이루었다. 그러나 이들이 변·진한 지역을 대표했다고 보기는 어렵다.

이들보다는 사로국의 움직임이 주목된다. 진한 8국의 이속에 따라 사로국은 커다란 위기에 직면하게 되었다. 진한 8국의 이속은 파사대 이후 확

자가 '자력으로 왕이 되지 못하는 진왕'을 만들어낼 만한 동기가 무엇인지 납득하기 어렵다. 『한원』 삼한조의 『위략』 인용문은 『삼국지』보다 적지 않게 축약되어 있다. 이 부분의 『한원』이 총 49자를 할애한 데 비해 『삼국지』는 70자를 사용했다. 다른 부분에서는 몇 배의 차이가 나기도 한다. 그렇다면 『한원』의 위 인용문은 다)-① 이하의 『위략』 원문을 축약했을 것이다.

92) 마한과 변진한에서 별개의 진왕을 인정하는 견해는 다음 연구에서 제시되었다. 임창순, 「진한위치고」『사학연구』6, 한국사학회, 1959, 10쪽 ; 천관우, 「"삼국지" 한전의 재검토」『진단학보』41, 1976, 27쪽.

93) 이 부분은 다음을 고려하여 원논문을 수정한 것이다. 이부오, 「중국 사서의 서술 맥락을 통해 본 『삼국지』한조의 진한과 진왕」『신라사학보』26, 2012, 136~137쪽.

94) 김태식, 앞의 책, 1993, 67~68쪽.

대되어 온 세력권(勢力圈)을 다시 위축시킬 수 있었기 때문이다. 해당 시기는 『삼국사기』 기년상 조분대(助賁代)이다. 그런데 그 기년에 문제가 적지 않아 필자는 경초중(237~239)의 직후를 벌휴대(伐休代) 전후로 파악하고 있다. 이 시기에 사로국은 구도(仇道)를 파견해 최초로 원거리 정복을 단행했다.[95] 벌휴 2년 소문국(召文國) 정복이 그것이다.[96] 그 뒤 구도는 원산향(圓山鄕)을 장악하고 이 방면에서 군사활동을 계속했다. 이는 단순한 세력확장이 아니라 진한 8국 사건 이후의 상황에 대처하려는 노력의 하나였을 것이다.

당시 낙동강 상류 방면에는 '고령가야(古寧伽倻)'(함창), 사벌국(沙伐國, 상주), 내령(柰靈, 영주) 소국, 감문국(甘文國, 김천) 등이 있었다. 그 위치로 보아 이들 중 적어도 일부는 진한 8국에 포함되었을 것이다. 사로국은 이 중에서 소문국·원산향 지역을 장악했다.[97] 나아가 경주로부터 이곳으로 통하는 전략적 요충지에는 거점성을 확보해 인근 소국과 교통로를 통제했다.[98] 3세기 후반으로 추정되는 내해대까지[99] 사로국의 거점지배는 낙동강 하류 방면으로 확산되었다.[100] 이상으로 보아 3세기 중후반경 새로운 진왕의 출현은 사로국의 세력확장에 근거했을 가능성이 크다.

---

95) 기록상 구도(172?~190?)는 그의 아들 미추(味鄒, 262~284)와의 사망간격이 95년을 넘어 기년상의 문제를 안고 있다. 미추와 그 조카 내물(柰勿, 356~402)의 사망간격은 118년이나 된다. 또한 같은 시기의 김씨왕계와 석씨왕계 사이에는 심하게 불합리한 관계가 보인다. 이에 구도~미추 사이에 2세대 정도, 그리고 미추~내물 사이에도 한 세대 정도가 생략되었다고 생각된다. 그렇다면 구도는 내물의 조부가 아니라 그 5세대 정도 위에 해당된다. 이 점과 아달라대(阿達羅代)의 기년을 종합할 때, 구도의 활동 시기는 3세기 중엽으로 추정된다(이부오, 「신라 초기 기년문제에 대한 재고찰」 『선사와 고대』 13, 1999, 246~253쪽).

96) 『삼국사기』 권2 신라본기2 벌휴이사금 2년.

97) 『삼국사기』 권2 신라본기2 벌휴이사금 2년, 7년.

98) 앞의 주 인용과 같음.

99) 이부오, 앞의 글, 1999, 253쪽.

100) 이부오, 앞의 책, 2003, 65~76쪽.

사로국이 진한 소국을 적극적으로 통제하면서, 이들을 분리 통제하려는 위군현(魏郡縣)의 정책은 곤란을 겪게 되었다. 진한 내에서 사로국의 부각은 이 지역에 대한 위군현의 정책 변화를 가져왔다. 변·진한 중 12국이 '진한'에 속했다는 것은 삼한 소국의 대외교섭에서 목지국왕이 차지했던 대표권을 해당 소국들에 대해 사로국왕도 확보했음을 의미하는 것이다.

그런데 기리영전투에서 가장 커다란 타격을 입은 것은 백제국이었다. 이에 경초중 이후 백제국과 주변 세력, 목지국 진왕, 위군현 사이의 교섭이 어떻게 전개되었는지 주목된다.

백제국은 고이왕 7년(240) 진충(眞忠)을 좌장(左將)으로 삼아 내외의 군사 업무를 맡기고 석천(石川)에서 크게 사열한 바 있다. 동 9년에는 남택(南澤)의 도전(稻田)을 개간하고 왕이 서문으로 나가 활쏘기를 관람했다. 이로 보아 백제국은 군사력을 정비하고 주변 지역에 대해 경제적 통제를 강화함으로써 기리영전투에서 입은 손실을 점차 만회해 갔다고 생각된다.

이를 바탕으로 고이왕 13년(246) 백제국은 좌장 진충을 보내 낙랑 변민(邊民)을 습취했다. 낙랑태수 유무가 이를 듣고 노하자 왕은 침략을 당할까 두려워 민구(民口)들을 송환했다고 전한다.[101] 이를 뒤집어 보면 백제국은 위군현의 통제를 인정하면서도 낙랑군 변경을 공격할 정도의 세력을 확보한 셈이다. 바로 이 시기에 말갈의 침입은 거의 사라진다.[102] 반대로 고이왕 25년(258)에는 말갈 추장 나갈(羅渴)이 말 10필을 바쳐왔다. 이는 기존에 독립적인 세력을 이루었던 말갈이 대부분 백제국의 세력권으로 편입되었음을 보여준다.

그런데 초기 백제의 세력확장과 관련하여 지금까지 가장 주목된 자료는 온조왕 13년 기사이다. 이에 의하면 당시부터 백제국의 강역은 북쪽으

---

101) 『삼국사기』 백제본기 해당조.
102) 『삼국사기』 백제본기에 의하면 말갈의 침입은 구수왕 7년(220) 이후 사라졌다가, 진사왕 7년(391)에 다시 보인다.

로는 패하(浿河), 서쪽으로는 대해(大海), 동쪽으로는 주양(走壤), 남쪽으로는
웅천(熊川)에 이르렀다고 한다.[103] 이는 온조왕대[104] 혹은 2~3세기,[105] 3
세기,[106] 4세기의 사실로[107] 이해되고 있다. 그런데 3세기[108] 내지 3세기
중후반부터는 풍납토성의 축조가 완료되어[109] 주변 지역을 통치하는 중심
성의 기능을 했다.[110] 또한 서울 석촌동 등지의 적석총, 토광묘가 한강유
역에서 중심지를 이루었다.[111] 이상은 백제국이 한강유역을 그 세력권(勢
力圈)으로 편성해 가는 과정과 무관하지 않을 것이다.[112]

이에 따라 백제국과 목지국 진왕의 관계도 일정하게 변화했을 가능성

---

103) 『삼국사기』 권23 백제본기1 온조왕 13년.

104) 천관우, 「삼한의 국가형성」 하 『한국학보』 3, 1976, 117~121쪽.

105) 최몽룡·권오영, 「고고학자료를 통해 본 백제초기의 영역고찰」 『천관우선생 환력 기념사학논총』, 1986, 115~117쪽.

106) 양기석, 『백제전제왕권성립과정연구』, 단국대학교 박사학위논문, 1990, 50쪽.

107) 이도학, 『백제 고대국가 연구』, 일지사, 1995, 139~141쪽.

108) 윤근일, 「풍납토성 발굴과 그 의의」 『풍납토성(백제왕성) 보존을 위한 학술회의』, 동양고고학연구소, 2000.5.8, 46쪽 ; 신희권, 「풍납토성 발굴조사를 통한 하남 위례성 고찰」 『향토서울』 62, 2002, 107~108쪽.

109) 박순발, 「한성기 백제의 성곽」 『향토서울』 62, 서울시사편찬위원회, 2002, 12~14쪽 ; 권오영, 「백제국에서 백제로의 전환」 『역사와 현실』 40, 2001, 48쪽.

110) 몽촌유형 토기의 등장, 성곽의 출현 등에 의거, 3세기 중엽은 서울을 중심으로 한 지역통합의 분기점으로 이해되고 있다(박순발, 『한성백제의 탄생』, 서경문화사, 2001, 152쪽, 182쪽).

111) 권오영, 앞의 글, 1986, 83~89쪽 ; 임영진, 「석촌동일대 적석총계와 토광묘계 묘제의 성격」 『삼불김원룡교수정년퇴임기념논총』 I, 1987, 484쪽, 491~492쪽.

112) 최근 화성 기안리에서는 3세기 중엽까지의 철광석, 철광석파쇄용 공이, 송풍관, 슬래그 등이 발견되어 분업화된 제련공정이 이루어졌음이 확인되었다(기전문화재연구원, 『화성 발안리 마을유적·기안리 제철유적 발굴조사』, 2003, 68~87쪽). 이 지역 세력이 철제품의 보급을 장악했다면 백제국 이상의 세력권을 형성했을 가능성도 있다. 그러나 본문에서 언급된 토성, 고분자료, 문헌자료로 보아 기안리의 철광석은 백제국의 통제하에 유통되었을 가능성이 크다.

이 있다. 위의 웅천은 백제국이 마한 방면으로 세력을 확장하는 과정에서 책(柵)을 설치한 곳이다.[113] 그 직전 백제국은 말갈의 추장을 사로잡아 보내는 등 마한에 대해 우호적인 태도를 취한 바 있다.[114] 그러나 웅천책의 설치는 마한왕의 항의를 불러왔다. 그 뒤 웅천책은 파괴되었으나, 백제국은 점차 마한을 병탄할 의도를 품게 되었다.[115] 이상은 3세기까지 백제국이 한강유역을 장악해 가는 과정과 거의 부합하고 있다. 이러한 상황에서도 목지국은 적어도 위대까지는 존속했다(사료 나). 다만 백제국의 세력권이 말갈 방면과 목지국 방면으로 확장되지 않았다면, 위와 같은 상황은 조성되기 어려웠을 것이다. 고이왕대까지 백제국은 한강유역에 대한 장악을 바탕으로 마한 방면으로 세력권을 확대해 간 것이다. 건국 초기와 달리 백제국은 이제 목지국 진왕에 대해 우위를 확보한 셈이다.

이러한 상황에서 대방군이 한강유역의 세력들을 개별적으로 관리하기는 어려웠다. 고이왕대 위군현과 백제국의 마찰은 역설적으로 한강유역 세력들의 대외교섭 통로가 단일화되었음을 반증한다. 대방군은 백제국의 세력권을 인정하고 이를 교섭 대표권자로 인정한 것이다. 그러면서도 목지국왕은 진왕의 지위를 유지했다. 또한 변·진한의 진왕 기능이 마한에 의해 대대로 계승되었다고 강조되었다(사료 다-②). 이처럼 일면 모순되어 보이는 상황은 무엇을 의미할까? 이에 대해서는 다음 사료가 일정한 시사점을 줄 수 있다.

> 바) 마한은 서쪽에 있다 …… 각기 장수(長帥)가 있어 큰 자(大者)는 스스로 신지라 하고 다음은 읍차라 한다 …… 진왕이 월지국(月支國)을 다스린다. 신지에게는 혹은 신운견지보(臣雲遣支報), 안야축지(安邪踧支), 분신

---

113) 『삼국사기』 권23 백제본기1 온조왕 24년.
114) 『삼국사기』 권23 백제본기1 온조왕 18년.
115) 『삼국사기』 권23 백제본기1 온조왕 25년.

리아 불례(濆臣離兒不例), 구야진지렴(拘邪秦支廉) 등의 칭호가 더해진다. 그 관(官)에는 위솔선(魏率善) 읍군(邑君) · 귀의후(歸義侯) · 중랑장(中郎將) · 도위(都尉) · 백장(伯長) 등이 있다. (『삼국지』 권30 위서30 동이전 한)

여기서 거수들은 신지(臣智)와 읍차(邑借)만 제시되었다. 그러나 실제로는 변진조의 경우처럼(사료 다) 세력의 수준이 다양했을 것이다. 이들 중 신지들에게는 혹은 신운견지보, 안야축지, 분신리아불례, 구사진지렴 등의 우호(優呼)가 더해졌다. 기존 진왕의 역할을 중시하면, 이것들은 진왕에 의해 수여되었다고 볼 수도 있다.[116] 그러나 우호가 다양한 고유어로 구성된 점으로 보아 이것들은 유력 수장들에 의해 스스로 칭해졌을 것이다. 그러면서도 목지국 진왕은 칭호뿐 아니라 언급된 순서도 차별적으로 부각되었다. 이는 위군현의 삼한 통제에서 진왕의 일정한 역할을 반영한다.

진왕과 위솔선(魏率善) 관작의 관계는 이를 파악하는 데 도움을 줄 수 있다. 위 사료의 '위솔선' 관작들에 대해서는 위(魏)에 의해 수여된 관(官)이라는 설과[117] 진왕의 관이라는 설이 제시되었다.[118] 일단 관작 앞에 '위솔선'이 관칭된 점으로 보아 이들 관작은 낙랑 · 대방군으로부터 수여되었을 것이다.

이 중에서 읍군(邑君)은 경초중 신지들에게 수여된 바 있으므로(사료 마-B), 위 사료의 신지들이 수여받은 관작도 읍군을 포함했을 것이다. 후(侯)는 왕망에 의해 격하된 뒤의 고구려왕과[119] 도위관(都尉官)이 폐지된 뒤의 예 · 옥저 거수들에게 수여된 바 있다.[120] 이로 보아 삼한의 귀의후도 신지급 거

---

116) 무전행남, 앞의 글 하, 1996, 6쪽. 진왕을 정점으로 위 4국이 소국가연합체를 구성했다는 견해도 있다(정상간부, 앞의 글, 1978, 622쪽).
117) 율원붕신(栗原朋信), 앞의 글, 1964, 19쪽.
118) 성합신지(成合信之), 앞의 글, 1974, 13~14쪽.
119) 『후한서』 권85 동이열전75 구려.
120) 『삼국지』 권30 위서30 동이전 예 및 동옥저.

수들에게 수여되었을 가능성이 크다.[121] 이상은 일반 거수들을 통솔했던 신지의 위상을 승인하는 상징이었다고 볼 수 있다.

반면 백장(伯長)은 한대에 주변 읍락의 장[122] 내지 수장에게 수여된 최하위 관직이었다.[123] 이에 일반 거수들은 위 사료의 관(官) 중에서도 뒷부분의 낮은 관작을 받았으리라 짐작된다. 중랑장(中郞將)은 군사적 성격이 강한 관직이며, 도위는 군사·경찰의 임무를 수행하는 관직이었다.[124] 그러나 특정 거수가 이러한 임무를 전문적으로 맡았다고 보기는 어렵다. 이것도 일반 거수들의 세력을 승인하는 상징으로 수여되었을 것이다.

이처럼 위솔선 관작은 일반 거수와 신지급 거수들에게 차별적으로 수여되었다. 반면 진왕은 그 자체로 위호를 인정받으면서 신지 이하의 거수들보다 우월한 존재로 승인 받았다. 이는 목지국 진왕이 신지 이하의 거수들에게 대표권을 행사했음을 보여준다. 위 사료의 신지들은 이를 받아들이는 동시에 주변의 일반 거수들을 통솔했다.[125] 결국 목지국 진왕은 적어도 명목상으로는 '진왕-신지-일반 거수'로 구성된 누층적 질서의 꼭대기

---

121) 읍군, 귀의후는 솔중왕, 읍장과 함께 모두 승(丞)을 두며 군·현에 견줄 수 있었다(『후한서』 지28 백관5 사이국왕). 이 중 귀의후는 원래 읍군보다 높은 관직이면서도 그 뒤에 표기되었다. 이와 관련하여 '귀의후'가 연문으로 잘못 기록되었다거나(율원봉신, 앞의 글, 1964, 18쪽) 그 존재가 삼한에서는 드물었다는 견해가 있다. 이는 읍군이 삼한 최고의 관작이라는 전제 하에서 제기된 것이다(무전행남, 앞의 글, 1990, 28쪽). 삼한 지역에서 귀의후를 특정 거수에게 수여한 사례는 확인되지 않지만, 이것이 위 사료에 보이는 귀의후의 존재를 전면적으로 부정하는 근거는 아니다. 이에 필자는 그 존재 자체는 받아들이기로 한다.

122) 정상간부, 앞의 글, 1978, 629쪽.

123) 무전행남, 앞의 글, 1990, 29쪽.

124) 정상간부, 앞의 글, 1978, 627~628쪽.

125) 신지들이 거의 서남해안이나 연안에 가까운 하천유역에 근거한 점으로 보아 신지들과 진왕이 교통관계로 연관되었을 가능성은 있다(무전행남, 앞의 글 하, 1996, 6~7쪽).

에 위치하면서 위군현과의 교섭에서 대표권을 행사한 것이다.

그러나 이러한 권한이 행사되는 공간적 범위는 제한적이었다. 위 사료에서 목지국 진왕의 대표권을 인정한 신지들은 신운신국, 안야국, 분신리아국, 구야국 등에 근거했는데, 이는 목지국 이남의 마한 지역과 변한 지역에 한정되고 있다. 새로이 부각된 백제국이나 사로국의 세력권은 여기서 제외되었다. 게다가 한(韓) 나해의 개별적 교섭에서 시사되듯이, 목지국 진왕의 교섭 대표권은 그 이남의 마한 지역에 대해서도 불완전한 형편이었다. 그렇다면 목지국 진왕의 상징적 대표권조차도 매우 불완전했음을 알 수 있다.

『삼국지』 한조는 이러한 상황을 객관적으로 설명하지 않고 목지국 진왕의 역할을 강조했다. 나아가 변·진한 소국이 대대로 마한인을 진왕으로 삼아 변·진한의 '진왕'은 자력으로 왕의 역할을 못했다고 전해진다. 앞서 언급한 것처럼 그 실제 주체는 '진왕'이 아니라 진한이었다. 이는 목지국 진왕의 대표권이 상징적으로나마 변·진한 지역에 행사되었던 위초(魏初)까지의 상황을 위말까지의 일로 표현한 것이다.

이는 위군현의 정치적 의도를 드러낸다. 위군현은 목지국 진왕의 기존 대표권을 강조함으로써 다른 유력 세력의 위상을 폄하하는 정책을 실시한 것이다. 그러면서도 사로국 중심의 진한과 백제국의 교섭 대표권을 인정했다. 이는 기존 군현의 분리통제 정책이 다원적 교섭으로 정착했음을 보여준다.

이처럼 위군현과 삼한의 교섭은 상징적으로는 일원적이고 누층적인 형태를 띠었으나 실질적으로는 다원적으로 운영되었다. 이에 삼한을 대표하는 진왕의 역할은 사실상 형해화되었다. 진왕은 일정한 지배권을 기반으로 하면서도 위군현에 의해 인위적으로 선택된 상징적 대표권자의 성격을 띠게 되었다. 위군현은 목지국 진왕의 상징적 대표권을 내세우면서도 소국 간의 현실적인 관계를 고려해 다원적인 교섭을 실시했다. 3세기 중엽 이후 '동이○국'의 조공 기사가 많은 것은 그 결과로 볼 수 있다.

5. 맺음말 -진왕 소멸의 의미-

진왕은 3세기 중후반까지 나타나다가 3세기 말에는 자취를 감춘다. 그 이유는 무엇일까? 이는 적어도 기존 진왕의 지위가 다시금 변화한 사실과 무관하지 않을 것이다. 본장에서는 이것이 소국 간의 관계나 군현과의 교섭에서 가지는 의미를 파악함으로써 맺음말에 대신하려 한다.

낙랑·대방군을 통해 삼한 지역을 통제하던 위는 265년에 멸망하고 서진(西晉)이 들어섰다. 이후에도 삼한 소국의 대중 교섭은 지속되었는데, 구체적으로는 적지 않은 변화가 확인된다. 이를 함축적으로 보여주는 것이 다음 사료이다.

> 사) 무제(武帝) 태강(太康) 원년·2년 그 주(主)가 자주 사신을 파견해 들어와 방물(方物)을 바쳤다. 7년·8년·10년에 또 자주 왔으며, 태희(太熙) 원년 동이교위 하감(何龕)에 이르러 바쳤다. 함녕(咸寧) 3년에도 다시 왔다. 다음 해에 또 내부(內附)를 청했다. (『진서』 권97 열전67 마한)

> 아) 무제 태강 원년 그 왕이 사신을 보내 방물을 바쳤다. 2년 다시 와서 조공했으며, 7년에도 또 왔다. (앞의 책 진한)

위 사료에 의하면 함녕 3년(277)부터 마한 주(主)가 서진에 사신을 파견했다. 태강 원년(280)부터는 진한왕도 가세해 조공무역을 본격화했다.[126] 이처럼 서진과의 교섭에서는 진왕(辰王) 대신 마한 주(主)와 진한 왕이 강조되었다. 여기서 마한 주는 '왕'과 같은 의미로 사용되었을 것이다. 진왕이 원래 진국의 상징적 대표성을 전제로 했다면, 이제 특정 지역의 실질적 지배자가 대외교섭 주체로 인정된 것이다. 이는 대내외적인 환경에 일정한

---

126) 『진서』 권97 열전67 사이 동이 진한 ; 이현혜, 「삼한의 대외교역체계」 『이기백선 생고희기념 한국사학논총』 상, 일조각, 1994, 53쪽.

변화가 진행되었음을 시사해 준다.

우선 함녕 3년(277)은 동이교위가 설치된[127] 다음 해이며, 태강 원년은 서진이 오(吳)를 무너뜨리고 중국을 통일한 시기이다. 이러한 자신감에서 서진은 마한, 진한에 대해서도 적극적인 교섭을 실시했다. 그런데 서진은 한반도에 대해 느슨한 통제정책을 취해 책봉과 조공이라는 방식으로 군신 관계의 유지에 주력했다.[128] 이러한 상황에서 삼한 지역과의 교섭은 군현의 인위적인 통제보다는 소국 간의 현실적 관계를 반영할 가능성이 커졌다. 진왕의 소멸도 이러한 추세와 무관하지 않을 것이다. 그러면 진왕 대신 부각된 세력의 실체를 통해서 이 문제를 파악해 보자.

마한왕에 대해서는 목지국왕설과[129] 백제국왕설이[130] 대립해 왔다. 그런데 3세기 말부터 목지국왕의 존재는 더 이상 중시되지 않는다. 반면 백제국은 3세기 말경부터 서진으로부터 청자류를 수입해 한강유역과 금강 이북의 거수들에게 수여했다. 서울 지역을 중심으로 출토된 삼족기, 직구단경호, 직구광견호 등에서도 서진의 영향이 보이는데,[131] 이는 백제국이 적어도 원거리 교역권의 중심에 있었음을 보여준다. 또한 3세기 중후반경 중서부 지방에 석촌동식 토광목관묘가 확산되는 점을 중시하면, 백제국의 세력권은 매우 광범위했을 가능성이 있다.[132]

이러한 상황을 『삼국사기』와 비교해 보자. 이에 의하면 온조 26년 백제국은 마한 국읍을 병합했으며, 다음 해에는 잔여 성(城)들의 항복을 받

127) 임기환, 앞의 글, 2000, 24~25쪽.
128) 오혜련, 「위진남북조시기 중한관계에 대한 재검토」『백제사상의 전쟁』, 서경문화사, 2000, 199쪽.
129) 노중국, 앞의 글, 1990, 9~10쪽.
130) 권오영, 「백제국에서 백제로의 전환」『역사와 현실』40, 2001, 44쪽.
131) 박순발, 「한성백제의 대외관계 -국가 성립기 대외교섭의 실상과 의의-」『백제연구』30, 1999, 35쪽.
132) 박순발, 앞의 책, 2001, 167쪽.

아 마한을 멸망시켰다.[133] 이 성들을 목지국의 국읍과 읍락성으로 볼 경우,[134] 목지국의 중심부는 거의 백제국의 세력권으로 편입된 셈이다. 그러나 목지국이 실제로 백제국의 세력권에 흡수되었는지는[135] 불분명하다. 다만 고고학적 성과나 백제국의 세력권이 확대되어 온 추세를 고려할 때, 백제국이 마한을 대표하는 세력으로 부각된 점은 인정되어야 할 것이다.[136] 그렇다면 사료 사)의 마한왕은 백제국왕으로 볼 수 있다.

사료 아)의 진한왕은 사로국왕이라는 설이 대체로 인정되고 있다.[137] 사로국은 3세기 중엽부터 대외진출을 적극으로 추진해 왔다. 그 과정에서 낙동강 상류와 하구 방면의 요충지에 거점성을 설치하는[138] 한편, 낙동강 하구 방면을 통한 원거리 교역권을 장악하게 되었다.[139]

이처럼 진왕의 소멸은 유력 소국의 대외진출과 서진의 중국 지배가 부합한 결과였다. 서진은 이들 세력의 지배권을 인정하고 이를 교섭 대상으로 받아들였다. 물론 280년대 이후에도 '동이○국'의 조공이 지속되었으며, 마한왕이나 진한왕의 견사 기록도 그 속에 포함되었다.[140] 동이마한

---

133) 『삼국사기』백제본기 해당조.

134) 노중국, 앞의 글, 1990, 7쪽.

135) 유원재, 「백제의 마한정복과 지배방법」『영산강유역의 고대사회』, 학연문화사, 1999, 135~136쪽.

136) 백제국이 마한연맹체의 주도권을 잡는 계기가 261~263년에 마련되었다는 견해도 있다(김수태, 「백제의 대외교섭권 장악과 마한」『백제연구』33, 2001, 28쪽).

137) 이현혜, 앞의 글, 1994, 54~55쪽 ; 백승충, 『가야의 지역연맹사 연구』, 부산대학교 박사학위논문, 1995, 100~102쪽.

138) 이부오, 앞의 책, 2003, 66~95쪽.

139) 백승충, 앞의 글, 1995, 100~102쪽 ; 이부오, 앞의 책, 2003, 79~84쪽.

140) 예를 들면 마한왕이 조공한 태강 원년, 2년, 7년, 8년에는 각각 동이 12국, 5국, 11국, 2국이 조공했다. 태강 원년, 2년, 7년 진한왕의 조공도 이 범위를 벗어나지 않는다.

과 같은 시기에 조공한 신미제국(新彌諸國)처럼[141] 개별적으로 교섭한 세력도 확인된다. 그렇더라도 서진은 백제국과 사로국을 삼한 지역의 실질적인 교섭 대표권자로 인식했다. 이런 점에서 진왕의 소멸은 다음과 같은 의미를 가질 것이다.

첫째, 서진의 삼한정책은 위의 분리통제 정책이라는 틀을 크게 벗어나지는 않았다. 다만 위가 인위적인 분리통제를 추진했다면, 서진의 삼한정책은 소국 간의 관계를 그대로 용인하는 범위 내에서 이루어졌다. 즉 서진은 삼한 소국의 교섭 통로를 자의적으로 조정하기보다 유력 소국의 지배력을 공인해 교섭의 편의를 도모한 것이다.

둘째, 진왕의 대외교섭이 상징적 대표권을 기반으로 했다면, 이제 그 대표권은 소국들에 대한 실질적 지배권을 기반으로 하게 되었다. 이는 삼한 지역에서 일부 세력에 의한 소국병합이 상당히 진척된 결과였다. 이에 진왕의 소멸은 기존 삼한 소국의 정치발전이 한 단계 진전되었음을 반영하는 것이다. 이는 4세기 이후 백제와 신라가 본격적으로 성장하는 기반이 되었던 것이다.

『신라사학보』 창간호, 2004

---

141) 『진서』 권36 열전6 장화(張華). 이곳은 나주 반남면으로 추정되고 있다(노중국, 앞의 글, 1990, 3~4쪽).

제2장
사로국의
세력확장과
지역세력의 대응

I
3세기 후반~4세기 전반 금호강 하류의
소국과 사로국의 지배형태 변화

1. 머리말

고대국가는 그 중심 세력이 주변 지역에 대한 지배체제를 확립해 가는 과정에서 성립되었다. 사료상으로 그 계기는 대개 정복활동에서 찾아지고 있다. 그러나 이는 그 계기의 하나에 불과할 뿐 모든 과정을 설명하는 것은 아니다. 이보다는 대등한 입장에서 출발한 소국 간의 관계가 지배·피지배의 관계로 변화하는 과정이 큰 의미를 가질 것이다.

이에 대한 관심은 기존 연구에서도 수 없이 표명되었다. 특히 관련 사료를 비교적 풍부하게 전하는 사로국(斯盧國)의[1] 진한(辰韓) 소국(小國) 지배 과정에 대해서는 적지 않은 연구가 집적되었다. 그 견해는 『삼국사기』 초기

---

[1]   사로국은 기림이사금 10년에 '다시' 신라(新羅)로 개칭되었다고 한다(『삼국사기』
    권2 신라본기). 이에 그 이전에도 신라라는 명칭이 사용된 적이 있음을 알 수 있
    다. 그러나 그 구체적인 시점은 불분명하며, 이는 본고에서 다루는 시기에도 마
    찬가지이다. 다만 경주 세력을 가리킬 경우에는 사로국이라는 칭호가 더 적당할
    것이다. 반면 진한 지역 전체를 포괄해야 하는 경우에는 상황에 따라 신라라는 명
    칭도 사용하려 한다.

기사에 대한 관점에 따라 커다란 차이를 보이고 있다.[2) 그러나 사로국이 진한 소국연맹을 주도하거나 소국들의 복속을 받다가 점차 영역지배를 실현했다는 점에서는 커다란 차이가 보이지 않는다.

필자 역시 이러한 경향에 공감하지만, 문제점이 없는 것은 아니다. 기존 연구에서 '영역'은 대체로 특정 세력의 지배력이 본격적으로 미치는 범위로 사용되고 있는데, 이는 사전적인 의미와도[3) 어긋나지 않는다. 그런데 구체적으로 보면, 영역은 영토,[4) 인근 국가와 대치하는 선 안의 세력범위,[5) 지배 · 신속 관계나 간접지배가 이루어지는 지역,[6) 지방통치의 제도화가 이루어진 지역[7) 등으로 다양하게 사용되었다. 병합 지역이나[8) 통합 지역,[9) 정복된 복속 지역도[10) 사실상 유사한 의미로 사용되었다.

이처럼 영역지배는 연구자마다 다양한 의미로 사용되어 그 기준이 모호한 경우도 적지 않다. 효율적인 논의를 위해서는 무엇보다도 이에 대한 이

---

2) 이에 대한 기존의 연구성과는 대구 · 경산 지역을 언급하는 과정에서 자연스럽게 반영될 것이다. 사로국의 성장과 소국지배 과정에 대한 전반적인 연구성과의 정리는 다음을 참고할 수 있다. 선석열, 『신라국가 성립과정연구』, 혜안, 2001, 9~22쪽 ; 이부오, 『신라 군 · 성(촌)제의 기원과 소국집단』, 서경, 2003, 25~31쪽.

3) 영역은 국가의 주권에 딸린 범위로 정의된다(신기철 · 신용철 편, 『새우리말큰사전』, 삼성출판사, 1989).

4) 서의식, 「신라 '상고'초기의 진한제국과 영토확장」『이원순교수정년기념역사학논총』, 교학사, 1991, 16쪽.

5) 주보돈, 「신라국가형성기 대구사회의 동향」『한국고대사논총』8, 1996, 103~106쪽.

6) 이희준, 『4~5세기 신라의 고고학적 연구』, 서울대학교 박사학위논문, 1998, 61~65쪽.

7) 전덕재, 「신라 주군제(州郡制)의 성립배경연구」『한국사론』22, 1990, 55쪽.

8) 이종욱, 『신라국가형성사연구』, 일조각, 1982, 89~90쪽 :「초기국가형성기의 정치발전단계」『한국사상의 정치형태』, 일조각, 1993, 32~33쪽.

9) 김재홍, 「신라 중고기의 촌제와 지방사회 구조」『한국사연구』72, 1991, 14쪽.

10) 선석열, 앞의 책, 2001, 104~118쪽.

해의 기준이 제시되어야 할 것이다. 또한 소국 간의 불평등한 관계가 성립하는 과정이 지역에 따라 다양했을 가능도 고려되어야 한다. 사실 이러한 과정은 소국연맹체의 성립으로부터 지방통치 체제의 편성에 이르기까지 계속되었다고 볼 수 있다. 사로국의 영역지배 편성 과정을 설명하기 위해서는 이를 종합적으로 검토해야 한다. 그러나 이를 한꺼번에 다루는 것은 벅찬 과제이므로, 전형적인 사례를 중심으로 논의를 진행시켜 나가는 편이 보다 유익할 것이다.

이와 관련하여 필자는 대구·경산 지역에 주목했다. 양 지역은 남북이 산지로 가로막힌 금호강 하류에 서로 인접해 있어 소국들의 상황을 유기적으로 파악하는 데 유리한 조건을 갖추고 있다. 뿐만 아니라 이곳은 독립 소국 단계로부터 사로국의 영역으로 편입되는 단계까지에 대한 자료를 비교적 자세히 전하고 있다. 그러므로 이 지역의 사례는 사로국과 진한 소국의 관계 변화를 구체적으로 파악하는 데 도움이 되리라 생각된다.

이 지역에 대한 관심은 대구 소국의 형성 과정을 정리하는 데서 이미 본격화되었다.[11] 나아가 대구·경산 지역 소국의 국읍 집단과 읍락 집단의 윤곽이 어느 정도 밝혀졌으며,[12] 두 소국이 자치권을 유지한 채 사로국의 통제 하에 있다가 그 영역으로 편성되어 간 점도 확인되었다.[13] 그러나 구체적인 과정에 대해서는 견해가 일치되어 있지 않다. 『삼국사기』 신라본기 초기기사를 인정하는 쪽에서는 이미 2세기 초에 두 지역이 신라에 병합

---

11) 윤용진, 「대구의 초기국가 형성과정 -고고자료를 중심으로-」『동양문화연구』 1, 경북대학교 동양문화연구소, 1974.

12) 김용성, 「경산·대구지역 삼국시대 고분의 계층화와 지역집단」『영남고고학』 6, 1989 ; 주보돈, 앞의 글, 1996, 113~120쪽, 136~137쪽 ; 이희준, 「대구 지역 고대 정치체의 형성과 변천」『영남고고학』 26, 2000.

13) 이형우, 「사로국의 성장과 압독국(押督國)」『수촌박영석교수화갑기념한국사학논총』 상, 탐구당, 1992, 106쪽 ; 주보돈, 앞의 글, 1996, 104~109쪽 ; 이희준, 앞의 글, 1998, 138~140쪽.

되었다고 보았다.[14] 그러나 이를 그대로 인정하지 않는 쪽에서는 관련 기사의 실제 시기를 3세기 말[15] 혹은 3세기 후반~4세기 전반으로 끌어내렸다.[16] 혹은 신라가 낙동강을 사이에 두고 가야와 대치하는 4세기 후반이나[17] 고총고분의 형성기라는 5세기 중엽,[18] 신라 금공품의 확산이 본격화된다는 5세기 후반[19] 등으로 그 시기를 수정했다.[20]

　이러한 차이는 기본적으로는 관련 사료의 서술이 합리성을 결여한 데에 기인한다. 이 기록이 역사적 사실을 바탕으로 한 점은 분명하지만, 필자로서도 관련 사료가 보여주는 모순을 부정하기는 어렵다고 생각한다. 필자는 이러한 문제에 대해 합리적인 해석을 시도하는 동시에 다음의 점들을 유의하려 한다.

　첫째, 이 지역 소국들과 사로국의 관계가 변화하게 되는 배경을 중시할 것이다. 특히 교역 주도권을 둘러싼 경쟁이나 대외환경의 변화는 여기에 적지 않은 영향을 미쳤을 것이다.

---

14) 이종욱, 앞의 책, 1982, 85~86쪽 ; 이형우, 『신라초기국가성장사연구』, 영남대학교 출판부, 2000, 176쪽. 당시 사로국이 '분산분포 영역'을 가졌다는 견해도 제시되었다(서의식, 앞의 글, 1991, 20쪽).

15) 선석열, 「신라 6부제의 성립과정」『국사관논총』69, 1996, 92~93쪽.

16) 이희준, 앞의 글, 1998, 138~140쪽.

17) 주보돈, 앞의 글, 1996, 104~107쪽.

18) 김창호, 「고분 자료로 본 대구 지역의 신라에로의 통합」『고고역사학지』11·12합집, 1996, 137쪽.

19) 박보현, 「금공품으로 본 대구지역의 성격」『역사교육논집』23·24합집, 1999, 647쪽.

20) 6세기 초에 가야 소국으로 등장하는 탁순과 탁국을 각각 대구와 경산으로 볼 경우(점패방지진鮎貝房之進, 「일본서기日本書紀 조선지명고朝鮮地名攷」『잡고雜攷』7상, 1937, 143~151쪽), 이 지역은 6세기 초 이후에 신라에 편입된 셈이다. 그러나 이에 대해서는 충분한 비판이 있었으므로(김태식, 「6세기전반 가야남부제국諸國의 소멸과정 고찰」『한국고대사연구』1, 1988, 192~205쪽), 현단계에서는 고려 대상이 되기 어려울 것이다.

둘째, 이 지역을 통제하려는 사로국의 입장과 기존의 지배권을 유지하려는 소국 집단의 입장은 기본적으로 대립 관계에 있었다. 그러나 상황에 따라서는 상호간의 필요에 의해 그 관계가 변화했을 가능성도 고려할 것이다.

셋째, 영역지배의 단계적 변화를 파악하기 위해 몇 가지 기준을 이용할 것이다. 우선 사로국의 지배가 적극화되는 과정에서 가장 우선시된 것은 그 지속성이었을 것이다. 이는 개별 소국의 독립성을 해소하고 사로국의 지배를 본격화하는 데 가장 필수적인 요소로 생각되기 때문이다. 이후 소국 내에서 계층별·공간별로 그 지배력의 침투가 확산되면, 지배 대상의 일반성이 확보된다고 볼 수 있다. 이러한 지배형태가 여러 지역으로 확대되면, 지방통치가 제도화할 수 있는 기반이 마련되었을 것이다. 이상의 요소들이 실현되는 정도에 따라 영역지배는 다양한 수준으로 전개되었을 것이다.

필자는 이상을 염두에 두고서 대구·경산 지역 소국의 복속 과정과 그 직후 소국 집단의 동향, 그리고 이에 대한 사로국의 지배형태가 어떠했는지 다룰 것이다. 또한 여기에 변화가 초래된 계기와 그 과정을 설명하려 한다. 나아가 이것이 신라의 지방통치 과정에서 가지는 의미를 찾으려 한다.[21]

2. 금호강 하류 소국들의 복속 과정

금호강 하류 지역은 일찍이 가야 지역으로 파악된[22] 이래 변한(가야) 지

---

21) 이 글은 필자의 석사학위논문에(『3·4세기 대구·경산지역의 소국과 신라의 진출』, 한국정신문화연구원 부속대학원, 1988) 바탕을 두고 작성되었다.

22) 점패방지진, 앞의 글, 1937, 143~151쪽 ; 금서룡(今西龍), 『조선고사의 연구(朝鮮古史の研究)』, 국서간행회(國書刊行會), 1970, 346~347쪽.

역[23] 혹은 진한 지역으로[24] 인식되어 왔다. 이러한 혼란은 이 지역이 변한과 진한의 점이지대였던 데에서 초래된 것이다. 이곳은 금호강 상류 쪽으로 사로국과 통하기 용이할 뿐만 아니라 낙동강을 통해 변한 제국과도 연결하기 쉬운 조건을 갖추고 있다. 이러한 상황에서 금호강 하류 소국들의 대외교섭이 원래 어느 한 쪽에만 한정되었다고 보기는 어렵다.[25] 그렇다면 이들과 사로국의 교섭이 본격화되고 이것이 복속의 형태로 변화하는 과정이 간단하지는 않았을 것이다. 본장에서는 이를 검토하여 사로국이 이 지역을 지배하게 되는 배경을 밝히려 한다.

우선 압독국과 사로국의 교섭을 처음으로 보여주는 사료를 제시하면 다음과 같다.

> 가) 가을 8월 음즙벌국(音汁伐國)과 실직곡국(悉直谷國)이 강역을 다투다가 왕에게 와서 그에 대한 결정을 요청했다. 왕은 이를 곤란하게 여겨 "금관국(金官國) 수로왕(首露王)이 연로하고 지식이 많다"하고 이를 불러 물었다. 수로왕이 논의를 일으켜 다투던 땅을 음즙벌국에 속하게 했다. 이에 왕은 6부에 명해 함께 모여 수로왕에게 향연을 베풀도록 했다. 5부(部)는 모두 이찬(伊湌)으로 접대를 주관하게 했으나, 한지부(漢祇部)만은 지위가 낮은 자로 이를 주관하게 했다. 수로왕은 노하여 노(奴) 탐하리(耽下里)에게 명해 한지부주(漢祇部主) 보제(保齊)를 죽이고 돌아갔다. 그 노(奴)는 음즙벌주(音汁伐主) 타추간(陀鄒干)의 집으로 도망해 여기서 의탁하였다. 왕이 사람을 시켜 그 노를 찾았으나 타추는 보내지 않았다. 왕이 노하여 군사로써 음즙벌국을 정벌하니, 그 주와 무리가 스스로 항복했다. 실직(悉直)·압독(押督) 2국의 왕이 와서 항복

---

23) 김정학, 「가야사의 연구」『사학연구』37, 한국사학회, 1983, 49~50쪽, 62쪽.

24) 이종욱, 앞의 책, 1982, 84~85쪽.

25) 이런 점에서 다벌국이 원래 지리상의 복합적 이점을 활용해 다원적 대외교섭을 했다는 견해는(이희준, 앞의 글, 2000, 108쪽) 타당하다고 생각된다.

했다. (『삼국사기』권1 신라본기 파사이사금 23년)

위에 의하면 파사 23년 음즙벌국(안강)과 실직곡국(삼척)의 강역 분쟁 과정에서 압독국과(경산)[26] 실직곡국이 항복해 왔다고 한다. 이처럼 음즙벌국의 항복만으로 원거리의 소국들이 갑자기 항복해 왔다는 것은 납득하기 어려운 면이 있다. 이 때문에 위 사료에 대해서는 머리말의 인용처럼 수정적인 견해가 우세하다. 그러나 위 사료에 나타나는 소국들의 움직임이나 그 내용의 구체성으로 볼 때, 이것이 파사대의 상황을 반영하는 점은 인정되어도 좋을 것이다. 이런 점에서 위 사료를 진한연맹체 형성이나[27] 교역권 분쟁의 차원에서 설명하는 것은[28] 일면 타당하다고 생각된다.

사로국은 이미 기원전후 이래 서북한 지역과 동해안 방면으로의 교섭을 주도했으며, 이를 매개로 진한 소국연맹을 이끌었다고 추정된다.[29] 이것이 교역활동과 무관했다고 보기는 어렵다. 또한 파사대는 A.D.80~112년으로 기록되었으나 실제로는 2세기 후반으로 생각된다.[30] 그렇다

---

26) 압독국을 안강읍 서남부와 견곡면 무릉산~구미산 일대로 보는 견해도 있다(최병운, 『신라 상고의 영토 변천 연구』, 전남대학교 박사학위논문, 1992, 69쪽). 그러나 『삼국사기』지리1 양주조에 압독국이 장산군(獐山郡, 경산)으로 명시된 점이 부정될 수는 없다.

27) 이현혜, 『삼한사회형성과정연구』, 일조각, 1984, 181~182쪽.

28) 위 사료에 보이는 소국 간의 분쟁은 예(濊)와 진한 소국 간(선석열, 《삼국사기》 신라본기 초기기록 문제와 신라국가의 성립』, 부산대학교 박사학위논문, 1996, 84쪽) 혹은 가야·신라 유력 해상집단 간의 교역다툼으로(백승충, 「1~3세기 가야세력의 성격과 그 추이」『부대사학』13, 1989, 13쪽) 해석되었다. 이를 통해 사로국이 동해안 방면 교역에서 주도권을 확보했다는 것이다(이희준, 앞의 글, 1998, 143쪽).

29) 이부오, 「1세기 초 염사국(廉斯國)의 대외교섭」『한국고대사연구』22, 2001, 92~115쪽. 그 시기를 기원전 1세기 후반으로 보기도 한다(이종욱, 앞의 책, 1982, 98쪽).

30) 『삼국사기』신라본기 초기기사의 왕위계승에서는 기년상 불합리한 곳이 적지 않

면 위 사료는 당시 기존의 교역환경과 소국 간 결속에 적지 않은 변화가 생겼음을 보여준다고 하겠다. 압독국의 '항복'도 이러한 변화 속에서 해석될 수밖에 없다. 그러면 당시 교역환경의 변화를 대내외적인 측면에서 살펴보자.

대내적으로는 철기보급의 변화가 주목된다. 이 시기에는 철기 생산의 확대와 함께 환두도, 장검, 유경식(有莖式) 철촉 등 무기류와 삽날, 쇠스랑 등의 철제농기구가 새롭게 출현했다.[31] 그런데 이러한 유물들을 다양하게 부장한 사례는 옥성리 나지구 1·4·18·115호나[32] 울산 하대 1·43·44호처럼[33] 주로 주수(主帥) 집단의[34] 묘곽에서 확인된다. 그 이하 계층이나

게 발견된다. 이 때문에 신라 초기 기년 문제에 대해서는 논란이 적지 않았다. 그래서 파사대의 실제 시기에 대해서도 3세기 말경으로 조정하는 견해가 제시되었다(선석열, 앞의 책, 2001, 107쪽). 이와 관련하여 필자는 당시의 왕위계보는 대체로 인정될 수 있으나 일부 세대가 누락되었다는 전제 하에 내물마립간대 이전의 기년을 재조정한 바 있다. 파사대의 기년은 아달라대의 기년을 전제로 한 것이다. 즉 『삼국사기』 신라본기에 의하면, 아달라 20년에 비미호(卑彌呼)가 사신을 파견해 왔다고 하는데, 그녀가 사료상에 확인되는 시기는 경초(景初) 2년(238)부터 정시(正始) 8년(247)까지이다. 아달라대가 이와 정확히 일치하는 것은 아니지만 3세기 전반경이라는 점은 인정될 수 있다. 그 이전의 지마(112~134)·일성대(134~154)의 재위기간을 고려하면, 파사대(80~112)는 실제로는 2세기 후반이었다고 볼 수 있다(이부오, 「신라초기 기년문제에 대한 재고찰」『선사와 고대』 13, 1999, 250~251쪽).

31) 이재현, 「변·진한 사회의 발전과정 ─목곽묘 출현배경과 관련하여」『영남고고학』 17, 1995, 29~30쪽.

32) 영남매장문화재연구원·포항시, 『포항옥성리고분군』I ─나지구─, 1998, 도면2 및 표3.

33) 부산대학교 박물관, 『울산하대유적─고분』I, 1997.

34) 국읍(國邑)의 주수(主帥) 집단은 원래 읍락 간층(干層)이었는데, 본거지가 주변 읍락에 대한 중심지로 부상하면서 국읍의 지배집단으로 부상한 세력을 가리킨다. 주수 집단은 넓은 의미에서는 간층에 포함되는데, 국읍 간층 중에서 주수와 긴밀히 연계된 집단으로 볼 수 있다.

읍락 단위에서는 새로운 철기의 보급 수준이 낮은 편이었다. 이러한 상황에서 주수 집단은 농업생산이나 철기 보급을 통한 이익을 점차 확대시켰을 것이다. 이에 따라 철기 등의 유통을 둘러싼 소국 간의 이해관계는 더욱 복잡해질 수밖에 없었다.

대외적인 측면에서는 파사대와 중복되는 환영지말(桓靈之末, 146~189)의 상황이 주목된다. 이 때 한(韓)·예(濊)가 강성하여 한군현(漢郡縣)이 이를 제대로 통제하지 못했다고 하는데,[35] 진한 지역도 어떤 형태로든 그 영향을 받았을 것이기 때문이다. 여기서 한(韓)의 범위가 명시된 것은 아니다. 그러나 주수 집단의 경제적 기반이 확대된 점과 위 사료로 볼 때, 한의 강성에는 최소한 일부 진한 소국의 성장과 소국 간의 관계 변화가 내포되었다고 생각된다. 이러한 상황에서 한군현의 통제력이 약화되면, 새롭게 성장한 소국들은 기존의 교역권과는 별개의 교역권을 확보하거나 다른 교역권에 편입될 가능성도 있었다. 위 사료의 '강역' 분쟁은 이러한 변화와 무관하지 않을 것이다.

여기서 이사금이 이 문제를 의뢰받은 것은 진한 소국연맹 내 소국 간의 사안에 대해 결정권을 행사했음을 보여준다. 그 해결과정으로 보아 최소한 음즙벌국에 대해서는 이러한 권리가 행사되었음을 알 수 있다. 그러나 이것이 실직곡국까지 적용되었다면, 이사금이 이 문제를 곤란하게 여길 이유는 없었다. 당시 사로국은 아직 실직곡국에 대해서는 통제권을 행사하지 못했던 것이다. 이러한 상황에서 실직곡국이 음즙벌국과 '강역'을 다퉜다면, 이는 사로국과 별개의 교역권 확보를 시도한 것으로 해석될 수 있다.

사로국은 실직곡국의 시도를 쉽게 막지 못했다. 이 문제를 수로왕에게 의뢰한 점은 이를 잘 말해준다. 여기서 수로왕이 실제로 경주에 왔는지는 의문이지만, 사로국이 대외교역 문제에서 금관국의 우위를 인정하고 이로

---

35) 『삼국지』위서 동이전 한.

부터 일정한 협조를 받은 점은 인정될 수 있을 것이다. 그가 연로하고 지식이 많다고 언급된 것은 이 때문이다. 그러나 이사금이 수로왕을 불렀다는 점으로 볼 때, 금관국의 우위는 극히 상대적인 수준이었다고 판단된다. 아마도 이는 낙동강하구 방면에서의 교역 주도권에 한정되었을 것이다. 그렇다면 수로왕이 협조한 내용은 실직곡국의 시도에 대한 공동대응 정도였을 것이다. 그 결과 분쟁의 대상은 음즙벌국에 속했다고 한다. 이는 실직곡국의 시도가 실패로 돌아가고 사로국이 동해안 방면의 교역권을 지켰음을 보여준다.

그런데 수로왕이 한기부주(漢祇部主)를 살해하면서 이러한 협조에는 균열이 생기기 시작했다. 이 과정에서 음즙벌국은 한기부주의 살해범을 보호하는 등 금관국의 입장을 옹호했다. 이는 금관국과의 협조를 통해서 대외 교역상의 이익을 확보하려는 시도로 볼 수 있다. 두 소국의 위상으로 보아 이러한 시도는 이미 한기부주의 사망 이전부터 금관국에 의해 주도되었을 것이다.

음즙벌국은 경주에서 동해안으로 쉽게 통하는 길목의 하나이다. 이에 사로국으로서는 음즙벌국의 태도가 심각한 위협으로 받아들여질 수밖에 없었다. 이사금이 군대를 보내 이를 정벌한 것은 이 때문이다. 이 과정에서 수로왕이 등장하지 않는 점으로 볼 때, 금관국은 사로국의 적극적인 태도에 굴복해 음즙벌국을 끌어들이려는 시도를 포기한 것으로 보인다. 이에 음즙벌국은 더 이상 버티지 못하고 사로국에 복속한 것이다.

이러한 상황에서 실직곡국은 압독국과 함께 사로국에 '항복'해 왔다. 이제 실직곡국은 더 이상 독자적인 교역권의 확보 시도를 포기하고 사로국 중심의 교역권에 편입된 것이다. 압독국은 원래 진한 소국연맹에 속했었는지 불분명하다. 다만 사료상에서 파사대에 처음 등장하는 점으로 보아 최소한 그 직전에는 사로국과 별개의 교역권에 속했다고 판단된다. 또한 그 지리적 조건으로 볼 때, 압독국은 시기에 따라 낙동강 중류 소국들이나 하구의 금관국과 결속했을 것이다. 그러다가 파사대에 사로국의 교역권(交

易圈)이 확대되면서 여기에 편입된 것이다.

그러나 압독국의 '항복'에는 자발성이 크게 작용했다. 또한 이곳은 경주로부터 비교적 멀리 떨어졌을 뿐만 아니라 후대에도 사로국의 지배에 반발할 만큼 상당한 세력을 가지고 있었다.[36] 이는 무력으로 정복당한 음즙벌국에서 보다 강한 통제가 예상되는 점과 비교된다. 이에 압독국의 '항복'은 외형상 복속으로 파악될 수도 있으나, 실제로는 교역과 대외교섭에 한해 사로국의 통제권을 받아들인 것으로 보아야 할 것이다.

그런데 다음 사료는 이러한 관계에서 적지 않은 변화의 가능성을 보여준다.

> 나) 봄 정월 압독(押督)에 행차하여 빈궁한 자들을 진휼했다. 3월에 압독으로부터 돌아왔다. (『삼국사기』 권1 신라본기 파사이사금 27년)

이에 의하면 사로국은 파사 27년경 이사금이 장기간 순행할 정도로 압독국에 대한 지배력을 확보했다고 한다. 이는 압독국이 사로국의 교역권에 편입된 파사 23년경의 상황과 연속된다는 점에서 주목된다. 이사금의 장기간 순행과 진휼은 이 지역에 대한 통제가 본격적인 지배의 차원으로 변화했음을 보여주기 때문이다. 이는 최소한 압독국이 사로국에 실질적으로 복속한 이후의 상황을 반영할 것이다. 그러나 이 정도의 지배력이 불과 4년여 만에서 확보되었다고 보기는 어렵다. 이러한 문제점은 다음 사료에서도 확인된다.

> 다) 지미왕(祇味王)시에 압량소국(押梁小國)(혹은 압독소국押督小國)을 정벌해 취해서 군(郡)을 설치했다. 경덕왕 때 이름을 바꾸었으니, 지금의 장산군(章山郡)이다. (『삼국사기』 권34 지리1 양주 장산군)

---

36) 4절의 사료 마) 참조.

위 사료에 의하면 압독국은 지마대(祗摩代. 112~133)에 정벌되어 군(郡)이 설치되었다고 한다. 이와 관련하여 파사 23년과 지마대 중 어느 한 시기에 압독국이 복속했다는 설과[37] 사료 가)와 다)에 동반된 지배의 성격이 달랐다는 설이[38] 제시되었다. 그런데 위 사료는 가)와 시기를 달리하며, 『삼국유사』 왕력에서도 지마대에 압독국이 멸망했다는 내용이 보인다. 또한 '정벌해 취했다'는 점이 특별히 강조되고 있으므로, 위 사료는 압독국에 대한 지배력이 보다 강화된 상황을 반영할 것이다.

그러나 이것이 실제로 지마대의 사실인지에 대해서는 의문이 있다. 경주와 경산 사이에 위치한 골벌국(骨伐國. 영천)의 주수는 조분(助賁) 7년에 가서야 사로국에 와서 항복했기 때문이다.[39] 그런데 장기간 순행이나 무력 정복, 그리고 이러한 상태의 유지는 적어도 국읍 집단의 반발을 억제할 수 있는 지배력을 전제로 한다. 경주에서 경산으로 진출하는 길목인 영천 지역이 장악되지 않으면 이는 사실상 불가능한 일이었다.[40] 다만 골벌국

---

37) 이종욱, 앞의 책, 1982, 85쪽.

38) 이형우, 앞의 글, 1992, 106쪽.

39) 『삼국사기』 권2 신라본기 조분이사금 7년.

40) 압독국이 골벌국보다 먼저 정복되었다는 기록과 관련하여, 골벌국의 세력이 사로국에 견줄 만큼 두드러졌고(이형우, 앞의 글, 1992, 105쪽) 압독국에 대한 병합이 종전의 지배체제를 인정하는 불완전한 복속이었다는 점(이형우, 앞의 책, 2000, 177쪽) 혹은 골벌국이 이미 친신라적이었다는 점에서(방용안, 「실직국에 대한 고찰」 『강원사학』 3, 1987, 58쪽) 그 이유를 찾기도 한다. 그런데 압독국은 적어도 일성 13년부터는 소국 집단이 제거될 정도의 지배를 받았다고 전한다(사료 마). 이 정도의 지배는 최소한 골벌국이 복속한 뒤에야 가능했을 것이다. 이와 관련하여 골벌국이 원래 대가야와 연합해 신라에 대항했다는 견해도 있으나(최병운, 앞의 글, 1992, 127~128쪽), 구체적인 근거는 제시되지 않았다. 경산, 영천, 경주는 평탄한 길로 연결되며, 그 남북쪽은 산지로 되어 있다. 그러므로 사로국이 경산으로 통하려면 영천을 거치는 것이 가장 합리적이다. 만약 사로국이 다른 방면의 통로를 확보한다면 이러한 문제가 무시될 수도 있다. 이러한 길을 『대동여지도』에서 찾으면, 오늘날의 건천읍 모량리에서 구룡산 남쪽의 고개들을 지

은 이미 벌휴대까지는 사로국에 복속해 있었다고 생각된다.[41] 그렇다면 사료 나), 다)는 최소한 벌휴대 즉 3세기 중엽[42] 이후의 상황을 반영할 것이다.

당시 사로국은 위(魏)의 진한 지역 분리정책에 대응해 새로운 교역로를 확보하기 위해 적극적으로 나섰다. 그 결과 낙동강 상류 방면으로 진출해 거점성을[43] 확보한 뒤, 3세기 후반까지는 낙동강 하구 지역으로 진출했다.[44] 3세기 말까지 사로국이 서진(西晋)과 직접 조공무역을 전개하고 낙

나거나 구룡산의 북쪽 사룡산의 남쪽을 지나 하양으로 통하는 길도 있다. 이 길들은 실제 지형과 대비해 보면 매우 험하게 되어 있다. 이보다 다소 수월한 길로서 사룡산 북쪽의 나고개를 지나 대창을 거쳐 하양으로 빠지는 길도 있다. 이 구간은 길이는 짧은 편이나 경사가 심하여 역시 험한 편이다. 이 길들이 정복이나 일시적 교류 혹은 동맹관계에 이용될 수는 있다. 그러나 이는 사로국이 경산 지역을 장기간 통제하는 데에는 부적당할 것이다. 그렇다면 사료 다)를 지마대의 사실로 볼 수는 없을 것이다.

41) 이부오, 앞의 책, 2003, 61쪽.

42) 이는 아달라대가 3세기 전반이라는 앞의 언급과 조분대의 기년을 전제로 한 것이다.『삼국사기』신라본기에 의하면, 신라는 조분 16년(245)에 북변에서 고구려와 충돌했다고 한다. 이는 낙랑·대방군이 축출되고 양국이 국경을 접하게 되는 상황과 밀접히 연관될 것이므로 313년 전후의 사실로 추정된다. 또한 조분대가 18년간 정도로 전해지는 점을 고려하면, 그는 3세기 말~310년대 중엽에 재위한 셈이다. 또한 그 앞에는 내해대가 끼어 있으므로, 그 직전의 벌휴대는 자연히 3세기 중엽으로 생각된다(이부오, 앞의 글,『선사와 고대』13, 1999, 249~251쪽).

43) 신라의 초기 지방통치가 거점지배의 형태를 띤 점은 목촌성(木村誠)에 의해 이미 지적되었다(「신라 군현제의 확립과정과 촌주제新羅郡縣制の確立過程と村主制」『조선사연구회논문집』13, 1976, 4~6쪽, 19~20쪽). 그런데 그가 말하는 거점은 중고기 이래의 주군현(州郡縣) 치소를 가리키므로 3세기의 통치거점과는 다른 것이다. 필자는 개별 소국을 통치하기 위한 성(城)이나 군치와 구분하는 차원에서 거점성이라는 용어를 사용하려 한다. 즉 이는 일정한 방면의 여러 지역을 통제하기 위한 세력거점으로서의 성(城)을 의미한다.

44) 이부오, 앞의 책, 2003, 58~76쪽.

동강 하구에서 대외교역 주도권을 행사한 것은[45] 이러한 노력의 결과였다. 그런데 이상의 과정은 금호강 유역에 대한 진출과는 별개로 기록되었으며, 사료상으로 금호강 하류쪽으로의 진출이 더 늦게 되어 있다. 그렇다면 압독국에 대한 실질적인 진출은 낙동강 상류나 하구에 대한 통제권을 기반으로 이루어졌으며, 그 시기는 대체로 3세기 후반 이후로 볼 수 있다. 그러나 이것만으로는 구체적인 진출 시기를 파악할 수 없다.[46] 이를 위해서는 인근에 위치한 다벌국의 상황과 비교할 필요가 있다. 먼저 다음 사료를 보자.

> 라) 여름 5월 물난리가 크게 일어나 백성들이 굶주리니, 사신을 10도(道)로 보내어 창고를 열어 진급(賑給)했다. 군대를 보내어 비지국(比只國), 다벌국(多伐國), 초팔국(草八國)을 아울렀다. (『삼국사기』 권1 신라본기 파사니사금 29년)

---

45) 이현혜, 「삼한의 대외교역체계」 『이기백선생고희기념한국사학논총』 상, 일조각, 1994, 53쪽 ; 백승충, 『가야의 지역연맹사 연구』, 부산대학교 박사학위논문, 1995, 92~102쪽.

46) 내해 23년 백제가 장산성(獐山城)을 공격했다는 기사를(『삼국사기』 신라본기 내해니사금 23년) 존중하면(주보돈, 앞의 글, 1996, 125쪽), 압독국은 그 이전에 신라에 병합된 셈이다. 그런데 장산성은 태종무열왕 3년(656) 혹은 4년(657) 김인문에 의해 구축되었다고 한다. 이 때 쌓은 것이 개축인지 신축인지, 그리고 이것이 내해 23년 기사의 장산성과 같은 것인지는 명확하지 않다. 그런데 장산성은 경산시 용성면과 남산면의 접경에 위치하며, 총면적 140,435m²의 퇴뫼식 산성이다. 이곳은 용성면, 자인면, 진량면, 하양읍, 경산 시내 등을 조망할 수 있는 국방상의 요지이며, 이곳에서는 삼국시대의 회청색 도질토기와 적갈색 연질토기가 조사되었다(김약수, 「장산성위치고」 『경산문학』 2, 1986, 208쪽 ; 대구대학교 박물관, 『경산용산성지표조사보고서』, 1993, 24~25쪽, 126~127쪽). 이 때문에 장산성은 무열왕대에 축조되었다고 추정되고 있다(대구대학교 박물관, 앞의 책, 1993, 22쪽). 그러므로 내해 23년 기사가 사로국의 압독국 정복 시기를 알려주지는 못할 것이다.

위에 의하면 사로국은 파사 29년에 비지국(창녕),[47] 초팔국(초계)[48]과 함께 다벌국(대구)을[49] 정복했다고 한다. 이는 파사 27년의 압독국 순행 기사에 이어 기록되었다는 점에서 그 뒤의 사실일 가능성이 있다. 또한 이는 사신이 10도(道)로 파견된 직후에 이루어졌다고 한다. 이러한 사신의 파견은 3세기 후반경 거점성을 통제하는 과정에서 본격화되었다고 여겨진

---

47) 천관우는 이를 『삼국사기』 지리1 양주 의창군조에 비화(比火)로 나오는 안강으로 보았다(「삼한의 국가형성」 상 『한국학보』 2, 1976, 37쪽). 이는 거리문제를 해결하기 위해 경주로부터 가까운 지역에서 유사한 지명을 찾은 셈이다. 그런데 파사대의 정복기사 중에는 거리상 불합리한 경우가 적지 않다. 이를 일괄적으로 경주 인근 지역에 비정하는 것은 문제가 있다고 생각된다. 발음상으로도 '비지(比只)'는 '비화(比火)'보다 창녕의 '비자발(比自㶱)'(『일본서기』 신공황후 섭정 49년 3월) '비사벌(比斯伐)' '비자화(比自火)'(『삼국사기』 지리1 양주 화왕군)에 더 가깝다. 또한 사료 라)에 같이 등장하는 다벌국, 초팔국의 위치를 고려할 때, 비지국은 창녕의 비사벌로 보아야 할 것이다.

48) 합천 초계는 신라때 초팔혜현(草八兮縣)이라고 했다(『삼국사기』 지리1 강주 강양군).

49) 다벌국(多伐國)은 『삼국사기』에서 구체적인 지역으로 명시되지 않기 때문에, 지금까지 음의 유사점을 통한 지명비정이 다양하게 이루어졌다. 이는 달구벌(達丘伐)이었던 대구로 비정된(나가통세那珂通世 『삼한고』 『외교역사外交繹史』 권2, 암파서점岩波書店, 1958, 153쪽) 이래 '퇴화(退火)' '퇴벌(退伐)'로 표기된 영일군 의창(흥해)으로 비정된 바 있다(천관우, 앞의 글, 1976, 37쪽). 옛 월성군 강동면 일대인 도음산 남쪽의 달전리, 달성(達城), 다산 일대와 옛 영일군 연일읍, 의창읍, 신광면 지역으로 보거나(최병운, 앞의 글, 1992, 75쪽) 다라(多羅)로 불린 합천지역으로 비정되기도 했다(백승옥, 「신라·백제 각축기의 비사벌가야」 『부대사학』 15·16, 1992, 303쪽). 그런데 파사대에 정복되었다고 기록된 곳은 주로 상당한 세력을 지닌 소국들이다. 다벌도 작은 단위의 지명보다는 소국 단위 지명일 가능성이 크다. 또 대구현의 본래 이름이었던 달구화(達句火)(『삼국사기』 지리1 양주 수창군)나 이곳에 축조된 달벌성의 음이 다벌과 유사한 것도 사실이다. 경주로부터의 진출루트로 보더라도, 파사 23년 압독국의 항복에 이은 파사 29년 대구 지역의 정복은 그 자체 내에서는 합리성을 갖추고 있다. 이상으로 볼 때, 다벌국은 대구로 보는 편이 옳을 것이다.

다.[50] 그렇다면 위 사료는 최소한 그 이후 사로국의 세력확장 과정을 보여주는 것이다.

그런데 다벌국의 정복에서 압독국은 연관되지 않았다. 이는 다벌국이 원래 이와 다른 세력권에 속했음을 알려준다.[51] 인접한 소국 사이에 이처럼 입장의 차이가 컸던 이유는 무엇일까? 다벌국은 낙동강 유역에 인접한 조건으로 인해 낙동강 중류 연안에 대한 접근도가 훨씬 컸다. 이에 압독국이 사로국에 복속하는 상황에서도 다벌국은 그 연안의 소국들과 결속을 유지한 것이다. 위 정복기사에서 낙동강 중류 소국들이 함께 등장하는 것은 이를 반영한다.

그러나 이 방면의 합천 지역은 6세기에 와서야 신라에 의해 장악되었고,[52] 창녕 지역은 369년경 왜가 평정했다는 가야 7국의 하나로 등장한다.[53] 이는 최소한 당시까지는 비지국(比只國)이 가야 소국의 하나로 남아 있었음을 보여준다.[54] 그럼에도 불구하고 이들 소국이 한꺼번에 정복되었

---

50) 이부오, 앞의 책, 2003, 65~76쪽.

51) 이와 관련하여 대구의 읍락국가가 먼저 압독국에 복속한 뒤 사로국에 편입되었다는 견해가 있다. 그 근거로서 문헌기록상 압독국의 향방(向方)이 뚜렷한 데 비해 대구의 그것은 확인되지 않는 점이 제시되었다(주보돈, 앞의 글, 1996, 109쪽). 이 경우 사로국이 압독국을 복속시키고 통제하는 과정에서도 어떤 형태로든 다벌국이 연관되어야 할 것이지만, 이러한 흔적은 찾아지지 않는다. 일단 사로국의 세력권(勢力圈)이 확대되는 상황에서 양 소국이 서로 연계했을 가능성은 상정될 수도 있다. 그러나 양 소국에 대한 통제과정이 별개로 기록된 점으로 볼 때, 적어도 압독국이 사로국에 복속한 이후에는 다벌국은 다른 세력권에 속했을 가능성이 크다.

52) 김태식, 『가야연맹사』, 일조각, 1993, 309쪽.

53) 『일본서기』 신공황후 섭정 49년 3월. 그 시기는 『일본서기』 기년상 249년이다. 그러나 『삼국사기』 백제본기와 비교할 때, 이 시기의 『일본서기』 기사는 실제보다 약 2주갑(周甲) 정도 인상되었다고 볼 수 있다.

54) 비자발(比自㶱)이 신라로 편입된 시기에 대해서는 4세기 후반설과(주보돈, 앞의 글, 1996, 105쪽) 6세기설이 있다(백승옥, 앞의 글, 1992, 315쪽).

다고 한 것은 무엇 때문일까? 이는 다벌국(多伐國)이 정복되는 과정에서 이들이 어떤 형태로든 관련되었기 때문일 것이다.[55]

사로국이 골벌국과 압독국을 복속시키면서 다벌국은 커다란 압력을 받을 수밖에 없었다. 여기에 낙동강 하구까지 사로국에 의해 장악되면서 이러한 압력은 낙동강 중류 소국들에까지 미치게 되었다. 이는 해당 소국들을 서로 결속시키는 요인이 되었을 것이다. 이에 다벌국은 초팔국, 비지국 등과 결속하여 이러한 압력에 대처한 것이다.

반면 사로국이 낙동강 유역에 대한 통제권을 확대하기 위해서는 금호강과 낙동강의 합류지를 우선적으로 장악할 필요가 있었다. 이에 사로국이 군대를 보내어 다벌국(多伐國)을 정복하자, 위 3소국은 서로 힘을 합쳐 이를 막으려다 실패했던 것이다. 그 결과 이들의 결속이 와해되고 다벌국은 사로국에 복속한 것이다. 위 사료에서 3소국이 모두 정복되었다는 것은 이러한 사정을 과장해 표현했다고 볼 수 있다.

그러면 이러한 정복이 이루어진 실제 시기는 언제일까? 이와 관련하여 달벌성(達伐城)의 구축 시기는 중요한 시사점을 제공할 수 있다. 이 성은 첨해(沾解) 15년(261)에 축조되었다고 전하는데,[56] 달성의 성기층(城基層)에서는 황남동 109호 3·4곽의 것과 유사한 형태의 고배가 출토되었다.[57] 이

---

55) 이와 관련하여 사료 라)를 가소(加召)·마두(馬頭) 2성의 확보에 따른 일시적 출정 사실로 해석하기도 한다(백승충, 앞의 글, 1989, 11쪽). 『삼국사기』 파사대 기사의 순서만으로 보면, 이는 타당해 보이기도 한다. 그러나 이 기사는 압독국이 복속한 이후 사로국과 낙동강 중류 소국들의 대응이라는 차원에서 파악되어야 할 것이다.

56) 4절의 사료 바) 참조.

57) 윤용진, 「한국초기철기문화에 관한 연구 -대구지방에서의 초기철기문화」 『한국사학』 11, 1990, 125쪽. 달성 하 Ⅲ층에서는 짧게 자른 목주(木柱)가 여러 개 발견되었는데, 이는 목책으로 볼 수 있을 만큼 규칙적이지는 못하다(윤용진, 앞의 글, 1990, 110쪽, 116쪽). 그러므로 이러한 목책이 사료 바)의 달벌성일 가능성은 희박하다.

토기의 편년을 고려한다면, 이 성의 축조 시기는 4세기 전반~중엽으로 볼 수 있다.[58] 반면 이 성이 구축되었다는 첨해대의 실제 기년은 4세기 초경으로 판단된다.[59] 양자를 모두 고려한다면, 달벌성은 대체로 4세기 전반경에 구축되었다고 보아야 할 것이다. 그런데 사로국이 다벌국 중심부를 장악해 달벌성을 구축하기까지는 이곳을 정복한 이후에도 적지 않은 기간을 필요로 했을 것이다. 이에 다벌국에 대한 정복은 적어도 4세기 초까지는 이루어졌다고 볼 수 있다.

이상과 같이 사로국은 3세기 후반부터 4세기 초까지 압독국과 다벌국을 차례로 복속시켰다. 이는 단순히 우호관계의 설정이나 진한 연맹체의 확대를 위한 것은 아니었다. 압독국에 대한 순행 등으로 볼 때, 두 소국을 복속시킨 것은 이들에 대한 지배력의 확보에 중요한 목적을 두었다고 판단된다. 이 점이 실제로 어떻게 적용되는지에 대해서는 다음 장에서 다루어질 것이다.

3. 복속 초기 소국 집단의 동향과 사로국의 지배형태

금호강 하류 소국들이 사로국에 복속했다고 하지만, 그 지배집단이 존재하는 상황에서 이들에 대한 통제가 간단하지는 않았을 것이다. 이에 본 장에서는 복속 직후의 이 지역 소국들과 사로국의 관계가 새롭게 설정되고 변화하는 과정을 검토하려 한다.

우선 사로국에 복속하기 이전 다벌국과 압독국의 상황을 보자. 3세기

---

58) 황남동 109호 3·4곽에 대해서는 4세기 전반으로 보는 견해가 있으나(최병현, 『신라고분연구』, 일지사, 1992, 도51), 이희준은 이 토기를 고려해 달벌성의 축조시기를 4세기 중엽으로 보았다(앞의 글, 1998, 212쪽).

59) 이는 첨해대 직전인 조분대가 310년대 중반경까지라는 앞의 언급을 고려한 결과이다.

중후반경 진한 소국의 국읍 간층(干層)은 다수 간(干) 집단의 연립구조를 이루고 있었다. 이 중에서 주수가 타 간(干) 집단의 협조를 받아 소국을 통치했다.[60] 이는 위 소국들에서도 예외가 아니었을 것이다. 3세기 후반까지 압독국의 임당유적에서는 지배집단 묘곽의 조성이 임당 CⅠ지구의 초기 목곽묘로부터 EⅢ지구, EⅠ지구 쪽으로 연속되었다.[61] 그러나 특정한 가계집단의 우월성은 아직 미약한 편이다. 이는 압독국의 복속을 전후하여 국읍 간층 내에서 급격한 세력구조의 변화가 일어나지 않았음을 보여준다.

그러나 3세기 말~4세기 초경의 세장형(細長型)목곽묘에서는 사로국의 영향이 점차 확인된다. 예를 들면 국읍인 임당유적의 조영 1B-60호묘 등에서 이러한 묘곽이 보이는데,[62] 이러한 양식은 경주 지역의 영향을 받은 것이다.[63] 여기서 출토된 철기 등이 경주 지역에 비해 열세를 보이는 점이나[64] 읍락 지역인 대구 서변동에서 세장형목곽묘가 상대적으로 다량의 철기를 부장한 점도[65] 사로국의 영향과 무관하지 않을 것이다. 곡옥, 유리옥의 위세품도 사로국으로부터 분배되었다고 추정되고 있다.[66] 그렇다면 주요 물품의 보급과 묘제의 채택에서 사로국의 통제가 있었다고 볼 수 있다.

---

60) 이부오, 앞의 책, 2003, 86~95쪽.
61) 이는 하나의 집단이 대를 이어가며 목곽묘 군집의 최고 위계를 차지한 것으로 설명되고 있다(김용성, 「임당유적 분묘와 축조집단」, 『압독 사람들의 삶과 죽음』, 국립대구박물관, 2000, 145쪽).
62) 김용성, 『신라의 고총(高塚)과 지역집단 -대구·경산의 예-』, 춘추각, 1998, 314~316쪽.
63) 이희준, 앞의 글, 1998, 148~149쪽.
64) 김용성, 앞의 책, 1998, 316쪽.
65) 이는 서변동 Ⅱ·Ⅲ단계에 해당하는 21호, 69호, 102호 등을 염두에 둔 결과이다(윤온식, 「서변동 고분군 목곽묘 발굴조사 개보」, 『제10회 영남매장문화재연구원 조사연구발표회』, 1999.6, 103~112쪽).
66) 경산 조영동 1A-19호, 복천동 38호, 80호의 곡옥, 유리옥은 경주로부터 분배되었을 가능성이 크다고 한다(이희준, 앞의 글, 1998, 151~153쪽).

기존 연구에서 이러한 통제권은 유기적인 교류나[67] 연맹체의 맹주 역할 내지 느슨한 수준의 지배로[68] 평가되어 왔다. 기존 국읍 간층의 재배력이 유지되는 상황에서 사로국의 지배형태가 느슨했을 것이라는 점은 인정될 수 있다. 그러나 이 문제는 소국 집단의 상황과 사로국의 실제 지배과정을 고려해 보다 구체적으로 접근될 필요가 있을 것이다.

우선 양 소국이 복속하는 과정을 보면, 소국 내 읍락이나 그 주변부의 독립적인 대읍락은 부각되지 않고 있다. 그렇다면 이는 양 지역이 원래 각각 달성 인근과 임당유적의 국읍 집단을 중심으로 통제되었음을 보여준다.

그런데 사로국이 소국 주수의 복속을 받은 것은 소국 내에서 그의 지배력을 승인한 것이기도 했다. 이는 주수가 타 집단에 대해 지배력을 강화하는 기회로 작용했을 것이다. 읍락 지역에서 사로국의 영향이 보이는 것도 이와 무관하지 않다. 사로국이 각 읍락들을 직접 지배했다고 보기 어려운 이상, 이러한 영향력은 주수를 매개로 이루어졌다고 판단되기 때문이다. 또한 주수는 사로국으로부터 보급 받은 철기 등을 분배하는 과정에서 경제적 이익을 확대시킬 수 있었을 것이다. 소국 주수는 이러한 이익의 대가로 사로국의 지배를 수용한 것이다.

반면 사로국은 소국 지배집단을 제거할 수 없는 상황에서 주수의 지배력을 인정해 통제의 효율성을 도모했다고 볼 수 있다. 그러나 이에 대한 타 간(干) 집단의 견제도 적지 않았을 것이다. 사로국은 이러한 상황을 적절히 고려할 필요가 있었다. 이사금의 순행은(사료 나) 이러한 노력의 하나로 생각된다. 더 이상 구체적인 사료는 없으나, 소국 집단의 변화상은 이를 파악하는데 도움이 될 것이다.

경주 월성로 가-6호와 같거나 이보다 다소 빠른 시기의 임당 1A-1호

---

67) 김용성, 앞의 책, 1998, 315~316쪽.
68) 이희준, 앞의 글, 1998, 153쪽.

에서는 은제 중공구(中空球), 금동 세환이식이 부장되었다.[69] 적은 양이나마 일부 국읍 간층에게 금은제품이 부장된 것은 압독국에서 이 묘곽으로 대표되는 집단이 우세한 세력으로 부각되었음을 의미한다. 또한 당시 금공품의 분포가 경주를 중심으로 일부 지역에 한정된 점으로 볼 때,[70] 이는 사로국이 해당 집단을 지원한 결과이기도 했을 것이다.

그 직후 단계의 임당 G5·6호는 월성로 가-6호와 같은 단계에 속하며, 경산지역에서는 최초의 고총고분이다.[71] 이 중 G6호에서는 철모 51점, 철정 49매, 철부 12점 등을 비롯하여 다량의 철기가 조사되었고, G5호에서는 철정 23매 등 이보다 약간 적은 수량이 출토되었다. 이러한 부장품은 비슷한 시기의 다른 고분들과 비교되지 않는 수준으로서, 국읍 간층 내에서 이 집단이 두드러지게 부상했음을 보여준다. 이러한 철소재의 보급 역시 사로국의 통제와 무관하지 않았을 것이다.

이처럼 4세기 초부터 임당 1A지구와 G지구에 묻힌 집단은 상호 경쟁하면서 부침을 반복하다가 G지구 집단이 우세한 세력으로 부각되었다. 이는 사로국의 통제와 지원을 바탕으로 한 것이었다. 사로국은 철소재와 금공품의 보급권을 시기별로 다른 집단에 제공함으로써 각 집단을 적절히 견제시키면서 이 지역에 대한 통제권을 유지한 것이다.

---

69) 김용성, 「임당 1A-1호분의 성격에 대하여」『석오윤용진교수정년퇴임기념논총』, 동논총간행위원회, 1996, 315~316쪽, 326~327쪽 ; 이희준, 앞의 글, 1998, 153~154쪽.

70) 이희준, 「경주 월성로 가-13호 적석목곽묘의 연대와 의의」『석오윤용진교수정년퇴임기념논총』, 동논총간행위원회, 1996, 307쪽.

71) 이하 장용석, 「경산 임당 G-5·6호분의 성격에 대하여」(『제6회 영남매장문화재연구원 조사연구발표회』, 1997.4)를 참고함. 그는 본 고분을 4세기 후반으로 편년했으나, 이를 5세기 전반으로 보기도 한다(이한상, 「4세기 전후 신라의 지방통제 방식 -분묘자료의 분석을 중심으로-」『역사와현실』 37, 2000, 241쪽). 여기서는 이를 4세기 초로 보는 견해에(한국토지공사·한국문화재보호재단, 『경산 임당 유적』 Ⅵ본문, 1998, 434쪽) 따랐다.

그런데 거의 같은 시기에 G지구 집단 묘역에 인접한 곳에는 임당동토성이 구축되었다.[72] 이는 2열 영정주(永定柱)를 배치한 목책토성인데,[73] 국읍중심부라는 위치와 인근의 광범위한 주거지로 보아 삼한 지역에 보편적으로 존재했던 국읍성(國邑城)과[74] 유사한 것으로 생각된다. 다만 당시 압독국의 상황을 고려할 때, 이 성은 사로국의 인정을 받는 집단이 소국 내에서 지배력을 확고히 하기 위해 구축했다고 보아도 좋을 것이다.

이상과 같이 이사금의 압독국 순행은 국읍 간층 내에서 유력 집단이 새롭게 부각되는 과정에서 이루어졌다. 이것이 어느 집단이 부각된 시기에 이루어졌는지는 가리기가 쉽지 않다. 그런데 이사금의 장기간 순행은 이들에 대한 지배력이 보다 확고해진 상황에서 이루어졌을 가능성이 크다. 그렇다면 이 순행은 G지구 집단 같이 보다 뒤에 부각된 집단의 자치권을 승인하고 권위를 부여하는 데 중요한 목적을 두었다고 볼 수 있다. 이를 통해 압독국이 사로국의 통제권으로부터 이탈하는 것을 방지하고 이들의 협조를 이끌어낸 것이다. 반면 주수 집단은 이를 이용해 소국 내에서의 지배력을 확고히 한 것이다.

이와 달리 다벌국에 대해서는 당시 사로국의 지배형태가 전하지 않는다. 이는 다벌국에 대한 통제의 수준이 상대적으로 낮았기 때문일 가능성

---

72) 그 축조시기는 벽체 내부에서 출토된 승석문(繩蓆文) 토기편, 연질옹, 도질단경호을 고려해 4세기 중반으로 추정되었으나(이재흥·김재철, 「임당토성에 대하여 -고대토성의 축조기법에 대한 약간의 검토-」『제8회 영남매장문화재연구원 조사연구발표회』, 1998.5, 3~15쪽), 4세기(?)(권태용, 「경산 임당 F-Ⅱ지구 주구부건물지」『제7회 영남매장문화재원구원 조사연구발표회』, 1997.11, 51쪽) 혹은 고식도질토기단계로 보는 견해도 있다(영남매장문화재연구원, 『경산 임당 유적 발굴조사 -F·G·HⅠ지구-』, 1996년 9월 현장설명회자료, 3쪽). 여기서는 적석목곽묘의 등장 시기를 4세기 전반으로 보는 편년관과 그 직전에 임당토성이 구축된 점을 고려했다.

73) 영남매장문화재연구원, 앞의 96년 9월 현장설명회자료, 3~5쪽.

74) 『삼국지』위서 동이전 한.

도 있다. 다벌국이 사로국에 복속한 뒤에도 낙동강 유역 소국들과 교섭했을 가능성이 고려될 수도 있다. 그러나 비지국, 초팔국 등과의 연대는 더 이상 발견되지 않으며, 다벌국을 무력으로 정복한 사로국이 이를 묵인했다고 보기도 어렵다. 또한 대구 지역의 전략적 가치로 볼 때, 다벌국 주수 집단에 대한 지원과 통제도 압독국의 경우와 크게 다르지 않았을 것이다.

이처럼 다벌국과 압독국의 복속 직후 사로국은 주수 집단을 매개로 간접지배를 실시했다. 그 대상이 국읍 간층 내 일부에 한정되었다는 점에서 그 지배의 수준은 극히 미숙한 것이었다. 그러나 이는 미약하나마 사로국의 지배력을 소국 내부에 침투시키는 계기가 되었다. 또한 이는 어느 정도 지속성을 갖추고 있었다. 앞서 제시된 기준을 고려할 때, 이러한 지배는 연맹체의 주도권보다는 영역지배의 초기 형태로 평가되어야 할 것이다.

4. 신라의 성주 파견

금호강 하류 소국들에 대해 주수를 매개로 한 통제가 유지된 것은 주수 집단과 사로국의 이해가 서로 일치한 결과이기도 했다. 그런데 이러한 이해관계가 서로 어긋나거나 이를 뒷받침한 대내외적 환경이 변한다면, 양자 간의 관계에는 균형이 깨질 가능성도 있었다. 본장에서는 그 가능성을 검토함으로써 4세기 초 이후 새로운 지배형태가 출현하는 과정을 밝히려 한다.

4세기 초경에는 소국 간의 관계에 커다란 영향을 줄 만한 사건이 서북한 지역에서 발생했다. 낙랑·대방군에 대한 서진의 관심과 통제가 크게 약화되면서[75] 두 군이 축출된 것이다(313~314).[76] 이에 따라 신라·백제

---

75) 오혜련, 「위진남북조시기 중한관계에 대한 재검토」 『백제사상의 전쟁』, 서경문화사, 2000, 199쪽.

76) 『삼국사기』 권17 고구려본기 미천왕 14년, 15년.

와 고구려가 서로 접하면서 이들 간에 교섭의 중요성은 크게 확대되었다. 또한 중국 군현이 주변 세력을 분할하고 특정 세력의 성장을 억제했던 점으로 볼 때,[77] 삼국 간의 교섭은 이제 상호 경쟁의 형태로 나타날 가능성이 컸다.

이와 관련하여 조분 16년 고구려가 북변을 침범한 사실이 주목된다.[78] 이에 대해서는 당시 낙랑·대방군의 존재를 들어 사실로 인정하지 않는 경향이 있다.[79] 그러나 조분대는 실제로는 4세기 초에 해당하므로, 이 사건은 낙랑군이 축출되거나 지배력이 크게 약화된 상황에서 이루어졌다고 판단된다. 이 때 서불감(舒弗邯)(서불한) 우로(于老)가 출격했다가 패해 마두책(馬頭柵)을 지켰다는 것은 신라에게 이 사건의 중요성이 컸음을 보여준다.

그런데 낙랑·대방군의 축출 이후 4세기 전반까지 전연(前燕)과의 대결에 힘을 기울여야 했던 고구려로서는[80] 한반도 남부 방면을 적극적으로 경영하기는 어려운 상황이었다. 이에 고구려는 신라에 대해 군사적 공격을 가하면서도 이면에서는 교섭도 추진했다. 첨해 2년에 신라와 고구려가 화(和)를 맺은 것이[81] 그것이다. 4세기 초부터 고구려 방면의 교역체계가 중시된 것은[82] 그 결과물로 볼 수 있다.

---

77) 권오중, 『낙랑군연구』, 일조각, 1992, 152~158쪽.

78) 『삼국사기』 권2 신라본기 해당조.

79) 나가통세(那珂通世), 「삼한고」『외교역사(外交繹史)』, 암파서점(岩波書店), 1958, 157쪽.

80) 여호규, 「4세기 동아시아 국제질서와 고구려 대외정책의 변화 -대전연(對前燕)관계를 중심으로-」『역사와 현실』 36, 2000, 39~46쪽.

81) 『삼국사기』 권2 신라본기 해당조. 첨해대에 고구려와 국교를 통했다는 것도(『삼국유사』 권1 왕력) 이 사실을 가리킬 것이다.

82) 이현혜, 「4세기 가야사회의 교역체계의 변천」『한국고대사연구』 1, 1988, 167~169쪽. 월성로 가-13호의 유리제품이 고구려로부터 입수될 수 있었던 것도(이희준, 앞의 글, 1996, 19~20쪽) 그 결과로 볼 수 있다.

백제 역시 첨해 9년에 봉산성(烽山城)을 공격해 온 뒤, 첨해 15년에 사신을 보내 화(和)를 청해 왔으나, 신라는 이에 응하지 않았다.[83] 이는 백제와 신라가 각각 한강 상류와 낙동강 상류 방면에 대한 통제권을 서로 견제했음을 의미한다.

이처럼 중국 군현의 축출은 삼국 간의 교섭과 상호 경쟁을 본격화하는 계기가 되었다. 이러한 상황에서 사로국이 기존의 복속 소국들을 확실히 장악할 필요성도 확대되었다. 그렇지 않으면 기존의 복속 소국들조차 다른 세력권으로 넘어갈 가능성이 있었기 때문이다. 대구·경산처럼 가야 세력과 인접한 지역도 예외는 아니었을 것이다. 다음 사료는 이러한 상황에 대해 하나의 시사점을 제공하고 있다.

> 마) 겨울 10월 압독(押督)이 반란을 일으키자 군대를 보내어 토벌해 평정하고 그 여중(餘衆)을 남지(南地)로 옮겼다. (『삼국사기』 권2 신라본기 일성이사금 13년)

위 사료에 의하면, 압독국이 반란을 일으키자 사로국이 이를 토벌했다고 한다. 이는 이사금의 순행에(사료 나) 이어 기록되었다는 점에서 주수를 매개로 한 간접지배가 정착된 이후의 상황을 보여주고 있다. 이를 고려할 때, 실제 시기는 4세기 초 이후일 가능성이 크다. 그렇다면 이 시기에 반란이 발생한 배경과 그 실상, 그리고 이에 대한 진압의 의미가 무엇인지 궁금해진다.

먼저 위 반란의 배경을 살펴보자. 이것이 외부 세력과 연관되었다면, 이 반란은 사로국의 지배로부터 벗어나 이들과 결속하기 위해 시도되었다고 볼 수 있다. 이 경우 관련 세력이 위 사료에 등장했을 가능성이 크며, 사로국으로서는 이들 사이의 연계를 차단하기 위해 압독국을 회유하려 했을 것

---

83) 이상 『삼국사기』 권2 신라본기 해당조.

이다. 그러나 이러한 징후는 찾아지지 않으므로, 이 반란은 주로 압독국과 사로국의 관계에서 초래되었다고 볼 수 있다.

우선 기존 주수가 소국 내의 자치권을 인정받은 점으로 볼 때, 당시 사로국은 최소한 이를 축소하려 시도했을 것이다. 예를 들면 철소재 분배권 등이 축소 내지 박탈되었을 가능성이 크다. 주수 집단에 대한 기존의 지원도 예외는 아니었을 것이다. 이것이 주수에게 위협으로 받아들여졌음은 물론이다. 이에 그는 사로국의 지배를 거부함으로써 자치권의 확대를 시도한 것이다. 그런데 위 사료에서 이 반란의 주체는 '압독(押督)'으로 되어 있다. 이는 주수를 비롯한 지배집단들이 대부분 여기에 참여했음을 보여준다. 그렇다면 다른 간(干) 집단들도 사로국의 지배력 확대에 위협을 느꼈다고 볼 수 있다. 이상의 불만이 위 반란으로 표출된 것이다.

이에 사로국은 군대를 보내 반란세력을 평정하고 그 남은 무리를 경주의 남쪽으로 이주시켰다. 여기서 반란을 주도한 주수가 여전히 압독국에 거주했는지, 아니면 제거되거나 강제 이주되었는지는 분명하지 않다. 그렇더라도 그의 지배력이 최소한 무력화되었을 것이라는 점은 인정될 수 있다. 또한 반란을 주도한 간(干) 집단들 중 최소한 일부는 본거지로부터 제거된 것이다. 이에 국읍 간층 내의 세력구조는 적지 않게 변화할 수밖에 없었다.

그러나 이를 구체적으로 설명하는 사료는 전하지 않는다. 임당유적에서도 G5·6호 직후 단계의 유력묘는 보고되지 않은 상태이다. 다만 4세기 후반 이후 임당동, 조영동, 부적동 3고분군이 최고 지배집단으로서 연립한 점은[84] 주목된다. 이는 임당 G5·6호 집단 중심의 지배구조가 다수 집단

---

84) 김용성, 앞의 책, 1998, 226~228쪽. 그는 5세기 이후 임당동고분군, 조영동고분군, 부적동고분군 등 3집단을 각각 복수의 가문으로 구성된 간집단(干集團)으로 보았다. 이 고분집단별로 간이 배출되어 서로 연립 내지 교립하면서 압독국의 최상부를 구성했다는 것이다(앞의 책, 1998, 346쪽).

의 연립상태로 변했음을 보여주기 때문이다. 그렇다면 압독국에서는 반란 사건에서 제거되지 않은 집단을 중심으로 3개 간(干) 집단의 연립구조가 성립된 것이다.

그런데 다벌국에서도 4세기 후반 이후 비산동·내당동 고분군이 몇 개의 군(群)으로 나뉘어 구축되었다.[85] 이들과 이전 시기 고분들의 연속성은 아직 밝혀지지 않았으나, 다벌국 주수 집단도 압독국과 유사한 형태로 분화되었음을 알 수 있다. 이곳에서도 국읍 간층이 연립적 구조로 재편된 것이다.

이처럼 사로국은 기존 주수의 지배권을 약화시키는 대신 다수의 간(干) 집단들을 지원하여 상호 견제를 도모했다.[86] 이러한 현상은 금동관의 분여와 함께 간접지배의 본격화로 이해되어 왔다.[87] 그런데 반란이 진압되고 국읍 간층의 일부가 제거될 정도였다면, 이를 단순히 간접지배로만 해석하기는 어려울 것이다. 이와 관련하여 다음 사료가 주목된다.

> 바) 봄 2월 달벌성(達伐城)을 구축하고 나마(奈麻) 극종(克宗)을 성주로 삼았다. (『삼국사기』 권2 신라본기 첨해이사금 15년)

위에 의하면 사로국은 4세기 전반경 다벌국에 달벌성을 구축하고 나마 극종을 성주로 파견했다.[88] 이 성은 금호강과 낙동강의 합류지에서 멀지

---

85) 대구직할시·경북대학교 박물관, 『대구의 문화유적 ―선사·고대』, 1990, 134~135쪽 ; 함순섭, 「대구 달성고분군에 대한 소고 ―일제강점기 조사내용의 검토―」 『석오윤용진교수정년퇴임기념논총』, 동논총간행위원회, 1996 ; 이희준, 앞의 글, 1998, 212~214쪽.

86) 신라가 소국 내부 지배자층의 통합을 방해했다는 점은 이미 지적되었다. 이는 고총고분기를 포괄적으로 언급한 것으로서(김용성, 앞의 책, 1998, 246쪽) 전체적으로는 옳은 지적이다. 다만 이들에 대한 지배 형태는 시기에 따라 적지 않은 변화를 보였을 것이다.

87) 이희준, 앞의 논문, 1998, 169쪽.

88) 달벌성의 구축 시기는 2절에서 언급되었다. 나마 극종을 대구 비산동·내당동 지

않은 곳에 위치하므로, 금호강 유역-경주의 선을 방어하는 전략적 목적을 가졌다고 볼 수 있다.[89] 이것 자체는 3세기 중엽 이후의 거점성에서도 나타나는 특징이다. 그런데 대구분지에서도 지형적으로 두드러진 국읍 지역에 성을 구축한 것은 다벌국에 대한 통제에도 적지 않은 목적을 두었을 것이다.

이러한 시도는 이미 달벌성주를 파견하기 이전부터 확인된다. 위 사료에 의하면, 달벌성을 구축하는 과정에서는 극종(克宗)이 파견되지 않았다. 서술 순서로 보아 이 성을 실제로 구축한 이사금의 대리인은 별도로 파견되었다고 생각된다. 그가 다벌국에 머물면서 축성을 주도하는 데에는 간(干) 집단의 협조가 필수적이었다. 이러한 통제는 당시에 갑자기 시작되었다기보다 이전부터 점진적으로 이루어졌을 것이다. 원래 이사금의 대리인은 이곳 주수와 간 집단을 매개로 이사금의 의사 전달, 소국 집단의 동태 파악, 공물 수취 등을 담당했을 것이다. 이러한 기능이 처음부터 고정화되었다고 보기는 어려우며, 대리인의 파견도 처음에는 부정기적이었을 가능성이 크다.

그러나 이사금의 대리인이 소국 지배집단을 직접 통제한 것은 커다란 변화였다. 이는 국읍 내 간 집단을 보다 직접적으로 지배하려는 시도가 관철되어 감을 보여주기 때문이다. 이후 대리인의 파견이 고정화되고 그의 역

역의 주수로 보기도 하지만(이우태, 『신라 중고기의 지방세력 연구』, 서울대학교 박사학위논문, 1991, 32쪽), 성주의 파견 자체를 부정할 수는 없을 것이다.

89) 달벌성의 구축 목적과 관련하여, 주변의 일정 영역에 대한 통치(이종욱, 앞의 책, 1982, 250쪽), 달구벌의 정치·군사적 비중 확대(주보돈, 앞의 글, 1996, 125~127쪽), 낙동강 이동으로 유통되는 물자에 대한 통제(김용성, 앞의 책, 1998, 324쪽), 백제와의 전쟁 대비 및 주변 복속 소국들의 통제를 위한 중간거점의 역할(강종훈, 『신라 3성족단과 상고기의 정치체제』, 서울대학교 박사학위논문, 1997, 110쪽, 113~114쪽) 등이 강조되었다. 이처럼 다벌국 주변지역에 대한 통제는 달벌성의 구축 목적에 충분히 포함될 수 있다.

할이 확대되면, 달벌성 구축을 주도할 만큼의 지배력이 확보된 것이다. 이러한 측면에서 일정한 완결을 보여주는 것이 달벌성주의 파견이었다.

달벌성주가 국읍 내 요충지를 장악하기 위해서는 소국 집단의 반발을 억제할 수 있는 수단이 필요했다. 여기에는 일정한 군단의 통솔이 동반되었을 가능성이 있다. 그 실체는 정확히 알 수 없으나, 봉산성의 사례는 다소나마 참고가 될 수 있다. 미추 5년 백제군이 이곳에 침입하자 성주 직선(直宣)이 장사(壯士) 200인으로 이를 격퇴한 사실이 있다.[90] 당시 성주들이 거느린 군단의 규모는 대체로 이를 크게 벗어나지 않았을 것이다. 그러나 모든 성주들이 평상시에 이 정도의 군단을 거느렸는지는 회의적이다. 사로국인들만으로 이를 충족시키기는 어려웠을 것이기 때문이다. 그렇다면 성주 직선이 거느린 장사들 중에는 인근 읍락인들도 포함되었을 가능성이 크다. 당시의 성주들은 평소에는 소규모 군단을 거느리다가 필요시에는 인근 소국인들을 통솔한 것이다. 달벌성주도 소규모 군단을 거느리다가 유사시 간 집단의 협조 하에 소국인들을 통솔했을 것이다. 이러한 통솔은 그의 통치과정에서도 적용되었으리라 짐작된다.

이러한 상황에서도 기존 간 집단의 세력은 여전히 인정되었다. 앞서 언급한 고분들은 그 근거가 될 수 있다. 이는 간 집단의 자치적 질서가 어느 정도 유지되었음을 의미한다. 이들이 읍락 지역의 생산물이나 외부로부터 들어온 물품에 대해 재분배 기능을 수행한 것은[91] 그러한 예로 볼 수 있다. 그러나 이러한 기능은 이제 성주의 통제 하에 이루어졌으며, 소국 내에서 최고 결정권은 성주에 의해 장악되었다. 이제 간 집단은 소국의 실질적인 지배자이기보다 성주의 통치에 협조하는 존재로 변해 간 것이다. 특히 이들이 연립구조로 재편된 것은 이들에 대한 통제가 점차 간 집단별로 이

---

90) 『삼국사기』권2 신라본기 미추이사금 5년.
91) 김용성, 앞의 책, 1998, 329~330쪽.

루어졌음을 시사해 준다. 이에 달벌성은 국읍 지역에 확보한 소국 단위 통치거점의 성격이 컸다고 볼 수 있다.

그러면 압독국의 경우는 어떠했을까? 이에 대해 가장 중요한 자료는 지마이사금이 압독국을 정벌해 군(郡)을 설치했다는 기록인데(사료 다), 이것이 후대의 사실임은 이미 지적되었다. 다만 '정벌해 취했다'는 행위는 압독국의 반란이 토벌되고 국읍 간층의 상당 부분이 제거되는 과정과 부합하고 있다. 이에 두 기록은 모두 사로국의 지배가 본격화되는 과정을 반영할 것이다. 여기에 잔존 국읍 간층이 연립구조를 이룬 점은 다벌국과도 유사한 현상이다. 그렇다면 압독국에서도 간(干) 집단별 통제가 가능했다고 보아야 할 것이다.

이를 위해서는 압독국에서도 국읍 집단을 통제하고 이들의 반발을 지속적으로 억제할 수 있는 장치가 요구되었다. 압독국의 반란시 사로국이 진압군을 잔류시켜 국읍성을 장악하거나 이곳에 성주를 파견했다는 사료는 발견되지 않는다. 그러나 단순한 복속 상태에서는 위와 같은 지배력이 행사되기는 어려웠을 것이다.

이와 관련하여 성주 파견 이전의 다벌국은 일정한 시사점을 제공할 수 있다. 압독국에도 이사금의 대리인이 파견되어 소국의 통치에 영향력을 행사했을 가능성이 충분하기 때문이다. 달벌성주와 달리 그는 몇몇 수행원만을 거느렸을 것이며, 파견 주기도 일정하지 않았을 가능성이 크다. 그러나 그의 지배력이 각 간(干) 집단을 개별적으로 통제하는 수준에 이르렀다면, 최고 지배권은 사실상 이사금의 대리인에게 장악되었다고 볼 수 있다.[92] 사료 다)에서 압독국을 취했다는 것은 이상의 과정을 반영하는 것이다.

그러면 이러한 과정에서 읍락 집단의 상황은 어떠했을까? 경산 고산토

---

92) 사로국의 입장에서는 이러한 인물이 점차 성주와 유사한 존재로 파악되었을 것이다. 미추 23년 이사금이 순행한 국서 제성(諸城)에는(『삼국사기』권2 신라본기) 이러한 인물의 근거지도 포함되었으리라 생각된다.

성을 기반으로 한 성동고분군 집단이나[93] 대구 봉무토성, 검단토성[94] 등을 기반으로 한 집단은 일종의 읍락 집단으로 볼 수 있다. 기존 주수는 원래 이들에 대해 지배력을 행사하고 있었다. 다벌국이나 압독국이 사로국에 복속하더라도 이러한 지배력이 갑자기 소멸되었다고 보기는 어렵다. 그러나 주수의 지배력이 무력화되고 국읍 집단의 권력이 분산되면, 여기에는 어떤 형태로든 변화가 초래되었을 가능성이 크다.

　이와 관련하여 읍락 집단의 묘곽은 기초적인 자료가 될 수 있다. 4세기 초 내지 전반까지 읍락 거수층(渠帥層)[95] 내의 일부 집단이 두드러지게 결속하거나 배타적인 묘역을 구축하는 현상은 발견되지 않는다. 예를 들면 4세기 초의 대구 팔달동, 서변동의 묘곽에서는 일반적으로 철모, 유자이기, 철촉 등의 무기류 몇 점과 철부, 도자, 철겸 한 두 점이 부장되었다.[96] 이는 읍락 거수층 내에서 특정 가계집단의 배타적 우월의식이나 이들 간의 분화, 경쟁이 미약했음을 알려줄 것이다. 동시에 읍락 거수층을 중심으로 한 기존의 지배질서가 거의 유지되었음을 알 수 있다. 이는 사로국의 지배력이 읍락 단위에는 본격적으로 침투하지 못했던 점과 무관하지 않다. 따

---

93) 압독국에는 선화리토성과 신상리고분군, 단북리산성과 북사리·교촌리고분군, 구일리산성과 산전리고분군, 소용산성과 연하리고분군 등이 각기 하나의 읍락집단을 이루고 있었다고 한다(김용성, 앞의 책, 1998, 313쪽). 그런데 이들 성곽에서 조사된 토기들이 거의 삼국시대 이후로 되어 있어(영남대학교 박물관, 『경산 지표조사 보고』, 1986, 186~191쪽) 위 집단들이 사로국의 정복 이전부터 하나의 정치체를 이루었는지는 불확실하다. 그렇더라도 소규모 토성을 기반으로 한 읍락 집단들이 소국내에 존재했던 사실은 인정되어도 좋을 것이다.

94) 대구직할시·경북대학교 박물관, 앞의 책, 1990, 221~225쪽.

95) 『삼국지』에서 거수(渠帥)는 국읍 주수(主帥) 뿐만 아니라 그 이하 단위의 지배자에까지 사용되었다. 다만 여기서는 읍락의 지배집단을 국읍 거수층과 구분하기 위해 읍락 거수층이라는 표현을 썼다. 『삼국유사』 가락국기의 읍락 간(干)들을 고려한다면, 이는 읍락 간층(干層)으로 대치될 수도 있는 용어이다.

96) 이러한 현상은 4세기 전반~중엽의 부산 화명동, 선산 낙산동, 상주 청리 등에서도 크게 다르지 않다(이부오, 앞의 책, 2003, 245~249쪽 별표 4·5).

라서 성주가 파견되더라도 읍락 집단에 대한 통제는 이들을 매개로 이루어졌다고 볼 수 있다.

그러면 이러한 과정은 실제로 어떻게 이루어졌을까? 여기서 달벌성의 구축이 다시 주목된다. 이를 위해 다수의 소국인들이 동원된 점은 앞서 지적되었다. 그런데 그 규모로 보아 여기에는 읍락인들도 동원되었을 것이다. 이는 국읍의 주수 집단을 매개로 한 것이었다. 이러한 지배형태는 다른 사안에서도 크게 다르지 않았을 것이다. 그렇다면 달벌성주는 국읍 간 집단을 매개로 읍락 거수층을 통제했다고 볼 수 있다. 이를 통해 간접적이나마 읍락 집단에 대한 지배력이 확보된 것이다.

그런데 유례 10년의 사벌국(沙伐國)에서는 좀 더 적극적인 읍락지배 형태가 확인된다. 이 때 사벌국 내 호민(豪民) 80여 가(家)가 사도성(沙道城)으로 이주되었는데,[97] 이는 사벌국에 확보된 요거성(腰車城)이 읍락 집단에 대한 통제력을 상당히 확보했음을 보여준다.[98] 성주가 파견된 다벌국에서도 점차 이러한 지배가 가능했을 것이다. 다만 성주의 파견이 늦었던 압독국에서는 간 집단의 역할이 상대적으로 컸다고 볼 수 있다. 그 만큼 소국 집단에 대한 지배력의 확보는 지역에 따라 점진적으로 이루어진 것이다.

5. 맺음말 -지배형태 변화의 의미-

본고에서 필자는 3세기 후반~4세기 전반을 거치면서 금호강 하류 지역에 대한 사로국의 지배 형태가 변화했음을 정리했다. 그러면 이것이 지방통치 체제의 편성 과정에서 가지는 의미를 파악함으로써 본고를 마치려 한다.

달벌성주가 일정한 방면의 거점을 통제한 것은 기존 거점성주의 기능과

---

97) 『삼국사기』 권2 신라본기 해당조.
98) 이부오, 앞의 책, 2003, 110쪽.

도 유사한 것이었다. 그러나 다벌국에 대한 지배의 비중이 컸다는 점에서 이는 소국 단위 지방관의 초기 형태를 보여준다고 하겠다. 또한 사로국의 지배 대상은 기존의 주수뿐만 아니라 간(干) 집단 전체로 확대되었다. 읍락 지역에 대해서도 간접적으로나마 지배력이 확보되었다. 이상을 통해 소국 내에 침투하는 지배력의 수준이 상승하면서 직접지배적 요소가 처음으로 실현되었다고 볼 수 있다. 이와 함께 그 지배의 지속성은 고정화되었으며, 복속 초기까지 일정 부분 인정되었던 소국의 독립성은 거의 소멸되었다. 이런 점에서 사로국의 영역지배는 한 단계 진전되었던 것이다.

그러나 그 지배의 수준은 지역에 따라 적지 않은 차이를 보였다. 성주 가 읍락 집단의 통제에 개입할 수 있었던 사벌국이나 다벌국의 경우는 영역지배가 진전된 전형적인 사례로 볼 수 있다. 또한 무력으로 정복되고[99] 주수가 본거지에서 제거된 골벌국(骨伐國)의 경우도[100] 크게 다르지 않았을 것이다. 반면 압독국에 파견된 이사금의 대리인은 그 지배의 수준이 훨씬 낮았다. 이외에도 거칠산국(居柒山國)처럼 성주가 파견되지 않은 지역에서 는 여전히 특정 집단을 매개로 간접지배가 이루어졌다. 기존 소국의 세력 기반이 그대로 유지된 채 형식적으로 복속한 경우도 있었다.[101] 비지국 (比只國)처럼 진한 지역에 접하면서도 아직 독립 소국으로 남은 경우도 확인 된다.

이러한 한계는 대상 계층에서도 지적될 수 있다. 예를 들면 국읍 내 간 (干) 집단 아래의 계층이나 읍락 집단에 대해서는 성주나 이사금 대리인의 지배력이 직접적으로는 미치지 못했다. 이들에 대해서는 간 집단을 매개로 간접지배가 이루어졌다. 이에 사로국의 영역지배는 대상 계층이나 공간적 범위의 측면에서 아직 일반화되지 못한 것이다.

---

99) 『삼국사기』권34 지리1 양주 임고군.

100) 『삼국사기』권2 신라본기 조분이사금 7년.

101) 이부오, 앞의 책, 2003, 134쪽.

이러한 상황에서 사로국의 소국 지배는 국읍 간층의 자치적 질서를 인정하고 조정, 통제하는 수준에 머물렀다. 이것이 제도적 틀을 갖추지 못했음은 물론이다. 그러나 직접지배적 요소의 실현은 신라의 지방통치에서 커다란 변화이다. 향후 이러한 통치형태의 확산은 사로국의 지방통치가 새로운 단계에 진입할 가능성을 예고하는 것이다.

『청계사학』 16 · 17 -유산(悠山) 강인구교수 정년기념 동북아고문화논총-, 2002

Ⅱ
사로국의 팽창과
소문국(召文國)의 지배세력

1. 머리말

소문국은『삼국사기』신라본기에서 김씨 왕실의 세력기반과 밀접히 연관되어 기록될 만큼 사로국의 성장 과정에서 중요한 역할을 했다. 또한 이곳은 사로국이 최초로 계획적 원거리 정복의 대상으로 삼았고, 이후에도 대외진출을 위한 중요한 거점이 되었다. 그 만큼 소문국은 논란이 많은 진한 소국과 사로국의 관계를 밝히는 데 결정적 열쇠를 쥐고 있다고 해도 과언이 아니다.

이와 관련하여『삼국사기』를 수용하여 벌휴이사금(伐休尼師今) 2년에 구도(仇道)가 중앙군단을 거느리고 소문국을 정복한 뒤 지방관으로 변화한 점이 주목되었다.[1] 소문국을 정복한 배경과[2] 이 사건이 소백산맥 이남의 장악 과정에서 가진 중요성도 강조되었다.[3] 반면 3세기 후반에 편찬된『삼

1) 이종욱,『신라국가형성사연구』, 일조각, 1982, 88쪽, 249~250쪽.
2) 박순교, 「소문국고」『지촌김갑주교수화갑기념사학논총』, 1994, 41~52쪽.
3) 이형우,『신라초기국가성장사연구』, 영남대학교 출판부, 2000, 143쪽.

국지』한전 변진조에서 진한 소국이 병렬적으로 기재된 점을 중시하는 쪽
에서는 소문국 정복 시기를 3세기 후반~4세기 전반으로 수정하였다.[4] 고
고학계에서는 대체로 후자의 시각에 입각해 의성 인근 지역이 토기를 중심
으로 유기적인 일상경제권을 형성한 점을 주목했다.[5] 나아가 의성군 금성
면 탑리 일대 고분군을 중심으로 한 세력 간의 위계화에 주목했다.[6] 『삼국
사기』와 『삼국지』의 기록을 절충하려는 입장에서는 구도가 의성을 비롯한
낙동강 상류 일대에서 일종의 지역연맹체를 형성했다고 주장하거나[7] 소문
국 정복 시기를 수정하면서 사료상에 나타나는 지배형태를 제한적으로 해
석했다.[8]

　『삼국사기』와 『삼국지』의 수용방식에 대해서는 연구자들의 시각이 극명
하게 대립되어 있어 한꺼번에 모두 다루는 것은 불가능하다. 또한 의성 지
역에 대한 고고조사가 고총고분 단계에 한정되어 문헌사료와의 연결이 곤
란하다는 점도 소문국에 대한 이해를 어렵게 만들었다. 이러한 상황에서
기존 연구는 향후 의성 지역에서 고총고분 이전단계의 자료 증가를 기대하
는 전제 하에 시론적 노력을 기울여 왔다고 해도 과언이 아니다.

　현 단계에서 이러한 한계를 극복하고 좀 더 진전된 성과를 얻기 위해서
는 우선 사료의 수용에서 양자택일적 태도를 벗어날 필요가 있다. 『삼국사

---

4)　주보돈, 「신라국가 형성기 김씨족단의 성장배경」『한국고대사연구』26, 2002,
　　132~133쪽 : 「문헌상에서 본 고대의 의성」『소문국에서 의성으로』, 국립대구박
　　물관, 2002, 152쪽 : 「문헌상으로 본 의성의 조문국과 그 향방」『한국고대사 속
　　의 조문국』, 경북대학교 영남문화연구원, 2010.11.18, 39쪽. 소문국(召文國)을
　　의성 지역에서는 조문국으로 읽고 있다.
5)　김옥순, 「의성 지역집단의 토기양식과 생산체제」『학산 김정학박사 송수기념논총
　　한국 고대사와 고고학』, 학연문화사, 2000.
6)　김용성, 「의성지역 고분문화의 성격」『소문국에서 의성으로』, 국립대구박물관,
　　2002, 164~171쪽.
7)　박남수, 「신라 상고 김씨계의 기원과 등장」『경주사학』6, 1987, 9~11쪽.
8)　이부오, 『신라 군·성(촌)제의 기원과 소국집단』, 서경, 2003, 58~65쪽.

기』의 소문국 관련 기사에 대해서는 이를 수용할 것인가의 여부에 매달리기보다 이것이 기재된 맥락을 면밀히 파악해 그 실제 의미를 밝혀내야 한다. 『삼국지』와 관련해서는 지금까지 진한 소국이 분립되어 있었다는 서술을 지나치게 기계적으로 받아들임으로써 같은 사료에서 언급된 또 다른 측면을 소홀히 했던 면이 없지 않다. 이러한 양측면을 모두 고려하면서 『삼국지』 한전과 『삼국사기』 신라본기에 담긴 의미를 엄밀히 판단해야 할 것이다. 고고자료의 측면에서는 의성 일대의 고분군 분포와 묘곽의 조성 과정, 그리고 위세품의 보유가 소문국 간층(干層) 내에서, 그리고 신라의 관계에서 가지는 정치적 의미를 좀 더 계기적으로 파악할 필요가 있다.

이상의 관점을 토대로 본고에서는 낙동강 상류 방면으로 세력확장을 추구하던 사로국과 이에 대응하는 소문국 지배세력의 움직임을 양대 축으로 삼아 진한 지역에서 정치체들 간의 관계가 변화하는 한 단면을 밝히려 한다. 본고에서는 이를 낙동강 상류 방면에 대한 사로국의 진출 단계별로 나누어 파악할 것이다.

2. 사로국의 낙동강상류 진출 시도와 소문국의 동향

소문국과 사로국은 각각 낙동강의 지류인 위천 유역과 동해안 방면의 형산강 유역에 위치해 독자적인 세력으로 출발했다. 이러한 상황에서 양 세력이 본격적으로 관계를 형성하기 시작하는 과정을 밝히는 것이 본장의 목적이다.

『삼국사기』 신라본기 혁거세거서간 38년(B.C.20)과 『삼국지』 한전의 지황시(地皇時, A.D.20~22)에는 '진한(辰韓)'이 확인되므로 진한 소국들 간에는 일찍부터 다양한 수준의 결속이 이루어졌을 가능성이 있다. 사로국이 인근 소국을 정복하기 시작했다고 전하는 파사이사금대부터는 진한 소국 간에 더욱 강한 수준의 관계가 형성되었을 것이지만, 이것이 소문국과 사로국사이에 어떠한 관계를 초래했는지는 분명하지 않다. 양국이 접촉한 계기를 전하는 것은 사료 가)가 유일하다.

> 가) 2월 파진찬(波珍湌) 구도(仇道)와 일길찬(一吉湌) 구수혜(仇須兮)를 좌우군주(左右軍主)로 삼아 소문국(召文國)을 정벌했다. 군주의 명칭이 여기서 시작되었다. (『삼국사기』 권2 신라본기 벌휴이사금 2년)
>
> 나) 변진(弁辰) 역시 12국이다. 또한 여러 소별읍(小別邑)이 있어 각기 거수(渠帥)가 있다. ① 큰 경우는 신지(臣智)라 하고, 그 다음엔 험측(險側), 그 다음엔 번예(樊濊), 그 다음엔 살해(殺奚), 그 다음엔 차읍(借邑)이 있다. ② 이저국(已柢國)·불사국(不斯國)·변진미리미동국(弁辰彌離彌凍國)·변진접도국(弁辰接塗國)·근기국(勤耆國)·난미리미동국(難彌離彌凍國)·변진고자미동국(弁辰古資彌凍國)·변진고순시국(弁辰古淳是國)·염해국(冉奚國)·변진반로국(弁辰半路國)·변(弁)(진辰)낙노국(樂奴國)·군미국(軍彌國)(변군미국弁軍彌國)·변진미오야마국(弁辰彌烏邪馬國)·여심국(如湛國)·변진감로국(弁辰甘路國)·호로국(戶路國)·주선국(州鮮國)(마연국馬延國)·변진구야국(弁辰狗邪國)·변진주조마국(弁辰走漕馬國)·변진안야국(弁辰安邪國)(마연국馬延國)·변진독로국(弁辰瀆盧國)·사로국(斯盧國)·우중국(優中國)이 있으니 변진을 합해 24국이다. 대국은 4~5천 가(家)이며 소국은 6~7백 가로 총 4~5만 호이다. ③ 이 중 12국은 ⓐ 진왕(辰王)에 屬한다. ⓑ 진왕(辰王)은 항상 마한인으로 하고 대대로 이어받아서 ⓒ 진왕(辰王)은 자력으로 왕이 되지 못했다. (『삼국지』 위서 동이전 변진)

위와 같이 『삼국사기』에서는 벌휴 2년(185)에 구도(仇道)가 구수혜(仇須兮)와 함께 소문국(召文國)을 정복했다고 한다(사료 가). 반면 『삼국지』에서는 3세기 중후반경 진한 지역에 사로국을 비롯한 소국들이 분립해 있었다고 한다(나-②). 이 중에서 특정한 소국을 지목할 수는 없지만 소문국도 포함되었을 가능성이 있다. 지금처럼 해석이 크게 엇갈리는 상황에서는 두 사료 중에서 어느 한쪽만을 이해의 기준으로 삼는 한, 소문국과 사로국의 관계에 대한 이해의 공감대는 도출될 수 없다. 따라서 이 문제에 대해서는 두 자료가 서술된 맥락을 점검한 뒤 풀어가야 할 것이다.

『삼국사기』 신라본기의 대외진출 기사들을 살펴보면 사료 가)와 다른 흐름을 보이는 사례가 많다. 소문국이 위치한 낙동강 상류 방면만 하더라도, 탈해 5년(A.D.61) 마한의 장수가 복암성을 들어 항복해 온 뒤 백제와 신라는 소백산맥 일대에서 공방전을 벌였다고 한다. 낙동강 상류를 거쳐 소백산맥 일대로 진출하기 위해서는 의성 지역을 반드시 거쳐야 하므로, 탈해 5년부터 소백산맥 일대에서 충돌했다는 기사들은 벌휴대에 소문국을 정복했다는 가)와 부합하지 않는다. 그 동안 이 문제를 해명하려는 노력이 여러 차례 있었으나, 양쪽 기록은 별개의 계통을 가진 자료에 의거했을 가능성이 크다. 사로국의 성장 과정으로 볼 때, 적어도 이 중에서는 사료 가)가 실제에 더 가까웠을 것이다.

그런데 사로국이 의성군 금성면 일대의 소문국으로 진출하기 위해서는 골벌국(骨伐國. 영천)을 먼저 장악해야 했다. 골벌국의 항복 시기는 조분 7년(236)이라 하여[9] 소문국에 대한 정복보다 50여 년이나 늦었다고 전한다. 이는 위 사료를 이해하는 데 적지 않은 걸림돌이 되어 왔다.[10]

이와 관련하여 첫째, 소문국에 대한 정복이 다른 루트로 추진되었을 가능성이 있다. 안강 방면에서 태백산맥을 넘어 의성 탑리로 통하는 루트가 그것이다.[11] 이 길은 일시적인 정복에서는 이용이 불가능하지 않았을 것이지만, 장기간의 지배를 염두에 둔 정복은 최소한의 지리적 효율성을 전

---

9) 『삼국사기』 권2 신라본기 해당조.

10) 박남수, 앞의 글, 1987, 4쪽.

11) 소문국을 정복한 루트가 태백산맥 줄기의 보현산 주변을 통했다는 견해가 제출된 바 있다(최병운, 『신라 상고의 영토 변천 연구』, 전남대학교 박사학위논문, 1992, 105~111쪽).

제로 했을 것이다.

둘째, 소문국에 대한 정복이 조분 7년 이후에 이루어졌을 가능성을 고려할 수 있다. 이 경우 조분 2년(231)으로 전하는 감문국의 정복 시기까지 조분 7년 이후로 조정해야 하는 문제가 따르며, 반대로 골벌국이 벌휴대 이전에 정복되었을 가능성까지 염두에 두어야 하므로 판단이 쉽지 않다.

셋째, 조분 7년 이전부터 골벌국이 사로국에 복속하거나 호의적 입장에 섰을 가능성도 있다.[12] 이미 파사대부터 사로국은 주변 지역을 정복하기 시작했으며, 적어도 내해대(196~230)부터는 이를 '근군(近郡)'으로 파악해 군사력을 동원할 정도의 통제를 가했다.[13] 여기에는 경주에 인접해 거의 평지로 연결되는 골벌국이 제외되었다고 보기 어렵다.

그렇다면 골벌국은 적어도 내해대 이전부터 사로국의 통제권으로 편입되었을 것으로 생각된다.[14] 또한 경주로부터 의성으로 통하는 데 영천을 거치는 것이 가장 효율적이라는 점까지 고려하면, 골벌국은 구도의 소문국 정복 이전부터 사로국에 복속했을 것으로 추정된다. 따라서 사료 가)는 일단 소문국에 대한 실제 정복 과정을 전할 가능성이 인정된다.

문제는 이 기록을 사료 나)와 어떻게 연관시켜 이해할 것인가 하는 점이다. 지금까지는 가)에 반영된 실제 시기를 나)의 상황 이후로 조정하는 경향이 강했다. 이는 나)-②를 우선적으로 수용한 결과이다. 그런데 나)-①에서는 변진의 거수(渠帥)들이 세력의 크기에 따라 차례대로 신지(臣智)·험측(險側)·번예(樊穢)·살해(殺奚)·차읍(借邑)(읍차)으로 불렸다고 한다. 이 중에서 신지는 경초중(景初中, 237~239)에 대방군 기리영(崎離營)을 공격할 정도의 세력을 갖추고 있었다. 이는 마한의 사례이므로 단순하게 비교할 수 없지만, 위 사료의 신지도 변진 지역에서 최고의 세력을 형성했고 나머지

---

12) 이종욱, 앞의 책, 1982, 88~89쪽.

13) 『삼국사기』 권48 열전 제8 물계자.

14) 이부오, 앞의 책, 2003, 59~61쪽.

거수들은 차례대로 등급을 구분할 정도로 차별적 세력을 이루고 있었다. 진한 소국이 분립적으로 존재한 것은 맞지만, 이들 간의 차별적 관계는 이미 형성되었던 것이다.

이와 관련하여 12국은 진왕(辰王)에 속하고(사료 나-③-ⓐ) 진왕은 항상 마한인으로 하며 대대로 이어받아서(나-③-ⓑ) 진왕은 자력으로 왕이 되지 못했다고 되어 있다(나-③-ⓒ). 이와 관련하여 필자는 『삼국지』의 원전이었던 『위략』의 표기를 중시하여 나)-③-ⓐ·ⓑ·ⓒ의 '진왕'이 원전에서는 '진한(辰韓)'이었다고 판단하고 있다.[15] 그렇다면 이 부분은 변진한의 12국이 진한에 속하고 진한은 항상 마한인으로 주(主)를 삼아(辰韓常用馬韓人作主) 대대로 이어받아 진한은 자력으로 왕이 되지 못한 것이다. 즉, 이 사료가 정리된 3세기 중후반의 변·진한 지역에서는 12소국이 진한을 대표하는 사로 국왕에 속해 있다고 생각된다.

그럼에도 불구하고 진한 12국이 나열된 것은 개별 소국의 거수들이 존재하면서 일정한 지배력을 유지했기 때문일 것이다. 또한 이들을 개별적으로 관리하려 했던 위군현(魏郡縣)의 정책이 반영되었을 것이다. 그러나 지황시(地皇時) '진한'과 낙랑군의 교섭이나[16] 앞서 언급한 경초중(景初中, 237~239) 한(韓) 신지(臣智)와의 충돌,[17] 진왕에 대한 중국 군현의 관심으로 보아 이러한 정책은 실제 교섭대상의 상황과는 괴리가 있었다고 생각된다. ③-ⓑ에서 마한인이 대대로 이어받았다는 주(主)의 역할은 한군현(漢郡縣)과 변·진한 지역을 연결하던 마한의 진왕 역할을 지적했을 것이다. ③

---

15) 기존에 필자는 나)-③-ⓐ·ⓑ·ⓒ를 진왕으로 보았으나(「1~3세기 진왕의 성격 변화와 삼한 소국의 대외교섭」『신라사학보』1, 2004, 24~26쪽), 원래 표기가 진한(辰韓)이었다고 견해를 수정했다(「중국 사서의 서술 맥락을 통해 본 《삼국지》 한조의 진한과 진왕」『신라사학보』26, 2012, 136쪽).

16) 배송지(裴松之) 주, 『삼국지』 위서 동이전 한.

17) 『삼국지』 위서 동이전 한.

-ⓒ에서 진한이 자력으로 왕이 되지 못했다는 것은 옛 변·진한 지역에서의 대표 기능을 과거에는 하지 못했음을 의미한다고 보아야 전체적인 맥락이 이해될 수 있다. 이를 고려할 때 ③-ⓑ·ⓒ가 실제로 가리키는 '진한'은 과거의 상황을 언급한 것이고, ③-ⓐ의 '진한'은 사료 나)가 정리된 3세기 중후반의 관점에서 언급한 것으로 판단된다.

이러한 진한의 대표 기능은 위 신지에 상당하는 거수가 아니었다면 이루어질 수 없었을 것이다. 변·진한 지역에서 이러한 존재의 등장은 신라본기에서 3세기까지 사로국이 성장한 추세와도 어긋나지 않는다. 이상을 인정할 수 있다면, 신라본기의 정복기사들이 날조되었다는 적극적인 근거가 없는 한, 사료 가)에서 구도가 소문국을 정복했다는 것은 사로국의 이사금이 사료 나)의 신지와 같은 존재로 부상하는 과정과 무관하지 않을 것이다. 이는 진한 내에서 사로국이 새로운 역할을 획득하거나 강화하는 과정이기도 했다. 따라서 가)·나)는 서로 모순된다기보다 상호 보완적인 관계에 있다고 생각된다.

하지만 사료 가)의 실제 기년이 A.D.185년인지에 대해서는 회의적인 시각도 있다. 벌휴대의 실제 시기에 대해서는 3세기 말[18] 내지 4세기 초라는 견해가 제출되었다.[19] 필자도 벌휴대를 전후한 기년에 다소 문제가 있다고 생각하지만, 구도의 실제 활동 시기를 3세기 중엽으로 보고 있다.[20]

---

18) 선석열, 『신라국가성립과정연구』, 혜안, 2001, 55쪽.

19) 강종훈, 『신라상고사연구』, 서울대학교 출판부, 2000, 46쪽.

20) 『삼국사기』신라본기에서 구도는 마지막 활동이 기재된 벌휴 7년(190)과 그의 아들 미추(味鄒, 262~284)가 사망한 284년 사이에 시기차가 95년이나 된다. 미추와 그 조카 내물(奈勿, 356~402)의 사망간격은 118년에 이른다. 미추의 남매인 옥모부인은 동시에 미추의 부인인 광명부인의 조모로 되어 있어 납득하기 어려운 관계를 보여준다. 옥모부인의 남편인 골정과 다음 항렬인 조분, 그 다음 항렬인 광명부인·유례이사금 사이에는 상식적으로 수용 가능한 계보가 전해진다. 이를 부정할 만한 근거가 없는 이상 김씨집단의 구도와 미추·말구 항렬 사이에는 일정한 세대가 생략되었다고 생각된다. 옥모부인을 둘러싼 계보 문제나 석씨집단

이를 인정할 수 있다면 가)는 이 시기를 전후하여 발생한 사건으로 볼 수 있다.

그러면 이 시기에 사로국이 소문국을 정복한 배경은 무엇일까. 이와 관련하여 백제의 침공을 방어하기 위한 체계의 수립과 인근 소국을 장악하기 위한 교두보 확보의 필요성,[21] 금공품 기술자와 금 산지의 장악 의도[22] 등이 제기되었다. 전자에서 중시한 백제와의 대결은, 3절에서 다룰 사료로 보는 한, 소문국 정복의 배경이기보다 정복 이후에 전개된 상황이다. 금 산지의 장악 문제는 개연성을 배제할 수 없지만, 현재로서는 소문국에 특정하여 설명할 수 있을지 판단하기 어렵다.

일단 사료 가)에서는 구도의 정복이 사로국 차원의 계획에 따라 군단을 조직해 이루어진 점만 언급되었다. 골벌국을 비롯한 경주 인근의 소국들을 복속시킨 사로국의 입장에서는 낙동강 상류로 진출할 필요성이 제기되었을 것이지만, 단순히 필요성만으로 원거리 정복이 시도되는 것은 아니다.

우선 벌휴 2년 이후에는 구도의 정복활동이 더 이상 나타나지 않고 이 방면에 대한 통제와 관련한 활동만 나타나는 점이 주목된다. 이는 구도의 정복으로 이 방면의 소국들이 사로국과의 관계에서 공통적으로 일정한 변화를 겪었을 가능성을 시사한다. 거꾸로 말하면 소문국을 정복한 배경이

계보와의 비교를 중시할 때, 구도-미추 사이에는 2세대 가량이 생략되었다고 볼 수 있다. 말구·미추 항렬과 내물 항렬 사이는 석씨집단의 광명부인·유례 항렬과 기림·흘해 항렬 사이와의 비교만으로는 누락 여부를 확인할 수 없다. 그러나 미추-내물 사이와 우로-흘해 사이의 실현 불가능한 사망간격으로 보면 말구·미추 항렬과 내물 사이에도 1세대 가량은 누락되었다고 보아야 할 것이다. 그렇다면 구도는 내물의 조부라는 기록과 달리 실제로는 5세대 정도 위에 해당될 것이다. 또한 3세기 전반에 확인되는 비미호 기사가 벌휴대 직전의 아달라대에 등장하는 점을 고려할 때, 구도의 활동시기는 3세기 중엽으로 추정할 수 있다(이부오, 「신라초기 기년문제에 대한 재고찰」 『선사와 고대』 13, 1999, 246~253쪽).

21) 박순교, 앞의 글, 1994, 52~53쪽.
22) 주보돈, 앞의 글, 2002, 150~151쪽.

해당 소국들에게 공통적으로 적용되었을 가능성이 제기되는 것이다.

사로국 내부의 측면에서 보면, 구도와 구수혜는 이미 아달라(阿達羅) 19 년(172)에 각각 파진찬과 일길찬으로 임명되었다고 하므로, 새롭게 부각된 이들 김씨 집단이 벌휴이사금의 즉위로 다시 한번 이사금을 차지한 석씨 집단과 연합해 원거리 정복을 시도했을 가능성도 고려해 볼 수 있다. 그러나 이것이 하필 낙동강 상류 방면에 대한 정복으로 이어졌는지에 대해 설명하지 못한다면, 그것은 소문국에 대한 정복의 배경으로서 내세우기에 합당하지 않다.

사로국 외부의 측면에서 살펴보면 3세기 중엽 진한 지역에서 대외교섭과 관련하여 발생한 사건이 주목된다. 경초중(景初中, 237~239) 공손씨 정권을 평정한 위(魏)는 대방군의 관할을 받던 진한 8국을 다시 낙랑군으로 이속시켰다.[23] 이에 대해 한(韓)의 신지(臣智)가 크게 반발했는데, 이를 고려하면 진한 8국은 중국 군현과의 교섭에서 백제가 중계 역할을 하기 쉬운 지역으로 생각된다. 이러한 곳으로는 한강 유역을 통해 백제와 연결될 수 있는 낙동강 상류 지역이나 해로를 통해 연결될 수 있는 낙동강 하구의 인접 지역을 들 수 있다. 어느 쪽이든 진한 8국은 대체로 낙동강 유역에 위치했다고 볼 수 있다. 진한이 대체로 12소국으로 구성된 점과 사로국이 낙동강 유역으로부터 다소 떨어져 위치한 점을 고려할 때, 사로국 인근 지역은 '진한 8국'에서 제외되었을 가능성이 크다. 이러한 지역은 낙랑군으로의 이속에서 제외되었으므로 기존처럼 대방군과 교섭했을 것이다.

한(韓) 지역은 원래 낙랑군과 교섭했는데, 건안(建安)연간(196~220)에 공손강(公孫康)이 둔유현(屯有縣) 이남에 대방군을 설치한 뒤에는 대방군과 교섭하게 되었다.[24] 경초중에 낙랑군·대방군을 평정한 위(魏)가 진한 8국의 교섭창구를 낙랑군으로 옮긴 것은 진한 소국을 분리 통제함으로써 관리의

---

23) 『삼국지』 위서 동이전 한.

24) 『삼국지』 위서 동이전 한.

효율을 도모한 것으로 생각된다. 이에 따라 진한 8국은 낙랑군과의 교섭을 매개로 사로국 중심의 기존 진한과는 별도의 결속을 이루게 되었다. 다만 특정 소국이 부각되지 않은 점으로 보면 중심 소국의 주도권은 상대적으로 미약했을 것이다.

여기서 소문국의 입장이 어떠했는지는 구체적으로 나타나지 않는다. 다만 소문국은 낙동강 상류에 위치했고 낙동강 유역의 소국들이 대부분 '진한 8국'의 결속에 참여한 점으로 보아 역시 같은 입장을 취했을 것으로 생각된다. 특히 소문국은 낙동강 상류로 이루어진 대분지의 동남쪽 끝에 위치해 경주로 통하는 길목에 해당한다. 이러한 상황에서 소문국은 사로국 중심의 세력권에 대항하기 위해 '진한 8국'의 결속에 대한 참여가 비교적 적극적이었을 것으로 생각된다.

그 결과 기존의 진한연맹을 주도하던 사로국의 위상은 약화될 수밖에 없었다. 사로국의 입장에서는 이러한 상황에 적극적으로 대응할 필요가 있었을 것이다. 바로 이러한 시기에 사로국은 소문국 정복을 단행했다. 결국 구도의 소문국 정복은 소문국을 비롯한 낙동강 상류 지역의 소국들이 위의 분리통제 정책에 부합해 별도의 결속체를 형성한 데 대한 사로국의 적극적인 대응으로 볼 수 있다.

3. 신라의 거점성 확보와 소문국의 지배세력

소문국을 정복하는 데 성공한 사로국은 어떤 방식으로든 이 일대를 통제할 필요가 있었을 것이다. 반면 소문국의 지배세력은 이에 대응해 기존의 지배력을 유지하기 위해 노력했을 것이다. 이러한 상황이 양자 간의 관계를 어떻게 변화시켰는지 밝히는 것이 본장의 목적이다.

우선 구도와 구수혜가 '좌우군주(左右軍主)'였고 군주라는 명칭이 여기서 시작되었다는 설명이 주목된다(사료 가). 신라의 군주는 지증왕대에 처음 파견되었다고 하므로[25] '좌우군주'를 액면 그대로 받아들일 수 없다. 이에 대해서는 중앙으로부터 파견된 군단을 통솔하는 지방관적 성격[26] 또는 중앙에 주둔하면서 지방에 수시로 파견되는 한정적·한시적 기능이 주목되었다.[27] 가)만으로 정확히 판단하기는 어렵지만, 두 인물의 정복활동이 국가적 차원에서 계획적으로 이루어졌고 그 기능이 소문국 방면에서 광범위하게 이루어진 점을 시사받을 수 있다. 그 구체적 내용은 전하지 않지만, 다음 사료는 이를 파악하는 데 일정한 도움이 될 것이다.

> 다) 봄 2월 백제가 모산성(母山城)을 공격해 오니, 파진찬 구도에게 명해 군사를 내어 막게 했다. (『삼국사기』 권2 신라본기 벌휴이사금 5년)
>
> 라) 가을 7월 구도가 구양(狗壤)에서 백제와 싸워 승리하여 500여 급(級)을 베었다. (앞의 책 벌휴이사금 6년)
>
> 마) 가을 8월 백제가 서경(西境) 원산향(圓山鄕)을 습격하고 다시 진격하여 부곡성(缶谷城)을 둘러싸므로, 구도가 경기(勁騎) 500을 거느리고 이를 쳤다. 이에 백제병이 거짓으로 달아나니, 구도가 이를 추격하여 와산(蛙山)에 이르렀다가 백제에게 패하게 되었다. 왕은 구도에게 실책이 있다 하여 그의 지위를 떨어뜨려 부곡성주로 삼고 설지(薛支)를 좌군주로 삼았다. (앞의 책 벌휴이사금 7년)

위에 의하면 구도는 벌휴 5년 모산성(母山城, 진천 대모산성?)에서 백제군을 격퇴한 뒤, 벌휴 7년까지 구양(狗壤), 부곡성(缶谷城, 군위군 부계),[28] 와산(蛙山,

----

25) 『삼국사기』 권4 신라본기 지증마립간 6년.
26) 이종욱, 앞의 책, 1982, 250쪽.
27) 주보돈, 앞의 글, 2010, 41쪽.
28) 이를 가산산성으로 비정하는 설도 있으나(최병운, 앞의 글, 1992, 113~114쪽), 이 성은 조선 인조대에 축조되었다고 한다(경북대학교·대구직할시, 『팔공산』, 1987, 114쪽). 부곡성을 와산성에 비교적 가까운 선산 서쪽의 부곡(富谷)으로 비

보은) 등지에서 백제와 싸웠다고 한다. 이를 그대로 인정하면 사로국은 소문국을 정복한 뒤 불과 몇 년 만에 소백산맥을 넘어 충북 지역까지 광범위하게 장악한 셈이다. 이는 신라가 첨해대에 이르러 진한 지역을 장악했다는 기록에 비추어 보면 그대로 받아들이기 어렵다. 그렇다면 위 사료에서 구도의 군사활동과 관련하여 우리가 취할 수 있는 내용이 어디까지일까.

사료 가)·다)·라)·마)는 모두 구도라는 인물의 행적을 설명하고 있는데, 이 자체 내에서는 외형상 정합성을 보여주고 있다. 신라본기에서 대외진출과 관련된 다른 기사들도 개별 인물 내에서 뿐만 아니라 인물 간의 연결에서도 대체로 합리적 관계를 보여준다. 그러면서도 대외진출의 공간적 흐름에서 상호 불합리한 관계가 나타나는 것은[29] 신라본기나 그 저본이 인물을 우선적 기준으로 정리되었음을 의미한다. 이 때문에 위 사료처럼 개인의 활동 안에서는 비교적 합리적인 연결을 이룬 반면 대외진출이라는 전체적 맥락에서는 다른 기사들과 괴리를 초래했다고 볼 수 있다.

정하는 견해도 있다(서의식, 「신라 '상고' 초기의 진한제국과 영토확장」『이원순교수정년기념역사학논총』, 서울대학교 사범대학 역사교육과, 1991, 32~33쪽). 그런데 부곡성은 경순왕 2년(928) 견훤에게 함락당해 수비병 1천 명이 죽은 곳이며, 경순왕 3년에도 견훤이 갑병(甲兵) 5천으로 의성부(義城府)를 공격한 바 있어(『삼국사기』 권50 열전 제10 견훤) 부곡성은 의성 방면의 쟁탈과 밀접히 연관되었을 가능성이 크다. 더욱이 의성 부계 지역은 삼국시대에 부림현(缶林縣)이었고 고려 초에는 부계현이었다(『신증동국여지승람』 경상도 의흥현). 이로 보아 부곡성은 의성과 가까운 군위군 부계면으로 보아야 할 것이다.

29) 『삼국사기』 신라본기 초기기사에서 대외활동과 관련하여 2회 이상 등장하거나 다른 인물과 연계되어 기재된 인물은 시기를 지나면서 관등이 연속되거나 상승하고 있다. 다른 인물의 관등을 계승하는 과정에서도 합리적인 연결을 보여준다. 그러나 지마대의 익종(翌宗)과 첨해 9년의 익종(翊宗)이 같은 인물이라면 시기차가 너무 크다는 문제가 생긴다. 흥선이 한수(漢水)를 통해 백제를 공격했다는 것이나 충훤이 우두주에서 백제군을 격퇴하려 했다는 것, 양질이 괴곡성에서 백제군을 막았다는 것은 인물의 연결에서는 별다른 문제가 없으나 해당 공간을 그대로 받아들이기 어렵다.

좀 더 구체적으로 살펴보면 구도가 모산성에서 백제군의 공격을 막았다는 기사에는(사료 다) 백제·신라가 도살성(道薩城, 괴산군 도안면) 일대를 놓고 혈전을 벌였던 진흥왕 11년(550) 이후의 상황이 담겼을 가능성이 있다. 사료 라)의 구양은 위치가 불확실하지만 사료 다)와 같은 자료에 근거를 두었다면 역시 벌휴대 당시에 사로국의 영역이었다고 보기는 어렵다. 사료 마)에서 사로국이 와산까지 군사활동의 무대로 삼았다는 것은 충돌 지점과 방향으로 보아 5세기 후반경 신라가 소백산맥을 넘어 보은 일대까지 장악하는 과정에서 백제와 충돌했던 상황을 반영할 것이다.[30]

그런데 같은 기사에서 원산향(圓山鄕. 예천군 용궁)이 '서경(西境)'이라고 명시된 것은 사로국의 서쪽 범위를 소백산맥 이남의 특정 지점으로 한정했다는 점에서 위 기술과 다르다. 소문국 정복을 전제로 할 경우 이후 일정한 시점에는 그 서북쪽으로 인접한 곳에 사로국의 거점이 확보되었을 개연성은 있다. 경주에서 소문국으로 통하는 길목에 위치한 부곡성은 적어도 원산향을 '서경'으로 인식하던 시기에는 확보되었을 것이다. 또한 구도가 '군주'의 기원이 되었다는 인식으로 볼 때, 그가 최소한 일정한 거점을 기반으로 이 방면에서 활동한 점은 인정될 수 있다. 그렇다면 사료 마)는 소문국 정복 직후에 대한 기록을 토대로 5세기 후반의 군사활동까지 구도의 활동으로 정리했다고 볼 수 있다. 다)·라)는 이와 별개의 기록이 역시 구도의 활동으로 삽입되었다고 생각된다. 그렇다면 앞의 사료들을 통해서 우리는 사로국이 부곡성을 장악하고서 이를 기반으로 낙동강 상류 방면을 통제했

---

30) 이 때문에 구도가 활동한 와산성·모산성·구양·원산향·부곡성 등의 집단과 내음계가 활동한 웅곡·봉산·괴곡 등의 집단이 각각의 연맹체를 이루었다고 보기도 한다(박남수, 앞의 글, 1987, 9~17쪽). 이는 『삼국사기』와 『삼국지』에 서로 다르게 기재된 진한 지역의 상황을 합리적으로 절충하려는 노력으로서 의미가 있지만, 김씨계의 이동설과 탑리고분의 3세기설을 전제로 하고 있어 그대로 받아들이기는 어렵다. 구도의 활동은 기본적으로 이 방면 소국과 사로국의 관계라는 차원에서 검토되어야 할 것이다.

음을 확인할 수 있다. 서경 원산향은 이러한 통제의 한계선으로 볼 수 있다. 다)·라)·마)는 이러한 구도의 군사활동을 근거로 삼아 후대의 대외진출 상황을 덧붙여 기술한 것이다.

이러한 상황에서 소문국과 사로국의 관계가 어떠했는지 살펴보자. 우선 구도는 소문국을 정복한 뒤 이곳에 머물지 않고 경주로 돌아갔다. 위 사료에서 백제의 침공에 대해 구도가 출동하여 물리쳤다는 서술이 이를 말해준다. 또한 사로국의 군사활동이 특정 방향의 루트를 따라 집중된 점으로 보아 탑리 일대의 소문국 중심부에는 사로국의 지배거점이 갑자기 확보되지는 않았을 가능성이 크다. 또한 소문국왕이 제거·이주되었다는 기록이 없는 점으로 보아 소문국 간층은 기존의 자치권을 거의 인정받았다고 생각된다.

그러나 부곡성의 존재는 이러한 자치권에 일정한 제한이 가해졌음을 시사한다. 위 사료에서 이 성은 주로 서북쪽의 낙동강 상류 방면에 대한 통제를 담당한 것으로 나타난다. 하지만 이것이 인근의 소문국에 대한 통제와 무관하지는 않았을 것이다. 부곡성은 소문국 같은 개별 소국과 낙동강 상류 방면을 동시에 통제하기 위한 거점이었고 이후의 세력확장을 위한 근거지로도 이용되었다. 이는 낙동강 하구 방면에서 거도가 주재했던 거점의 기능과도 유사하다. 이는 소국 중심지의 국읍성(國邑城)이나 그 사이의 읍락성(邑落城)처럼 기존 자치권을 유지하던 자치성(自治城)들과는 기능이 다른 것이다. 부곡성은 전략적 루트에 대한 군사적 장악과 주변 소국에 대한 통제를 동시에 수행하기 위한 지배거점이었다는 점에서 일종의 거점성으로 볼 수 있다.

부곡성이 기존 소국의 자치성을 장악한 것인지, 신축한 것인지는 확인이 불가능하다. 달벌성(대구)처럼 구축 과정과 성주 파견이 기록된 경우와[31]

---

31) 『삼국사기』 권2 신라본기 첨해이사금 15년.

비교한다면 규모가 훨씬 작았을 가능성이 크다. 부곡성은 소규모 목책이나 토성일 가능성이 있으나 확인할 길은 없다.

당시 소문국의 지배세력이 어떠한 상황에 처했는지에 대해서는 더 이상 적극적인 문헌자료를 찾을 수 없다. 다만 소문국 지배세력의 묘역인 대리리 고분군 중에서 중부와 동남부 일대의 고총을 제외한 공간에 대한 시굴조사에서는 원삼국기의 목곽묘부터 5세기의 목곽묘와 적석목곽묘가 조사되었다.[32] 의성 지역에서는 사로국이 소문국을 정복한 직후인 3세기 말~4세기 초의 목곽묘 자료가 구체적으로 보고된 적은 없다. 다만 고총고분이 밀집한 금성면 대리리 일대에서 대구대학교 박물관이 수습한 단경호, 통형기대, 발형토기 대부편 등으로 보아 4세기 목곽묘 단계부터 초기 적석목곽묘까지의 고분문화는[33] 계속 이어졌음을 확인할 수 있다. 이로 보아 소문국 국읍 지역에서는 소국 단계의 목곽묘 축조집단이 고총고분 축조집단으로 대체로 이어졌다고 추정할 수 있다. 금호강 유역의 다벌국(대구)이나[34] 압독국(경산)에서는[35] 이러한 현상이 보다 구체적으로 확인되었다. 의성 지역에서도 소문국이 사로국에 의해 정복된 이후까지 지배세력이 대체로 존속한 셈이다. 소문국의 간층은 국읍성을 일종의 자치성으로 삼아 자치권을 유지했을 것이다. 그렇다면 사로국의 통제는 직접지배보다는 이들을 통제권 내로 끌어들이는 차원에서 이루어진 셈이다.

다른 지역의 사례를 보면 거도(居道)가 파견된 양산 지역처럼 거점성이 설치된 소국들에 대해서 사로국은 군사력을 동원하는 등 비교적 적극적인

---

32) 경상북도문화재연구원, 『의성 소문국사적지 공원화사업지구내 시굴조사보고서』, 2004.

33) 김용성, 앞의 글, 2002, 169쪽.

34) 장용석, 「4세기 신라의 토성축조 배경 ―달성과 임당토성의 예를 통하여―」 『영남고고학』 46, 2008, 14쪽.

35) 이희준, 「경산 지역 고대 정치체의 성립과 변천」 『영남고고학』 34, 2004, 22~23쪽.

지배권을 행사했다. 반면 거점성주가 파견되지 않은 복속소국들은 내령(奈靈)·고타(古陀) 소국처럼 기존 간(干)을 매개로 거점성주의 통제가 이루어졌다.[36] 부곡성이 위치한 군위군 부계면은 위천 지류인 남천 유역에서도 금호강 유역과의 분수령에 잇닿아 있으며, 소문국의 중심부는 위천 하류에서 갈라져 나온 쌍계천 유역에 위치했다. 부계면으로부터의 거리는 군위와 의성 탑리가 서로 비슷하다. 그런데 부계면에서 군위 쪽으로는 남천과 위천 본류를 통해 비교적 쉽게 접근할 수 있는 반면, 소문국 쪽으로는 남천−위천−쌍계천 사이에 가로놓인 분수령을 넘어야 한다. 군위·부계 지역이 별도의 소국을 이루었는지는 확인할 수 없으나, 위와 같은 지리적 조건으로 보아 부곡성은 소문국 지배만을 위해 설치되었다고 보기 어렵다. 다만 소문국은 사로국에 의해 정복당한 점이 분명하고, 이후의 일정 시점부터는 의성을 거쳐야만 경주로부터 접근하기 용이한 사벌국(沙伐國, 상주)이 사로국에 '속(屬)'하게 되었다.[37] 시기를 확정할 수는 없지만 고타 소국(안동)도 사로국에 복속했다고 전한다.[38] 이러한 추세로 보아 정복소국인 소문국에 대해서는 복속소국보다 강한 통제가 가해졌으리라 생각된다. 기존에 복속했던 사벌국이 이탈을 시도할 때 사로국이 이를 적극적으로 정복한 점으로 보면, 소문국의 지배세력에 대해서는 적어도 다른 세력으로의 이탈이 금지되고 거점성주의 통제에 대해 적극적으로 협조할 의무가 부과되었을 것이다.

구도의 군사활동에서 소문국이 적극적으로 반발한 기록이 특기되지 않은 것은 부곡성을 기반으로 사로국과 소문국의 관계가 비교적 안정적으로 유지되었음을 시사한다. 구도의 정복 이후 소문국의 지배세력은 사로국에 복속해 기존의 자치적 기반을 인정받는 대신 거점성주의 통제를 수용했다고 볼 수 있다.

---

36) 이부오, 앞의 책, 2003, 91~93쪽.
37) 『삼국사기』 권45 열전 제5 석우로.
38) 『삼국사기』 권1 신라본기 파사이사금 5년.

4. 신라의 소백산맥 선 확보와 소문국의 간층(干層)

사로국의 거점성 지배는 소문국의 자치권과 사로국의 통제권 사이에 일종의 긴장관계를 전제로 유지되었다. 그런데 양자 사이에 불균형이 생길 경우 기존의 관계는 일정한 변화를 요구받았을 것이다. 본장에서는 그 계기와 과정을 밝혀보려 한다.

소문국을 정복한 이후 사로국은 낙동강 상류 방면에 대한 군사활동을 지속적으로 전개했다고 전한다. 이를 액면 그대로 받아들일지에 대해서는 논란의 여지가 있지만, 적어도 사로국이 이 방면에서 지배력의 확대를 도모한 추세는 인정될 수 있다. 이와 관련한 소문국의 상황을 전하는 자료는 거의 없지만, 다음 사료는 전반적인 추세를 파악하는 데 도움을 줄 것이다.

> 바) 가을 7월 이찬(伊湌) 우로(于老)를 대장군(大將軍)으로 삼아 감문국(甘文國)을 토벌해 쳐부수고 그 땅을 군(郡)으로 삼았다. (『삼국사기』 권2 신라본기 조분이사금 2년)
>
> 사) 봄 2월 골벌국왕(骨伐國王) 아음부(阿音夫)가 무리를 거느리고 와서 항복하니, 제택(第宅)과 전장(田莊)을 주어 정착시키고 그 땅을 군(郡)으로 삼았다. (앞의 책 조분이사금 7년)
>
> 아) 사량벌국(沙梁伐國)이 원래 우리에게 속(屬)했으나, 첨해왕(沾解王) 시에 홀연히 배반하고 백제로 기울었다. 우로가 군사를 거느리고 가서 토벌해 이를 멸망시켰다. (『삼국사기』 권45 열전 제5 석우로)

사료 바)에 따르면 조분(助賁) 2년(231) 사로국은 소문국으로부터 낙동강의 서쪽 건너편에 위치한 감문국(甘文國. 김천)을 정복했다. 감문국은 사로국이 낙동강 상류 방면에서 주된 진출 방향으로 삼았던 부곡성–원산향 선에서 서남쪽으로 비교적 멀리 떨어져 있어 진출이 늦었던 것 같다. 이러한 지역을 국가적 차원에서 계획적으로 정복해 '군(郡)'으로 삼았다는 것은 감문국에 대한 정복으로부터 진흥왕 18년(557) 감문주(甘文州)의 설치와[39] 문무왕 1년 감문군(甘文郡)의 설치까지[40] 염두에 둔 표현으로 생각된다. 조분 2년 당시에 '군'이 설치되었다고 볼 수는 없지만, 진출방향을 고려하면 낙동강 상류 방면에 대한 지배력을 확대하려는 전략적 목표가 설정되어 있었음을 확인할 수 있다.

골벌국왕(骨伐國王)이 무리를 거느리고 가서 경주 인근에 정착한 것은(사료 사) 최초의 복속이기보다 소문국 정복 이전부터 사로국에 복속한 뒤 이 때 와서 근거지로부터 유리되었음을 보여줄 것이다. 여기서는 자발적인 항복이었다고 했으나, 지리지에서는 조분왕 때 골화소국(骨火小國)을 쳐서 현(縣)으로 삼았다고 했다.[41] '현'을 삼았다는 것은 이 지역에 대한 정복으로부터 임천현(臨川縣) 편성까지 포괄적으로 언급했다고 생각된다. 여기서 골벌국왕의 항복에 대한 상반된 기록은 골벌국왕의 항복이 반드시 자발적이었는지 의심케 한다. 골벌국왕이 경주로의 이주를 더 유리하다고 판단했을 가능성도 배제할 수 없으나, 적어도 주수(主帥)의 경주 이주는 골벌국(영천)을 비롯한 소국들에 대한 지배가 확대되는 상황을 반영한다.

소문국의 서북쪽으로 인접한 사량벌국(沙梁伐國)은 원래 사로국에 '속(屬)'했다가 첨해왕(沾解王)시에 배반하고 백제로 기울자 우로(于老)가 대장군(大將軍)으로 파견되어 이를 토벌해 멸망시켰다고 한다(사료 아). 우로는 첨해 3년(249)[42] 혹은 첨해 7년(253) 사망했다고 전하므로[43] 사료상의 정복시점은 첨해 1~7년이 되는 셈이다. 이곳을 빼앗아 '주(州)'로 편성했다는 것도[44]

---

39) 『삼국사기』 권4 신라본기 진흥왕 18년.

40) 『삼국사기』 권34 잡지 제3 지리1 상주 개령군.

41) 『삼국사기』 권34 잡지 제3 지리1 양주 임고군.

42) 『삼국사기』 권2 신라본기 첨해이사금 3년.

43) 『삼국사기』 권45 열전 제5 석우로.

44) 『삼국사기』 권34 잡지 제3 지리1 상주.

법흥왕 12년(525) 사벌주(沙伐州)의 편성까지를[45] 포괄해 언급한 것이지만, 사벌국 정복이 일정한 수준의 지배를 초래했음을 반영할 것이다. 그 수준은 사로국에 '속'했던 상황보다 더 높아졌다고 보아야 할 것이다. 이전의 상황을 정확히 파악할 수는 없으나, 구도(仇道)의 활동으로 보아 사벌국은 간층의 자치권을 유지한 상태에서 거점성주를 통해 간접지배를 받아들인 것으로 생각된다. 다른 소국들의 사례로 보아 사벌국이 백제로 돌아선 이유는 사로국의 지배력 확대와 무관하지 않을 것이다. 이에 대한 반발이 사로국 통제권으로부터의 이탈을 가져온 셈이다. 그러나 우로의 정복을 통해 사벌국의 시도는 실패로 돌아갔고, 이 방면에서 지배를 강화하려는 사로국의 의도가 관철되었다고 볼 수 있다.

이상과 같이 낙동강 상류에 대한 사로국의 지배가 일정하게 변화하는 과정은 『삼국사기』 신라본기에서 3세기 중엽까지 완결되었다고 했으나, 실제로는 대략 3세기 말~4세기 초에 진행되었을 것으로 생각된다.[46] 사로

---

45) 『삼국사기』권4 신라본기 법흥왕 12년.

46) 『삼국사기』 신라본기에 의하면 조분 16년(245) 고구려가 신라의 북쪽 변경에 침입하자 우로가 이를 막았고, 첨해 2년(248)에는 고구려가 사신을 보내와 화친을 맺었다고 한다. 이와 관련하여 낙랑군이 축출된 313년 전후가 주목된다. 낙랑군의 축출은 고구려와 신라의 대치를 초래하는 데 중요한 요인이 되었을 것이기 때문이다. 그런데 서진이 혼란으로 치닫던 영평(永平) 원년(291) 이후에는 서북한 지역에서 낙랑군·대방군에 대한 통제가 무너지고 한인(漢人) 토착세력이 지배권을 장악했다(이부오, 「4세기 초·중엽 고구려·백제·신라의 관계 변화」『신라사학보』5, 2005, 5~10쪽). 그 이전인 백제 책계왕(責稽王) 1년(286)에 고구려가 대방(帶方)을 공격하고 백제가 고구려의 침공을 염려해 아차성(阿且城)과 사성(蛇城)을 수축한 점으로 보면(『삼국사기』권24 백제본기 책계왕 즉위), 고구려가 이미 동예 방면으로 진출해 있었을 가능성도 있다. 이러한 정황으로 보아 고구려와 신라의 충돌은 3세기 말~4세기 초에 일어났을 가능성이 크다. 필자는 이를 중시하여 조분이사금대의 실제시기를 3세기 말부터 낙랑군이 축출된 313년 직후까지로, 첨해이사금대는 그 직후인 4세기 초로 보고 있다(이부오, 앞의 글, 1999, 249쪽).

국이 진한 지역을 장악하는 마지막 과정이 이 방면에서 집중적으로 기록된 것은 낙동강 상류 방면의 전략적 중요성이 그 만큼 컸기 때문일 것이다. 소백산맥 이남을 거의 장악한 사로국은 이제 진한 지역을 아우르는 세력으로 성장하게 되었다. 이후에는 소국을 지칭하는 사로국(斯盧國) 대신 신라(新羅)로 부르는 편이 합당할 것이다.[47] 그러면 이 과정에서 소문국과 신라의 관계는 어떻게 변화했을까.

인접한 골벌국·감문국·사벌국 등의 사례로 보면 소문국에 대한 신라의 지배도 점차 강화되었을 가능성이 있다. 『삼국사기』 신라본기에 따르면, 구도의 군사활동 이후에도 의성 방면을 경유했을 것으로 추정되는 군사활동이 지속되고 있다. 이러한 활동을 원활히 수행하기 위해 신라는 경주에서 낙동강 상류로 통하는 길목인 소문국 지역에 대해 큰 비중을 두었을 것이다. 5세기 초에 고구려가 낙동강 상류로 진출하고 5세기 후반경 신라가 금강 상류로 진출하여 백제와 대치하면, 두 방면으로 향하는 루트의 결절지인 의성의 전략적 비중은 더욱 커지게 되었다. 이러한 상황에서 소문국과 신라의 관계가 어떠했는지 직접 전하는 문헌사료는 없다. 거꾸로 보면이는 소문국 지역에서 신라의 전략적 이해가 지속적으로 관철되었을 가능성을 시사한다. 그러나 더 이상의 문헌적 추론은 불가능하므로, 이를 고고자료에 반영된 소문국 간층의 상황과 연계하여 파악해 보자.

우선 소문국 정복 이후에도 국읍 지역 간층의 목곽묘가 고총고분으로 계승된 점은 앞서 언급되었다. 의성 지역의 고총고분 분포상은 비교적 상세히 보고되었다.[48] 고분 분포와 그 위계는 소문국 간층과 신라의 관계를

---

47) 사료상으로 신라(新羅)라는 국호는 기림이사금대(『삼국유사』 권1 왕력) 혹은 그 이전(『삼국사기』 권2 신라본기 기림이사금 10년), 지증왕 4년부터 사용되었다 (『삼국사기』 권4 신라본기 해당조).

48) 대구대학교 박물관, 『의성군 문화유적지표조사 보고』, 1987 ; 의성군·대구대학교 중앙박물관, 『문화유적분포지도 -의성군-』, 2005.

설명하는 데 기본적인 조건이 될 것이다. 이 중 제1군은 금성면 탑리·대리리·학미리 일대에 위치하는데, 규모와 숫자에서 최대의 고분군을 이루고 있다. 이를 소문국 중심세력과 그 계승자들의 무덤군으로 보는 데 이견이 없다. 이를 조성할 당시부터 이 일대가 어떻게 편성되었는지는 전하지 않지만, 일정한 지배구역이 편성되었을 것이라는 점은 짐작하기 어렵지 않다. 제2군은 미천 유역의 단촌면 후평리 일대 고분군이다. 이곳은 경덕왕대에 고구현(高丘縣)으로 편성되기 이전에 구화현(仇火縣) 혹은 고근(高近)이었다고 한다. 제3군은 낙동강 본류에 인접한 다인면 달제동·평림동 일대의 고분군이다. 이 일대는 경덕왕대에 다인현(多仁縣)으로 편성되기 전에는 달이현(達已縣) 혹은 다이(多已)였다고 한다. 제2·제3군은 제1군보다 분구의 규모나 숫자에서 상대적으로 떨어지는 편이다. 다만 옛 소국의 국읍 내지 대읍락들이 가졌던 중심지 기능이 후대까지 현의 설치로 이어졌음을 알 수 있다.

그런데 경덕왕대에 설치된 탑리의 문소군(聞韶郡) 휘하에는 이외에도 많은 현들이 함께 설치되었다. 해당 현들은 이전에도 일정한 단위 지역으로 편성되었다고 한다. 의성군 안계면 안정동고분군 주변은 경덕왕대에 안현현으로 편성되기 전에 본래 이시혜현(阿尸兮縣) 또는 아을혜(阿乙兮)였다. 단밀면 생송동·낙정동고분군 주변은 경덕왕대에 단밀현(單密縣)으로 편성되기 전에 무동미지(武冬彌知) 또는 갈동미지(曷冬彌知)였다. 옥연리고분군이 위치한 비안면 일대는 경덕왕대에 비옥현(比屋縣)으로 편성되기 전에 원래 아화옥현(阿火屋縣) 또는 병옥(幷屋)이라 했다. 의성읍에서는 별다른 고분군이 보고되지 않았으나, 이곳이 경덕왕대에 진보현(眞寶縣)으로 편성되기 전에 칠파화현(柒巴火縣)이었던 점이나 분지의 규모가 비교적 큰 점으로 보아 원래 고분군을 조성한 대읍락이 존재했을 가능성이 크다. 이외에도 옥산면 임암동·구성동고분군 주변은 경덕왕대에 고창군 일계현(日谿縣)이 편성되기 전에 본래 열혜현(熱兮縣) 혹은 이혜(泥兮)였다. 남대천 상류의 사곡면

공정동고분군도 별개의 고분군집으로 정리된 바 있다.[49] 이러한 고분군은 봉분의 규모가 작고 숫자도 적어 제1군~제3군보다 훨씬 떨어지는 읍락의 주인공들에 의해 조성되었을 것이다. 그러나 후대에 현의 치소가 되었고 8세기까지 고유한 연원을 가진 지명이 전승된 점으로 보아 이들 지역에는 중규모 이상의 읍락 세력이 존재했다고 생각된다.

이들 고분군 사이에는 등급이 훨씬 떨어지는 소규모 고분들이 부락 단위로 무수히 분포하고 있다. 이들 소규모 고분군의 주인공들은 위 중규모 읍락을 매개로 국읍 내지 대읍락의 통제를 받았을 것이다. 결국 의성 일대의 고분군 분포는 고총고분기의 권력이 탑리 일대를 정점으로 하여 그 아래의 제2군·제3군과 중규모읍락을 매개로 행사되었음을 보여준다. 여기서 이러한 세력구조가 신라의 정복에 따른 변화의 결과인지, 기존 세력의 계승 결과인지가 주목된다. 탑리에서 목곽묘와 고총의 계승으로 보면 후자일 가능성이 크지만 막연하게 단언하기는 어렵다. 이러한 문제에 좀 더 구체적으로 접근하기 위해 고총고분에 부장된 유물의 상황을 검토해 보자.

고총고분에서 가장 보편적으로 출토되는 의성양식 토기는 기벽이 비교적 두텁고 배신(杯身) 저면이 평평하며 배신에서 뚜껑받이 턱까지의 각도가 직선적이고 뚜껑받이턱의 발달이 미약한 고배로 대표되는데,[50] 기종별로 기술·형태상의 정형성을 갖추고 있다.[51] 이 양식 토기는 경덕왕대의 문소군이나 현재의 의성군 너머에도 분포한다. 그 중에서 미천 유역인 안동시 남부의 조탑동·장림동·평림동 고분군 일대는 경덕왕대에 고창군(古昌郡) 직녕현(直寧縣)으로 편성되기 전에 원래 일직현(一直縣)이었다. 군위읍 정리·사직리고분군 일대는 경덕왕대에 숭선군(崇善郡) 군위현(軍威縣)으로 편

49) 김용성, 앞의 글, 2002, 165쪽.
50) 김용성, 앞의 글, 2002, 172쪽.
51) 김옥순, 앞의 글, 2000, 561~573쪽.

성되기 전에는 노동멱현(奴同覓縣) 또는 노두멱(如豆覓)이었다. 고곡리고분군에서 북쪽으로 다소 떨어진 군위군 효령 일대는 경덕왕대에 숭선군 효령현(孝靈縣)으로 편성되기 전에는 본래 모혜현(芼兮縣)이었다. 군위군 의흥면 이지리 주변의 고분군들도 소별읍의 하나로 제시되었다. 이상의 범위에서 9개소의 주요 고분군이 파악된 것은[52] 같은 범위의 군치와 현치를 합해 11개소가 확인되는 것과 크게 어긋나지 않는다. 주요 고분군과 현의 위치가 서로 어긋나는 경우도 있지만, 고총고분이 조성된 4~6세기부터 전국적으로 군현이 개편된 8세기 중엽의 경덕왕대까지 중심지의 이동과 개편이 다소간 있었다는 것은 대체로 납득할 수 있는 변화이다.[53] 이처럼 광범위한 의성양식 토기의 분포가 고총고분기의 소문국 세력과 어떻게 관련되는지 주목된다.

의성양식 토기는 탑리 Ⅰ·Ⅱ곽 직전 단계에 상주 청리·안동 사의동 등지로 확산되기 시작하여 탑리 Ⅰ·Ⅱ곽 단계에는 상주·안동 일대에 광범위하게 퍼졌다. 탑리 Ⅲ·Ⅴ곽 단계까지는 선산 낙산동까지 확산되었다.[54] 나아가서 그 범위는 예천·청원·영덕까지 미쳤다.[55] 이상에서 미천 하류의 일직현은 거리도 안동과 가깝고 미천을 통해 안동과 쉽게 연결되는 위치에 있어 원래부터 고타(古陀) 소국의 권역이었을 가능성이 크다. 고분의 밀도와 규모·숫자를 근거로 조탑동고분군이 고타야군(古陀耶郡)의 중심지였다는 견해도 있다.[56] 군위 지역은 쌍계천 유역의 소문국 중심지에서 비교

---

52) 김용성, 앞의 글, 2002, 164~165쪽.
53) 이와 관련하여 간접지배로부터 직접지배로의 전환에 따른 재지세력의 변동을 주목하기도 하였다(주보돈, 앞의 글 「문헌상에서 본 고대의 의성」, 2002, 148~149쪽).
54) 김옥순, 앞의 글, 2000, 581쪽.
55) 김용성, 앞의 글, 2002, 173쪽.
56) 김옥순, 「낙동강 상류지역 5~6세기 토기이동의 맥락」 『한국상고사학보』 30, 1999, 42쪽.

적 가깝지만 위천 상류에 위치해 수계를 달리하여 역시 별개의 소국이 위치했을 것으로 짐작된다. 이처럼 고타군 남부와 상주 동남부, 군위현 일대까지 확산된 의성양식 토기의 분포권은 소문국의 원래 범위와 일치한다고 보기 어렵다. 그렇더라도 의성양식의 밀도가 높은 군위 지역과 낙동강 이남의 안동 지역은 소문국 간층과 밀접한 관계에 있었을 가능성이 있다. 이는 조탑동 일대의 미천과 위천 수계가 소문(召文)의 범위로 이해되는 것과도[57] 일치하지만, 의성양식 토기가 어떤 요인에 의해 확산되었는지 궁금해진다.

우선 위 범위는 신라가 의성에서 안동-영주를 거쳐 죽령으로 향하는 루트와 점촌을 거쳐 계립령으로 통하는 루트, 그리고 상주를 거쳐 삼년산성(보은)으로 향하는 루트 주변에서 낙동강을 경계로 펼쳐져 있다. 이는 신라가 낙동강 상류로 진출한 뒤 위 방면에서 백제·고구려와 대치한 방향과 거의 일치한다. 탑리 일대가 이러한 범위의 중심지라는 점은 계립령·죽령 방면으로의 진출에서 결절점이라는 위치와 무관하지 않을 것이다.[58] 이를 고려하면 의성양식의 확산은 소문국 지배세력의 자체적 요인보다 신라의 통제를 전제로 했을 가능성이 더 크다. 그 내용이 어떠했는지 파악하기 위해 묘곽의 변화와 위세품을 검토해 보자. 이를 파악하기 위해 필자의 기존 정리에[59] 새로운 고고 조사연구로[60] 보완·수정을 가하여 〈표 1〉을 작성했다.

----

57) 국립대구박물관, 『소문국에서 의성으로』, 2002, 112쪽.

58) 주보돈, 앞의 글 「문헌상에서 본 고대의 의성」, 2002, 152쪽.

59) 이부오, 「사로국의 팽창과 소문국의 지배세력」『조문국의 성쇠와 지배세력의 동향』, 경북의성군·한국고대사탐구학회, 2011, 98~99쪽.

60) 권혜인, 「의성 지역의 순장 -5~6세기 대형분을 중심으로-」『고고학과 금석문에 나타난 조문국』, 의성군, 2011.10.6 ; 경상북도문화재연구원, 『의성 후평리 고분군』, 2012 ;『의성 대리리 2호분Ⅰ-A봉토-』, 2012 ;『의성 대리리 2호분Ⅱ-B봉토·주변유구·A-5호-』, 2012.

단계*	묘곽 구분 ○적석목곽 ◎변형적석목곽 # 목곽 □ 수혈석곽 ■ 횡혈석실	금동관	금동관모(은제)	금동과대(은제)	금장대도(은장)(철제)	금제이식(은제)	금동장마구(은장)(철제)	기타	비고	근거
4세기후반~5세기초 (최병현 적석목곽2·3기, 이희준 1b~2a기, 김용성 고총 2a단계~3a단계 일부, 김옥순 의성양식3기)	탑리1곽◎	1		1		(1)		순장1		1)
	탑리2곽◎		1	(1)	(1)	1		금동리(金銅履)		
5세기중엽~6세기초 (최병현 적석목곽 4·5기, 이희준 2b기~4기 일부, 김용성 고총 3a단계 일부~3c단계, 김옥순 의성양식 4기)	탑리3곽◎		(*)	1	1	1		순장1		2)
	탑리4곽◎							은환(銀環)		
	탑리5곽○					(*)(*)				
	학미1-제1시상■			(1)	(1)			추가장		
	학미1-제2시상■			(1)						
	학미1-제3시상■							철솥/도자		
	학미2○			청동제		1		1호 배장곽		
	학미3□			(1)			(*)	1호 부장곽		
	대리2-A1○+#	1					*	순장2	1차봉토주곽	3)
	대리2-A2○								1차봉토	
	대리2-A4#								1차봉토	
	대리2-A3#								1차봉토	
	대리2-B1○+#			1	(1)(1)	2	*	금동리 순장4	2차봉토주곽 도굴	
	대리2-B2#							토기류	2차봉토	
	대리2-B3#							토기류	2차봉토	
	대리2-B4 옹관								2차봉토	

단계*	묘곽 구분 ○적석목곽 ◎변형적석목곽 # 목곽 □ 수혈석곽 ■ 횡혈석실	금동관	금동관모 (은제)	금동과대 (은제)	금장대도 (은장)(철제)	금제이식 (은제)	금동장마구 (은장)(철제)	기타	비고	근거
	대리2-1호#							경식등	배장곽	
	대리2-2호○					2		금동편	배장곽	
	대리3-1◎	1		(1)	(1)	1		순장1	2곽 추가장	4)
	대리3-2 ○+#	1		(1)	1	1	(*)(*)	순장1		
	대리5-1○			(1)	(*)				1차곽	5)
	대리5-2#						(*)		2차곽	
	후평1◎+#							철촉 등		6)
	후평2□							철촉 등		
	조탑 서곽			(1)		1				7)

* 단계 설정은 다음 글을 참고함.
최병현, 『신라고분연구』, 일지사, 1992, 도51 ; 이희준, 「토기에 의한 신라 고분의 분기와 편년」『한국고고학보』35, 1996, 91쪽 ; 김용성, 「토기에 의한 대구·경산지역 고대분묘의 편년」『한국고고학보』35, 1996, 114쪽 ; 김옥순, 앞의 글, 2000, 576쪽.
내용칸의 *는 유물 숫자가 불확실한 경우임.

1) 김재원·윤무병, 『의성탑리고분』, 국립박물관, 1962.
   이 보고서에서 탑리 1~4곽은 수혈식석곽으로, 5곽은 변형적석목곽으로 처리되었다. 그러나 위 〈표〉에서는 최근의 연구 성과에(박정화, 「금성산고분군에 나타난 의성지역 지배세력의 성격」『소문국의 성쇠와 지배세력의 동향』, 의성군·한국고대사탐구학회, 2011, 117~120쪽) 따라 1~4곽을 변형적석목곽으로, 5곽을 적석목곽으로 정리했다.
2) 김동숙, 「의성 학미리고분 발굴조사 개요」『제6회 영남매장문화재연구원 조사연구발표회』, 1997.4 ; 경북대학교 박물관·의성군, 『학미리고분』, 2002.
3) 경상북도문화재연구원, 『의성 대리리 2호분Ⅰ』, 2012 :『의성 대리리 2호분Ⅱ』, 2012.
4) 박정화, 「의성 대리3호분 발굴조사개요」『제2회 영남매장문화재연구원 조사연구발표회』, 1995.12 ; 경북대학교 박물관, 『의성 대리리 3호분』, 2006.
5) 김기웅, 「의성대리고분발굴조사보고」『사학연구』20, 1968.
   이 보고에서는 이 묘곽이 변형적석목곽묘로 되어 있으나, 위 〈표〉에서는 박정화 앞의 글, 1995.12, 93쪽에 따랐다.
6) 경상북도문화재연구원, 『의성 후평리 고분군』, 2012.
7) 김용성, 앞의 글, 2002, 168쪽.

소문국 출신의 국읍 간층이 매장된 4세기 후반 이후의 고총고분은 탑리 야산의 정상부와 그 서쪽으로 인접한 대리리에 집중되어 있다. 두 지점에 묻힌 세력은 6세기에 중심 고분군이 학미리로 이동하기까지[61] 동시에 지배세력의 위치를 차지했다. 이에 대해서는 두 집단이 크게는 단일 집단이지만 충석식 적석목곽을 조성한 대리리 집단과 축석식 적석목곽을 조성한 탑리 집단이 가계를 달리하며 경쟁적 관계에 있었다는 견해가 제출되었다.[62] 〈표 1〉을 기준으로 볼 때 탑리에 매장된 세력은 변형적석목곽묘를, 대리리에 매장된 세력은 적석목곽묘를 상대적으로 많이 축조한 셈이다. 대리 2호·3호·5호처럼 동일한 봉분의 묘곽 형식이 서로 다른 경우를 고려하면 묘곽형식만으로는 간층 내 가계집단의 관계를 밝히는 데 한계가 있을 것이다. 다만 두 고분군에서 고총고분이 각각 연속적으로 구축된 점으로 보아 소문국 출신의 간층 내에서는 대체로 두 세력집단이 권력을 분점했다고 판단된다.

그러면 이들의 권력관계를 좀 더 구체적으로 확인하기 위해 〈표 1〉을 중심으로 묘곽과 위세품의 보유 상황을 살펴보자. 탑리고분(1호)에서는 4세기 후반~5세기 초에[63] 봉분의 중앙부에 먼저 1곽이 조성되어 금동관·금동과대를 보유한 성인남성이 매장된 뒤 노년여성이 묻혔다. 이들은 모자관계로 추정되었다.[64] 그 뒤 2곽이 조성되어 금동관모·은제과대·은장대도·금동리(金銅履)를 보유한 성인남성이 매장되었다. 5세기 중엽에는 3곽에 은제관모·은제과대·금장대도를 보유한 인물이, 4곽에 은환 등

61) 경북대학교 박물관, 『의성 대리리 3호분』, 2006, 150쪽.
62) 이재환, 「5~6세기 의성지역 고분의 특성과 고총의 의의」 『한국고대사 속의 조문국』, 경북대학교 영남문화연구원, 2010.11.18, 103쪽.
63) 김옥순은 탑리 I·II곽을 IV곽과 함께 5세기 3/4분기로 편년하였다(앞의 글, 2000, 575쪽). 여기서는 이희준과 최병현의 편년관을 기준으로 삼았다.
64) 김재원·윤무병, 『의성탑리고분』, 국립박물관, 1962, 71쪽.

을 보유한 인물이 매장되었다. 다시 5곽이 조성되어 은장마구·철제마구를 보유한 인물이 매장되었다. 시기를 내려오면서 최고 위세품이 금동관(1곽) → 금동관모(2곽) → 은제관모(3곽) → 은장마구(5곽)의 순으로 떨어지는 추세를 보인다.

대리리 고분군의 대형분들에서도 동일 봉분에 가족 구성원을 순차적으로 매장한 사례가 다수 확인되었다. 이 중 탑리 1곽과 평행하거나 약간 늦은 3호분에서는[65] 2곽의 주인공이 금동관·은제과대·금장대도 등을 보유한 상태에서 순장자와 함께 매장된 뒤 금동관모·은제과대·철제대도를 보유한 1곽의 주인공이 매장되었다. 최근에 조사가 끝난 2호분은 이보다 시기가 내려온다.[66] 이 중 1차봉토의 주곽인 B1곽의 주인공은 '추정' 과대를 보유했다. 그런데 이 묘곽은 도굴피해를 입은 데다 금동리를 보유했던 점으로 보아 그 권위가 3호분 2곽 주인공에 버금갈 가능성이 있다. A4곽의 주인공은 금동장 마구를 보유했다. A1·2·3곽은 규모가 작은 편이며 위세품도 거의 확인되지 않았다.[67]

이처럼 국읍 지역의 최대 고분들에서 한 가족이 장기간에 걸쳐 동일봉분에 순차적으로 매장된 것은 간층 내에서 최고 가계집단이 갑작스럽게 제거되거나 이동하지 않고 대체로 유지되었음을 의미한다. 특히 대리리 고분군의 경우 간층 내에서 다수의 가족들이 서로 가까운 위치에 지속적으로 봉분을 조성한 점으로 보아 다수 가족으로 구성된 간층 집단 차원에서도 급격한 변화는 드물었다고 판단된다.

한편 간층 묘역에서 적석목곽묘와 변형적석목곽묘의 비중이 높은 것은 경주로부터 영천을 지나 의성 지역까지 두드러진 현상이며, 이는 안동-예

---

65) 경북대학교 박물관, 앞의 보고서, 2006, 150쪽.
66) 경상북도문화재연구원, 앞 지도위원회의 자료집, 2010.7.
67) 대리리 2호·3호를 각각 부부합장묘로 추정하는 견해도 있다(이재환, 앞의 글, 2010.11.18, 95쪽).

천-선산에서 세장방형 석실묘가 두드러진 점과 비교된다.[68] 동일한 묘역 뿐만 아니라 하나의 봉분 내에서 다양한 형식의 묘곽이 확인되는 점을 고려하면, 묘곽 형식의 차이가 신라에 대한 정치적 입장과 반드시 비례하는 것 같지는 않다. 다만 적석목곽묘 계통의 묘곽이 많은 것은 소문국 출신의 간층과 경주세력과의 유대가 다른 지역에 비해 상대적으로 강했음을 보여준다. 이러한 유대는 의성 지역의 전략적 중요성에서 초래되었다고 생각된다. 신라는 낙동강 상류의 전략적 루트를 안정적으로 유지하기 위해 소문국 간층을 적극적으로 회유하려 했고, 소문국의 간층이 여기에 협조하면서 경주의 적석목곽묘를 모방하려는 동기가 강해졌다고 볼 수 있다. 의성양식 토기의 확산도 신라와의 협조를 전제로 이 지역에서 생산된 제품이 주변 지역으로 많이 유통된 결과로 생각된다.

그런데 정치적 상징성이 큰 금동관이나 금동·은제 관모는 탑리와 대리리에서 모두 적석목곽묘 내지 변형적석목곽묘에 부장되었다. 금은제 과대·대도의 경우도 거의 마찬가지이다. 수혈식석곽묘인 학미리 3호에 은제 과대가 부장되고 횡혈식석실묘인 학미리 1호의 제1시상에 은장대도가 부장되기도 했다. 그러나 이는 비중이 매우 작을 뿐만 아니라 탑리·대리리 일대의 적석목곽묘나 변형적석목곽묘보다 시기가 늦은 6세기 초경의 것이다. 그렇다면 금동위세품의 보유는 신라의 영향을 전제로 했다고 볼 수 있다. 다만 그 주인공들을 소문국 간층으로 볼 수 있으므로, 위세품의 보유에서도 간층 내의 세력 관계가 적지 않게 작용했을 가능성이 있다.

위세품 중에서도 최고위를 상징하는 금동관은 경주의 맹주적 위치나[69] 소국 주수의 복속[70] 혹은 신라의 영역지배를 알려주는 상징물로 해석되었

---

68) 김옥순, 앞의 글, 2000, 62쪽.
69) 최종규, 「중기고분의 성격에 대한 약간의 고찰」『부대사학』 7, 1983, 32쪽, 35쪽.
70) 이희준, 『4~5세기 신라의 고고학적 연구』, 서울대학교 박사학위논문, 1998, 65쪽.

다.[71] 최근에는 의성 지역의 금공위세품이 경주에서 제작되어 '사여(賜與)'라는 절차를 거쳐 반입되었다는 견해가 제출되었다.[72] 그 여부에 대해 필자는 판단할 능력이 없지만, 의성 지역의 금동위세품이 신라의 통제 하에 보유된 점은 분명하다. 이와 관련하여 소문국 간층에게 이러한 위세품이 가진 성격이 무엇인지에 대해 좀 더 세밀히 밝힐 필요가 있다.

금동관이 탑리·대리리 고분군의 두 집단에 의해 비슷한 시기에 동시에 보유된 점으로 보아 금동관은 소문국을 유일하게 대표하는 간(干)의 상징물은 아니었다고 판단된다. 이는 압독국의 임당동·조영동고분군이나 거칠산국으로 추정되는 복천동고분군에서도 확인되며,[73] 경주에서도 금관과 금동관의 숫자는 마립간의 댓수보다 많다.[74] 따라서 소문국 간층의 금동관은 유력한 가계집단을 개별적으로 대표하는 권위를 상징할 것이다. 이는 사로국에 의해 정복된 이후 간층이 행사해 왔던 자치적 기반이 상당 부분 이어지면서도 그 권위가 다수 집단으로 분점되었음을 보여준다. 기존 소문국을 대표하던 간의 권위가 점차 해체되어 4세기 후반 이후에는 복수의 가계집단으로 분점된 것이다.

그런데 경산 임당동고분군에서 금동관이 대를 이어 보유되는 사례가 확인된 것과[75] 달리, 소문국에서는 가계집단 내에서 금동관이 계승된 사례를 찾기 어렵다. 가족묘로 이용된 봉분 내에서 위세품의 수준은 시기를 내려가면서 점차 떨어지는 현상이 두드러진다. 물론 대리 2호의 2차봉토(B1

---

71) 전덕재, 「신라 주군제의 성립배경연구」『한국사론』 22, 서울대학교 국사학과, 1990, 44쪽.

72) 이한상, 「의성지역 금공위세품의 제작기법과 연대」『한국고대사 속의 조문국』, 경북대학교 영남문화연구원, 2010.11.18, 157쪽.

73) 이부오, 앞의 책, 2003, 159쪽.

74) 박보현, 『위세품으로 본 고신라사회의 구조』, 경북대학교 박사학위논문, 1995, 20쪽.

75) 이부오, 앞의 책, 2003, 156~159쪽.

호)와 1차봉토(A4·3·2·1호) 사이에는 반대 현상이 보이기도 한다. 그러나 이 고분이 도굴 피해를 많이 입은 점으로 보나 전체 조사자료로 보나 2호분의 조사결과가 전체적 추이를 대표한다고 판단할 수는 없다. 〈표 1〉로 보는 한, 금동관의 보유자가 사망한 뒤 해당 가족의 구성원은 반드시 동일한 권위를 계승하지는 않은 것으로 생각된다. 금동관 바로 다음의 권위를 가진다고 볼 수 있는 금동제·은제 관모도 마찬가지이다. 다만 과대와 대도는 가족 구성원에 의해 연속적으로 부장되는 비율이 높은 편이다. 이는 소문국 간층 내에서 최고 간층의 구성원이 일정한 수준 이상의 권위를 여전히 독점하면서도 그 범위 내에서는 가계집단별로 세력의 부침이 활발했음을 의미한다.

읍락 단위에서는 조탑동고분 서곽에서 조사된 은제과대가 최고의 위세품이다〈표 1〉. 이는 대읍락의 간층이 가진 권위를 반영하는데, 국읍 간층과 비교할 때 등급은 훨씬 떨어진다. 조탑동에서 5세기 중엽부터 6세기 초까지 조성된 다른 고분들을 살펴보면 일부에서 청동고리에 금판을 붙인 세환이식이나 마구 정도가 부장될 뿐이다. 이는 과대·대도를 부장한 고분보다 낮은 위계를 보여준다.[76] 그 남쪽의 장림동고분군처럼 위세품이나 대도·마구류가 전혀 없는 고분군은[77] 대읍락에 딸린 소읍락 집단에 의해 조성되었을 것이다. 그렇다면 당시 소문국 일대에서 지배력은 대체로 국읍 간층을 매개로 행사되었다고 볼 수 있다. 국읍 휘하의 대읍락은 인근 중소읍락에 대한 지배권을 행사했지만, 이는 국읍 간층의 지배 하에서 이루어졌다고 판단된다. 위세품을 통해 본 이상의 검토는 앞서 살펴본 고총고분의 분포상과도 부합한다.

이상으로 볼 때, 구도에 의해 정복당한 뒤에도 소문국의 간층은 지배적 위치를 유지했고 읍락 지역에 대한 신라의 통치는 기본적으로 국읍 간층을

76) 경북대학교 박물관, 『안동 조탑리고분군』Ⅱ('94), 1996, 290쪽.
77) 경북대학교 박물관, 『의성장림동폐고분군』, 1981.

매개로 이루어졌다고 생각된다. 의성양식 토기의 분포권역에 대한 통치에서도 이들이 매개 역할을 한 것으로 판단된다. 다만 기존 간(干)의 독점적 지배권은 해체되고 신라의 승인 하에 간층이 연립적 지배구조를 형성하게 되었다. 간층의 권위에 대한 신라의 승인과 관련하여 다음 사료가 주목된다.

> 자) 봄에 사신을 보내 환과고독(鰥寡孤獨)을 위문하고 각자 곡식 3곡(斛)을 주고, 효제(孝悌)를 행함에 남다른 자에게는 직(職)을 1급(級)씩 주었다.
> (『삼국사기』 권3 신라본기 내물이사금 2년)

위에 의하면 내물 2년(357) 각지에 사신을 보내 효제(孝悌)가 남다른 자에게 직(職)을 1급씩 주었다. 신라의 지방관이 가족을 이끌고 파견된 것은 법흥왕 25년(536)이라고 하므로[78] 중앙으로부터 파견된 성주는 위에서 말한 효제의 주체가 될 수 없다. 사신이 위문한 환과고독은 각 지방의 주민들을 가리킨다고 보아도 좋을 것이다. 여기서 '직'의 대상은 명시되지 않았으나 효제가 남다르다는 조건으로 보면 지방관보다는 지역세력일 가능성이 크다. 그렇다면 신라는 각 지역의 세력에게 '직'을 차별적으로 수여했다고 볼 수 있다. 4세기에는 신라의 외위가 아직 편성되지 않았다. 그렇다면 '직'은 기존 소국의 간층에게 승인한 직임으로 볼 수 있다. 여기에 급(級)의 구분이 있었다는 것은 이러한 직임이 차별적으로 구성되었음을 의미한다. 이는 소문국 간층의 권위를 상징하는 위세품이 차별적으로 보유된 점과 일치한다. 소문국 간층은 신라로부터 지역 통치와 관련된 직임을 차별적으로 승인받은 것이다. 위세품으로 보면 이러한 직임의 승인 대상은 주로 국읍 간층이었고 그 휘하의 대읍락 간층은 훨씬 낮은 직임을 승인받았을 것이다.

〈표 1〉에 따르면 위세품의 등급은 같은 가계 내에서도 구성원별로 부침

---

78) 『삼국사기』 권4 신라본기 법흥왕 25년.

이 심한 편이다. 이러한 변화는 간층이 연립적 구조로 개편되고 지역 간층에 대해 신라가 직임을 차별적으로 수여하는 과정에서 진행되었다. 따라서 소문국 지역의 간층이 보유한 위세품은 신라로부터 이 지역의 통치를 승인받은 직임의 상징인 동시에 간층 내 유력한 가계집단의 대표자임을 보여주는 상징물로 해석되어야 할 것이다.

이처럼 간층의 직임을 신라가 승인했다면, 소문국 지역에 대한 지배수단은 기존 거점성보다 적극적인 방식으로 확보되어야 했을 것이다. 이와 관련하여 다음 사료가 주목된다.

> 차) 박제상(朴堤上)은 혹은 모말(毛末)이라고 한다. 시조 혁거세의 후손으로서 파사이사금의 5세손이다. 조(祖)는 아도갈문왕(阿道葛文王)이며, 부(父)는 물품파진찬(勿品波珍湌)이다. 제상이 벼슬하여 **삽량주간(歃良州干)**이 되었는데 …… 눌지왕이 즉위함에 이르러 변사(辯士)를 구해 가서 (두 아우를) 맞이해 오려고 생각했다. 이에 **수주촌간(水酒村干) 벌보말(伐寶靺), 일리촌간(一利村干) 구리내(仇里迺), 이이촌간(利伊村干) 파로(波老)** 등 세 사람이 어질고 지혜로움을 듣고서 불러 말했다 "내 두 동생이 왜와 고구려 두 나라에 인질로 갔는데 여러 해가 지나도 돌아오지 않았다. 형제인 연유로 사념을 그칠 수 없으니, (이들이) 살아 돌아오기를 바라는데, 이를 어찌하면 좋겠는가?" 세 사람이 같이 대답하기를 "저희가 듣건대, **삽량주간** 제상이 강용(剛勇)하고 모략이 있다고 하니, 전하의 근심을 풀어드릴 수 있을 것입니다." (『삼국사기』 권45 열전 제5)

위에서 눌지마립간은 즉위한(417) 직후 기존에 인질로 고구려·왜에 갔던 아우들을 구해오기 위해 수주촌(예천)[79]간 벌모말(伐寶靺), 일리촌(성

---

79) 이병도 역주, 『삼국사기』 하, 을유문화사, 1983, 181쪽.

주)[80]간 구리내(仇里迺), 이이촌(영주?)간 파로(波老)를 불러 자문을 구했다. 이들에 대해서는 소국 주수나[81] 지배자라는 견해와[82] 지방관이라는 견해가 있다.[83] 그런데 당시의 지방관은 사료상에서 성주, 군주(郡主), 주주(州主), 주간(州干), 군태수(郡太守), 변관(邊官) 등으로 나타나 호칭 자체가 지방관으로서의 직능을 어느 정도 반영하고 있다. 이에 비하면 위 사료의 촌간은 용어로 보나 이들이 대표하는 공간적 범위로 보나 지방관이기보다 기존 소국의 간층일 가능성이 크다.

위에서 '촌간'의 근거지는 거의 국읍 지역이므로, 이들이 읍락 단위의 간(干)은 아니었을 것이다. 또한 이들이 촌간(村干)을 관칭한 것은 그 대표성이 옛 소국 전체가 아니라 국읍 지역에 한정되었음을 의미한다. 국읍도 넓은 의미에서는 읍락의 하나에 해당하므로 이들을 촌의 간처럼 기재했을 것이다. 또한 국읍을 단위로 간(干)이 부기된 점으로 보아, 위 사료의 '촌간'은 기존 소국의 간층을 대표하는 인물이었을 것이다. 반대로 이는 국읍 휘하의 읍락에서 대표성을 행사하는 읍락 간의 존재를 상정케 한다. 금동관의 보유상황으로 보아 국읍 간(干)은 복수로 존재했을 가능성이 크다. 이 중에서 위 3촌간은 국읍 간들 중 대표적인 존재였을 것이다. 국읍과 읍락을

---

80) 성산군(星山郡)이 원래 일리군(一利郡)이었다 하고(『삼국사기』 권34 지리1 성산군), 후삼국시대의 선산 동쪽에도 일리천(一利川)이 보인다(『삼국사기』 권50 열전 제10 견훤). 그런데 본문 사료의 촌간들이 거의 후대의 군(郡) 중심부 출신인 점으로 볼 때, 일리 지역도 옛 소국의 중심부일 가능성이 크다. 그렇다면 '일리촌'은 성주 지역을 가리킬 것이다.

81) 산미행구(山尾幸久), 「조선3국의 군구조직朝鮮三國の軍區組織」『고대조선과 일본古代朝鮮と日本』, 조선사연구회, 1974, 178쪽.

82) 주보돈, 「신라 중고기 촌락구조에 대하여」(1)『경북사학』9, 1986, 9쪽. 이상의 견해는 간이라는 칭호 자체에 비중을 두고 있다.

83) 강종훈, 앞의 책, 2000, 192쪽 ; 전미희, 『신라 골품제의 성립과 운영』, 서강대학교 박사학위논문, 1997, 89쪽. 이는 간이 '군태수'나 '백관'의 범주에 포함된 점을 중시한 결과이다.

총괄적으로 통제하는 인물은 위 사료의 '삽량주간(歃良州干)'처럼 중앙으로부터 파견된 성주로 볼 수 있다. 그러나 위세품의 보유가 국읍을 정점으로 한 점으로 보아 신라가 국읍과 읍락 사이의 유대를 완전히 해체했다고 보기는 어렵다. 경주로부터 파견된 성주는 간층의 직임을 매개로 국읍 휘하의 읍락 집단을 통제한 것으로 생각된다.

'삽량주간'은 '삽량군태수(歃良郡太守)'로도 기록되었다.[84] 이는 소국 단위의 거점에 지방관이 파견된 사례이지만, 소문국에도 국읍 지역에 성주가 파견되었는지는 불분명하다. 예를 들면 내물 21년(376) 1각(角) 사슴을 바쳤다는 '부사군(夫沙郡)'이나 눌지대에 묵호자가 머물렀다는 '일선군(一善郡)'(선산)에서는[85] 신라가 기존 소국을 단위로 파악하는 모습을 보인다. 그러나 이것이 소국 단위로 성주가 파견되었다는 적극적인 근거는 되기 어렵다. 대외적인 충돌 기사로 보더라도 당시의 지방통치는 소국 단위보다는 전략적 루트에 중점을 둔 것으로 보인다. 따라서 전략적 루트상에는 비교적 많은 성주가 파견된 반면 이에서 벗어난 지역에는 파견이 상대적으로 드물었을 것이다. 달벌성주나[86] 삽량주간의 사례처럼 전략적 거점이 국읍과 겹치는 경우도 있었다. 이상에 파견된 성주들은 전략적 루트를 통제하면서 인근 국읍과 읍락의 간층을 관리했다고 생각된다. 그는 경주의 마립간을 대신해 국읍 간의 직임을 승인하고 이를 통해 인근 읍락들을 통솔했다고 볼 수 있다.

소문국의 경우는 어떠했는지 명확하지 않다. 그러나 5세기 후반에 소백산맥 서록으로 진출하는 과정에서 교통로의 요지에 일정한 간격으로 성들이 구축된 점이나 소지왕이 내이 지역으로 순행하기 위한 루트가 확보된 점으로 보아 영주-영천 사이의 안동-의성 일대나 상주-영천 사이의 의성

---

84) 『삼국유사』 권1 기이 제1 내물왕 김(박)제상.

85) 이상 『삼국사기』 권3 신라본기 해당조.

86) 『삼국사기』 권2 신라본기 첨해이사금 15년.

일대에도 다수의 성이 교통로상에 확보되었을 가능성이 크다. 여기에 파견된 성주가 간층에 대한 통제의 역할을 주로 담당했을 것으로 짐작된다.

그런데 삼국시대에 이용되었을 것으로 생각되는 의성 지역의 성들은 의성읍 치선산성, 단촌면 상화리산성, 병방산성, 비안면 산제리 화장산성,[87) 군위읍 상곡리 성대산성, 고로면 하림산성[88) 정도이다. 시기 미상으로 알려진 성들 중 일부가 삼국시대에 이용되었을 가능성도 배제할 수 없다. 현재로서는 이를 구축한 주체나 사용 시기를 구체적으로 확정할 수 없어 소문국과 신라의 관계라는 차원에서 설명하기가 사실상 불가능하다. 그러나 다른 지역의 사례와 비교하면 고총고분기에 의성 일대에는 복수의 성이 존재했다고 보아야 할 것이다. 신라가 이러한 성들에 대해 모두 성주를 파견했다고 보기는 어렵다. 그렇다면 전략적으로 중요한 성에는 성주를 파견하되 일부 성에서는 기존 간층이 자치성을 유지하면서 경주로부터 파견된 성주의 통치에 협조했을 것이다. 이러한 성들에서도 신라에 대한 소속감이 점차 강화되면 주군제(州郡制)의 시행을 위한 기반이 점차 조성되어 갔다고 볼 수 있다.

5. 맺음말

본고에서 필자는 낙동강 상류 방면으로 세력을 확장하려는 사로국과 이에 대응하는 소문국 지배세력의 움직임을 양대 축으로 삼아 양세력 간의 관계가 변화하는 과정을 검토하였다. 그 결과를 정리하면 다음과 같다.

벌휴이사금 2년(185)에 구도가 소문국을 정복했다는 『삼국사기』 신라본기 기사는 탈해대부터 낙동강 상류 방면에서 백제와 충돌했다는 기사들보

---

87) 의성군·대구대학교 중앙박물관, 앞의 보고서, 2005.
88) 군위군·대구대학교 중앙박물관, 『문화유적분포지도-군위군-』, 2005.

다 우선한다. 이는 『삼국지』 한전에서 험측(險側)~차읍(借邑)(읍차)보다 우세한 거수인 신지(臣智)가 등장해 변·진한 지역에서 12소국이 진한에 속했던 상황과도 부합한다. 다만 구도가 소문국을 정복한 실제 시기는 3세기 중엽으로 추정된다. 경초중(景初中, 237~239)에 위군현(魏郡縣)이 진한 지역에 대한 분리통제 정책을 추진하자, 낙동강 상류를 포함한 '진한 8국'은 낙랑군과의 교섭을 매개로 독자적 결속체를 구성했다. 소문국도 이 결속체에 적극적으로 참여했다. 사로국은 이를 기존 진한의 주도권에 대한 위협으로 받아들였다. 이러한 움직임을 차단하기 위해 사로국은 구도와 구수혜를 보내 소문국을 정복하게 되었다.

이후 사로국은 소문국으로 향하는 통로에 부곡성을 확보하고 이를 근거지로 삼아 낙동강 상류 방면의 원산향까지 통제했다. 부곡성은 낙동강 상류 방면으로 향하는 전략적 루트를 관리하고 소문국과 같은 인근 소국을 통제하기 위한 거점성이었다. 소문국 간층은 사로국에 복속해 기존 국읍성(國邑城)을 자치성(自治城)으로 승인받고 자치권을 유지했다. 대신 외부세력으로의 이탈이 금지되고 거점성주의 통제에 협조할 의무를 졌다.

3세기 말~4세기 초에 사로국이 낙동강 상류를 포함한 소국들을 추가로 정복하고 진한 지역을 아우르는 신라(新羅)로 성장하면서 소문국의 전략적 비중은 더욱 확대되었다. 이는 소문국 간층과 신라 국가의 유대를 강화하는 요인이 되었다. 4세기 후반 이후 소문국 간층의 권력은 두 세력집단으로 분점되었다. 이들은 신라로부터 자치적 직임을 차별적으로 수여받았고, 이러한 직임과 간층 내 유력한 가계집단을 대표하는 지위에 대한 상징인 위세품의 보유를 승인받았다. 간층 내에서는 가계집단별로 이를 매개로 한 직임의 부침이 심했다. 당시 소문국 일대의 권력은 탑리·대리리 일대의 국읍 간층을 정점으로 휘하의 대읍락과 중규모 읍락을 매개로 행사되었다. 소문국 간층의 영향력은 기존 세력권을 넘어 고타(古陀) 소국 세력권이었던 안동 남부와 별도의 소국이 존재했던 군위 지역까지 미치게 되었다. 이러한 영향력은 영주-영천 사이 및 상주-영천 사이의 전략 루트상에 파견된 성주의 통제 하에 행사되었다. 일부 성에서는 기존 간층이 자치성 (自治城)을 유지하면서 거점성주의 통치에 협조했다. 이러한 협조가 강화되면서 자치성에서도 신라에 대한 소속감이 강화되어 갔다. 이러한 과정은 주군제가 시행되는 기반을 제공하였다.

『조문국의 성쇠와 지배세력의 동향』, 경북 의성군·한국고대사탐구학회, 2011

Ⅲ
실직국(悉直國) 관련 기사의 자료환경과
신라의 지배형태 변화

1. 머리말

삼척의 실직국은 포항 이북과 강원도 이남의 동해안에서 사료상으로 실체가 확인되는 유일한 정치체이다. 그 만큼 동해안 일대의 정치체 중에서 차지하는 비중이 컸고, 사로국의 성장 과정에서도 중요하게 인식되었음을 알 수 있다.

실직국은 예족 계통으로 파악되어 왔지만,[1] 그 실체에 대해서는 연구가 미미한 편이다. 동해 송정동 주거지 유적을 중심촌락으로 삼아[2] 세력범위가 북쪽으로는 강릉시 옥계로부터 남쪽으로는 청하[3] 내지 경주 인근까지

---

1) 방안룡, 「실직국에 대한 고찰」『강원사학』3, 1987, 63쪽 ; 문안식, 「한국 고대사와 말갈」, 혜안, 2003, 162쪽 ; 이도학, 「고구려의 동해 및 동해안로 지배를 둘러싼 제문제」『고구려발해연구』44, 2012, 180쪽 ; 김창석, 「한국 고대 대외교역의 형성과 전개」, 서울대학교 출판문화원, 2013, 39~46쪽.

2) 서영일, 「실직국의 역사적 위상」『2014 대한민국 독도 이사부 컨퍼런스 이사부, 실직국과 우산국 자료집』1, 한국이사부학회, 2014.7.11~7.12, 143쪽.

3) 서영일, 「사로국의 실직국 병합과 동해 해상권의 장악」『신라문화』21, 2003, 9쪽

로 추정되거나[4] 실직국의 무역중계지가 안강 부근에 상정되는 데[5] 그치고 있다. 5세기 이전의 분묘 유적이 거의 조사되지 않은 현상황에서는 돌파구를 마련하기가 쉽지 않아 보인다.

문헌자료에서도 실직국의 상황을 구체적으로 전하는 사례가 거의 없다. 다만 『삼국사기』 신라본기 파사이사금조와 『삼국유사』 왕력 지마이질금조에서 사로국으로의 복속과 관련된 내용이 단편적으로 전할 뿐이다. 이러한 기술을 대체로 수용한 견해는[6] 신라본기 초기기사를 적극적으로 이용하여 분석했다는 점에서 의미가 있으나, 진한 소국에 대한 여타 기사들과 부합하지 않는다는 한계를 안고 있다. 때문에 적지 않은 연구자들이 위에서 언급된 실직국의 위치를 경주시 천북면,[7] 안강 인근,[8] 영일[9] 내지 흥해[10] 등 경주에서 가까운 곳으로 비정했다. 이상은 관련 시기를 수용하기 위해 공간을 수정한 셈이다. 이는 사로국의 성장 과정을 절충적으로 설명한다는 점에서는 의미가 있다. 하지만 삼척으로 명시된 실직국의 위치를 수정하는 것은 충분한 타당성을 담보했다기보다 문헌사료의 모순을 해결하기 위한 고육지책에 가깝다고 생각된다.

이와 달리 실직국의 위치를 삼척으로 인정하는 쪽에서는 실제 시기를 3

; 이상수, 「실직국」 『강원도사』 3-고대-, 강원도사편찬위원회, 2010, 84~86쪽.

4) 김영하, 「삼국과 남북국시대의 동해안지방」 『한국 고대사회와 울진지방』, 울진군·한국고대사학회, 1999, 74쪽.

5) 김창겸, 「'실직국'과 '실직곡국' 그리고 신라의 실직지역 통치」 『실직과 신라의 역사문화』, 한국이사부학회·신라사학회·한성백제박물관, 2014.12.6, 20~21쪽.

6) 이종욱, 『신라국가형성사연구』, 일조각, 1982, 86쪽 ; 김창겸, 「신라의 동북방 진출과 이사부의 우산국 정복 출항지」 『사학연구』 101, 2011, 53쪽.

7) 최병운, 『신라 상고의 영토 변천 연구』, 전남대학교 박사학위논문, 1992, 68쪽.

8) 방안룡, 앞의 논문, 1987, 55~56쪽.

9) 이형우, 「사로국의 동해안 진출」 『건대사학』 8, 1993, 43쪽.

10) 이형우, 『신라초기국가성장사연구』, 영남대학교 출판부, 2000, 184쪽.

세기 후반이나[11] 그 이후,[12] 3세기 말,[13] 4세기 초나[14] 그 직전,[15] 3세기 말~4세기 초로 수정했다.[16] 이러한 연구 결과는 『삼국지』 변진조에서 3세기 중후반경 진한 소국이 분립된 점, 『삼국사기』 신라본기에서 내물 40년(395) 현재 신라가 실직(悉直)을 차지했다는 점으로 보면 대체로 최대한의 합리성을 추구한 결과이다. 이러한 연구는 신라문화가 삼척에 파급된 시기가 삼척 갈야산 일대에서 조사된 적석목곽묘와[17] 신라토기를[18] 바탕으로 4세기 후반[19] 내지 5세기 초,[20] 황남동 110호~황남대총 남분 단계로 추정되고 있는 것과도[21] 크게 어긋나지 않는다.

그런데 위와 같은 추정은 사료상에 나타나는 시기상의 문제점을 일정한 구간으로 설정하는 데 집중했다고 볼 수 있다. 연구자들이 설정한 시기는 나름대로의 근거를 갖추고 있지만, 타당성 여부를 판단하기는 쉽지 않다. 이러한 한계를 극복하기 위해서는 사료상에 나타는 모순의 근본적인 배경

---

11) 전덕재, 「신라의 동북지방 국경과 그 변천에 관한 고찰」, 『군사』 91, 2014, 155쪽.

12) 서영일, 앞의 글, 2014.7.11~12, 134쪽.

13) 선석열, 『신라국가 성립과정연구』, 혜안, 2001, 142쪽.

14) 홍승우, 「4~6세기 신라의 동해안 지역 진출과 지방 지배방식」, 『4~6세기 영남 동해안 지역의 문화와 사회』, 동북아역사재단, 2009, 274쪽.

15) 주보돈, 「울진 봉평리 신라비와 신라의 동해안 경영」, 『울진 봉평리 신라비와 한국 고대 금석문』, 울진군·한국고대사학회, 2011, 105쪽.

16) 이경섭, 「고대 동해안 지역의 정치적 동향과 우산국」, 『신라문화』 39, 2012, 49쪽.

17) 최순우, 「삼척갈야산·적석고분개보」, 『고고미술』 138·139, 1978.

18) 김일기, 「삼척 갈야산출토 신라토기」, 『강원사학』 4, 1988.

19) 이창현, 「강릉지역의 신라화 과정 ―고고자료를 중심으로―」, 『문화사학』 25, 2006, 75쪽 ; 심현용, 「고고자료로 본 신라의 강릉지역 진출과 루트」, 『대구사학』 94, 2009, 8쪽.

20) 이상수, 「고고자료를 통해 본 실직국」, 『2014 대한민국 독도 이사부 컨퍼런스 이사부, 실직국과 우산국 자료집』 1, 한국이사부학회, 2014.7.11~7.12, 125쪽.

21) 홍영호, 『신라의 하슬라 경영 연구』, 고려대학교 박사학위논문, 2012, 88쪽.

과 이것이 실직국과 사로국의 관계에서 가지는 의미를 파악할 필요가 있다.

이와 관련하여 필자는 실직국 관련 사료에 나타나는 중층성(重層性)을 파악하고 이들 중에서 다른 사료들과 정합성(整合性)을 갖춘 유형을 추출하고자 한다. 이들 사이의 상대적 신뢰도는 실직국과 사로국 사이의 관계 변화에서 어떤 의미를 가지는지 주목된다. 이를 통해 필자는 실직국의 복속 과정을 파악하고 신라의 지배형태가 어떻게 변화했는지 주목하려 한다. 궁극적으로 이러한 변화가 실직국 지배세력의 위상에 미친 영향을 파악하는 것이 본고의 목적이다.

2. 실직국(悉直國) 관련기사의 중층성과 이해조건

실직국에 대한 자료는 사로국의 세력 확장과 관련된 사례만 단편적으로 전한다. 그마저도 설화적인 내용에다 시기 문제까지 겹쳐 명확한 이해가 곤란한 상황이다. 본장에서는 관련 사료의 서술상 특징을 분석하여 이에 대한 이해방향을 제시해 보자.

우선 실직국이 사로국에 복속하는 과정을 전하는 자료는 다음과 같다.

가-1) 가을 8월 음즙벌국(音汁伐國)과 실직곡국(悉直谷國)이 강역을 다투다가 왕에게 와서 그에 대한 결정을 요청했다. 왕은 이를 곤란하게 여겨 "금관국(金官國) 수로왕(首露王)이 연로하고 지식이 많다"하고 이를 불러 물었다. 수로왕이 논의를 일으켜 다투던 땅을 음즙벌국에 속하게 했다. 이에 왕은 6부에 명해 함께 모여 수로왕에게 향연을 베풀도록 했다. 5부(部)는 모두 이찬(伊湌)으로 접대를 주관하게 했으나, 한지부(漢祇部)만은 지위가 낮은 자로 이를 주관하게 했다. 수로왕은 노하여 노(奴) 탐하리(耽下里)에게 명해 한지부주(漢祇部主) 보제(保齊)를 죽이고 돌아갔다. 그 노(奴)는 음즙벌주(音汁伐主) 타추간(陀鄒干)의 집으로 도망해 여기서 의탁하였다. 왕이 사람을 시켜 그 노를 찾았으나 타추는 보내지 않았다. 왕이 노하여 군사로써 음즙벌국을 정벌하니, 그 주와 무리가 스스로 항복했다. 실직(悉直)·압독(押督) 2국의 왕이 와서 항복했다. (『삼국사기』 권1 신라본기 파사이사금 23년)

가-2) 가을 7월에 실직(悉直)이 반란을 일으키자, 군대를 내어 평정하고 그 나머지 무리를 남비(南鄙)로 옮겼다. (앞의 책 파사이사금 25년)

이처럼 『삼국사기』 신라본기에서는 파사이사금 23년(102) 8월에 실직곡국(悉直谷國)이 사로국에 항복했다고 전한다(사료 가-1). 파사 25년(104) 7월에는 실직이 반란을 일으켜 사로국이 이를 평정했다고 하여(가-2) 두 단계의 상황이 서로 연계되어 기록되었다. 그 사이에는 파사 23년 10월의 복숭아꽃 오얏꽃 개화 기사와 파사 25년 정월의 운석 기사가 전할 뿐이다. 이에 신라본기의 찬자는 실직국의 항복과 반란을 서로 밀접히 연관된 과정으로 파악한 셈이다.

그런데 함께 등장하는 압독국(押督國)의 멸망 시기가 다음 사료에서는 위와 다르게 되어 있다.

가-3) 제6 지마이질금(祇磨尼叱今). 지미(祇未)라고도 한다. 성은 박씨이며, 아버지는 파사(婆娑)이고 어머니는 사초부인(史肖夫人)이다. 비는 마제국왕(磨帝國王)의 딸인 □례부인(□禮夫人)(애례愛禮라고도 한다) 김씨이다. 임자년에 즉위하여 23년간 다스렸다. 이 왕대에 음질국(音質國)(지금의 안강安康)과 압량국(押梁國)(지금의 □산山)을 멸망시켰다. (『삼국유사』 왕력)

이처럼 『삼국유사』 왕력에서는 압독국 즉 압량국(押梁國)이 지마대에 항복했다고 전한다. 사료 가-1)의 음즙벌국(音汁伐國, 안강)이 여기서는 음질국(音質國)으로 바뀌었는데, 찬자는 이를 '지금의 안강'이라 한 점으로 보아 음즙벌국 역시 지마대에 항복했다고 기술한 셈이다. '畜質國(음질국)'은 '畜汁伐國(음즙벌국)'과 별도의 표기로 인정되어 왔고,[22] 음즙벌국에 대한 표기 오류의 가능성과[23] 지리정보의 오인 또는 저본의 차이를 반영할 가능성이 제기되었다.[24]

임신본『삼국유사』왕력의 음질국(畜質國)에서 '質(질)'은 바로 좌행의 '梁國(량국)'과 같은 크기의 공간을 차지하고 있다.[25] 그런데 고판본인 석남본에서는 '質(질)'과 같은 공간이 '汁只(즙지)'로 표기되었다.[26] 汁(즙)에서 'ㅑ'변의 마지막 획을 '十'획으로 연결하듯이 표기하고 그 아래에 '只'를 연결하면 '質(질)'과 유사한 글자가 만들어진다. 이런 점에서 임신본『삼국유사』왕력편의 '畜質國(음질국)'은 '畜汁伐國(음즙벌국)'이 판차(版次)가 누적되는 과정에서 오기화 된 것으로 판단된다. 이는 사료 가-1)에 등장하는 실직국과 직접적인 관계는 없다. 그런데 가-3)에서 음즙벌국과 압독국이 동시에 멸망했다고 파악한다면, 이러한 상황은 가-1)에서 음즙벌국과 압독국이 거의 동시에 항복한 점과 거의 유사해진다. 반면 여기서 실직국이 언급되지 않은 것은 가-1)에 언급된 실직국의 항복과 관련하여 서로 다른 인식을 반영한다는 점에서 주목된다.

사료 가-3)에서 음즙벌국과 압량국의 멸망은 지마이사금의 왕실계보와 재위기년이 언급된 뒤, 이 기간 동안 일어난 대표적인 사건 정보로서 기재되었다. 같은 왕대에 실직국이 항복해 왔다면, 가-3)에서도 그 사실이 포함되었을 개연성이 있다. 임신본과 석남본에서 그 뒷부분에는 약간의 공

---

22) 강인구 외,『역주 삼국유사』I , 한국정신문화연구원, 2002, 36쪽.

23) 김상현,「삼국유사의 서지학적 고찰」『삼국유사의 종합적 검토 -제4회 국제학술회의논문집-』, 한국정신문화연구원, 1987, 69~71쪽.

24) 이강래,『삼국사기 인식론』, 일지사, 2011, 129쪽.

25) 강인구 외, 앞의 책, 2002, 468쪽.

26) 고려대학교 중앙도서관,『삼국유사』, 오성사, 1983, 부록 5쪽.

간이 남아 있으므로, 실직국에 대한 언급이 없는 것은 편집 공간의 한계와는 무관하다고 판단된다. 한 왕대의 업적이라는 측면에서 볼 때, 실직국의 항복은 음즙벌국이나 압량국의 항복 이상으로 비중이 컸을 것이다. 이러한 내용을 기재하지 않은 것은 실직국의 항복이 적어도 저본의 지마대 기사에는 포함되지 않았을 가능성을 보여준다.

또한 사료 가-1)의 압독국(押督國)은 가-3)에서 압량국(押梁國)으로 달리 표기되었다. 량(梁)은 독(督)이라고도 썼으므로,[27] 두 표기는 동일 저본 내의 두 가지 표기를 두 자료의 찬자가 서로 달리 수용했거나 서로 다른 저본의 표기를 각각 수용했을 가능성이 모두 상정될 수 있다. 가-3)의 음질국(音質國)이 고판본에서 음즙지국(音汁只國)인 점을 고려하면, 왕력의 찬술 단계에서도 음즙벌국(音汁伐國)이 아니었을 가능성이 있다. 또한 가-1)과 가-3)이 서로 다른 왕대에 실린 점으로 보면, 두 사료의 차이는 동일 저본을 달리 수용한 결과이기보다 서로 다른 저본을 수용한 결과일 가능성이 더 크다.

그런데 『삼국유사』 왕력의 찬자는 『삼국사기』 연표를 비중있게 활용했으므로 사료 가-1)도 참고했을 가능성이 있다. 왕력 찬술 당시에는 『삼국사기』 외에 가-3)을 담은 별도의 저본이 전해졌음을 알 수 있다. 그렇다면 가-1)은 복수의 저본에 등장하는 기사들 중 한쪽을 위주로 정리되었다고 판단된다. 『삼국사기』 혹은 그 저본의 찬자는 실직곡국이 포함된 자료와 그렇지 않은 자료를 확보한 상태에서 전자쪽으로 선택한 셈이다. 『삼국유사』 가락국기에는 수로왕의 활동과 관련하여 위 사료와 같은 이야기를 전하지 않으므로, 일단 전자는 가락국기를 포함하지 않을 것이다. 그렇다면 가-1)의 저본에서 실직국에 대한 기술이 어떠했는지 주목된다.

사료 가-1)에서 사로국과 실직곡국의 관계는 몇 가지 단계를 거치고 있

---

27) 『삼국사기』 권34 잡지 제3 지리1 양주 장산군.

다. 첫째, 실직곡국이 음즙벌국과 강역을 다투는 단계에서는 분쟁의 대상이 두 소국 간의 이해관계일 뿐, 사로국의 개입은 필요가 없는 상황이었다. 둘째, 2소국이 파사이사금에게 분쟁의 결정을 요청하는 단계에서는 이들 소국의 이해관계에서 사로국의 결정권이 작용하고 있다. 셋째, 파사이사금이 이에 대한 결정을 곤란하게 여겨 수로왕에게 결정을 의뢰하는 단계에서는 분쟁의 대상이 삼척부터 낙동강 하구에 이르는 동남해안에 공통적으로 관련되었음을 알 수 있다. 넷째, 사로국의 정벌과 음즙벌국의 항복 단계에서는 위와 같은 이해관계의 결정에서 사로국의 영향력이 확대되었다고 볼 수 있다. 다섯째, 실직국과 압독국의 항복은 음즙벌국의 항복에 따른 결과로 되어 있다.[28]

여기서 압독국은 사료 가-1)에서도 실직국과 음즙벌국 사이의 분쟁과는 관계가 없었다. 실직국은 음즙벌국과의 분쟁 주체이지만, 음즙벌국과 사로국 간의 마찰에서는 등장하지 않는다. 가-3)의 저본에서 시사되듯이, 실직국의 항복은 음즙벌국이나 압독국의 항복과는 별개로 이루어졌을 가능성이 크다. 이에 실직국이 항복했다는 것은 원자료의 형성 이후 가-1)의 저본까지 어느 단계에서 추가된 결과로 판단된다. 반면 동해안의 소국들이 상호 교역활동을 진행했을 가능성은 충분하고, 일정한 시점에서는 이를 사로국이 장악한 점도 분명하다. 이런 점에서 가-1)은 첫째·둘째 단계에 대한 자료를 소재로, 다섯째 단계에 대한 자료가 파사이사금 23년 8월의 사건으로 합쳐진 결과라고 볼 수 있다.

그렇다면 여러 단계의 상황을 하나의 단계로 합친 의도가 어디에 있는지 궁금해진다. 사료 가-1)에서 음즙벌주(音汁伐主) 타추간(陀鄒干), 실직국왕, 한지부주(漢祇部主) 보제(保齊), 노(奴) 탐하리(耽下里) 등은 상황 전개를 설

---

28) 기존 연구에서도 ① 실직국과 음즙벌국의 분쟁, ② 사로국의 개입과 실패, ③ 금관국의 개입과 중재, ④ 사로국의 반발과 음즙벌국 정벌, ⑤ 실직국과 압독국의 내항 단계가 구분된 바 있다(서영일, 앞의 글, 2014.7.11~12, 131~134쪽).

명하기 위한 부수적 역할을 담당하고 있다. 금관국의 수로왕은 일시적으로는 파사이사금보다 큰 역할을 했지만 한기부주를 살해하도록 시키고서는 돌연 사라진다. 반면 파사이사금은 음즙벌국과 실질곡국 사이의 분쟁에 대한 결정을 의뢰받은 뒤, 결국 음즙벌국을 정벌하고서 이 소국과 실직국·압독국의 항복을 받았다고 한다. 파사이사금을 주인공으로 놓으면 이 야기의 기승전결이 대체로 완결된 형태를 갖추고 있다. 그렇다면 가-1)은 동해안 일대의 소국에 대한 사로국의 영향력 확대 과정을 파사이사금의 업적으로 정리한 자료에 바탕을 두었다고 생각된다. 신라본기에서 파사 27년 압독국에 대한 순행, 일성 13년 압독국의 반란과 사민 등도 이상의 기사와 같은 맥락에서 정리되었다고 볼 수 있다.

이어서 파사 29년(108)에 비지국(比只國, 창녕)·다벌국(多伐國, 대구)·초팔국(草八國, 초계)을 정복했다는 것은 이상의 기술과는 어긋나지 않는다. 하지만 파사 5년(84) 5월에 고타(古陁, 안동) 군주(郡主)가 청우(靑牛)를 바쳤다는 것은[29] 지리적 위치로 보아 위 사료들과도 부합하지 않는다. 파사왕이 백제의 내이군(柰已郡, 영주)을 빼앗았다는 것은[30] 연대를 명시하지 않아 위 사료들과 부합하는지의 여부를 판단하기 쉽지 않다. 이처럼 파사대의 정복기사들은 대체로 서로 부합하지만, 다른 정복기사와 어울리지 않는 경우도 포함되어 있다. 이는 해당 기사들이 일관된 기준으로 작성되었다기보다 복수의 저본을 수용해 정리되었음을 보여준다. 이 단계에서는 이미 기사들 간의 정합성을 추구할 만한 자료가 충분하지 않았거나 자료 간의 비교 노력이 부족했다고 판단된다.

그런데 왕력의 상고기 부분에서 사로국의 대외확장을 언급한 것은 지마이사금대의 사료 가-3)이 유일하다. 제9대 벌휴부터 제11대 조분까지는 왕명을 제외한 부분이 결락되어 있다. 이를 고려하더라도 왕력과 그 저본

---

29) 이상 『삼국사기』 권1 신라본기 파사이사금 해당조.
30) 『삼국사기』 권35 잡지 제4 지리2 삭주.

의 찬자는 신라의 대외진출에서 지마이사금의 역할을 중시했음을 알 수 있다. 이는 『삼국사기』 지리지 장산군조에서 지미왕(祇味王)시에 압량소국(押梁小國)을 정벌했다고 한 점, 신라본기 지마이사금 14년조에서 사로국이 대령책(大嶺柵)과 이하(泥河)를 차지하고 있는 점, 『삼국유사』 기이편 발해말갈조에 인용된 동명기(東明記)에서 같은 내용을 기록한 점도 이러한 기록과 무관하지 않을 것이다. 이러한 기록이나 가-3)은 지마이사금의 대외활동을 중시한 저본 계통이 가-1) 계통의 저본과 별도로 존재했을 가능성을 보여준다.

한편 『삼국사기』 거도전(居道傳)에서는 탈해이사금대에 거도가 우시산국(于尸山國)과 거칠산국(居柒山國)을 멸망시켰다. 신라본기에서는 신라가 탈해 8년(A.D.64)부터 백제군과 충돌하고 동 21년(77)부터 가야국과 충돌한 뒤, 이와 유사한 맥락의 기사들이 이어지고 있다. 이러한 기사들은 파사대 혹은 지마대의 대외확장을 강조한 위 기사들과 별도의 맥락으로 정리되었다.

이처럼 탈해대·파사대·지마대를 각각 출발점으로 삼은 대외확장 관련 기사들은 상호 연계성이 떨어지는 편이다.[31] 이후 감문국(甘文國)과[32] 사량벌국(沙梁伐國)을 정복한 우로(于老)는 석씨왕계로 전해지지만,[33] 이러한 활동과 탈해대의 대외확장 기사 사이에도 유기성을 찾기 어렵다. 다만 지도로왕(智度路王)시의 이사부(異斯夫)는 거도의 꾀를 답습해 가야국을 정복했

---

31) 『삼국유사』 기이편 제3노례왕조에서는 건무 18년(A.D.42)에 이서국(伊西國)을 정벌하여 멸망시켰다고 한다. 그런데 고기(古記)에서는 제3대와 제14대가 모두 유리(儒理) 또는 유례(儒禮)라 했다(『삼국사기』 권2 신라본기 유례이사금 즉위). 그러므로 제3노례왕조에서 이서국을 멸망시켰다는 시기인 제3노례왕대는 제14유례이사금대의 착오일 것이다. 따라서 이를 탈해대·파사대·지마대의 대외확장 기사와 비교할 순 없다.

32) 『삼국사기』 권2 신라본기 조분이사금 2년.

33) 『삼국사기』 권45 열전 제5 석우로.

다고 전한다.[34] 하지만 이것도 탈해대의 정복활동을 드러내기 위한 기획과는 거리가 멀어 보인다. 이러한 상태에서 탈해대·파사대·지마대를 중시하는 신라본기의 대외확장 기사들은 중층적으로 봉합되었고, 각각의 안에서는 나름대로 정합성을 갖추고 있다. 이는 초기기사의 대외확장 관련 기사들이 위 3왕대를 중시한 별도의 저본 계통에 토대를 두었음을 시사한다.

이 중에서 실직국의 항복을 전하는 사료 가-1)은 파사이사금대를 대외확장의 기점으로 중시한 저본에 토대를 두었다. 그런데 여러 단계의 상황이 같은 월(月)로 집약된 것은 원저본의 형성 과정에서 파사이사금의 업적을 부각시키려는 의도가 작용했음을 시사한다. 그 결과 하나의 기사 안에서도 여러 단계의 상황이 중층적으로 정리되었다. 이러한 조건은 실직국이 복속해 온 과정의 실상을 설명하지는 않는다. 따라서 실제 과정이 어떠한 단계로 이루어졌는지에 대해서는 별도의 검토가 필요하다.

3. 기사의 신뢰도와 실직국(悉直國)의 복속과정

본장에서는 앞장의 검토를 기반으로 관련 기사에 반영된 실직국의 복속과정을 검토해 보자.

가장 큰 관건은 실직국의 복속 시기가 사료별로 다르다는 점과 사로국의 성장 과정에 비추어 납득하기 어렵게 기재되었다는 점이다. 전자에는 기사의 상대적 신뢰도가 걸려 있고, 후자에는 절대적 신뢰도가 걸려 있다. 실직국의 복속과정을 파악하려면 이러한 판단이 선결되어야 한다.

우선 관련 기사의 상대적 신뢰도를 검토해 보자. 사료 가-1)에서는 실직국의 복속시기를 파사 23년이라 했고, 가-3)에서는 지마대일 가능성을 시사했다. 초기기사에서 기년의 인하보다 인상이 문제되는 점을 중시하면,

---

34) 『삼국사기』 권44 열전 제4 이사부.

가-3)이 상대적 신뢰도가 높다고 볼 수 있다. 하지만 가-3)도 사로국의 성장 과정과 부합한다고 볼 순 없다. 경주 인근의 골벌국(영천)은 조분대에 와서야 정복되었다고 전하기 때문이다. 골벌국이 원래 내해대 이전부터 사로국의 통제권으로 편입되었다고 보더라도[35] 가-1)과 가-3)은 이와 부합하지 않는다. 절대적 신뢰도에서도 두 사료는 모두 문제를 안고 있는 것이다.

그러면 실직국이 실제로 복속한 과정을 어떻게 이해할 수 있을까. 사료 가-3)에서는 음즙벌국과 압독국의 멸망 시기가 지마대였다는 점만을 언급했다. 반면 가-1)에서는 앞서 언급한 것처럼 음즙벌국과 실직국 사이의 강역 다툼부터 실직국의 항복에 이르기까지 여러 단계의 상황을 비교적 구체적으로 전하고 있다. 이런 점에서는 가-1)이 역사적 실상에 더 가깝다고 볼 수 있다. 하지만 이 사료에서는 여러 단계의 상황이 집약되었으므로, 이 문제를 판단하기 위해서는 여타 자료와의 비교가 불가피하다.

우선 사로국에 복속하기 이전 실직국 주변 정치체 사이의 관계를 간접적으로나마 유추할 수 있는 자료는 다음이 유일하다.

> 나-1) 삼척군(三陟郡)은 본래 실직국(悉直國)이었는데 파사왕 시기에 항복해 왔다. 지증왕 6년 즉 양(梁) 천감(天監) 4년에 주(州)를 설치하고 이사부로 군주(軍主)를 삼았다. 경덕왕이 이름을 고친 뒤 지금까지 그대로 따르고 있다. 영현(領縣)은 4개이다. 죽령현(竹嶺縣)은 본래 고구려 죽현현(竹峴縣)이었는데 경덕왕이 이름을 고쳤다. 지금은 어디인지 알 수 없다. 만경(滿卿, 향鄕이라고 쓴다)현(縣)은 본래 고구려 만약현(滿若縣)이었는데 경덕왕이 이름을 고쳤다. 지금은 어디인지 알 수 없다. 우계현(羽谿縣)은 본래 고구려 우곡현(羽谷縣)이었는데 경덕왕이 이름을 고쳤다. 지금까지 그대로 따르고 있다. 해리현(海利縣)은 본래 고구려 파리현(波利縣)이었는데 경덕왕이 이름을 고쳤다. 지금은 알 수 없다. (『삼국사기』 권35 지리2 명주)

---

35) 이부오, 『신라 군·성(촌)제의 기원과 소국집단』, 서경, 2003, 59~61쪽.

위에 따르면 삼척군은 4개 영현을 거느렸는데, 각 현은 고구려에 속할 때부터 현을 이루었다고 한다. 이 중에서 우계현(羽谿縣)은 본래 고구려 우곡현(羽谷縣)인데, 신라 경덕왕대부터 『삼국사기』가 편찬된 12세기까지 우계현이었다. 우곡은 고려 현종 9년 강릉부로 이속되었는데, 일명 옥당(玉堂)이라 했다.[36] 또한 삼척의 북쪽 28리에 우계(羽溪)가 있었기 때문에[37] 오늘날 강릉시 옥계면으로 비정하는 데 의견이 일치하고 있다. 이곳은 주수천 하구의 소분지로서 강릉의 중심부와 인접하고 있다.

나머지 영현에 대해서 위 사료의 찬자는 위치를 알 수 없다고 하였다. 만경(滿卿·향향(鄕)현(縣)은 고구려의 만약현(滿若縣)이었는데, 부 남쪽 25리 지점의 교가역(交柯驛)이라는 『대동지지』의 비정에 따라 삼척시 근덕면 교가리 일대로 비정되고 있다.[38] 이곳은 삼척 남쪽의 덕산항 안쪽 마읍천 일대에 자리했다.

그 남쪽의 해리현(海利縣)은 본래 고구려의 파리현(波利縣)인데, 『대동지지』의 비정에 따라 원덕읍 옥원리 일대로 비정되고 있다.[39] 이곳은 호산천 하구의 소분지에 위치한다. 그 남쪽의 기곡천 하구와도 근거리이며, 그 남쪽의 울진과 가까운 편이다.

죽령현(竹嶺縣)은 본래 고구려의 죽현현(竹峴縣)으로 전한다. 『신증동국여지승람』 삼척도호부 역원조에서는 부 서쪽 80리에 죽현원(竹峴院)이 위치한다고 했으나, 고적조에서는 부 남쪽 109리가 죽령현의 고지라 하였다. 죽령현은 전자를 따라 정선군 임계면 송계리 일대로 비정된 바 있으나,[40] 이곳은 궁예의 임계-강릉 이동 행로, 임계와 강릉의 지리적 접근성, 송계리

36) 『여지도서』 강원도 삼척부 고적.
37) 『세종실록지리지』 강원도 삼척도호부.
38) 정구복 외, 『역주 삼국사기』 4, 한국정신문화연구원, 1997, 293~294쪽.
39) 정구복 외, 앞의 책, 1997, 294쪽.
40) 정구복 외, 앞의 책, 1997, 293쪽.

일대 신라토기와 강릉 지역 출토품의 유사성 등을 근거로 명주의 영현인 동제현(棟隄縣)으로 비정되었다.[41] 후자는 전자와 충돌할 뿐만 아니라 거리 상 해리현과 겹칠 수도 있다. 이와 관련하여 죽령현은 『대동지지』 성지조에 기재된 두타산 서쪽 15리의 죽령고현성(竹嶺古縣城), 삼척에서 하장면으로 통하는 '댓재', 「해동지도(海東地圖)」(1776?)에 표기된 죽령(竹嶺)을[42] 고려해 삼척시 하장면 숙암리산성으로 비정되고 있다.[43] 『대동여지도』에서는 두타산 남쪽의 댓재를 죽치(竹峙)로 표기했고, 백두대간 서쪽 너머에는 죽령(竹嶺)을 표기했다. 이곳에서 영월 골지천으로 향하는 지류를 죽현천(竹縣川)이라 하여 『대동지지』와 대체로 부합하게 표기했다. 『여지도서(輿地圖書)』(1765)에 실린 삼척부 지도에서도 죽령(竹嶺)이 두타산 서남쪽에 위치하고 있다. 이상을 고려하면 하장면 숙암리 일대로 비정하는 편이 합리적일 것이다.

숙암리 일대는 삼척에서 남한강 상류의 정선을 거쳐 영월–단양–제천–충주로 통하는 교통의 요지이다. 주변은 백두대간의 산간으로서 인구 부양력이 대체로 미미했을 것으로 생각된다. 이에 죽령현은 농업생산보다 교통로의 확보와 방어에 중점을 두고 설치되었을 것이다. 그런데 거리나 지형상 실직국 중심부와의 연결에는 적지 않은 노력이 필요했을 것이다. 이에 실직국이 사로국에 복속하기 이전 죽령 일대의 세력은 다른 영현 지역에 비해 국읍 간층과의 유대가 크지 않았을 것이다.

삼척군은 이상의 현 치소들에 대해 결절점에 해당한다. 여기서 군현 치소는 신라 경덕왕대를 기준으로 정리되었는데, 『삼국사기』 지리지에서 군

---

41) 홍영호, 「《삼국사기》 지리지 명주 영현 동제현의 위치 비정과 의미」 『한국사학보』 38, 2010, 14~23쪽 : 앞의 글, 2012, 124쪽.

42) 문화재청·강원도·삼척시·강원문화재연구소, 『문화유적분포지도 –삼척시–』, 2004, 13쪽.

43) 홍영호, 「삼척시 하장면 숙암리 산성의 발견과 역사성 검토 –《삼국사기》 지리지의 삼척군 죽령현과의 관련성을 중심으로–」 『강원사학』 19·20, 2004, 8~13쪽.

현 간의 관계는 신라 하대까지의 변화를 반영한 것이다.[44] 위와 같은 영속관계가 언제부터 이루어졌는지는 분명하지 않다. 그런데 죽현은 영서와 영동을 연결하는 교통로에 기반을 둔 것으로 보이고, 나머지는 모두 동해안으로 흐르는 하구에 형성된 분지를 끼고 있다. 이러한 입지조건은 자체 분지의 생산력과 함께 교통로상의 요지를 기반으로 한 것이다. 이러한 입지조건은 고구려가 남하할 당시뿐 아니라 소국과 읍락이 형성될 당시에도 크게 다르지 않았다. 하지만 하슬라(강릉)와 인접한 우계, 울진과 인접한 파리, 정선과 인접한 죽령은 실직국의 형성 이후 신라의 지배 과정에서 영속관계가 변화했을 개연성도 있다.

특히 동해시 송정동 일대는 이상의 군현과 별도의 분지를 이루면서 고총고분기 이전에 최대의 주거지를 이루었는데, 위 사료에서는 이 지역 세력이 반영되지 않았다. 삼척의 고총고분 주변에서 그 이전 단계의 유력한 유적이 발견되지 않은 것은 조사의 미진함을 반영하는지, 아니면 실직국 중심지의 이동을 반영하는지 분명하지 않다. 하지만 사로국에 복속하기 이전의 송정동 유적에는 최소한 대읍락 이상의 세력이 형성되었다고 볼 수 있다.

소국 분립 당시의 실직국 주변 상황과 관련해서는 다음 사료가 주목된다.

> 나-2) 예(濊)는 남쪽으로는 진한(辰韓)과, 북쪽으로는 고구려·옥저와 접하고, 동쪽으로는 대해(大海)에 다다른다. 지금 조선의 동쪽이 모두 그 지역이다. 호(戶)는 2만이다. …… 대군장(大君長)이 없고, 한(漢) 이래로 후(侯)·읍군(邑君)·삼로(三老)의 관직이 있어서 하호(下戶)를 통치하였다. 그 나라의 노인들은 예부터 스스로 일컫기를 '구려(句麗)와 같은 종(種)이다'라고 하였다 …… 단단대산령(單單大山領)의 서쪽은 낙랑에 소속되었으며, 영(領)의 동쪽 일곱 현(縣)은 도위(都

---

44) 김태식,「《삼국사기》 지리지 신라조의 사료적 검토」『삼국사기의 원전 검토』, 한국정신문화연구원, 1995, 186쪽.

尉)가 통치하여 모두 예를 백성으로 여겼다. 그 뒤 도위를 폐지하고 그 거수(渠帥)를 봉하여 후(侯)로 삼았다. 오늘날의 불내예(不耐濊)는 모두 그 종이다. 한말에는 다시 구려에 속했다 …… 정시(正始) 6년 (245) 낙랑태수 유무(劉茂)와 대방태수 궁준(弓遵)은 영동예(領東濊) 가 구려에 복속하자, 군대를 일으켜 정벌했다. 이에 불내후(不耐侯) 등이 읍을 들어 항복하였다. 동 8년(247)에는 (위魏의) 조정에 와서 조공하므로, 불내예왕(不耐濊王)으로 봉하였다. 거처는 백성들 사 이에 뒤섞여 있고, 계절마다 군(郡)에 와서 조알(朝謁)하였다. 2군에 전투나 세금 거둘 일이 있으면, 공급(供給)케 하고 사역을 시켜 마 치 백성처럼 취급하였다. (『삼국지』 위서 동이열전 예)

위에 따르면 예(濊) 중에서 영동(領東: 嶺東) 7현(縣)은 낙랑군 동부도위의 지배를 받다가 후국이 되었고, 한말(漢末)에는 고구려에 복속했다. 정시(正始) 6년(245)에는 고구려에 복속했다가 다시 불내예왕(不耐濊王)을 중심으로 낙랑군에 복속했다고 전한다. 불내예는 안변인데, 영동 7현의 남쪽 범위가 어디까지인지는 불분명하다. 그런데 동해시 송정동의 주거지 유적에서는 2~3세기의 낙랑계 토기가 출토되었다.[45] 이러한 토기들은 북쪽으로 강 릉 교항리, 양양 가평리 등지에서 출토되었으므로, 한강 유역보다 동해안 을 통해서 유입되었을 것이다.[46] 그렇다면 실직국은 동예를 통해 낙랑군 과 일정한 관계를 가졌다고 추정할 수 있다. 하지만 안변 주변에는 동이현 (東暆縣, 덕원), 화려현(華麗縣, 영흥) 등이 비교적 조밀하게 위치한 점으로 보아 삼척의 실직국은 불내예왕을 중심으로 한 영동 7현에 포함되었다기보다 낙랑군과 교역활동 정도를 지속했다고 생각된다.

그런데 예의 남쪽에는 진한이 접하였다. 이는 파사 23년 기사에 나타난 실직국의 상황과도 무관하지 않다.

---

45) 이창현, 앞의 글, 2006, 73쪽 ; 이상수, 앞의 글, 2010, 90쪽.
46) 서영일, 앞의 글, 2014.7.11~12, 139~140쪽.

나-3) 변진(弁辰) 역시 12국이다. 또한 여러 소별읍(小別邑)이 있어 각기 거수(渠帥)가 있다. 큰 경우는 신지(臣智)라 하고, 그 다음엔 험측(險側), 그 다음엔 번예(樊濊), 그 다음엔 살해(殺奚), 그 다음엔 차읍(借邑)이 있다. 이저국(已柢國)·불사국(不斯國)·변진미리미동국(弁辰彌離彌凍國)·변진접도국(弁辰接塗國)·근기국(勤耆國)·난미리미동국(難彌離彌凍國)·변진고자미동국(弁辰古資彌凍國)·변진고순시국(弁辰古淳是國)·염해국(冉奚國)·변진반로국(弁辰半路國)·변(弁)(진辰)낙노국(樂奴國)·군미국(軍彌國)(변군미국弁軍彌國)·변진미오야마국(弁辰彌烏邪馬國)·여심국(如湛國)·변진감로국(弁辰甘路國)·호로국(戸路國)·주선국(州鮮國)(마연국馬延國)·변진구야국(弁辰狗邪國)·변진주조마국(弁辰走漕馬國)·변진안야국(弁辰安邪國)(마연국馬延國)·변진독로국(弁辰瀆盧國)·사로국(斯盧國)·우중국(優中國)이 있으니 변진을 합해 24국이다. 대국은 4~5천 가(家)이며 소국은 6~7백 가로 총 4~5만 호이다. **이 중 12국은 진왕(辰王)에 속(屬)한다. 진왕(辰王)은 항상 마한인으로 하고 대대로 이어받아서 진왕(辰王)은 자력으로 왕이 되지 못했다.** 나라에서는 철이 생산되는데, 한(韓)·예(濊)·왜인(倭人)들이 모두 와서 사 간다. 시장에서의 모든 매매는 철로 이루어져서 마치 중국에서 돈을 쓰는 것과 같으며, 또 (낙랑과 대방) 2군에도 공급하였다. (『삼국지』 위서 동이전 변진)

위에서 변·진한에는 24개 소국이 분포하여 소별읍마다 거수(渠帥)가 존재했다. 그런데 명칭으로 보나 변·진한 소국의 공간으로 보나 이들 중에서 실직국이 존재했을 가능성은 희박할 것이다. 그렇다면 실직국 일대는 북쪽의 동예와 남쪽의 진한 사이에서 점이지대를 이루었다고 볼 수 있다.[47]

---

47) 3세기 전반경 영동과 영서의 정치체들 사이에는 소국 혹은 읍락공동체의 지역집단들이 느슨한 연대를 구축하고 있었다고 한다(김창석, 앞의 책, 2013, 47쪽).

그런데 사료 나-3)처럼 변진에서 생산된 철을 예인(濊人)들도 구입해 갔다. 이를 위해 동해 연안항로가 이용되었을 가능성이 큰데, 실직국은 동예와 진한의 거의 중간에 위치하고 있다. 특히 삼척의 오십천 하류의 자연포구는 동해안 연안에서도 가장 좋은 항구로서의 입지조건을 갖추고 있다.[48] 실직국은 이러한 조건을 활용해 항로의 기착지 역할을 했을 것이다. 이러한 기능과 정선-임계 방면을 통한 교역, 그리고 주변 읍락에 대한 지배권을 바탕으로 실직국은 가-1)에서 보는 것처럼 사로국에 의해서도 유력한 세력으로 인식된 것이다.

그 중에서도 실직국과 음즙벌국이 강역을 놓고 다퉜다는 것은 동해안 일대의 교역로를 둘러싸고 상호 경쟁을 벌였음을 보여준다. 원래 이 단계에서는 사로국이 개입할 여지가 거의 없었다. 그렇다면 어떤 계기로 사로국이 두 소국 사이의 이해관계에 간여하게 되었는지 궁금해진다. 이에 동해안 북쪽 방면 세력과의 교섭을 전하는 다음 자료가 주목된다.

> 나-4) 동옥저(東沃沮)의 사신이 와서 양마(良馬) 20필을 바치고 "저희 임금께서 남한(南韓)에 성인(聖人)이 출현했다는 말을 듣고서 저를 보내 이를 드리도록 하셨습니다."라고 말했다. (『삼국사기』 권1 신라본기 혁거세 53년)

> 나-5) 천봉(天鳳) 5년 무인에 고구려 속국인 7국이 항복해 왔다. (『삼국유사』 권1 기이 제2 제2남해왕)

> 나-6) 봄 2월에 북명인(北溟人)이 밭을 갈다가 예왕인(濊王印)을 얻어서 바쳤다. (『삼국사기』 권1 신라본기 남해차차웅 16년)

사료 나-4)에서는 혁거세 53(B.C.5)에 동옥저가 사신을 보내 남한(南

---

48) 서영일, 「신라 오통고(五通考)」 『백산학보』 52, 1999, 601쪽 ; 이상수, 앞의 글, 2010, 87~88쪽.

韓)에서 성인(聖人)의 출현에 대해 경의를 표했다고 한다. 이를 액면 그대로 받아들일 순 없지만, 진한을 주도하는 세력으로서의 사로국을 동옥저가 인정한 점이 주목된다. 실제 시기를 특정할 순 없지만, 이는 동옥저나 동예 방면에서 진한연맹체와 교섭을 시도한 것으로서[49] 동해안 일대의 교역에서 사로국의 주도권이 점차 부각되는 상황을 보여주기 때문이다.

그런데 변·진한의 12국은 진왕(辰王)에 속하고 진왕은 항상 마한인으로 하며 대대로 이어받아서 진왕은 자력으로 왕이 되지 못했다고 한다(사료 나-3). 이와 관련하여 필자는『삼국지』의 원전이었던『위략』의 표기를 중시하여 이 문구의 '진왕'이 원전에서는 모두 '진한(辰韓)'이었다고 판단하고 있다.[50] 그렇다면 이 부분은 변진한의 12국이 진한에 속하고 진한은 항상 마한인으로 주(主)를 삼아(辰韓常用馬韓人作主) 대대로 이어받아 진한은 자력으로 왕이 되지 못한 것이다. 여기서 12국이 속한 진한을 사로국으로 볼 수 있다면, 나-4)에 반영된 실제 시기는 3세기 중후반 또는 그 이전으로 올라갈 수도 있다. 하지만 이것이 실직국과의 관계에서 어느 단계를 반영하는지는 분명치 않다.

그런데 사료 나-5)에서는 남해왕대인 천봉 5년(A.D.18)에 고구려의 속국인 7국이 항복해 왔다. 이들은 한말에 고구려에 속했던(나-2) 영동 7현을 연상시킨다. 이들은 정시(正始) 6년(245)에도 고구려에 속한 적이 있지만, 곧바로 위(魏) 낙랑태수(樂浪太守)와 대방태수(帶方太守)의 침공을 받고서 항복했다(나-2). 따라서 나-5)는 후한말인 3세기 초나 위가 멸망한 3세기 후반 이후를 반영할 것이다. 어느 쪽이든, 이는 실질적인 복속이기보다 사로국과 이들 세력 간의 교섭이 점차 확대되었음을 반영할 것이다.

사료 나-6)에서는 북명인이 예왕인을 바쳤다. 이는 일반적인 교역활동

---

49) 김창석, 앞의 책, 2013, 58쪽.

50) 이부오, 「중국 사서의 서술 맥락을 통해 본《삼국지》한조(韓條)의 진한과 진왕(辰王)」『신라사학보』26, 2012, 136쪽.

과는 거리가 있으므로, 신라가 하슬라 지역을 차지한 뒤의 상황을 반영할 것이다.

위 사료는 하슬라 이북과의 교섭 확대나 하슬라 방면으로의 진출을 순차적으로 보여준다는 점에서 실직국에 대한 사로국의 진출과도 무관하지 않다. 기사 간의 순서도 그 자체로는 합리적인 과정을 보여주고 있다. 하지만 위 사료들은 사료 나-2), 3)뿐 아니라 가-1)과도 부합하지 않는다는 점에서 그대로 받아들이기 곤란하다. 위 사료에 반영된 실제 과정과 관련하여 다음 사료가 주목된다.

> 나-7) 겨울 10월에 고구려가 북쪽 변경에 침입했다. 우로(于老)가 군사를 이끌고 나아가 쳤으나 이기지 못하고 물러나 마두책(馬頭柵)을 지켰다. 그날 밤은 매우 추웠는데, 우로가 사졸들을 위로하고 몸소 나무로 불을 지펴 따뜻하게 해주니 모두 마음속으로 감격하였다. (『삼국사기』 권2 신라본기 조분이사금 16년)

> 나-8) 가을 8월에 말갈이 북변에 침입했다. 군사를 내어 이들을 실직(悉直)의 원(原)에서 크게 물리쳤다. (『삼국사기』 권3 신라본기 내물이사금 40년)

사료 나-7)에 의하면 조분이사금 16년(245) 10월 현재 사로국이 마두책(馬頭柵) 이북을 확보한 상태에서 고구려가 북쪽 변경을 침범했다. 첨해 2년(248) 2월에는 사로국이 고구려에 사신을 보냈다고 전한다.[51] 『삼국유사』 왕력에서 제12대 이해이질금대에 처음으로 고구려와 외교관계를 맺었다고 한 기록도 같은 자료 계통을 따랐을 것이다. 『삼국사기』 신라본기에 따르면, 내물 37년 정월에는 고구려에서 사신을 보내와 이찬 대서지의 아들 실성(實聖)을 볼모로 보냈다. 기록상으로는 3세기 초부터 사로국이 고구

---

51) 『삼국사기』 권2 신라본기 첨해이사금 2년.

려와 국경을 접한 상태에서 마찰을 빚다가 3세기 중엽부터는 우호관계를 맺어 4세기 말까지 지속했다는 것이다.

마두책의 위치를 알 수 없는 현재로서는 사료 나-7)의 단계에서 실직국이 어떤 상황이었는지 파악하기가 곤란하다. 그런데 나-8)에 따르면 내물 40년(395) 이전에 신라는 실직(悉直) 이북을 차지했고, 말갈이 북변에 침입하자 신라는 실직의 들판에서 이를 물리쳤다. 이를 받아들이면 사로국은 3세기 초부터 고구려와 국경을 마주했고, 4세기 말 이전의 어느 시점부터 실직국을 차지한 셈이다.

이 중에서 사료 나-7)부터 나-8)에 이르는 일련의 자료들은 고구려와 사로국이 변경을 접하면서 서로 충돌하다가 우호관계로 돌아섰던 과정을 전해 준다고 보아도 좋을 것이다. 하지만 이 기사에 대해서는 당시 낙랑·대방군의 존재를 들어 사실로 인정하지 않는 견해와[52] 그대로 수용하는 견해,[53] 또는 본격적인 교섭 이전의 단발적인 사건으로 이해하는 입장이 나뉘어 있다.[54]

사로국이 고구려와 충돌했다고 기록된 조분 16년(245) 즉 정시 6년에는 위가 군대를 일으켜 예를 정벌했고, 불내후 등이 위에 항복했다. 정시 8년(247)에는 불내후가 위로부터 불내예왕(不耐濊王)으로 책봉을 받았다. 이러한 과정으로 보아 위는 동예 방면에 대해 지배의 지속성을 추구했다고 생각된다. 이러한 상황에서 고구려가 동예를 거쳐 신라의 북변을 공격할 만한 여유는 없었을 것이다. 더욱이『삼국지』에서는 3세기 중후반경 진한 소

---

52) 나가통세(那珂通世),「삼한고(三韓考)」『외교역사(外交繹史)』, 암파서점(岩波書店), 1958, 157쪽.

53) 이인철,『고구려의 대외정복 연구』, 백산자료원, 2000, 294쪽 ; 장창은,『신라 상고기의 정치변동과 고구려 관계』, 신서원, 2008, 41~48쪽.

54) 노태돈,「《삼국사기》신라본기의 고구려관계 기사 검토」『경주사학』16, 1997, 75쪽.

국이 분립하고 있었다고 전한다(나-3). 이를 고려하면 사료 나-7)에 반영된 실제 시기를 그대로 받아들일지에 대해서는 주저할 수밖에 없다.

『삼국사기』에 따르면 우로는 다양한 지역에서 군사활동을 벌인 뒤 첨해 3년(249) 4월[55] 또는 동 7년 계유(253)에 사망했다고 전한다.[56] 그런데 그 아들 흘해는 356년에 사망했다고 하여 부자간에 103년이나 되는 사망 간격을 보이고 있다. 우로의 사망 당시에 흘해가 아직 어려 걷지도 못했다는 점을 고려하더라도 부자간에 이러한 사망 간격은 사실상 존재하기 어려웠을 것이다.

이와 관련하여 우로와 흘해 사이에 계보가 누락되었을 가능성과[57] 우로의 활동 시기가 인상되었을 가능성을 고려할 수 있다.[58] 『삼국사기』 신라본기 초기기사에 정리된 왕위계보는 세대별 사망간격과 가계집단 간 비교에서 납득하기 어려운 경우가 적지 않아 위의 두 가지 가능성을 모두 고려해야 한다. 특히 석씨왕계의 벌휴-골정-조분-광명부인 계보와 항렬상 일치하는 구도-미추 사이는 2세대 가량이 누락되었고, 우로-기림·흘해와 일치하는 말구·미추-내물 사이에도 1세대 이상 누락되었다고 생각된다.[59] 이는 석씨 왕계와의 비교를 통한 결론인데, 우로-흘해 사이는 왕위계보의 비교만으로는 계보 누락과 부자관계 중 어느 쪽을 중시해야 할지 판단하기 어렵다. 김씨왕계의 말구-내물과 석씨왕계의 우로-흘해가 항렬상 평행하면서 동시에 지나치게 긴 사망간격을 보이는 점으로 보면, 우

55) 『삼국사기』 권2 신라본기 첨해이사금 3년.

56) 『삼국사기』 권45 열전 제5 석우로.

57) 이종욱, 『신라상대왕위계승연구』, 영남대학교 민족문화연구소, 1980, 80쪽.

58) 강종훈, 『신라상고사연구』, 서울대학교 출판부, 2000, 41쪽 ; 선석열, 앞의 책, 2001, 37쪽.

59) 이부오, 「신라초기 기년문제에 대한 재고찰」 『선사와 고대』 13, 1999, 246~247쪽 ; 「저본 수용의 맥락을 통해 본 《삼국사기》 신라본기 초기기사의 이해방향」 『신라사학보』 21, 2011, 38~39쪽.

로-흘해 사이에도 세대 누락의 가능성을 상정할 수도 있다. 하지만 부자 관계가 구체적으로 전하는 점으로[60] 보아 누락 세대는 대체로 1세대 이내 일 것이다. 이상을 고려하면 우로의 활동 시기는 4세기 초를 크게 벗어나 기 어려울 것이다.

4세기 초는 낙랑군과 대방군이 각각 서북한 지역으로부터 축출된 313~ 314년과 일치한다. 『일본서기』 중애(仲哀) 9년(200)조에서는 신라왕(新羅王) 우류조부리지간(宇流助富利智干)이 신공황후(神功皇后)의 군대에게 죽임을 당 했다고 한다. 우류조부리지간은 우로로 추정되고 있는데, 이 시기의 『일 본서기』 기사 중 상당수가 2갑자 인상된 점을 고려하면, 실제 반영 시기는 320년경이 되어 위에서 언급한 시기와 대체로 일치한다.

이처럼 여러 측면에서 우로의 활동 시기는 4세기 초일 가능성이 크다. 그렇다면 고구려와 신라가 변경을 마주하게 된 시기도 4세기 초경일 가능 성이 있다. 첨해 2년 고구려에 사신을 보냈다는 것은 그 이후 양국 사이의 교섭이 진행된 상황을 반영할 것이다. 경주 월성로 5호에서 고구려의 녹 유소호가 발견되고 월성로 가-12호의 괘갑(挂甲)에서 고구려 영향이 보이 는 것은[61] 이후 고구려와 신라 사이에 교섭이 점차 진전되었음을 보여준 다. 내물 37년 신라가 고구려에 사신을 보낸 것은 이러한 교섭의 연장선상 에 있었던 것이다. 내물 40년(395) 신라가 실직(悉直)의 원(原)에서 말갈의 침 입을 격퇴한 것은 최소한 그 이전부터 이곳을 장악했음을 보여준다. 그 과 정은 구체적으로 전하지 않지만, 사료 가-1)에 반영되었을 개연성이 있다.

앞서 언급한 것처럼, 3세기 중엽에 실직국은 낙랑군에 복속한 영동 7현 과 진한 소국의 사이에서 독자적인 세력권을 형성하고 있었다. 그런데 태 강(太康) 1년(280), 2년(281), 7년(286)에 진한왕이 서진(西晉)과 여러 차례 교

---

60) 『삼국사기』 권45 열전 제5 석우로.
61) 박광렬, 「신라 적석목곽묘의 개시에 대한 검토」 『경주사학』 20, 2001, 50~52쪽.

섭하였다.[62] 이 단계에서는 사로국이 진한 지역의 대외교역을 주도했다고 보아도 좋을 것이다.[63] 원래 변·진한의 대외교역에서는 서남해 연안항로와 왜를 연결하는 변한의 구야국이 중계지 역할을 담당했다. 이러한 조건을 활용해 구야국은 동해안의 음즙벌국이나 실직국을 기착지로 삼아 동예 방면으로 통하는 교역활동에서도 유리한 조건을 갖추고 있었다. 이는 사료 가-1)에서 음즙벌국과 실직곡국의 '강역' 다툼과 관련하여 금관국의 수로왕이 등장하는 배경이 되었다.

그런데 실직곡국과 음즙벌국의 다툼은 두 소국이 동해안의 연안항로를 이용한 교역활동에서 이익을 균점하던 기존 상황이 지속되었음을 보여준다. 이러한 상황에서 두 소국이 서로 충돌해 그 해결을 사로국에 요청한 것이다. 이는 두 가지 시사점을 제시해 준다.

첫째, 두 소국 간 분쟁과 사로국에 대한 위임의 사이에 특별한 조정 과정이 등장하지 않는다. 이는 진한 지역의 대외교섭에서 사로국의 주도권이 이미 일정 정도 확보된 상황을 전제로 한다. 즉 동해안의 연안항로를 이용한 교역에서 음즙벌국이 기항지의 역할을 했으나, 이 과정에서 사로국이 일정한 영향력을 행사했을 가능성이 있는 것이다. 둘째, 사로국이 이 문제를 다시 금관국 수로왕에게 의뢰했다면, 낙동강 하구와 동예를 연결하는 교역에서는 사로국과 구야국의 주도권이 동시에 작용했음을 알 수 있다. 그 중에서도 수로왕의 등장은 이 방면에서 구야국의 주도권이 강했던 상황을 반영한다. 하지만 궁극적으로는 사로국이 음즙벌국을 정복하면서 음즙벌국과 실직국이 모두 사로국에 항복했다고 한다. 이는 동해안 연안 항로를 둘러싼 교역 주도권이 구야국으로부터 사로국으로 넘어간 과정을 반영할 것이다.

이러한 과정이 진행된 시기는 사료 가-1)에서 파사 23년이라 했지만,

---

62) 『진서(晉書)』 동이열전 진한.
63) 이를 실직국에 대한 병합과 연결시킨 견해도 있다(서영일, 앞의 글, 2003, 15쪽).

앞서 언급한 것처럼 이를 액면 그대로 받아들이기 곤란하다. 이상의 검토로 보아 가-3)을 중시해 그 시기를 지마대라고 이해하기도 곤란하다. 그런데 3세기 중후반을 반영하는 나-3)에서는 금관국의 역할이 두드러진 반면, 태강 연간(280~289)에는 진한의 대외교섭권이 강화된 것으로 나타난다. 이러한 변화는 가-1)에서 동해안 연안을 통한 교역 주도권이 금관국의 상대적 우위로부터 사로국의 우위로 변화한 과정과 부합한다. 그렇다면 이러한 변화는 3세기 후반~말경에 이루어졌다고 판단된다.

그런데 사료 가-1)에서 실직국은 음즙벌국과 동시에 복속해 왔다고 한다. 하지만 음즙벌국이 복속했다고 해서 예 문화권에 가까운 실직국이 갑자기 함께 복속했다는 것은 의문스러운 점이 있다. 그 사이에 위치한 영덕, 평해, 울진 등지의 소국집단이 사로국에 복속한 정황을 확인할 수도 없기 때문이다. 가-1)에서 실직국은 정치적으로 복속했다기보다 동해안 연안항로에서 사로국이 주도하는 교역에 협조하게 되었을 것이다. 즉 3세기 말 또는 그 직전부터 실직국은 진한과 동예 간의 교역에서 여전히 기항지역할을 담당하면서 사로국 중심의 교역권에 협조하게 된 것이다.

4세기 초에는 우로가 고구려의 침공을 북쪽 변경에서 방어하다가 실패하고 마두책을 지킨 바 있다. 당시 동해안 방면에서 고구려의 남하선이나 마두책의 위치는 불확실하다. 하지만 당시 고구려가 삼척 방면으로 진출했을 만한 근거는 찾아지지 않는 반면, 신라가 적어도 내물 40년(395) 이전에 실직국을 장악한 점은 분명하다. 여기에 월성로 5호에서 조사된 고구려의 녹유소호에서 보듯이, 사로국은 4세기 초중엽부터 고구려와의 교섭을 지속했다고 생각된다. 사로국과 고구려의 교섭이 본격화되었다는 것은 동해안 연안항로의 교역에서 사로국이 실직국을 비롯한 중간 기착지의 매개 없이 주도했음을 보여준다. 이러한 변화를 고려하면 실직국이 사로국에 복속해 온 것은 대체로 4세기 초중엽으로 볼 수 있다. 가-1)에서 실직국의 복속은 이러한 과정까지 응축해 정리한 결과일 것이다.

4. 신라의 지배방식 변화와 실직국 간층(干層)의 위상

실직국이 4세기 초중엽에 신라로 복속해 왔다면, 이후 실직국 간층과 신라와의 관계가 어떻게 변화했는지 주목된다.

앞서 언급한 것처럼 실직국은 사로국에 복속한 뒤 얼마 뒤에 반란을 일으켰다가 평정당하고 나머지 무리는 남비(南鄙)로 옮겨졌다(사료 가-2). 이로보아 신라에 항복한 직후 실직국 간층은 기존의 자치권을 인정받았을 것이다. 대신 사로국에 공납을 바치고 기항지 이용권을 제공했다고 생각된다. 변진의 여러 소국에 성곽이 존재했던 것처럼(나-3) 실직국의 간층도 국읍성(國邑城)을 근거로 주변 읍락 간층에 대한 통제권을 유지하려 노력했을 것이다.

이 단계에서는 신라가 실직국에 지방관을 파견하거나 거점성을 확보했는지 단정하기 곤란하다. 조분 16년에는 북쪽 변경의 남쪽에 마두책(馬頭柵)을 두고 지켰다고 하지만(사료 나-7), 이는 실직국 같은 특정 지역에 대한 통치거점이기보다 일시적 방어거점으로 생각된다. 실직국 내에 대한 지배에서는 이러한 시설보다 기존 국읍성이 더 큰 역할을 했을 것이다. 이 단계에서 실직국 간층은 국읍성을 자치성(自治城)으로 유지한 셈이다.

삼척 지역에서는 고총고분 초기 단계의 고고조사가 미흡하여 이러한 상황을 고고학적으로 설명하기는 곤란한 형편이다. 다만 강릉 안현동고분군에 황남동 109호 3·4곽 단계의 신라토기가 부장된 점이 주목된다.[64] 신라토기의 부장은 하슬라의 간층이 신라의 지배를 수용하는 대신 기존 소국 내에서 일정한 자치권을 인정받은 결과물로 생각되기 때문이다. 삼척은 경주로부터 강릉과 영서 지역으로 통하는 결절점이므로 신라에 의한 문화적 영향과 통제의 수준은 크게 다르지 않았을 것이다.

그런데 실직국의 반란이 시사하듯이, 실직국 간층의 자치권과 신라의 통

---

64) 홍영호, 앞의 글, 2012, 77쪽.

제 사이에서 균형이 깨지기 시작했다. 그 계기로서 국제교역에서의 소외가 지적된 바 있다.[65] 그 개연성을 부정할 수 없지만, 간층의 자치권에 대해 신라의 간섭이 강화되었을 가능성이 주목된다. 실직국이 반란을 일으키자, 신라는 군대를 보내 평정하고 나머지 무리를 남비로 이주시켰다(사료 가-2). 그런데 반란을 통해 간층이 제거되었다고 전하는 압독국(경산)에서는[66] 기존 간층의 고총고분이 임당동 일대에서 지속적으로 축조되었다. 삼척 갈야산 등지에서도 고총고분이 조성된 점으로 보아[67] 반란 이후의 실직국에서도 상황은 크게 다르지 않았을 것이다. 간층 내에서도 반란을 주도하지 않은 집단은 이후에도 국읍 일대에서 기존 자치권의 일부나마 유지했을 가능성이 크다.

그런데 5세기 말~6세기 초로 추정되는 동해시 추암동 I 단계 석곽묘에서는 신라 계통 토기류가 부장된 데[68] 비해 삼척시 성북동 갈야산고분군에서는 정치적 권위를 상징하는 금제 태환이식, 마구류 등이 부장되었다.[69] 두 고분군의 시기는 서로 근접한 것으로 판단되고 있다.[70] 사직동 고분군에서는 1호와 2호가 도굴과 파괴를 겪었고 3호(사직릉)는 19세기에 파헤쳐졌는데,[71] 규모로 보아 상당한 유물이 부장되었을 가능성이 있다. 고총고분 이전 단계에서 주거지 유적이 동해시 송정동 일대에서 주로 조사

65) 강봉룡, 「이사부의 동해안 진출과 우산국 정복」, 『이사부 삼척 출항 동해안 시대를 열다』, 강원도민일보·강원도·삼척시, 2010, 27쪽.

66) 『삼국사기』 권1 신라본기 일성이사금 13년.

67) 최순우, 앞의 글, 1978.

68) 관동대학교 박물관, 『동해북평공단조성지역 문화유적발굴조사보고서』, 1994, 356~407쪽, 420~423쪽 ; 이상수, 「영동지방 신라고분에 대한 일고찰」, 『한국상고사학보』 18, 1995, 212~229쪽.

69) 국립춘천박물관, 『강원 고고학의 발자취』, 2004, 25~26쪽.

70) 관동대학교 박물관·삼척시, 『삼척 사직동 고분군 지표조사보고서』, 1994, 41쪽.

71) 관동대학교 박물관·삼척시, 앞의 책, 1994, 33~40쪽.

된 점을 중시하면, 신라에 복속 뒤 실직국의 중심지는 송정동 일대로부터 삼척시 사직동 일대로 이동했을 가능성도 배제할 수 없다. 다만 삼척 시내에 대한 고고조사가 미흡한 상황에서 그 여부를 단정할 순 없을 것이다. 하지만 적어도 사직동 일대의 간층이 신라의 지배를 수용하는 대신 동해시 구호동·추암동 세력 등 읍락 간층에 대한 지배권을 승인받았을 가능성이 크다.[72]

그런데 실직국의 반란과 이에 대한 평정은 국읍 간층의 자치권이나 이들과 읍락 간층의 관계에서 신라의 통제가 점차 강화되었음을 보여준다. 예를 들면 마두책과 같은 일시적 방어 거점은 점차 규모가 확대되고 기능이 강화되었을 가능성이 크다. 그런데 내물 40년 8월 북변에 말갈이 침입했을 때 신라군이 이를 물리친 장소는 실직의 들판이었다(사료 나-8). 여기서 신라군은 경주로부터 출발했는지, 아니면 실직 주변에 별도로 설치된 거점에서 출발했는지 분명하지 않다. 다음 사료에서도 지배거점은 별다른 차이를 보이지 많지만, 좀 더 변화한 상황을 전해준다.

> 다-1) 가을 7월에 고구려의 변장(邊將)이 실직(悉直)의 들판에서 사냥하자, 하슬라성주(何瑟羅城主) 실직(三直)이 군사를 내어 갑자기 공격해 그를 죽였다. 고구려왕이 이를 듣고 노해 사신을 보내와 전하기를 "내가 대왕과 우호를 닦은 것을 매우 기쁘게 여겼는데, 지금 군대를 내어 우리 변장을 죽였으니 이를 어찌 의로운 일이라 하겠는가?"라 했다. 이에 군사를 일으켜 우리 서쪽 변경을 침범했다. 왕이 겸손한 말로 사죄하자 돌아갔다. (『삼국사기』 권3 신라본기 눌지마립간 34년)

이에 의하면 눌지 34년(450) 7월 고구려 변장(邊將)이 실직의 들판에서

---

72) 구호동·추암동 고분군 집단이 중심지역의 외곽이라는 견해도 있다(이상수, 앞의 글, 1995, 229쪽).

사냥을 하자, 하슬라(何瑟羅, 강릉) 성주 삼직이 그를 공격해 죽였다. 당시 하슬라에서는 신라의 거점성이 확보되었고, 성주가 파견되어 북변에 대한 수비와 주변에 대한 통제를 담당했다. 반면 실직에서는 여전히 신라의 거점성이 확인되지 않는다. 이는 신라가 삼척을 우회해 하슬라로 진출했다는 근거로 이용되기도 했다.[73] 당시 삼척의 유력자들이 고구려 쪽을 우호적 배후세력으로 선택했다는 견해도 있다.[74] 그런데 신라가 동해를 우회해 하슬라를 일시적으로 정복할 수도 있지만, 성주를 파견해 장기간 유지하고 그 후방에 대한 방어까지 가능한 지배를 유지하기 위해서는 육로의 확보가 담보되어야 했을 것이다. 비교적 이른 시기의 신라 유적이 동해안 해안선을 따라 분포하는 점도[75] 동해안 방면으로 북상하는 데 육상 교통로의 확보가 전제되었음을 시사한다.

하슬라성의 확보는 신라가 실직을 넘어 북진을 계속한 결과였다. 그 과정에서 삼척에도 군사거점이 확보되었다가 쇠퇴하고 북변 거점성의 기능이 하슬라성으로 대치되었을 가능성도 있다. 그 여부를 확인할 순 없지만, 실직 지역의 방어 기능이 하슬라에 비해 약했던 점은 인정될 수 있다. 이러한 상황에서 고구려의 변장은 동해안 북쪽보다 남한강 상류의 거점으로부터 들어왔을 가능성이 크다.

그런데 고구려 변장의 진입은 고구려와 신라 사이의 기존 우호관계를 배경으로 하였고, 이곳에서 그가 벌인 활동도 군사 거점에 대한 공격이 아니라 사냥이었다고 한다. 그렇다면 하슬라 성주가 그를 죽인 것은 군사 공격에 대한 응징이기보다 실직에서 신라의 권리가 심각하게 침해당했다고

---

73) 김창석, 「신라의 우산국 복속과 이사부」『역사교육』111, 2009, 108쪽.
　　삼척과 강릉 지역에 대한 진출에서 육해 공동작전이 강조되기도 하였다(김창겸, 앞의 글, 2011, 56쪽).
74) 주보돈, 앞의 글, 2011, 108쪽.
75) 심현용, 앞의 글, 2009, 24쪽.

판단한 결과라고 생각된다.

이에 대해 고구려는 실직이나 하슬라성에서 응징하는 대신 신라의 서변을 공격했다. 당시 신라는 소백산맥 서록 일대로 진출하지 않은 상태였다. 신라의 서변을 공격한 고구려군이 충주의 국원성에 근거했을 가능성도 배제할 수 없다. 이에 대한 판단은 충주고구려비의 건립연대와 밀접히 연관되어 있는데, 필자는 비문의 내용연대를 449년으로 판단하고 있다.[76] 고구려군의 출발 지점을 확언할 순 없지만, 고구려가 충주를 중심 거점으로 삼아 신라의 서변을 공격했다고 보아도 좋을 것이다. 따라서 고구려가 공격한 '서변'은 소백산맥 일대의 신라 거점으로 생각된다. 이에 대해 신라왕이 겸손한 말로 사죄하자, 고구려군은 퇴각했다.

이처럼 양국이 외교적 조치로 마무리지은 점으로 보아 고구려 변장의 실

---

76) 충주고구려비의 건립연대는 403년 혹은 408년(목촌성木村誠, 「중원고구려비中原 高句麗碑의 입비년立碑年에 관해서」『고구려연구』 10, 2000, 307쪽), 449년(임창순, 「중원고구려비고비 소고」『사학지』 13, 1979, 57쪽) 또는 450년(이도학, 「중 원고구려비의 건립 목적」『고구려연구』 10, 2000, 278쪽), 481년(변태섭, 「중 원고구려비의 내용과 연대에 대한 검토」『사학지』 13, 1979, 50쪽), 495년(남풍현, 「중원고구려비문의 해독과 이두적 성격」『고구려연구』 10, 2000, 367쪽), 문자명왕대(박성현, 「5~6세기 고구려·신라의 경계와 그 양상」『역사와 현실』 82, 2011, 75쪽) 등으로 추정되었다. 이 비의 북쪽으로 인접한 장미산성에서 주로 5세기 백제토기가 조사된 것은 5세기설의 약점이 되었으나, 충주시 서남편의 두정리고분군에서 장동호를 비롯해 5세기 후반을 전후한 고구려 토기가 출토되었다(중원문화재연구원·충주시, 『충주 두정리 유적』, 2010, 79쪽, 157~158쪽). 또한 비문과 위 사료에서 고구려와 신라는 장기간 우호관계를 보인 반면, 454년 고구려가 신라의 북변을 침범한(『삼국사기』 권3 신라본기 눌지마립간 38년) 뒤 양국은 장기간 서로 적대관계를 보였다. 장수왕이 태자로 책봉된 408년 즉 광개토왕 18년에는 나이가 10세에 불과하여 비문에 나타나는 태자 공(共)과 같은 활동을 했을지 의문이 생긴다. 이런 점에서 필자는 비문에 등장하는 12월 23일 갑인(甲寅)의 연대를 449년으로 판단하고 있다(이부오, 「5세기 후반 신라의 소백산맥 서록 진출과 지배형태」『신라사학보』 10, 2007, 7쪽). 충주고구려비의 건립 시기에 대한 연구사 검토는 장창은의 정리를 참고 바람(『고구려 남방 진출사』, 경인문화사, 2014, 357~419쪽).

직 사냥은 신라의 동해안 루트를 적극적으로 차단하기 위한 전략적 기동과는 거리가 있었다고 생각된다. 신라에 대한 우월적 지위를 배경으로 한 변장 차원의 행동이었거나 433년 이후 백제와 연결해 독자적 행보를 보이기 시작한 신라의 의중을 떠보기 위한 전술적 조치였을 것이다. 당시 신라는 백제와의 우호관계를 활용해 독자적인 노선을 추구하면서도 고구려와의 우호관계도 유지하는 이중정책을 구사하고 있었다.[77] 이러한 상황에서 실직에서는 아직 하슬라성과 같은 거점성을 확보하지 않았거나 하슬라성에 비해 방어기능이 미약했다고 볼 수 있다. 이러한 상황에서 고구려가 남한강 상류의 거점을 활용해 실직 지역에 대해 압박을 가하면서 신라는 대응책을 모색할 필요가 있었다. 이에 대한 신라의 대응 및 실직의 상황과 관련하여 다음 사료가 주목된다.

> 다-2) 봄에 고구려와 말갈이 북변의 실직성(悉直城)을 습격했다. 가을 9월 하슬라인(何瑟羅人)으로서 나이 15세 이상인 자를 징발하여 이하(泥河)에 (이하는 일명 이천泥川임) 성을 쌓았다. (『삼국사기』 권3 신라본기 자비마립간 11년)

> 다-3) 3월에 고구려와 말갈이 함께 북변에 들어와 호명성(狐鳴城) 등 일곱 성을 빼앗고 또 미질부(彌秩夫)까지 진군했다. 우리 군사와 백제·가야의 원병이 함께 길을 나누어 이들을 막았다. 적이 패하여 물러가므로 이들을 추격해 이하(尼河) 서쪽에서 공격해 깨뜨리고 천여 명을 목베었다. (앞의 책 소지마립간 3년)

위에 따르면 자비마립간 11년(468) 봄에 북변의 실직성(悉直城)이 고구려와 말갈에 의해 습격을 당했다(사료 다-2). 여기서는 함락 여부를 명시하지 않았지만, 고구려본기에서는 같은 해 2월에 고구려가 실직주성을 쳐서 빼

---

77) 이부오, 앞의 글, 2007, 6~10쪽.

앗았다고 했다.[78) 그 뒤 신라는 하슬라의 장정들을 동원해 이하(泥河)에 성을 쌓았다(다-2). 신라는 실직성의 함락을 심각하게 여겨 이를 적극적으로 수복하여 성공한 것이다. 또한 475년 백제의 한성이 고구려에게 공격을 당하자, 신라는 백제를 돕기 위해 원군 1만을 파견했다. 백제가 웅진에서 재건한 데에는 신라의 도움이 적지 않게 작용했다. 이에 반발한 고구려는 481년 말갈과 함께 신라 북변에 들어와 호명성(영덕?)을 비롯한 7성을 빼앗고 미질부(흥해)까지 진군했다. 이에 신라군은 백제 · 가야의 원병과 함께 이를 격퇴하고서 이하(泥河) 서쪽까지 추격해 대승을 거두었다(다-3).

그런데 이하를 어느 방면으로 보는가에 따라 동해안 방면에서 고구려와 신라의 대치 형태, 그리고 실직성의 위상에는 적지 않은 차이가 발생하게 된다. 이하의 위치에 대해서는 다양한 견해가 제출되었는데, 필자는 현재 남한강 상류설을 수용하고 있다.[79) 특히 송계리산성은 인근 봉산리에 200여 기의 신라계 고분군을 끼고 있으며,[80) 남류하는 임계천과 북류하는

---

78) 『삼국사기』 권18 고구려본기 장수왕 56년.

79) 본고의 발표문에서 필자는 이하의 강릉 이북설을 취했다(「실직국 관련 기사의 자료환경과 신라의 지배형태 변화」, 『실직과 신라의 역사문화』, 한국이사부학회 · 신라사학회 · 한성백제박물관, 2014.12.6, 61쪽). 이는 태종 5년에 말갈이 하슬라와 연접했다는 기록이나 사료 다-3)의 앞 부분에서 소지마립간의 비열성(比列城) 행차 기사가 실린 점, 역부 동원 방향의 효율성 등을 고려한 결과였다. 그런데 실직성에 대한 고구려 변장의 침범을 하슬라 성주가 응징한 점, 강릉으로부터 삽달령-임계천을 통해 정선군 송계나 삼척시 하장면 방면으로 비교적 수월하게 통하는 점, 다-1)에서 고구려가 실직의 측면을 공격했을 가능성이 확인되는 점, 삼척시 하장면에서 북류하는 골지천과 정선군 송계면에서 남류하는 임계천이 이하의 '서쪽'을 설명하는 데 유리한 점 등을 고려해 견해를 수정하였다. 이는 토론자(장창은)의 지적을 수용한 것이기도 하다. 한편 본고의 취지상 이하의 위치 비정에 대한 자세한 연구사는 홍영호의 연구를 참고 바란다(「《삼국사기》 소재 이하의 위치 비정」, 『한국사연구』 150, 2010, 45~60쪽).

80) 충북대학교 호서문화연구소, 『정선 고성리 산성과 송계리 산성 및 고분군 지표조사 보고서』, 1997, 81~83쪽, 도면51.

골지천의 합수부에 가깝다. 이런 점에서 송계리산성이 가장 유력하지만[81] 사료 다-3)에 나타난 지명만을 가지고 특정한 지점을 확정하기는 곤란할 것이다. 이를 고려해 필자는 위 사료의 이하를 정선의 조양강 지류 중에서 임계천, 골지천 일대로 파악하고자 한다. 어느 쪽이든 실직성은 경주에서 이하로 통하는 길목에 위치한 것이다. 그렇다면 위 7성 중에는 실직성도 포함되었다고 보아도 좋을 것이다. 실직성은 동해안을 통해 하슬라 방면 으로 통하는 교통로와 삼척에서 남한강 상류로 통하는 교통로를 함께 통 제하면서 전략적 가치가 확대된 것이다.

하슬라와 이하까지 별도의 성을 구축한 점으로 보아 실직성은 자치성이 아 니라 신라에 의해 구축된 거점성이라 생각된다. 간층에게 허용되었던 자치권 은 실직성의 전략적 기능이 강화되는 과정에서 크게 약화되었을 것이다.

그런데 소지 3년에는 미질부 이북으로 이하에 이르기까지 7성이 구축되 어 있었다. 그 범위에는 삼척, 원덕, 울진, 평해, 영덕 등 비교적 넓은 해안 분지를 갖춘 지역들이 자리하고 있다. 7성은 주로 이러한 지역에서 교통 로를 통제하면서 인근 소국 지역을 통제했을 것이다. 그렇다면 이러한 변 화가 실직국에 대한 지배에서 어떠한 결과를 가져왔는지 주목된다.

예를 들면 하슬라 지역에서 대규모 노역 동원은 기존 소국 거수(渠帥)의 복속 정도로는 불가능한 일이었다. 이를 위해서는 간층 내 유력집단의 적 극적인 협조가 뒤따라야 하기 때문이다. 포항중성리신라비에 의하면 소 두고리촌(蘇豆古利村)과 나음지촌(那音支村)처럼 포항 일대에서는 최소한 5세 기 말부터 촌이 편성되어 있었다. 신라에서 촌이 처음 편성된 시기는 분명 하지 않지만 4세기 말[82] 또는 5세기 후반으로 추정되었다.[83] 필자는 의

---

81) 서영일, 『신라 육상 교통로 연구』, 학연문화사, 1999, 52~53쪽.

82) 전덕재, 『신라6부체제연구』, 일조각, 1996, 20쪽 : 「6세기 초반 신라 6부의 성격 과 지배구조」 『한국고대사연구』17, 2000, 270쪽.

83) 주보돈, 「한국 고대 촌락사연구의 발전을 위하여」 『한국고대사연구』 48, 2007,

성 지역에서 촌을 편성한 시기를 5세기 중엽 내지 말로 추정한 바 있다.[84] 하슬라 일대에서 그 시기를 확정할 만한 근거는 아직 확보되지 않았다. 하지만 원거리 지역에 대한 대규모 노역 동원은 국읍 간층과 읍락 간층을 매개로 한 동원체제가 마련되지 않으면 불가능했을 것이다. 이하성(泥河城)이 구축된 468년경에는 하슬라 일대의 읍락단위에 촌이 편성되었을 가능성이 인정된다. 그렇다면 이곳에 인접해 동해안과 영서지역을 연결하는 교통로를 통제하는 데 역할이 컸던 실직성 일대에서도 비슷한 시기에 읍락단위 촌이 편성되었을 가능성이 크다.

더 이상의 근거를 찾을 순 없지만, 다음 사료는 동해안 일대에서 성촌 지배가 더욱 강화되었음을 보여주고 있다.

> 다-4) 가을 9월에 일꾼들을 징발하여 파리(波里)·미실(彌實)·진덕(珍德)·골화(骨火) 등 12성을 쌓았다. (『삼국사기』 권4 신라본기 지증마립간 5년)
>
> 다-5) 봄 2월에 왕이 몸소 나라 안의 주(州)·군(郡)·현(縣)을 정하였다. 실직주(悉直州)를 설치하고 이사부(異斯夫)를 군주(軍主)로 삼았는데, 군주라는 명칭이 이로부터 시작되었다. (앞의 책 지증마립간 6년)

이처럼 지증 5년(504) 신라는 파리(원덕), 미실(흥해), 진덕, 골화(영천) 등 12성을 구축했다(사료 다-4). 여기서 실직 인근을 포함한 동해안 일대가 적지 않게 포함된 점이 주목된다. 이는 5세기 후반 이후 높아진 고구려와의 긴장에 대응하기 위한 조치로 이해되고 있다. 481년 고구려군이 미질부까지 진군했던 일은 신라에게는 존망이 걸린 중대한 사건이었다. 소지 16년

22~29쪽.

84) 이부오, 「문헌사료의 소문국 서술맥락과 의성지역 고총고분의 이해방향」 『의성지역 고분조사 50년과 조문국의 지배세력』, 의성조문국박물관·한국고대사탐구학회, 2013, 141쪽.

(494) 신라는 살수(薩水)에서 고구려의 침공을 막지 못하고 견아성(犬牙城)으로 후퇴했다가 백제의 지원으로 격퇴하였다.[85] 소지 18년(496) 고구려가 우산성(牛山城)을 공격했을 때엔 백제의 지원 없이 실죽(實竹)이 나아가 이하가에서 방어해야 했다.[86] 동성왕 23년(501) 백제가 탄현에 목책을 설치해 신라에 대비한 데서 알 수 있듯이,[87] 나제동맹에 균열이 생긴 것도 방어체제를 강화할 필요성을 확대시켰을 것이다.

축성활동의 확대는 소국 단위에 대한 지배를 점차 강화하는 요인으로 작용했다. 사료 다-5)에서 나라 안의 주·군·현을 정한 것은 후대의 용어로 포장되었으나, 이를 액면 그대로 받아들일 순 없다. 실제로는 거점성별로 전략적 기능과 옛 소국 단위에 대한 지배 기능을 조정한 것으로 판단된다. 소지 9년(487)의 '관도(官道)' 수리에서 보듯이,[88] 신라는 동해안 방면을 비롯한 교통로에서 거점성 간의 연결망을 정비해 나갔다. 이와 함께 남한강 상류 일대로부터 가해졌던 고구려의 측방공격에 대응할 필요성도 있었다고 생각된다.[89] 505년 실직주의 설치는 위 과정에서 기존 실직성의 기능을 강화하면서 다수 거점성에 대한 관리 기능을 부여한 것으로 볼 수 있다.

이상의 과정은 실직국에 대한 통제방식이 보다 체계화되지 않고서는 불가능한 일이었다. 이와 관련하여 오십천 하구의 남안에 위치한 오화리산성(요전산성)에서 고배편을 비롯한 신라토기가 수습된 점이 주목된다.[90] 이

---

85) 『삼국사기』권3 신라본기 소지마립간 16년.

86) 『삼국사기』권3 신라본기 소지마립간 18년.

87) 『삼국사기』권26 백제본기 동성왕 23년.

88) 『삼국사기』권3 신라본기 소지마립간 9년.

89) 홍영호, 앞의 글, 2010, 69쪽.

90) 강원문화재연구소·삼척시, 『삼척 요전산성 기본설계(지표조사) 보고서』, 2001, 69~75쪽.

산성의 구축과 실직주의 설치를 직접 연결시킬 수 있을지는 본격적인 조사를 기다려야 할 것이다.[91] 그렇더라도 오화리산성이 신라산성일 가능성은 인정될 수 있다.[92] 그런데 신라가 실직국을 포함한 동해안 항로의 전략적 요충지를 확보한 상황에서는 실직국 간층에 대한 통제도 체계화 되었을 가능성이 있다. 이러한 과정은 지역 간층이 외위를 매개로 군주나 도사의 지배에 협조하는 계기가 되었을 것이다. 외위의 편성 과정에 대해서는 뒤에서 다루고자 한다.

5. 맺음말

본고는 사료의 중층성을 전제로 실직국의 복속 과정과 이에 대한 신라의 지배형태 변화를 파악하기 위해 작성되었다. 이제 그 결과를 정리하면 다음과 같다.

실직국의 복속을 전하는 『삼국사기』 신라본기 파사이사금 23년조는 유사한 사건을 전하는 『삼국유사』 왕력의 지마이질금조와 저본을 달리해 선택적으로 정리되었다. 그 저본의 찬자는 실직국과 음즙벌국 사이의 분쟁, 그리고 사로국의 중재에 대한 자료를 소재로 실직국의 항복 과정까지 동일한 사건으로 합쳐 정리했다. 『삼국사기』에서 파사대의 정복기사는 탈해대·지마대의 대외확장을 강조한 기사와 저본을 달리해 중층적(重層的)으로 봉합되었다. 파사 23년조는 대외확장에서 파사이사금의 업적을 중시한 저본에 토대들 두었다.

왕력 지마이질금조는 신라본기 파사 23년조보다 상대적 신뢰도가 더 높

---

91) 강원문화재연구소·삼척시, 앞의 책, 2001, 95쪽에서는 요전산성의 초축 시기를 실직주 설치 전후로 판단했다.

92) 홍영호, 「고고자료로 본 신라의 실직, 하슬라 진출과 경영」『실직과 신라의 역사문화』, 한국이사부학회·신라사학회·한성백제박물관, 2014.12.6, 96~99쪽.

지만, 이는 절대적 신뢰도와는 거리가 있다. 실직국은 삼척을 국읍으로 삼아 옥계, 하장, 근덕, 원덕을 지배했다고 전하는데, 영속 관계는 변화했을 가능성이 있다. 특히 동해시 송정동 일대에도 대읍락이 존재했을 것이다. 실직국은 동해안 교통로와 영서-동해안 교통로의 결절지라는 입지조건, 동예와 진한의 중간적 위치, 그리고 오십천 하류의 자연포구를 활용해 주변 읍락을 통제하면서 음즙벌국과 교역로를 두고 경쟁했다. 3세기 후반~ 말경 동해안의 교역에서 사로국이 금관국에 대해 우위를 보이면서 실직국은 사로국이 주도하는 교역에 협조하기 시작했다. 4세기 초중엽부터 사로국과 고구려의 교섭이 본격화하는 과정에서 실직국은 사로국에 복속했다.

실직국 간층(干層)은 공납을 바치고 기항지 이용권을 제공하는 대신 읍락 간층에 대한 통제권을 유지했다. 신라가 이에 대한 간섭을 강화하면서 실직국 간층의 일부는 반란을 일으켰다가 제거되었다. 하지만 일부 간층은 여전히 자치권의 일부를 유지했다. 실직국은 하슬라성(何瑟羅城)에 비해 방어기능이 약한 편이었다. 5세기 중엽부터 고구려가 남한강 상류 방면으로부터 압박해 오면서 실직성(悉直城)의 거점성 기능은 강화되었고, 간층의 자치권은 약화되었다. 5세기 후반경 신라는 실직성 주변의 읍락들을 촌으로 편성했다. 5세기 말 이후 신라는 거점성별로 전략적 기능과 옛 소국에 대한 지배기능을 조정했다. 이 과정에서 하슬라 방면과 남한강 상류로 통하는 교통로에 대한 실직성의 역할이 중시되었고, 다수 거점성에 대한 관리기능이 부여되면서 505년에 실직주가 설치되었다. 이러한 과정은 지역 간층이 외위를 매개로 군주나 도사의 지배에 협조하는 계기가 되었다.

『이사부와 동해』 9, 2015

제3장
신라의
영역지배 편성과
지역세력의 동향

I
문헌사료의 소문국(召文國) 서술맥락과
의성지역 고총고분의 이해방향

1. 머리말

소문국(召文國)은 낙동강 상류의 한 소국으로서 존속하다가 사로국의 세력권으로 편입된 뒤 신라의 성(城)·촌(村)으로 편성되었다. 이러한 과정은 적어도 법흥왕 11년(524) 상주(上州, 경북 상주)가 설치되기 이전에 완료되었다. 그런데 관련 사료가 부족할 뿐만 아니라 그 해석도 분분하여 이러한 과정이 어떻게 진행되었는지에 대해서는 명확히 설명하기가 곤란한 실정이다.

가장 커다란 쟁점은 관련 사료를 수용하는 방식에 있었다. 『삼국사기』 신라본기에서는 벌휴이사금 2년(185) 구도(仇道)가 소문국을 정벌한 뒤 바로 영역지배를 관철시켰다고 기술한 반면, 『삼국지』 동이전 한조에서는 3세기 중후반까지 진한 소국이 개별적으로 존재했다고 기재했기 때문이다. 연구자들은 이 중에서 전자[1] 혹은 후자를 비중 있게 수용하거

---

1) 이종욱, 『신라국가형성사연구』, 일조각, 1982, 88쪽, 249~250쪽 ; 박순교, 「소문국고」『지촌김갑주교수화갑기념사학논총』, 1994, 41~52쪽 ; 이형우, 『신라초기국가성장사연구』, 영남대학교 출판부, 2000, 143쪽.

나[2]) 양자를 절충하는 노력을 기울여 왔다.[3])

그런데 『삼국사기』 초기기사의 신빙성 문제는 아직 분명히 해결되지 않은 형편이고, 『삼국지』 한조는 위(魏) 변군(邊郡)의 이민족 통제라는 관점에서 정리되었다. 이러한 상황에서 어느 한쪽을 위주로 설명하는 것은 적지 않은 한계를 안을 수밖에 없다. 그렇다고 해서 저술 배경이 전혀 다른 두 사서를 절충적으로 해석하는 것도 궁극적인 해결방법이라고 확신할 수 없다.

이와 관련하여 필자는 사로국의 세력확장과 소문국 간층(干層)의 대응을 양대 축으로 삼아 소문국 지배세력의 동향을 파악한 바 있다.[4]) 이는 낙동강 상류 방면에 대한 신라의 대외진출을 단계적으로 파악하면서 소문국 지배세력의 위상 변화를 조명하려는 시도였지만, 위와 같은 한계를 모두 극복했다고 볼 수 없다. 소문국과 사로국의 관계를 근본적으로 파악하기 위해서는 소략하게나마 전하는 사료일지라도 여기에 담긴 개별적 의미를 보다 체계적으로 분석할 필요가 있다.

한편 소문국 간층이 남긴 가장 구체적인 실물자료는 고총고분인데, 이를 관련 사료와 연결시켜 설명하기가 어렵다는 점은 널리 알려져 왔다. 의성지역에 고총고분이 조성된 시기는 4세기 후반~6세기 초인데, 이는 신라가 각 지에서 성·촌을 편성했던 시기와 많은 부분에서 서로 겹친다. 그런데 해당 시기를 정리한 사료만으로는 성·촌의 편성과 의성지역 고총고분을 연결시킬 만한 고리가 부족하여 양자는 각각 별개로 논의되어 왔다.

---

2) 주보돈, 「신라국가 형성기 김씨족단의 성장배경」 『한국고대사연구』 26, 2002, 132~133쪽 : 「문헌상에서 본 고대의 의성」 『소문국에서 의성으로』, 국립대구박물관, 2002, 152쪽 : 「문헌상으로 본 의성의 조문국과 그 향방」 『한국고대사 속의 조문국』, 경북대학교 영남문화연구원, 2010.11.18, 39쪽.

3) 박남수, 「신라 상고 김씨계의 기원과 등장」 『경주사학』 6, 1987, 9~11쪽 ; 이부오, 『신라 군·성(촌)제의 기원과 소국집단』, 서경, 2003, 58~65쪽.

4) 이부오, 「사로국의 팽창과 소문국의 지배세력」 『조문국의 성쇠와 지배세력의 동향』, 의성군·한국고대사탐구학회, 2011.

성·촌의 편성과 관련하여 문헌사학계에서는 사로국이 진한 소국을 정복한 3세기 말 이후,[5] 고구려의 영향이 강했던 5세기 초,[6] 변경의 축성활동이 활발했던 5세기 이후,[7] 사방우역(四方郵驛)이 설치되고 관도(官道)가 수리된 5세기 말 등이 주목되었다.[8] 그러나 이를 소문국 간층과 연결시켜 검증할 만한 자료는 매우 부족한 형편이다. 다만 530년대 소문군(召文郡)의 설치를 전제로 5세기 후반~말경 이 지역에서 추문촌(鄒文村)의 설치 가능성이 제기되었을 뿐이다.[9] 문헌사료에 나타나는 성·촌의 현상으로 보면 위 시기의 의성지역에 촌이 편성되었을 가능성은 인정될 수 있다. 그런데 이 견해는 4세기 후반경 신라에서 촌의 존재를 전제로 하고 있지만[10] 소문국의 복속 및 촌의 편성과 관련하여 상호 설명이 부족한 면이 있다. 고총고분기에 성·촌의 편성을 둘러싸고서 소문국 간층과 신라 국가 사이의 관계가 어떻게 변화했는지에 대해 좀 더 구체적인 접근이 필요한 상황이라 하겠다.

고고학계에서는 금공 위세품이 신라에 대한 소국 간층의 복속[11] 내지 맹주적 지위 인정이라는 측면에서 주목되었다.[12] 의성양식 토기가 보여

---

5) 이종욱, 앞의 책, 1982, 90쪽.

6) 김재홍, 「신라 중고기 촌제와 지방사회 구조」『한국사연구』72, 1991, 3~10쪽.

7) 빈전경책(浜田耕策), 「신라의 성·촌 설치와 주군제의 시행新羅の城·村設置と州郡制の施行」『조선학보(朝鮮學報)』84, 1977, 8쪽, 16쪽.

8) 주보돈, 『신라 중고기의 지방통치와 촌락』, 계명대학교 박사학위논문, 1995, 79~91쪽.

9) 전덕재, 「고대 의성지역의 역사적 변천에 관한 고찰」『신라문화』39, 2012, 9~12쪽.

10) 전덕재, 『신라6부체제연구』, 일조각, 1996, 18~20쪽 : 「6세기 초반 신라 6부의 성격과 지배구조」『한국고대사연구』17, 2000, 270~271쪽.

11) 이희준, 『4~5세기 신라의 고고학적 연구』, 서울대학교 박사학위논문, 1998, 65쪽.

12) 최종규, 「중기고분의 성격에 대한 약간의 고찰」『부대사학』7, 1983, 32쪽, 35쪽.

주는 집단 간의 유기적 관계와[13] 고총고분 주인공들 간의 위계화도 주목
되었다.[14] 그러나 고고조사가 지역과 시기 면에서 편중된 관계로 고총고
분은 그 주인공들과 신라의 관계를 구체적으로 파악하는 데 충분한 역할
을 다하지 못하고 있다. 고총고분의 주인공들이 신라의 대외진출 기사나
성·촌의 편성에서 어떠한 역할을 했는지 좀 더 적극적으로 파악할 필요가
있다.

이상의 과제를 해결하기 위해 필자는 우선 소문국 관련 기사들을 어떻
게 수용해야 하는지에 대해 관심을 두고서 몇 가지 조건들을 제시할 것이
다. 소문국 관련 기사들은 그 자체로 단절된 것이 아니라 다른 기사들과
유기적으로 연결되어 『삼국사기』 신라본기를 구성하고 있다. 이를 전제로
소문국 관련 기사들이 기술된 맥락을 파악한다면, 이 기사들에 담긴 실제
의미를 추출해 내는 데 유의미할 것으로 생각된다. 그 결과를 바탕으로 신
라가 낙동강 상류 지역에서 거점성을 확보하고 소문국 주변의 간층을 끌
어들여 성·촌을 편성하는 과정을 검토할 것이다. 이는 고총고분에 나타난
간층의 정치적 성격 변화와 성·촌 편성의 추세를 상호 유기적으로 이해하
는 데 도움을 줄 것으로 기대된다.

2. 소문국 관련 기사의 이해 조건

『삼국사기』에서 소문국 관련 내용은 낙동강 상류지역에 대한 신라의 진
출을 언급하는 과정에서 기술되었다. 따라서 소문국 관련 기사에 대한 이
해는 낙동강 상류 방면의 관련 기사들과 밀접히 연결되어 있다. 그런데 이

---

13) 김옥순, 「의성지역집단의 토기양식과 생산체제」『학산 김정학박사 송수기념논총
　　한국 고대사와 고고학』, 학연문화사, 2000.
14) 김용성, 「의성지역 고분문화의 성격」『소문국에서 의성으로』, 국립대구박물관,
　　2002, 164~171쪽.

기사들은 사로국의 성장 과정과 부합하지 않는 요소가 많아 적지 않은 논란의 대상이 되어 왔다. 따라서 소문국 관련 기사를 다루기 위해서는 이를 수용하는 근거와 방향을 우선적으로 제시할 필요가 있다.

소문국 관련 내용이 실린『삼국사기』신라본기 초기기사의 신뢰도에 대해서는 근대사학이 도입된 19세기 말부터 지금까지 기년문제를 중심으로 다양한 관점에서 논의되어 왔다.[15] 기존 연구는 대체로 왕위계보에 초점을 맞춰 초기기사를 평가해 왔다. 초기기사를 합리적으로 평가하기 위해서는 정치운영, 대외관계, 천재지변 등 다양한 분야의 기사들을 종합적으로 다뤄야 하지만, 현재의 단계에서 이러한 작업은 사실상 불가능에 가깝다. 이러한 상황에서는 모든 분야를 포괄적으로 파악하기보다 접근 가능한 측면부터 치밀하게 분석하여 유효한 결과를 얻어내는 편이 효과적일 것이다. 이에 본절에서는 낙동강 상류 방면에 대한 신라의 진출기사를 어떻게 이해해야 하는지 검토함으로써 소문국 관련 사료를 수용하기 위한 조건을 제시해 보자.

대외진출 기사를 중심으로『삼국사기』초기기사의 신뢰도를 판단하기 위해서는 우선 전체 서술에서 해당 기사들이 차지한 우선순위를 고려할 필요가 있다. 우선순위가 높을수록 편찬자의 시각을 많이 반영하거나 전후 서술에서 정합성을 우선적으로 추구했을 가능성이 크기 때문이다.

『삼국사기』신라본기 초기기사를 살펴보면 서술의 우선순위는 1. 왕위의 명분, 2. 왕호, 3. 왕위계보 순으로 평가된다.[16] 소문국 기사를 포함한 대외진출 기사는 이보다 우선순위가 떨어지는 편이다. 이는『삼국사기』나

---

15) 이부오,「일제강점기 신라사 사료비판론의 전개 -《삼국사기》신라본기를 중심으로-」『신라사학보』17, 2009 :「일제강점기《삼국사기》신라본기 초기기사 비판론에 대한 극복과정과 과제」『한국고대사연구』61, 2011.

16) 이부오,「저본 수용의 맥락을 통해 본《삼국사기》신라본기 초기기사의 이해방향」『신라사학보』21, 2011, 11~15쪽.

그 저본의 서술 과정에서 정합성을 추구하려는 노력이 상대적으로 떨어졌을 가능성을 시사한다. 또한 자료 간의 괴리를 극복하려는 노력뿐만 아니라 저본 자료를 인위적으로 조작하려는 시도도 상대적으로 적었음을 의미한다. 이상을 전제로 대외진출 기사의 서술에서 우선적으로 고려된 요소와 이것이 낙동강 상류 방면에 대한 진출 기사를 수용하는 데 시사하는 점을 파악해 보자.

신라본기 초기기사의 대외진출 기사는 개별 기사 내에서는 대체로 완결된 내용를 담고 있다. 따라서 개별 기사만으로는 신빙성 여부의 판단이 거의 불가능하다. 그런데 이 기사들은 크게 세 가지 군(群)으로 구분될 수 있다. 첫째는 파사대의 시점에서 기존에 고타소국(古陁小國) 등을 이미 확보하고 있었다는 기사들이다. 둘째는 파사 23년부터 인근 소국을 정복하기 시작했다는 기사들이다. 셋째는 벌휴 2년 소문국을 시작으로 낙동강 상류 지역의 소국들을 정복했다는 기사들이다. 세 군의 기사들은 상호간에는 시기와 공간 면에서 납득하기 어렵지만, 각각의 안에서는 별다른 문제를 보이지 않는다. 따라서 3군의 기사들은 자료 계통이 서로 달랐을 가능성이 크다. 이를 정리하는 과정에서 신라본기 혹은 그 저본의 찬자는 해당 기사의 전후 관계에 대해 면밀한 검토가 부족했다고 볼 수 있다.

그런데 대외진출 기사의 상당 부분은 관련 인물을 제시했고, 이 중에서 일부는 복수의 왕대에 걸쳐 등장한다. 이 관계를 살펴보면 해당 기사가 안고 있는 문제의 방향을 파악하는 데 도움이 될 수 있다. 우선 그 경향성을 파악하기 위해 상고기에 복수의 왕대에 걸쳐 대외활동을 했다고 기록된 인물을 정리하면 〈표 1〉과 같다.

여기서 각 인물의 관등은 시간이 흐름에 따라 동일하거나 상승한 것으로 나타난다. 개인에 대한 기록으로 한정하면, 대외활동 역시 시기에 따라 별다른 모순을 보이지 않는다. 소문국과 관련된 구도(仇道)가 아달라 19년(172)부터 줄곧 파진찬(波珍湌)이었다는 것도 예외가 아니다.

<표 1> 상고기 왕대교차 대외활동 인물 정리

이름	시기	관등	활동	비고
호공	혁거세38		마한에 사신	
	동39~		탈해에게 월성 땅 빼앗김	
	탈해2	대보 됨		
	탈해9		시림에서 알지 발견	
익종 (翌宗)	지마10	이찬(2) 됨	·	
	지마11	이찬	왜의 침입시 동요를 진정시킴	
익종 (翊宗)	첨해9	일벌찬(1)	괴곡 서에서 백제와 싸워 전사	
흥선	아달라2	일길찬(7) 됨		
	아달라14	일길찬	국서에서 백제 공격	한수(漢水)와 연계
	아달라15	이찬(2) 됨		이찬 계원 (아달라 1년에 임명) 사망
구도	아달라19	파진찬(4) 됨	·	
	벌휴2	파진찬	소문국 정복	
	벌휴5	파진찬	모산성에서 백제 격퇴	
	벌휴6		구양에서 백제와 싸움	
	벌휴7		원산향과 부곡성에 침입한 백제군을 격퇴, 와산에서 패배	부곡성주로 떨어짐
	미추2	·		갈문왕으로 추봉
구수혜	아달라19	일길찬(7) 됨	·	
	벌휴2	일길찬	소문국 정복 참여	
우로	내해14	이찬(2)?	포상8국과 싸워 가라(加羅) 구원	태자
	조분2	이찬	감문국 정복	대장군
	조분4		사도에서 왜 격퇴	
	조분15	서불감(1) 됨	겸지병마사(兼知兵事)	
	조분16		마두책에서 고구려 저지	
	첨해대		사벌국 정복	첨해 3년(7년) 사망
충훤	내해25	이벌찬 됨		이벌찬 이음(내해12 임명됨/ 포상8국 전투 참여) 사망
	내해27		우두주에서 백제군 격퇴하다가 웅곡에서 패배	진주(鎭主)로 떨어짐

이름	시기	관등	활동	비고
양부	첨해3	이찬(2) 됨		
	미추2	서불감(1) 됨	겸지내외병마사	
양질	미추20	일길찬 됨		
	미추22	일길찬	괴곡성에서 백제군 막음	
홍권	미추20	이찬(2) 됨		
	유례2	서불감(1) 됨	기무(機務)를 맡음	
	유례12	서불감	왜에 대한 공격을 반대	
장흔	유례14	일길찬(7) 됨		
	기림2	이찬(2) 됨	겸지내외병마사	
박제상	눌지2	삽량주간(干)	복호·미사흔 구출	파사5세손, 조부 아도갈문왕

* 이 표는 이부오, 「신라초기 기년문제에 대한 재고찰」『先史와 古代』13, 1999, 255
쪽 〈표〉를 일부 수정한 것이다.
* 관등의 '( )'는 관등 서열임.

 반면 각 개인이 활동한 전체 기간의 폭에서는 모순이 확인된다. 우로(于
老)의 사망 시기인 첨해 3년 또는 7년과 그 아들 흘해이사금(訖解尼師今)의
사망 시기인 356년 사이에서 세대당 사망간격이 생물학적으로 실현 불가
능하다는 점은 일찍부터 지적되었다.[17] 호공(瓠公)이 혁거세 38년(B.C.20)
부터 탈해 4년(A.D.60) 또는 9년까지 정치활동을 했다는 것은 납득하기 쉽
지 않다. 익종(翌宗)과 익종(翊宗)이 동일한 인물이라면, 그가 지마 10년
(121)부터 첨해 9년(255)까지 활동했다는 것도 실현 불가능하다. 눌지 2년
(418)경,[18] 10년(426)[19] 또는 즉위년 직후 사망했다는 박제상이 파사의 5

---

17) 금서룡(今西龍), 『신라사연구』, 근택서점(近澤書店), 1933(이부오·하시모토 시
   게루 옮김, 『신라사 연구』, 서경문화사, 2008, 24쪽).
18) 『삼국사기』권3 신라본기3 눌지마립간 2년.
19) 『삼국유사』권1 기이2 내물왕김제상. 이 사료에서는 눌지왕 '10년 을축년'이라 했
   는데, 을축년(425)은 눌지왕 9년이다. 눌지왕 10년(426)은 병인년이다.

세손(世孫)이라는 서술도[20] 납득할 수 없다. 구도가 아달라 19년부터 벌휴 7년(190)까지 활동했다는 것 자체는 문제가 없다. 미추 2년(263) 이사금의 죽은 아버지로서 갈문왕(葛文王)으로 추봉되었다는 것은 생물학적으로는 가능하지만, 뒤에서 언급하듯이 기년상의 문제를 안고 있다.

그런데 동일 인물 내에서도 자료에 따라 다르게 기록된 경우가 적지 않다. 호공이 시림(始林)에서 알지(閼智)의 탄생을 확인한 시기가 신라본기에서는 탈해 9년, 『삼국유사』 김알지탈해왕대조에서는 영평(永平) 3년(60)이라 하였다. 감문국을 정복한 우로는 신라본기에서는 첨해 3년에, 열전에서는 동 7년에 사망했다고 서로 다르게 기록되었다. 이후 감문국은 열전에서는 군현(郡縣)으로, 본기에서는 군(郡)으로 편성되었다고 전한다. 신라의 박제상이 왜로부터 미사흔을 구출한 시기는 신라본기에서는 눌지 2년(418), 열전에서는 눌지 6년(422)경, 『삼국유사』에서는 눌지 10년(426)경으로 되어있다. 소문국과 관련된 구도 기사에서는 이러한 차이가 발견되지 않는다. 이는 구도의 활동이 신라본기에서만 언급된 점과 관계가 있다. 구도의 활동도 자료에 따라 서로 다르게 기록되었을 가능성을 배제할 수 없다. 그 여부를 확인할 길은 없지만, 신라본기에 전하는 구도 관련 사료는 다수의 저본 중 하나에서 채록되었을 가능성이 크다.

위 인물들의 정복활동과 대외활동은 다른 전투기사들과 시기와 공간 면에서 적지 않게 괴리를 보인다. 예를 들면 아달라 14년(167) 흥선(興宣)은 국서(國西)에 침공했던 백제군을 치기 위해 군사 2만을 동원했는데 이때 왕이 기병 8천을 이끌고 한수(漢水)로부터 협공했다고 한다. 이는 자체 내에서는 문제가 없으나, 실제로는 신라가 한강유역으로 진출한 이후의 상황을 반영할 것이다. 내해 27년 충훤(忠萱)이 우두주(牛頭州. 춘천)에서 백제군을 격퇴했다는 것이나 미추 22년 양질(良質)이 괴곡성(괴산?)에서 백제군을 방

---

20) 『삼국사기』 권45 열전5 박제상.

어했다는 것도 당시의 상황이라고 보기 어렵다.

백제와의 군사적 충돌은 탈해대부터 미추대까지 대체로 충북 일대로부터 낙동강 상류에서 지속되다가 이후엔 오랫동안 사라진다. 백제와 관련된 구도 기사는 그 연장선상에서 기술된 것이다. 구도를 포함해 대 백제 충돌과 관련된 인물 자체 내에서는 서술의 정합성을 유지하고 있다. 그러나 탈해대 이후의 백제 관련 전투 기사들은 사로국의 성장 과정으로 보아 그대로 수용하기가 곤란하다.

대외진출 기사들은 일반적인 지방통치를 언급한 기사들과 비교해도 문제가 발생한다.『삼국사기』신라본기에서 사로국의 세력범위는 이미 탈해대부터 주(州)·군(郡)으로 편성되었다고 정리되었다. 왕대별로 온도차가 있지만 이러한 체제가 끝까지 유지되었다고 한다. 이를 그대로 인정할 수 없음은 물론이다.

이처럼 개별 인물의 관등과 대외활동에서만 정합성을 갖추고 왕대나 다른 정복기사, 지방통치 기사와 모순되었다면, 이들 기사는 대체로 개별 인물에 초점을 맞춘 저본을 수용했다고 볼 수 있다. 활동 내용으로 보아 이 저본은 해당 인물의 공적에 초점을 맞췄을 가능성이 크다. 구도 관련 기사도 개인의 활동 내에서 정합성을 보이는 점으로 보아 기본적으로 이러한 시각으로 작성된 자료에 기초했을 것이다.

신라본기에서 대외진출 기사는 기본적으로 해당 왕대의 업적과 신라의 성장을 뒷받침하는 근거로 활용되었다. 반면 대외진출 기사 상호간의 정합성에 대해서는 관심이 낮은 편이다. 왕명(王名)에 대해 이종(異種) 기록을 여러 곳에서 소개한 것과 달리, 대외진출 기사에서는 이종 기록에 대한 판단을 거의 발견할 수 없다. 군주(軍主)를 최초로 파견했다는 사실을 벌휴 2년과 지증 6년에 모두 기재하면서도 양자의 차이나 중복 문제에 대해 언급하지 않았다. 그렇다면 두 기사는 별개의 저본에서 수용되었을 것이다. 열전과 본기 사이에 내용을 다르게 전하는 기사들도 그 배경이 유사할 것이다.

이상과 같이 대외진출 기사의 상당 부분은 서로 다른 내용을 전하는 복수의 저본에서 선택적으로 수용되었다고 판단된다. 이는 구도 관련 기사에서도 예외가 아니며, 해당 기사들이 인위적으로 조작되었을 가능성이 희박함을 보여준다. 그러나 대외진출 기사의 신빙성 여부를 일일이 판단하는 것은 현실적으로 불가능하다. 다만 대외진출 기사의 개별 군(群) 내에서 나타나는 정합성과 개별 군 사이에 보이는 모순의 특징, 그리고 상호 관계를 검토한다면, 소문국 관련 기사에서 신빙 가능한 요소와 후대에 소급 정리된 요소를 파악하는 데 일정한 실마리를 기대할 수 있을 것이다.

3. 소문국 관련 서술의 맥락

『삼국사기』 신라본기에서 대외진출 관련 기사들이 정합성을 갖춘 여러 군으로 구성되었다면, 이 군들 속에서 소문국 기사들은 어떤 맥락으로 서술되었는지 파악할 필요가 있다. 본장에서는 이를 바탕으로 소문국 관련 기사들의 사료적 가치와 이해 방향을 모색해 보자.

우선 소문국과 관련된 기사들을 제시하면 다음과 같다.

가) 2월 파진찬(波珍湌) 구도(仇道)와 일길찬(一吉湌) 구수혜(仇須兮)를 좌우군주(左右軍主)로 삼아 소문국(召文國)을 정벌했다. 군주의 명칭이 여기서 시작되었다. (『삼국사기』 권2 신라본기2 벌휴이사금 2년)

나) 봄 2월 백제가 모산성(母山城)을 공격해 오니 파진찬 구도에게 명해 군사를 내어 막게 했다. (앞의 책 벌휴이사금 5년)

다) 가을 7월 구도가 구양(狗壤)에서 백제와 싸워 승리하여 500여 급(級)을 베었다. (앞의 책 벌휴이사금 6년)

라) 가을 8월 백제가 서경(西境) 원산향(圓山鄕)을 습격하고 다시 진격하여 부곡성(缶谷城)을 둘러싸므로, 구도가 경기(勁騎) 500을 거느리고 이를 쳤다. 이에 백제병이 거짓으로 달아나니, 구도가 이를 추격하여 와산

(蛙山)에 이르렀다가 백제에게 패하게 되었다. 왕은 구도에게 실책이 있다 하여 그의 지위를 떨어뜨려 부곡성주로 삼고 설지(薛支)를 좌군주(左軍主)로 삼았다. (앞의 책 벌휴이사금 7년)

이처럼 벌휴이사금 2년 소문국은 구도(仇道)와 구수혜(仇須兮)의 정벌로 사로국의 세력권으로 편입되었고(사료 가), 동 이사금 7년까지 구도는 모산성(母山城, 진천), 구양(狗壤, 괴산?), 원산향(圓山鄉, 예천 용궁), 부곡성(缶谷城, 군위 부계), 와산(蛙山, 보은) 등지에서 백제군과 전투를 벌였다고 한다(나·다·라). 여기서 좌군주(左軍主) 구도의 정복활동, 백제군과의 전투에서 잇달아 쌓은 공적, 전투의 패배에 따른 부곡성주로의 좌천, 새로운 좌군주의 임명은 대체로 자기완결적 구성을 갖추고 있다. 반면 다른 기사들과 비교하면 위 사료는 적지 않은 문제점을 안고 있다. 이를 몇 가지 측면에서 점검해 보자.

사로국이 소문국으로 진출하기 위해서는 경주로부터 의성으로 가장 쉽게 통하는 루트상의 골벌국(영천)을 장악해야 하는데, 이곳은 조분이사금대에 와서야 정복되었다고 전한다.[21] 이는 사료 가)를 이해하는 데 장애물로 인식되어 왔지만, 골벌국왕 아음부(阿音夫)가 경주로 가서 항복하고 정착할 당시에 골벌국은 이미 사로국에 복속해 있었을 가능성이 크다.[22] 골벌국에 대한 정복기사 자체는 가)를 이해하는 데 결정적인 장애요소가 될 수 없다.

그런데 이미 파사 5년(84) 고타(古陁, 안동) 지역 세력이 사로국에 청우(靑牛)를 바치고[23] 동 왕대에 사로국이 내이(奈己, 영주) 지역을 백제로부터 빼앗았다는 것은[24] 사료 가)와 부합하지 않는다. 안동-영주 선은 경주에서 영천-의성 선을 장악한 뒤에 확보하는 것이 지형적으로 가장 합리적이기

---

21) 『삼국사기』 권2 신라본기2 조분이사금 7년 및 권34 지리1 양주 임고군.
22) 이부오, 앞의 글 「사로국의 팽창과 소문국의 지배세력」, 2011, 78쪽.
23) 『삼국사기』 권1 신라본기1 파사이사금 5년.
24) 『삼국사기』 권35 잡지4 지리2 삭주.

때문이다. 물론 경주에서 포항시 기계와 청송을 거쳐 안동으로 통할 수는 있지만, 산지를 거쳐 무리하게 이 루트로 진출할 만한 동기와 여력이 사로국에게 있었는지 의문이다. 그 가능성을 완전히 배제할 순 없지만, 소국에 대한 정복과 장기적인 지배가 지리적 효율성을 무시하고서 이루어졌다고 보기는 어렵다.

또한 사로국은 파사 23년(102)부터 경주 인근의 음즙벌국(音汁伐國, 안강)에 이어 압독국(押督國, 경산)·실직국(悉直國, 삼척)의 항복을 받고 동 29년에는 비지국(比只國, 창녕)·다벌국(多伐國, 대구)·초팔국(草八國, 초계)을 병합했다고 전한다. 동 왕대에 굴아화촌(屈阿火村, 울주)도 차지했다고 한다.[25] 이러한 과정은 파사 5년 이전부터 고타 지역이 사로국에 복속해 있었다는 기술과 공간이나 시기 면에서 어울리지 않는다. 파사 23년 기사를 중시하면 사로국이 인근 소국의 대외교역을 주도해 금관국과 경쟁했을 가능성은 있지만, 파사 5년 직전에 갑자기 안동-영주 선을 장악했다고 보기는 어렵기 때문이다.

이처럼 파사대의 정복기사들 사이에 충돌이 발생하는 것은 앞장에서 언급한 것처럼 그 저본 계통이 단일하지 않았음을 시사한다. 이 기사들은 소문국 정복기사와도 저본 계통을 달리할 가능성이 크다. 경주로부터의 진출루트를 고려하면 사료 가)는 파사대의 정복기사보다 상대적인 신뢰도가 높다고 판단된다. 그렇다면 위 사료들 사이의 관계에 대해 검토할 필요가 있다. 위 사료들 자체가 자기완결적 구성을 갖췄다고 해도 이를 그대로 신뢰하기에는 여전히 적지 않은 문제가 남아 있기 때문이다.

사료 나)~라)는 전체적으로 백제와의 충돌 과정을 강조하고 있다. 그 무대는 충북~낙동강 상류 일대인데, 이는 이미 탈해대부터 사로국과 백제가 충돌했다는 기사들의 연속선상에 있다. 그러나 이는 경주로부터의 진

---

25) 이상 『삼국사기』 신라본기 파사이사금 5년, 23년, 29년 및 지리1 임관군 참조.

출이나 사로국의 성장 과정으로 보아 그대로 받아들이기 곤란하다. 벌휴 2년 소문국을 정복했다는 가)의 기술을 전제로 하더라도, 벌휴 2년부터 5년 사이에 낙동강 상류 방면과 소백산맥 너머로 멀리 진출했다는 것은 납득하기 어렵다. 더욱이 『삼국유사』 왕력에서는 흘해대에 백제가 처음으로 신라를 침공했다고 기술했고, 신라는 대체로 460~468년에 와서야 소백산맥을 넘어 진출했다고 판단된다.[26] 이를 고려하면 나)·다)·라)에 등장하는 전투 상황도 그대로 수용하기가 곤란하다. 그렇다면 가)는 나)~라)보다 우선한다고 생각된다.

다만 벌휴 7년의 원산향(圓山鄕)을 '서경(西境)'이라 표현한 것은(사료 라) 나)·다)·라)에 등장하는 다른 전투와 비교할 때 사로국의 세력범위에 대한 인식을 달리하고 있다. 사로국이 소문국을 정복한(가) 뒤 낙동강 상류에서 거점을 확보했다는 것 자체는 대체로 납득 가능한 과정이다. 상황의 전개로 보아 가)·라)에 보이는 소문국 정복과 원산향 확보는 나)·다)·라)에 등장하는 모산성·구양·와산 전투와 자료 계통을 달리해 서술되었을 가능성이 크다. 사로국의 대외진출 과정으로 보면 이 중에서 전자가 후자보다 우선할 것이다. 그 중에서도 구도가 소문국을 정복한 것과(가) 사로국이 원산향에서 거점을 확보한 것은(라) 별개의 상황을 반영한다고 판단된다. 위 사료는 자체만으로 보면 내용 구성의 정합성을 갖추었으나, 상호 모순된 내용의 저본이 결합되었음을 확인할 수 있다.

그러나 사료 가)의 소문국 기사와 라)의 원산향 서술 부분이 상대적으로 높은 신뢰도를 갖췄다는 것은 이를 신뢰할지의 여부와 별개의 문제이다. 구도의 대외활동 기록에는 또 다른 문제가 걸려 있기 때문이다.

우선 구도의 활동 시기를 당시 이사금과의 관계 속에서 파악해 보자. 구도의 딸인 옥모부인(玉帽夫人)은 벌휴이사금의 아들인 골정(骨正)과 혼인했

---

26) 이부오, 「5세기 후반 신라의 소백산맥 서록 진출과 지배형태」 『신라사학보』 10, 2007, 18쪽.

다고 하므로, 구도와 벌휴이사금은 서로 사돈관계로서 동일 항렬로 전하는 셈이다. 이를 받아들이면 벌휴대에 구도가 대외활동을 했다는 것 자체는 별다른 문제가 없다.

그런데 벌휴 7년(196)까지의 활동을 기록에 남긴 구도(仇道)는 402년에 사망한 내물마립간의 할아버지[27] 또는 아버지로 전해진다.[28] 이처럼 세대당 사망간격이 각각 103년[206년?(402년-196년?)÷2세대=103년?] 또는 206년 가까이 되는 것은(402년-196년?=206년?) 생물학적으로 불가능하다. 이 때문에 구도의 활동 시기에 대해서는 다양한 견해가 제기되었지만, 필자는 벌휴이사금대의 실제 시기를 대략 3세기 중엽으로 추정하고 있다.[29] 이에 소문국이 사로국에 복속한 시기를 대략 3세기 중엽으로 판단하고자 한다.

---

27) 『삼국사기』 권3 신라본기3 내물이사금 즉위.

28) 『삼국유사』 권1 왕력.

29) 기존 연구에서는 본문에서 언급된 세대당 사망간격을 전제로 삼고 세대당 간격의 최대치를 60년(강종훈, 「신라 상고기년의 재검토」 『한국사론』 26, 서울대학교 국사학과, 1991, 25~42쪽) 또는 40년으로 가정하여 구도의 대외활동 실제 시기는 4세기 초경이라는 견해가 유력하게 받아들여져 왔다(선석열, 「신라초기 사로국의 성장과 동이전」 『경대사론』 7, 1994, 25~34쪽). 이러한 견해는 김씨왕계만으로는 성립이 가능하지만, 석씨왕계를 함께 고려하면 문제가 발생한다. 1세대를 최대 60년으로 잡더라도 구도-미추와 병행하는 항렬의 벌휴-골정-조분-유례 사이에서는 세대당 간격이 20년이 되어 상대적으로 매우 짧게 된다. 벌휴-이매-내해-아이혜부인-유례로 적용할 경우에는 세대당 간격이 15년밖에 안 되어 생물학적으로도 사실상 불가능한 상황이 생겨난다. 구도-미추 사이의 간격을 40년으로 잡으면 더욱 납득하기 어려운 상황이 발생한다. 양측의 계보를 고려할 때 구도-미추-내물 사이에는 대략 3세대 이상이 누락되었다고 판단된다(이부오, 앞의 글 「저본 수용의 맥락을 통해 본 《삼국사기》 신라본기 초기기사의 이해방향」, 2011, 28쪽, 38~39쪽). 이와 관련하여 세대당 일정한 구간을 설정하여 구도의 활동 시기를 구하는 것은 현실적으로 불가능할 것이다. 세대당 사망간격은 개인차가 심할 수 있기 때문이다. 필자의 기년 추정은 신라본기에서 시기를 판단할 수 있는 대외관계 기사를 고려한 결과이다(이부오, 「신라초기 기년문제에 대한 재고찰」 『선사와 고대』 13, 1999, 248~251쪽).

이 경우 『삼국지』 한조에서 3세기 중엽 진한 12국이 분립되어 있었다고 한 서술이 문제점으로 떠오른다. 이 기사 때문에 사로국의 성장과 관련하여 태강(太康) 연간 서진(西晉)에 조공한 진한왕(辰韓王)이 주목되었다. 이를 전 제로 소문국이 정복된 벌휴대는 3세기 말[30] 혹은 4세기 초라는 견해가 제 출되었다.[31] 구도의 소문국 정복 시기를 3세기 후반~4세기로 본 것은[32] 이러한 견해을 전제로 구도와 내물 사이의 세대간 사망간격을 중시한 결과 이다. 왕조국가 신라의 출현을 기준으로 이곳에 대한 영역화 시점을 4세 기 전반으로 보기도 했다.[33] 그런데 『삼국지』 한조에서도 변·진한 거수들 은 여러 단계의 차등을 보였고 진한 12국은 진왕(辰王)에 속했다고 전한다. 여기서 진왕은 실제로는 진한 소국을 통솔한 '진한'을 가리킨다.[34] 이런 점 에서 진한 12국의 분립은 소국들이 독립적으로 병립했다기보다 사로국의 통솔권을 인정한 상태에서도 자치권을 유지했음을 의미할 것이다.

그런데 소문국 정복 이후 벌휴·내해이사금을 지나 조분 2년 감문국 정 복까지 낙동강 상류에서는 별도의 정복기사가 전하지 않는다. 또한 우로 가 정복하기 이전부터 사벌국(沙伐)은 이미 사로국에 '속(屬)'해 있었다고 전 한다.[35] 소문국을 정복한 시점과 사벌국을 '속'하게 만든 시점이 동일한지 의 여부는 확인할 수 없다. 그렇더라도 소문국 정복이 의성지역뿐만 아니 라 낙동강 상류의 다른 소국들에게도 점차 영향을 미치게 되었음을 시사 받을 수 있다.

---

30) 선석열, 『신라국가성립과정연구』, 혜안, 2001, 55쪽.
31) 강종훈, 『신라상고사연구』, 서울대학교 출판부, 2000, 46쪽.
32) 전덕재, 앞의 글, 2012, 13쪽.
33) 주보돈, 앞의 글, 2010, 39쪽.
34) 이부오, 「중국 사서의 서술 맥락을 통해 본 진한과 진왕」 『신라사학보』 26, 2012, 143쪽.
35) 『삼국사기』 권45 열전5 석우로.

소문국을 정복할 당시 구도와 구수혜는 각각 좌군주(左軍主)와 우군주(右軍主)였고 군주라는 명칭이 여기서 시작되었다고 기술되었다(사료 가). 최초의 군주는 지증왕 6년 이사부(異斯夫)를 실직주(悉直州) 군주로 삼았다는 기사에서도 출현한다.[36] 가)와 이 서술에서는 동일한 사실을 중복 기술하는 이유나 근거를 제시하지 않았다. 서로 다른 계통의 자료를 이용하면서도 양쪽의 신뢰도에 대한 판단을 거치지 않았다. 이로 보아 가)와 지증왕 6년 기사의 찬자는 달랐을 것이다. 이 중에서 가)의 군주는 지증왕 6년에 등장하는 군주, 즉 전략적 거점에 머무르면서 해당 방면의 성·촌을 통솔하는 일반적 의미의 군주와는 다른 존재였을 가능성이 크다.

사료 가)에서 군주는 단일한 직책이 아니라 좌군주와 우군주를 함께 가리키고 있다. 여기서는 소문국에 대한 정복 사실만을 강조했지만, 이들의 활동이 여기서 끝났다면 후대의 군주와 비교될 이유는 없었다. 이 기사의 군주는 바로 나)~라)와 같은 활동을 전제로 한 것이다.

사료 나)에서는 모산성(母山城, 진천)에 침입한 백제군을 구도가 군사를 이끌고 가서 막았고, 다)에서는 괴양(狗壤, 괴산?)에서 구도가 백제군과 싸워 승리했다. 두 지점은 모두 문경에서 이화령 주변의 고개를 넘어 괴산으로 통하는 루트에 위치한다. 그런데 라)에 따르면, 신라군은 부곡성(缶谷城, 군위군 부계)-원산향(圓山鄕, 용궁)-와산(蛙山, 보은) 선에서 백제와 충돌했다. 이 중에서 원산향은 구양-모산성으로 통하는 지점에 위치하는 반면, 와산은 용궁보다 상주를 통하는 편이 효율적이다. 따라서 라)는 괴산-문경 선과 보은-상주 선을 옮겨가며 벌어진 전투를 서술했거나 양쪽 루트에서 별도로 벌어진 전투를 하나의 사건으로 정리했을 것이다. 어느 쪽이든 가)~라)는 신라가 소백산맥 선을 장악한 뒤 용궁-괴산-진천 선과 상주-보은 선에서 백제와 대결하던 이후의 상황을 반영한다. 경주에서 위 선으로 접

---

36) 『삼국사기』권4 신라본기4 지증마립간 6년.

근하기 위해서는 공통적으로 의성을 거치는 루트가 가장 효율적이다. 이런 점에서 최초의 군주라는 구도(仇道)가 가)~라)에서 모두 등장하는 것을 우연의 일치만으로 돌릴 순 없다.

신라는 의성을 거점으로 삼아 낙동강 상류와 충북 일대로 통하는 루트를 장악했다. 또한 의성은 영천에서 안동-영주-죽령을 통해 한강 상류를 거쳐 고구려와 통하는 길목이기도 했다. 위 루트의 결절점인 소문국 지역이 중심 거점의 역할을 하면서 이곳에 파견된 성주는 위 루트들에 대한 관리 기능을 담당했을 가능성이 크다.

이상과 같이 구도·구수혜를 좌·우군주라 한 것은 우선 소문국 정복을 계기로 점차 낙동강 상류의 여러 소국들이 복속하게 되었음을 고려한 것이다. 나아가 소문국을 거점으로 삼아 낙동강 상류-충북 일대 루트와 안동-죽령 루트를 장악해 간 과정을 고려했다고 볼 수 있다. 좌·우군주는 이상의 역할을 후대의 군주 기능에 빗대어 표현한 것이다.

이 중에서 충북 일대에서 백제와 충돌한다는 내용은 신라가 소백산맥 너머로 진출하기 시작한 460~468년 이후의 상황을 소급한 결과라고 생각된다. 앞장의 검토를 고려할 때, 그 내용은 인물과 대외활동 중 한쪽을 소재로 다른 한쪽을 덧붙여 정리한 것으로 볼 수 있다. 그런데 인물과 대외활동에 대한 기사 중에서는 인물 쪽의 우선순위가 더 높았다. 앞의 사료에서 대외전투의 대부분은 당시의 일로서 받아들이기 곤란한 내용으로 채워져 있다. 반면 사료 가)·나)·다)·라) 자체만으로 보면 구도의 활동은 내용상의 정합성을 갖추고 있으며, 구도와 벌휴이사금의 관계에서도 별다른 문제를 보이지 않는다. 그렇다면 위 사료들이나 그 저본은 벌휴이사금과 연계된 구도 계통의 가계자료에 바탕을 두었다고 볼 수 있다. 벌휴대의 대외 군사활동이 모두 구도와 관련된 것도 이와 무관하지 않을 것이다.

만일 5세기 후반 이후 소백산맥 일대에서 진행된 군사활동을 위 사료의 찬자가 최초로 기술했다면, 신라본기의 다른 왕대에서도 대외진출 기사들을 위 사료와 어울리게 정리했을 가능성이 크다. 그러나 위 사료는 다른 대외진출 기사들과 모순을 보이므로, 위 사료 또는 저본의 찬자는 신라본기 초기기사에 기재된 대외진출 기사들을 최초로 한꺼번에 정리했다고 보기 어렵다. 위 사료 또는 저본의 찬자는 이를 구도 계통의 가계자료에서 수용했다고 판단된다. 그 과정에서 신라본기 지증마립간 6년조를 비롯한 다른 기사와의 정합성을 고려하지 못한 것이다.

이상과 같이 소문국 관련 사료는 구도의 소문국 정복을 소재로 삼아 낙동강 상류 방면에 대한 진출과 5세기 중후반 이후의 군사활동을 소급하여 정리한 것이다. 그 중에서도 소문국은 신라가 낙동강 상류−소백산맥 방면으로 진출하는 데 전략적으로 중요한 거점이었다. 위 사료에서 구도가 지속적으로 등장하고 최종적으로 부곡성주가 되었다는 것은 의성지역의 전략적 가치를 전제로 한다. 이는 3세기 중엽부터 5세기 후반 이후까지 낙동강 상류 방면에 대한 신라의 지배 방식과 소문국 간층의 역할에 적지 않은 영향을 미쳤을 것이다. 그 구체적인 내용에 대해서는 장을 달리하여 살펴보려 한다.

4. 의성지역 고총고분의 간층(干層)과 성·촌의 편성

사료상으로는 벌휴이사금대부터 사로국이 소문국에 대해 영역지배를 관철한 것처럼 전한다. 반면 의성지역 고총고분의 규모와 위세품은 대체로 4세기 후반부터 6세기 초까지 기존 간층의 자치적 세력기반이 일정 부분 유지되었음을 시사하고 있다. 그런데 이 기간까지 신라는 각 지에서 점차 성·촌을 편성해 나갔다. 전략적 중요성이 큰 의성지역에 대해서는 이러한 편성이 더욱 적극적으로 추진되었을 개연성이 있다. 이처럼 의성지역 고총고분은 신라의 영역지배 강화와 소문국 간층의 자치적 기반 유지라는 두 가지 상반된 요소를 동시에 내포하고 있다. 본장에서는 이를 전제로 당시 간층의 재편방향을 파악할 것이다. 나아가 낙동강 상류 방면에 대한 신라의 성·촌 편성 과정에서 소문국 주변 간층의 역할과 위상 변화를 밝혀 보려 한다.

1) 고총고분에 나타난 간층의 재편 방향

소문국을 정복한 신라의 입장에서는 이 일대에 근거한 간층과의 관계를 안정시키고 이들로부터 협조를 구하는 일이 절실한 과제였다. 소문국 간층도 기존 세력을 최대한 유지하면서도 신라와의 관계에서 자신의 역할을 확대할 필요가 있었다. 그러면 이러한 상황 속에서 소문국 간층이 어떻게 재편되었는지 고총고분의 분포를 통해 파악해 보자.

소문국이 사로국에 복속한 직후의 의성지역 목곽묘는 아직 정식으로 조사된 바가 없다. 다만 소문국에서는 중심세력을 제거하거나 다른 지역으로 이주시켰다는 기록이 전하지 않는다. 또한 대리리 고총고분 주변부에 대한 시굴조사에서 원삼국기 목곽묘부터 5세기 목곽묘까지 조사된 점으로 보아[37] 기존 소문국 간층은 고총고분기에도 대체로 세력을 계승했을 가능성이 크다.

의성지역 고총고분 중에서는 제1군인 쌍계천 유역의 금성면 탑리·대리리 일대의 고분군이 봉분의 크기와 수량에서 최고 정점을 이룬다. 이 일대가 소문국 간층이 근거했던 국읍이었다는 데 이견이 없다. 제2군은 미천 유역의 단촌면 후평리 일대 고분군이다. 이곳은 6세기 중엽의 성산산성 목간에서 행정촌으로 기록된 구벌(仇伐)로 추정되고 있는데, 경덕왕대 이전까지 구화현(仇火縣)이었다.[38] 제3군은 낙동강 본류에 인접한 다인면 달제리·평림리 일대의 고분군이다. 이 일대도 경덕왕대 이전까지 달이현(達已

---

37) 경상북도문화재연구원, 『의성 소문국사적지 공원화사업지구내 시굴조사보고서』, 2004.

38) 『삼국사기』 권34 지리1 상주 고창군.

縣)으로 편성되었다고 한다. 제2·제3군은 제1군보다 분구의 규모나 숫자에서 상대적으로 떨어지지만,[39] 고분군의 규모나 후대의 행정구역 편성으로 보아 사로국으로 복속할 당시에는 국읍 내지 그 휘하의 대읍락이었을 가능성이 크다.

그런데 제2군의 후평리 일대는 의성 금성면에서 안동—영주—죽령으로 통하는 루트에 위치하며, 제3군의 달제리·평림리 일대는 금성면에서 상주—와산(보은)으로 통하는 루트에 근접한다. 봉분의 규모와 수량에서 가장 두드러진 제1군은 양쪽 루트의 결절점에 위치한다. 개별 루트상에 위치한 제2·제3군의 고총고분은 이보다 다소 떨어지지만 나머지 고분군에 비하면 두드러진 규모와 수량을 보인다. 반면 경덕왕대 이전 까지 무동미지(武冬彌知)였던 단밀면 생송리·낙정리, 경덕왕대 이전에 아화옥현(阿火屋縣)이었던 비안면 옥연리, 경덕왕대 이전에 열혜현(熱兮縣)이었던 옥산면 임암리·구성리 등지에서는 중규모 고분이 조사되었다. 경덕왕대 이전에 칠파화현(柒巴火縣)이었던 의성읍 일대에서는 조사가 미미한 편이다.[40]

이처럼 의성 일대에서도 중규모 이하의 고분군을 조성한 세력과 달리 신라의 대외진출에서 전략적 거점이나 결절점에 위치한 제1군·제2군·제3군 고분군의 주인공들이 두드러진 세력을 이룬 것은 기존 세력기반을 바탕으로 신라와 유대관계를 강화한 점과 관계가 있다고 생각된다. 신라는 이상의 전략적 루트를 유지하기 위해 그 인근, 특히 결절점 인근의 간층을 차별적으로 지원하고 이들로부터 협조를 얻었다고 볼 수 있다. 그 과정에서 탑리·대리리 일대의 국읍 간층은 기존 자치권과 함께 소문국 내에서 최고의 위상을 유지하였다. 제2군인 후평리 일대와 제3군인 달제리·평림리 일

---

39) 이상의 고분 분포상에 대해서는 다음을 참조함. 대구대학교 박물관,『의성군 문화유적지표조사 보고』, 1987 ; 의성군·대구대학교 중앙박물관,『문화유적분포지도-의성군-』, 2005.

40) 이부오, 앞의 글「사로국의 팽창과 소문국의 지배세력」, 2011, 94~95쪽.

대 간층의 위상은 이보다 떨어지지만 기존의 세력기반을 어느 정도 유지했다고 볼 수 있다. 나머지 지역에 위치한 간층들은 소문국이 신라에 복속한 뒤 상대적으로 소외되었다고 생각된다.

문제는 이들이 주변 읍락집단 혹은 신라와 구체적으로 어떤 관계를 유지했고 국읍 내 간층 사이의 관계는 어떠했는가 하는 점이다. 이를 직접 설명하는 자료는 없지만 주요 고총고분의 위세품은 간접적인 자료가 될 수 있다. 여기서 제2장 182쪽의 〈표 1〉이 참고가 될 수 있다.

여기서 제2군인 후평리 고분의 묘곽은 규모나 위세품이 제1군인 탑리·대리리 고분군보다 확연하게 떨어진다. 후평리 고분이 도로 확장 과정에서 구제발굴로 조사된 점을 고려하면, 이 고분의 주인공은 후평리 지역 최고 간층과 거리가 있을 것이다. 따라서 〈표 1〉을 가지고 소문국 국읍 집단과 후평리 집단의 관계를 설명하는 데에는 한계가 있다. 또한 같은 미천 유역에서 그 북서쪽으로 떨어진 조탑리 서곽의 주인공은 원래 쌍계천 유역의 소문국보다 안동의 고타국(古陁國)과 유대관계가 강했을 가능성이 크다. 이들 지역에서 의성양식 토기가 분포하는 것은 소문국의 간층이 신라와의 유대관계를 바탕으로 이 지역에 대한 영향력을 행사했음을 의미할 것이다.

탑리고분·대리리 2호에서 보듯이 동일한 봉분 내에서 오랜 기간 동안 다수의 묘곽이 순차적으로 조성되었고, 인접한 공간에서 대형 봉분이 연속적으로 축조되었다. 특히 대리리 2호에서는 A1호를 중심으로 하는 1차봉토(A봉토)가 조성된 뒤 여기에 덧대어 B-1호를 중심으로는 2차봉토(B봉토)에 이어 배장곽이 조성되었다.[41] 이는 동일한 가계집단의 세력기반이 장기간 지속적으로 유지되었음을 보여준다. 대형분에서 광범위하게 이루어

---

41) 경상북도문화재연구원, 『의성 대리리 2호분 Ⅰ』, 2012, 32쪽 도면1 및 『의성 대리리 2호분 Ⅱ』, 2012, 158쪽.

진 순장은 간층이 기존의 세력기반을 토대로 수하인들 혹은 가계 구성원들과의 유대관계를 사후 세계까지 연장하려 했음을 알려준다. 국읍 간층 내에서 가계집단의 세력기반은 대체로 장기간 유지되었음을 알 수 있다. 다만 대규모 고총고분이 탑리와 대리리에서 동시에 조성된 점으로 보아 소문국 간층 내에서는 대체로 두 세력집단이 권력을 분점하여 연립적 지배구조를 형성했다고 판단된다.[42]

그 중에서도 탑리고분 집단은 고총고분 초기부터 지속적으로 최고 간층의 지위를 유지하였다. 이는 기존의 탑리 1·2곽에 이어 3~5곽이 연속적으로 조성된 점을 통해 알 수 있다. 대리리 2호·3호·5호처럼 대리리 고분군에서는 탑리 1·2곽보다 시기적으로 내려오는 간층의 고총고분이 새롭게 확인된다.[43] 이 묘역에서 이전 단계의 목곽묘가 확인되는 점으로 보아 그 주인공들은 탑리고분 집단으로부터 분화되었다기보다 대리리 고분군 묘역에 매장된 기존 집단을 계승했을 가능성이 더 크다. 탑리고분을 이은 유력묘는 6세기 초 이후에는 북쪽에 인접한 학미리고분군으로 이동하였다.[44] 그런데 탑리·대리리 고분군의 봉분 내에서 묘곽이 추가되는 과정을 보면 가계집단별로 위세품의 변화가 적지 않다.[45] 전체적으로는 국읍 간층이 기존 세력기반을 대체로 유지하는 가운데 가계집단별로 세력의 부침이 적지 않게 진행되었다고 볼 수 있다.

이들 묘곽의 상당수는 적석목곽묘 혹은 변형적석목곽묘로 축조되었고, 이것이 목곽묘와 동시에 조성된 사례도 많다. 금동관, 금동(은제) 관모처럼

---

42) 이부오, 앞의 글 「사로국의 팽창과 소문국의 지배세력」, 2011, 103~104쪽.

43) 탑리 II곽이 대리리 2호 A-1곽·B-1곽, 대리리 3호 2곽과 같은 단계라는 견해도 제시되었다(경상북도문화재연구원, 『의성 대리리 2호분 II』, 2012, 175쪽 〈표 20〉).

44) 경북대학교 박물관, 『의성 대리리 3호분』, 2006, 150쪽.

45) 이부오, 앞의 글 「사로국의 팽창과 소문국의 지배세력」, 2011, 100~101쪽.

높은 등급의 위세품을 부장한 주인공들은 모두 적석목곽묘 혹은 변형적석목곽묘를 이용했다. 적석목곽묘가 경주세력과의 유대관계를 반영한다는 점은 잘 알려져 있다. 금은 위세품의 제작처와 정치적 성격에 대해서는 아직 논란의 여지가 있지만, 적어도 보유 여부에 대해 신라 국가가 상당한 통제를 가했다고 생각된다. 따라서 경주세력과의 유대가 간층 내 집단 사이의 세력관계에 적지 않게 작용했음을 알 수 있다.

금동관을 비롯한 위세품은 복수의 가계집단에서 동시에 보유된 점으로 보아 소문국 간층을 유일하게 대표하는 상징물이기보다 복수의 유력한 가계집단을 각각 대표하는 상징물로 판단된다. 또한 내물마립간 2년 각 지역 세력에게 '직(職)'을 1급씩 수여했다는 기록을[46] 함께 고려할 때, 위 〈표〉에 나타나는 차별적인 위세품은 간층 내의 유력한 가계집단의 대표자임을 보여주는 상징물인 동시에 신라로부터 이 지역의 통치를 승인받은 직임의 상징물로 볼 수 있다.[47]

다만 신라에서 금관이나 금동관이 부부에게 모두 부장된 사례가 있으므로,[48] 위 〈표〉에서도 금동·은제 과대 이상의 고급 위세품을 보유한 주인공 중에는 여성이 포함되었을 개연성이 있다. 그렇다면 소문국 간층이 보유한 위세품은 그 자체로 공식적 직임을 상징하기보다 주변 지역에 대한 자치권이나 신라와의 협조 과정에서 일정한 지위를 승인받은 가계집단의 상징으로 판단된다.

5세기 중엽 이후 국읍 간층 내에서 금은과대 이상의 위세품을 보유한 가계집단의 수는 증가하는 경향을 보인다. 이를 촉발한 계기는 이상의 검토로 보아 간층 내의 경쟁보다 낙동강 상류 방면에서 지배력 확대를 추구하

---

46) 『삼국사기』 권3 신라본기3 내물이사금 2년.
47) 이부오, 앞의 글 「사로국의 팽창과 소문국의 지배세력」, 2011, 105쪽.
48) 박보현, 『위세품으로 본 고신라사회의 구조』, 경북대학교 박사학위논문, 1995, 20쪽.

던 신라와의 관계 변화에 있었을 가능성이 크다. 그 만큼 소문국 일대에 대한 신라의 지배 과정에서 기존 간층의 역할이 중시되는 동시에 고총고분 기에 나타난 세력 재편의 결과가 신라의 지배 과정에서도 반영되었을 가능성이 시사된다.

2) 성·촌의 편성과 간층의 역할

고총고분이 조성된 4세기 후반~6세기 초에 신라는 낙동강 상류 방면에서 성·촌을 편성해 나갔다. 이에 본절에서는 앞절에서 살펴본 간층의 재편을 토대로 소문국 일대에서 성·촌이 편성된 과정과 간층이 담당했던 역할의 변화를 검토해 보기로 한다.

앞서 언급한 것처럼 소문국이 복속한 뒤 신라가 낙동강 상류~충북 일대에서 부곡성, 모산성, 원산향을 확보했다는 기록은(사료 나·라) 구도의 활동을 소재로 5세기 중후반 이후의 상황을 소급하여 정리한 것이다. 신라는 경주로부터 영천-의성을 거쳐 소백산맥 방면으로 통하는 루트를 중시했고 이 선상에서 다수의 성이 확보되었음을 알 수 있다. 사료상으로는 그 과정이 잘 드러나지 않는다. 『삼국사기』 신라본기에서는 미추 5년의 봉산성, 동 17년·22년의 괴곡성이 백제와 충돌한 지점으로 나타나고 동 23년 국서제성(國西諸城)이 순행 대상으로 언급된 뒤에는 구체적인 성 이름이 사라진다. 이후 자비 13년(470) 삼년산성 구축을 시작으로 변경 지역에서 축성활동 기사가 급증한다.

이 때문에 기존 연구에서는 신라의 성·촌 편성과 관련하여 5세기 말이 주목되어 왔다.[49] 그런데 5세기 말 소백산맥 주변에서 활발해진 축성활동은 고구려·백제와의 관계가 긴박해진 데 따른 대응의 성격이 강하다. 또한 경주로부터 이곳에 이르는 거점을 제대로 확보하지 못한 상황에서는 소

---

49) 빈전경책(浜田耕策), 앞의 글, 1977, 8쪽, 16쪽.

백산맥 일대의 성들을 유지하는 것 자체가 불가능했을 것이다. 따라서 낙동강 상류 지역에서 성의 확보는 5세기 말부터 이루어졌다기보다 소문국의 복속 이후 어느 시점부터 5세기 말까지 지속적으로 이루어졌다고 보는 편이 합리적이다.

사료 나)~라)에서 의성으로부터 와산에 이르는 루트가 중시된 점과 소지 22년 왕이 '날이군(捺己郡)'(영주)에 거둥한 점으로 보아 적어도 5세기 말 이전부터 신라는 의성으로부터 상주 방면과 죽령 방면으로 통하는 루트 상의 주요 거점에 성(城)을 확보했다고 생각된다. 소지 7년(485) 신라가 구축한 구벌성(仇伐城)은 본래 구화현(仇火縣)이었던[50] 의성군 단촌면일 가능성이 큰데, 이는 낙동강 상류 방면에서 최초로 확보된 성이 아니라 기존에 확보된 루트를 보강하기 위해 새롭게 구축한 거점이었을 것이다.

사료 라)로 보아 신라는 소문국이 복속한 이후의 일정 시점부터 5세기까지 부곡성과 같은 거점성을 위 루트상에서 점차 확보했다고 볼 수 있다. 예를 들면 눌지 1년(417) 마립간은 고구려·왜에 인질로 갔던 아우들을 구해오기 위해 수주촌(水酒村, 예천)[51]간(干) 벌보말(伐寶靺), 일리촌(一利村, 성주)[52]간(干) 구리내(仇里迺), 이이촌(利伊村, 영주?)간(干) 파로(波老)를 불러 자문을 구했다. 이들은 기존 소국의 간층일 가능성이 크다. 낙동강 상류 각 지에 근거한 국읍 단위의 최고 간층을 경주로 불러 마립간의 자문에 응하도록 했다면, 국가적 중대사와 관련하여 국읍 단위에 상당한 지배력이 행사되었음을 알 수 있다.

---

50) 『삼국사기』 권34 잡지3 지리1 상주.

51) 이병도 역주, 『삼국사기』 하, 을유문화사, 1983, 181쪽.

52) 성주군(星山郡)이 원래 일리촌(一利郡)이었다하고(『삼국사기』 권34 지리 성산군), 후삼국시대의 선산 동쪽에도 일리천(一利川)이 보인다(『삼국사기』 권50 열전10 견훤). 그런데 본문 사료의 촌간들이 거의 후대의 군(郡) 중심부 출신인 점으로 볼 때, 일리(一利) 지역도 옛 소국의 중심부일 가능성이 크다. 그렇다면 '일리촌'은 성주 지역을 가리킬 것이다.

그런데 위 간들의 근거지가 모두 낙동강 상류 지역이라는 점을 고려하면, 4세기 말 이후 신라가 고구려와 우호관계를 강화하면서 그 영향도 강하게 받았던 점이 주목된다. 내물마립간 37년(392)에는 실성(實聖)이 고구려에 볼모로 파견되었고,[53] 내물 45년(400)에는 신라에 침입한 왜군을 격퇴하기 위해 고구려가 대규모 구원군을 파견해 주었다.[54] 이는 신라에 대한 고구려의 영향력을 더욱 강화하는 계기가 되었다. 실성마립간 11년에는 다시 내물마립간의 아들 복호가 볼모로 파견되었고, 눌지마립간의 즉위 과정에서 고구려가 간여할 정도였다.[55] 이러한 상황에서 신라가 영역 내에 대한 주권을 유지하기 위해서는 변경 지역 세력을 보다 효과적으로 관리할 필요가 있었을 것이다. 낙동강 상류의 간층에 대해 긴밀한 협조를 요구한 것은 바로 이러한 상황에서 신라 국가가 기존 소국의 간층에 대한 지배의 안정을 추구했음을 보여준다.

또한 503년에 건립된 포항냉수리비에 따르면, 촌주(村主)들의 협조 하에 진이마촌(珍而麻村)의 재(財) 문제가 처리되었다. 그런데 이 재는 이미 실성대(402~417)·눌지대(417~458)의 왕교(王敎)를 통해 절거리(節居利) 집단의 소유로 인정된 바 있다. 마립간이 읍락 내 소유권 문제에 대해 결정권을 행사했다면, 읍락 단위의 중대한 문제에 대해 신라 국가의 통제력이 상당히 확보되었음을 알 수 있다. 이는 경주 인근의 사례인데, 낙동강 상류 지역에서도 동일하게 진행되었는지 궁금해진다.

5세기 초경 소문국 지역에서는 탑리 1곽의 주인공이 금동관을 보유하고 2곽의 주인공이 금동 관모를 보유했다(제2장 182쪽의 〈표 1〉). 이러한 위세품과 탁월한 봉분의 위치, 그리고 규모로 보아 이들은 국읍 최고 간층으로서

---

53) 『삼국사기』 권3 신라본기3 내물이사금 37년.
54) 한국고대사회연구소 편, 『역주 한국고대금석문』 제1권, 가락국사적개발연구원, 1992, 12쪽.
55) 『삼국사기』 권3 신라본기3 실성이사금 11년 및 눌지마립간 즉위.

국읍 내에서 기존의 자치권을 어느 정도 인정받았다고 생각된다. 그런데 비슷한 시기의 압독국 국읍 지역에서는 서로 다른 가계집단이 동시에 금동관을 보유했다.[56] 따라서 탑리 고분의 주인공이 당시 소문국 국읍 지역에서 금동관과 금동 관모를 유일하게 보유했다고 단정할 수는 없다. 그렇더라도 국읍 일대에서도 탁월한 고분의 입지나 황남대총 남분 은관(銀冠)과 유사한 형태의 새깃털형 금동관 입식(立飾)으로 보아 당시 탑리 고분의 주인공은 국읍 지역에서 최고의 간이었을 가능성이 크다. 반면 읍락 단위에서는 이에 준하는 고총고분이 확인되지 않는다. 그렇다면 탑리 고분의 주인공은 위 촌간들처럼 국읍 지역을 대표해 인근 읍락의 간들을 통솔해 신라의 지배에 협조했다고 볼 수 있다.

이처럼 국가적 사안을 매개로 국읍 간층에 대해 적극적인 지배가 이루어지고 이들을 매개로 인근 읍락을 통제했다면, 이는 소국 주수(主帥)의 복속이나 의례적 조공의 단계를 이미 넘어섰음을 알 수 있다. 당시 신라는 박제상을 양산 지역에 '삽량주간(歃良州干)'으로 파견했다.[57] 금호강 유역에서는 이미 첨해 14년(261)에 달벌성(達伐城)을 쌓고 나마(奈麻) 극종(克宗)을 성주로 파견했다고 전하는데,[58] 그 성기층(城基層)에서는 황남동 109호 3·4곽 단계와 유사한 고배가 출토되었다.[59] 또한 구도가 부곡성의 성주였다는 기사로 볼 때, 소문국의 복속 이후 5세기 초까지 신라는 위 루트 상에서 부곡성을 포함해 복수의 거점성을 확보했다고 판단된다. 따라서 낙동강 상류 방면에서도 거점성을 매개로 읍락 단위에 대한 통제가 일정하게 실현되었을 가능성이 있다. 탑리 1·2곽으로 대표되는 국읍 간층은 기존 소국

---

56) 이부오, 앞의 책, 2003, 159쪽.

57) 『삼국사기』권45 열전5 박제상.

58) 『삼국사기』권2 신라본기2 첨해이사금 15년.

59) 윤용진, 「한국초기철기문화에 관한 연구 —대구지방에서의 초기철기문화—」『한국사학』11, 1990, 125쪽.

내에서 자치권을 인정받는 대신, 위 루트상에 파견된 성주의 통제에 협조한 것이다. 이 과정에서 인근 읍락 간층에 대한 국읍 간층의 통솔권이 유지되었다고 볼 수 있다.

그런데 501년으로 추정되고 있는[60] 포항중성리비에서는 나소독지도사 휘하에 소두고리촌과 나음지촌이 보인다. 503년의 냉수리비에서는 탐수도사 휘하에 진이마촌이 확인된다. 비문의 발견 지점을 고려하면 이러한 촌은 국읍 단위이기보다 국읍 휘하의 읍락을 단위로 편성되었을 것이다. 그렇다면 적어도 5세기 말부터 경주 인근에서는 국읍 휘하의 읍락 단위가 촌으로 편성된 셈이다. 진이마촌에서 이미 실성대(402~417)·눌지대(417~458)부터 왕교를 통해 재의 소유를 결정한 점을 고려하면, 경주 인근에서는 읍락 단위 촌의 편성이 더 빨랐을 가능성도 있다.

변경 지역을 살펴보면, 524년의 봉평비에서 거벌모라의 산하 지역으로 추정되는 남미지촌, 태노촌, 아대혜촌, 갈시조촌 등이 확인된다. 이 촌들은 읍락 단위 촌일 것이며, 도사가 파견된 거벌모라는 성 또는 국읍 단위 촌으로 볼 수 있다. 그런데 거벌모라 주변의 변경에 위치한 성에 화재가 발생해 성·촌에서 크게 군대를 일으켰다.[61] 여기서 성은 거벌모라를 가리킬 가능성이 크므로 이 일대는 성 휘하에 읍락 단위 촌이 편성되었던 것이다. 대체로 성·촌은 병렬적 관계 외에 성과 그 아래의 읍락 단위 촌을 포괄적으로 지칭했다고 생각된다.

이러한 문제와 관련하여 이미 4세기 말경 신라가 고구려와의 교류를 통해 촌이라는 용어를 차용하여 처음 사용했거나[62] 읍락의 하위집단들이 자칭한 구역을 촌이라 했다는 견해가 제출되었다. 이후 5세기 후반경 직접지

---

60) 주보돈, 「포항중성리신라비의 구조와 내용」 『한국고대사연구』 65, 2012, 139쪽.

61) 한국고대사회연구소 편, 『역주 한국고대금석문』 제2권, 가락국사적개발연구원, 1992, 15쪽, 19쪽.

62) 전덕재, 앞의 책, 1996, 20쪽 : 앞의 글, 2000, 270쪽.

배의 실현을 계기로 촌주제가 시행되었다는 것이다.[63] 촌의 출현과 제도화는 대체로 별개의 단계로 파악되고 있는 것이다.

일단 4세기 말경 고구려의 촌이 신라에 알려졌을 가능성은 충분하다. 그러나 이것이 신라에 도입되었는지 증명하는 것은 현재로서는 불가능하다. 이와 관련하여 필자는 눌지마립간대 초에 국읍을 대표하는 촌간의 존재를 중시하여 5세기 초경 변경의 일부 지역에서 국읍과 읍락이 촌으로 편성되었다고 본 바 있다.[64] 그러나 읍락 단위 촌의 사례를 확인할 수 없는 점을 고려하면, 현재로서는 당시 국읍과 읍락에 별개의 촌이 설치되었다고 보는 것은 무리가 있다고 판단된다.

앞서 살펴본 촌간의 사례처럼 당시까지 국읍은 거점성주가 주변 세력을 통제하는 단위의 역할을 했다. 이에 따라 촌간들의 근거지인 국읍 단위가 촌으로 인식되었을 것이다. 그렇다면 위 촌간들의 근거지로 통하는 결절점인 소문국의 국읍도 촌으로 인식되었다고 짐작된다. 그러나 위 사례로 보면 촌의 제도화나 읍락 단위별 편성은 미흡했다고 판단된다. 다만 국읍 단위가 촌으로 인식된 것은 기존에 자치권을 인정받던 소국 단위가 점차 통치 단위로 변화하는 과정을 보여준다.

그런데 중성리비의 건립시기가 441년일 경우[65] 신라에서 촌의 제도적 편성은 좀 더 올라갈 수도 있다. 현재로서는 501년에 무게가 실린 상태에서 441년의 가능성을 배제하지 못하는 정도이기 때문에 단언할 수는 없다. 그러나 후자의 가능성을 열어놓은 상태에서 논의를 진행할 필요가 있다.

---

63) 주보돈, 「한국 고대 촌락사연구의 발전을 위하여」 『한국고대사연구』 48, 2007, 22~29쪽.

64) 이부오, 앞의 책, 2003, 163쪽.

65) 노중국, 「포항중성리비를 통해 본 마립간시기 신라의 분쟁처리 절차와 6부체제의 운영」 『한국고대사연구』 59, 2010, 63쪽.

소문국에서는 언제부터 촌이 편성되고 성·촌이 위계화되었는지 불분명하다. 다만 의성지역과 관련하여 중고기까지 진행된 촌의 변화방향은 촌의 편성 과정을 파악하는 데 일정한 단서를 제공할 가능성이 있다. 소지 7년(485) 신라가 구축한 구벌성은 의성에서 죽령 방면으로 통하는 루트에 대한 관리를 강화하려는 목적을 가지고 있었는데, 이를 위해서는 단촌(구화) 지역 간층의 협조가 필수적이었다. 신라는 이미 자비 13년(470)까지 보은에서 3년 동안 삼년산성을 구축할 정도로 인력·물자 동원을 체계적으로 운영하고 있었다. 소지 8년(486)에는 일선(一善) 지역의 정부(丁夫) 3천 명을 징발하여 삼년산성(三年山城)과 굴산성(屈山城, 옥천 청산면)을 고쳐 쌓았다. 이 정도 인력을 동원하기 위해서는 국읍 산하의 읍락 간층을 매개로 그 휘하의 인력을 동원할 필요가 있었다.

좀 더 구체적인 근거는 중고기의 남산신성비 구축 과정에서 확인되지만, 5세기 중후반에 읍락 단위 동원체제가 운영되지 않았다면 삼년산성의 구축이나 삼년산성·굴산성 수축, 그리고 구벌성의 구축도 사실상 불가능했을 것이다. 이러한 동원체제는 읍락 단위에 대한 국가적 편제의 필요성을 확대시켰을 것이다. 이와 관련하여 다음 사료가 주목된다.

> 마) 봄 정월 아시촌(阿尸村)에 소경(小京)을 설치했다. 가을 7월 6부와 남쪽 땅의 인호(人戶)를 옮겨 이곳을 채웠다. (『삼국사기』 권4 신라본기3 지증마립간 15년)

이처럼 지증왕 15년(514) 아시소경을 설치한 의성군 안계면 지역은 원래 아시촌이었다고 전한다. 아시소경의 설치는 낙동강 상류 방면에서 중심거점 역할을 효과적으로 수행하기 위한 조치로 보이는데, 여기서는 기존에 아시촌을 편성한 배경이 주목된다. 안계면의 안정동고분군은 제3군인 달제동·평림동 일대 고분군 산하의 중규모 읍락을 반영하고 있다. 이는 대체로 6세기 초 이전부터 중규모 읍락에 대해 촌이 편성되었을 가능성을 보여준다.

의성 주변 읍락의 촌 편성과 관련하여 6세기 초 이전에 대한 자료를 더이상 구체적으로 확인할 순 없지만, 중고기의 금석문과 목간자료는 그 이전 단계로부터 변화해 온 추이를 확인하는 데 도움을 줄 수 있다. 우선 함안 성산산성 목간과 금석문에서 의성 관련 자료를 정리하면 〈표 2〉와 같다.

〈표 2〉 중고기 금석문과 성산산성 목간에 나타난 의성 주변 성 · 촌의 사례

지역	금석문 / 목간번호	명문 / 묵서	근거
아차혜(阿且兮)	남산신성비 제2비	아차혜촌 도사(道使)	1)
추문(鄒文)	단양적성비	추문촌 당주(幢主)	2)
		공형(公兄) 추문촌 파진루 하간지(下干支)	
	39	추문 ?(㞹)하촌 이리모리	3)
	54	추문□□촌□□본(本)□	
	2011-21	추문촌 내단리부(負)	4)
	2011-78	1면: 추문 전나모지촌	
		2면: 이□습	
구벌(仇伐)	7	구벌 간호□촌 비부패석(稗石)	3)
	51	구벌 아□설지패석	
	2011-32	1면: 구벌 미나(未那) 사도영노(奴)	4)
		2면: 미차분패석	
	2011-53	구벌 학두(지) 노인(奴人) 지지부(負)	
	2011-63	1면: 구벌 아나(阿那) 내흔매자	
		2면: 일(一)(석石)매패석	

1) 한국고대사회연구소 편, 『역주 한국고대금석문』 제2권, 가락국사적개발연구원, 1992, 109쪽.
2) 앞의 책, 35쪽.
3) 국립창원문화재연구소, 『한국의 고대목간』, 2004, 19~73쪽 : 『개정판 한국의 고대목간』, 2006, 43~70쪽.
4) 국립가야문화재연구소, 『함안 성산산성 발굴조사 보고서』 Ⅳ, 2011, 283~286쪽. (조사시기는 2006~2009년이며, '2011'은 보고서 발간 연도임)

여기서 남산신성비 제2비의 아차혜촌(阿且兮村)은 아시촌이 설치되었

던[66] 의성 안계면 안정리 일대로 추정된다.[67] 아시소경이 설치된 지증 15년(514) 이후 남산신성비가 세워진 진평왕 13년(591) 이전의 어느 시점에 아시소경은 폐지되고 아차혜촌이 설치되었다. 한강 유역의 확보와 국원소경의 설치에 따라 아시소경은 중요성이 감소하면서 기존의 촌으로 위상이 격하된 것이다. 아시촌은 6세기 초 이전에 중규모 읍락을 기반으로 설치되었고, 591년 이전의 어느 시기부터 다시 행정촌으로 편성된 셈이다. 아시촌은 읍락 단위에 대한 별도의 행정구역 편성을 보여준다는 점에서 제1군인 국읍 간층이나 제3군인 달제동·평림동 일대 고분군 주인공 즉 대읍락 간층의 주도권에 변화의 요인을 제공했을 가능성이 있다.

소문국 국읍 지역과 관련해서는 추문촌(鄒文村)이 주목된다. 추문촌은 단양적성비에서 확인되어 소문국 지역을 가리킨다는 견해가 제출되었고,[68] 경북 북부라는 견해도 있다.[69] 그런데 최근 『삼국유사』 왕력에서 미추이사금(味鄒尼師今)을 미조(未祖) 또는 미소(未召)·미소(味炤)라고 부르는 점 등을 들어 의성설을 적극적으로 보강한 견해가 제기되었다.[70]

추문과 유사한 고지명은 밀성군(密城郡)의 경덕왕 이전 이름인 추화군(推火郡), 미진현(密津縣)의 경덕왕 이전 이름인 추포현(推浦縣)에서도 확인된다.[71] 그러나 화(火)와 포(浦)는 음운상으로나 의미상으로나 문(文)과 연결되기 어렵다. 그런데 중성리비에서 인명의 이'추'지(小鄒智), 지명의 나'소'독

---

66) 천관우, 「삼한의 국가형성」 『한국학보』 3, 1976, 146쪽. 천관우는 이를 의성군 안평이라 했다.

67) 한국고대사회연구소 편, 『역주 한국고대금석문』 제2권, 가락국사적개발연구원, 1992, 111쪽.

68) 무전행남(武田幸男), 「진흥왕대에 신라의 적성 경영眞興王代における新羅の赤城經營」 『조선학보』 93, 1979, 19쪽.

69) 이용현, 『한국목간기초연구』, 신서원, 2006, 328쪽.

70) 전덕재, 앞의 글, 2012, 4쪽.

71) 『삼국사기』 권34 지리1 양주 밀성군.

지(奈蘇毒只)처럼 '소'와 '추'는 별도로 사용되었다. 바로 이어 건립된 냉수리비의 인명에서는 말'추'(末鄒)가 보이고, 봉평비에서는 지명인 갈시'조'촌(葛尸条村)과 관등인 '소'오제지(小鳥帝智)가 사용되어 '소'·'조'·'추'가 별개로 표기되었다. 단양적성비에서는 지명인 '추'문촌(鄒文村), 인명인 '조'흑부지(助黑夫智), 일반명사인 '소'녀(小女)처럼 '소'·'조'·'추'가 별개의 글자로 사용되었다. 이러한 현상은 세 가지 발음이 지명에서 동일한 글자를 가리켰다는 위견해에 불리한 요소로 작용할 수도 있다. 그러나 동일한 음가라도 금석문에서 인명·지명·관등명에서 별도의 글자를 사용한 경향을 고려하면 '소'·'조'·'추'가 서로 다른 음가였다고 단정할 수 없다. 위에서 언급한 미추왕의 용례가 분명한 점도 무시하기는 곤란하다. 또한 성산산성 목간에서 등장하는 행정촌은 대부분 경북북부[72] 내지 상주(上州)인 낙동강 상류의[73] 국읍이나 대읍락 지역이다. 이상을 고려할 때 현재까지의 연구로는 추문(鄒文)을 소문(召文)으로 보는 편이 합리적이라고 판단된다.

〈표 2〉에서 추문촌은 적어도 적성비가 건립된 6세기 중엽과 성산산성 목간이 제작된 6세기 중후반에는[74] 촌으로 편성되어 있었다. 그런데 추문전나모지촌(前那牟只村), 추문 □□촌(村), 추문 □하촌(㘽[75]河村)처럼 추문은 그 휘하에 자연촌을 거느렸다. 추문촌은 행정촌으로서, 당주(幢主)가 파견된 곳이었다. 그런데 당주는 성에 근거했을 가능성이 크다. 이에 추문촌은 당주의 치소인 성이 위치한 공간인 동시에 자연촌을 거느린 행정촌의 위상

---

72) 이경섭, 「성산산성 출토 하찰(荷札)목간의 제작지와 기능」『한국고대사연구』 37, 2005, 128~129쪽.

73) 전덕재, 「함안 성산산성 목간의 연구현황과 쟁점」『신라문화』 31, 2008, 13쪽.

74) 성산산성의 제작시기에 대해서는 제4장 438~439쪽을 참조 바람.

75) '㘽'는 비시(比尸) 두 글자로 보고되었다(국립창원문화재연구소, 『한국의 고대목간』, 2004, 58쪽 : 『개정판 한국의 고대목간』, 2006, 63쪽). 그런데 이는 목간 사진에서 글자의 공간 배치로 보아 상부가 '비(比)'로, 하부가 '시(尸)'로 구성된 한 글자로 생각된다.

을 가지게 되었다.

의성군 단촌면으로 추정되는 구벌(仇伐)도 구벌(仇伐) 간호□촌(干好□村)의 경우처럼 그 휘하에 자연촌을 거느렸다. 이에 구벌을 행정촌으로 보는데에는 문제가 없다. 이곳에서는 지방관이 확인되지 않지만, 485년 구축된 구벌성을 고려하면 구벌 지역에도 성주가 파견되었을 것이다.

이처럼 중고기에 행정촌과 자연촌이 확인되는 것은 5세기 초경 성주가 국읍 간층을 매개로 주변 읍락을 통제하다가 5세기 중후반부터 읍락 단위 동원체제를 운영해 온 추세와 궤를 같이한다. 변경 지역에서 축성활동이 적극적으로 이루어지기 위해서는 읍락 단위에 대한 동원과 통제체제가 이미 갖춰져야 했을 것이다. 이는 국읍 간층뿐만 아니라 주변 읍락 단위에 대한 통제의 강화를 필요로 하게 되었다. 이를 배경으로 국읍과 주변 읍락을 별도의 행정단위로 편성한 것이 중고기의 행정촌과 자연촌으로 나타난 셈이다.

낙동강 상류 지역의 촌은 금석문과 목간 자료에서 6세기 중엽부터 확인된다. 반면 경주 인근에서는 5세기 말 내지 중엽부터 읍락 단위 촌의 존재 가능성이 확인된다. 이를 낙동강 상류의 소문국 지역에 그대로 적용할 순 없다. 그런데 의성군 안계면에서는 지증왕 15년(514)의 오래 전부터 아시촌이 편성되었다. 이곳은 소경으로 편성되었지만, 그 이전에는 중규모 읍락을 단위로 한 촌이었다. 그렇다면 아시촌은 국읍 단위보다 그 산하의 읍락 단위 촌에 가까웠다고 판단된다. 또한 5세기 중후반부터 읍락 단위 통제와 동원이 본격화된 점으로 보아 대체로 5세기 중후반에는 소문국 지역에서도 읍락 단위 촌이 편성되었다고 판단된다.

중고기의 자연촌은 행정촌의 산하에 위치했고, 도사의 치소는 성 또는 촌으로 나타난다. 여기서 성은 도사가 근거한 시설을 기준으로 한 표현이고, 촌은 성에 가까운 중심 읍락을 기준으로 한 표현일 것이다. 단양적성비의 물사벌성처럼 당주가 파견된 성이 존재하면서도 목간자료에서는 '성'

을 붙이지 않고 '물사벌'이라 칭한 경우도 있다.[76] 봉평비의 실지도사, 단양적성비의 추문촌당주, 남산신성비 제2비의 아차혜촌도사처럼 옛 국읍 지역에는 도사나 당주가 파견되었고, 그 산하에 자연촌이 편성되었다. 앞서 언급한 것처럼 5세기 초 이래 읍락 간층에 대한 성주의 통제 과정에서 국읍 간층이 매개 역할을 담당했다. 중고기에 당주·도사가 국읍 단위에 적지 않게 파견된 것은 행정촌과 자연촌의 편성 과정에서도 국읍 간층의 역할이 무시되지 않았음을 보여준다.

〈표 2〉에서 금은 위세품이 국읍 간층에게 독점된 점을 고려하면, 중고기 이전의 성·촌 편성 과정에서도 국읍 간층의 기존 통솔권은 어느 정도 반영되었다고 생각된다. 5세기 후반경의 촌이 국읍과 읍락 사이에 계서적(階序的) 체계를 갖추었는지는 불확실하다. 그러나 당시의 축성활동을 고려하면 읍락 단위의 통제·동원 과정에서 국읍 지역 촌의 역할이 컸다고 생각된다. 국읍 지역 촌과 읍락 지역 촌은 명목상으로는 병렬적으로 편성되었으나, 실제 운영에서는 국읍 간층과 읍락 간층의 유대를 완전히 해체했다고 보기 어렵다. 신라 국가는 읍락 단위 통제와 동원을 추구했으나, 실제로는 읍락 간층에 대한 국읍 간층의 우위를 어느 정도 용인함으로써 지배의 효율성을 추구했다고 볼 수 있다.

그렇더라도 국읍과 읍락 단위에서 촌의 편성은 국읍 간층과 읍락 간층 사이에 유대를 점차 약화시켰을 가능성이 크다. 국읍과 읍락에 모두 촌이 편성되는 상황에서 성주는 읍락 단위를 개별적으로 통제하면서 국읍 간층과 읍락 간층 사이의 유대에 개입할 여지가 생겨났기 때문이다. 이에 국읍과 읍락의 간층에 대해 보다 체계적으로 편성할 필요성이 요구되었을 것이다. 이는 외위(外位)를 편성하는 바탕이 되었다고 생각되는데, 구체적인 과정에 대해서는 별도의 검토가 요구된다고 하겠다.

---

76) 전덕재, 「함안 성산산성 출토 신라 하찰목간의 형태와 제작지의 검토」 『목간과 문자』 3, 2009, 63쪽.

5. 맺음말

본고에서 필자는『삼국사기』신라본기에서 소문국 관련 기사가 서술된 맥락을 토대로 의성지역 고총고분 주인공의 정치적 성격 변화와 신라 성·촌제의 관계를 검토하였다. 그 결과를 정리하면 다음과 같다.

『삼국사기』신라본기에서 대외진출 기사는 왕위의 명분이나 왕호, 왕위 계보에 비해 서술의 우선순위가 떨어진다. 이 기사는 적어도 세 가지 이상의 자료 계통에서 유래했는데, 소문국 관련 기사는 벌휴대~첨해대에 기재된 정복기사들과 유사한 계통의 저본으로부터 채록되었다. 찬자의 조작보다 저본 수용의 태도가 두드러지지만, 전후 기사와의 관계에 대한 검토는 소홀했다. 이러한 기사들의 원자료는 개인의 공적에 초점을 맞춰 기술되었다고 추정된다. 소문국 관련 기사에서 신빙 가능한 요소를 추출하기 위해서는 대외진출 기사에서 정합성을 갖춘 개별 군(群)의 특징, 그리고 서로 다른 군 사이에 나타나는 모순의 경향성과 상호관계를 고려해야 한다.

소문국 관련 기사들은 파사대의 정복기사들보다 상대적 신뢰도가 높다. 그 안에는 소문국 정복 단계, 원산향 확보 단계, 5세기 중후반 소백산맥 너머로 진출한 이후의 단계가 결합되어 있다. 각각의 단계에 대한 기사는 자료 계통을 서로 달리한다. 이 중에서 구도(仇道)와 직접 관련된 것은 소문국에 대한 정복 기사이다. 나머지 기사는 구도의 소문국 정복을 소재로 후대의 상황을 소급 정리한 것이다. 구도와 구수혜(仇須兮)를 좌(左)·우군주(右軍主)로 기록한 것은 첫째, 소문국 정복이 낙동강 상류의 소국들을 복속시키는 계기가 된 점을 중시한 표현이다. 둘째, 소문국이 용궁-괴산-진천 루트, 상주-보은 루트, 안동-죽령 루트를 장악하고 통제하는 거점이 되었음을 반영한다. 구도 계통의 가계자료는 그의 소문국 정복을 소재로 5세기 중후반 이후까지 백제와의 충돌 과정을 개인의 공적으로서 정리했고, 소문국 관련 기사는 이러한 계통의 자료를 수용했다.

위 기간 동안 안동-죽령 루트와 상주-보은 루트의 결절점에 근거한 탑리·대리리 일대의 국읍 간층이 신라와의 유대를 강화하는 대신 차별적 지원을 받았다. 이를 통해 소문국에 대한 자치권을 유지하고 위 루트의 주변부에 대한 영향력을 행사했다. 후평리 일대와 달제리·평림리 일대의 간층은 대읍락의 자치권을 유지했으나, 나머지 읍락의 간층은 상대적으로 소외되었다. 국읍 간층의 가계집단 대표는 자치권의 상징으로서 금동관을 비롯한 위세품의 보유를 신라로부터 승인받았다. 국읍 내 가계집단별 위상은 신라와의 관계에 따라 등락이 있었다.

소문국의 복속 이후 신라는 위 루트 상에서 다수의 성을 확보했다. 적어도 5세기 초까지 거점성을 기반으로 국읍 간층을 매개로 읍락 단위에 대한 통제력을 확보했다. 탑리고분 주인공은 최고의 간(干)으로서 자치권을 인정받는 대신 주변 읍락 간들을 통솔하여 성주의 통제에 협조했다. 이에 따라 국읍 단위가 촌으로 인식되었다. 5세기 중후반에 와서 읍락 단위에 대한 동원과 수취를 강화하면서 국읍과 읍락을 분리해 별도의 촌을 편성했다. 이는 5세기 말 변경 지역에서 축성활동을 활발히 벌이는 기반이 되었다. 소문국의 중규모 읍락이었던 의성군 안계면 일대의 아시촌(阿尸村) 설치는 이러한 흐름을 반영한다. 국읍과 읍락의 촌은 성 아래서 외형상 병렬적으로 편성되었으나, 실제 운영에서는 국읍 간층의 기존 통솔권을 반영하였다. 그러나 이제 국읍과 읍락 간층 사이의 유대에서 성주가 적극적으로 개입하기 시작했다. 이러한 성·촌 운영은 중고기 성·촌제의 토대가 되었다.

『의성지역 고분조사 50년과 조문국의 지배세력』, 의성조문국박물관
·한국고대사탐구학회, 2013

II
의성 탑리·대리리 고분군과
소문국의 친족집단

1. 머리말

고대사회에서 친족집단은 그 구성원의 정치·사회적 위상과 역할을 규정짓는 결정적인 요소였다. 이는 신라의 왕위계승에서 친족관계가 중요 변수로 작용하고 골품제가 관등과 사회적 특권의 한계를 규정지은 데서 잘 드러난다. 벌휴이사금대부터 신라에 통합되었다고 기록된 소문국에서도 친족집단의 사회적 역할이 커다란 비중을 차지했음에 틀림없다. 이에 친족집단에 대한 이해는 소문국 구성원의 정치·사회적 위상을 밝히는 데 결정적 단서가 될 수 있다.

그러나 소문국의 경우에는 친족관계를 알려줄 만한 사료가 없기 때문에 이 문제를 본격적으로 다룬 연구는 전무한 형편이다. 문헌적 근거만으로 이를 풀어가는 것은 필자로서도 불가능한 상황이다. 다만 소문국을 병합했던 신라의 사례는 소문국과 전혀 무관하지 않을 것이다.

신라의 친족집단에 대한 연구는 부계와 모계의 상대적 비중을 가리는 데서 출발했다. 이와 관련해 신라 상대사회의 여계 중심설에[1] 이어 그 반론으로 부계사회설이 제기되었다.[2] 이후 여계계승으로부터 남계계승으로의 전환설,[3] 부계사회 속에서 1세대에 한정된 여자의 성원권설이 제기되어[4] 부계사회로의 변화과정이 주목되었다. 최근에는 부계와 모계의 양측면을 동시에 중시해 선계출계(選系出系)를 바탕으로 한 동속집단설(同屬集團說),[5] 양측적 친족집단설이[6] 주목받았다. 친족집단의 귀속의식과 관련해서는 7세대 공동체설이 제기된[7] 이래 부계 우위에 바탕을 둔 족(族, lineage),[8] 출계나 혼인결연에 바탕을 둔 '집의 사회'가 강조되었다.[9]

이상과 같이 상고기 신라의 친족집단은 부계에 우위를 두되 경우에 따라 여계 계승을 허용했고, 혼인을 기반으로 다양한 혈족집단이 구성되었

---

1) 금서룡(今西龍), 『신라사연구(新羅史硏究)』, 근택서점(近澤書店), 1933(이부오·하시모토 시게루 옮김, 『신라사 연구』, 서경문화사, 2008, 41쪽).

2) 이덕성, 『조선고대사회연구』, 정음사, 1949, 26~27쪽, 126쪽 ; 김은규, 「신라 모계제 사회설에 대한 검토 −신라친족연구(기일其一)−」『한국사연구』 23, 1979, 51~52쪽.

3) 말송보화(末松保和), 『신라사의 제문제新羅史の諸問題』, 동양문고(東洋文庫), 1954, 102~103쪽 ; 심우준, 「신라왕실의 혼인법칙」『효성조명기박사화갑기념 불교사학논총』, 효성조명기박사화갑기념 불교사학논총간행위원회, 1965, 11쪽, 18~19쪽, 31쪽.

4) 이종욱, 『신라상대왕위계승연구』, 영남대학교 민족문화연구소, 1980, 167~180쪽.

5) 이광규, 『한국가족의 사적연구』, 일지사, 1977, 116~117쪽 :「신라의 친족체계」 『신라민속의 신연구』−신라문화제학술발표회논문집4−, 신라문화선양회, 1983, 71~73쪽.

6) 이인철, 『신라촌락사회사연구』, 일지사, 1996, 353~356쪽.

7) 김철준, 『한국고대사회연구』, 지식산업사, 1975, 162~169쪽.

8) 이기동, 「신라 내물왕계의 혈연의식」『한국사논문선집』Ⅱ(고대편), 일조각, 1992, 157~158쪽 :『신라골품제사회와 화랑도』, 일조각, 1997, 9~116쪽.

9) 신인철, 『한국의 사회구조 −미분화 사회에서 부계 사회로−』, 문덕사, 1992, 348~350쪽.

음을 알 수 있다. 이러한 친족관계가 소문국의 구성원에 그대로 적용될 순 없지만, 자료 검토의 전제조건으로 고려될 수 있다.

소문국의 친족집단을 알려주는 자료로는 탑리·대리리 고분군이 대표적이다. 그 주피장자들은 소문국의 간층(干層)으로서 각각의 친족집단에 속해 사회적 특권을 분점했을 것이다.[10] 이 고분군에서는 적지 않은 인골이 조사되었지만, 친족관계를 알려줄 만한 DNA 자료가 확보되지 않았다. 다만 탑리·대리리 고분군의 인골과 유물을 통해 5세기 중엽부터 6세기 초까지 이 지역에서도 순장이 광범위하게 이루어졌고, 순장자의 신분이 비첩(婢妾)부터 주피장자에 준하는 수준까지 다양했을 가능성이 제시되었다.[11] 그런데 탑리고분 1곽·3곽 등에서 주피장자와 동반된 인골에 대해서는 순장으로 인정하는 견해,[12] 추가장의 결과라는 견해가[13] 대립되어 있다. 현재까지의 조사·연구로는 보고서에 언급된 순장의 사례를 대체로 수용해야 할 것으로 생각된다. 다만 구체적인 부분에서는 순장의 인정 여부에서 모호한 부분이 남아 있다. 순장자에 대한 판단은 주피장자의 친족관계를

---

10) 영남지역 석실분에 대한 연구에서는 신라의 진출로 지역 친족집단이 소가계로 분화되었다고 언급된 바 있다(홍보식, 「고분문화를 통해 본 6~7세기대의 사회변화」『한국고대사논총』 7, 1995, 174~175쪽). 이는 고총고분 이후의 친족집단 연구에서 중요한 기여를 했다고 볼 수 있는데, 본고에서 다룰 탑리·대리리 고분군의 이후 단계인 6~7세기의 창녕·양산 등지를 대상으로 삼았다.

11) 권혜인, 「의성 지역의 순장 −5~6세기 대형분을 중심으로−」『고고학과 금석문에 나타난 조문국』, 의성군, 2011.10.6, 49~53쪽.

12) 최몽룡, 「춘천중도와 의성탑리 출토인골 −세습신분제사회의 반영−」『민석홍박사 화갑기념 사학논총』, 삼영사, 1985, 706쪽 ; 권오영, 「고대 영남지방의 순장」『한국고대사논총』 4, 1992, 27~28쪽 ; 김종철, 「고분에 나타나는 삼국시대 순장양상 −가야·신라지역을 중심으로−」『윤무병박사회갑기념논총』, 민족문화, 1995, 269쪽.

13) 김재현, 「한국의 순장연구에 대한 검토」『문물연구』 창간호, 동아세아문물연구학술재단, 1997, 118~119쪽 ; 강인구, 『고분연구』, 학연문화사, 2000, 539쪽.

확인하는 데 전제조건이 된다는 점에서 중요한 문제이다.

탑리·대리리 고분군의 일부 순장자가 주피장자의 비첩이나 주피장자에 준하는 신분이었다면, 주피장자의 친족관계에 대해 좀 더 구체적인 설명이 가능할 것이다. 그런데 현재까지 이는 착장유물을 통한 추론의 결과이므로, 해당 순장자와 주피장자를 친족관계로 파악할 수 있을지에 대해서는 논란의 여지가 있다고 생각된다.

순장자의 위상에 대해서는 부장품의 유무나 정도에 따라 노예로부터 주피자장를 보호·호위·시종하는 역할이 상정되었다.[14] 근시적 존재에 초점을 맞춰 노예를 그 대상에서 제외하기도 하였다.[15] 이상은 주로 사회적 위상에 초점을 맞춘 결과이다. 그런데 최근 임당유적을 대상으로 한 연구에서 남성 주피장자와 함께 매장된 여성은 피장자의 첩이나 소실이었을 가능성이 제기되었다.[16] 신라 왕위계보에서 한 왕의 비가 복수로 등장하는 사례를 고려하면, 첩이나 소실의 순장은 그 자식을 포함해 주피장자의 친족관계에 대해 다양한 측면을 시사해 줄 수 있다. 그러나 이러한 연구를 소문국 간층의 주피장자와 순장자에게 바로 적용하기는 곤란할 것이다. 현재로서는 탑리·대리리 고분군 주피장자와 순장자의 친족관계 여부에 대해서는 다양한 가능성을 염두에 두고서 접근할 수밖에 없다.

이상의 연구성과를 바탕으로 본고에서는 탑리·대리리 고분군의 각 묘곽에서 나타나는 가족의 유형을 제시할 것이다. 나아가 탑리·대리리 고분군에서 친족 사이의 관계를 살펴보려 한다. 이를 바탕으로 소문국 간층 친족집단의 정치적 역할을 밝히는 것이 본고의 목적이다.

---

14) 권오영, 「고대 영남지방의 순장」 『한국고대사논총』 4, 1992, 27쪽.

15) 김용성, 「신라 고총의 순장」 『고문화』 59, 2002, 85쪽.

16) 김대욱, 「경산 임당유적 고총 순장자의 성격」 『민족문화논총』 55, 영남대학교 민족문화연구소, 2013, 186~187쪽.

2. 탑리·대리리 고분군의 가족 사례

소문국 간층의 친족집단을 추정할 수 있는 유일한 단서는 탑리·대리리 고분군에 매장된 인골과 유물이다. 본장에서는 이를 중심으로 소문국 간층의 친족집단 사례를 정리해 보자.

고분 주인공의 친족관계를 파악하기 위해서는 우선 주피장자의 성별과 나이가 구분되어야 한다. 주피장자 인골의 성별과 나이는 파악된 경우도 있지만, 그렇지 않은 경우가 훨씬 많다. 주피장자와 주피장자, 그리고 주피장자와 순장자 사이의 관계도 중요하다. 이상을 파악하기 위한 유전자 정보는 거의 전무하지만, 기존에 조사된 인골은 무시할 수 없는 자료이다. 이상의 자료가 부족한 현재로서는 부장유물, 그리고 묘곽과 봉분 사이의 관계도 고려해야 할 것이다.

우선 309쪽에 첨부한 〈그림 1〉의 탑리고분군에서 유일하게 발굴조사된 '탑리고분' 즉 탑리1호의[17] 주피장자와 순장자에 대한 조사결과를 정리하면 〈표 1〉과 같다.

가장 먼저 조성된 1곽의 주피장자는 310쪽의 〈그림 2〉에서 보는 것처럼 봉분의 중앙에 가깝게 매장되었으므로, 이 봉분의 주피장자 중에서 계보상 가장 높은 인물이었을 가능성이 크다. 이 인물은 금동관, 금동과대, 금제세환이식을 착장했으므로 간층 내에서도 최고위급에 해당했을 것이다. 이러한 위세품은 고총고분의 남녀 모두에서 착장 사례가 발견되기 때문에 그 자체로는 성별을 구별할 수 없다. 그런데 위 유물의 위치에서 발견된 두개골과 치아를 통해 이 인물은 성인남성으로 추정되었다.

---

17) 대구대학교 박물관, 『의성군 문화유적지표조사 보고』, 1987, 74쪽에서는 이 고분을 가칭 '탑리1호'라 하였다. 〈그림 1〉의 우상부에 위치한다.

<표 1> 탑리고분의 피장자와 주요 유물[18]

단계	묘곽 (○적석목곽 ◎변형적석목곽)		금동관	금동관모 (은제)	금동과대 (은제)	금장대도 (은장)	금동식리	금제이식 (은제)	금동장마구 [철제]	기타 유물	비고
4세기 후반~ 5세기 초[19]	탑리 1곽◎	주피장	1		1			1세환		두개골, 치아, 옥류	성인 남성
		순장						(1) 태환		두개골	노년여성; 북벽 하
	탑리 2곽◎	주피장		1	(1)	(1)	1	1세환		두개골/ 세환수식1	성인 남성?
5세기 중엽~ 6세기 초[20]	탑리 3곽 ◎	주피장		(1) 나비형 관식	1	1		1세환		두개골, 치아, 유리옥경식	남성
		순장								두개골/ 도자, 철촉	서쪽 매장
	탑리 4곽◎	주피장						(1)		도자2	
	탑리 5곽○	주피장							[*]	녹각기, 철검	
	탑리6곽 21)?								[*]		3곽의 부곽?

18) 김재원·윤무병, 『의성탑리고분』, 국립박물관, 1962. 여기서 탑리 1곽~4곽은 수혈식석곽으로, 5곽은 변형적석목곽으로 처리되었다. 그러나 〈표 1〉에서는 최근의 연구 성과에(박정화, 「금성산고분군에 나타난 의성지역 지배세력의 성격」『조문국(召文國)의 성쇠와 지배세력의 동향』, 의성군·한국고대사탐구학회, 2011, 117~120쪽) 따라 1~4곽을 변형적석목곽으로, 5곽을 적석목곽으로 정리했다.

19) 최병현의 적석목곽 2·3기, 이희준의 1b~2a기, 김용성의 고총 2a~3a단계 일부, 김옥순의 의성양식3기를 고려한 것이다. 이하에서 단계 설정은 다음 글을 참고했다. 최병현, 『신라고분연구』, 일지사, 1992, 도51 ; 이희준, 「토기에 의한 신라고분의 분기와 편년」『한국고고학보』35, 1996, 91쪽 ; 김용성, 「토기에 의한 대구·경산지역 고대분묘의 편년」『한국고고학보』35, 1996, 114쪽 ; 김옥순, 「의성 지역집단의 토기양식과 생산체제」『학산 김정학박사 송수기념논총 한국 고대사와 고고학』, 학연문화사, 2000, 576쪽.

20) 최병현의 적석목곽 4·5기, 이희준의 2b~4기 일부, 김용성의 고총 3a단계 일부~3c단계, 김옥순의 의성양식4기를 고려한 것이다.

21) 이재환, 「의성지역 발굴 50년의 성과와 전망」『의성지역 고분조사 50년과 소문국

1곽의 북벽 아래 안치된 인물은 은제태환이식을 착용했는데, 두개골을 통해 35세 이상의[22] 노년여성으로 밝혀졌다. 이 때문에 1곽은 모자(母子) 합장으로 보고되었다.[23] 그러나 이러한 관계를 추정할 만한 과학적 근거가 제시된 것은 아니다. 2인이 모자 관계일 경우 이 여성과 주피장 남성 사이에 이처럼 착장유물의 차이가 현격할 가능성은 희박할 것이다. 이식의 착용은 창녕 송현동 15호분의 인골을 비롯한 여러 순장 사례와[24] 뒤에서 다룰 대리리 고분 순장자들에서도 확인되므로,[25] 주피장자와 동급이라는 근거가 될 수 없다.

만일 순장된 여성이 후처였다면 위와 같이 위세품이 남성보다 훨씬 떨어지는 경우도 상정될 수 있다. 그런데 주피장자가 성년남자[26] 또는 21세 미만으로 추정되고[27] 여성은 위에서 언급한 것처럼 35세 이상의 노년여성으로 추정되므로, 연령으로 보아도 여성이 후처였을 가능성은 희박해 보인다. 이런 점에서 1곽의 여성은 순장자로서,[28] 주피장자의 친족이기보

의 지배세력』, 의성소문국박물관·한국고대사탐구학회, 2013, 19~21쪽.

22) 최몽룡, 앞의 글, 1985, 705쪽.

23) 김재원 외, 앞의 책, 1962, 71쪽.

24) 이성준, 「창녕 송현동 15호분 발굴조사와 순장인골의 복원연구」『1500해앞 16살 여성의 삶과 죽음 -창녕 송현동 15호분 순장인골의 복원연구-』, 국립가야문화재연구소, 2009, 10쪽.

25) 283쪽 〈표 2〉의 대리리2-A5곽, 대리리2-B1곽, 대리리3-1곽 등에서 순장자가 태환이식 또는 세환이식을 착용했다.

26) 김재원 외, 앞의 책, 1962, 71쪽.

27) 최몽룡, 앞의 글, 1985, 705쪽.

28) 권혜인, 앞의 글, 2011.10.6, 39쪽. 경산 임당5A호, 조영CⅠ-1호에서는 순장자와 주피장자 사이에 미토콘드리아 DNA가 일치한다고 보고되었다. 이를 근거로 지환 등을 착장한 순장자는 주피장자에 준하는 신분이었다고 추정되었다(하대룡, 「경산 임당유적 신라 고분의 순장자 신분 연구 -출토 인골의 미토콘드리아 DNA 분석을 중심으로-」『한국고고학보』79, 2011, 187~192쪽). 이를 인정할

다 근시 인물로 판단된다. 봉분의 정상에서 남쪽으로 약간 치우친 곳에는 2곽이 1곽과 시기를 달리해 조성되었다. 주피장자는 인골의 외형을 근거로 성인남자로 보고되었으나,[29] 두개골의 봉합상태, 치아의 형태로 보아 15~21세 사이의 여성일 가능성도 제기되었다.[30] 이 인물은 금동관모, 은제 과대, 은장대도, 금제세환이식 외에 금동식리를 착용했다. 그 중에서 대도와 세환이식은 대체로 남성의 근거로 인식되어 왔는데,[31] 금은 위세품은 성별보다 위계를 나타낸다는 견해도 제시되었다.[32] 2곽이 1곽과 거의 직각으로 배치된 점을 중시하면 1곽의 주피장자인 남성이 먼저 매장된 뒤에 2곽의 여성이 사망하여 별도로 매장되었을 가능성도 배제할 수 없으나, 그 여부를 검증할 방법은 사실상 없다. 다만 부장유물을 중시한다면, 남성일 가능성이[33] 약간 더 큰 편이다.

　1곽의 서남편, 즉 2곽의 서편에는 호석이 돌아가는데, 그 남쪽으로는 제3곽이 시기를 달리해 조성되었다.[34] 그 주피장자는 두개골과 치아를 통해 7세 전후의 남성으로 파악되었다. 3곽의 남쪽 즉 봉토 중앙쪽으로 인접해 발견된 '봉토중'의 철제 등자, 재갈, 운주, 행엽, 안교 등의 마구류가 제6곽

　경우 탑리·대리리 고분군에서 일부 순장자와 주피장자 사이의 친연관계를 염두에 둘 수도 있다. 그러나 인골 연구가 미흡한 탑리·대리리 고분군에 이를 적용하기는 불가능한 상황이다.

29) 김재원 외, 앞의 책, 1962, 45쪽.

30) 최몽룡, 앞의 글, 1985, 705쪽.

31) 김용성, 『신라의 고총과 지역집단 −대구·경산의 예』, 춘추각, 1998, 363~364쪽.

32) 김선주, 『신라 적석목곽분 피장자의 성별 문제 검토』, 한국정신문화연구원 석사학위논문, 1995, 69쪽.

33) 이재환, 「5~6세기 의성지역 고분의 특성과 고총의 의의」 『한국고대사 속의 조문국』, 경북대학교 영남문화연구원, 2010.11.18, 96쪽.

34) 탑리고분 2곽과 3곽이 동일한 단계로 설정되기도 하였다(경상북도문화재연구원, 『의성 대리리 2호분Ⅱ −B봉토·주변유구·A−5호−』, 2012, 175쪽).

의 유물로서, 실제로는 제3곽의 부곽으로 추정되고 있다.[35] 이 경우 마구의 착용자는 순장자로서 3곽 주피장자를 호위했을 가능성이 있다.

주곽 내 서쪽에 안치된 인물은 2세 이상인데,[36] 주피장자의 나이가 더 많거나 서로 다른 성(性)일 가능성이 있다고 한다. 주피장자가 은제관식, 금동과대, 금장대도, 세환이식을 착용한 데 비해 서쪽 인물은 도자와 철촉 정도를 소지한 점으로 보아 순장자로 보아도 좋을 것이다.

1곽의 북서쪽 모서리에 걸쳐 조성된 4곽의 주피장자는 은제환과 도자를 부장했다. 이 인물에 대해서는 연령이 많지 않은 성인남성[37] 또는 성별 미상의 9~11세 아이일 가능성이 제시되었다.[38]

그 북쪽으로 조성된 5곽의 주피장자는 재갈, 등자 등의 마구류를 부장했다. 단언할 순 없지만, 유물로 보면 남성일 가능성이 더 큰 편이다.

이상의 묘곽들은 동족묘[39] 또는 가족묘로 파악되었다.[40] 다곽묘는 대체로 가족묘라고 인정되어 왔지만,[41] 이에 대해 회의적인 시각도 있다.[42] 일단 탑리고분은 장기간에 여러 단계를 두고 조성된 점으로 보아 복수의 세대에 걸쳐 연속적으로 조성되었다고 판단된다. 그런데 주피장자가 주로 남성만 파악되기 때문에 부모와 자식으로 구성된 가족묘라고 단정하기가 쉽지 않다. 다만 가족이 아니라면 탑리·대리리 일대가 조망되는 봉우리

---

35) 이재환, 앞의 글, 2013, 19~21쪽.

36) 최몽룡, 앞의 글, 1985, 705쪽.

37) 김재원 외, 앞의 책, 1962, 53쪽.

38) 최몽룡, 앞의 글, 1985, 705쪽.

39) 이재환, 앞의 글, 2010.11.18, 96쪽.

40) 김재원 외, 앞의 책, 1962, 68쪽.

41) 김원룡, 『개정신판 한국고고학개설』, 일지사, 1983, 166쪽.

42) 이희준, 「경주 황남동 제109호분의 구조 재검토」『삼불김원룡교수정년기념논총』 Ⅰ-고고학편-, 일지사, 1987, 610쪽 ; 박보현, 『위세품으로 본 고신라사회의 구조』, 경북대학교 박사학위논문, 1995, 178쪽.

위에 연속적으로 매장할 이유가 마땅치 않은 것도 사실이다.

가족묘를 전제로 하면, 2·4·5곽 중에서 한 묘곽 이상의 주피장자는 여성일 가능성도 배제할 수 없다. 반면 6세기 말~7세기의 김해 유하리 횡혈식석실묘처럼[43] 9개체의 인골 중에서 성별 미상의 소아~신생아를 제외하고서 성인 이상의 5인이 모두 여성으로만 추정되는 사례를[44] 고려하면, 인골의 성별은 상식적인 가족 구성을 크게 벗어날 가능성도 배제할 수 없다. 그렇더라도 탑리고분은 복수의 세대에 걸친 가족묘 정도로 파악될 수 있다. 이러한 전제하에 모든 가능성을 염두에 두고서 접근해야 할 것이다.

만일 1곽의 주피장자가 남성이고 2곽의 주피장자가 여성이라면, 탑리고분은 부부와 그 다음 세대를 매장한 셈이다. 2곽의 주피장자가 남성이더라도, 복수의 대세를 전제로 한다면, 1곽과 2곽의 주피장자 중 최소한 한 명은 혼인을 통해 자식을 두었을 것이다. 특히 탑리·대리리 일대에서 가장 탁월한 위치에 금동관을 부장한 1곽의 주피장자는 유력한 집단의 여성과 혼인을 통해 자식을 두었을 가능성이 있다. 현재로서는 1곽 주피장자의 부인은 봉분 내 타 묘곽 중 하나에 매장되었을 가능성, 주변의 봉분에 매장되었을 가능성, 재혼으로 인해 다른 남성의 가족으로 편입되었을 가능성, 기타 불가피한 사정으로 사망 후 시신을 모셔올 수 없었을 가능성 등이 모두 고려될 수 있다. 그러나 탑리고분 외에 추가 조사가 진행되지 않은 상황에서는 어느 쪽으로도 단정할 수 없는 형편이다.

다만 탑리고분의 묘곽들이 서로 상당한 시기차를 보이는 점으로 보아 2~5곽 중 적어도 일부는 1곽 주피장자의 다음 세대를 매장했을 것이다. 또한 3~5곽의 주피장자 중에서 여성의 사례가 확인되지 않았고, 묘곽의 배치나 유물에서 부부관계의 사례도 확인되지 않는 점으로 보아 1곽 다음 대세

---

43) 임효택·곽동철, 「김해 유하리 전(傳) 왕릉」, 『동의사학』 9·10, 1996, 17쪽.
44) 김재현·전중양지(田中良之), 「김해 유하리 전 왕릉 출토 인골」, 『동의사학』 9·10, 1996, 48~56쪽.

〈표 2〉 대리리 고분 피장자와 주요 유물[45]

단계	묘곽 (○ 적석목곽, ◎ 변형적석목곽, # 목곽)		금동관	금동관모 (은제)	금동과대 (은제)	금장대도 (은장) [철제]	금동식리	금제이식 (은제)	금동장마구 (은장) [철제]	기타유물	비고
5세기 중엽 ~ 6세기 초	대리 2-A1 ○+#	주피장	1							도자/인골/방추차2?	주곽
		순장1								도자/인골	주곽 서쪽
		순장2							*[*]	철모, 철정/인골	부곽
	대리 2-A2 ○	순장?								도자2, 방추차	시상조성
	대리 2-A3 #	순장								토기류	
	대리 2-A4 #	순장								철겸/인골	
	대리 2-A5 #	순장						1세환		방추차/인골	추가 조사분
	대리 2-B1 ○+#	주피장			1	(1)[1]	1	1 〈동세환〉	*[*]	소아래턱·어금니(부곽)	2차봉토 주곽도굴
		순장1								도자,토기	부곽동(東) 성인
		순장2								토기	부곽 어린이
		순장3								토기	부곽 어린이
		순장4						1세환		철겸,도자,철촉	부곽서 성인
	대리 2-B2 #									토기류	
	대리 2-B3 #									토기류	
	대리 2-B4 옹관									도자	
	대리 2-1호 #	배장곽								도자2, 경식, 유아인골	소 어금니
	대리 2-2호 ○	배장곽						2태환		금동편,방추차,도자5, 살포,금동수식2,철정	

단계	묘곽(○ 적석목곽, ◎ 변형적석목곽, # 목곽)		금동관	금동관모(은제)	금동과대(은제)	금장대도(은장)[철제]	금동식리	금제이식(은제)	금동장마구(은장)[철제]	기타유물	비고
5세기 중엽 ~ 6세기 초	대리 3-1 ◎	주피장						1태환		유리경식, 치아,인골	2곽 추가장/도굴
		순장						1태환		인골	묘곽 서
	대리 3-2 ○+#	주피장	1		(1)	1		1세환		도자4	치아
		순장							(*)[*]	소도,도자, 삽날,철부, 철겸/인골	부곽
	대리 5-1 ○				(1)	[*]		1세환		이기,철모2, 도자2,착, 철촉	1차곽
	대리 5-2 #									유리옥	2차곽

의 적어도 일부는 성가(成家)하지 못한 상태에서 사망했을 가능성이 있다.

탑리의 서쪽으로 인접한 대리리 고분군에서는 311쪽의 〈그림 3〉처럼 2호·3호·5호 등 3기의 봉분이 조사되었다. 그 피장자와 주요 유물을 정리하면 〈표 2〉와 같다.

312쪽의 〈그림 4〉에서 대리리 2호분 A봉토 주곽의 주피장자는 금동관을 착장했지만, 이것으로는 성별을 구분할 수 없다. 여성도 금동관을 부장한 사례가 있기 때문이다. 서단벽 아래에서 방추차 2점이 확인된 점으

---

45) 이 〈표〉의 작성을 위해 다음을 참조하였다.
박정화, 「의성 대리3호분 발굴조사개요」『제2회 영남매장문화재연구원 조사연구발표회』, 1995.12 ; 경북대학교 박물관, 『의성 대리리 3호분』, 2006 ; 경상북도문화재연구원, 『의성 대리리 2호분』 I , 2012 ; 『의성 대리리 2호분』 II , 2012 ; 김기웅, 「의성대리고분발굴조사보고」『사학연구』 20, 1968(이 보고에서는 대리 5호 1곽이 변형적석목곽묘로 되어 있으나, 위 〈표〉에서는 박정화, 앞의 글, 1995.12, 93쪽에 따랐다).

로[46] 보면 주피장자가 여성일 가능성도 있지만, 이것만으로 성별을 단정하기는 역시 어려울 것이다.[47]

　주곽 서쪽에 함께 매장된 인물은 도자를 소지했는데, 순장자로 보아도 좋을 것이다. 부곽의 피장자는 재갈, 안교, 등자 외에 금동운주, 행엽 등의 마구와 철모 등을 부장했으므로 주피장자를 보위하는 인물이었을 가능성이 크다. 주·부곽과 함께 조성된 A3호 목곽, A4호 목곽, A5호 목곽은 주피장자를 위한 순장곽으로 보고되었다.[48] A2호 적석목곽묘처럼 봉토의 완성과 동시에 주곽의 상부에 조성된 A2호 적석목곽도[49] 순장일 가능성이 있다. 매장 시점이나 묘곽의 크기, 유물로 보아 이 A2~5호의 피장자는 주피장자의 친족이 아니었을 것이다.

　A봉토에 덧붙여 조성된 B봉토 주곽의 주피장자는 금동과대, 은장대도, 철제대도, 외에 재갈, 금동장 운주 등의 마구, 그리고 식리를 부장했다. 과대는 성별의 근거가 될 수 없으나, 대도, 마구의 부장은 A봉토 주곽의 주피장자가 대도, 마구를 부장하지 않은 점과 비교된다. 이는 주피장자가 남성일 가능성을 보여준다. 그렇다면 대리리 2호분은 A봉토의 주피장자인 여성이 사망한 뒤 B봉토의 주피장자인 남성, 즉 그 남편이 사망했음을 보여줄 것이다.[50]

---

46) 경상북도문화재연구원, 『의성 대리리 2호분 I -A봉토-』, 2012, 66쪽.

47) 본문의 방추차는 순장 인골의 서쪽 80cm에서 출토되었는데(권혜인, 「금성산고분군의 순장 양상 -기 조사된 봉토분을 중심으로-」『의성 대리리 2호분 II -B봉토·주변유구·A-5호-』, 2012, 180쪽), 이 위치는 동편 인골인 주피장자와 반대쪽이기 때문에 주피장자의 성별과 무관할 가능성이 있다.

48) 경상북도문화재연구원, 『의성 대리리 2호분 II -B봉토·주변유구·A-5호-』, 2012, 150쪽, 377쪽.

49) 경상북도문화재연구원, 『의성 대리리 2호분 I -A봉토-』, 2012, 145~146쪽.

50) 대리리 2호가 부부묘라는 견해는 이미 제출되었다(이재환, 앞의 글, 2010.11.18, 96쪽). 이 견해는 여성의 방추차 부장, 남성의 환두대도 부장을 근거로 삼고 있다.

B봉토 부곽에는 도자 정도를 부장한 성인과 철겸, 도자, 철촉을 부장한 성인이 안치되었다. 둘 사이에는 어린이 두 명이 세로로 나란히 자리했다. 이들 4인은 가족 순장자로 추정되고 있다.[51] 부곽의 오른쪽(동쪽) 성인 유골의(〈표 2〉의 순장1) 오른쪽 엉덩이 쪽에서는 도자 1점이 부장되었다. 왼쪽(서쪽) 성인 유골은(〈표 2〉의 순장4)는 금동 세환이식을 착용하고 왼쪽 엉덩이와 다리 주변에 도자, 철겸, 철촉을 부장했다. 유물 조합으로 보면 오른쪽이 여성, 왼쪽이 남성 가능성이 있다. 이들 사이의 유아 2인은 두 남녀와 밀접한 관계가 있었을 것이다. 그렇다면 부부와 자식으로 구성된 일가족이 순장되었다고 볼 수 있다.

이러한 한 가족의 순장은 시종노비가 하나의 가족 단위로 생활했을 가능성을 보여준다. 순장의 강제성이나 위세품의 현격한 차이로 보아 이들이 주피장자의 친족이었다고 보기는 곤란하다. 이들은 생전에 주피장자에 대해 부여되었던 절대적 종속성과 긴밀성을 사후에도 연장시키려는 목적으로 순장되었을 것이다.

B봉토에 함께 조성된 2호 목곽, 3호 목곽, 4호 옹관에 대해서는 피장자의 성격이 분명히 보고되지 않았으나 순장일 가능성이 있다.

B봉토가 조성된 뒤 봉분의 동남쪽으로는 배장곽인 2호 변형적석목곽이 조성되었다. 여기에는 태환이식 외에 금동수식, 금동편, 방추차, 도자, 살포, 철정 등이 조사되었다. 성별이나 나이에 대한 결정적인 근거자료는 조사되지 않았다. 그러나 태환이식과 방추차가 여성적 요소를 보이는 점, 남성적 요소의 유물이 특별히 보이지 않은 점으로 보아 여성일 가능성이 있다. 또한 2호 A·B봉토 주피장자보다 시기가 떨어지는 점으로 보아 A·B봉토 주피장자 부부의 다음 세대 인물일 가능성이 크다. 또한 A·B봉토 주피장자와의 밀접한 관련성, 그리고 묘곽의 크기가 뒤떨어지지 않는 점으로

---

51) 권혜인, 앞의 글, 2011.10.6, 49~53쪽 : 앞의 글, 2012, 180쪽.

보아 이 묘곽의 주피장자는 A·B봉토 주피장자 부부의 방계 비속이기보다 자식일 가능성이 있다. 또한 부곽이나 대형봉토가 조성되지 않았고, 부부 합장을 이루지도 않았다. 이를 고려할 때, 2호 배장곽의 주피장자는 성가 (成家)하지 못한 채 사망했을 가능성이 크다.

2호분의 서쪽으로 10여 미터 떨어진 곳으로는 배장곽인 1호 목곽이 조성되었다. 여기서는 도자, 경식 외에 유아인골이 조사되었다. 목곽의 규모는 순장곽에도 미치지 못하지만, 매장 당시 소뼈까지 사용되어 이 유아는 신분이 높았다고 추정되었다.[52] 묘곽 위치로 보면 이 유아는 A·B봉토 주피장자 부부와 친연관계에 있었을 가능성이 있지만, 구체적인 관계는 확인할 수 없다.

이상과 같이 대리리 2호의 주피장자들은 A봉토 주피장자인 부인, B봉토 주피장자인 남편과 2호배장곽의 주피장자인 자식으로 구성된 핵가족일 가능성이 확인되는 셈이다. 다만 별도의 자식이 주변 봉토에 매장되었을 가능성도 배제할 수 없다.

2호분의 동쪽으로 인접한 3호분에서는(313쪽 〈그림 5〉) 적석목곽인 2곽이 먼저 조성되었다. 주피장자는 금동관, 은제과대, 금장대도, 세환이식을 착장했다〈표 2〉. 성별을 확정할 수 없지만, 대도와 세환이식으로 보면 남성일 가능성이 더 크다.[53] 부곽인 목곽의 순장자는 등자, 재갈 외에 은장 안장·운주·행엽 등을 부장했다. 이 인물은 주피장자를 보위하는 무장이었을 것이다.

2곽에 이어 조성된 변형적곽목곽인 1곽에서는 태환이식, 유리경식 등이 조사되었다. 이 인물은 같은 묘곽 내에 순장자를 함께 부장했다〈표 2〉. 유물만으로 주피장자의 성별을 확인하기는 곤란한 상황이다. 다만 1곽과 비

---

52) 소뼈는 목개(木蓋) 상부에 위치했다고 추정되었다(경상북도문화재연구원, 『의성 대리리 2호분Ⅱ −B봉토·주변유구·A−5호−』, 2012, 123쪽).

53) 이재환, 앞의 글, 2010.11.18, 96쪽.

교하면, 2곽의 주피장자인 남편에 이어 1곽의 주피장자인 부인이 매장되었을 가능성이 있다. 그렇다면 3호분은 대체로 부부묘로 볼 수 있을 것이다.

3호분의 동북편으로 위치한 5호분에서는 적석목곽인 1곽이 먼저 봉분의 중앙에 조성되었다(314쪽 〈그림 6〉). 여기서는 은제과대, 철제대도, 세환이식 외에 이기(利器), 철모, 철촉 등의 무기류가 출토되었다. 이어 봉분의 북쪽으로 조성된 목곽인 2곽에서는 유리옥이 조사되었다. 유물로 보면 무기류가 다양하게 부장된 1곽의 주피장자가 남성이고,[54] 2곽의 주피장자가 여성일 가능성이 크다. 5호분 역시 부부묘의 사례로 볼 수 있다.

대리리 2호분과 3호분은 모두 대리리 2단계에 속하며, 2호분의 배장곽 2호는 3단계에 위치한다. 그 중에서 3호는 탑리고분 1곽과 비슷하거나 조금 늦은 5세기 중엽~후반으로 편년되었다.[55] 2호의 배장곽2호까지 포함하면 5세기 후반~6세기 초로 추정되었다.[56] 2호분과 3호분은 대체로 평행한 시기에 별도의 가족을 이룬 셈이다. 그 중에서도 2호분의 주인공 부부는 자식을 거느린 핵가족을 이루었다고 볼 수 있다.

3호와 5호의 주피장자인 각각의 부부도 자식을 두었을 가능성이 크지만, 묘곽과 봉분의 배치만으로는 이를 설명할 순 없다. 그런데 핵가족의 범위에는 자식이 없는 부부도 포함된다.[57] 이에 3호와 5호의 주피장자들도 각각 핵가족의 기본단위를 이룬 셈이다.

이상과 같이 대리리 고분군의 간층은 부부와 핵가족을 기본단위로 가계집단을 구성하였다. 이를 고려하면 탑리고분의 주피장자들도 핵가족을 기본단위로 복수의 세대에 걸친 가족을 구성했을 것이다. 이러한 가족을 기

---

54) 김기웅, 앞의 글, 1968, 107쪽.
55) 경북대학교 박물관, 『의성 대리리 3호분』, 2006, 150쪽.
56) 경상북도문화재연구원, 『의성 대리리 2호분Ⅱ -B봉토·주변유구·A-5호-』, 2012, 172쪽.
57) 신기철·신용철, 『새우리말큰사전』, 삼성출판사, 1989.

본 단위로 한 친족의 상호관계에 대해서는 장을 달리해 살펴보고자 한다.

3. 탑리·대리리 고분군 친족의 상호관계

앞 절에서 살펴본 가족은 친족을 구성하는 최소단위이다. 친족은 이들 사이의 수평적 유대와 수직적 계승을 통해 형성되었다. 이를 통해 친족 간의 상호관계를 살펴보는 것이 본장의 목적이다.

가족을 구성하는 계기는 혼인과 출생에 있다. 그 중에서도 혼인은 남녀 양측의 가족과 친족집단의 이해관계가 얽힌 중대한 절차이다. 이는 탑리·대리리 고분군의 피장자들에게도 예외가 아니었다.

우선 탑리고분에서는 남녀관계를 매개로 한 가족관계가 확인되지 않는다. 앞서 매장된 1곽·2곽과 이어 매장된 3곽은 모두 남성으로 추정되거나 남성일 가능성이 더 크다고 판단되었다. 5곽의 주피장자도 철제 마구를 부장한 점으로 보면 남성일 가능성이 있다. 4곽에서 출토된 은제 세환이식은 주피장자가 남성일 가능성을 시사하지만, 이것만으로 성별을 단정하기는 곤란하다. 이상의 주피장자 중에서 여성이 포함되었을 가능성도 배제할 수 없다. 2곽의 주피장자는 남성으로 보고되었지만, 앞서 소개한 것처럼 여성이라는 견해도 제출되었기 때문이다.

대리 2호 A봉토 1곽과 B봉토 1곽의 주피장자는 앞서 언급한 것처럼 부부관계로서, 2호 배장곽 주피장자 등을 자녀로 하는 핵가족을 이루었다. 부인이 A봉토 1호 주곽의 주피장자에 한정되었다면, 대리 2호의 주피장자는 단혼제의 사례가 될 수 있다. 남성으로 추정되는 B봉토 1곽의 주피장자는 금동과대와 은장·철제 대도와 금동장·철제 마구를 부장했는데, 여성으로 추정되는 A봉토 1곽의 주피장자는 금동관을 부장했고 부곽의 순장자가 금동장·철제 마구를 부장했다. 상호 유사한 권위를 향유하는 부부라는 기준에서 보면 이들은 최소한 매장 단계에서는 단혼제 부부로 인식되었음을 알 수 있다. 금동관의 착용을 기준으로 보면, 여성이 남성에 못지 않은 권위를 누린 셈이다.

B봉토 1곽의 부곽에서는 순장자가 부부와 자식으로 구성된 일가족일 가능성이 인정되었다. 그런데 경산 임당유적의 인골에 대한 미토콘드리아 분석에서는 가계를 달리하는 간층의 순장자들 사이에 모계 연결성이 장기간 지속되었다고 보고되었다.[58] 이로 보면 B봉토 부곽에 매장된 순장자 가족은 주변 봉분의 주피장자에 속한 순장자들과 친족관계에 있었을 가능성도 배제할 수 없다.

여성으로 추정되는 대리리 3호 1곽의 주피장자와 남성으로 추정되는 2곽의 주피장자도 매장 단계에서 부부관계를 보여주고 있다. 금동관을 착용한 남성과 달리, 여성은 태환이식 정도를 부장하였다. 그러나 1곽이 도굴된 점을 고려하면 실제로는 보다 높은 등급의 위세품이 부장되었을 가능성도 있다. 현상으로 보면 여성의 권위가 다소 떨어지지만, 이들은 역시 봉분 조성 단계에서 단혼제 부부로 인식되었다고 볼 수 있다.

대리리 5호 1곽의 주피장자가 남성이고 2곽의 주피장자가 여성이라면 5호의 주피장자는 역시 단혼제 부부로 인식되었을 것이다.

이처럼 대리리 고분군의 주피장자들은 단혼제를 기초로 부부와 자식으로 구성된 가족을 이루었다. 그런데 신라의 왕위계보를 살펴보면 복수의 왕비가 전하는 사례가 적지 않다.[59] 이 중에서 일부는 사료상 착오의 결과

---

58) 하대룡, 앞의 글, 2011, 186쪽.
59) 상고기만 살펴보면, 유리이사금의 비는 『삼국사기』에서는 일지갈문왕의 딸 또는 박씨 허루왕의 딸, 『삼국유사』 왕력에서는 김씨 사요왕녀로 전한다. 일성이사금의 비는 『삼국사기』에서는 박씨 지소례왕의 딸로, 『삼국유사』 왕력에서는 일지갈문왕의 딸로 전한다. 자비마립간은 『삼국사기』에서는 재위 4년 서불한 미사흔의 딸을 왕비로 삼았다고 했는데, 『삼국유사』 왕력에서는 비가 미사흔의 딸 또는 파호갈문왕의 딸이라 하였다. 소지마립간의 비는 『삼국사기』에서는 내숙이벌찬의 딸 선혜부인이라 했는데, 『삼국유사』 왕력에서는 기보갈문왕의 딸이라 했다. 지

일 수도 있지만, 왕비가 사망한 뒤 재혼했을 가능성과 왕비를 복수로 들였을 가능성이 모두 고려될 수 있다. 그 중 적어도 일부에서 복수의 왕비가 존재했을 가능성을 배제할 수 없다.

김지성(金志誠)이 조성한 감산사 미륵보살조상기(719)에서도 전처와 후처가 등장한다. 여기서 전처, 후처, 서형(庶兄) 등을 구별하지 않고 축원한 점을[60] 중시하면, 중대 이전에도 정처와 후처가 동등했을 가능성이 고려될 수 있다.[61] 그런데 『당서』 신라전에서는 국인 중에 김씨·박씨가 많고 이들은 다른 성씨와는 혼인하지 않는다고 하였다. 『신당서』 신라전에서는 제1골은 제1골끼리만 혼인하고 제2골을 잉첩으로 삼는다고 했다. 신라 왕실의 남성은 거리가 먼 방계 친족이나 친족이 아닌 여성에 대해서는 혼인을 하더라도 후비로 삼았음을 알 수 있다. 이는 정처(正妻)와 후처(後妻)가 동등하지 않았음을 보여준다.

소문국 간층에서는 단혼제의 가능성만 확인되지만, 이것만으로 복혼제의 일종인 일부다처제의 가능성을 부정할 순 없다. 다만 현재까지의 조사로 보면 소문국의 간층은 원칙적으로 단혼제를 중심으로 했다고 볼 수 있다. 복혼제이더라도 정처와 후처 사이에 위상의 차이가 컸을 것이다.

그러면 부부 사이의 위상은 어떠했을까. 문헌상으로는 이를 확인할 수 없지만, 신라의 사례는 간접적인 자료를 제공할 수 있을 것이다. 신라의 왕위계보에서는 대체로 부계가 중시되었다. 주지하듯이 왕위계승은 원칙적으로 아들을 대상으로 하되, 아들이 없거나 있더라도 특별한 사유가 있

증왕의 비는 『삼국사기』에서는 박씨 등흔 이찬의 딸인 박씨 연제부인, 『삼국유사』 왕력에서는 검람대(儉攬代) 한지(漢只) 등허각간의 딸, 『삼국유사』 지철로왕조에서는 모량부(牟梁部) 상공(相公)의 딸로 전한다.

60) 한국고대사회연구소 편, 『역주 한국고대금석문』 제3권, 가락국사적개발연구원, 1992, 297~301쪽.

61) 최재석, 『한국가족제도사연구』, 일지사, 1983, 146쪽.

을 경우에 한해 사위나 딸 등을 대상으로 삼았다. 왕위계승을 기준으로 보면, 신라 사회는 남계를 중심으로 하되 비교적 가까운 여계도 동일한 친족집단으로서 인정받은 것이다.

왕이 아닌 인물의 계보를 살펴보면, 『삼국사기』 열전은 김유신, 거칠부, 이사부, 김양, 사다함, 박제상, 설총, 김흠운 등의 선대를 모두 부계 중심으로 기재했다.[62] 김용행(金用行) 찬 아도비(阿道碑)도 부(父) 길승, 조부 공한, 증조부 걸해대왕만을 언급했다.[63] 반대로 궁예는 외가에서 출생했다고 전한다.[64] 돌백사 주첩주각(柱貼注脚)에서는 경주 호장(戶長) 거천(巨川)의 모 아지녀(阿之女), 아지녀의 모 명주녀(明珠女), 명주녀의 모 적리녀(積利女)를 언급했다. 이러한 사례를 중시하면 신라에서는 부계혈연집단이 존재하지 않았다고 볼 수도 있다.[65] 그런데 거천에 대한 기사는 적리녀의 아들 광학(廣學) 대덕(大德)과 삼중(三重)이 모두 신인종(神印宗)에 귀의한 점을 특기하는 데 초점을 두었다. 궁예가 외가에서 출생한 점이 특기된 것도 신라 사회에서 일반적인 현상이기보다 특이한 사례였을 가능성을 시사한다. 궁예와 거천은 신라 사회의 대표 사례보다 특이 사례에 가깝다고 볼 수 있다. 이상으로 보면 신라 사회에서는 남계를 중심으로 하되 일정 범위의 여계가 친족의 성원으로서 존중되었다고 판단된다.

---

62) 『삼국사기』 열전에 따르면, 김유신은 12대조가 김수로, 증조가 구해, 조부가 무력, 부가 서현이라 하였다. 거칠부에 대해서는 내물왕의 5세손인 점과 함께 조부와 부를 언급했다. 김양에 대해서는 태종의 9세손인 점과 증조부, 조부, 부를 언급했다. 박제상에 대해서는 파사이사금의 5세손인 점과 함께 조부, 부를 언급했다. 김흠운에 대해서는 나밀왕의 7세손인 점과 함께 부를 언급했다. 이사부는 내물왕의 4대손이라 했고, 사다함은 나밀왕의 7대손이라 했다. 설총에 대해서는 조부와 부만 언급했다.

63) 『삼국유사』 권3 흥법 제3 원종흥법 염촉멸신.

64) 『삼국사기』 권50 열전 제10 궁예.

65) 최재석, 앞의 책, 1983, 200쪽.

이상은 소문국의 간층에서도 남계가 여계보다 상대적으로 우월했을 개연성을 보여주지만 직접적인 근거가 될 순 없다. 여기서 남녀별 위세품의 수준은 남성과 여성에 대한 존중의 수준, 혹은 부부 사이의 사회적 우위관계를 확인하는 데 도움을 줄 수 있을 것이다. 이를 확인하기 위해 탑리·대리리 고분과 부부간 위세품의 관계가 비교적 풍부하게 확인된 임당유적의 사례를 비교해 〈표 3〉을 작성했다.

〈표 3〉 탑리·대리리 고분군과 임당유적의 위세품 및 성별 우위

유형	탑리·대리리 고분군	임당유적
남성 우위	남出여○ : 대리리 3호 2·1곽? 남出여'?' : 탑리 1호 남⇓여○ : 대리 5호 1·2곽?	남↓여○ : 조영CⅠ-1·2호 (2호 도굴)
여성 우위	남⇓여出 : 대리리 2호 B1·A1곽?	남○여出 : 임당5호 A·B곽 남⇓여出 : 조영EⅢ-2·3호
남녀 동등		남出여出 : 임당7A·B, 조영EⅡ-1·2호 남↓여↓ : 조영EⅡ-3·4호

봉분내 묘곽 제시 순서 : 남·녀 순임
出 : 금동관   ↓ : 관모
⇓ : 과대   ○ : 금동관·관모·과대 무(無)

대리리 2호에서는 여성일 가능성이 있는 A봉토 1곽에서만 출자형(出字形) 금동관이 부장되고 남성일 가능성이 있는 B봉토 1곽에서는 과대가 부장되었다. 이는 여성의 위세품이 우위를 보이는 경우이다. 반면 대리리 3호에서는 남성으로 추정되는 2곽에서만 출자형(出字形) 금동관이 부장되었고, 대리 5호에서는 남성으로 추정되는 1곽에서만 과대가 부장되었다. 탑리 1호에서 남성으로 추정되는 1곽에서만 금동관이 부장된 것도 넓게 보면 이러한 범주에 포함될 수 있다. 여성도 최상위 혹은 이에 버금가는 위세품을 부장했지만, 남성이 상대적으로 우세한 위세품을 부장하고 있다. 이는 존중의 수준이나 사회적 우위관계에서 남성의 주도권이 상대적으로

컸을 가능성을 보여준다.

그런데 임당유적에서는 약간 다른 경향이 보인다. 조영CⅠ-1·2호에서는 남성의 1호에서만 관모가 출토되어 남성의 위세품이 우위를 보인다. 반면 임당5호 A·B곽과 조영EⅢ-2·3호에서는 여성만 출자형(出字形) 금동관을 부장하고 남성은 이를 부장하지 않거나 관모만 부장했다. 임당7AB호와 조영EⅡ-1·2호에서는 부부가 모두 출자형(出字形) 금동관을 부장했고, 조영EⅡ-3·4호에서는 부부가 모두 관모를 부장했다. 임당유적에서는 평균적으로 여성의 위세품이 우위를 보이고 있다.

이상을 중시하면 임당유적의 임당동·조영동 고분군에서는 부부 간에 여성이 우위이고 대리리·탑리 고분군에서는 남성이 우위로 비칠 수도 있다. 그런데 봉분과 묘곽의 관계를 중심으로 한 연구에서는 주피장자 사이에 부계계승이 원칙이었다고 추정되고 있다.[66] 위세품의 비교만으로 남녀 간의 우위관계가 지역마다 달랐다고 판단할 순 없다. 오히려 위세품의 보유와 부장에서 남녀를 모두 존중했다고 보는 편이 합리적일 것이다. 이는 탑리·대리리 고분군의 주피장자들 사이에도 적용될 수 있을 것이다. 즉, 대리리·탑리 고분군의 간층 사회에서는 남계의 비중이 상대적으로 컸지만 여계도 존중되었을 가능성이 있다. 신라의 왕위계보에서 확인되듯이, 이는 여계의 적어도 일부가 소문국 간층 내 친족집단처럼 부계와 유사한 수준의 가계집단 출신이었을 가능성을 시사한다.

그런데 대리리 고분군에서 서로 인접한 2호와 3호의 주피장자들은 서로 친족관계일 가능성이 있다. 두 고분이 동일한 단계로 편년된 점을 고려하면 두 고분의 주피장자 부부는 각각 핵가족으로서 생존시기를 공유했을 것이다. 두 고분에서 북쪽으로 비슷한 거리를 두고 인접한 1호분(경덕왕릉)도 이들 부부와 일정한 친족관계였을 가능성이 있다. 1호·3호의 동쪽으

---

66) 김용성, 앞의 책, 1998, 376쪽.

로 인접한 5호 부부묘나 6호분의 경우도 위 주인공들과 무관하지 않을 것이다.

그렇다면 이상의 부부 또는 핵가족 사이의 관계가 구체적으로 무엇인지 궁금해진다. 위 봉분 중에서 대리리2호 A봉토 1곽, 이 고분의 1호 유아배장곽, 대리리3호 1곽 등에서는 주피장자의 인골이 조사되었다〈표 2〉. 이는 친족관계를 확인하는 근거가 될 수도 있지만, 출토 당시의 상태가 불량하여 이용이 불가능한 상황이다.[67] 위 주피장자들 사이에서 형제관계나 세대 계승관계 또는 직계와 방계의 관계가 존재했을 가능성이 있지만, 이를 구체적으로 밝히는 작업은 사실상 불가능하다. 이들 사이의 계승이 부계 중심인지, 모계 중심인지, 양측적 원리인지도 마찬가지이다.

하지만 위 봉분의 주피장자들이 다수의 핵가족을 이루면서 친족관계에 있었다면, 최소한 일부의 주피장자들은 형제관계 또는 자매관계에 있었을 것이다. 또한 앞서 언급한 것처럼 대리리 2호·3호와 2호배장곽은 단계를 달리하면서 전체적으로 5세기 중엽~6세기 초로 편년되고 있다. 그렇다면 위 고분들의 주피장자들 사이에는 형제관계와 계승관계가 존재했을 가능성이 크다. 이는 핵가족으로부터 수평적·수직적 유대가 확장된 상황을 시사한다.

혼인한 형제가 동거하는 가족은 확대가족으로 규정되어 왔다.[68] 그런데 확대가족의 구성원이 언제나 동거하는 것은 아니며, 가까운 곳에 거주하는 경우까지 포함한다. 대리리 고분군에서 친족을 구성하는 다수의 핵가족이 동거했는지의 여부는 확인되지 않는다. 동거를 기준으로 하면 순장자 중의 비가족원이 오히려 주피장자와 동일한 가구를 이루었을 가능성

---

67) 경상북도문화재연구원, 『의성 대리리 2호분Ⅱ -B봉토·주변유구·A-5호-』, 2012, 257쪽.

68) 이광규, 앞의 책, 1977, 105쪽.

이 있다. 그런데 위 주피장자들은 각각 핵가족을 구성하면서 복수의 대세 동안 유대관계를 유지했고, 이들의 거주공간은 탑리·대리리 일대에서 가까웠을 가능성이 크다.

핵가족과 확대가족은 거주를 함께하는 가족의 수평적·수직적 범위를 구분하기 위한 개념으로 사용되었다. 하지만 대리리 고분군 주피장자들의 핵가족이 형제 사이에 또는 세대 사이에 주거를 함께했는지는 확인할 방법이 없다. 이에 대리리 고분군의 주피장자와 관련하여 핵가족과 확대가족은 동거하는 구성원의 친족 범위보다 친족적 유대의식을 공유하는 범위를 규정하는 데 한해 사용되어야 할 것이다. 그렇다면 위 주피장자들 사이에는 핵가족을 기본단위로 상호 연결된 확대가족이 장기간 유지되었음을 시사받을 수 있다.

그런데 대리리 고분군에서 최고(最高)의 위치에 최대의 봉토를 이룬 봉분의 무리는 공원지역 내 북동쪽에 자리잡은 35·38·39호분 일대에 자리하고 있다(311쪽 〈그림 3〉). 이 봉분들에서 서남쪽으로 떨어져 고도가 약간 낮은 완만한 능선상에는 26호분에서 18호분에 이르는 봉분들이 열을 지어 밀집해 있다. 이러한 봉분들에는 1~6호분이나 39호분 일대의 봉분들과 별개의 가계집단이 매장되었을 가능성이 있다. 전체적으로 대리리 고분군 내에는 3개 이상의 가계집단이 연속적으로 봉분을 조성한 셈이다. 현재로 서는 대리리 2·3·5호분을 제외하면 그 조성 시기를 구체적으로 판단할 수 없다. 다만 고총고분의 유행시기를 고려하면 이들 고분의 조성시기는 적어도 일부분에서 대리리 2·3·5호분과 겹칠 것이다.

한편 탑리고분을 정점으로 동부·서부·남부·북부로 뻗은 능선상에도 대략 130여 기에 달하는 고총고분이 밀집해 있다(309쪽 〈그림 1〉). 이 중 탑리고분에서 동쪽으로 약 30미터 지점에는 세장한 석곽묘가 확인되었다. 북8호는 탑리고분(남북 30미터, 동서 20미터)보다 더 큰 규모로 조성되었다. 동4호는 연도가 달린 횡혈식석실분이며, 그 주변에도 횡혈식석실분이 다수 있다고 추정된다.[69] 탑리고분군에서는 고총고분 시기부터 횡혈식석실분 시기에 이르기까지 유력한 간층이 연속적으로 고분을 조성한 셈이다.

탑리고분 외에는 발굴조사가 이루어지지 않아 탑리고분군에서 친족집단의 상호관계를 언급하는 것은 무리이다. 다만 현재까지의 조사로 보면, 능선별로 조성된 고분들도 복수의 유력한 가계집단이 고총고분 이전부터 횡혈식석실분이 출현하기까지 계승되었을 가능성이 시사된다.

이상과 같이 탑리·대리리 고분군에서 주피장자들은 단혼제를 중심으로 하는 핵가족을 이루었다. 이들로 구성된 다수의 확대가족이 각각의 고분군에서 고총고분기 동안 대체로 유지되었다고 추정된다. 여기에 반영된 친족집단의 정치적 역할에 대해서는 별도의 검토가 요구된다.

4. 탑리·대리리 고분군 친족집단의 정치적 역할

탑리·대리리 고분군의 친족집단은 옛 소문국의 지배세력을 계승한 간층으로 추정된다. 이들이 금은 위세품과 함께 연속적으로 고총고분에 매장되었다면, 이 친족집단은 상당한 사회적 위상을 유지했다고 볼 수 있다. 그런데 이 시기에 해당하는 4세기 말~6세기 초에 신라는 낙동강 상류 지역에서 지배체제를 편성해 갔다. 이 과정에서 탑리·대리리 고분군의 친족집단이 어떠한 정치적 역할을 했는지 파악하는 것이 본장의 목적이다.

고총고분기에 이들의 정치적 위상을 알려주는 문헌자료는 거의 찾아지지 않는다. 다만 봉분의 규모와 위세품이 이들의 정치적 위상을 짐작케 할 뿐이다. 이들이 부장한 위세품에 대해서는 신라의 맹주적 위치,[70] 영역지

---

69) 대구대학교 박물관, 앞의 책, 1987, 73~79쪽.
70) 최종규, 「중기고분의 성격에 대한 약간의 고찰」 『부대사학』 7, 1983, 32쪽, 35쪽.

배,[71] 소국의 복속[72] 등을 반영한다고 해석되었는데, 여기서는 친족집단의 정치적 위상을 중심으로 살펴보자.

〈표 1〉과 〈표 2〉에서 보듯이 탑리·대리리 일대의 간층은 가계집단별로 금동관, 관모, 과대 등으로 대표되는 위세품을 연속적으로 보유했다. 이는 가계집단별 권위가 지속되었음을 의미한다. 문제는 그 권위의 범위와 수준이 어떠했는가 하는 점이다.

〈표 3〉에서 보듯이 탑리·대리리 고분군에서 최고의 위세품은 평균적으로 남성에서 우위를 보이지만, 여성이 우위인 경우도 있다. 위세품을 부장하는 조건은 특정한 성이나 개인보다 기존 소문국을 계승한 유력한 가계집단에 있었음을 알 수 있다. 위세품 자체는 특정한 정치적 역할보다 간층 내에서 유력한 가계집단의 구성원임을 보여주는 근거인 셈이다. 하지만 이들이 소문국 내에서 일정한 정치적 역할을 담당했다는 점을 부인할 순 없다. 그렇다면 소문국 내에서 정치적 역할을 담당한 주체가 위세품을 부장한 간층과 어떤 관계를 가졌는지 궁금해진다. 이와 관련하여 다음 사료가 주목된다.

> 가) 봄에 사신을 보내 환과고독(鰥寡孤獨)을 위문하고 각자 곡식 3곡(斛)을 주고, 효제(孝悌)를 행함에 남다른 자에게는 직(職)을 1급(級)씩 주었다.
> (『삼국사기』 권3 신라본기 내물이사금 2년)

위에 의하면 내물 2년(357) 각지에 사신을 보내 효제(孝悌)가 남다른 자에게 '직(職)'을 1급씩 주었다. 신라의 지방관이 가족을 이끌고 파견된 것은

---

71) 전덕재, 「신라 주군제의 성립배경연구」 『한국사론』 22, 서울대학교 국사학과, 1990, 44쪽.
72) 이희준, 『4~5세기 신라의 고고학적 연구』, 서울대학교 박사학위논문, 1998, 65쪽.

법흥왕대부터이므로 '직'의 대상은 지방관보다는 지역세력일 가능성이 크다. 여기서 '직'은 기존 소국의 간층에게 승인한 직임으로 판단된다.[73] 이 직임은 신라에 의해 승인된 것이지만, 소문국 내에서 기존 간층의 지배력이 유지된 결과이기도 하다. 그 대상에는 위세품을 보유한 가계집단의 구성원이 포함되었을 것으로 추정되지만, 그들에게 '직'이 승인되는 조건은 위 사료만으로는 확인되지 않는다. 이와 관련하여 다음 사료를 주목할 수 있다.

> 나) 박제상(朴堤上)은 혹은 모말(毛末)이라고 한다. 시조 혁거세의 후손으로서 파사이사금의 5세손이다. 조(祖)는 아도갈문왕(阿道葛文王)이며, 부(父)는 물품파진찬(勿品波珍湌)이다. 제상이 벼슬하여 삽량주간(歃良州干)이 되었는데 …… 눌지왕이 즉위함에 이르러 변사(辯士)를 구해 가서 (두 아우를) 맞이해 오려고 생각했다. 이에 수주촌간(水酒村干) 벌보말(伐寶靺), 일리촌간(一利村干) 구리내(仇里迺), 이이촌간(利伊村干) 파로(波老) 등 세 사람이 어질고 지혜로움을 듣고서 불러 말했다 "내 두 동생이 왜와 고구려 두 나라에 인질로 갔는데 여러 해가 지나도 돌아오지 않았다. 형제인 연유로 사념을 그칠 수 없으니, (이들이) 살아 돌아오기를 바라는데, 이를 어찌하면 좋겠는가?" 세 사람이 같이 대답하기를 "저희가 들은대, 삽량주간 제상이 강용(剛勇)하고 모략이 있다고 하니, 전하의 근심을 풀어드릴 수 있을 것입니다." (『삼국사기』 권45 열전 제5)

여기서 눌지마립간은 고구려·왜에 갔던 아우들을 구해오기 위해 수주촌(예천)[74]간(干) 벌보말(伐寶靺), 일리촌(성주)[75]간 구리내(仇里迺), 이이촌(영

73) 이부오, 「사로국의 팽창과 소문국의 지배세력」 『조문국의 성쇠와 지배세력의 동향』, 의성군·한국고대사탐구학회, 2011, 105쪽.
74) 이병도 역주, 『삼국사기』 하, 을유문화사, 1983, 181쪽.
75) 『삼국사기』 권34 지리1 성산군 및 권50 열전 제10 견훤.

주?)간 파로(波老)를 불러 자문을 구했다. 촌간(村干)은 이들이 대표하는 공간적 범위로 보나 간이라는 호칭으로 보나 지방관이기보다 기존 소국의 간층일 것이다.[76] 그 시기는 눌지마립간이 즉위한(417) 직후라 하므로, 고총고분기의 비교적 빠른 단계에 해당한다. 이 시기에 마립간은 국가적 중대 사안의 해결을 위해 옛 소국단위별로 1명씩의 간에게 협조를 구한 것이다. 위 사료에서는 인질의 송환이라는 사안만 언급되었지만, 옛 소국 지역에 대한 통치와 관련하여 신라는 간층의 대표자를 매개로 삼았음을 시사받을 수 있다.

그런데 고총고분기에 최고의 위세품인 금동관을 부장한 간층은 복수로 확인된다. 물론 고총고분 초기의 소문국 지역에서는 최고의 위세품이 탑리고분 1곽의 금동관과 2곽의 금동관모·은제과대만 확인되었다. 이 점만으로 보면 소문국 지역의 간은 탑리고분에 매장된 가족의 대표자에게 한정된 것처럼 비칠 수 있다. 하지만 발굴조사가 극히 한정된 상태에서 이것이 당시 탑리·대리리 일대의 간층이 보유했던 유일한 최고 위세품이었다고 단정하기는 쉽지 않다.

이와 관련하여 신라 6부 내의 간(干)이 주목된다. 본피부(本彼部)와 금평(金評, 본피부斯彼部)에서는 포항중성리신라비(501)와 냉수리신라비(503)의 시기에 각각 간지(干支)가 등장하여 부내에 복수의 간지가 존재했을 가능성이 있다.[77] 촌 단위에서는 중성리비의 소두고리촌(蘇豆古利村), 나음지촌(那音支村)이나 냉수리비의 진이마촌(珍而麻村)처럼 간지(干支)가 1명씩만 확인된다. 하지만 이는 분쟁처리나 촌주의 직책에 한정된 것이므로, 간층의 숫자를

---

76) 이부오, 앞의 글, 2011, 106~107쪽.
77) 이부오, 「지증마립간대 신라 6부의 정치적 성격과 '간지(干支)'」『신라사학보』 28, 2013, 31~32쪽.
중성리비 V행의 '금평(金評)'을 인명으로 보아도 본파부에서 2인의 간지를 상정할 수 있다(노태돈, 「포항중성리신라비와 외위」『한국고대사연구』 59, 2010, 47쪽).

300 ─ 신라의 영역지배 편성과정과 외위 | 제3장 신라의 영역지배 편성과 지역세력의 동향

명시한다고 보기는 어렵다. 소문국에서 고총고분기의 간층은 다수의 확대가족으로 구성되었다. 복수의 가계집단이 최고 위세품을 보유하는 현상도 시기가 다소 떨어지는 대리리 2호·3호 단계에 한정된다고 보기는 어렵다. 그렇다면 탑리고분 1·2곽 단계에서도 소문국 국읍 지역에서 간을 칭한 인물은 복수였을 가능성이 있다.

다만 탑리 1곽의 주피장자는 탑리·대리리 일대에서 가장 탁월한 위치의 봉분에다 최고의 위세품을 부장하였다. 이로 보아 그 주피장자는 옛 국읍 내 복수의 간을 대표해 신라의 통치에 협조했을 가능성이 크다. 간층 내의 다른 가계집단은 구체적인 상황을 확인할 수 없지만, 소문국 이래의 자치적 세력기반을 매개로 신라의 통치에 일정 부분 협조했을 것이다.

그런데 중성리비의 소두고리촌과 나음지촌에서 보듯이 경주 인근에서는 최소한 5세기 말부터 촌이 편성되었다. 신라에서 촌이 최초로 편성된 시기는 분명하지 않지만 4세기 말[78] 또는 5세기 후반으로 추정되었다.[79] 소문국 지역의 촌에 대한 직접적인 자료는 단양적성비(551?)의 추문촌(鄒文村)부터 확인된다. 그런데 지증왕 15년(514) 소경(小京)을 설치한 의성군 안계면 지역이 원래 아시촌(阿尸村)이었다. 이를 중시해 514년에 소문국을 해체하고 추문촌이 설치되었다는 견해가 제출되었다.[80] 그런데 아시소경이 원래 아시촌이었다는 것은 이 일대에 이미 촌이 편성되었음을 보여준다. 또한 아시촌 지역은 고분 규모가 탑리·대리리나 다인면 송호동·달제리 일대, 단촌면 후평동 일대에 비해 떨어지는 점으로 보아 기존 소국의 국읍이

---

78) 전덕재, 『신라6부체제연구』, 일조각, 1996, 20쪽 : 「6세기 초반 신라 6부의 성격과 지배구조」 『한국고대사연구』 17, 2000, 270쪽.

79) 주보돈, 「한국 고대 촌락사연구의 발전을 위하여」 『한국고대사연구』 48, 2007, 22~29쪽.

80) 전덕재, 「고대 의성지역의 역사적 변천에 관한 고찰」 『신라문화』 39, 2012, 11쪽. 이 서술의 바로 아래에서는 추문촌의 설치시기가 505년이라 하였고, 20쪽에서는 5세기 후반~말기의 가능성도 제시했다.

나 대읍락이기보다 원래 중규모 읍락이었다고 추정된다.[81] 이에 그 이전부터 중규모 읍락 단위가 아시촌으로 편성되었을 가능성이 크다.

이러한 지역에 소경을 설치한 것은 기존 성·촌이 대체로 국읍이나 읍락의 세력을 고려해 편성된 점과 배치된다. 그런데 아시소경의 설치는 개별 소국에 대한 지배 자체보다 낙동강 상류와 소백산맥 방면을 전체적으로 통제하는 데 특별한 목적을 두고 이루어졌다. 이러한 목표의 달성이 해당 지역 간층의 세력 크기와 비례하는 것은 아니었다. 중규모 읍락 단위의 소경 설치는 간층 세력의 크기와 관계 없이 위와 같은 목적을 수행하는 데 최적의 장소였다고 판단한 결과일 것이다. 지증왕 15년 아시촌에 대한 아시소경의 설치를 인정할 수 있다면, 탑리·대리리 일대의 추문촌도 그 이전부터 촌으로 편성되었다고 볼 수 있다. 소문국 일대에서 촌이 편성된 시기는 분명하지 않지만 대체로 5세기 중엽 내지 말로 추정된다.[82]

이는 탑리·대리리 고분군 일대에서 대리리 2호, 3호, 5호 등의 봉분이 조성된 시기와 대체로 일치한다. 이 기간 동안 간층의 친족집단은 연속적으로 고총고분을 축조하고 위세품을 부장했다. 그 규모와 수준이 주변 읍락 지역보다 탁월한 점으로 보아 소문국의 간층이 해체되었다고 보기는 어려울 것이다. 여기서 이들이 근거했던 추문촌의 위상과 관련하여 제3장 266쪽의 〈표 2〉가 주목된다.

우선 단양적성비에서 '추문'은 촌명으로 등장하는데, 추문(鄒文)?하촌(下村

---

81) 이부오, 「문헌사료의 조문국(召文國) 서술맥락과 의성지역 고총고분의 이해방향」 『의성지역 고분조사 50년과 소문국의 지배세력』, 의성소문국박물관·한국고대사 탐구학회, 2013, 137쪽.

82) 이부오, 『의성지역 고분조사 50년과 조문국의 지배세력』, 2013, 141쪽.
470년 삼년산성 축조 이후 낙동강 상류와 소백산맥 방면에 대한 영역지배의 강화를 근거로 5세기 후반이나 말에 소문국을 해체하고 추문촌으로 편제했을 가능성도 상정되었다(전덕재, 「고대 의성지역의 역사적 변천에 관한 고찰」『신라문화』 39, 2012, 19~20쪽).

河村. 39번목간), 추문□□촌(54번목간), 추문 전나(前那)모지촌(牟只村, 2011-78 목간)에서는 다수 촌을 아우르는 중심지로 기재되었다. 의성군 단촌면으로 추정되는 구벌(仇伐)도 간호?촌(干好□村) 같은 자연촌이나 아(阿)□, 아나(阿那), 말나(未那)[83] 등을 거느렸다.

'추문'과 모지촌 사이의 전나(前那)와 구벌 뒤의 미나(未那)·아나(阿那)는 의미가 분명하지 않아 이를 둘러싸고서 다양한 견해가 제시되었다. 미나·아나가 자연촌 앞에 기재된 점을 중시하는 쪽에서는 이것이 자연촌보다 큰 규모의 취락이라고 보았다.[84] '아(阿)'가 지명·인명에 두루 사용된 점을 근거로 '아나'가 지명·인명에 두루 사용되었을 가능성도 제시되었다.[85]

그런데 266쪽 〈표 2〉의 추문(鄒文) 전나(前那) 모지촌(牟只村)에서 전나는 자연촌을 포괄하는 공간이다. 구벌(仇伐)의 미나(未那) 사도영(沙刀永)노(奴), 구벌의 아나(阿那) 내흔매자(內欣買子)에서는 미나·아나가 자연촌을 포괄할 가능성, 자연촌과 동일한 단위일 가능성, 자연촌의 하부단위일 가능성을 모두 가지고 있다. 구벌의 '아(阿)□'는 인명인 설지(舌只) 앞에 기재되었으므로 위 아나와 기능이 같았을 것이다.[86] 고타 이골리촌 '아나' 중지, 이

---

83) 미나(未那)는 성산산성 목간 31번·136번·139번·158번 고타(古陀)일고리촌(一古利村)과 155번 이아지(夷阿支)에서는 '末那(말나)'로 표기되었다(손환일 편, 『한국 목간자전』, 국립가야문화재연구소, 2011). 그런데 未(미)는 末(말)과 혼용되었으므로(中華民國教育部, 『異體字字典』, 2000 : http://dict.variants.moe.edu.tw), 266쪽 〈표 2〉의 미나(未那)는 위 말나(末那)와 동일한 의미로 사용되었을 것이다.

84) 전덕재, 「함안 성산산성 목간의 연구현황과 쟁점」, 『신라문화』 31, 2008, 31쪽. 아나에 대해 그는 자연촌보다 하위의 취락으로서 '천변마을'이라 본 바 있었다(「함안 성산산성 목간의 내용과 중고기 신라의 수취체제」, 『역사와현실』 65, 2007, 230~231쪽).

85) 이용현, 「함안성산산성 출토 목간의 부(負), 본파(本波), 노인(奴人) 시론」, 신라사학회 제67차 발표회, 2007.12.22, 7쪽.

86) 이 '아(阿)□'를 아나(阿那)로 읽기도 한다(손환일 편, 앞의 책, 2011, 246쪽).

골촌 '아나', 고타 일고리촌 '아나' 등에서는 자연촌의 내부를 가리키고 있다.[87] 이상으로 보면 아나, 미나, 전나 등은 인명보다 일정한 특징을 가지는 공간을 가리키는 일반명사이다. 또한 지역 단위가 서로 일치하지 않는 점으로 보아 지방행정 구역를 가리키지는 않을 것이다. 다만 구벌 내에서 미나·아나가 공존했으므로 행정촌보다는 작은 공간을 가리킨다. 전나·아나·미나를 구분하는 기준은 신라의 통치와 관련된 중요도, 조세와 관련된 기능, 지리적 방향 등을 상정할 수 있으나, 구체적인 파악은 불가능하다. 다만 여기서는 탑리·대리리 일대의 추문촌이 전나의 자연촌과 다수의 일반 자연촌을 아우르는 행정촌이었음을 주목하고자 한다.[88] 그렇다면 이 안에서 탑리·대리리 고분군 친족집단의 정치적 역할이 어떠했는지 궁금해진다.

단양적성비에서는 추문촌의 하간지(下干支)가 확인되는데, 이는 기존 촌의 간지(干支)에서 분화한 외위이다. 하간지는 울진봉평비(524)에서도 확인되는데, 거벌모라의 하간지 휘하에는 일벌(一伐), 일척(一尺), 파단(波旦, 피일 彼日), 일금지(一今智) 등이 존재했다. 지역의 간지가 봉평비 단계에서는 6부의 간지를 고려해 하향 조정되었던 것이고, 적성비 단계의 하간지는 지역의 간지가 복구되고 그 아래에 편성된 것이다. 기존의 간지와 비간 외위가 6세기 중엽까지 변화한 추세를 확인할 수 있다.

냉수리비의 진이마촌에서는 촌주인 간지와 그 보위자인 일금지(壹金知)만 확인된다. 중성리비의 소두고리촌과 나음지촌에서도 간지-일금지가 등장하며, 간거벌과 진벌에서는 외위를 칭하지 않으면서도 분쟁처리 과정에 협조한 인물이 보인다. 봉평비의 아대혜촌 사인(使人)과 남미지촌 사인도 외위를 칭하지 않았다. 외위의 편성 과정에서 간군(干群) 외위자와 비간

---

87) 손환일 편, 앞의 책, 2011, 244쪽, 251쪽, 253쪽.
88) 추문촌이 행정촌이라는 점은 기존 연구에서도 지적되었다(전덕재, 앞의 글, 2012, 8쪽).

(非干) 외위자 이외에도 비(非)외위자가 촌의 운영에 참여한 것이다.

국읍 지역의 행정촌이었던 추문촌에서는 간지-일금지 이상의 외위가 분화했을 가능성이 크지만, 편성 내용을 구체적으로 확인하는 것은 불가능하다. 다만 소국에 대한 지배가 자치권의 인정을 전제로 이루어져 온 추세를 고려하면, 외위의 편성도 고총고분에 반영된 간층의 동향과 무관하지 않았을 것이다.

5세기 중후반~6세기 초경 금은제 과대 이상의 위세품은 대리리 2호·3호·5호와 탑리 3곽 등에서 부장되었다〈표 1·2〉. 그 주인공은 대부분 남성으로 추정되지만, 대리리 2호 A봉토 1곽처럼 주인공이 여성으로 추정되는 경우도 있다. 그렇다면 위세품의 보유가 바로 외위로 연결되었다고 보기는 어렵다. 다만 복수의 가계집단에서 최고 수준의 위세품을 부장하고 가계집단 내에서도 개인별 위세품의 수준이 다양한 점이 주목된다. 이러한 차이가 가계집단별 세력의 부침과 무관하지 않았다면 외위의 수준에도 반영되었을 가능성이 있다.

이를 근거로 구체적인 직임이나 외위를 제시하는 것은 불가능하다. 다만 추문촌도 율령이 반포된 520년 이전까지는 간지-일금지를 통해 지배되었다고 추정되었다.[89] 그런데 중성리비의 소두고리촌·나음지촌이나 냉수리비의 진이마촌처럼 입비(立碑) 인근 지역에서 등장하는 다수의 촌은 자연촌에 가까울 것이다. 그렇다면 추문촌처럼 주변의 자연촌을 관리하는 국읍 단위의 행정촌에서 간층이 자연촌의 지배세력과 동일한 외위를 칭했는지 의문이 생긴다.

더욱이 소문국 간층의 묘곽에는 적석목곽의 비중이 높아 이들 간층은 신라 국가의 통치에 대해 상대적으로 협조적이었을 가능성이 있다. 이 점은 의성양식 토기의 확산과도 무관하지 않을 것이다. 의성양식 토기는 탑

---

89) 전덕재, 앞의 글, 2012, 12쪽.

리 I · II곽 직전 단계에 상주 청리·안동 사의동 등지로 확산되기 시작하여 탑리 I · II곽 단계에는 상주·안동 일대로, 탑리 III · V곽 단계까지는 선산 낙산동까지 확산되었다.[90] 나아가서 그 범위는 예천·청원·영덕[91]·울진까지 미쳤다.[92] 이러한 현상은 경주로부터 소백산맥과 죽령 방면으로 통하는 길목의 결절지에 위치한 소문국의 지배세력이 신라의 대외활동에 적극적으로 협조한 결과로 판단된다. 이러한 상황에서 추문촌의 간층에 대해서는 율령반포 이전부터 외위가 간지-일금지 이상으로 분화되었을 가능성이 있다.

또한 중성리비의 소두고리촌·나음지촌 앞에는 간거벌 일사리가 보이고 뒤에는 진벌 일석이 보인다. 이처럼 비외위자도 촌에 준하는 지역을 대표하여 분쟁처리에 협조하였다. 비외위자도 통치와 관련한 사안에 참여할 여지가 있었던 것이다. 이를 고려하면 추문촌에서도 간지-일금지와 세력이 유사하거나 이보다 떨어지는 비외위자가 신라의 통치나 자치적 사안에 참여했을 가능성이 있다.

이상을 인정할 수 있다면 6세기 초까지 추문촌에서는 '간지-비간 외위'가 편성되어 간군 외위자가 비간 외위자의 보위와 비외위자의 협조로 행정촌을 운영했을 것이다. 비외위자는 기존 세력의 수준에 따라 신라의 통치나 자치적 사안에 협조했을 것이다. 그런데 중성리비와 냉수리비의 촌에서는 간지와 일금지가 긴밀히 협조하고 있다. 이는 친족관계에 기초한 것인지, 친족과 관계 없는 인물 사이의 행정적 협조를 반영하는 것인지 확인

---

90) 김옥순, 「의성 지역집단의 토기양식과 생산체제」『학산 김정학박사 송수기념논총 한국 고대사와 고고학』, 학연문화사, 2000, 581쪽.

91) 김용성, 「토기에 의한 대구·경산지역 고대분묘의 편년」『한국고고학보』 35, 1996, 173쪽.

92) 이한상, 「삼국시대 울진의 고분군과 토기문화」『울진 봉평리 신라비와 한국 금석문 연구』, 울진군·한국고대사학회, 2011, 157쪽.

할 수 없다. 추문촌에서도 간군 외위자와 비간 외위자 사이의 친족적 유대 여부를 분명히 밝힐 만한 단서를 찾기가 쉽지 않다. 그러나 외위의 편성이 간층의 자치적 기반을 전제로 했고 중성리비와 냉수리비의 촌주가 간지를 칭한 점을 고려하면, 추문촌의 간군 외위는 기존 간층으로 구성되었을 것이다. 그렇다면 이들과 협조하는 비간 외위, 비외위자의 구성이나 선정에서도 간층이 주도적으로 참여했을 가능성이 크다. 결국 간층의 가계집단은 간군 외위를 독점하고 비간 외위의 구성과 선정을 주도하는 단위가 되었다고 볼 수 있다.

그런데 낙동강 상류와 소백산맥 방면에 대해 효과적인 지배를 추진한 신라의 입장에서는 소문국 간층 이하의 세력이나 읍락 간층에 대해서도 외위로 끌어들이는 편이 유리했을 것이다. 의성양식 토기의 확산이 보여주듯이 소문국 출신의 세력은 낙동강 상류와 소백산맥 너머, 그리고 동해안 방면에서도 신라의 대외활동에 적극적으로 협조했다. 이러한 인적 자원을 확보하기 위해서는 소문국 간층 이하의 세력이나 읍락 간층이 적어도 비간 외위, 그리고 간위자에게 협조하는 비외위자의 일부를 구성했을 가능성이 있다.

여기서 간층 내 가계집단에서 최고 위세품의 보유자는 대체로 간군 외위로 편성되고 그 이하의 인물은 비간 외위로 편성되거나 무외위자로서 협조했다고 볼 수 있다. 반면 신라에 의한 간위의 공인이 없더라도 기존 자치권을 기반으로 간위자에 버금가는 역할을 하는 인물도 존재했을 것이다. 그렇다면 탑리·대리리 고분군의 가계집단은 간군 외위를 독점하는 한편 비간 외위, 그리고 행정촌의 운영에 참여하는 비외위자의 구성과 선정을 주도함으로써 신라의 통치에 협조하는 단위였다고 볼 수 있다. 동시에 소문국 내의 자치권을 행사하는 기본단위였다고 판단된다.

5. 맺음말

본고는 탑리·대리리 고분군에 나타난 가족의 유형과 친족의 상호관계를 통해 소문국 간층 친족집단의 정치적 역할을 밝히기 위해 작성되었다. 이제 그 결과를 정리하여 맺음말에 대신하려 한다.

우선 친족의 사례를 추출하기 위해 인골, 부장유물, 주피장자 사이의 관계를 확인하였다. 그 결과에 따르면 대리리 2호 A·B봉토의 주피장자는 5세기 중후반에 자식을 거느린 핵가족을 이루었다. 비슷한 시기에 조성된 대리리 3호 1·2곽의 주피장자와 5호 1·2곽의 주피장자는 각각 부부를 이루었다. 탑리고분의 주피장자는 복수의 세대에 걸쳐 있었다. 탑리고분 1곽·2곽 주피장자 중 적어도 일부는 자식을 포함한 가족을 이루었는데, 자식 중의 일부는 성가(成家)하지 못한 상태에서 사망했다고 추정된다. 탑리·대리리 고분군에 매장된 간층의 가족은 부부와 핵가족을 기본단위로 유지되었다.

대리리 2호 A봉토 주피장자인 여성과 B봉토 주피장자인 남성은 매장단계에서 단혼제 부부로 인식되었다. 대리리 3호 1·2곽의 주피장자로 구성된 부부, 대리리 5호 1·2곽의 주피장자로 구성된 부부도 단혼제의 사례로 추정된다. 단혼제를 중심으로 하는 핵가족이 친족의 기본단위가 되었고, 이들을 상호 연결하는 확대가족이 장기간 유지되었다. 대리리 고분군 내에서는 셋 이상의 확대가족이, 탑리고분군에서도 복수의 가계집단이 고총고분기 동안 유지되었을 것이다.

위세품의 수준으로 보면 간층 내에서 남성과 부계의 비중이 여성과 모계에 비해 컸을 것으로 추정되지만, 모계도 존중되었을 가능성이 있다. 여계의 적어도 일부는 간층 내 친족집단처럼 부계와 유사한 수준의 가계집단 출신이었을 것이다.

『소문국의 지배세력과 친족집단』, 의성소문국박물관·한국고대사탐구학회, 2014

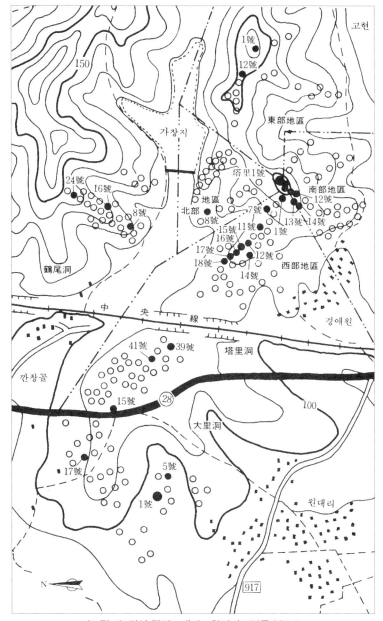

〈그림 1〉 의성 탑리·대리·학미리고분군 분포도
(대구대학교 박물관, 『의성군 문화유적지표조사 보고』, 1987, 75쪽)

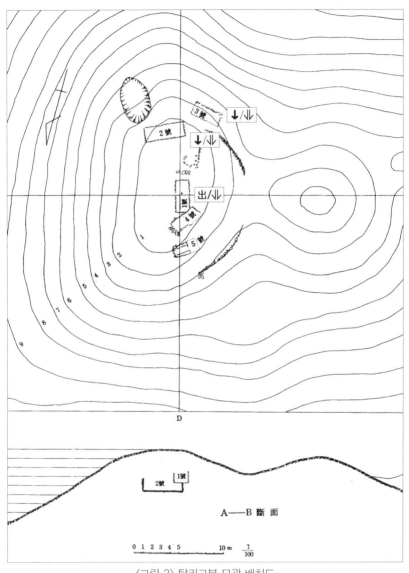

〈그림 2〉 탑리고분 묘곽 배치도
(김재원·윤무병, 『의성탑리고분』, 국립박물관, 1962, 도판3)
#이하에서 '出'은 금동관, 'ㅣ'는 관모, '⇊'는 과대

〈그림 3〉 조문국사적지내 고분 분포도(의성조문국박물관 제공)

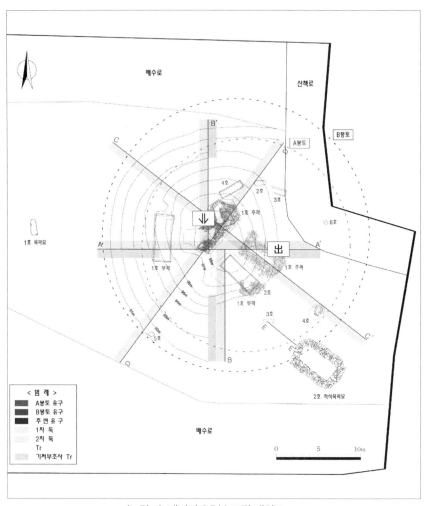

〈그림 4〉 대리리 2호분 묘곽 배치도
(경상북도문화재연구원, 『의성 대리리 2호분Ⅰ-A봉토-』, 2012, 도면1)
#그림에서 별도 설명이 없는 묘곽은 B봉토에 속함

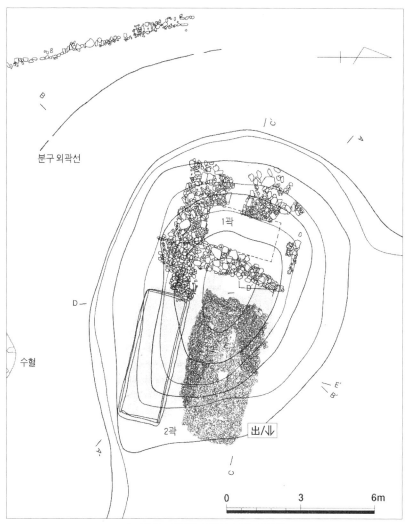

분구 외곽선

수혈

1곽

2곽

出入

0   3   6m

〈그림 5〉 대리리 3호분 묘곽 배치도
(경북대학교 박물관, 『의성 대리리 3호분』, 2006, 도면1)

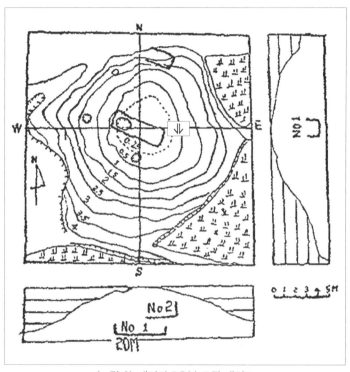

〈그림 6〉 대리리 5호분 묘곽 배치도

(김기웅, 「의성대리고분발굴조사보고」『사학연구』 20, 1968, 도판5)

Ⅲ
5세기 후반 신라의
소백산맥 서록 진출과 지배형태

1. 머리말

한국 고대국가의 성장 과정에서 삼국은 치열한 영토경쟁을 벌였다. 가장 격심한 경쟁의 대상은 한강 유역이었다. 이 때문에 한강 유역을 둘러싸고 전개되었던 삼국 간의 경쟁은 연구자들의 커다란 주목을 받아 왔다.[1]

그런데 4세기 초 낙랑군·대방군이 축출된 뒤 4세기 후반까지는 고구려와 백제가 예성강~한강 일대에서 충돌을 되풀이 했을 뿐, 신라는 낙동강 유역을 장악하는 데 치중하고 있었다. 고구려가 남한강 상류로 진출하고 신라가 소백산맥 너머로 진출한 뒤, 삼국은 처음으로 금강 상류 일대에서 국경을 서로 마주했다. 이곳과 겹쳐지는 소백산맥 서록(西麓) 일대는 남한강 상류·금강 상류·낙동강 상류가 교차하는 전략적 가치로 인해 삼국이 역동적인 영토경쟁을 벌이는 무대가 되었다. 엄밀한 의미에서 고구려·백제·신라 간의 본격적인 영토경쟁은 5세기 후반 금강 상류에서 시작되었다

---

1) 신형식, 『한국고대사의 신연구』, 일조각, 1990, 260~282쪽 ; 노태돈, 『고구려사 연구』, 사계절, 1999, 395~435쪽.

고 해도 과언이 아니다.

이러한 중요성을 인식한 연구자들은 4세기에 백제가 금강 지류인 미호천 유역의 청주로 진출해[2] 4세기 후반부터 5세기 후반까지 이 일대에 대한 지배를 강화한 점을 강조했다.[3] 신라의 입장에서는 470년 삼년산성(三年山城, 보은) 구축이 소백산맥 서록 진출에서 중요한 분기점으로 인식되었다.[4] 실제로 소백산맥 너머로의 진출은 신라가 적극적인 영토확장을 꾀하는 데 중요한 기반이 되었다.

그런데 삼년산성 구축은 여러 가지 선결 조건을 필요로 하고 있었다. 『삼국사기』 지리지는 이곳을 백제 영토로 정리하지 않았으나, 신라와 백제가 충돌한 상황이나 토기자료를 보면 이곳은 원래 금강 유역으로 진출한 백제의 세력권(勢力圈)에 포함되었을 가능성이 크다. 신라가 오랜 기간 세력권의 한계로 삼았던 소백산맥을 넘어 이러한 지역에 진출하는 일이 간단한 문제는 아니었다. 또한 대규모 성곽을 구축하기까지 해당 지역세력 및 백제와의 사이에도 적지 않은 갈등과 조정 과정이 필요했을 것이다. 그렇다면 470년 신라가 삼년산성을 쌓았다는 『삼국사기』 신라본기 기사는 전후사정을 크게 생략한 결과로 볼 수 있다. 그럼에도 불구하고 이 방면으로의 진출로부터 삼년산성 구축에 이르는 과정은 소홀하게 취급되는 경향이 없지 않았다. 적어도 신라가 소백산맥을 넘어 금강 상류에서 지배력을 안정시킨 과정, 그리고 이를 둘러싼 삼국간의 관계에 대해 보다 구체적으로

---

2) 서영일, 『신라 육상 교통로 연구』, 학연문화사, 1999, 84쪽.

3) 양기석, 「한성백제의 청주지역 지배」『백제 지방세력의 존재양태 -청주 신봉동유적을 중심으로-』, 한국학중앙연구원, 2005, 264~287쪽.

4) 정운용, 「5세기 고구려 세력권의 남한(南限)」『사총』35, 1989, 11~12쪽 : 「5~6세기 신라·고구려 관계의 추이」『신라문화 학술발표회논문집』15, 1994, 52쪽 ; 양기석, 「신라의 청주지역 진출」『문화사학』11·12·13호, 1999, 358~363쪽 ; 산본효문(山本孝文), 「고분자료로 본 신라세력의 호서지방 진출」『호서고고학』4·5합집, 2001, 31~32쪽.

밝힐 필요가 있다.

이와 관련하여 필자는 우선 낙동강 유역에 머물렀던 신라가 적극적인 확장정책으로 돌아선 계기를 밝혀보려 한다. 이를 기반으로 신라가 소백산맥 서록으로 진출한 과정을 다룰 것이다. 나아가 삼년산성 구축과 이후 신라의 축성활동이 내포한 지역세력에 대한 통치형태와 그 변화 과정을 밝혀보려 한다.

2. 대외전략 전환의 계기

신라는 삼국 중에서 가장 늦게 성장했고, 5세기 중엽까지는 소백산맥 이남의 낙동강 유역을 주된 영역으로 삼고 있었다. 이러한 상황에서 소백산맥 너머로의 진출은 매우 이례적인 사건이었다. 그렇다면 어떤 계기를 통해 신라가 적극적 대외전략을 추구하게 되었는지 파악해 보자.

만일 신라의 삼년산성 축조가 고구려의 군사적 압력에 대처하기 위한 조치였다면,[5] 소백산맥 서록으로의 진출도 방어전략의 일환이었을 가능성이 제기된다. 그러나 삼년산성 축조 이후의 영토확장 과정으로 보아 신라의 금강 상류 진출은 방어전략보다 적극적인 확장전략의 결과로 생각된다.

이와 관련하여 신라의 대외진출 의지를 중시하는 쪽에서는 450년 고구려 변장(邊將) 살해 사건을 계기로 신라가 소백산맥 이남의 고구려 세력을 그 이북으로 축출하는 과정에서 금강 상류로 진출했다고 보았다.[6] 5세기 말까지 신라가 고구려 세력을 소백산맥 이북으로 밀어낸 점이나 소백산맥 북쪽까지도 진출했을 가능성을[7] 고려하면, 신라의 금강 상류 진출은 고구

---

5) 정운용, 앞의 글, 1989, 11쪽 및 앞의 글, 1994, 52쪽.

6) 양기석, 앞의 글, 1999, 359쪽.

7) 서영일, 「5~6세기 신라의 한강유역 진출과 경영」『박물관기요』20, 단국대학교 박물관, 2005, 58~59쪽.

려 세력의 축출과 일정하게 연동되었을 가능성도 있다.

그런데 신라가 고구려군을 자국의 세력권으로부터 축출한 방향은 주로 죽령 쪽이었다. 고구려가 진출한 최대 범위도 예천-청송 선 이북으로서 죽령으로 통하기 쉬운 지역이었다. 500년 신라의 소지마립간이 날이군(捺 己郡, 영주)에 행차했다가 고타군(안동)을 거쳐 돌아온 것은[8] 회복된 이 방면에 대한 관심이 지대했음을 보여준다. 5세기 말 죽령 이북에 신라토기가 확산되는 현상도[9] 죽령을 통한 남한강 상류로의 진출을 뒷받침한다.[10] 그 만큼 금강 상류는 신라의 고구려 세력 출출 방향에서는 다소 비껴나 있었다.[11] 물론 소백산맥 서록으로의 진출은 동북쪽으로 이웃한 충주 방면의 고구려 세력을 압박하는 데 일정한 도움이 될 수 있었다. 그러나 신라의 금강 상류 진출에서 고구려 세력의 축출은 핵심적 목표이기보다 부차적 목표였을 가능성이 크다.

다만 장기적으로 보면, 신라는 450년 동해안에서 고구려군과 충돌한 이후 고구려에 대응하는 과정 속에서 소백산맥 서록으로 진출을 시도한 것이 사실이다. 이 과정을 한 묶음으로 이해하기보다 신라가 대외확장전략을 추진한 보다 근본적인 배경을 찾아야 할 것이다.

영락(永樂) 10년(400) 왜군의 공격을 고구려의 원군으로 격퇴한 이래, 신라는[12] 고구려의 군사적 지원을 기반으로 기존 세력권을 유지하는 정책을

---

8) 『삼국사기』 권3 신라본기 소지마립간 22년.

9) 서영일, 앞의 글, 2005, 58쪽.

10) 5세기 후반 신라와 고구려의 대규모 전투는 주로 동해안에서 벌어졌지만, 이 방면에서 신라는 적극적인 영토확장보다는 고구려의 공세를 막는 데 치중했다.

11) 5세기 말 이 방면에서 삼국이 서로 충돌한 것은(『삼국사기』 권3 신라본기 소지마립간 6년) 백제의 웅진 천도로 금강 상류의 전략적 가치가 더욱 커진 데 기인할 것이다.

12) 한국고대사회연구소 편, 『역주 한국고대금석문』 제1권, 가락국사적개발연구원, 1992, 18~19쪽.

취했다. 이러한 정책은 상당 기간 유지되었으나, 고구려가 남한강 상류의 근거지를 이용해 낙동강 상류까지 진출하자 신라는 부담을 느끼게 되었다. 그런데 고구려의 남진으로 직접적인 타격을 입은 것은 백제였다. 5세기 들어 청주 신봉동고분군에 마구와 환두대도의 부장이 급격히 늘어난 것은[13] 이와 무관하지 않을 것이다. 백제는 남한강 유역의 고구려 세력으로부터 금강 유역을 방어하기 위해 미호천 유역의 신봉동 세력을 지원해 전사집단으로 활용했다고 여겨진다. 양쪽의 이해가 합치되어 백제와 신라는 433년 우호관계를 맺게 되었다.[14] 이로써 신라는 고구려의 지원을 이용하면서 백제와도 우호관계를 맺는 이중정책을 구사했다.

고구려도 이러한 이중성을 파악했을 가능성이 크다. 그러나 436년 북연(北燕)의 멸망으로 국경을 마주하게 된 북위(北魏)와 긴장관계가 계속되었기 때문에 고구려는 신라의 태도에 대해 강력한 견제를 가할 수 없었다. 그런데 438년부터 고구려는 남조의 송(宋)과 연대를 강화해 북위로부터의 압박을 줄일 수 있었다. 이를 기반으로 고구려는 440년대 초부터 백제 방면을 압박하기 시작했다.[15] 이를 위해서는 그 후방에 위치한 신라와 우호관계를 강화할 필요가 있었다.

중원고구려비에 따르면, 449년[16] 5월 고구려의 조왕(祖王)령(令)과 신라

---

13) 신종환, 「청주 신봉동출토유물의 외래적 요소에 관한 일고」 『영남고고학』 18, 1996, 98쪽 ; 성정용, 「금강유역 4~5세기 분묘 및 토기의 양상과 변천」 『백제연구』 28, 1998, 83쪽, 122쪽 : 『4~5세기 백제의 지방지배』 『한국고대사연구』 24, 2001, 100~103쪽 ; 차용걸, 「청주 신봉동유적의 고고학적 검토」 『백제 지방세력의 존재양태』, 한국학중앙연구원, 2005, 65쪽, 153쪽.

14) 『삼국사기』 권3 신라본기 눌지마립간 17년.

15) 『삼국사기』 권25 백제본기 개로왕 18년.

16) 중원고구려비의 건립연대와 관련하여 비문의 '12월 23일 갑인(甲寅)'이 존재했던 449년과 480년이 주목되었다. 비문의 신유년(辛酉年)을 481년으로 잡은 쪽에서는 481년 건립설을 주장했다(변태섭, 「중원고구려비의 내용과 연대에 대한 검토」 『사학지』 13, 1979, 50쪽). 비문의 고추가(古鄒加) 공(共)이 태자 공(共)이라

의 눌지마립간이 중원 주변에서 회합을 가졌다. 여기서 협의된 사안을 실천하기 위해 같은 해 12월 23일 갑인(甲寅)에는 소백산맥 이남의 고구려 거점이었던 우벌성(于伐城)에서[17] 다시 양국 간의 회합이 있었다. 이를 통해 고구려 장수왕은 눌지마립간과 그 관리들에게 의복을 수여함으로써 신라와의 연대를 공고히 하려 했다. 동시에 낙동강 상류로 짐작되는 신라토내(新羅土內)에서 군사 300여 명을 모집했다.[18]

이처럼 연속된 접촉에서 양국은 일관된 사안을 공유했다고 여겨진다. 그것이 단순히 우호의 증진이나 군사 300인의 모집이었다면 일상적인 채널만으로도 충분히 실현될 일이었다. 남한강 상류의 고구려 거점을 방어하는 데 군대가 필요했다면, 고구려가 이를 위해 신라인의 동원이나 신라 정부의 장기적인 협조와 준비까지 필요로 할 만큼 절박한 상황은 아니었다. 양국의 대대적인 회합은 무엇보다도 이를 주도한 고구려의 절실한 전략적 목표를 위해 시도되었을 것이다.

일단 2차에 걸친 회합의 중대성과 군대 모집 사실을 고려하면, 이는 군

는 전제 하에 그를 장수왕의 태자 조다(助多)로 보고 그가 고추가가 될 만한 시기를 고려해 비의 건립 시기를 481년 혹은 그 직후로 보기도 했다(김영하·한상준, 「중원고구려비의 건비 연대」『교육연구지』 25, 경북대학교 사범대학, 1983, 9~10쪽). 반면 481년경 신라와 고구려가 적대관계였다는 점을 중시한 쪽에서는 건립연대를 449년(임창순, 「중원고구려비고비 소고」『사학지』 13, 1979, 57쪽 ; 정운용, 앞의 글, 1989, 7~8쪽) 또는 450년 무렵으로 보았다(이도학, 「중원고구려비의 건립 목적」『고구려연구』 10, 2000 ; 김창호, 「중원고구려비의 건립 연대」, 앞의 책, 354쪽). 여기서는 건립 당시 양국 간에 긴밀하고도 장기적인 협조가 이루어진 점, 454년 이후 양국의 적대관계가 장기간 지속된 점을 중시해 비문의 내용연대를 449년으로 보았다.

17) 우벌성은 고구려의 이벌지현(伊伐支縣)이었던 순흥 일대로 추정되고 있다(서영일, 「중원고구려비에 나타난 고구려 성과 관방체계 -우벌성于伐城과 고모루성古牟婁城을 중심으로-」『고구려연구』 10, 2000, 501쪽).

18) 서길수, 「중원고구려비 신석문 국제워크샵과 국제학술대회」『고구려연구』 10, 2000, 147~150쪽.

사전략적 목표와 무관하지 않았을 것이다. 또한 신라에서 모집된 군대가 신라에 대한 방어나 공격에 동원되었을 가능성은 희박하다. 이것을 염두해 둔 상대는 신라보다는 고구려와 적대관계에 있었던 백제였을 것이다. 고구려는 일차적으로 백제와 신라의 우호관계를 차단시켜 백제를 고립시키면서[19] 신라를 고구려 태왕(太王)의 통솔권 하에 묶어 두려 했을 것이다. 또한 당시 고구려의 공세 방향을 고려하면, 고구려는 자국의 군대와 신라에서 모집된 군대로 남한강 상류를 통해 미호천 유역이나 한강 중류의 백제 세력권을 압박하려 했을 것이다.

신라는 고구려의 요구에 응해 태왕의 통솔권을 확인했고, 낙동강 상류에서 고구려의 군대 모집을 묵인했다. 이로써 신라는 고구려의 거점을 낙동강 상류의 죽령 인접 지역에 묶어두면서 낙동강 유역의 신라 세력권을 안정적으로 지킬 수 있었다.

고구려의 압박이 가중되는 상황에서 백제는 이를 견제할 방도가 마땅히 없었다. 5세기 동안 신봉동 세력의 무장이 지속적으로 강화된 현상은 이러한 상황과 무관하지 않을 것이다. 백제는 신봉동 세력에 대한 군사적 지원을 통해 고구려의 공세를 막는 한편 미호천 유역을 안정적으로 지배하려 했던 것이다.

신라에 대한 대책과 관련해서는 5세기 중엽의 청주 신봉동고분에서 상주 청리C지구 6호 석곽묘 것과 유사한 파배가 출토된 점이 주목된다.[20] 당시 백제 세력권인 미호천 유역과 신라 세력권인 낙동강 상류 사이에 제의용품의 교환이 이루어진 점으로 볼 때, 양국 간에는 소백산맥을 통한 교류가 유지되었다고 생각된다. 백제는 고구려의 압박에 대응하기 위해 청주 세력을 매개로 신라와 우호관계를 유지했던 것이다. 신라는 고구려의

---

19) 이도학, 『고구려 광개토왕릉비문 연구』, 서경, 2006, 470쪽.
20) 차용걸, 앞의 글, 2005, 39쪽 ; 한국문화재보호재단·㈜한진중공업, 『상주청리유적(Ⅷ)』, 1988.

대백제 압박정책에 협조하는 모양새를 갖추면서도 백제와의 우호관계를 맺는 이중정책을 계속 유지한 것이다.

그런데 이러한 관계는 커다란 변수에 직면하게 되었다.

> 가) 7월 고구려의 변방 장수가 실직(悉直)의 들판에서 사냥하자, 하슬라성 주(何瑟羅城主) 삼직(三直)이 군사를 내어 그를 죽였다. 고구려왕이 이를 듣고 노해 사신을 보내와 전하기를 "내가 대왕과 우호를 닦은 것을 매우 기쁘게 여겼는데, 지금 군대를 내어 우리 변방 장수를 죽였으니 이를 어찌 의로운 일이라 하겠는가?"라 했다. 이에 군사를 일으켜 우리 서쪽 변경을 침범했다. 왕이 겸손한 말로 사죄하자 돌아갔다. (『삼국사기』 권3 신라본기 눌지마립간 28년)

위에 따르면 450년 7월 고구려 남쪽 변방의 장수가 실직(悉直, 삼척) 들판에서 사냥하다가 하슬라(何瑟羅, 강릉) 성주 삼직(三直)의 군사들에게 살해당했다. 고구려의 장수왕은 이것이 그 동안 다져온 우호관계를 깨는 행위라고 항의하고서 군사를 내어 신라의 '서쪽 변경'을 공격했다고 한다. 이 사건은 고구려와 신라가 적대관계로 들어서는 분기점으로 해석되어 왔다.[21] 그런데 사건의 발단은 고구려 변방 장수가 신라 영역에서 사냥을 벌인 데 있었고, 장수왕은 눌지마립간의 '겸허한 사과'만으로 신라 서쪽 변경의 고구려군을 물렸다고 한다.

『삼국사기』 고구려본기에서는 장수왕이 군사를 일으켜 토벌하려는 의지만 보였고, 눌지마립간이 사신을 보내 사죄하자 거병을 중지했다.[22] 이로 보아 고구려의 서변 공격은 준비 과정에서 중단되거나 소규모에 그쳤다고

---

21) 노중국, 「고구려·백제·신라사이의 역관계변화에 대한 일고찰」『동방학지』 28, 1981, 76쪽 ; 임기환, 「중원고구려비를 통해 본 고구려와 신라의 관계」『고구려 연구』 10, 2000, 427쪽.

22) 『삼국사기』 권18 고구려본기 장수왕 38년.

생각된다. 신라의 '서변'은 낙동강 상류일 가능성이 큰데, 고구려가 신라를 대규모로 침공할 때 동해안을 이용한 점으로[23] 보아도 서변에 대한 공격은 계획적인 대규모 공격이기보다 국지적 압박이었을 가능성이 크다.

고구려 변장의 실직 들판 사냥도 신라군과의 전투를 목적으로 한 행위이기보다 태왕의 통솔권을 인정한 신라 변경에서 이루어졌던 관행의 연장이었을 가능성이 크다. 이런 점에서 그의 변경 침범은 결정적 타격을 위한 공격이 아니라 일종의 우발적 행위였다고 생각된다.

삼직 군대의 출동도 부당한 변경 침범에 대한 응징에 불과했다. 이는 신라가 외형적으로는 고구려 태왕의 통솔을 받아들인다고 하더라도 변경을 함부로 침범하면 응징할 수 있다는 의지를 표명한 것이었다.[24] 삼직의 고구려 변장 살해는 신라 정부의 이러한 의지를 반영했을 가능성이 크다. 그러나 눌지마립간은 이 사건이 양국 간에 전면적인 충돌로 비화되는 것을 원하지 않았다. 고구려의 서쪽 변경 공격에 대해 즉시 '겸허한 사과'를 보인 것은 이 때문이었다. 고구려 역시 대 백제 압박에 치중하던 상황에서 신라를 지나치게 자극하는 것을 원하지 않았다. 이 때문에 하슬라 성주의 고구려 변장 살해 사건은 큰 충돌 없이 양국 간의 화해로 마무리 될 수 있었다.

이와 관련하여 경주 서봉총에서 출토된 은합(銀盒)의 '연수원년(延壽元年)' (451년) 연호가 주목된다.[25] 신라 왕실이 고구려 연호가 새겨진 물품을 보

---

23) 『삼국사기』 권3 신라본기 소지마립간 3년.

24) 고구려 군대의 국경 출입에 대한 신라의 금지 방침은 이미 지적되었다(박윤선, 「5세기 중후반 백제의 대외관계」 『역사와 현실』 2007년 3월, 238쪽).

25) 빈전청릉(濱田靑陵), 「신라의 보관新羅の寶冠」 『보운(寶雲)』 2, 1932, 31쪽. 연수원년에 대해서는 391년설도 있는데(박진욱, 「신라 무덤의 편년에 대하여」 『고고민속』 1964-4, 58쪽), 이는 연수원년과 함께 표기된 신묘년(辛卯年)을 호우총의 을묘년(415)과 비슷한 시기로 잡은 결과이다. 서봉총 은합(銀盒)이 511년 신라에서 제작되었다는 견해도 있지만(박광렬, 「신라 서봉총과 호우총의 절대연대고」

유한 것은 고구려와 신라 사이에 여전히 우호관계가 유지되었음을 보여주기 때문이다. 고구려와의 우호관계를 회복한 신라는 여전히 고구려를 통해 기존 세력권을 지키는 전략을 견지했던 것이다.

그러나 고구려의 간섭으로부터 벗어나려는 신라의 의중이 표출된 상황에서 양국 간의 우호관계는 언제든 깨질 수 있는 소지를 안고 있었다. 이러한 가능성이 현실화되었음을 알려주는 것이 다음 사료이다.

> 나) 8월 고구려가 북쪽 변경에 침입했다. (『삼국사기』 권3 신라본기 눌지마립간 38년)
>
> 다) 겨울 10월 고구려가 백제에 침입하자 왕이 군대를 보내 구해 주었다. (앞의 책 눌지마립간 39년)

사료 나)에 따르면 454년 8월 고구려가 신라의 북쪽 변경을 공격했는데,[26] 이번에는 양국이 이 사건을 잘 수습했다는 기록이 보이지 않는다. 이는 고구려·신라 간의 우호관계가 결국 파국을 맞았음을 보여준다. 이듬해 10월에는 고구려가 백제를 침공하자 신라가 군대를 보내 백제를 구원했다. 이는 신라·고구려 관계의 파국 상황이 지속되었음을 보여준다. 신라는 이제 백제와 연결할 필요성을 보다 강하게 느꼈고, 백제도 고구려에 대항하기 위해 신라를 필요로 하고 있었다. 이 때문에 신라와 백제는 433년 이래의 우호관계를 강화해 군사협력의 단계까지 들어간 것이다.[27]

『한국고고학보』 41, 1999, 82~83쪽), 여기서는 451년 제작설을 따랐다(김창호, 「고신라 서봉총의 연대 문제(Ⅰ)」 『가야통신』 13·14합집, 1985, 69~71쪽).

26) 『삼국사기』 고구려본기에는 이 사실이 같은 해 7월의 사실로 기록되었다.

27) 이것은 기존의 나제동맹이 군사적 성격으로 전환된 것이라는 관점과(정운용, 「나제동맹기 신라와 백제 관계」 『백산학보』 46, 1996, 104쪽), 우호관계의 성립(정재윤, 「웅진시대 백제와 신라의 관계에 대한 고찰」 『호서고고학』 4·5합집, 2001,

그 변화의 계기를 직접 알려주는 자료는 없지만, 웅략 8년(464) 2월 신라가 그 동안 경주를 지켜주던 고구려군을 살해했다는 기록이 주목된다.[28] 그 실제 시기에 대해서는 450년 신라와 고구려가 충돌한 사실을 들어 450년 이후 454년 고구려·신라의 충돌 이전으로 보기도 한다.[29] 464년 당시 신라는 이미 고구려와 적대관계로 들어간 뒤였으므로, 이 기사의 기년을 그대로 받아들이기는 어려울 것이다.[30] 양국 관계의 전개로 보아 신라군의 고구려군 살해는 대체로 454년 또는 그 직전에 이루어졌을 가능성이 크다.

그런데 『일본서기』 웅략기(雄略紀) 8년 2월 기사는 고구려·신라 간의 우호관계 성립, 고구려군의 경주 주둔, 고구려의 신라 점령의도 발각, 신라의 고구려군 살해, 고구려군의 신라 침공, 신라왕의 구원 요청, 임나일본부(任那日本府) 군대의 고구려군 격퇴로 구성되었다. 여기서 고구려군에 대한 살해는 궁극적으로 임나일본부 군대의 고구려군 격퇴를 강조하기 위한 서론의 일부로 삽입되었다. 이는 444년부터 463년까지 왜인의 신라 침공이 빈번했던 점과도[31] 모순되어 보인다. 또한 『일본서기』는 불과 1년 뒤인 465년 3월 웅략천황이 신라 정벌을 시도했다고 하면서도 정벌 배경이 거의 설명되지 않고 있다. 이렇게 모순된 설정을 고려하면 임나일본부가 신라를 고구려군의 침공으로부터 구원했다는 내용은 윤색의 결과로 보인다.

72쪽) 또는 기존 우호관계의 강화라는 관점이 있다(산본효문山本孝文, 앞의 글, 2001, 72쪽).

28) 『일본서기』 권14 웅략천황 8년.

29) 강현숙, 『고구려의 영역지배방식 연구』, 모시는사람들, 2005, 237쪽 ; 장창은, 『신라 상고기 정치변동과 고구려 관계』, 신서원, 2008, 134쪽.

30) 이 사건은 5세기 중후반의 양국관계를 압축해 설화적으로 기술했다는 견해가 있다(김현구 외, 『일본서기 한국관계기사 연구』 I , 일지사, 2002, 248쪽).

31) 『삼국사기』 권3 신라본기 눌지마립간 및 자비마립간.

그러나 고구려의 영향력 확대 시도가 신라와의 관계를 파탄으로 몰고 갔다는 웅략 8년 기사의 추세는 454년 고구려의 신라 공격으로 기존 우호관계가 무너졌다는『삼국사기』기사의 추세와도 부합한다. 이를 고려할 때 454년 또는 그 직전에 고구려가 독자노선을 걸으려는 신라에 대해 영향력을 확대하는 정책을 펴자 신라가 반발하는 일련의 과정이 진행되었다고 생각된다.『일본서기』웅략기 8년 2월 기사는 그 과정과 이후 양국의 관계가 악화된 상황을 집약해 정리한 것이다.

신라가 군사적 충돌을 감수하면서까지 고구려의 영향력을 제거하려 한 데에는 450년 부각되었던 독자노선의 필요성을 실현하려는 의지가 반영되었을 것이다. 고구려가 백제에 대한 압박에 집중하는 동안 신라는 고구려의 간섭을 제거하기 위한 정책을 적극적으로 추진했던 것이다. 454년 8월 고구려의 침공은 이를 견제하기 위해 단행되었을 것이다. 그러나 고구려의 작전이 신라 북변 일부에 대한 일시적 공격으로 끝난 점으로 볼 때, 신라의 전략은 어느 정도 성공을 거두었다고 여겨진다. 455년 10월 신라는 고구려의 침공을 받은 백제를 돕기까지 했다. 이에 대한 고구려의 반응이 어떠했는지는 전하지 않는다. 그것은 고구려가 공세의 방향을 백제로 집중하기 위해 신라의 독자노선을 사실상 묵인한 결과로 생각된다. 이후 460년대 중엽까지 고구려의 신라 침공이 전하지 않는 것은 이를 반증할 것이다.

다음 사료는 바로 이러한 시점과 맞물리면서 신라의 대외전략이 새로운 전기를 맞이했을 가능성을 보여주고 있다.

> 라) "신라는 서쪽 땅에 자리하고서 대대로 신하를 칭해 왔다. 조빙(朝聘)을 거스른 적도 없었고 공직(貢職)을 거른 적도 없었다. 그런데 짐이 천하에 왕이 된 뒤에는 몸을 대마(對馬)의 바깥에 두고 발자취를 잡라(匝羅)의 곁에 감추고서 고려(高麗)의 조공을 막고 백제의 성을 삼켰다 ……." (『일본서기』권14 웅략천황 9년 3월)

위 사료는 웅략 9년(465) 3월 왜가 조공의 불이행을 이유로 신라를 정벌하는 과정에서 웅략천황이 언급했다는 내용이다. 웅략 8년의 신라 구원 기사와 마찬가지로 위 기사는 그대로 받아들이기에는 큰 문제를 안고 있다.

다만 신라가 고구려와 적대한 이후 백제 방면으로 진출했다는 내용은 앞서 살펴본 신라의 대 백제·고구려 정책과 일관된 흐름을 보여주고 있다. 여기서 신라가 백제의 성을 삼켰다는 것은 신라가 대외전략을 획기적으로 변화시켰음을 시사하고 있다.

이는 백제·고구려 간의 대립과도 무관하지 않았다. 462년 3월 고구려는 북위에 조공함으로써 그 동안 계속되었던 요서 방면의 긴장을 거의 해소할 수 있었다.[32] 북위가 송(宋)에 대한 압박에 주력한 것도 이를 가능케 한 요인이었다. 이제 고구려는 후방의 안전판을 마련하는 동시에 남진정책을 더욱 강화시킬 수 있었다.[33] 반대로 백제는 고구려의 공세를 막는 데 총력을 기울여야 했다. 472년 북위에 보낸 표(表)에서 백제의 개로왕은 440년대 이후 고구려가 국경을 함부로 짓밟아 병화(兵禍)가 이어졌다고 강조했다.[34] 이는 북위의 군사지원을 얻어내기 위해 과장한 측면도 있었으나, 적어도 고구려의 군사적 압박이 격화되어 왔음을 보여주고 있다.

이처럼 신라가 고구려에 대해 독자노선을 채택한 시점에서 백제는 고구려의 공세 때문에 소백산맥 서록 방면으로는 국력을 집중하기 어려운 상황에 처해 있었다. 이는 신라로 하여금 대외확장에 나서기 유리한 환경을 제공했다.

이러한 변화는 삼년산성 구축 이전 신라가 소백산맥 서록으로 진출하게 된 추세와도 일치하고 있다. 그렇다면 5세기 중엽까지 수세적 대외전략을

---

32) 『삼국사기』 권18 고구려본기 장수왕 50년.
33) 북위 방면의 안정은 남부 방면으로 팽창하기 위해 긴요한 전제조건이었다고 한다 (노태돈, 앞의 책, 1999, 310쪽).
34) 『삼국사기』 권25 백제본기 개로왕 18년.

유지하던 신라는 454년 또는 그 직전부터 독자노선을 가시화했고, 460년대 들어서는 백제에 대한 고구려의 공세를 틈타 대외전략을 적극적인 확장 정책으로 전환했던 것이다.

3. 보은-상주 루트의 확보

신라가 460년대에 와서 적극적인 확장정책을 추진했다면, 이것이 어떻게 소백산맥 서록 진출로 연결되었을까. 본장에서는 이것이 시도된 과정을 밝혀보려 한다.

신라의 소백산맥 서록에 대한 진출을 알려주는 분명한 근거는 다음 사료뿐이다.

> 마) 삼년산성(三年山城)을 쌓았다. 3년이라는 것은 공사를 시작한 지 3년 만에 완공을 보았기 때문에 붙여진 이름이다. (『삼국사기』 권3 신라본기 자비마립간 13년)

위 사료는 자비마립간 13년(470) 신라가 삼년산성을 쌓았다는 사실만 간단히 언급하고 있다. 이를 중시하면 신라의 소백산맥 서록 진출 시기를 470년으로 볼 수도 있다. 그러나 삼년산성〈그림 1〉의 구축은 이 지역에 대한 진출 자체보다 그 이후의 지배과정을 반영하는 것이다. 더 이상 구체적인 언급이 없어 신라의 금강 상류 진출는 대략 5세기 중엽[35] 내지 후반으로[36] 추정되고 있다. 이는 대체로 옳은 지적이지만, 신라가 금강 상류에

---

35) 홍지윤, 「상주지역 5세기 고분의 양상과 지역정치체의 동향」, 『영남고고학』 32, 2003, 104쪽.
36) 정영호, 「상주방면 및 추풍령 북방의 고대교통로 연구」, 『국사관논총』 16, 1990, 218쪽 ; 양기석, 앞의 글, 1999, 360~361쪽 ; 서영일, 앞의 책, 1999, 80쪽.

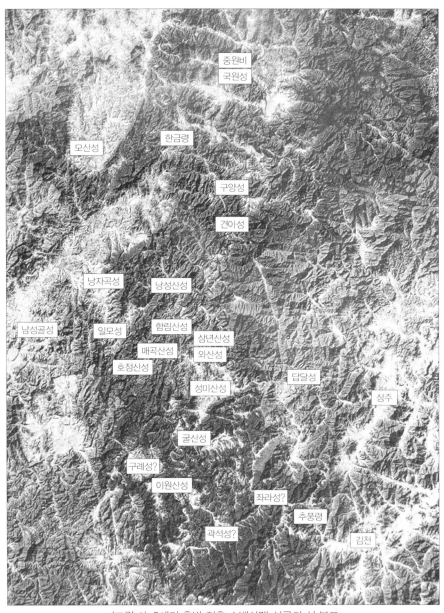

〈그림 1〉 5세기 후반 전후 소백산맥 서록의 성 분포
(바탕지도 : 『위성에서 본 충청북도』, 호영ATLAS, 2005)

진출한 과정을 구체적으로 설명하기에는 미흡한 감이 없지 않다. 그러면 위 사료와 그 직전의 정황을 통해서 신라가 이곳에 진출한 시기를 살펴보자.

잘 알려진 대로 삼년산성은 총 3년을 걸려 완성되었다. 이 중에서 자비마립간 13년은 완공 시점일 수도 있고 착공 시점일 수도 있다. 그런데 착공시점에서는 완공까지의 기간을 정확히 예측하기 어려운 반면, 완공시점에서는 공사기간을 쉽게 계산할 수 있다. 이런 점에서 '3년'이라는 기간은 완공시점을 기준으로 계산되었을 가능성이 크다. 또한 위 사료에서 '완공' 사실이 강조된 것은 착공보다는 완공을 훨씬 기념비적인 사건으로 전했음을 보여준다. 다만 '3년'은 만3년일 수도 있고 햇수로 3년일 수도 있으므로, 신라는 이미 467~468년부터 3년간 국가적 차원에서 삼년산성을 구축했다고 볼 수 있다. 적어도 468년 이전에 신라는 소백산맥을 넘어 금강 상류의 보은 지역에 진출해 있었던 것이다.

또한 앞서 언급했듯이 신라는 대체로 460년대 초부터 기존의 수세적 대외전략을 공세적 전략으로 전환했다. 그런데 고구려가 남한강 상류와 낙동강 상류에 거점을 유지하던 상황에서 신라가 고구려의 세력권을 갑자기 밀어내는 것은 당분간 불가능한 일이었다.[37] 이 때문에 신라가 목표로 삼은 지역은 바로 백제의 지배력이 약화된 소백산맥 서록이었다. 웅략 9년(465) 3월 직전에 신라가 백제의 성을 삼켰다는 기사는(사료 라) 정확한 기년에는 문제를 안고 있으나, 신라가 고구려에 대해 독자노선으로 돌아섰다는 웅략 8년 기사나 460년대에 신라가 백제 세력권으로 공략해 들어갔다는 앞의 검토와도 대체로 부합하고 있다. 여기서 말하는 백제의 성은 당시 삼국의 대치 상황과 신라의 대외진출 방향으로 보아 소백산맥 서록일 가능성이 크다.

이 방면으로 통하는 요충지인 사벌군(沙伐郡, 상주)에서는 자비마립간 8년

---

37) 양기석, 앞의 글, 1999, 364~365쪽.

(465) 5월 누리의 재해가 있었다고 한다.[38] 누리 피해 기록은 단순히 재해의 발생에 대한 관심을 반영할 수도 있다. 그런데 상주는 낙동강 상류로부터 금강 상류로 통하는 요충지이므로, 재해에 대한 관심도 이 방면에 대한 국가적 관심과 무관하지 않았을 것이다. 당시 소백산맥 너머로의 진출이 추진되던 상황 때문에 상주 지역에 대한 국가적 관심도 확대되었을 것이다.

이상으로 보아 신라는 대략 460년경부터 468년 사이에 소백산맥을 넘어 금강 상류로 진출했다고 생각된다. 여기에 후술할 와산성을 둘러싼 신라·백제 간의 충돌과 이곳에 대한 신라의 장악 과정을 고려하면, 신라는 대체로 460년대 초를 전후해 금강 상류로 진출한 셈이다.

상주에서 소백산맥을 넘어 보은으로 통하는 길은 전근대에 낙동강 상류에서 금강 상류로 향하는 대표적인 루트였다. 이와 관련하여 백화산(또는 성미산성)-청산(굴산성)-보은 선을 중시하는 견해와[39] 화령-보은 선을 중시하는 견해가[40] 있다. 전자처럼 상주 낙서에서 원통산 남쪽의 웅현을 넘어도 청산을 거쳐 북쪽으로 보은을 향할 수 있지만, 이는 거리상 불리했을 것이다. 지리적 편의성을 고려하면 후자의 가능성이 커 보인다.

『대동여지도』에 따르면 상주를 출발해 내서면을 지나 봉황산 남쪽, 원통산 북쪽의 화령(화서)을 지나면서 소백산맥을 넘을 수 있다. 여기서 화남면을 지나 마로면에서 서북쪽으로 외속리면을 지나 바로 보은에 다다르게 된다. 1/5만 지형도로 보아도 후자의 통로가 더 효율성이 높다고 판단되며 상주에서 보은으로 연결되는 국도 25번과도 거의 일치한다. 신라는 상주로부터 이 루트를 따라 소백산맥을 넘어 보은 지역으로 진출했을 것이다.

뒤에 신라는 상주 서쪽의 화서면에 답달성을 쌓은 바 있고(345쪽 사료 타),

---

38) 『삼국사기』 권3 신라본기 자비마립간 8년.
39) 양기석, 앞의 글, 1999, 361쪽.
40) 서영일, 앞의 책, 1999, 137쪽 ; 홍지윤, 앞의 글, 2003, 102쪽.

보은군 마로 남쪽에는 성미산성(관기산성)을 쌓았다고 한다〈그림 1〉.[41] 특히 답달성 일대에는 뒤에 답달비군이 설치되었다. 이러한 곳은 비교적 넓은 분지를 끼고서 주변에 배후지들을 거느리고 있다. 그렇다면 여기에는 상당한 규모의 읍락집단과 이들의 성이 분포했을 것이다. 신라는 위 성들을 구축하기 전에 최소한 이러한 집단들을 우호적인 세력으로 끌어들일 필요가 있었다. 신라가 보은으로 진출하는 과정에서 이들 성을 정복하거나 새로운 성을 구축했는지는 분명하지 않다. 다만 뒤에 신라가 답달 지역에 별도의 성을 구축하는 점으로 보아 460년대 당시에는 대체로 해당 지역 세력들을 복속시키면서 보은 방면으로 진출했을 것이다.

고구려의 공세에 시달리던 백제는 신라의 소백산맥 진출을 막는 데 집중할 형편이 못되었다. 그렇다고 해서 자신의 세력권에 대한 신라의 진출을 쉽게 묵인했는지는 의문이다. 이 문제에 대한 백제의 동향을 직접 알려주는 자료는 없지만, 다음은 적지 않은 시사점을 준다.

> 바) 가을 8월 백제가 군대를 보내 와산성(蛙山城)을 공격했다. 겨울 10월 또 구양성(狗壤城)을 공격하니, 왕이 기병 2천을 보내 이를 쳐서 패주시켰다. (『삼국사기』 권1 신라본기 탈해이사금 8년)

> 사) 왕이 군대를 보내 신라의 와산성을 공격했으나 이기지 못했다. 군대를 옮겨 구양성을 공격하니, 신라가 기병 2천을 일으켜 맞아 쳐서 패주시켰다. (『삼국사기』 권23 백제본기 다루왕 37년)

사료 바)에 따르면 탈해이사금 8년(A.D.64) 8월 백제가 신라의 와산성(蛙山城, 보은)을 공격했다가 실패했고, 2개월 뒤에는 신라의 구양성(괴산?)을 공격했다가 역시 실패했다. 『삼국사기』 백제본기의 사)는 구체적인 충돌 시점을 생략한 채 같은 내용을 전하는 점으로 보아 신라본기의 바)나 이 기

---

41) 청주대학교 박물관, 『보은군 문화유적』, 1996, 32쪽.

사의 저본을 재정리했을 것이다. 1세기 중엽에 신라와 백제가 이처럼 소백산맥 서록을 놓고 다퉜다는 것은 잘 알려진 것처럼 두 세력의 성장과정상 그대로 받아들이기 어렵다는 문제를 안고 있다. 그럼에도 불구하고 위 기사는 신라가 소백산맥 서록으로 진출한 초기 상황을 전제로 하고 있어 당시 양국 간의 관계를 살피는 데 무시될 수 없다.

『삼국사기』 신라본기에서 이 기사는 탈해 5년 마한 장군 맹소(孟召)의 항복, 탈해 7년 낭자곡성(娘子谷城)에서 백제왕의 회합 요청에 이어 기재되었다. 이런 점에서 위 기사는 신라·백제 간의 접촉으로부터 충돌에 이르는 과정을 비교적 구체적으로 전해준다. 또한 양국 간의 충돌이 3개월에 걸쳤다고 하므로, 양국이 보은 지역을 사이에 두고 장기간 대치했을 가능성도 시사하고 있다. 이상의 기사들은 다음 기사들과도 밀접히 연결되어 있다.

> 아) 백제가 와산성을 공격해 함락하고서 200인을 머물러 지키게 했다. 신라가 다시 이를 빼앗았다. (『삼국사기』 권1 신라본기 탈해이사금 10년)
>
> 자) 가을 8월 백제가 변경을 침공하니 군대를 보내 이를 막았다. (앞의 책 탈해이사금 18년)
>
> 차) 겨울 10월 백제가 서쪽 변경의 와산성을 공격해 함락했다. (앞의 책 탈해이사금 19년)
>
> 카) 가을 9월 군대를 보내 백제를 정벌해 와산성을 다시 회복하고 백제로부터 와서 거주하던 자 2백여 인을 모두 죽였다. (앞의 책 탈해이사금 20년)

이처럼 탈해 8년 백제·신라의 와산성 전투는 탈해 10년 백제의 와산성 함락과 신라의 회복, 탈해 18년 백제의 신라 변경 공격, 탈해 19년 백제의 와산성 함락, 탈해 20년 신라의 와산성 회복으로 이어졌다고 한다. 여기에 나타나는 신라·백제 간의 접촉과 충돌은 탈해 7년 이후 기사에 보이는 양국 간의 접촉 과정과 합해져 일종의 완결적 흐름을 보여주고 있다. 또한 신라의 이 방면 진출에 따라 양국 간에 충돌이 야기될 수 있다는 정황과도 부합하고 있다. 따라서 위 사료들이 안고 있는 시기상의 모순은 가공의 조작 결과이기보다 역사적 사실을 바탕으로 한 재구성의 결과일 가능성이 크다.

이와 관련하여 기사들의 실제 시기를 인정하되 충돌 지점을 진한의 서쪽 변경으로 비정하거나[42] '신라'의 위치를 상주·김천 일대로 비정하는 견해 가 제출되었다.[43] 그런데 와산성 관련 기사는 지속적으로 등장하여 신라 의 삼년산성 구축까지 연결되고 있다. 따라서 와산성은 신라의 정복 대상 이 되었던 보은 지역으로 보아야 할 것이다. 기사들의 실제 시기가 250년 대 이후라는 견해도 있다.[44] 이는 탈해이사금의 기년 조정 결과인데, 신라 본기 초기기사들은 기년조정만으로는 해결하기 곤란한 문제들을 많이 안 고 있어 그대로 받아들이기는 어렵다. 그러나 내용의 흐름으로 보아 위 기 사들이 후대의 일정한 시점의 사실을 반영할 가능성은 인정될 수 있다.

위 기사들에 반영된 실제 시기는 신라와 백제가 충돌했던 사건들에 두 루 적용될 가능성이 있다. 예컨대 그 실제 시기를 신라·백제 간의 충돌이 많았다고 전하는 2~3세기, 신라가 삼년산성을 구축하기 이전이나 그 직후 또는 관산성(管山城, 옥천) 일대에서 양국이 격렬하게 충돌했던 6세기 중엽 등으로 상정해 볼 수 있다.

그런데 2~3세기에는 백제·신라의 형편상 양국이 금강 상류 일대에서 변경을 마주했다고 보기 어렵다. 또한 470년 삼년산성 구축 이후에는[45]

---

42) 이종욱, 『신라국가형성사연구』, 일조각, 1982, 109쪽.

43) 박대재, 「《삼국사기》 초기기사에 보이는 신라와 백제의 전쟁」『한국사학보』 7, 고 려사학회, 1999, 30쪽.

44) 강종훈, 「신라상고기년의 재검토」『한국사론』 26, 서울대학교 국사학과, 1991, 53~54쪽.

45) 자비마립간 14년(471) 이후로 보는 견해도 있다(선석열, 「《삼국사기》 신라본기 상대 백제관계기사의 검토와 그 기년」『신라말 고려초의 정치·사회변동』, 신서 원, 1994, 319쪽).

이 일대에서 신라의 전략적 거점은 삼년산성이었다. 와산성이 전략적 방어 거점의 역할을 한 시기는 삼년산성 구축 이전으로서, 이 일대가 신라의 '서쪽변경(西鄙)'이었을 때로(사료 차) 추정된다. 그렇다면 신라본기 탈해이사금 조의 나·제 충돌기사들은 실제로는 삼년산성이 구축된 470년 이전의 사실을 반영할 것이다. 삼년산성 구축기사(마) 앞에는 신라의 금강 상류 진출 과정에서 양국 간의 접촉과 대결이 충분히 예상됨에도 불구하고 아무런 내용도 전하지 않는다. 이는 삼년산성 구축 이전에 발생했던 나·제 충돌 관련 자료들이 『삼국사기』나 그 저본의 편찬 과정에서 탈해대로 정리된 결과일 것이다. 신라의 금강 상류 진출 과정으로 보아 바)~카)는 460년경~468년 이전의 사실을 반영할 것이다.

그러면 이 기사들은 무엇 때문에 탈해대로 정리되었을까. 탈해이사금대는 대외관계의 추이 면에서 사료상 주목되는 시기이다. 이 시기에는 앞서 언급한 것처럼 신라가 백제와 접촉을 시작한 뒤 우위를 확보했다고 하는데, 이후 박씨왕대 동안 소백산맥 방면에서의 충돌은 거의 보이지 않다가 석씨왕대가 다시 시작된 벌휴이사금대부터 급증한다. 신라본기 초기기사에서 백제·신라 간의 충돌은 미추대를 제외하면 거의 석씨왕대에 편제되고 있다. 소백산맥 방면의 나·제 충돌기사를 이 기간에 집중시킨 것은 소백산맥 일대에서 백제에 대한 우위의 확보를 석씨왕계의 공로로 돌리려는 인식을 반영할 것이다. 그 중에서도 석씨왕계 시조의 중요성을 강조하기 위해 위 사료들을 탈해대로 편제했다고 생각된다.

위 사료에 보이듯이 백제는 신라의 와산성·구양성 진출을 결코 묵인하지 않았다. 와산성을 회복하기 위해 백제는 군대를 보내 공격을 감행했다(사료 바·사). 앞서 언급했듯이 고구려 방면의 방어에 주력하고 있었던 백제는 와산성 방면에 대규모 군대를 파견할 수 없었다. 따라서 이 공격에는 한성(漢城)으로부터 파견된 군대 외에 5세기 들어 전사적 성격이 강화된 신봉동 집단 같은 청주 일대의 세력들이 참여했을 가능성이 크다. 신라군이 군대 2천의 파견으로 전투의 향방을 결정지은 점으로 보면, 백제의 공격규모는 대체로 2천을 크게 넘지 않았을 것이다.

와산성전투가 신라군의 승리로 끝나자, 백제는 이번에는 구양성을 공격했으나 신라가 보낸 군대에 의해 격퇴 당했다. 그 뒤 양국 군대의 몇 차례 공방전을 거쳐 와산성은 신라에 의해 장악되었다(아~카). 이로써 신라는 보은 일대에서 거점을 확보하고 상주-보은 루트를 유지하게 되었다.

4. 삼년산성 구축의 목적

신라는 상주-보은 루트를 장악한 뒤 보은에 삼년산성을 구축했다. 이는 신라의 소백산맥 서록 진출이 성공적으로 이루어졌음을 알려주는 사건이었고, 신라의 대외진출 과정에서 차지하는 비중이 작지 않았다. 이 때문에 삼년산성의 구축에 대해서는 그 목적과 의미가 다양하게 모색되어 왔다.

삼년산성이 웅진 천도 후 백제의 중심부를 향하고 있다는 점을 중시하는 쪽에서는 신라가 대 백제 견제수단[46] 내지 서쪽으로 진출하기 위한 교두보로서 이 성을 축조했다고 강조했다.[47] 반면 고구려의 남진정책을 중시하는 쪽에서는 고구려의 군사적 압력에 대응하기 위해 이 성을 구축했다고 설명했다.[48] 그런데 당시 신라는 고구려에 대한 우호정책과 결별한 상태에서 백제와의 충돌까지 감수하고 있었다. 그렇다면 백제 방향으로의

---

46) 성주탁, 「신라 삼년산성 연구」 『백제연구』 7, 1976, 135쪽.

47) 정재윤, 『웅진시대 백제 정치사의 전개와 그 특성』, 서강대학교 박사학위논문, 1999, 48쪽 ; 앞의 글, 2001, 78쪽 ; 산본효문(山本孝文), 앞의 글, 2001, 32~33쪽.

48) 정운용, 앞의 글, 1994, 52쪽. 백제의 묵시적 양해 하에(정운용, 앞의 글, 1989, 12쪽 및 앞의 글, 1996, 108쪽) 신라가 백제를 지원하려 했다는 견해도(임기환, 「한성기 백제의 대외교섭 -3~5세기를 중심으로-」 『한성 백제의 물류시스템과 대외교섭』, 학연문화사, 2004, 120쪽) 제기되었다.

진출과 고구려에 대한 대응은[49] 동시에 추구되었을 것이다. 다만 신라가 처했던 대외 환경과 보은 방면으로의 진출 과정을 고려할 때, 전략적 목표의 요소별 비중을 좀 더 신중히 평가할 필요가 있다.

우선 신라의 금강 상류 진출은 고구려에게 적지 않은 부담을 준 것으로 보인다. 468년 2월 고구려는 말갈 군사 1만과 함께 신라 북변 실직성(悉直城)을 공격했다.[50] 이처럼 대규모의 공격은 신라의 독자노선을 응징하기 위해 공격이 시도된 454년 당시보다 신라를 견제하려는 고구려의 의지가 강화되었음을 보여준다. 고구려는 신라가 추구해 왔던 독자노선을 무력화시키는 동시에 신라의 대외확장에 타격을 입히려 했을 것이다.

그런데 이후 신라가 고구려와 주로 마찰한 지점이 소백산맥 방면보다는 실직성 같은 동해안 방면이었다. 468년 신라가 고구려를 대비해 쌓은 이하(泥河)의 성(城)이나[51] 481년 고구려의 공격을 받은 호명성(狐鳴城), 미질부(彌秩夫)도[52] 마찬가지였다. 물론 450년 고구려가 신라의 '서변(西邊)'을 공격했던 경험으로 보면, 470년 전후에도 낙동강 상류 일대에서 양국이 충돌했을 개연성은 있다. 그러나 이 방면에서 고구려와의 전투나 이에 대비한 축성활동이 전하지 않는 것은 최소한 고구려와의 대규모 전투가 일어나지 않았음을 보여준다. 신라의 서변에서 고구려 세력에 대한 방어는 계립령 방면에서 5세기 후반에 완성되었다고 여겨지는 고모산성이나[53] 이 방면의 산성들이[54] 주로 담당했을 것이다.

---

49) 양기석, 앞의 글, 1999, 362쪽 ; 보은군·충북대학교 중원문화연구소, 『삼년산성 —기본 자료 및 종합 보존·정비계획안—』, 2001, 217쪽.

50) 『삼국사기』 권3 신라본기 자비마립간 11년 및 권18 고구려본기 장수왕 56년.

51) 『삼국사기』 권3 신라본기 자비마립간 11년.

52) 『삼국사기』 권3 신라본기 소지마립간 3년.

53) 중원문화재연구원·문경시, 『문경 고모산성 2차 발굴조사 —현장설명회의 자료집 (3)』, 2007.6, 65쪽.

54) 중원문화재연구원·문경시, 『문경 고모산성』, 2004, 474~477쪽 : 『문경 고모산

또한 삼년산성은 낙동강 상류로부터 금강 상류의 백제 최고 거점이었던 청주 일대로 진출하는 중간거점에 해당한다. 반대로 이곳은 백제가 청주를 기점으로 낙동강 상류를 공격하기 위한 중간 거점으로도 이용될 수 있었다. 와산성을 둘러싼 공방은 그 중요성을 잘 보여주고 있다. 그렇다면 삼년산성은 백제의 세력권인 미호천 방면으로부터의 공격을 방비하는 데 일차적 목적을 두었을 것이다.

다만 삼년산성은 남한강 수계인 속리천 상류로부터 남쪽으로 8km 정도밖에 떨어져 있지 않다. 이 점을 중시하면 삼년산성은 남한강 상류의 고구려 세력을 방어하는 역할도 수행했을 가능성이 있다. 삼년산성에서 북쪽으로 약 9km 떨어진 곳에 신라의 백현산성이 설치된 것은[55] 이와 무관하지 않을 것이다. 그러나 고구려 입장에서는 이 방면이 백제나 신라의 핵심부를 압박하는 데 큰 도움이 되었다고 보기 어렵다. 그렇다면 남한강 상류의 고구려 세력에 대한 방비는 백제 세력권으로부터의 방비에 비해 부차적 목표였다고 생각된다.

그런데 삼년산성에는 뒤에 삼년산군(三年山郡)이 설치되어 북쪽의 청천현(淸川縣, 괴산군 청천)과 남쪽의 기산현(耆山縣, 옥천군 청성)을 거느리고서 소백산맥 서록의 중심 치소 역할을 했다. 470년 이전부터 신라의 세력권이 보은–상주 루트의 주변으로 확산되면서 와산성도 중심지적 기능을 일정하게 요구받았을 것이다. 또한 신라는 오랜 기간 백제와 공방전을 벌인 끝에 차지한 이 방면을 안정적으로 지배하려는 목표를 가지고 있었다. 이 때문에 신라는 국가적 차원에서 3년이나 걸려 대규모 축성사업을 추진했다. 이는 삼년산성 일대에 대한 안정적인 지배가 이곳을 기점으로 한 대외진출보다 우선하는 목표였음을 보여준다. 따라서 최초의 진출 이후 보은 지역에 대한 통치는 어떠했으며 이것이 삼년산성을 통해 어떻게 변화했는지 살

성』1, 2007, 131쪽.

55) 차용걸, 『보은의 성곽』, 보은문화원, 2002, 181~187쪽.

펴볼 필요가 있다.

당시 신라의 금강 상류 지배에 대해서는 군사적 성격이 강조된 바 있고,[56] 이를 '군사주둔지역(military zone)'으로 설정해 '행정지역(civil zone)'과 구분한 연구도 있다.[57] 백제·신라 간의 충돌이나 성의 중요성으로 보아 이 방면에 대한 지배가 군사적 성격을 띠었을 것이라는 점은 충분히 인정된다. 그러나 군사적 충돌과 성을 통한 지배가 일상화된 당시에 군사적 지배와 행정적 지배가 특별히 구분되었다고 보기는 어렵다. 당시의 행정적 지배는 군사적 지배와 상반된 것이 아니라 군사적 지배를 통해 지역세력에 대한 지배가 보다 적극적으로 구현된 결과물로 생각된다. 지배형태를 판가름하는 요소는 군사적·행정적 구분보다는 지역민들에게 지배력을 관철하는 방식에 달렸다고 볼 수 있다.

원래 소백산맥 서록 일대에는 많은 자치세력들이 분포하고 있었다. 옛 소국의 근거지가 후대에 군이나 현으로 편성된 점을 고려하면, 삼년산군(보은), 살매현(薩買縣, 괴산군 청천), 굴현(屈縣, 옥천군 청성), 매곡현(昧谷縣, 보은군 회북), 아동혜현(阿冬兮縣, 옥천군 안내), 소리산현(所利山縣, 옥천군 이원), 길동군(吉同郡, 영동), 조비천현(助比川縣, 영동군 양산), 소라현(召羅縣, 황간) 등지는[58] 대부분 옛 소국의 주수(主帥) 집단이 자치권을 행사하던 근거지였을 것이다. 이들은 대체로 4세기 후반 이후 백제에 복속했다가 5세기 후반부터는 백제·신라의 세력판도에 따라 복속 대상을 달리했으리라 짐작된다.

이 중에서 비교적 일찍 신라로 편입된 보은 지역에는 원래 와산성이 존재했다. 이 성은 신라가 장악하기 이전부터 존재했고, 지명의 전승으로 보면 보은 읍내의 군청 자리일 가능성도 있다.[59] 또한 백제가 군사 200여

---

56) 양기석, 앞의 글, 1999, 366쪽.
57) 서영일, 앞의 책, 1999, 81쪽.
58) 『삼국사기』 권34 지리1 상주 및 권36 지리3 웅주.
59) 보은군, 『내고장전통가꾸기』, 1981, 125쪽(양기석, 앞의 글, 1999, 365쪽 재인

인으로 당분간 통제할 정도로 규모가 비교적 작은 편이었다. 이러한 점으로 보아 와산성은 신라나 백제가 대규모로 구축했다기보다 기존 주수 집단의 세력기반으로서 구축되었을 가능성이 크다.

신라가 이곳에 진출한 뒤 와산성 세력과 보은-상주 루트에 분포하는 주수 집단을 제거하거나 이주시킨 흔적은 확인되지 않는다. 그러면서도 이들 세력은 신라에 복속해 그 지배를 받아들였다. 이처럼 주수 집단의 자치권을 인정하면서 이들을 매개로 신라의 지배력을 간접적으로 행사했다면, 그 주수 집단이 근거지로 삼았던 성을 일종의 '자치성(自治城)'이라 정의할 수 있다. 자치성은 주수 집단의 자치권이 유지되면서도 신라의 통치력이 간접적으로 행사되는 거점으로서 이중적 특징을 내포했다고 볼 수 있다.

그런데 얼마 후 와산성은 백제의 공격을 받고서 신라군과 함께 이를 격퇴했다. 이웃한 구양성은 방어가 곤란해 신라왕이 군대를 보내 방어했다(사료 바·사). 백제군이 와산성을 함락한 뒤에는 200여 인의 군사를 머무르게 했는데, 이곳을 회복하고서 백제인들을 모두 죽인 신라군도(사료 차·카) 방어를 위해 비슷한 규모의 군대를 남겼을 가능성이 크다. 백제군과의 충돌 과정에서 신라는 주수 집단의 자치성에 신라인들을 남겨 기존 세력의 이반을 막고 백제의 침공에 대비한 것이다.

신라군이 상주해 백제군을 방어하고 영향력을 확대하면서 와산성의 주수 집단은 자치권을 점차 상실해 갔을 것이다. 이 과정에서 와산성은 자치성으로서의 성격을 점차 잃으면서 신라의 지배력을 주변 지역에 확산시키는 거점으로서의 성격을 띠게 되었을 것이다.

그러나 주변 지역에는 여전히 신라의 지배력이 직접 미치지 못하는 곳이 많았다. 삼국 초기부터 거주가 이루어진 매곡산성(보은군 회북)60) · 삼년

용). 와산성이 삼년산성의 전신이라는 견해도 있으나(성주탁, 앞의 글, 1976, 6쪽) 특별한 근거는 제시되지 않았다.

60) 충북대학교 중원문화연구소, 『보은 매곡산성 지표조사 보고서』, 1998, 160쪽.

산성[61])은 원래 와산성처럼 지역세력의 자치성이었을 것이다. 삼국 초기의 토기편이 출토된 주성산성(보은군 내북면 창리)도[62]) 신라의 진출 이전부터 존재했던 것으로 보인다. 신라토기 외에 백제계 토기가 조사된 함림산성(보은읍 산성리)도〈그림 1〉 그러했을 가능성이 있다. 신라가 와산성에 보낸 군사의 수를 고려하면 이들 성에 일일이 군대를 보내 장악하기는 어려웠을 것이다. 이러한 상황에서도 와산성은 금강 상류에서 신라의 세력권을 지키는 전략적 거점의 역할을 했다. 백제군이 물러간 뒤 와산성은 신라의 세력을 주변 지역으로 확산시키는 동시에 주변 자치성들을 통솔하는 역할을 했던 것이다. 이렇게 국가적 지배가 불완전한 지역에서 신라의 근거지가 되어 신라 세력을 주변으로 확산시키기 위한 거점을 '세력거점'이라 부를 수 있다.

이를 통한 지역지배는 지배의 수준으로 보나 공간적 범위로 보나 불완전한 것이었다. 와산성을 회복하려는 백제의 시도가 중지되자, 신라는 소백산맥 서록 일대를 보다 안정적으로 지배할 수 있는 수단을 필요로 하게 되었다. 이를 위해 467~468년부터 삼년산성을 구축해 470년에 완성을 보았다.

삼년산성은 외측 성벽 높이 13~20m, 둘레 1,680m에 사용된 석재만 25만m³에 이른다.[63]) 산지에 이렇게 막대한 규모의 석성을 구축하기 위해서는 대규모 인력동원과 체계적인 관리가 불가피했다. 468년 이하(泥河)에 성을 쌓을 때 신라는 15세 이상의 하슬라인을 동원했고,[64]) 486년 삼년산성과 굴산성을 고쳐 쌓을 때에는 일선군의 정부(丁夫) 3천 명을 징발했

---

61) 보은군 외, 앞의 책, 2001, 258쪽.
62) 충북대학교 중원문화연구소, 앞의 책, 1998, 122쪽.
63) 보은군 외, 앞의 책, 2001, 216쪽.
64) 『삼국사기』 권3 자비마립간 11년.

다.[65] 삼년산성의 구축을 위해서는 이보다 훨씬 대규모의 인력이 보다 광범위한 지역에서 조직적으로 동원되어야 했을 것이다.

591년 7월 끝난 경주 남산 신성의 구축에서는 주요 성·촌의 지방관인 나두(邏頭), 도사(道使)가 구역별로 작업범위를 할당 받아 책임을 졌고, 그 휘하에서 군상촌주(郡上村主) 이하의 지역세력이 장척(匠尺), 문척(文尺), 성사상(城使上), 면착상인(面捉上人) 등 기술자들의 협조를 받아 작업을 진행했다.[66] 삼년산성도 이러한 책임자의 지정과 책임구역 할당, 작업의 분담이 없으면 구축이 불가능했을 것이다. 그렇다면 사업이 개시된 467~468년 이전부터 신라는 최소한 상주-보은 루트에 위치한 다수의 성에 성주를 파견했다고 생각된다. 이들은 해당 지역의 주수 집단과 각 촌주들을 매개로 축성활동을 위한 인력을 대거 동원했을 것이다.

당시 보은 등지에 파견된 성주는 503년의 탐수도사(耽須道使)에[67] 준하는 지방관일 가능성도 있으나, 분명하지는 않다. 다만 6세기 초의 도사에 준하는 기능이 5세기 후반부터 점차 생겨났다고 볼 수 있다.[68] 이러한 상황에서 기존 주수 집단은 더 이상 자치권을 유지할 수 없었다. 이들은 신라의 성주 아래에서 그의 지방통치에 협조하게 되었다. 일반 읍락에서는 촌주들이 주수 집단과 협조해 성주의 통솔에 응했을 것이다.

이처럼 삼년산성이 구축되는 시기에는 보은-상주 루트의 주요 성에 성주가 파견되었고, 해당 지역 주수 집단은 자치권을 박탈당했다. 성주가 파견된 거점도 기본적으로는 주변 자치성들에 신라의 지배력을 확산시키는

---

65) 『삼국사기』 권3 소지마립간 8년.

66) 한국고대사회연구소 편, 『역주 한국고대금석문』 제2권, 가락국사적개발연구원, 1992, 107~118쪽.

67) 한국고대사회연구소 편, 앞의 책, 1992, 7쪽.

68) 필자는 5세기 후반경 신라에서 도사가 파견되었을 것으로 추정한 바 있는데(이부오, 『신라 군·성(촌)제의 기원과 소국집단』, 서경, 2003, 193쪽), 당시에 이러한 명칭을 실제로 사용했는지는 재고할 필요가 있다.

기능을 했을 것이다. 그러나 이러한 거점은 세력거점보다 신라 국가의 지배력을 주변 읍락에 지속적으로 행사하는 통치거점에 가까웠다. 삼년산성의 구축은 보은-상주 루트에서 기존 세력거점을 통치거점으로 전환시키기 위한 조치이기도 했던 것이다.

5. 474년 축성활동의 의미

삼년산성 구축으로 신라는 소백산맥 서록에서 안정적인 통치거점을 확보했다. 그러나 이 방면 전체적으로 보면 삼년산성 구축은 예외적인 조치에 불과했다. 백제·고구려와의 대치 상황에 따라서는 신라의 지배 자체가 유동적일 수도 있었다. 이에 본장에서는 삼년산성 구축 이후 신라와 소백산맥 서록 세력들의 관계가 어떻게 정착되어 가는지 검토해 보자.

삼년산성 구축 이후에도 보은-상주 루트와 그 주변 세력에 대한 지배형태는 한결같지 않았다. 이와 관련하여 당시 신라의 소백산맥 서록 진출은 중계적 거점이 결여된 직선적이고 점적(點的)인 것으로서,[69] 양 세력 사이에 중립적 공백지대가 많이 남아 있었다는 견해가 있다.[70] 이는 보은-상주 선에 대해서는 지배의 불완전성을 과대평가한 측면도 있으나 그 주변부에 대해서는 타당한 지적으로 생각된다. 이러한 지역에서는 신라에 복속한 자치성(自治城)과 여전히 백제에 속하거나 중립적인 성들이 공존했을 것이다. 신라가 이 일대에 대한 지배력을 확보하기 위해서는 백제의 움직임에 효과적으로 대처하는 동시에 안정적인 통치거점을 확대할 필요가 있었다.

이를 위해서는 우선 대외적 안정이 필수적이었다. 470년 이후에도 신라

---

69) 산본효문(山本孝文), 앞의 글, 2001, 32~33쪽.
70) 산본효문(山本孝文), 『삼국시대 율령의 고고학적 연구』, 서경, 2006, 426쪽.

는 고구려의 압박에 대비할 필요성을 여전히 느끼고 있었다. 그러나 468
년 9월 고구려의 침공에 대비해 이하(泥河)에 성을 쌓은 이후 신라는 고구
려와 별다른 우호관계를 맺지 못했다. 이러한 상황에서 자비마립간 14년
(471) 2월 신라는 모로성(芼老城, 군위군 효령면)을 쌓았다.[71] 이곳은 낙동강
상류에서 영천을 거쳐 경주로 통하는 길목에 위치한다. 따라서 모로성은
경주로부터 낙동강 상류의 고구려 거점이나 소백산맥 너머의 보은-상주
루트로 통하는 데 중간거점의 기능을 했을 것이다. 이러한 성의 구축은 고
구려로부터의 위협에 대처하는 동시에 소백산맥 서록에 대한 지배를 강화
하려는 정책방향을 보여주는 것이다.

당시 고구려는 매년 북위에 사신을 파견해 요서 방면의 안정을 꾀하고
있었다. 472년에는 2월과 7월에 모두 사신을 보냈고, 이후에는 공물을 2
배로 늘렸다.[72] 이는 북위와의 우호관계를 강화해 한반도 남부에 대한 압
박을 확대하기 위한 사전 작업이기도 했다. 고구려의 압박은 신라보다는
주로 백제 변경을 향했다. 백제는 고구려의 공격 때문에 국력이 소진될 정
도로 부담을 느끼고 있었다.[73]

이에 백제는 같은 해 8월 북위에 사신을 보내 고구려를 함께 정벌하자고
제의했다. 북위는 고구려의 존재에 부담을 느끼고 있었지만, 462년 이후
지속적으로 우호적 태도를 보여 왔던 고구려를 자극할 필요까지는 느끼지
않았다. 특히 송과 대치하던 상황에서 고구려를 정벌하는 것은 매우 부담
스런 일이었다. 북위는 백제의 제의를 완곡하게 거절했다. 그러자 백제는

---

71) 『삼국사기』 권3 신라본기 자비마립간 14년.

72) 『삼국사기』 권18 고구려본기 장수왕 60년.

73) 472년 표문에서 개로왕은 고구려가 누차 백제의 국경을 짓밟았고 고구려의 공격
으로 백제가 재물도 다하고 힘도 고갈되었다고 강조했다(『삼국사기』 권25 백제본
기 개로왕 18년).

북위와의 관계를 끊었고[74] 결과적으로는 사실상의 외교적 고립에 빠지게 되었다. 백제는 자력으로 고구려의 공세를 막아내야 했다.

고구려의 백제에 대한 공세가 신라의 입장에서는 백제의 후방이었던 금강 상류로 진출하는 데 유리한 조건으로 받아들여질 수 있었다. 바로 이러한 상황에서 473년 정월 자비마립간은 벌지(伐智)와 덕지(德智)를 좌우장군(左右將軍)으로 임명했다.[75] 두 인물은 이미 463년 삽량성에 침입한 왜인들을 격퇴한 경력이 있었고, 476년 6월에도 동쪽 변경에서 왜인들의 침입을 격퇴했다.[76] 이들은 주로 왜인의 침공을 격퇴하는 데 활약한 것으로 나타나지만, '좌우장군'이라는 명칭은 대외 군사활동의 전반적인 통솔과 연관되었을 가능성이 크다. 이는 벌휴 2년 구도(仇道)와 구수혜(仇須兮)가 '좌우군주(左右軍主)'로 임명된 점과 비교될 수 있다. 구도와 구수혜가 소문국 정복을 비롯한 대외 군사활동을 주도한 점으로 볼 때,[77] 벌지·덕지도 좌우장군에 임명된 뒤 대외적 군사활동을 주도했을 것이다. 왜인 격퇴에 공을 세운 인물을 이러한 직책에 임명한 점으로 보아 신라는 두 인물의 지휘능력을 이용해 기존의 대외확장 정책을 더욱 가속화하려 했다고 판단된다.

좌우장군에 임명된 직후 두 인물의 대외활동은 구체적으로 전하지 않는다. 그러나 다음 사료는 당시 신라의 대외 군사활동에 획기적인 성과가 있었음을 보여준다.

> 타) 일모성(一牟城)·사시성(沙尸城)·광석성(廣石城)·답달성(沓達城)·구례성(仇禮城)·좌라성(坐羅城) 등을 쌓았다. (『삼국사기』 권3 신라본기 자비마립간 17년)

---

74) 상동.
75) 『삼국사기』 권3 신라본기 자비마립간 16년.
76) 『삼국사기』 권3 신라본기 자비마립간 6년 및 19년.
77) 『삼국사기』 권2 신라본기 벌휴이사금.

이처럼 474년 신라는 일모성, 사시성, 광석성, 답달설, 구례성, 좌라성 등을 한꺼번에 구축했다. 구체적인 월이 전하지 않으므로 성별로 축성 일정은 조금씩 달랐을 가능성이 크다. 그러나 한 해 동안 광범위하게 이루어진 축성활동은 일관된 국가적 목표를 전제로 했음에 틀림없다. 이와 관련하여 위 성들이 고구려의 남침에 대비하기 위해 구축되었다는 견해와[78] 적극적인 영토확장을 목적으로 했다는 견해가 제기되었다.[79] 앞의 검토로 보면 두 가지 가능성이 모두 있다고 생각되지만, 개별 성들의 구축배경을 통해 좀 더 구체적으로 검토할 필요가 있다.

　　답달성(상주시 화서면)은 소백산맥 너머 금강 상류의 지류인 석천이 시작되는 곳에 위치했다. 이러한 지점의 축성은 기존 보은-상주 루트를 보호하는 동시에 백제의 공격을 소백산맥 너머에서 차단하려는 목적을 가졌을 것이다. 또한 이곳은 남한강 상류에도 비교적 가까워 고구려에 의해 보은-상주 루트를 차단당할 수도 있는 위치이다. 따라서 답달성은 고구려에 대한 방어에도 목적을 두었을 것이다.

　　보은 서쪽의 일모성(청원군 문의)은 조금 다른 차원의 배경을 가지고 있다. 이곳은 매곡산성(보은군 회북면)과 함께 원래 백제 땅이었다. 『삼국사기』 지리지에서 이렇게 언급한 대상 시기가 일모성 구축 직전인지, 아니면 신라가 청주에 진출한 6세기 중엽인지는 분명하지 않다. 그런데 신라는 삼년산성에서 북서쪽으로 약 5km 떨어진 함림산성(보은읍 산성리)〈그림 1〉의 백제군과 공방전을 벌였다고 전해진다.[80] 이로 보아 보은에 진출한 신라는 청원과 보은 사이에서 한동안 백제와 대치했던 것으로 생각된다. 얼마 후 신라는 보은 서쪽의 수리티재를 넘어 삼년산성으로부터 직선거리 약 12km에 위치한 매곡산성을 차지한 데 이어 청원군 문의 일대까지 장악한

---

78) 양기석, 앞의 글, 1999, 362쪽.
79) 정재윤, 앞의 글, 1999, 48쪽.
80) 청주대학교 박물관, 앞의 책, 1996, 33쪽 ; 차용걸, 앞의 책, 2002, 170~172쪽.

것이다. 이로써 신라는 상주로부터 답달성−성미산성(보은 마로면)−삼년산
성−매곡산성−일모성에 이르는 통로를 안정적으로 장악하게 되었다.

사시성(옥천?)[81]·광석성(영동?)[82]·구례성(옥천?)[83]·좌라성(황간?)은[84]⟨그
림1⟩ 근거자료가 부족해 확실한 지명비정이 곤란한 실정이다. 다만 사시성
은 위 사료에서 일모성과 나란히 기재되었고, 옥천은 본래 고시산군(古尸山
郡)이었다.[85] 백제 부흥운동군을 신라군이 공격할 때 사시산군 태수가 일
모산군 태수와 나란히 금강을 건너 우술성(雨述城, 대전)을 공격한 점으로 보
아 사시성은 일모산성과 가까운 옥천 지역일 가능성이 있다.[86] 이는 신라
가 당시에 옥천 지역까지 진출했을 가능성을 시사해 준다.

소백산맥 서록에서 조사된 토기자료도 이와 크게 어긋나지 않는다. 옥
천군 청산면 대성리 잿마을에서는 5세기 후반까지 올라갈 수 있는[87] 장방
형 1단투창고배와 2단투창고배가 수습되었다.[88] 이는 신라토기 문화의
파급에 따라 제작된 보은군 마로면 원정리나 영동군 매곡면 옥전리의 장
방형 1단투창고배와[89] 같은 추세를 보여주는 것이다. 보은뿐 아니라 영

---

81) 정상수웅(井上秀雄), 『역주 삼국사기』 1, 평범사(平凡社), 1980, 81쪽 ; 신형식,
   『한국고대사의 신연구』, 일조각, 1990, 208쪽.

82) 정상수웅(井上秀雄), 앞의 책, 1980, 81쪽.

83) 신형식, 앞의 책, 1990, 208쪽.

84) 정상수웅(井上秀雄), 앞의 책, 1990, 81쪽. 좌라성은 황간의 옛 지명인 소라현
   (召羅縣)과 음이 유사해 이곳으로 비정되고 있다(한국정신문화연구원, 『역주 삼
   국사기』 3, 1997, 90쪽).

85) 『삼국사기』 권34 지리1 상주.

86) 양기석 외, 『신라 서원소경 연구』, 서경, 2001, 17~18쪽.

87) 최병현의 적석목곽5기를 고려했다(『신라고분연구』, 일지사, 1992, 336~337쪽,
   378쪽).

88) 옥천군·옥천향토전시관, 『옥천의 숨결과 향기를 찾아』, 2005, 7쪽. 수습 장소는
   옥천향토자료전시관 이수암관장의 말씀에 따름(2007.7.28).

89) 신종환, 「충북지방 삼한·삼국토기의 변천」『고고학지』 8, 1997, 30~34쪽, 49쪽.

동-청산 선까지 신라의 제의적(祭儀的) 영향이 확인되는 것은 5세기 후반 소백산맥 너머에 대한 신라의 적극적인 진출 과정과도 부합하고 있다.[90] 그렇다면 위 성들의 구체적인 지명비정을 모두 그대로 받아들이기 어렵더라도 이 성들 중 적어도 일부가 옥천-영동 선에 구축되었을 가능성은 인정되어도 좋을 것이다. 대체로 474년까지 신라는 영동-옥천 선까지 진출해 있었던 것이다.

이 성들은 김천-황간-영동-이원-옥천 루트와 밀접히 연관되어 있다. 김천에서 추풍령을 넘어 수곡천-영동천-금강으로 이어지는 이 통로는 『대동여지도』에서 김천-옥천 간의 최단거리 코스로 되어 있다. 낙동강 유역에서 옥천으로 가는 거리로만 보면 상주에서 웅현(熊峴)을 넘어 청산-옥천으로 통하는 것이 더 가깝게 처리되었다. 근대적인 교통로가 들어서기 전에는 이 통로가 훨씬 가깝게 인식되었음을 알 수 있다. 영동-옥천 사이의 청산을 개척할 당시에는 신라가 이미 차지하고 있던 보은-상주 루트상의 성미산성에서 그 남쪽으로 진출했을 가능성도 있다. 그러나 옥천으로부터의 실제 거리는 상주보다 김천이 조금 가까운 편이며, 경주로부터의 접근성은 김천을 통하는 것이 훨씬 유리하다. 신라는 최소한 474년 축성활동 이전에 추풍령로를 독자적으로 개척해 황간-영동-이원-옥천 선을 장악했을 것이다.

이상에서 언급한 성들의 분포는 주로 기존에 확보된 상주-보은 루트의 서쪽과 남쪽을 향하고 있다. 고구려 남침의 대비가 주요 목표였다면, 신라의 축성활동은 주로 상주-보은 이북 내지는 낙동강 상류의 북쪽에 집중되었을 것이다. 이러한 임무는 계립령 방면이나 죽령 인근, 그리고 동해안의 성들이 담당했을 가능성이 크다. 소백산맥 서록 방면의 성들은 답달성을

---

90) 소백산맥 서록의 고분에 나타난 신라 문화의 영향과 관련하여 다음 논문을 참고할 수 있다. 홍지윤, 「신라의 중원지역 진출에 대한 고고학적 검토」『한국사연구』 175, 2016.

제외하면 소백산맥 서록 방면의 정복 지역에 대한 안정적 지배에 목적을 두었던 것이다.

이러한 진출은 474년까지 이루어졌지만, 정확한 시기는 알 수 없다. 위 사료에서 축성 활동 시기만 표현된 점으로 볼 때, 해당 지역의 상당 부분은 그 이전부터 신라에 장악되었을 가능성이 크다. 특히 472년 전후 백제는 고구려와의 대결에 관심을 집중하느라 소백산맥 서록에 대한 방비가 느슨했을 것이다. 신라는 이러한 틈을 타서 보은 방면에서는 매곡산성-문의까지 진출했고, 추풍령 방면에서는 영동-옥천까지 장악한 것이다. 신라는 위 지역에 대한 진출을 마무리한 뒤 474년 축성활동을 대대적으로 벌인 것이다.

이제 신라는 금강 남안에서는 옥천군 서부에서 백제와 대치했고, 보은 서쪽에서는 청원군 동남쪽의 남일면-낭성면 일대에서 대치했다. 또한 당시 백제가 청주 일대를 유지한 점으로 보아 그 동쪽으로 인접한 낭성산성(청원군 미원면 성대리)도 백제에 의해 장악되어 있었을 것이다. 따라서 보은 북쪽에서는 함림산성으로부터 약 6km 떨어진 주성산성(보은군 내북면 창리)과 청주 동쪽의 낭성산성 사이에서 대치선이 형성되었을 가능성이 크다〈그림 1〉. 이로써 신라는 소백산맥 서록의 금강 상류 일대를 사실상 장악하게 되었다. 474년의 축성활동은 이를 기정사실화하는 동시에 이 일대에 대한 지배력을 안정시키기 위한 국가적 사업이었다고 볼 수 있다.

그런데 보은 지역의 확보 과정에서 백제군과 신라군의 충돌이 확인되는 것과 달리, 위 성들이 구축되는 과정에서는 별다른 충돌이 확인되지 않는다. 또한 위 사료에 바로 이어 고구려군의 한성(漢城) 함락이 기재되었는데, 한성 함락은 실제로는 475년에 이루어졌다. 이처럼 신라본기에서 한성 함락이 1년 일찍 기재된 것은 착오로 보이지만, 474년의 축성사업이 고구려의 백제 공격과 무관하지 않았음을 시사해 준다. 475년 고구려군이 한성을 함락했을 때 신라군이 백제를 지원한 것을 보면, 적어도 그 이전에 백제는 고구려의 압박을 덜기 위해 신라와 우호관계에 있었음을 알 수 있다.

백제는 북변의 위급한 상황을 타개하기 위해 신라의 축성활동을 묵인하고 신라와 긴밀한 유대를 맺은 것이다.

그러면 이를 통해 금강 상류에 대한 지배형태가 어떠한 영향을 받았는지 살펴보자. 우선 주목되는 것은 축성 지점의 특징이다. 답달성은 뒤에 신라의 답달군(沓達郡, 답달비군荅達匕郡)이 되었고, 일모성은 백제의 일모산군(一牟山郡)이었다. 신라가 일모성으로 진출하는 과정에서 확보했던 매곡성(昧谷城)은 백제 매곡현(未谷縣)이었다.[91] 기존의 삼년산성은 뒤에 삼년산군(三年山郡)이 되었고, 486년 이전에 신라가 구축한 굴산성(屈山城, 옥천군 청성)은 굴현(屈縣)이 되었다. 황간·영동·옥천 지역도 예외가 아니었다.[92]

이처럼 신라가 구축한 성들은 거의 군·현의 치소가 되거나 이와 밀접히 연관되고 있다. 또한 앞서 언급한 상주-문의 루트 및 김천-옥천 루트의 전략적 요충지에 집중되고 있다. 이는 신라가 주요 루트상의 전략적 요충지를 중심으로 그 주변 세력들을 통제한 결과로 보인다. 그런데 위 군·현의 치소들은 상대적으로 비교적 넓은 분지를 끼고 있으며 주변에는 배후지들을 거느리고 있다. 이러한 곳은 옛 주수 집단의 근거지였을 가능성이 크다. 이러한 지점의 대대적인 축성활동은 기존 주수 집단의 지배권을 무력화시켜 이를 경주로부터 파견된 성주가 장악하도록 추진한 결과였을 것이다.

이 일대에서 조사된 토기자료도 이러한 추세와 크게 어긋나지 않는다. 5세기 후반경의 신라토기가 조사된 보은 원정리는 상주-보은 루트상의 성미산성에서 남쪽의 청산-옥천 방면으로 통하는 길목에 해당한다. 위치로 보아 그 주인공은 주수 집단의 일원이기보다 읍락세력일 가능성이 크다. 이곳에서 청산 방면으로 얼마 떨어지지 않은 옥천 잿마을 토기의 주인공도 위상이 크게 다르지 않았을 것이다. 김천-옥천 루트상의 황간으로

---

91) 『삼국사기』 권37 지리4 백제 웅천주.

92) 『삼국사기』 권34 지리1 상주.

부터 동남쪽으로 8km 정도 떨어진 영동 옥전리의 경우도 마찬가지였을 것이다. 소백산맥 서록의 고고조사가 미미하여 충분한 사례를 확보할 수는 없지만, 읍락단위까지 신라의 제의도구가 영향을 주었던 추세는 확인된다. 이는 신라가 전략적 거점들을 중심으로 읍락단위까지 지배력을 행사해 갔음을 보여주는 것이다.

신라의 토기문화는 5세기 말~6세기 초에 걸쳐 상주-보은 루트와 김천-영동 루트상에서 동시에 파급되었다고 한다.[93] 이는 신라의 소백산맥 서록 진출 경향과도 일치하는 동시에 신라의 지배력이 지속적으로 행사되었음을 보여준다.

그런데 이 일대에는 위 사료에 등장하지 않는 성들이 다수 분포하고 있다.[94] 이러한 성들의 정확한 구축 시기와 주체를 알 수 없어 그 지배자들의 정치적 성격을 밝히는 것은 불가능한 실정이다. 다만 신라가 이러한 성들에 일일이 성주와 군사들을 파견하는 것은 거의 불가능했을 것이다. 상당수의 지역에서는 기존의 읍락세력이 성의 자치권을 승인 받고서 통치거점에 파견된 성주의 통솔을 받았을 것이다.

이처럼 신라는 보은 일대에 한정되었던 통치거점을 474년의 축성활동으로 문의-보은-상주 선에서 종렬선상으로 완성했고, 옥천-김천 선에서도 유사한 통치거점을 확보할 수 있었다. 이로써 소백산맥 서록 일대에서 영역지배를 진전시키는 한편, 향후 백제가 이 지역으로 침공해 올 가능성을 어느 정도 차단할 수 있었다. 그러나 읍락세력의 자치권을 광범위하게 인정했다는 점에서 금강 상류에 대한 신라의 영역지배는 여전히 일정한 한계를 가지고 있었던 것이다.

---

93) 신종환, 앞의 글, 1997, 49쪽.
94) 사료상의 성들에는 방어시설로서의 성곽과 지역단위로서의 성이라는 개념이 뒤섞여 있다고 한다(서정석, 『백제의 성곽』, 학연문화사, 2002, 312쪽).

6. 맺음말

본고에서 필자는 460년경부터 474년까지 신라가 소백산맥 서록으로 진출해 지배력을 확보해 간 과정을 검토했다. 그 결과를 정리하면 다음과 같다.

5세기 초부터 고구려 태왕(太王)의 통솔권을 받아들였던 신라는 433년부터는 백제에 대해서도 우호관계를 유지하는 이중정책을 구사했다. 이는 기존의 세력권을 유지하기 위한 수세적 대외전략의 일환이었다. 449년 고구려 조왕(祖王)령(令)과 눌지마립간의 회합을 통해 신라는 태왕의 통솔권을 확인함으로써 낙동강 유역의 세력권을 안정적으로 유지할 수 있었다. 그러나 454년 또는 그 직전 고구려의 영향력 확대 시도에 대응하는 과정에서 신라는 독자노선을 가시화해 갔다. 460년대부터는 백제에 대한 고구려의 공세를 틈타 대외전략을 적극적인 확장정책으로 전환했다.

신라가 목표로 삼은 대상은 백제의 세력권이었던 금강 상류 방면의 소백산맥 서록이었다. 신라는 사벌 지역을 근거지로 삼아 소백산맥을 넘어 금강 상류의 답달(沓達) 일대 세력을 복속시켰다. 이곳에서 성미산성-외속리면의 세력들을 복속시킨 뒤 보은의 와산성으로 진출했다. 백제는 청주 신봉동 세력과 협조해 이곳을 회복하기 위해 공방전을 벌였으나, 신라는 이를 격퇴함으로써 상주-보은 루트를 장악하게 되었다.

와산성은 보은 지역 주수 집단의 자치성(自治城)이었으나 점차 신라의 세력을 확산시키기 위한 세력거점의 역할을 하게 되었다. 467~468년부터 신라는 보은 방면에 대한 지배를 안정시키고 백제의 침공 가능성을 차단하기 위해 470년까지 삼년산성을 완공했다. 고구려의 압력에 대처하는 것은 부차적인 목적이었다. 이를 통해 보은 지역의 신라 세력거점은 지배력을 주변 읍락에 지속적으로 행사하는 통치거점으로 변화했다.

이후 백제에 대한 고구려의 압박이 격화되자, 신라는 소백산맥 서록으로의 진출을 더욱 강화했다. 추풍령로를 넘어 황간-영동-이원-옥천 선을 장악함으로써 신라는 백제와의 대치선을 옥천군 서부-청원군 동남부-보은군 북쪽으로 전진시켰다. 백제가 고구려에 의한 압박을 덜기 위해 신라의 진출을 사실상 묵인하자, 신라는 474년 상주-문의 선과 김천-옥천 선에 대대적인 축성활동을 벌여 전략적 요충지들을 중심으로 주변 세력에 대한 지배력을 확보해 갔다. 이를 통해 신라는 백제의 침공 가능성을 차단하고 이 일대에 대한 영역지배를 진전시킬 수 있었던 것이다.

이상을 통해 신라가 소백산맥 서록으로 진출해 간 실상이 조금이나마 구체적인 설명에 접근했다면 필자로서는 다행스런 일이 아닐 수 없다. 그러나 본고는 사료의 불확실성과 자료의 부족을 극복하는 데 턱없이 부족했다고 여겨진다. 이러한 문제를 해결하기 위해서는 소백산맥 서록 일대에 대해 자료 조사를 확대할 뿐만 아니라 『삼국사기』 신라본기 초기기사에 대해 보다 체계적인 분석을 시도할 필요가 있다.

『신라사학보』 10, 2007

제4장
신라의
외위(外位)
편성과 운영

I
상고말 신라의
외위 편성과 간지(干支)

1. 머리말

　신라의 지방통치에서 지역세력의 협조를 얻어내는 공적인 수단은 외위 (外位)로 정리되었다. 그 중에서도 간지(干支)는 비간(非干) 외위를 통솔하는 간군(干群) 외위의 근간을 이루었다. 간지는 원래 소국의 왕·군(君)·주(主)[1] 내지 소족장으로부터 기원하여[2] 지방통치의 공적 위계로 편입되었지만, 이것이 외위로 편입되는 과정은 아직 명확히 밝혀지지 않았다.

　이와 관련하여 외위의 적어도 일부가 6세기 후반에 설치되었다는 견해 는 일제강점기에 발견된 창녕 진흥왕순수비(561)와 남산신성비(591)를 중 시한 결과였다.[3] 진흥왕대의 외위에 대한 주목과[4] 단양신라적성비(551?)

1)　흑정서당(黑井恕堂), 「신라초기 관계명의에 대한 신연구新羅初期官階名義に就いて新研究」『고고학잡지』 제14-권8호, 1924, 477쪽.
2)　김철준, 『한국고대사회연구』, 지식산업사, 1975, 151쪽.
3)　말송보화(末松保和), 『신라사의 제문제新羅史の諸問題』, 동양문고(東洋文庫), 1954, 287쪽.
4)　산미행구(山尾幸久), 「조선3국의 군구조직朝鮮三國の軍區組織」『고대 조선과 일본古

의 발견은 외위 성립의 추정 시기를 적어도 551년 이전으로 끌어올렸다.[5] 이는 율령반포 단계에서 외위의 존재 가능성에 주목하는 계기를 마련했다. 하지만 외위와 율령반포의 관계에 대해서는 견해차가 적지 않았다. 특히 1980년대 이후 발견된 금석문에 등장하는 위호를 어떻게 보는가에 따라 외위의 출현에 대한 관점은 적지 않은 차이를 보였다.

첫째, 포항냉수리신라비(이하에서 '냉수리비')의 6부와 촌에서 간지(干支)가 공존한 점을 중시한 쪽에서는 당시에 경위와 외위가 아직 분화하지 않았다고 보았다.[6] 냉수리비에서 촌의 간지는 자치적 위호[7] 내지 지방민의 촌관으로서[8] 일금지(壹金知)를 수여하는 주체였으며,[9] 신라가 지역세력을 지배하는 매개체 역할을 했다고 한다.[10] 외위는 울진봉평리신라비(이하에서 '봉평비') 건립 직전[11] 즉 율령반포를 통해 편성되었다는 것이다.[12] 이러한 견

代朝鮮と日本』, 조선사연구회, 1974, 180쪽.

5) 이기동, 『신라골품제사회와 화랑도』, 일조각, 1984, 382~388쪽.

6) 무전행남(武田幸男), 「신라6부와 그 전개」『벽사이우성교수정년퇴직기념논총 민족사의 전개와 그 문화』상, 창작과비평사, 1990, 118~119쪽.

7) 주보돈, 「신라의 촌락구조와 그 변화」『국사관논총』35, 1992, 70쪽 ; 하일식, 『신라 집권 관료제 연구』, 혜안, 2006, 222~223쪽.

8) 노중국, 「포항중성리비를 통해 본 마립간시기 신라의 분쟁처리 절차와 6부체제의 운영」『한국고대사연구』59, 2010, 86쪽.

9) 전덕재, 「신라 율령 반포의 배경과 의의」『역사교육』119, 2011, 70쪽.

10) 전덕재, 「고대 의성지역의 역사적 변천에 관한 고찰」『신라문화』39, 2012, 12쪽.

11) 하일식, 앞의 책, 2006, 222쪽, 233쪽, 238쪽.

12) 이인철, 『신라정치제도사연구』, 일지사, 1993, 127~130쪽 ; 무전행남(武田幸男), 「신라관위제의 성립에 관한 각서新羅官位制の成立にかんする覺書」『조선사회의 사적 전개와 동아시아朝鮮社會の史的展開と東アジア』, 산천출판사(山川出版社), 1997, 123~124쪽(무전행남武田幸男, 「신라관위제의 성립新羅官位制の成立」『조선역사논집』상권, 용계서사龍溪書舍, 1979, 177~179쪽에서는 외위 편성 시기를 율령반포 직전으로 보았다).

해에서 외위는 관위(官位)인 동시에 개인적 신분제로 이해되었지만,[13] 관등체계라는 관점이 우세한 편이다.[14] 경위의 완성과 율령반포를 외위의 편성에 연결시킴으로써 외위는 상당 정도의 공적 위계가 갖춰진 이후에 편성되었다고 이해하고 있다. 그 결과 간지에서 분화한 간군 위호의 출현을 외위의 기준으로 삼고 있다. 이는 단위정치체의 대표에서 유래한 간지가 6세기 초의 금석문에 등장하는 점을 설명하는 데 유리한 면이 있다. 하지만 지역세력이 자치적 위호를 통제하는 상황에서 6세기 초까지 성촌 편성을 확대하고 주(州)를 설치하는 과정이 과연 효율적으로 이루어질 수 있었는지에 대해서는 의문이 생긴다.

둘째, 신라 정복사업의 역할을 강조하는 쪽에서는 외위의 편성 시기를 지증왕대로 추정하였다.[15] 지증왕 초년에 외위가 성립한 뒤 법흥왕 7년 (520) 율령반포와 함께 법제화 되었다는 견해도[16] 같은 흐름으로 볼 수 있다.[17] 냉수리비에 등장하는 촌 간지를 직임으로 파악해 이 때 외위가 이미 출현해 상하로 편제되었다는 견해도 제출되었다.[18] 이러한 견해에서는 율령반포 이전에도 경위에 대한 차별적 위호가 외위로서 편성될 수 있다고 본다. 이러한 관점은 초기 외위에 대해 관등체계보다 신분체계로 보는 경

---

13) 무전행남(武田幸男), 앞의 글, 1979, 178~179쪽 ; 앞의 글, 1997, 98~99쪽.

14) 하일식, 앞의 책, 2006, 237쪽 ; 전덕재, 앞의 글, 2011, 72쪽. 관리층(官吏層) 확보가 목적이었다는 견해도 있다(삼지현일三池賢一, 「신라관위제도」 하 『구택사학 駒澤史學』 18, 1971, 24쪽).

15) 이종욱, 「남산신성비를 통하여 본 신라의 지방통치체제」 『역사학보』 64, 1974, 58쪽.

16) 주보돈, 「신라중고기 촌락구조에 대하여(1)」 『경북사학』 9, 1986, 10~19쪽.

17) 지증왕대~법흥왕대에 외위제가 제정되었다는 견해도(권덕영, 「신라 외위제의 성립과 그 기능」 『한국사연구』 50·51, 1985, 93쪽) 마찬가지이다.

18) 선석열, 「영일냉수리신라비에 보이는 관등·관직문제」 『한국고대사연구』 3, 1990, 204쪽.

향을 낳았다.[19] 율령반포 이전에도 지역 세력에 대해 차별적 위계를 편성했을 개연성은 배제할 수 없다. 하지만 초기 외위의 실체나 그 편성 과정에 대해서는 해명이 미흡했다고 생각된다.

셋째, 지증왕대의 금석문을 적극적으로 수용하는 쪽에서는 외위 편성 시기를 사실상 더욱 끌어올렸다. 포항중성리신라비(이하에서 '중성리비')에 보이는 간지-일벌(一伐)·일금지(壹金知)가 외위체계로서[20] 501년 이전부터 존재했다는 것이다.[21] 문헌사료에 나타난 촌간(村干)을 적극적으로 수용하는 입장은 외위의 전신으로서 간지-일금지의 부여 시기가 좀 더 올라갈 가능성을 열어놓았다. 간지-일금지가 촌제의 시행과 함께 부여되었다고 하는데, 촌의 설치 시기를 5세기 초로 보았기 때문이다.[22] 이러한 견해는 6세기 이전의 외위 편성 가능성을 적극적으로 찾았다는 점에서 의미가 있다. 하지만 자치적 위호가 외위로 편성되는 과정에 대해서는 구체적으로 밝히지 않았다.

이처럼 외위의 편성 과정에 대해 이견이 적지 않은 것은 무엇보다도 간지가 단위정치체의 장(長)에서 유래하여 신라 국가의 직임으로 변화한 데 근본적인 배경이 있다. 전자에서 후자로의 변화 과정을 어떻게 보는가에 따라 외위의 편성 과정에 대한 시각이 적지 않게 차이를 보였기 때문이다.

간지로 대표되는 지역세력의 자치적 위계는 신라에 의해 포섭되고서 다시 공적 위계로 편입되는 과정을 거쳤을 것이다. 이를 확인하기 위해 필자는 몇 가지 조건을 중시하려 한다. 첫째, 외위는 경위를 전제로 한 것이므

---

19) 이종욱, 앞의 글, 1974, 59쪽 ; 주보돈, 앞의 글, 1986, 20~23쪽.
20) 이문기, 「포항 중성리신라비의 발견과 그 의의」『한국고대사연구』56, 2009, 49쪽. '간지-일금지'가 신라에 의해 수여된 관등이라는 견해도 있다(이성호, 「6세기 신라 외위제의 성립과정」, 동국대학교 석사학위논문, 2012, 29~32쪽).
21) 김희만, 「포항 중성리신라비와 신라의 관등제」『동국사학』47, 2009, 8쪽, 15쪽.
22) 박남수, 「《포항 중성리신라비》에 나타난 신라 6부와 관등제」『사학연구』100, 2010, 473~476쪽.

로 지역세력을 경위와 차별적으로 편성할 만한 조건이 형성되어야 한다. 둘째, 중앙에 의해 주도되는 공적 위계가 편성되어야 한다. 그 위계가 지역세력에 의해 주도되거나 자치적 성격이 강한 것이라면, 지방통치와 관련하여 공적 의미를 가지기 어렵기 때문이다. 셋째, 지역세력의 위호가 일원적 체계성을 갖춰야 한다. 지역에 따라 위계가 지나치게 다양하다면, 국가적 위계로서의 성격을 갖추기 어렵기 때문이다. 첫째가 일종의 필요조건이라면, 둘째와 셋째는 외위의 편성을 판단하는 충분조건인 동시에 외위 편성의 단계를 판단하는 기준이 될 수 있다.

이러한 관점에서 필자는 사로국에 복속한 소국의 간층(干層)이 재편되는 계기를 찾으려 한다. 이를 배경으로 간지가 외위로 편입된 뒤 율령반포 이전에 간군 외위가 변화한 방향을 밝히려 한다. 이를 통해 상고말 신라 지방통치의 일단을 해명하는 것이 본고의 목적이다.

2. 소국 간지의 위상 변화

외위 편성에서 간지가 근간이 되었던 것은 소국 간층에 대한 효과적 통제와 이들의 협조가 신라의 지방통치에서 관건이 되었음을 보여준다. 그렇다면 이들의 근거지가 지방통치의 단위로 편성되어 소국 간층의 위상이 변화한 과정을 파악할 필요가 있다.

우선 소국이 복속되기 이전에 그 지배자는 주수(主帥), 거수(渠帥) 등으로 불렸다.[23] 이들은 읍락에 잡거하며 서로 잘 제어하지 못했다고 하지만, '관가(官家)'로 표현된 통치조직을 갖추고서 성곽의 구축과 같은 국중(國中)의 일을 수행했다. 앞서 인용한 것처럼 이들은 간지의 연원을 이루었다. 간지는 원래 단위정치체의 대표에서 유래한 것이다.

---

23) 『삼국지』 권30 위서 오환선비동이전 한, 변진.

사로국이 진한 소국을 복속시킨 뒤에도 간지의 통치조직을 일거에 제거하기는 쉽지 않았을 것이다. 이들의 반발을 억제할 필요는 있었지만, 효율적인 지배를 위해서는 간지의 협조가 요구되었기 때문이다. 다음 사료는 이를 뒷받침하는 동시에 간지의 위상에 변화가 발생했을 가능성을 보여주고 있다.

> 가-1) 가을 8월 음즙벌국(音汁伐國)과 실직곡국(悉直谷國)이 강역을 다투다가 왕에게 와서 그에 대한 결정을 요청했다. 왕은 이를 곤란하게 여겨 "금관국(金官國) 수로왕(首露王)이 연로하고 지식이 많다"하고 이를 불러 물었다. 수로왕이 논의를 일으켜 다투던 땅을 음즙벌국에 속하게 했다. 이에 왕은 6부에 명해 함께 모여 수로왕에게 향연을 베풀도록 했다. 5부(部)는 모두 이찬(伊湌)으로 접대를 주관하게 했으나, 한지부(漢祇部)만은 지위가 낮은 자(位卑者)로 이를 주관하게 했다. 수로왕은 노하여 노(奴) 탐하리(耽下里)에게 명해 한지부주(漢祇部主) 보제(保齊)를 죽이고 돌아갔다. 그 노(奴)는 음즙벌주(音汁伐主) 타추간(陀鄒干)의 집으로 도망해 여기서 의탁하였다. 왕이 사람을 시켜 그 노를 찾았으나 타추는 보내지 않았다. 왕이 노하여 군사로써 음즙벌국을 정벌하니, 그 주와 무리가 스스로 항복했다. 실직(悉直)·압독(押督) 2국의 왕이 와서 항복했다. (『삼국사기』 권1 신라본기 파사이사금 23년)

여기서 음즙벌국(音汁伐國)과 실직곡국(悉直谷國)은 상호간의 강역 분쟁을 해결하기 위해 사로국에 협조를 요청했다. 이를 통해 음즙벌국은 분쟁 대상 지역을 차지할 수 있었는데, 그 간지인 타추간(陀鄒干)은 한기부주 살해에 책임이 있던 탐하리에 대한 인도를 거부하다가 사로국에게 정벌을 당해 항복했다. 여기서 간(干) 즉 간지(干支)는 음즙벌국의 지배자를 가리키는데, 주(主)로도 표현되었다. 그는 간층의 최고위자로서, 음즙벌국이라는 기존 단위정치체의 대표이기도 했다. 함께 등장한 압독국과 실직곡국 왕의 위상도 음즙벌국의 간지와 위상이 유사했을 것이다. 사로국에 가화를 바쳤다는 고타군주(古陁郡主)도[24] 마찬가지이다. 이들은 거수에 준하는 통치조직을 유지한 채 사로국에 복속해 공물을 바치는 등의 의무를 졌을 것이다.

이 중에서 실직국과 압독국은 사로국에 반란을 일으켰다가 진압당했고, 나머지 무리는 근거지에서 제거되어 남쪽 지방으로 옮겨졌다.[25] 소국 간지가 반란을 일으켰다는 것은 기존 소국의 통치조직이 대체로 유지되었음을 의미한다. 골벌국처럼 왕경으로 항복해 오기 이전에 '무리'를 거느렸던 '왕' 즉 간지도 기존 소국의 위계를 비교적 온전하게 보존했을 것이다. 백제로 기울어 우로(于老)가 토벌해 멸망시키기 이전의 사량벌국(沙梁伐國)도[26] 유사한 사례이다. 이러한 소국에서는 기존 간지를 매개로 간접적인 통치가 이루어졌을 것이다. 이러한 소국의 간지는 기존의 자치적 위계를 대체로 유지한 상태에서 복속했으므로 일종의 자치적 위호가 되었다고 볼 수 있다.

그런데 '멸망'을 당한 소국이나 반란이 진압당한 소국에서는 간지의 위상이나 간층의 내부 구조에 적지 않은 변화가 생겼을 것이다. 예를 들면 압독국이나 실직국에서 반란의 잔여세력이 이주당하면, 기존 간지의 지배력은 적지 않은 타격을 입을 수밖에 없었다. 간층 내에서 간지가 교체되거나 그의 지배력이 위축되는 경우가 상정될 수 있다. 이러한 소국에서도 간지는 기존 자치권의 최소한 일부를 유지했을 것이지만, 사로국에 의한 통제의 강도는 상대적으로 높았을 것이다. '멸망' 이후의 사량벌국에서도 상황은 대체로 유사했을 것이다.

하지만 압독국이나 사량벌국 일대에서 고총고분이 계속 축조된 점으로 보면, 기존 간지에 준하는 유력자가 소국 내에서 자치권을 행사했다고 생

---

24) 『삼국사기』 권1 신라본기 파사이사금 5년.

25) 『삼국사기』 권1 신라본기 파사이사금 25년 및 일성이사금 13년.

26) 『삼국사기』 권45 열전 제5 석우로.

각된다. 간지가 사로국으로 와서 정착한 골벌국의 경우에는 그와 연관된 간층이 근거지에 남아 상대적으로 높은 수준의 자치권을 보장받았을 가능성도 있다.[27] 그런데 고총고분이 지속적으로 축조된 점에서는 반란을 진압당한 압독국, 사로국에 반발했다가 정벌을 당한 사량벌국이 그렇지 않은 다벌국(대구), 소문국(의성)과 특별한 차이를 보이지 않는다. 두 유형의 소국 지역에서 유력한 간층의 가계집단이 지속적으로 고총고분을 조성했기 때문이다. 사로국에 의한 통제의 강도 차이는 상정될 수 있지만, 소국 간지가 상당한 정도의 자치권을 유지했다는 점에서는 일치했다고 생각된다.

이상의 간지는 사로국에 의해 승인되었지만, 그 위호는 사로국 차원에서 새롭게 편성된 위계와는 거리가 있었다. 자치적 위호라는 간지의 기존 위상은 대체로 유지된 것이다.

하지만 반란에 대한 진압이나 기존 간지의 이주 등을 거치면서 소국 간지에 대한 통제의 강도는 점차 높아졌을 가능성이 있다. 이것이 간지 위호에 가져온 변화와 관련하여 다음 사료가 주목된다.

> 가-2) 거도(居道)는 족성(族姓)을 알 수 없고 어느 곳 사람인지도 알 수 없다. 탈해이사금을 섬겨 간(干)이 되었다. 이 때 우시산국(于尸山國)·거칠산국(居柒山國)이 이웃 경계지역에 끼어 있으면서 국가적인 근심이 되었다. 거도가 변관(邊官)이 되어 이를 병탄하려는 뜻을 몰래 품고서, 매년 한 번씩 장토야(張吐野)에 말들을 모아놓고 병사들로 하여금 타게 했다. 말을 달려 놀고 즐기니 당시 사람들이 칭해 마숙(馬叔)이라 했다. 양국 사람들이 여러 번 이를 보고서 신라의 일상적인 일로 여겨 의심스럽게 생각하지 않았다. 이에 병마를 일으켜 불의에 공격하여 2국을 멸망시켰다. (『삼국사기』 권44 열전4)

----

27) 골벌국왕 아음부와 혈연관계인 유력자가 간(干)으로 임명되었다는 견해도 있다 (주보돈, 앞의 글, 1992, 60쪽).

위 사료에서 거도는 탈해이사금을 섬겨 변관(邊官)이 되었다고 한다. 여기서 변관은 지방세력,[28] 기존 소국의 간지를 대치한 존재[29] 또는 일정 지역의 지배 책임을 맡은 신라 왕의 신료라는 견해가 있다.[30] 그런데 거도는 출신지가 불확실하다는 기록으로 보아 양산 지역 이외의 지역으로부터 파견되었을 것이다. 또한 '변관'이라는 칭호, 그리고 우시산국과 거칠산국의 위협에 대처한 활동으로 보아 거도는 소국 간지의 위상을 대신했다기보다 사로국의 통치거점에 주둔하는 거점성주(據點城主)의 역할을 했을 것이다.

거도가 근거했을 것으로 추정되는 양산 일대의 소국 거수가 어떤 상황에 있었는지는 사료상에서 확인되지 않는다. 하지만 복속 소국에서 기존 간지가 자치권을 유지했던 추세로 보아 양산 일대의 소국 거수는 거도에 의해 제거되었다기보다 그에게 협조하고서 자치권을 승인받았을 가능성이 더 크다. 거도에게 '멸망'당한 우시산국과 거칠산국에서도 간지가 처한 상황은 대체로 유사했을 것이다.

그러면 거도에게 간지 위호를 붙인 이유는 무엇일까. 위 사료에서 거도는 변관이 되기 이전에 탈해이사금을 섬겨 간지가 되었다. 변관이 된 것은 간지 위상의 소멸이 아니라 그 위상의 연장선상에서 이루어졌다. 간지 위호를 칭한 직접적인 계기는 탈해이사금의 통치에 참여한 데 있었다. 여기에는 일정한 시점에 간지가 신라 국가의 통치를 수행하는 직임의 위호로 변화한 상황이 투영되었을 것이다. 문제는 간지의 이러한 위상이 어떤 과정을 거쳐 지역 간지에게 영향을 미쳤는가 하는 점이다. 이와 관련하여 다음 사료가 주목된다.

---

28) 김재홍, 「신라 '사로국'의 형성과 발전」『역사와 현실』21, 1996, 101쪽.

29) 홍승우, 「《포항 중성리신라비》를 통해 본 신라의 부와 지방지배」『한국문화』66, 2014.

30) 서의식, 『신라 상대 '간(干)'층의 형성·분화와 중위제』, 서울대학교 박사학위논문, 1994, 27쪽.

가-3) 봄에 사신을 보내 환과고독(鰥寡孤獨)을 위문하고 각자 곡식 3곡(斛)을 주고, 효제(孝悌)를 행함에 남다른 자에게는 직(職)을 1급(級)씩 주었다. (『삼국사기』 권3 내물이사금 2년)

이에 따르면 내물이사금 2년(357) 효제를 남다르게 행한 자에게 직(職)을 1급씩 주었다고 한다. 신라 국가가 지역과 관련하여 위호를 일괄적으로 수여했다는 기록은 위 사료가 처음이다. 이후에도 작(爵)을 1급씩 수여하거나[31] 일품위(一品位)를 수여한 사례가 확인된다.[32] 하지만 이러한 사례는 모두 경위를 대상으로 했기 때문에 위 사료에서 확인되는 직과는 차이가 있다.

위 사료에서 수여된 직은 사신 파견(發使)에 따른 것이므로, 그 대상은 적어도 왕경보다 지역에 근거한 세력으로 생각된다. 그렇다면 이들은 지역세력이거나 왕경으로부터 파견된 거점성주였을 것이다. 그런데 신라의 지방관이 가족을 거느리고 파견된 것은 법흥왕대부터라고 하므로,[33] 효제를 행할 만한 주체는 지방관이기보다 지역세력일 것이다. 사료 가-3)만으로는 이러한 세력의 범위를 특정할 수 없다. 하지만 당시 신라 국가가 간층으로부터 일반 백성에 이르는 모든 계층에 대해 직을 수여했다고 상정하기는 곤란하다. 소국의 복속 이후 신라와 밀접한 관계를 맺었던 세력이 주로 간층이었던 점을 고려하면, 직을 받았다는 주체도 간층이었을 가능성이 크다. 또한 당시에 외위를 수여했다고 볼 순 없으므로, 간층이 수여받았다는

---

31) 『삼국사기』 신라본기에 따르면, 소지 2년에는 백관을 대상으로 작을 1급씩 수여했고, 진흥왕 1년에는 문무관(文武官)을 대상으로 작을 1급씩 수여했다. 성덕왕 1년에는 문무관에게 작을 1급씩 수여했다.

32) 『삼국사기』 신라본기에 따르면, 문무왕 1년 9월에는 전공이 있는 파진찬(波珍湌), 대아찬(大阿湌) 이하의 인물들에게 각기 일품위(一品位)를 수여했다.

33) 『삼국사기』 권4 신라본기 법흥왕 25년.

위호는 실제로는 복속 이후부터 내려온 자치적 위호에 대해 승인받은 사실을 의미할 것이다. 이를 1급씩 올려 주었다면, 어떤 형태로든 간층의 자치적 위호에 대해 신라 국가의 영향력이 확대되었음을 알 수 있다. 이를 좀 더 구체적으로 확인하기 위해서는 당시 간층의 자치적 위호가 어떠했는지 파악되어야 한다.

소국의 기존 위호는 간지 이하로 구성된 점 외에는 별다른 자료를 전하지 않는다. 다만 사료 가-1)에 등장하는 부주(部主) 이하의 이찬(伊飡)과 위비자(位卑者)가 주목된다. 중성리비에 기재된 부의 간지(干支)와 일벌(壹伐)은 각각 위 부주와 이찬에 연원을 두었을 것이다. 사로국과 여타 진한 소국의 위계가 동일하게 분화했다고 보기는 어려운 만큼, 단순비교는 불가능하다. 다만 간층 내에서 부주는 소국이나 읍락의 간지와 비교될 수 있고, 이찬과 일벌은 소국 간지의 보위자와 비교될 수 있다. 중성리비의 소두고리촌과 나음지촌에서는 간지를 보위한 일금지(壹金知)가 보이는데, 이에 준하는 보위자가 소국 간층에서도 존재했을 것이다. 그 아래의 위비자는 간층 내 하위자나 그 아래의 실무자들에 대한 위호와 비교될 수 있다. 사로국에 복속한 소국의 간층도 간지와 그 보위자, 그리고 하위 간층으로 구성되었고, 그 아래에 비간층 실무자들이 존재했을 것이다.

신라가 이들의 모든 위호를 일일이 지정했다고 보기는 어렵다. 다만 소국이나 읍락의 간지는 원래 자치적 위계를 가진 상태에서 사로국에 복속했음을 알 수 있다. 이러한 상황에서 위 사료는 어떤 방식으로든 간지의 위호에 대해 신라의 영향력이 행사되었음을 시사한다. 하지만 간지 휘하의 모든 위호를 신라가 일일이 선정했다고 보기는 어렵다. 당시까지 신라와의 관계에서 주로 간지 내지 소국 대표가 등장하는 점으로 볼 때, 정치적 상징성이 가장 큰 위호는 간지나 그 보위자였을 것이다.

4세기 후반은 고총고분 초기에 해당하는데, 금동관과 금동관모 등 정치적 권위를 상징하는 위세품은 옛 소국 내에서 복수의 가계집단에 의해 보유되었다.[34] 이로 보면 기존 간지에 버금가는 세력을 가진 가계집단의 대표는 복수로 존재했다고 생각된다. 그렇다면 위 사료에서 1급씩 수여했다는 직은 간지나 그 보위자에 대한 위호의 선정에서 신라가 선택적으로 승인했음을 보여줄 것이다. 이와 관련하여 다음 사료가 주목된다.

> 가-4) 박제상(朴堤上)은 혹은 모말(毛末)이라고 한다. 시조 혁거세의 후손으로서 파사이사금의 5세손이다. 조(祖)는 아도갈문왕(阿道葛文王)이며, 부(父)는 물품파진찬(勿品波珍湌)이다. 제상이 벼슬하여 삽량주간(歃良州干)이 되었는데 …… 눌지왕이 즉위함에 이르러 변사(辯士)를 구해 가서 (두 아우를) 맞이해 오려고 생각했다. 이에 수주촌간(水酒村干) 벌보말(伐寶靺), 일리촌간(一利村干) 구리내(仇里迺), 이이촌간(利伊村干) 파로(波老) 등 세 사람이 어질고 지혜로움을 듣고서 불러 말했다 "내 두 동생이 왜와 고구려 두 나라에 인질로 갔는데 여러 해가 지나도 돌아오지 않았다. 형제인 연유로 사념을 그칠 수 없으니, (이들이) 살아 돌아오기를 바라는데, 이를 어찌하면 좋겠는가?" 세 사람이 같이 대답하기를 "저희가 듣건대, 삽량주간 제상이 강용(剛勇)하고 모략이 있다고 하니, 전하의 근심을 풀어드릴 수 있을 것입니다." (『삼국사기』 권45 열전5)

여기서 눌지마립간의 자문에 응한 인물로서 수주촌(水酒村)(예천)[35]간(干) 벌보말(伐寶靺), 일리촌(一利村, 성주?)간(干) 구리내(仇里迺), 이이촌(利伊村, 영주?)간(干) 파로(波老)가 등장한다. 이들은 수장,[36] 부족장,[37] 내지 소국의

---

34) 이부오, 「사로국의 팽창과 소문국의 지배세력」『조문국(召文國)의 성쇠와 지배세력의 동향』, 경북 의성군·한국고대사탐구학회, 2011, 103쪽.

35) 『삼국사기』 권34 지리1 상주 예천군.

36) 촌상사남(村上四男), 『조선고대사연구(朝鮮古代史研究)』, 개명서원, 1978, 314~315쪽.

37) 김철준, 「신라 상대사회의Dual Organization」 상 『역사학보』 1, 1952, 44쪽.

지배자로서[38] 중앙으로부터 승인받은 존재로 해석되었다.[39] 그런데 고총고분이 보여주는 것처럼, 국읍 간층은 복수의 가계집단으로 구성되었다. 위 사료에서 간 즉 간지는 지역별로 1명씩만 언급되었지만, 금동관이나 금동관모를 보유한 여타 유력 간층도 존재했다고 생각된다. 이들도 국읍 내의 유력 간층이라는 의미로 간지에 버금가는 위호로 불렸을 가능성이 있다. 이들 중에서 위 사료의 촌간은 마립간의 통치에 협조하는 과정에서 선택된 세력집단의 대표자로 볼 수 있다. 간층 내 복수의 가계집단 대표 중에서 마립간은 1명의 간지를 승인하여 통치 사안에 대해 협조를 받았음을 알 수 있다. 이에 촌간은 옛 국읍에 근거를 둔 간층의 대표로 볼 수 있다.

반면 위 사료에서는 지역 간층에 비해 이질적인 간지가 등장한다. 박씨 왕계의 후손인 박제상이 삽량주간(歃良州干)이 되었다고 전하기 때문이다. 촌간(村干)과 주간(州干)에서 간이 공통적으로 등장하는 점을 중시하면 박제상을 양산의 지방세력가로 볼 수도 있다.[40] 반면 그가 이곳으로 좌천당하거나[41] 방출되었다면,[42] 왕경인으로서 주변 세력을 통제한 것이다. 그런데 거도처럼 거점성주로 파견된 인물이 간을 칭한 점, 김제상(金堤上)이 삽라군(歃羅郡) 태수(太守)로도 전해지는 점,[43] 위 사료에서 박제상이 이사금의

---

38) 주보돈, 앞의 글, 1986, 9쪽 ; 김희만, 「영일 냉수비와 신라의 관등제」『경주사학』 9, 1990, 16쪽.

39) 주보돈, 앞의 글, 1992, 60쪽.

40) 정상수웅(井上秀雄), 『신라사기초연구(新羅史基礎研究)』, 동출판주식회사(東出版株式會社), 1974, 224쪽 ; 김용선, 「박제상 소고」『전해종박사화갑기념사학논총』, 일조각, 1979, 604쪽. 박제상은 지방 수장이 나마에 보임된 사례라는 견해도 제기되었다(박남수, 앞의 글, 2010, 465쪽).

41) 선석열, 「박제상의 출자와 관등 나마」『경대사론』 10, 1997, 67쪽.

42) 주보돈, 「박제상과 5세기초 신라의 정치동향」『경북사학』 21, 1998, 14~17쪽.

43) 『삼국유사』권1 기이2 내물왕 김제상. 박제상이 김씨로 기록된 것은 외가, 진외가, 모족(母族) 중에서 김씨 성을 가진 왕족이 있었기 때문이라는 견해가 있다(김

후손으로서 벼슬했다는(仕) 점으로 보아 위 사료의 주간은 지방세력이기보다 삽량 주변 국읍과 읍락에 대한 통제를 위해 파견된 거점성주를 가리킬 것이다. 간지 위호가 거점성주를 가리키는 위호로 기재된 것이다. 이는 거도가 간(干)으로서 변관으로 파견되었다는 기록의 연장선상으로 볼 수 있다. 거도와 박제상을 가리킨 '간'은 소국 지역의 간지와 동일한 위호이지만, 실제로는 거점성주 역할을 가리키고 있다. 이는 거점성주 파견이 주변 소국 간지의 성격에 적지 않은 변화의 계기를 제공했음을 시사한다.

고총고분이 등장한 이후 간지급 위호에 대해 선택적 승인이 이루어졌다면, 지역세력의 위호에 대해 신라 국가의 개입이 이루어졌음을 알 수 있다. 하지만 마립간의 통치와 관련된 지역세력으로서 간(干)만이 등장하는 점으로 보아 그 대상 범위는 대체로 간지나 그 보유자에 한정되었다고 생각된다. 이는 신라가 새롭게 편성한 위호가 아니라 간층의 자치적 위호가 신라의 지방통치에 포섭된 것이었다. 따라서 경위와 차별적으로 편성된 별도의 공적 위계와는 거리가 있었다.

이 단계의 간지 위호는 자치적 위호에 기반을 두면서도 신라 국가의 통치에 협조하는 직임이라는 이중적 성격을 띠었다. 하지만 이를 계기로 승인된 간지 위호는 옛 소국 지역에 대한 간지의 자치권을 선택적으로 부여하는 계기가 되었다. 이는 간층을 대상으로 체계적인 위호를 제공하는 기반이 되었다고 생각된다.

3. 간지의 외위화

신라에 의해 선택적으로 승인된 간지는 적어도 율령반포 단계까지는 외위로 편입되었다. 그 과정에 대해 이견을 초래한 가장 커다란 관건은 중성

의규, 「신라 모계제 사회설에 대한 검토」『한국사연구』 23, 1979, 53쪽).

리비와 냉수리비에 등장하는 촌 간지를 어떻게 파악하는가에 있었다. 본 장에서는 이 자료의 간지가 외위 편성 과정에서 가지는 의미를 중심으로 살펴보자.

두 비문에서 간지(干支)가 일금지(壹金知)를 거느린 것은 소국의 복속 이래 간지급 위호와 그 보위자가 존재한 점과 부합한다. 하지만 앞서 인용한 것처럼, 이 점만으로는 간지가 외위로서 편성된 것인지 기존 간지의 자치적 위호로서 제시된 것인지는 판단하기 쉽지 않다. 이에 본장에서는 간지-일금지가 등장한 맥락을 통해 간지의 성격을 살펴보려 한다. 이하의 논의를 위해 6세기 초의 금석문에 나타난 간지와 그 휘하의 위호를 정리하면 〈표 1〉과 같다.

우선 4세기 후반 이후 국읍 지역의 간지 위호가 선택적으로 승인된 점을 고려하면, 읍락 단위의 자치적 위계에 대해서도 신라의 영향력이 확대되었을 가능성은 있다. 특히 촌(村)의 편성은 이와 관련하여 중요한 계기를 마련했을 것이다. 신라가 촌을 편성한 시기는 4세기 말,[44] 5세기 초,[45] 5세기 후반[46] 등으로 추정되었는데, 현재 필자는 이를 5세기 중엽~말로 판단하고 있다.[47] 그렇다면 중성리비와 냉수리비에 등장하는 촌 간지는 소국 단계의 자치적 위호가 그대로 승인된 것이 아니라 역시 신라에 의해 최소한 선택적으로 승인되었을 가능성이 있다. 문제는 이것이 촌 간지의 성격에서 어떤 의미를 가지는가 하는 점이다.

---

44) 전덕재, 『신라육부체제연구』, 일조각, 1996, 20쪽.

45) 박남수, 앞의 글, 2010, 476쪽.

46) 주보돈, 「한국 고대 촌락사연구의 발전을 위하여」 『한국고대사연구』 48, 2007, 22~29쪽.

47) 이부오, 「탑리·대리리 고분군과 소문국의 친족집단」 『조문국의 지배세력과 친족집단』, 의성조문국박물관·한국고대사탐구학회, 2014, 136쪽.

〈표 1〉 6세기 초 신라의 간지와 휘하 위호

시기	근거지		역할	간지(7)	하간지	일벌(8)	일척(9)	파단(10:피일)	일금지	거척	무위호자
중성리비(501)	6부	본파탁	쟁인(爭人)	시		불내					
		금평		□□		제지					
	지역	간거벌	운(云)								일사리
		소두고리촌		구추열지					비죽휴		
		나음지촌		복악					주근		
		진벌									일盇
냉수리비(503)	6부	본피	공론교(共論敎)	두복지							
		사피		모사지							
	지역	진이마촌	전사인협조	유지(촌주)					수지일금지(壹今智)		
봉평비(524)	6부	잠탁부	교(敎)	(미)흔지							
	지역	거벌모라	입비협조		이지파		신일지				
			처벌대상			니모리(장60)		미의지(장60)	사리일금지(一今智)(장60)		
		아대혜촌	촌사인								나이리(장60)
		갈시조촌	촌사인							나이리(장100)	
		남미지촌	촌사인								(익)(사)·어즉 근리(장100)

예를 들면 냉수리비에서 촌주인 유지 간지는 진이마촌(珍而麻村)에서 발생한 분쟁의 처리를 위해 탐수도사(耽須道使) 심자공(心訾公)을 비롯한 전사인(典事人)에게 협조했다. 비문에서는 그 기록을 담당했다고 전하는데, 촌주는 평상시에도 도사의 통제 아래 촌과 관련된 사무를 처리했다고 생각된다. 여기서 '촌주'는 신라가 수여한 직명으로서, 진이마촌 일대의 통치에 협조하는 책임을 졌을 것이다. 간지는 이러한 직임에 걸맞는 위호의 등급

으로서, 촌의 설치와 함께 승인 또는 임명되었을 가능성이 크다.

중성리비에서 소두고리촌의 구추열지 간지와 나음지촌의 복악 간지는 6부인 사이의 분쟁처리와 관련하여 촌을 대표해 사인(使人)에게 진술(云)하였다. 이들이 촌과 관련된 직무를 수행하기 위해 일금지(壹金知)를 거느린 점으로 보아 간지는 역시 직임을 수행하는 존재와 무관하지 않았을 것이다. 이들은 촌주로 명시되지 않았지만, 역할은 촌주와 거의 동일하다.

그런데 동일한 역할을 한 인물이 간거벌(干居伐)에서는 일사리(壹斯利)이고 진벌(珎伐)에서는 일〇(壹書)이다. 이들은 특별한 위호를 칭하지 않았고, 별도의 인물을 거느리지 않고 단독으로 역할을 수행했다. 이 점으로 보면 벌(伐)은 촌(村)보다 낮은 단위의 지역일 가능성이 있다. 그런데 진벌이 위 촌들의 뒤에 기재된 반면, 간거벌은 위 촌들의 앞에 기재되었다. 문헌상에 보이는 음즙벌국(音汁伐國), 사벌국(沙伐國), 다벌(多伐)은 벌이 국읍 단위로 사용된 사례이다. 봉평비의 거벌모라(居伐牟羅)에서 거벌은 모라 즉 마을을 접미어로 한 지명이니, 행정촌 단위의 고유지명으로 볼 수 있다. 이외에 성산산성 목간에서 상삼자촌(上彡者村)의 상위 단위로 등장하는 구리벌(仇利伐), 간호(于好)□촌의 상위 단위로 등장하는 구벌(仇伐)[48] 등도 행정촌 이상의 고유지명에 해당한다. 반면 중성리비에 등장하는 모단벌(牟旦伐)에서 벌은 자연촌 단위를 지칭하는 접미어로 사용되었다. 따라서 촌과 벌의 구분이나 간지의 유무는 지역의 크기나 위상과 비례하는지 여부를 단언할 수 없다. 촌과 벌은 지역의 단위나 규모와 다른 별도의 기준으로 배열되었을 가능성도 배제할 수 없다. 간거벌과 진벌에서도 원래 간지에 버금가는 세력이 존재했을 가능성도 있다.

봉평비에 등장하는 아대혜촌(阿大兮村), 갈시조촌(葛尸條村), 남미지촌(男弥只村)〈표 1〉 등처럼 자연촌의 고유지명은 다양한 어미를 가지고 있었다. 중

---

48) 손환일 편저, 『한국 목간자전』, 국립가야문화재연구소, 2011, 243쪽.

성리비 단계의 읍락 단위에서도 벌 이외의 어미를 가진 다양한 고유 지명이 존재했을 것이다. 〈표 1〉에 등장하는 벌은 다양한 고유지명 중에서 촌으로 편성되지 않은 전통적인 지명 어미가 그대로 사용된 사례의 하나로 생각된다. 그 중에서 기존 간지의 세력 크기나 지리적 중요성 등을 고려해 특정한 읍락은 촌이라는 지방통치의 기본 단위로 편성되었다. 중성리비의 분쟁 대상 지역 중 촌에서만 간지와 일금지가 보이는 것은 이와 무관하지 않을 것이다. 그렇다면 중성리비에 보이는 촌 간지는 읍락, 벌 등의 간층에서 선택적으로 승인되었을 가능성이 시사된다. 촌 간지는 소국 이래의 자치적 위호라는 위상을 그대로 수용한 것이 아니라, 촌주로 임명된 인물에 대해 신라 국가가 승인한 위호라고 생각된다. 시기적으로 근접한 냉수리비의 촌 간지도 이와 다르지 않을 것이다.

이상과 같이 촌 간지는 기존 간층의 유력자가 자치권에 기반을 두고서 주변 읍락들에 대한 통치라는 직임을 매개로 신라에 의해 승인된 위호였다. 이는 6세기 초의 금석문에 등장하는 6부의 간지가 부내의 유력한 간층으로서 마립간의 통치에 협조하는 직임을 매개로 승인받은 위호로 추정되는 점과[49] 부합한다. 하지만 '신라 6부'가 왕경의 역할을 했다는 점에서 6부 간지의 위상은 촌 간지와 같지 않았다. 촌 간지는 위호가 6부 간지와 동일하지만, 위상도 동일한 것은 아니었다. 촌의 지배에 협조하는 직무를 중시하여 신라에 의해 승인된 위호였다고 볼 수 있다.

다음으로 일금지는 중성리비에서 2인의 촌 간지에게 각각 1인씩, 냉수리비에서 1인의 촌 간지에게 1인이 보위자로서 등장한다. 봉평비에서는 거벌모라의 일벌(一伐)과 파단(波旦, 피일彼日)에 이어 등장하므로 외위의 하나였음을 알 수 있다. 문제는 중성리비와 냉수리비 단계에서 일금지가 신라에 의해 수여된 외위였는가, 아니면 간지 아래의 자치적 위호가 승인된 것

---

49) 이부오, 「지증마립간대 신라 6부의 정치적 성격과 '간지(干支)'」『신라사학보』28, 2013, 36쪽.

인가 하는 점이다. 이는 촌 위호의 성격을 파악하는 데 관건이 될 수 있다.

일금지의 마지막 글자인 '지'는 존칭어미로서,[50] 비간군 경위인 대사제지(大舍帝智)(12등), 소사제지(小舍帝智)(13등), 길지지(吉之智)(14등)가 '지'로 끝나는 점과 공통된다. 외위의 어미가 상층의 간군과 하층의 '○○지'로 구성된 것은 경위가 간군과 하위 '○○지'로 끝난 점과 부합한다. 이상으로 보아 간지와 일금지는 당시 지역에서 존재했던 위호 체계의 일부를 구성했을 것이다. 또한 6부 간지의 보위자가 일벌(壹伐)인 반면, 읍락 간지의 보위자는 일금지(壹金知)로 나타난다〈표 1〉. 이로 보아 일금지는 읍락의 자치적 위호에서 유래했을 가능성이 있다.

그런데 일금지는 중성리비의 소두고리촌과 나음지촌이나 냉수리비의 진이마촌과 같은 자연촌에서는 간지의 최고 보위자로 등장한다. 반면 봉평비에 등장하는 행정촌인 거벌모라에서는 외위의 최하등이다. 지역 내에서 차지한 위상이 크게 다르면서도 동일한 위호가 칭해진 점으로 볼 때, 두 단계의 일금지가 모두 지역 내 간지와의 고유한 관계를 나타내는 위호는 아니었다고 생각된다. 어느 한 단계에서는 일금지가 행정촌과 자연촌에 공통적으로 적용되는 일정한 위상의 인물에게 수여된 위호였다고 볼 수 있다.

이 중에서 중성리비의 소두고리촌과 나음지촌, 그리고 냉수리비의 진이마촌에서 일금지가 공통적으로 간지의 최고 보위자로 등장하는 점을 고려하면, 일금지는 원래 읍락 간지의 최고 보위자를 지칭하는 위호였다고 생각된다. 중성리비에서 이들은 6부 세력 간의 분쟁처리와 관련하여 촌의 간지를 도와 도사(道使)에게 진술(云)하였다. 냉수리비에서는 진이마촌 내 세력 간의 재(財) 다툼과 관련하여 도사(道使)를 비롯한 전사인(典事人)의 업무처리에 협조하기 위하여 촌주인 간지를 수행했다. 이러한 역할은 간지의 자치적 위호보다 지방통치와 관련된 직임에 가깝다. 이를 고려하면 당시

---

50) 양주동, 『고가연구(정보판訂補版)』, 일조각, 1965, 155쪽.

의 일금지는 간지의 보위자에서 기원하여 신라의 공적 위호로 변화했다고 볼 수 있다.

반면 봉평비 단계에서 행정촌의 최하급 위호로 등장하는 것은 일금지가 간지와의 특정한 관계를 반영하는 위호가 아니라 외위의 최하급으로 편성된 상황을 보여줄 것이다. 이는 율령반포를 전후하여 외위가 재정비되는 과정에서 일금지가 간지와의 특정한 관계와 무관하게 외위의 최하급에게 수여되었음을 반영할 것이다.

중성리비·냉수리비 단계에서 일금지가 신라의 지방통치와 관련한 공적 위호였다면, 간지가 지방통치와 관련된 직임의 성격을 띤 것도 이와 무관하지 않을 것이다. 지역세력을 효과적으로 통제하는 데 비중이 가장 큰 대상은 간지였다. 따라서 지역세력에 대한 위호의 승인에서도 일금지보다 간지가 우선했을 가능성이 크다.[51] 간지는 원래 자치적 위호에서 유래 했지만, 이 단계에서는 지방통치에 대한 협조를 위해 일괄적으로 승인되었다고 보아야 할 것이다. 그렇다면 간지-일금지는 자치적 위계를 그대로 수용한 것이 아니라 신라에 의해 편성된 공적 위호에 해당한다.

현재까지 확인된 간지-일금지는 모두 읍락 단위에서 편성되었다. 이는 촌 편성 지역에 한정되었을 가능성이 있는데,[52] 국읍 단위에서는 이보다 분화된 위호가 존재했을 가능성이 크다. 지역에 따른 차이도 적지 않았을 것이다. 그런데 이러한 공적 위호는 간군 경위와 차별적으로 편성되었고, 복수의 지역에서 동일한 위계를 보였다. 간지 이하의 자치적 위호를 대상으로 삼았지만, 신라의 통치체계로서 작동된 위계였다. 이상으로 보아 간지-일금지는 간지의 자치적 위호를 바탕으로 편성된 외위로 볼 수 있다.

---

51) 간군 외위는 비간군 외위보다 선행했다고 한다(삼지현일三池賢一, 「신라관위제도 新羅官位制度」상『법정사학法政史學』22, 1970, 25쪽).

52) 홍승우, 앞의 글, 2014, 223쪽.

다만 그 상층부는 기존의 자치적 위호인 간지를 그대로 수용하여 위계의 분화가 미흡했다. 때문에 간지 위호에는 왕경과 지방, 기존 국읍과 읍락, 지역과 지역 사이에서 실질적 위상의 차이가 반영되지 않았다. 그 아래에는 일금지 이외의 위호가 승인되었을 가능성도 배제할 수 없다. 다만 현존하는 자료로 보는 한, 당시의 외위는 경위에 견주어 체계적으로 설치되었다기보다 기존의 자치적 위호에 대해 공적인 위계를 추구한 결과로 볼 수 있다. 지역에 따라 위계의 수나 위호의 종류에서 일원성이 부족했을 가능성도 있다. 이런 점에서 냉수리비 단계까지의 외위는 일종의 시원적 형태를 넘어서지 못했다고 판단된다.

율령반포 이전의 외위는 머리말에서 언급한 것처럼 지방민의 신분체계로 이해된 바 있다. 간지가 소국 거수에서 유래한 점으로 보면, 간군 외위와 비간 외위 사이에는 신분적 차등을 무시할 수 없었을 것이다. 하지만 상고말이나 중고초에는 외위의 임명이나 승진 사례를 찾을 수 없어 당시의 외위가 신분체계였는지, 아니면 직임이나 관위였는지 속단하기 어렵다.

통일전쟁기였던 문무왕 8년(668) 10월에는 군공의 대가로 술간, 고간 등의 간군 외위를 수여한 사례가 확인된다.[53] 이는 당시의 간군 외위가 신분을 넘어선 직임에 가까웠을 가능성을 보여준다. 『일본서기』계체 23년에 등장하는 상신(上臣) 이질부례지간기(伊叱夫禮智干岐) 즉 이사부(異斯夫)는 혹은 나말(奈末)이라 했다. 그가 단양적성비에서 이사부(伊史夫) 이간(伊干)으로 등장한 것은 나말로부터 간군 경위로 상승했음을 보여준다. 박제상은 파사이사금의 5세손으로서 할아버지가 아도갈문왕(阿道葛文王)이고 아버지가 물품파진찬(勿品波珍湌)인데[54] 눌지 2년 현재 나마(奈麻)였다고 한다.[55] 나

---

53) 『삼국사기』 권6 신라본기 문무왕 8년 9월.

54) 『삼국사기』 권3 신라본기 눌지마립간 및 권45 열전5 박제상.

55) 『삼국사기』 권3 신라본기 눌지마립간 2년.

마(11등)는 간군 경위 바로 아래였다는 점에서 대사제지(12등) 이하와 신분적으로 구분되었을 가능성이 있다.[56] 하지만 간층의 비간 경위자 중 최고위자가 간군 경위자로 상승할 수 있었다면, 간지 바로 아래의 비간 외위는 간군 외위로 상승했을 가능성도 배제할 수 없다. 또한 중성리비와 냉수리비로 보면, 비간 외위인 일금지의 서열은 간지 바로 다음에 해당한다. 이러한 인물은 간층일 가능성이 반대의 가능성보다 훨씬 클 것이다. 이에 비간 외위자 중의 최소한 일부는 간층으로서 간지로 상승할 가능성이 있었다고 생각된다. 이러한 상황에서 외위자는 신라의 지방통치와 관련된 직임을 수행하였다. 초기 외위는 간층을 중심으로 편성되었지만, 신분이기보다 직임과 관련된 위호의 등급에 가까웠다고 볼 수 있다.

그렇다면 신라에서 어떤 계기로 외위가 편성되었는지 궁금해진다. 외위는 경위를 전제로 지역세력을 신라의 공적 지배질서로 편입하기 위한 장치였다. 이에 외위는 최소한 경위가 성립한 이후에 편성되었을 것이다.

『삼국사기』에서 경위는 유리이사금 9년(A.D.30)에 정비되었다고 하는데, 경위가 완성된 시기에 대해서는 5세기 후반,[57] 지증왕 4년~법흥왕 7년,[58] 법흥왕 후반~진흥왕대[59] 등으로 추정되고 있다. 중성리비(501)에서 아간지(阿干支)(6)와 사간지(沙干支)(8)가 확인되고 냉수리비(503)에서 아간지와 일길간지(一吉干支)(7), 거벌간지(居伐干支)(9)가 확인되는 점으로 보아 적어도 5세기 말까지 경위는 상당한 위계를 갖췄다고 생각된다. 또한 마립간의 등장으로 왕과 신하들의 위계가 갖춰졌다는 점으로[60] 보아 마립간기

---

56) 주보돈, 「울진봉평신라비와 신라의 관등제」 『한국고대사연구』 2, 1989, 185쪽.
57) 하일식, 앞의 책, 2006, 106쪽.
58) 주보돈, 「6세기초 신라왕권의 위상과 관등제의 성립」 『역사교육논집』 13 · 14, 1990, 261쪽.
59) 박남수, 앞의 글, 2010, 482쪽.
60) 『삼국사기』 권3 신라본기 눌지마립간 즉위.

동안 경위는 일원화 과정을 거쳤을 것이다.[61] 이 과정에서 어느 시점의 경위가 외위에 영향을 미쳤는지 단언할 순 없지만, 적어도 5세기 말까지 경위는 지역세력에 대해 6부의 지배세력을 우월적으로 내세우는 위계를 형성했다고 생각된다.

그런데 마립간기에 와서 신라는 거점성주를 매개로 지역 간층의 자치적 위호를 선택적으로 승인했다. 거점성주는 인근 지역의 간지를 매개로 옛 국읍과 읍락에 대한 지배를 점차 강화했을 것이다. 하지만 이것이 바로 외위의 편성을 가져왔다고 보기는 어렵다.

이와 관련하여 5세기 말부터 변경 지역에서 활발하게 전개된 축성활동이 주목된다. 자비 11년(468) 신라는 고구려의 침공에 대비하기 위해 하슬라인(何瑟羅人)으로서 15세 이상인 자를 징발하여 이하성(泥河城)을 구축했다. 자비 13년(470)에는 삼년산성을 완공하고 자비 17년(474)에는 일모성(一牟城)·사시성(沙尸城)·광석성(廣石城)·답달성(沓達城)·구례성(仇禮城)·좌라성(坐羅城)을 구축함으로써 금강 상류에 지배 거점을 확보하는 동시에 백제와 고구려로부터 이를 방어하는 거점으로 삼았다.[62] 소지 8년(486) 삼년산성과 굴산성을 고쳐쌓은 것도 그 연장선상에 있었다. 백제의 한성이 고구려에게 함락당한 뒤에는 고구려의 침공으로부터 변경을 방어하는 전략적 비중이 확대되었다. 소지 3년(481) 현재 북변의 호명성(狐鳴城)에서 미질부(彌秩夫)에 이르렀던 7성은 이러한 비중이 높았다고 볼 수 있다. 지증마립간 5년(504)에 구축한 파리(波里)·미실(彌實)·진덕(珍德)·골화(骨火) 등 12성은 광범위한 지역으로 보아 고구려에 대한 방어와 함께 지역 세력에 대한 효율적인 통치를 도모한 조치로 생각된다.[63]

61) 하일식, 앞의 책, 2006, 106쪽.
62) 이부오, 「5세기 후반 신라의 소백산맥 서록 진출과 지배형태」『신라사학보』 10, 2007, 33~36쪽.
63) 이상의 축성활동에 대해서는 『삼국사기』 신라본기 해당조 참조.

이러한 축성활동을 지속적으로 추진하기 위해서는 대규모 인력과 물자를 체계적으로 동원해야 했다. 이는 기존 소국의 간층에 대한 지배가 체계화되지 않으면 불가능한 일이었다. 예를 들면 나이 15세 이상의 하슬라인을 남한강 상류의 이하성(泥河城)[64] 구축에 동원하기 위해서는 국읍과 읍락의 간지뿐 아니라 그 보위자와 비간층 실무자들의 체계적인 협조가 요구되었을 것이다. 삼년산성을 3년에 걸쳐 구축한 것은 말할 것도 없고, 삼년산성과 굴산성을 개축하기 위해 일선(一善) 지역의 정부(丁夫) 3천을 동원하는데에도 최소한 이러한 체계가 구축되어야 했다. 여타 대규모 축성활동도 예외가 아니었다.

이러한 동원체제를 갖추기 위해서는 기존 간지와 그 보위자의 자치적 위계에 대해 보다 효율적인 통제가 요구되었다. 남산신성비에서 보듯이, 중고기의 축성활동에서는 성촌별로 작업을 분담하고 성벽이 붕괴될 경우 책임을 묻겠다고 명시했다. 이러한 책임의 분담은 5세기 말경의 축성활동에서도 예외가 아니었을 것이다. 그 책임은 기존 간층의 자치적 위계에 전적으로 위임되기보다 신라의 공적 위호를 매개로 이루어졌을 가능성이 크다. 그렇다면 대체로 5세기 말경에는 국읍과 읍락의 간층에 대해 간지-일금지와 같은 외위가 편성되었다고 판단된다.

4. 간군(干群) 외위의 분화 방향

5세기 말경부터 외위로 편성된 간지는 새롭게 설정된 것이 아니라 기존 위호에 대해 신라 국가의 영향력을 확대한 것이었다. 간지가 지닌 실제 위상이 모두 동일한 것도 아니었다. 이에 지역세력에 대한 통제를 체계화하기 위해서는 간지 위호를 어떤 형태로든 재정비할 필요성이 있었을 것이

---

64) 홍영호, 「《삼국사기》 소재 이하의 위치 비정」『한국사연구』 150, 2010, 45~60쪽.

다. 본장에서는 상고 말기에 이러한 노력이 어떤 방향으로 진행되었는지 살펴보자.

봉평비에서 적지 않은 외위가 확인되었기 때문에 법흥왕 7년(520) 율령 반포까지는 신라의 외위가 여러 단계로 분화되었다고 인정되고 있다. 그런데 봉평비에서 확인되는 외위는 대부분 비간군(非干群)이고, 간군 외위는 〈표 2〉처럼 하간지(下干支)뿐이다. 때문에 최초의 간군 외위가 어떤 방향으로 분화했는지에 대해서는 이견이 적지 않다.

〈표 2〉 중고기 간군 의외 정리

시기	지역	역할	간군 외위	비고
봉평비(524)	거벌모라	입비 협조	이지파 하간지	
청제비 병진명(536)	영읍?부	사인(使人)	이지□리 간지	
적성비 (551)	추문촌	공형(公兄)	파진루 하간지	적성연(烟) 편입 관련
	추문촌?	?	오례혜 찬간지	적성전사법(佃舍法) 관련
명활산성비 (551)	오대곡	군중상인(郡中上人)	구지지 하간지	
	…	공인(工人)	추혜 하간지	작업구간 책임
	□□촌	□척	두루지 (□)간지	안압지 출토
창녕비 (561)	?	촌주	망총지 술간 마질지 술간	
남산신성비 (591) 1비	아량촌	군상촌주(郡上村主)	금지 찬간	
		장척(匠尺)	말정차 간	
	아량	성사상(城使上)	나생 상□	
	아□	□척	□차 간	
	칠토	군상촌주	□지이리 상간	
	노□촌	장척	차□□례 간	
동 2비	사도성	군중상인	서리지 귀간	
	구리성	…	수리지 찬간	
	사호성	장척	가사리지 상간	
	아대혜촌	작상인(作上人)	소지 상간	
동 9비	이동성	군상인(郡上人)	예안지 찬간	급벌군(伋伐郡)
	생벌성	…	문 상간	…
	동촌	장척	내정 상간	…
	이동촌	성착상인(城促上人)	□시정 상간	…

첫째, 『삼국사기』 외위조에서 상간(上干)(6등) 아래 간(干)(7등)이 위치한 점을 들어 하간지는 외위 제7등 간과 동일하다는 견해가 있다. 이들이 남산신성비에 등장하는 차간(次干)과 같다는 것이다.[65] 외위조 자체만으로 보면 하간지를 간지와 비교하는 것은 타당하다. 그런데 남산신성비 1비에 보이는 아량촌의 장척(匠尺) 말정차간(末丁次干)과 아(阿)□의 □척(尺) □차간(次干)은 위호가 간일 가능성과 차간일 가능성을 모두 가지고 있다. 그런데 다른 금석문이나 문헌에서 차간(次干)이 위호인 사례는 발견되지 않는다. 반면 차(次)가 인명의 마지막 글자로 쓰인 사례는 남산신성비 1비의 문척(文尺) 죽생차(竹生次) 일벌(一伐), 문착상(門捉上)인 지례차(知礼次), 착상(捉上)인 수이차(首尒次), 동 2비의 아차혜촌(阿且兮村) 도사(道使) 물생차(勿生次) 소사(小舍), 동 3비의 □□차(次) 대사(大舍), 구생차(仇生次) 대사, 석착인(石捉人) □하차(下次) 대오(大烏) 등이나 여타 금석문에서 적지 않게 찾아진다. 또한 봉평비의 이지파 하간지는 6부의 간지와 동시에 별도로 존재했다. 그렇다면 하간지는 간지와 동일한 외위이기보다 간지에서 별도로 분화 또는 변화한 외위일 가능성이 더 크다고 생각된다. 다만 명활산성비를 끝으로 하간지가 금석문에서 사라지고 간지가 계속 존재한 점으로 보아 하간지는 결국 간지에 통합되었다고 볼 수 있다.

둘째, 6부의 간지와 구별하기 위해 '하(下)'를 붙여 하간지가 출현했다는 견해도 제출되었다.[66] 이것이 율령반포 시에 비간 외위와 함께 정비되었다는 것이다.[67] 이 견해에서는 6부의 간지가 사라지는 이후인 536년 전후에 상간지가 증설된다고 보았다.[68] 상간지는 금석문에서는 남산신성비

---

65) 이기동, 앞의 책, 1984, 388쪽.
66) 주보돈, 앞의 글, 1990, 265쪽 ; 하일식, 앞의 책, 2006, 232~233쪽.
67) 하일식, 앞의 책, 2006, 238쪽.
68) 하일식, 앞의 책, 2006, 241쪽.

(591)부터 확인되지만, 성산산성 목간에서도 (지知)상간지(上干支),[69] 복금지(卜今智)상간지가 확인되었다.[70] 성산산성 목간의 532년[71] 혹은 561년 전후 제작설을[72] 받아들인다면, 상간지가 수여된 시기는 더 올라갈 수 있다. 그런데 간지로부터 상향 분화한 외위는 이미 단양적성비(551?)의 찬간지(撰干支)(5등)에서 확인된다. 찬간지는 상간지(6등)의 바로 위에 해당하고, 간군 외위의 상향분화는 순차적으로 이루어졌을 가능성이 크다. 이를 고려하면 상간지는 550년 이전에 이미 분화했을 가능성이 있다.[73] 또한 외위가 6부의 위호에 비해 차별적으로 수여되었을 것이라는 점도 납득할 만하다.

그런데 하간지가 6부의 간지보다 낮다는 의미로 수여되었다면, 이후에도 확인되는 지역 간지와의 상호 위계가 문제가 될 수도 있다. 기존의 지역 간지가 여전히 존재했다면, 행정촌의 간지를 굳이 6부의 간지와 차별해 하간지로 삼는다는 것이 어색할 수 있기 때문이다. 봉평비 건립과 상간지 출현 사이에 시기차가 근소한 점으로 보아도 '간지' 앞에 상(上)과 하(下)를 붙이는 기준이 갑자기 변화했는지도 일단 의문이 생긴다.

셋째, 냉수리비 단계의 간지가 봉평비 단계에서 상간지와 하간지로 분화했다는 견해도 있다.[74] 즉 간지에서 상간지(上干支)가 먼저 상향분화하고 다시 하간지가 파생되었다는 것이다.[75] 봉평비부터 명활산성비까지 하간

---

69) 손환일 편저, 앞의 책, 2011, 242쪽.

70) 국립가야문화재연구소, 『한국의 고대목간』, 2017, 509쪽.

71) 박남수, 「신라 법흥왕대 '급벌척(及伐尺)'과 성산산성 출토 목간의 '역법(役法)'」 『신라사학보』 40, 2017, 72쪽.

72) 전덕재, 「함안 성산산성 목간의 연구현황과 쟁점」 『신라문화』 31, 2008, 7쪽.

73) 노중국, 「금석문·목간 자료를 활용한 한국고대사 연구과제와 몇 가지 재해석」 『한국고대사연구』 57, 2010, 40쪽.

74) 김희만, 앞의 글, 1990, 28~29쪽 ; 전덕재, 「6세기 금석문을 통해 본 신라 관등제의 정비과정」 『목간과 문자』 5, 2010, 87쪽.

75) 김희만, 「함안 성산산성 출토 목간과 신라의 외위제」 『경주사학』 26, 2007, 28~31쪽.

지는 지속적으로 확인된다. 단양 적성비 이전에도 상간지가 존재했다면, 최소한 6세기 초중엽의 일정 기간 동안 상간지와 하간지는 공존했을 것이다. 하지만 양자가 출현하는 선후 관계에 대해서는 설명이 부족하다고 생각된다. 524년 당시 거벌모라에서 상간지와 하간지가 분화해 있었다면, 그 기준은 지역의 간지였을 가능성이 크다. 그런데 간지는 중고기에도 존재했고〈표 2〉, 〈표 1〉과 〈표 2〉만으로는 중성리비·냉수리비 단계의 자연촌 간지가 소멸했다는 근거를 찾을 수 없다. 이러한 상황에서 거벌모라의 간지를 기준으로 상간지와 하간지로 분화했다면, 자연촌 간지와의 사이에서 위계가 서로 불일치하는 문제가 발생할 수 있다.

그렇다면 기존 간지로부터 하간지가 발생한 배경에 대해서는 별도의 기준을 찾을 필요가 있다. 예를 들면 하간지가 인근 읍락이나 국읍의 간지와 비교해 차등의 의미로 수여되었을 가능성을 고려할 수도 있다. 거벌모라의 간지가 주(州)가 설치되었던 인근 실직(삼척)이나 하슬라(강릉)의 간지에 비해 위상이 더 낮게 설정되어 앞에 '하(下)'를 칭했다면, 그 자체는 납득이 가능하다. 하지만 자연촌 간지의 존재 가능성을 고려하면, 이 경우에도 비교 대상에 문제가 발생한다. 국읍의 간지가 자연촌의 간지보다 위상이 낮았을 가능성은 희박하기 때문이다.

다음으로 간층 내에서 간지를 기준으로 그 아래 위계라는 의미로 '하(下)'를 붙였을 가능성도 상정될 수 있다. 글자만으로 보면 6부 간지의 위상과 비교해도 별다른 문제가 생기지 않는다. 또한 마립간 아래에서 그를 보위하는 간군(干群) 경위(京位)가 분화한 방향과도 어긋나지 않는다. 명활산성비(551)의 오대곡(烏大谷)에서는 동원된 사람들을 통솔한 군중상인(郡中上人) 구지지(仇智支) 하간지(下干支) 외에도 일부 구간의 축성을 분담한 공인(工人) 추혜(抽兮) 하간지가 동시에 나타난다〈표 2〉. 오대곡에서 최고위자가 어떤 외위를 칭했는지는 알 수 없다. 그런데 동일한 지역에서 복수로 등장하는 점으로 보아 하간지는 일정 시점에서 해당 지역의 최고위자에 대한 보위자 역할을 했다고 볼 수 있다. 하지만 거벌모라의 하간지가 자연촌의 간지보다 더 낮은 위계였는가 하는 문제는 여전히 판단하기 어렵게 된다.

그런데 『일본서기』 흠명기 2년(541) 4월에는 임나(任那)를 재건하기 위한 모임에서 각 국의 한기(旱岐)와 함께 다라(多羅)의 하한기(下旱岐) 이타(夷他)와 안라(安羅)의 차한기(次旱岐) 이탄해(夷呑奚), 대불손(大不孫), 구취모리(久取柔利) 등 3인이 보인다. 여기서 하한기와 차한기는 한기의 보위자로 나타나는데, 이는 신라의 하간지(下干支)와 어의가 같고 사용된 시기도 서로 겹친다. 하지만 대가야연맹에 속해 있던 당시 가야 제국(諸國)의 위호와 신라의 외위는 탄생의 배경이 크게 다르다. 이것만으로 신라 하간지의 출현 배경을 단언할 순 없을 것이다.

여기서 또 한 가지 문제가 발생한다. 봉평비에서 하간지는 지역인들을 이끌고 입비에 협조하였다.[76] 이는 동해안 방면의 변경에 위치한 성에서 화재가 발생하고 대군을 일으킨 뒤 적지 않은 외위자들이 처벌받은 사건을 처리하기 위한 것이었다. 사건의 중대성에 비추어 볼 때, 하간지 위의 간지(干支)가 존재했다면 입비 과정에서도 모습을 드러냈어야 자연스럽다. 하지만 봉평비에서 거벌모라의 간지는 등장하지 않는다. 적지 않은 외위자가 장형(杖刑)을 받고 지역을 대표하는 인원이 입비 과정에 참여한 점으로 보면, 위 사건을 처리하는 과정에서 간층(干層) 내의 유력자 중 일부가 이미 적지 않게 타격을 받았을 가능성도 있다. 만일 간지에 준하는 인물이 제거되거나 희생당했다면, 입비 장면에서 모습을 드러내지 않았을 수도 있다.

하지만 520년 신라가 율령을 반포하면서 6부의 간지와 지역의 간지를 동등하게 취급했다고 보기는 어렵다. 이런 점에서 봉평비 건립에 협조하기 위해 지역인들을 이끌었던 하간지는 지역세력의 최고위자로 보아야 할 것

---

76) 봉평비의 X-41 글자를 원래 '子(자)' 또는 '丁(정)'으로 보면(남풍현, 「울진봉평신라비에 대한 어학적 고찰」 『한국고대사연구』 2, 1989, 52쪽), 바로 뒤의 '398'은 입비에 참여한 사람의 숫자로 파악될 여지도 있다. 여기서는 X-41을 '字(자)'로 파악했다.

이다. 그렇다면 봉평비의 하간지는 인근지역의 간지나 해당 지역 내의 간지보다 6부의 간지를 고려해 기존의 지역 간지가 하향 조정된 외위일 가능성이 더 크다. 간군 외위의 변화는 간지의 하향조정에서 시작된 것이다. 봉평비의 건립 시기로 보아 하간지가 출현한 시점은 율령이 반포된 법흥왕 7년(520)경으로 볼 수 있다.[77]

간지가 재출현한 뒤 명활산성비에 등장하는 2인의 하간지와 간지 사이의 관계는 정확히 알 수 없지만, 이 비문에서 하간지가 간지의 보위자 역할을 했다는 근거는 찾아지지 않는다. 그런데 당시에는 찬간지를 비롯해 상향분화한 간군 외위가 이미 출현해 있었다. 이 단계의 간지는 간층의 최고위자가 아니라 간군 외위의 하층을 구성했다. 반면 율령반포 전후의 외위에서 하간지가 최고의 외위로서 비간 외위를 거느리며 지역인들을 대표한 것은 여전히 자치적 위호의 성격을 완전히 탈각하지 않았던 상황을 반영한다. 율령반포를 전후한 외위의 정비는 지역세력에 대한 일원적 지배를 추구했지만, 간층의 자치적 기반을 일정 부분 인정했다고 볼 수 있다.

봉평비에서 하간지 아래에는 일벌 이하의 비간 외위가 확인된다. 이에 준하는 위호가 간지-일금지의 편성 과정에서 어떤 형태로 존재했는지는 사료상으로 확인되지 않는다. 그런데 신라는 고총고분 초기에 간지 이하의 자치적 위호를 선택적으로 승인한 바 있다. 간지-일금지가 외위로 편성되면, 기존 국읍 간층의 하부와 그 아래에 존재했던 자치적 위호들도 어떤 형태로든 공적 위호로 편성되었을 것이다. 이들은 간군·비간군 외위가 분화하는 과정에서 핵심적인 대상이 되었다. 다만 일벌에서 일금지에 이르는 비간 외위는 기존의 자치적 위호를 그대로 수용하지 않았고, 간군 경위의 호칭이 상당 부분 비간 외위에 적용되었다. 그 분화의 정도는 옛 국

---

77) 원 논문에서는 하간지가 지역 내 간지를 기준으로 그 보위자에서 차별적으로 수여된 외위일 가능성이 크다고 보았다. 이 책에서는 기존 견해를 수정했음을 밝힌다.

읍과 읍락, 그리고 지역에 따라 적지 않은 차이가 있었을 것이다.

이상과 같이 율령반포를 전후하여 지역세력의 간지는 하향 조정되는 방향으로 변화했다. 그 결과 하간지 외에 일벌~일금지의 비간 외위가 편성되었다. 이는 고총고분기 이래 존속해 왔던 자치적 위계를 부분적으로 활용해 일괄적으로 재편한 결과였다. 이를 통해 하간지와 비간군이 일원적 체계를 갖춤으로써 신라의 외위는 관위적 성격을 띠게 되었다. 이는 중고기 동안 간군 외위가 상향 분화하는 기반이 되었다.

5. 맺음말

본고는 율령반포 이전에 간지가 신라의 외위로 편성되는 과정을 파악하기 위해 작성되었다. 이제 그 결과를 정리하면 다음과 같다.

간지(干支)는 원래 소국이나 읍락 등 단위정치체의 대표를 가리키는 위호였다. 사로국에 복속한 이후 간지는 소국 내의 위계를 대체로 유지함으로써 자치적 위호의 성격을 띠었다. 간지의 자치적 위계는 그 보위자와 하위 간층, 그리고 비간층 실무자로 구성되었다. 전략적 요충지에 거점성주가 파견되면서 간층에 대한 통제가 강화되기 시작했다. 4세기 후반경부터 신라는 간지와 그 보위자의 자치적 위호를 선택적으로 승인하기 시작했다. 간층 내 가계집단의 대표자 중에서 특정 인물이 신라의 통치에 협조하는 대신 간지로 승인되었다. 간지는 자치적 위호에 기반을 두었지만, 신라의 통치에 협조하는 직임의 성격을 함께 띠게 되었다.

5세기 말부터 신라는 축성활동을 활발하게 벌이면서 간지와 그 보위자, 그리고 비간층 실무자의 체계적인 협조를 필요로 했다. 이에 다수 읍락, 벌(伐) 등의 간층 가운데 간지를 승인해 촌의 통치에 협조하도록 했다. 촌 간지는 도사(道使)의 지배에 협조하기 위해 승인된 위호의 등급을 지칭하게 되었다. 촌 간지의 보위자는 일금지(壹金知)로 승인받았다. 간지-일금지는 자치적 위호에서 유래했지만, 지역 간층을 효율적으로 관리하기 위한 신라의 공적 위호가 되었다. 또한 이는 경위와 구분하여 신라의 통치체계로서 편성된 위계였다는 점에서 외위의 시원적 형태를 이루었다.

520년 율령반포를 전후하여 간지(干支)가 하간지(下干支)로 하향 조정되었다. 하간지는 간층 내의 유력자 중에서 임명되었다. 상층 외위가 하간지로 편성된 것은 6부의 간지를 고려한 조치이지만, 간층의 자치적 기반이 일정 부분 인정되었음을 의미한다. 하간지 외에 일벌~일금지의 비간 외위가 편성됨으로써 외위는 관위(官位)의 성격을 띠게 되었다. 이는 중고기에 간군 외위가 상향 분화하는 기반이 되었다.

『신라사학보』 34, 2015

II
신라의 비간(非干)
외위 편성 과정과 일금지

1. 머리말

신라의 비간(非干) 외위는 간군(干群) 외위를 보조함으로써 지방통치를 뒷받침하였다. 간군 외위가 옛 소국 간층에 대한 통제와 이들의 협조를 이끌어내기 위한 장치였다면, 비간 외위는 지방통치의 하부구조를 원활히 운영하기 위한 수단이었다.

『삼국사기』 직관지에서 확인되는 비간 외위는 일벌(一伐)부터 아척(阿尺)까지인데, 이들은 대체로 기존 부족장의 보좌층을 계승하였다.[1] 그런데 비간 외위는 원래 간지(干支)가 부내부(部內部)의 장이나 주요 왕족들을 자기 휘하에 임명한 위호였다고 해석됨으로써[2] 6부 위호와의 관련성이 주목되었다. 반면 비간 외위가 일벌간(一伐干)부터 아척간(阿尺干)에 이르는 경위와

1) 권덕영, 「신라 외위제의 성립과 그 기능」『한국사연구』 50·51, 1985, 105쪽.
2) 노태돈, 「삼국의 정치구조와 사회·경제」『한국사』 2, 국사편찬위원회, 1977, 201
    ~211쪽.

어원을 공유한 점을 중시하는 쪽에서는 경위와의 관련성을 주목했다.[3] 그런데 2009년 발견된 포항중성리신라비(이하에서 '중성리비')에서 6부의 일벌(壹伐)이 확인되면서, 이것이 6부 내 지위를 표시하는 관등으로서 경위[4] 내지 경위의 전신이었다가[5] 비간 외위로 정착되었다고 제시되었다.[6] 그 결과 비간 외위는 6부 위호에서 기원하여 지역세력에게 수여되었다는 견해가 좀 더 설득력을 얻게 되었다.

그런데 일금지(壹金知)는 그 연원이 여타 비간 외위와 동일한지 분명히 밝혀지지 않았다. 다만 일금지는 울진봉평리신라비(이하에서 '봉평비')에서 처음 확인된 뒤 포항냉수리신라비(이하에서 '냉수리비')에서 1건이, 중성리비에서 2건이 확인됨으로써 재지 하급 지배층의 관등으로 추정되었다.[7] 하지만 그 성격과 계통을 둘러싸고서 견해차가 노정되었다. 이는 비간 외위의 편성과 변화를 이해하는 데 적지 않은 쟁점을 제공했다.

일금지가 원래 지역 간지에 의해 수여된 자치적 위호였다면,[8] 봉평비에

3) 무전행남(武田幸男), 「신라관위제의 성립에 관한 각서新羅官位制の成立にかんする覺書」『조선사회의 사적 전개와 동아시아朝鮮社會の史的展開と東アジア』, 산천출판사(山川出版社), 1997, 120쪽, 115~123쪽 ; 김희만, 「함안 성산산성 출토 목간과 신라의 외위제」『경주사학』 26, 2007, 31쪽.

4) 김창석, 「포항 중성리신라비에 관한 몇 가지 고찰」『한국사연구』 147, 2009, 395쪽.

5) 박남수, 「〈포항 중성리신라비〉에 나타난 신라 6부와 관등제」『사학연구』 100, 2010, 473쪽.

6) 왕경 비주류 부의 관등이었던 일벌(壹伐)(일벌一伐)이 튕겨져 나와 지방의 전직 수장인 간지군 아래 비간지군에 자리잡게 되었다는 견해도(이용현, 「중성리비의 기초적 검토-냉수리비·봉평비와의 비교적 시점-」『고고학지』 17, 2011, 437쪽) 결과적으로는 유사한 결론으로 볼 수 있다.

7) 선석열, 「포항 중성리신라비의 금석학적 위치」『발견기념 학술심포지엄 포항 중성리신라비』, 국립경주문화재연구소, 2009.9.3, 46쪽.

8) 전덕재, 「신라 율령 반포의 배경과 의의」『역사교육』 119, 2011, 70쪽.

서 일금지가 여타 비간 외위와 함께 등장하기 직전 즉 율령반포를 전후하여 외위로 편성되었을 가능성이 크다.[9] 이 경우 봉평비 단계의 비간 외위는 일벌(一伐), 일척(一尺), 파단(波旦) 같은 6부에서 유래한 위호와 지역 간지의 자치적 위호가 결합해 편성된 셈이다. 이 견해는 중성리비·냉수리비에서 지역 세력의 위호가 간지와 일금지만 확인되는 점을 설명하는 데에는 유리한 편이다. 하지만 이 단계의 자치적 위호에서 일금지가 어떤 위상을 차지했고 외위의 편성 과정에서 일벌~아척과 어떤 관계로 결합했는지에 대해서는 해명이 미흡하다고 생각된다.

반면 일금지가 원래 외위로서 수여되었다면,[10] 중성리비 이전부터 간지 아래에서 외위의 주요 부분을 구성했다고 볼 수 있다. 그런데 봉평비에서 일금지가 파단 아래에 등장하는 점을 고려하면, 일금지의 위상은 외위가 재정비되는 과정에서 적지 않게 변화했을 가능성이 있다. 하지만 일금지와 여타 비간 위호가 편성된 과정이나 이들 사이의 관계가 변화한 과정에 대해서는 해명이 이루어졌다고 보기 어렵다.

일금지가 외위의 전신으로서 수여되었다면,[11] 최초의 수여 단계에서 일금지가 자치적 위호였는지 아니면 6부의 위호에서 유래한 것인지에 대한 설명이 필요하다. 또한 이것이 외위로 변화하는 과정에 대해서도 설명이 필요할 것이다. 이와 관련하여 일금지가 자치적 위호에 바탕을 둔 외위의

---

9) 하일식, 『신라 집권 관료제 연구』, 혜안, 2006, 233쪽 ; 전덕재, 앞의 글, 2011, 72~73쪽.

10) 김희만, 「영일 냉수비와 신라의 관등제」『경주사학』 9, 1990, 27쪽 :「신라 금석문의 관등명 검토」『신라 금석문의 현황과 과제』, 경주시·신라문화선양회·동국대신라문화연구소, 2002, 78쪽 ; 이문기, 「포항중성리신라비의 발견과 그 의의」『한국고대사연구』 56, 2009, 49쪽 ; 강종훈, 「포항중성리신라비의 내용과 성격」『한국고대사연구』 56, 2009, 164쪽.

11) 박남수, 앞의 글, 2010, 473~476쪽.

시원적 형태라고 언급된 바 있다.[12] 이는 일금지의 외위 기능과 그 한계를 동시에 지적했다는 점에서 의미가 있으나, 일금지의 실체를 구체적으로 해명했다고 보기는 어렵다.

이처럼 일금지의 성격과 위상이 모호한 것은 근본적으로는 그 사례가 많지 않는 데 기인하지만, 그 연원이 충분히 검토되지 않았던 데에도 원인이 있다고 생각된다. 일금지에 대한 이해의 실마리를 마련하기 위해서는 무엇보다도 이것이 기존 어느 세력의 위호에서 유래했는지에 대한 검토가 필요할 것이다. 이를 위해서는 일금지의 어휘적 구성 요소에 대한 검토와 함께 계통적·기능적 연원에 대한 해명이 이루어져야 한다. 또한 일금지와 여타 비간 외위의 상호관계가 변화하는 과정에 대해 파악한다면, 일금지의 실체를 이해하는 데 도움이 될 것이다.

이와 관련하여 본고에서는 우선 일금지의 연원을 검토하여 율령반포 이전에 확인되는 일금지의 성격을 좀 더 구체적으로 파악하려 한다. 또한 기존의 자치적 위호와의 관계를 통해 비간 외위의 편성에서 일금지가 차지한 위상을 밝히려 한다. 나아가 일금지의 소멸이 외위 재편에서 가지는 의미를 파악할 것이다. 이를 통해 외위 편성 과정의 일단을 해명하는 것이 본고의 목적이다.

2. 일금지의 연원

본절에서는 일금지의 연원을 파악하여 상고 말기 일금지의 성격을 밝히기 위한 단서를 마련하고자 한다.

기존 연구에서 일금지의 연원은 위호의 계통을 중심으로 다루어졌다. 자치적 위호 기원설에서는 일금지의 연원에 대해 구체적으로 설명하지 않

---

12) 이부오, 「상고말 신라의 외위 편성과 간지」, 『신라사학보』 34, 2015, 202쪽.

있다. 중성리비와 냉수리비에 나타나는 간지가 자치적 위호에서 유래한 점을 중시하면, 그 보위자의 위호도 이와 동일하게 유래했을 가능성을 배제할 수 없다. 만일 일금지가 원래 자치적 위호였다면, 이를 처음 수여한 간지의 근거지에 연원을 두었을 것이다. 그런데 일금지는 포항중성리비와 냉수리비뿐 아니라 울진봉평비에서 모두 등장한다. 공간적 분포가 이처럼 광범위한 배경이 해당 지역의 자치적 위호의 공통성에서 기인하는지, 아니면 특정한 지역으로부터 여타 지역으로의 확산 과정을 반영하는지 해명이 필요할 것이다. 이를 판단하기 위해서는 일금지의 어의나 연원에 대한 설명이 선결되어야 한다.

이와 달리 일금지가 일길간지 즉 일길찬(7등)과 연결된다고 본 것은[13] 경위 기원설의 가능성을 제기한 셈이다. 그 근거는 명시되지 않았지만, 발음의 유사성에 주목한 결과로 짐작된다. 하지만 두 위호가 연원을 같이 하는 근거가 구체적으로 무엇인지는 제시되지 않았다. 만일 일금지가 일길간지에서 유래했다면,[14] 거의 모든 비간 외위가 경위와 동일한 계통에서 유래한 셈이다. 봉평비에서 확인되는 일벌(一伐)(8등)·일척(一尺)(9등)·파단(波旦, 피일彼日)(10등)이 각각 경위인 일벌간(1등)·일척간(2등)·판진간기(4등)와 동일한 계통에서 유래했기 때문이다. 하지만 그 배경과 일금지로의 적용 과정에 대한 설명은 구체적으로 이루어지지 않았다.

그러면 이제 일금지의 유래에 대한 두 가지 설의 타당성을 몇 가지 측면에서 검증해 보자.

첫째, 어휘적 측면에서 일금지와 일길간지를 비교해 보자.

---

13) 김희만, 앞의 글, 2007, 31쪽.
14) 사료상에 나타나는 인물의 행적을 중시해 일길찬이 군사 지휘자의 명칭에서 유래했다는 견해도 제시되었다(하일식, 앞의 책, 2006, 271~272쪽). 이를 일금지의 경위 기원설과 연결하면 일금지의 군사적 기능을 상정할 수도 있다. 그런데 신라의 군사활동과 관련된 인물 중에는 일길찬이 아닌 인물도 다수 등장한다.

일금지는 '첫째가는 크신 분'을 의미한다는 견해가 제시된 바 있다.[15] 이는 첫 글자인 일(壹)을 훈차로 받아들이는 관점에서 제출되었다.[16] 그런데 봉평비에서 일금지는 최하급 외위로 나타나므로, 일(一)이 '첫째'라는 의미로 사용되었는지는 의문이다. 경위인 일척간(一尺干)·일벌간(一伐干)·일길간지(一吉干支)와 외위인 일벌(一伐)·일척(一尺)에서 '일(一)'의 의미는 분명하지 않지만, 모든 '일(一)'이 첫째라는 의미로 사용되었다고 단정하기도 쉽지 않다. 다만 경위와 비간 외위에서 '일(一)'이 모두 상급 위계를 차지한 점에 주목할 수 있다.

일길간지에서 '간지'가 수장을 가리키는 존칭임은 널리 알려져 있다. 일길간지 즉 일길찬은 웃길찬 내지 상간지(上干支)라는 견해도 제시되었다.[17] '일'이 '상(上)'을 의미할 가능성을 배제할 수 없지만, 일금지는 간지의 보위자로 등장한다는 점에서 상간지와 같은 의미로 사용되었다고 볼 순 없다.

일금지는 중성리비에서는 壹金知(일금지)로, 냉수리비에서는 壹今智(일금지)로, 봉평비에서는 一金智(일금지)로 표기되었다. '일'은 중성리비와 냉수리비의 모든 인명에서도 壹(일)로 표기되었다. 봉평비에서는 인명·경위·외위에서 모두 一(일)로 표기되었다. 이로 보아 중성리비·냉수리비의 壹(일)과 봉평비의 一(일)은 의미의 차이를 반영하기보다 동일한 의미에 대한 표기의 변화를 보여줄 것이다.

중성리비·봉평비의 金(금)과 냉수리비의 今(금)은 이들 비문에서 인명이나 여타 위호와 비교자료가 없다. 다만 '일'의 사례로 보아 金(금)과 今(금)도 의미의 차이보다 동일한 의미의 다른 표기를 반영할 것이다.

---

15) 이용현, 앞의 글, 2011, 436쪽.

16) 이용현, 「신라 관등 형성 과정 −중고 초기 문자자료를 통해−」『제8회 한국목간학회 학술회의 신라의 관등제와 골품제』, 한국목간학회·국립중앙박물관연구기획부, 2015.10.30, 25쪽.

17) 양주동, 『고가연구』, 일조각, 1965, 427쪽.

중성리비의 '知(지)'는 냉수리비·봉평비에서 智(지)로 바뀌었는데, 인명은 세 비문에서 모두 智(지)로 표기되었다. 여타 중고기 금석문의 인명에서는 知(지)와 智(지)가 혼용되었다. 이로 보아 중성리비의 知(지)와 냉수리비·봉평비의 智(지)도 동일한 의미의 다른 표기일 것이다.

이처럼 壹金知(일금지)·壹今智(일금지)·一金智(일금지)는 동일한 위호에 대한 표기의 변화를 보여주고 있다. 바꿔 말하면 일금지는 표기의 변화와 관계없이 오랜 기간 동안 동일한 위호로서 존재한 것이다.

일금지에서 '지'가 존칭어미를 구성한 점은 쉽게 알 수 있다. 그런데 문제는 세 음절이 모두 독립적인 의미를 가지고 서로 결합된 것인가, 아니면 '금'이 앞의 '일'과 어울려 제3의 의미를 만들어 내거나 뒤의 '지'와 어울려 존칭어미를 구성했는가 하는 점이다. 중고기까지 '…금'이나 '…금지'로 구성된 여타 위호는 이사금, 매금 외에는 찾아지지 않는다. 때문에 이 문제는 각 음절의 쓰임을 통해 파악될 수밖에 없다.

우선 일간지(壹干支), 일벌(一伐), 일척(一尺)에서 '일'이 다음 음절 내지 어절과 어울려 별도의 위호를 구성한 점으로 보면, '일'은 그 자체로 독립적인 의미를 가졌다고 생각된다. 이와 관련하여 일(壹)이 '웃'을 가리킨다는 견해가 주목된다.[18] 이를 받아들이면 일금지에서 '일'은 앞의 사례처럼 '상급'에 준하는 의미로 사용되었다고 볼 수 있기 때문이다.

일금지와 일길간지에서 첫글자인 '일'과 존칭어미인 '지'는 동일하지만, 관건은 두 글자 사이의 연결과 의미가 동일한가 하는 점이다. 일단, 신라의 위호에서 '금'과 '길'이 통용된 사례는 발견되지 않는다. 만일 일금지의 '금'과 일길간지의 '길'이 모두 복합명사의 제1요소와 제2요소를 연결하는 사잇소리로 쓰였다면, 일금지와 일길간지가 동일한 위호에 대한 이표기일 가능성이 고려될 수 있다. 이들 위호 마지막의 '지'와 '간지'는 모두 존칭어

---

18) 양주동, 앞의 책, 1965, 427쪽.

미의 기능을 할 수 있다는 점에서 일치하기 때문이다.

그런데 일금지에서 '금'은 후치음독에 해당하고,[19] 신라어에서 사잇소리는 보통 '질(叱)' 등으로 표기되었다.[20] 「가락국기」에서 관명에 아질간(阿叱干)이 등장하는 것도 이와 무관하지 않을 것이다. 창녕비의 마질지(麻叱智) 술간(述干)처럼 인명에서는 '지' 앞에 사잇소리가 표기된 경우가 있다. 반면 남산신성비 1비의 군상촌주(郡上村主) 아량촌(阿良村) 금지(今知) 찬간(撰干)처럼 인명의 '지' 앞에서 '금'이 독립음절로 사용된 경우도 있다. 또한 신라의 위호 중에서 '금'이 사잇소리로 표기된 사례는 찾아지지 않는다. 봉평비의 실지도사(悉支道使) 오루차(烏婁次) 소사'제지'(小舍帝智), 절서인(節書人) 모진사리(牟珍斯利) 공길'지지'(公吉之智), 탁부(喙部) 술도(述刀) 소오'제지'(小烏帝智), 천전리 서석 을사명의 실득사지(悉得斯智) 대사'제지'(大舍帝智) 등처럼 존칭어미 '지' 앞에서는 사잇소리보다 독립음절로 끝나는 위호가 쓰였다. 이상을 고려하면 일금지에서 '금'은 그 앞뒤 글자와 마찬가지로 독립음절로 사용되었다고 볼 수 있다.

'길(吉)'은 중고기 금석문에서는 경위인 일'길'간지(一吉干支)와 공'길'지지(公吉之智)에 사용되었다. 두 위호의 앞의 글자인 '일'과 '공'은 모두 종성인 받침을 가지고 있으므로 역시 사잇소리를 필요로 하지 않는다. 이에 '길'은 사잇소리로 사용되지 않았고, '일금'과 '일길'에서 발음상의 유사성을 발견할 수도 없다. 이상은 일금지와 일길간지가 음절의 조합에서 동일하지 않았을 가능성을 시사한다.

그런데 냉수리비에 등장하는 일간지(壹干支)는 일금지와 첫 글자 및 마지막 글자의 발음이 동일하다.[21] 일간지가 거벌간지(9등) 앞에 온 점을 중시

19) 송기중, 『고대국어 어휘 표기 한자의 자별 용례 연구』, 서울대학교 출판부, 2004, 76쪽.
20) 양주동, 앞의 책, 1965, 427쪽.
21) 이와 관련하여 '일(壹)'이라는 한자의 뜻을 중시하는 쪽에서는 원래 의미가 1인의

하는 쪽에서는 일간지를 일길간지로 보았다.[22) 여기서 『양서』 신라전에서 알한지(謁旱支. 아찬)에 이어 등장하는 일고지(壹告支)가 주목된다. 여타 경위는 자분한지(子賁旱支. 이벌찬), 제한지(齊旱支. 잡찬), 알한지(謁旱支. 아찬)라 하여 모두 '한지'로 끝나는데, 일고지(壹告支)만 '고지'로 끝나 발음상 큰 차이를 보이고 있다. '고지'에 대해서는 '길지(吉支)'의 오기라는 견해가 있는데,[23) 여타 경위의 표기로 보면 '한지(旱支)'의 오기일 가능성도 있다. 한지(旱支)는 한기(旱岐)로도 쓰였고 간지와 같은 의미로 볼 수 있다. 이에 일고지(壹告支)는 일간지와 같은 위호를 가리킬 것이다. 이를 고려하면 냉수리비의 일간지는 일길간지에 가깝다고 여겨진다. 또한 일금지의 '금지'가 '간지'와 같은 의미라면 일금지와 일간지 즉, 일길간지는 어휘적으로 상당한 유사성을 갖출 수도 있다. 이를 중시하면, 일길간지 내지 일간지의 원형에 해당하는 위호가 일금지라는 외위로 수여되었을 가능성을 상정할 수도 있다.

이 경우, 6부에서 '일길'에 준했던 위호가 외위에 적용되기까지의 과정이 설명되어야 할 것이다. 이를 통해 '금지'와 '간지'가 동일한 의미로 사용되었음이 확인되어야 한다. 하지만 6부에서 이와 관련된 위호를 전하지 않는 상황에서는 일길간지와 일금지의 상관성을 명확하게 판단하기가 어렵다.

그런데 냉수리비에서 일간지(壹干支)는 진이마촌의 수지(須支) 일금지(壹今智)와 별도로 기재되었다. 적어도 냉수리비에서 일간지와 일금지는 각각 경위와 지역세력 위호로 별개로 사용된 것이다. 또한 경위에서 '일'은 일벌간, 일척간, 일길간지에 모두 포함되었으므로, '일'의 존재만으로 특정한 경

수장 또는 제1의 수장, 즉 일척(壹尺)·일척(一尺)이라 하여(무전행남武田幸男, 앞의 글, 1997, 115쪽) 일간지를 사실상 일척간(一尺干, 이찬)으로 보았다. 이를 받아들이고 일간지와 일금지의 유사성을 중시하면, 일금지가 일척간에서 유래했을 가능성도 상정될 수 있다. 하지만 일척간은 외위 일척(一尺)과 동일하게 유래했으므로 일금지와는 무관하다.

22) 박남수, 앞의 글, 2010, 〈표 2〉.
23) 국사편찬위원회, 『중국정사 조선전 역주』 1, 1987, 502쪽.

위를 지칭하기는 곤란할 것이다. 그렇다면 어휘상으로 일간지 즉 일길간 지와 일금지는 동일한 계통이 아니었을 가능성이 시사된다.

여기서 매금과 이사금의 사례가 주목된다. '금'이 왕호의 일부를 구성한 점으로 보면 일금지의 '금'도 지배자에 대한 존칭과 무관하지 않았을 것이 다. 매금은 중원고구려비에서 마립간을 가리켰고, 봉평비에서는 '모즉지매 금왕'이라 하여 왕을 수식하는 용어로 사용되었다. 봉평비의 매금왕(寐錦 王)과 일금지(一今智)에서 '금'은 각각 錦(금)과 今(금)으로 달리 표기되었다. 인명과 위호로 사용된 '일'이나 '지'가 한 비문 내에서 동일한 글자로 표기 된 경향을 고려하면, 錦(금)과 今(금)의 실제 의미는 서로 동일하지 않았을 것이다. 그렇지만 '일'이 별도의 어의를 구성하고 '지'가 존칭어미인 점으로 보아 '금'은 단순한 존칭어미의 일부를 구성하거나 사잇소리로 사용되었다 기보다 그 자체로 지배자의 존칭을 나타내는 음절로 사용되었다고 생각된 다. 즉 '금지'는 지배자의 존칭을 나타내는 '금'에 존칭형 어미인 '지'가 붙은 것으로 보아도 큰 무리는 없을 것이다.

둘째, 여타 비간 위호와의 관계 차원에서 살펴보자. 『삼국사기』 직관지 에 정리된 일벌(一伐)(8)·피일(彼日)(10)·아척(阿尺)(11)은[24] 각각 경위인 일 벌간(一伐干)(1)·판진간기((波珍干岐)(4)·아척간(阿尺干)(6)과 동일한 어원에서 유래했다. 만일 일금지(壹金知)가 일길간지(7)에서 유래했다면, 비간 외위는 모두 일벌간~일길간지와 동일한 계통에서 유래한 셈이다. 이 경우에는 비 간 외위 중 일금지만 별도로 편성되기보다 일벌~일금지가 일시에 편성되 었을 가능성이 크다. 경위 계통의 외위 중 유독 일금지만 먼저 수여하고 이보다 상급인 여타 자치적 위호에 대해서는 그대로 존치했다면, 이는 지 역세력을 지배체제 내로 편입시키려는 신라의 입장에서는 어색한 일이기 때문이다.

그런데 봉평비에서 비간 외위 중 '금지'를 붙인 것은 일금지뿐이고, 일

---

24) 『삼국사기』 권40 직관 하 외관조의 외위에서 피일(彼日)(10)은 누락되었다.

벌·일척·파단에는 이러한 존칭어미를 붙이지 않았다. 일금지는 비간 외위 중 최하급이면서도 율령반포 이후까지 별도의 존칭어미를 유지했다. 이는 '일벌~아척'이 경위와 같은 계통이면서 '지'라는 존칭어미를 붙이지 않은 점과 비교된다. 일벌~일금지가 모두 경위와 같은 계통에서 유래했다면, 최하위인 일금지에 대해서만 존칭어미를 붙이고 상급 비간 외위에 대해서는 붙이지 않은 점을 이해하기 어렵다. 이는 일금지가 여타 비간 외위와 다른 맥락에서 칭해졌을 개연성을 보여준다.

셋째, 간지와의 관계 차원에서 살펴보자. 일길간지는 간지와의 관계를 보여주는 직접적인 자료가 전하지 않는다. 하지만 일길간지도 6부 간지나 마립간과의 일정한 관계에서 유래한 점을 부정할 수 없다. 일금지는 중성리비·냉수리비에서는 간지의 최고 보위자로 나타난다. 일금지는 자치적 위호설처럼 촌 간지에 의해 수여되었을 가능성뿐 아니라, 6부 간지의 자치적 위호였다가 외위로 수여되었을 가능성을 모두 고려할 수도 있다. 그런데 중성리비에서 부(部) 간지의 최고 보위자는 일벌(壹伐)로 나타나고, 촌 간지의 최고 보위자는 일금지로 확인된다. 촌 간지의 최고 보위자인 일금지는 6부 간지의 최고 보위자와 별도의 존재로 확인되는 것이다.

일금지가 보위한 촌주는 신라에 의해 수여된 직명이지만, 간지는 기존의 자치적 위호가 승인된 것이다. 이와 관련된 촌주는 냉수리비 진이마촌에서만 확인되고, 간지는 중성리비와 냉수리비의 모든 일금지 앞에 등장한다〈표 1〉. 이로 보아 일금지의 출현에는 촌주의 등장보다 간지와의 관계가 보다 중요한 역할을 했을 것이다. 간지와 일금지 사이의 관계가 밀접한 것은 일금지가 간지와의 관계 속에서 출현하여 신라에 의해 승인되었을 가능성을 시사한다.[25]

넷째, 무위호와의 관계 차원에서 살펴보자. 냉수리비에서 탁부의 이부지 일간지 즉 일길간지는 거벌간지 앞에 기재되어 적어도 탁부 내에서는

---

25) 이부오, 앞의 글, 2015, 201쪽.

경위의 순서를 따르고 있다. 그는 공론교(共論敎)의 참여자로서 무위호자에 비해 월등히 우월한 지위를 보여준다. 일금지는 중성리비와 냉수리비에서는 간지의 뒤에 기재되어 촌내의 위계를 따르고 있다. 봉평비에서 사리 일금지가 파단 다음에 기재된 것도 거벌모라 내의 위계를 따른 것이다.

그런데 중성리비에서 소두고리촌·나음지촌의 간지와 일금지는 간거벌의 무위호 뒤와 진벌의 무위호 앞에 기재되어 촌(村)·벌(伐) 사이에 위계의 순서가 무시되었다. 벌에서 위호자가 보이지 않는 점으로 볼 때, 벌에는 위호자가 존재하지 않았거나 촌의 위호자보다 낮았을 것이다. 하지만 이러한 위계 차이가 무시된 것은 촌과 벌이 종속관계가 아니라 수평관계에 가까웠을 가능성을 보여준다. 촌내에서만 위호의 서열을 중시하고 촌·벌 사이에서 서열을 무시한 것은 촌·벌의 기재 순서가 촌의 편성 여부보다 분쟁처리를 둘러싼 진술의 비중이나 일정한 지리적 기준을 중시한 결과일 것이다. 이는 중성리비가 지역인의 입장보다 신라 국가의 시각에서 건립되었음을 보여준다. 또한 간지와 일금지가 지역 간 서열에서 상대적으로 소홀하게 처리된 점으로 보아 일금지는 간지와 함께 지역에서 유래했을 가능성에 무게를 실어줄 수 있다.

이상과 같이 일금지의 연원은 일길간지 유래설에 유리한 요소와 자치적 위호 유래설에 유리한 요소를 모두 가지고 있다. 하지만 어휘를 통한 비교, 간지나 여타 외위와의 관계, 무위호와의 관계 등을 종합하면, 일금지는 경위에서 유래하기보다 지역세력의 위호에서 유래했을 가능성이 더 크다고 판단된다. 금석문에서 일금지가 지역세력의 위호로만 나타나는 것도 이와 무관하지 않을 것이다.

그런데 앞서 언급한 것처럼 포항중성리비·냉수리비와 울진봉평비에서 일금지의 위상은 서로 다르게 나타난다. 이 중에서 중성리비의 소두고리촌과 나음지촌은 나소독지(奈蘇毒只) 도사(道使)의 통제를 받았다. 포항시 흥해 분지 주변에는 복수의 촌과 벌(伐)이 공존하였다. 냉수리비의 진이마촌은 안강 북쪽의 곡간(谷間) 소분지에 자리잡고서 탐수(耽須) 도사(道使)의 통제를 받았다. 이러한 촌은 복수의 자연부락을 포괄하는 공식적 지배단위로 편성되었지만 지방관이 파견되지 않았고, 도사가 파견된 치소의 아래로 편제되었다. 이러한 촌은 자연부락을 통제하는 단위로서 중심지 역할을 했지만 지방관이 파견되지 않았다는 점에서 일종의 자연촌으로[26] 볼 수 있다.

반면 봉평비의 거벌모라는 도사의 치소가 설치된 곳으로서 주변의 아대혜촌·갈시조촌·남미지촌을 통제하는 역할을 하였다. 모라(牟羅)는 『양서』신라전에서 왕경을 가리킨 건모라(健牟羅)에서도 등장한다. 건모라는 중국의 군현에 준한다고 했는데, '큰마을'[27] 내지 성에 준하는 큰 취락을 의미한다.[28] 『일본서기』 계체 24년 9월에서는 구례모라(久禮牟羅), 등리지모라(騰利枳牟羅), 포나모라(布那牟羅), 모자지모라(牟雌枳牟羅) 등이 성 단위로 언급되었다. 그렇다면 거벌모라는 자연촌이기보다 자연촌들을 포괄하는 도사의 치소인 성이나 행정촌 단위였다고 볼 수 있다.[29]

이상에서 일금지의 연원과 관계가 더 깊은 쪽은 시기로 보아 일금지가 자연촌 간지의 최고 보위자로 기재된 중성리비·냉수리비 단계일 것이다.

---

26) 지방관이 파견되지 않은 촌은 자연촌으로 파악된 바 있다(주보돈, 「신라의 촌락 구조와 그 변화」『국사관논총』 35, 1992, 69쪽). 이러한 촌은 자치촌의 성격이 상대적으로 강하다고 볼 수 있다. 하지만 도사의 치소 주변 촌에서도 지역 세력이 부분적으로 자치권을 행사했을 가능성을 배제할 수 없다. 이에 복수의 자연부락을 관리하는 중심 읍락이면서 지방관이 파견되지 않은 촌에 대해서는 자치촌보다 자연촌이라 부르는 편이 더 합리적일 것이다.

27) 양주동, 앞의 책, 1965, 485쪽.

28) 남풍현, 『고대한국어연구』, 시간의물레, 2009, 219쪽.

29) 이는 적성비에서 당주(幢主)가 주재한 추문촌, 남산신성비 제1비에서 군상촌주(郡上村主)가 근거했던 아량촌, 제2비에서 도사가 파견된 아차혜촌, 제9비에서 이동성(伊同城)이 설치된 이동촌(伊同村)과 비교될 수 있다. 도사는 제2비의 구리성(仇利城)에도 파견되었으니, 다수의 자연촌을 포괄하는 촌과 성은 위계상 서로 유사하다고 볼 수 있다. 여러 자연촌 중에서 지방관이 파견된 중심촌은 행정성촌으로 이해되고 있다(주보돈, 앞의 글, 1992, 69쪽).

중성리비와 냉수리비의 일금지가 포항 지역의 특수한 위호였는지, 아니면 진한 지역의 공통적인 위호였는지는 알 수 없다. 다만 현재까지의 자료로 보는 한, 일금지는 포항 지역을 포함한 신라의 내지에 존재했던 자치적 위호에서 유래했다고 볼 수 있다.

이처럼 일금지가 냉수리비·중성리비 단계와 봉평비 단계에서 서로 다른 역할을 보이는 것은 간지와의 고유한 관계에서 출발한 일금지가 신라 차원의 위계로 편성되어 가는 과정을 반영할 것이다. 그 구체적인 과정에 대해서는 별도의 검토가 필요하다.

3. 비간 외위 편성과 일금지의 위상

일금지가 지역세력의 자치적 위호에 연원을 두었다면, 이것이 어떤 과정을 통해서 외위로 편성되었는지 주목된다. 본장에서는 이를 비간 외위의 편성과 연계하여 살펴보려 한다.

일금지는 중성리비(501)에서 처음 확인되므로 최소한 5세기 말부터는 존재했다고 보아도 좋을 것이다. 그런데 일금지가 자치적 위호에 연원을 두었다면, 기존의 자치적 위호가 어떠했는지에 대한 이해가 선결되어야 한다.

일금지와 연계된 자치적 위호는 기록으로 전하지 않는다. 이에 간접적인 자료를 통해 유추할 수밖에 없다. 우선 파사이사금 23년경 부주(部主) 아래에 존재했다고 전하는 이찬(伊湌)과 위비자(位卑者)가 주목된다.[30] 이찬 즉 일척간(一尺干)은 당시 6부의 위호로 사용되었으므로, 실제로는 일척에 준하는 위호였을 것이다. 위비자는 피일(彼日), 아척(阿尺) 등의 하급 위호를 가리킬 것이다. 여타 진한 소국의 주수(主帥) 아래에도 이러한 위계에 준하는 위호가 존재했을 개연성이 있다. 예를 들면 골벌국왕이 사로국에 항복

---

30) 『삼국사기』 권1 신라본기 파사이사금 23년.

해 왔을 때 동행했던 그 휘하의 '무리'에[31] 이러한 위호자들이 포함되었을 가능성이 있다. 사로국에 복속한 이후에도 자신의 근거지에 남았던 주수는 기존 보위자들의 위호를 유지했을 것이다.

「가락국기」에서는 추장(酋長) 명칭으로서 아도간(我刀干), 여도간(汝刀干), 피도간(彼刀干), 오도간(五刀干), 유수간(留水干), 유천간(留天干), 신천간(神天干), 오천간(五天干), 신귀간(神鬼干) 등 9간이 등장하고 있다. 이는 읍락의 수장인 간지(干支)에 후대의 호칭을 붙인 것으로 생각된다. 여기서 간을 수식한 어휘의 의미를 확인할 순 없지만, 변한 지역의 가락국 거수 아래에 자치적 위호가 존재했음을 짐작할 수 있다. 『일본서기』 흠명기 2년(541) 4월의 임나(任那) 재건 모임에서 확인되는 다라(多羅)의 하한기(下旱岐) 이타(夷他), 아라(安羅)의 차한기(次旱岐) 이탄해(夷呑奚), 대불손(大不孫), 구취모리(久取柔利), 가라(加羅)의 상수위(上首位) 고전해(古殿奚)도 가야 각 국에서 다수의 위호가 유지되었음을 보여준다.

신라 영역 내에서도 간지와 일금지 외에 이름을 전하지 않는 자치적 위호가 원래 적지 않게 존재했을 것이다. 각 지역의 고총고분에는 간층의 위상을 반영하는 금동 위세품이 묘곽별로 차등을 이루는 경우가 많다. 이 중에서 금동관이나 관모처럼 최상위 위세품을 부장한 묘곽의 주피장자는 세력기반을 연이어 유지하는 경향을 보인다. 이러한 가계집단의 유력자는 간지에 준하는 위호를 칭했을 것이다. 반면 마구, 철검, 이식 등만을 부장한 묘곽의 주피장자는 위호를 칭하더라도 낮은 위계를 이루었을 것이다. 이들의 자치적 위호는 구체적으로 전하지 않지만, 적어도 기존의 다양한 자치적 위호는 외위를 편성하는 바탕이 되었다고 생각된다.

그 중에서 일금지는 자연촌에서 간지의 최고 보위자였고, 위호가 없는 최고 보위자도 확인된다. 이로 보아 자연촌에서는 위호가 상대적으로 단순하게 편성되었다고 생각된다. 행정촌 단위의 자치적 위호는 중성리비·

---

31) 『삼국사기』 권2 신라본기 조분이사금 7년.

냉수리비에서 전하지 않지만, 자연촌보다 다양하게 존재했을 것이다. 일금지가 국읍 단위에서도 원래 존재했는지의 여부는 확인할 수 없지만, 국읍과 읍락 단위에서 다양하게 존재했던 자치적 위호 중의 하나였다고 볼 수 있다.

중성리비·냉수리비 이후 단계에 대한 논의의 편의를 위해 6세기 초에 등장하는 신라 지역세력의 위호와 역할을 정리하면 〈표 1〉과 같다.

〈표 1〉 6세기 초 신라 지역세력의 위호

시기	지역	역할	위호							무위호자
			간지(7)	하간지	일벌(8)	일척(9)	파단(10)	일금지	거○척	
중성리비(501)	간거벌	운(云)								일사리
	소두고리촌	운(云)	구추열지					비죽휴		
	나음지촌	운(云)	복악					주근		
	진벌	운(云)								일盂
냉수리비(503)	진이마촌	촌주	유지							
		보위						수지		
봉평비(524)	거벌모라	입비협조		이지파		신일지				
		처벌대상			니모리(장60)		미의지(장60)	사리(장60)		
	아대혜촌	촌사인								나이리(장60)
	갈시조촌	촌사인							나이리(장100)	
	남미지촌	촌사인								(익)(사)·어즉근리(장100)

중성리비·냉수리비에 기재된 일금지는 간지와 함께 자치적 위호에서 유래했고, 간지의 최고 보위자 역할을 했다. 이는 두 비문 건립 당시에도 자치적 위호의 성격이 남아 있었을 가능성을 보여준다. 하지만 당시 간지-일금지는 신라 국가가 편성한 촌(村)을 단위로 공인된 위호였다. 촌과 공존

한 벌(伐)에서도 원래 자치적 위호가 존재했을 가능성을 배제할 수 없지만, 신라의 공인 대상에는 포함되지 않았다. 읍락들 중에서 촌에 한해 간지-일금지가 배타적으로 승인된 것이다. 이러한 위계가 다수의 촌에서 동일하게 편성된 점으로 보아 일금지는 간지와 함께 신라에 의해 승인된 공적 위호였다고 볼 수 있다.

중성리비에서 일금지는 나소독지 도사의 영(令)에 따라 촌 간지를 보위하여 분쟁처리와 관련된 촌내의 상황에 대해 진술하였다. 냉수리비에서는 진이마촌의 재(財)를 둘러싼 분쟁처리와 관련하여 전사인(典事人)인 탐수도사에 협조했고, 그 과정에서 진이마촌의 촌주인 간지를 보위하였다. 이처럼 일금지는 지방통치와 관련된 지휘 계통에 종속되었고, 이를 위한 역할을 수행하였다. 이상의 역할이 다수 촌락에서 공통적으로 나타나는 것은 간지-일금지가 자치적 위호에 대한 승인을 넘어 촌에 대한 제일적(齊一的) 통치를 위해 차등적으로 공인된 위호였음을 보여준다. 이는 자치적 위호보다 외위(外位)에 가까운 것이다. 그렇다면 중성리비 이전의 일정한 시점부터 일금지는 외위의 역할을 한 것이다.

그 시점을 확인할 수 있는 자료는 발견되지 않는다. 다만 그 전제조건으로서 촌 편성과 지방관 파견을 들 수 있다. 중앙정부에 의해 주도되는 통치구역이 편성되지 않거나 지역세력에 의한 자치적 지배가 유지되는 상황에서는 지역세력에 대한 제일적 지배는 실현 불가능할 것이기 때문이다. 신라의 촌 편성 시기에 대해서는 견해가 다양한데, 필자는 이를 5세기 중엽~말로 추정하고 있다.[32] 또한 5세기 중엽 이후에는 기존의 거점성주 외에 도사(道使)가 파견되었다고 생각된다.[33] 도사 파견과 촌 편성은 5세기 말경 변경지역에서 집중적으로 이루어진 축성활동의 바탕이 되었을 것

---

32) 이부오, 「탑리·대리리 고분군과 소문국의 친족집단」, 『조문국의 지배세력과 친족집단』, 의성조문국박물관·한국고대사탐구학회, 2014, 136쪽.

33) 이부오, 『신라 군·성(촌)제의 기원과 소국집단』, 서경, 2003, 193쪽.

이다. 대규모 축성활동을 위해서는 지역세력을 체계적으로 편성할 필요가 있었다. 이런 점에서 일금지가 간지와 함께 외위로 편성된 시점은 대체로 5세기 말경으로 추정된다.[34]

그런데 중성리비에 보이는 벌(伐)에서 진술에 참여한 인물은 무위호이다. 반면 중성리비의 나소독지나 냉수리비의 탐수 지역처럼 도사가 파견된 행정촌에서는 보다 다양한 자치적 위호가 외위의 역할을 했을 것이다. 이러한 위호의 종류나 위계는 지역의 크기나 전략적 비중에 따라 다양했을 것이다.

신라에서는 지방통치와 관련하여 중대 사안이 생기면 이를 교령(教令)의 형태로 발표했다. 냉수리비에 따르면 사부지왕(斯夫智王)과 내지왕(乃智王)은 각각 진이마촌의 재(財)와 관련된 교를 발표했고, 지도로갈문왕(至都盧葛文王)은 아간지 이하의 경위자와 함께 논의하여 교를 내렸다(共論教). 중성리비에서는 소두고리촌·나음지촌 일대의 권리와 관련하여 동(同) 갈문왕이 아간지와 함께 교를 내렸고, 그 처리를 위해 도사가 영(令)을 내렸다. 외위에 대한 승인은 위 사안 이상의 비중을 가졌다고 생각된다. 그렇다면 간지와 일금지를 외위로 승인하는 절차도 교령의 형태로 이루어졌을 것이다. 이는 기존의 자치적 위호를 신라의 공적 위계질서로 편입하는 조치였다고 볼 수 있다.

봉평비 단계의 거벌모라에서는 앞서 언급한 것처럼 '일벌~피일'이 확인된다. 하간지 아래에서 6부 계통의 위호가 비간 외위의 상층을 구성한 것이다. 맨아래에는 자치적 위호 계통의 일금지가 설치되어 보조적 역할을 수행했다. 이는 기존의 자치적 위호 중 대부분이 율령반포를 전후하여 6부 계통의 위호로 대치된 결과였다.

지역단위별 위호의 차이는 6부에서 간지-일벌이 승인되어 있던 중성리비 단계의 경주 인근에서도 존재했을 것이다. 자연촌 단위에서 자치적 위

---

34) 이부오, 앞의 글, 2015, 203~205쪽.

호였던 일금지가 신라에 의해 공인받을 때, 행정촌 단위에서는 여타 보위자의 적어도 일부가 별도의 자치적 위호를 공인받았을 가능성이 있다. 지역세력의 자치적 위호에 대한 공인은 내지 지역에서 시작되었고, 이것이 변경 지역으로 확산되던 일정한 단계에서는 6부에서 유래한 위호를 중심으로 외위가 재정비된 것이다.

이처럼 6부에서 유래한 위호를 중심으로 외위가 재편되는 과정에서 지역세력은 대체로 통일적 위계로 편입되었다. 그 중에서 일벌~피일은 기존의 자치적 위호를 6부에서 유래한 위호로 대치함으로써 신라 국가의 권위를 부여하고 지역세력의 협조를 이끌어내기 위해 설치되었다고 볼 수 있다. 반면 최하급인 일금지는 지역세력의 자치적 위호가 그대로 외위의 한 위계로서 존속했다.

일금지의 존치는 자연촌의 자치적 위호를 특별히 우대한 조치라고 보기 어렵다. 율령반포를 전후하여 행정촌 단위에서 외위의 재편은 간지의 하향 조정과 그 아래 비간 외위의 재편에 커다란 비중을 두었기 때문이다. 그럼에도 불구하고 일금지를 비간 외위로 존속시킨 이유는 이것이 외위에서 차지하는 비중이 상대적으로 낮고 보조적 역할을 수행한 데 있었을 것이다. 즉, 신라는 비간 외위의 상층에 대해서는 6부에서 유래한 위호를 일괄적으로 수여하여 일원적 재편을 추진하되, 자연촌 간지의 보위자급에 대해서는 기존의 자치적 위호를 최하급 외위로 존속시킨 것이다. 이러한 재편이 이루어진 시기는 봉평비가 건립된 시기로 보아 율령반포(520) 전후로 추정된다.

그런데 봉평비의 자연촌에서는 중성리비·냉수리비에서 등장했던 간지-일금지가 보이지 않는 대신 촌사인(村使人)이 등장하고 있다. 촌사인은 간지의 자치적 위호가 아니라 촌 내의 사안과 관련하여 도사의 통치에 협조하는 직임을 가리킬 것이다. 이들 중 아대혜촌의 나이리와 남미지촌의 어즉근리는 무(無)외위자로서 촌사인의 역할을 수행했다. 당시의 사건과 관련하여 나이리는 장 60, 어즉근리는 장 100의 처벌을 받았다. 무외위자도 자연촌의 통치에서 일정한 공적 역할을 수행했고, 이들 사이에서도 책임의 수준이 다를 수 있었음을 알 수 있다.

장 100의 처벌을 받은 갈시조촌의 촌사인 나이리(奈尒利)는 이들과 달리 '거○척(居○尺)'의 위호를 사용했다.[35] 이 위호는 당시 자연촌에서 일금지가 차지했던 상대적 위상과 밀접히 관련되어 있다. '○尺(척)'은 비문의 Ⅷ-17·18에 해당하는데, Ⅷ-17은 손상을 입은 데다 Ⅰ-15로부터 좌측으로 연속된 균열선에 걸쳐 있어 미상[36] 또는 글자가 없다고 추정되거나[37] '一尺(일척)' 또는 '阿尺(아척)',[38] 伐尺(벌척)[39] 등으로 다양하게 추정되었다. 일단 Ⅴ-17(乏오), Ⅵ-17(沙사)에[40] 각각 글자가 새겨진 점으로 볼 때, 같은 균열선으로 연결된 Ⅷ-17에서 현재와 동일한 폭의 균열은 비문이 완성된 뒤의 어느 시점에 형성되었을 것이다.[41] 또한 Ⅷ-18의 '尺(척)'을 고

35) 필자는 기존에 나이리거를 인명으로, ○尺(척)을 위호로 보았는데, 이를 居○尺(거○척)으로 수정했다(「6세기초 신라의 비간외위 운영과 급벌척」『한국고대사탐구』26, 2017, 18쪽).

36) 한국고대사회연구소 편, 『역주 한국고대금석문』Ⅱ, 가락국사적개발연구원, 1992, 15쪽.

37) Ⅷ-16~18을 '居尺(거척)'으로 읽은 것은(이용현, 앞의 글, 2015.10.30, 17쪽) Ⅷ-17에 글자가 없다고 본 셈이다.

38) 전덕재, 앞의 글, 2011, 71쪽.

39) 이는 강종훈에 의해 가능성이 제기된(「울진봉평신라비의 재검토」『동방학지』148, 2009, 15쪽) 뒤 윤선태에 의해 적극적으로 강조되었다. 이에 Ⅷ-16~18은 거벌척(居伐尺)이라는 외위로 파악되었다(「신라 외위제의 성립과 변천 -신출자료를 중심으로-」『제8회 한국목간학회 학술회의 신라의 관등제와 골품제』, 한국목간학회·국립중앙박물관연구기획부, 2015.10.30, 41쪽). Ⅷ-17을 벌(伐)로 보는 근거는 명시되지 않았지만, 탁본의 필획을 중시한 듯하다. 하지만 뒤에서 언급하듯이, Ⅷ-17에 대한 판독은 신중을 기해야 할 것이다.

40) 사진상의 Ⅴ-16과 Ⅵ-16은 실제 글자번호가 각각 Ⅴ-17과 Ⅵ-17이다. 나머지 행은 사진과 실제 글자 번호가 일치한다.

41) 다만 해당 부분에 원래 미세한 균열이 존재했다가 비문이 완성된 뒤에 균열이 커

려하면 비의 건립 당시에도 Ⅷ-17의 ○에 글자가 존재했을 것이다〈그림 1~2〉.

Ⅷ	Ⅶ	Ⅵ	Ⅴ	Ⅳ	Ⅲ	
						15
						(16)
						(17)
						18

〈그림 1〉 봉평비의 '□尺(척)' 주변 사진

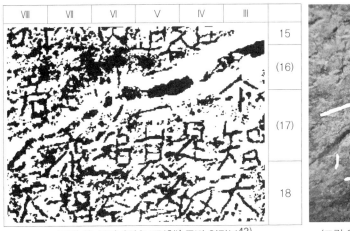

Ⅷ	Ⅶ	Ⅵ	Ⅴ	Ⅳ	Ⅲ	
						15
						(16)
						(17)
						18

〈그림 2〉 봉평비의 '□尺(척)' 주변 역탁본[42]

〈그림 3〉 봉평비
Ⅷ-17의
필획 흔적[43]

졌을 가능성은 있다고 한다(울진봉평신라비전시관 심현용 선생님 설명).

그런데 Ⅷ-17에 대한 세밀한 관찰 결과에 의하면, '疋'와 같은 필획의 흔적이 확인되었다고 한다〈그림 3〉. 이 필획은 Ⅷ-16의 居(거)보다 길쭉한 편이지만, Ⅶ-17·18 '帝智(제지)'의 글자 공간과 비교하면 한 글자일 것이다. 또한 疋는 봉평비에서 '阿(아)'를 표기한 鐖(Ⅱ-19), 鑢(Ⅱ-25), 鑢(Ⅶ-40)와는 거리가 있다. 봉평비에서 사용된 다수의 '一'(Ⅱ-28·32·40, Ⅲ-9·15, Ⅴ-2, Ⅵ-24, Ⅶ-26·37, Ⅹ-37)이 대체로 직선적인 가로획인 점과도 큰 차이가 있다. 그렇다면 Ⅷ-17·18이 阿尺(아척) 혹은 一尺(일척)일 가능성은 크지 않다고 볼 수 있다.

다음으로 Ⅷ-17·18이 중고기의 금석문에 나타나는 작업상의 직임이거나 별도의 위호일 가능을 고려할 수 있다. 이러한 직임 중에서 ○尺(척)으로는 文尺(문척), 匠尺(장척), 道尺(도척)이 있다. 그런데 Ⅷ-17의 필획은 文(문), 匠(장), 道(도)와 거리가 있다. 첫 획이 '一'인 '匠(장)은 명활산성비 Ⅲ-1에서 정자에 가깝게 표기되었고, 남산신성비 제4비 Ⅵ-4에서는 '匞'처럼 약자에 가깝게 표기되었다. 匠(장)의 이체자인 㞤(장)은[44] Ⅷ-17의 疋와 어울릴 소지가 있지만, 필획의 구성이 동일하다고 볼 순 없다. 더욱이 변경지역의 중대한 사건과 관련하여 다수의 외위자와 함께 처벌 대상으로 등장했다는 점에서 居疋尺(거○척)은 작업상의 직임이기보다 위호일 가능성이 더클 것이다. 그렇다면 Ⅷ-17·18은 별도의 위호로 판단된다. 필획이 불확실하긴 하지만, 갈시조촌에서는 기존의 일금지와 별도로 居疋尺(거○척)이라는 위호가 존재했을 가능성이 있다.

거○척은 아대혜촌과 남미지촌에서 무위호자가 사건의 책임과 관련하여

---

42) 한국고대사연구회 편, 『한국고대사연구』 2, 1989, 별첨 그림1.

43) 이 필획의 흔적은 심현용 선생님의 협조로 표기될 수 있었다. 이에 지면을 빌어 감사드린다.

44) 중화민국교육부 이체자자전(http://dict.variants.moe.edu.tw/yitia/fra/ fra00420.htm).

처벌을 받은 점이나 중성리비에서 분쟁처리와 관련하여 6부의 무위호자가 쟁인(爭人)이나 사인(使人)으로 참여한 점과 비교될 수 있다. 최하급 위호의 바로 아래에서 무위호자가 공적 활동을 수행했는데, 거벌모라 휘하의 일부 자연촌에서만 최하급 외위인 일금지 아래에 별도의 공적 위호가 존재했다면 다소 어색한 점이 있기 때문이다. 이에 居[illegible]尺(거○척)이 일금지 아래에 공식적으로 편성된 외위인지의 여부를 현재로서는 판단하기 곤란하다. 하지만 장(杖) 100의 처벌을 받은 인물 중에서 갈시조촌의 거○척이 남미지촌의 무위호자보다 앞에 기재된 점으로 보아 거○척은 촌에서 수행했던 공적 역할을 보여줄 가능성을 배제할 수 없다. 거○척은 갈시조촌의 통치와 관련하여 일시적으로 승인되거나 임명된 위호일 가능성도 있다. 적어도 거○척은 6부에서 유래하지 않은 위호가 자연촌에서 존재했을 가능성을 추가로 보여준다는 점에서 논의가 필요할 것이다.

거벌모라에 설치된 비간 외위 중에서 일벌-일척-피일은 기존의 자치적 위호가 6부에서 유래한 외위로 대치된 것이다. 일금지는 기존의 자치적 위호에서 유래해 외위로 유지되었다. 자연촌에서도 기존의 일금지가 유지되었을 가능성이 있다. 그렇다면 일벌~피일은 비간 외위 중에서도 자치적 위호에서 유래한 외위나 여타 위호 내지 비위호자에 대해 차별적 위상을 부여한 결과로 판단된다.

법흥왕 7년 율령반포는 백관의 공복에 대한 주자지질(朱紫之秩)의 제정과 함께 이루어졌다.[45] 거꾸로 말하면 율령반포에는 백관의 공복 이외의 규정이 다수 포함되었을 것이다. 이 때 기존의 교령(敎令)이 율령으로 편입되었다고 한다.[46] 당시 외위의 재편 내용도 율령에 포함되었을 가능성이 있다. 이는 공복의 주자지질이 기존 경위를 재편한 결과인 점과도 부합한다.

45) 『삼국사기』 권4 신라본기 법흥왕 7년 춘정월.

46) 김창석, 「신라 법제의 형성 과정과 율령의 성격 -포항 중성리신라비의 검토를 중심으로-」 『한국고대사연구』 58, 2010, 207~208쪽.

당시 외위의 편성은 지방통치의 효율성을 위해 가급적 단일한 기준을 추구했을 것이다. 비간 외위의 대부분이 6부의 위호에서 유래한 위호로 교체된 것은 이를 잘 보여준다. 하지만 일금지의 존재로 보아 율령반포 당시에도 외위의 일원성은 아직 미흡했던 것이다.

이상과 같이 6부에서 유래한 위호는 율령반포를 전후한 비간 외위의 대부분을 차지했다. 도사가 파견된 행정촌에서는 보다 높은 위계의 비간 외위를 설치해 지역 단위에 따라 위계에 차등을 두었다. 일금지는 원래 자연촌에서 간지의 최고 보위자였지만, 외위의 재편 과정에서 그 위상은 하급 외위로 변화했다. 이제 일금지는 간지에 대한 특정한 역할을 가리키기보다 재편된 외위 체계 속에서 특정한 위계를 지칭하게 되었다. 중성리비·냉수리비 단계까지 일금지가 자치적 위호에 바탕을 둔 공적 위호로서 외위의 시원적 형태를 이루었다면, 율령반포를 전후하여 관위화된 외위체계의 하급 위계로 변화한 것이다.

4. 일금지 폐지와 비간 외위의 재편

봉평비 이후 일금지는 금석문에서 자취를 감춘다. 이후의 일정 시점에 일금지의 외위 기능이 소멸되었다는 점에 대해서는 이견이 없다.[47] 이는 비간 외위가 재편되었음을 반영하지만, 일금지가 어느 외위로 연결되었고 이것이 비간 외위 편성에서 가지는 의미가 무엇인지에 대해서는 구체적인 해명이 이루어지지 않았다. 이에 본장에서는 일금지가 소멸한 배경과 함께 이것이 외위 재정비에서 가진 의미를 파악하려 한다.

일금지 소멸의 의미를 파악하기 위해서는 이것을 대치한 위호가 무엇인

---

47) 안압지에서 출토된 '義─金智(의일금지)'명(銘) 금동판으로 보면 일금지가 삼국통일 이후에도 흔적을 남겼을 가능성은 있다고 한다(하일식, 「포항중성리신라비와 신라 관등제」, 『한국고대사연구』 56, 2009, 210~211쪽).

지 밝혀야 한다. 이와 관련하여 일금지가 일벌이나 일척과 연결된다는 견해가 있다. 이는 냉수리비에서 일금지가 간지의 최고 보위자였고 봉평비에서 하간지 아래에 일벌(一伐)과 일척(一尺)이 존재한 점에 주목한 결과이다.[48] 하지만 봉평비에서 일금지는 파단 아래에 위치했으므로, 이 견해를 수용하기는 곤란하다. 일금지가 술간(述干), 고간(高干) 등으로 정착되었다는 견해는 일금지가 간지와 함께 활동한 점에 주목하여 최고 외위였을 가능성을 제기한 셈이다.[49] 하지만 일금지가 피일보다 역시 낮은 위계로 등장한다는 점에서 이는 납득하기 어렵다.

일금지가 피일보다 낮은 점을 중시하는 입장에서는 일금지가 아척(阿尺)으로 명칭이 바뀌었거나[50] 아척의 모태가 되었을 가능성을 제기했다.[51] 아척은 피일의 아래라는 점에서 일금지와 일치한다. 이에 봉평비 단계에 아척이 존재하지 않았다면 이 견해는 타당하지만, 반대의 가능성에 대한 검증은 이루어지지 않았다. 그렇다면 일금지가 아척으로 바뀐 것인지, 아니면 아척과 함께 공존하다가 아척으로 통합된 것인지에 대한 판단이 필요하다. 이 문제의 해결은 비간 외위의 재편 방향을 파악하는 데 관건이 될 수 있다. 우선 논의의 편의를 위해 6세기 중엽의 외위를 정리하면 〈표 2〉와 같다.

봉평비 직후의 영천 청제비 병진명(536)에서 외위는 영읍□부(另邑□夫)의 이지□리(利只□利)간지(干支)만 보이는데, 이는 당시의 비간 외위를 파악하는 데 한계가 있다. 청제비에 등장하는 위호는 간지를 제외하면 모두 경위이기 때문이다. 당시 간군 외위가 간지에 한정되지 않았듯이, 청제비 병

---

48) 김희만, 앞의 글, 1990, 28~29쪽.
49) 김창석, 앞의 글, 2009, 395~396쪽.
50) 박남수, 앞의 글, 2010, 475쪽.
51) 주보돈, 「울진 봉평리 신라비와 신라의 동해안 경영」『울진 봉평리 신라비와 한국 고대 금석문』, 울진군·한국고대사학회, 2011, 90쪽.

시기	지역	역할	외위											무위 호자
			술간 (2)	고간 (3)	찬간지 (5)	상간지 (6)	간지 (7)	하간지	일벌 (8)	일척 (9)	피일 (10)	아척 (11)	급벌척	
청제비 (536)	영읍?부	사인(使人)					이지□리							
적성비 (551?)	추문촌	공형(公兄)						파진루						
	적성?	?			오례혜									
	?	□인(人)										물지차		아이차 등
명활 산성비 (551)	오대□	군중상인						구지지						
	..?	공인(工人)						추□						
	오대□?	장인(匠人)								비지□				
	..	도(徒)공인							문일 질□			□첨리		
	..	서사인 (書寫人)										원흔리		
진흥15 (554)	삼년 산군	신주군주 비장(裨將)				도도								
창녕비 (561)	창녕?	서인(書人)					망총지							
		촌주					마질지							
성산 산성 목간 (6세기 중후반) 52)	?	?					(지)							
	고타 등						이미지	다수						
	구리벌					복금지								
	죽시?						□모?							
	신촌									지리지				
	비사벌											고사(차)		
	이탁												나혜□	

진명은 당시 비간 외위가 존재하지 않았다는 근거가 될 순 없다. 기념비의 축조 과정에 참여한 인물 중에서 경위의 비중이 커서 비간 외위가 생략되었다고 보아야 할 것이다. 따라서 청제비만으로는 당시 아척이나 일금지의 존재 여부를 단정할 순 없다.

52) 원논문에서는 '561년(?)'으로 기재했다. 이 책에서는 최근의 조사자료와 연구를

그런데 단양적성비(551?)에는 □인(人) 물지차(勿支次)아척(阿尺)이 보이고, 명활산성비(551)에도 서사인(書寫人)으로서 원흔리(源欣利)아척(阿尺)이 등장한다. 이는 확인 가능한 아척의 사례로서 가장 이른 것이다. 일금지는 두 금석문에서 모두 확인되지 않는다. 금석문상으로 524년 이후 551년 사이에 아척이 등장하는 반면, 일금지는 폐지된 것이다. 그 결과『삼국사기』직관지에서도 일금지는 기재되지 않았다. 이에 봉평비 이후 일정한 시점에 비간 외위가 다시 재편되었을 가능성이 상정될 수 있다.

〈표 1〉과 〈표 2〉만으로 보면 기존의 일금지가 524~551년 사이에 아척으로 대치되었을 가능성이 있다. 하지만 기존의 아척이 기록상으로만 누락된 것인지, 실제로 존재하지 않았던 것인지는 단정할 수 없다. 그러면 몇 가지 측면에서 양쪽의 가능성을 판단해 보자.

어의상으로는 아척과 일금지 사이에 공통점을 찾기 어렵다. 이는 일금지가 신라 내지의 자치적 위호에서 유래한 반면, 아척은 6부의 위호에서 유래한 점과 무관하지 않을 것이다. 따라서 아척이 일금지의 이표기일 가능성은 배제되어도 좋을 것이다.

직임의 측면에서 보면, 일금지는 자연촌에서 간지의 보위자로 등장하고 행정촌에서는 간군 외위에 대한 최하급 보위자로 확인된다. 그런데 봉평비에서 일금지가 일벌·피일과 함께 모두 장(杖) 60의 대상이 된 점으로 보면, 아척 이상의 비간 외위에 준하는 역할을 담당할 수도 있었을 것이다. 그런데 아대혜촌에서는 무외위 촌사인(村使人)인 나이리도 장 60에 처해졌으므로, 장의 숫자만으로는 위계의 상하관계를 단정할 수 없다. 다만 피일 다음이라는 기재 순서로 보아 일금지는 대체로 간군 외위의 최하위 보위자에 준하는 위상이었을 것이다.

반영하여 시기를 수정했다(성산산성 목간의 제작시기에 대한 연구동향은 438~439쪽을 참조 바람). 〈표 2〉의 나머지 정보 중에서 밑줄친 것은 최근 조사를 반영하여 새로 기입한 것이다.

아척은 적성비에서 □인(人)인데, 서인(書人) 앞에 등장하는 점으로 보아 비의 건립과 관련하여 전문적인 역할을 수행했을 것이다. 명활산성비에서는 아척이 서사인(書寫人)으로, 남산신성비 1비에서는 문척(文尺)으로, 동 9비에서는 문척과 면착(面捉)으로 등장한다. 문척은 동 1비에서 일벌(一伐)(8등)에 의해서도 수행되고 있으므로, 아척은 비간 외위의 최하위이면서도 경우에 따라 비중있는 역할도 맡았음을 알 수 있다. 아척에서 유래한 아척간 즉 아간지가 중성리비와 봉평비에서는 교(敎)에 참여하고 냉수리비에서는 공론교(共論敎)에 참여한 점도 아척의 위상을 짐작하는 데 참고가 될 수 있다. 아척은 비간 외위의 하층에 해당하지만, 간군 외위 아래에서 중요사안의 협의에 참여할 정도의 위상을 가졌을 것이다. 이런 점으로 보면 아척이 일금지보다 높은 별도의 외위였을 가능성이 고려될 수 있다.

반면 적성비와 명활산성비의 아척을 중시해 기존의 일금지가 아척으로 대치되었다고 본다면, 자치적 위호에서 유래한 비간 외위가 6부에서 유래한 위호로 명칭만 바뀐 셈이 된다. 이는 복수의 위호에 대한 통합이 아니라 일금지의 호칭 수정에 해당한다. 이 경우, 율령반포를 전후한 외위 재편에서는 6부에서 유래한 비간 위호 중 '일벌~피일'만이 일금지 위에 수여되었을 가능성이 제기되는 셈이다.

이상의 두 가지 가능성 중에서 어느 쪽이 타당하다고 볼 만한 확실한 근거는 아직 발견되지 않았다. 다만 자치적 위호에서 유래한 일금지가 6부에서 유래한 비간 위호로 통합된 점은 인정될 수 있다. 일금지 폐지는 비간 외위가 6부에서 유래한 위호로 일원화된 결과라 할 수 있다. 그렇다면 비간 외위의 일원화를 추진한 계기는 무엇일까. 이는 아척과 일금지 사이의 관계와도 무관하지 않았을 것이다.

우선 봉평비(524) 이후 명활산성비(551) 이전에 진행된 간군 외위의 변화가 주목된다. 비간 외위의 재편은 간군 외위의 변화와 무관하지 않았을 것이기 때문이다. 신라의 지방통치에서 간군 외위는 비간 외위보다 정치적 비중이 더 컸다. 이런 점에서 비간 외위의 변화는 간군 외위의 변화를 주도하기보다 그 영향을 받았을 가능성이 더 크다. 최소한 비간 외위의 재편은 간군 외위의 재편과 연동되었다고 볼 수 있다. 그러면 간군 외위의 변화와 관련하여 비간 외위의 일원화 계기를 살펴보자.

청제비 이전에 지역세력에게 간지(干支)가 다시 수여되면서 기존의 하간지와 함께 간군 외위는 복수의 위계를 갖추게 되었고, 적성비(551?)에서는 다시 찬간지(撰干支)(5등)가 등장한다〈표 2〉. 그런데 『삼국사기』 직관지에 따르면 찬간(撰干)과 간(干) 사이에 상간(上干)(6등)이 존재했다. 금석문에서 상간은 남산신성비(591)에서 처음 확인된다. 그런데 성산산성 목간에서는 (지知) 상간지(上干支)와[53] 고타(古陁) 이지지(伊未知)상간지(上干支)가 확인되었다.[54] 성산산성 목간의 561년 전후 제작설을[55] 받아들이면 그 이전에 상간지가 등장한 셈이다. 반면 목간이 조사된 층위에 대한 연구에서는 성산산성 목간의 제작 시기를 6세기 중엽~말엽으로 보거나[56] 사용 시기를 7세기 전반으로 추정하였다.[57] 하지만 창녕비(561)부터 간군 외위가 간지(干支) 대신 간(干)을 칭한 점으로 보면, 상간지는 대체로 적어도 그 이전에 출현했을 것이다.

그런데 봉평비 이후 간군 외위는 상향 분화의 추세를 보였고, 상간지는 기존의 간지와 하간지를 전제로 출현했을 가능성이 크다. 찬간지는 간지가 상향 분화하는 추세 속에서 상간지보다 뒤에 출현했을 것이다. 그렇다면 상간지가 출현한 시기는 봉평비나 영천청제비 이후의 그리 멀지 않은 시점으로 볼 수 있다.

또한 상간지보다 훨씬 상위인 고간(高干)(3등)은 진흥왕 15년(554)부터 확

53) 손환일 편저, 『한국 목간자전』, 국립가야문화재연구소, 2011, 242쪽.
54) 양석진·민경선, 「함안 성산산성 출토 목간 신자료」『목간과 문자』 14, 2015, 196쪽.
55) 전덕재, 「함안 성산산성 목간의 연구현황과 쟁점」『신라문화』 31, 2008, 7쪽.
56) 윤상덕, 「함안 성산산성 축조연대에 대하여」『목간과 문자』 14, 2015, 91쪽.
57) 이주헌, 「함안 성산산성 부엽층과 출토유물의 검토」『목간과 문자』 14, 2015, 64쪽.

인되고,[58] 그 위의 술간(述干)(2등)은 창녕비(561)부터 등장한다. 또한 영천 청제비 병진명(536)에서 외위가 간지만 확인되고 명활산성비(551)에 찬간지가 등장하는 점으로 보아 상간지는 두 시기의 사이를 전후하여 등장했을 가능성도 고려될 수 있다. 그런데 앞서 언급한 것처럼 청제비 병진병에서는 외위가 간지만 등장하므로, 이를 가지고 상간지의 상한선을 재단하기는 어렵다. 이에 상간지는 봉평비(524) 이후 551년 이전에 출현했다고 보는 편이 무난할 것이다. 이후 창녕비 단계까지 찬간지, 고간, 술간이 차례대로 분화한 것이다.

이 기간에 해당하는 법흥왕 12년(525) 신라는 사벌주(沙伐州)에 군주(軍主)를 파견했다. 이는 낙동강 유역에서는 사실상 최초의 군주 파견이며, 지증왕 6년(505) 실직주(悉直州) 군주(軍主) 파견과 동 13년(512) 하슬라주(何瑟羅州) 군주(軍主) 파견 이후에 최초이기도 하다. 이는 낙동강 상류 방면에 대한 장악을 확고히 하고 주변 지역에 대한 통치를 체계화하려는 목적을 가지고 있었다. 이를 위해서는 지역세력을 효율적으로 통제하는 한편 외위를 통해 이들의 협조를 이끌어내는 작업이 필요했을 것이다. 법흥왕 25년(536) 지방관이 가족을 동반하여 부임할 수 있도록 한 것은 이러한 목표가 어느 정도 달성되었음을 반영한다. 법흥왕 19년(532) 금관국을 장악하고 진흥왕 12년(551) 한강 상류의 10군(郡)을 장악하면,[59] 보다 광범위한 지역에서 동일한 조치가 요구되었을 것이다.

이 기간 동안 상향 분화한 간군 외위는 지역적으로 일정한 경향성을 보이고 있다. 예를 들면 고간(高干) 도도(都刀)는 삼년산군 출신으로서, 진흥왕 15년 관산성전투에서 성왕을 죽이는 데 공을 세웠다. 창녕비에 등장하는 술간(述干)은 진흥왕이 대가야 방면을 압박하는 상황에서 창녕 주변 지역의 촌주에게 복수로 수여되었다. 적성비의 오례혜찬간지는 추문촌의 공형(公

---

58) 『삼국사기』 권4 신라본기 진흥왕 15년.
59) 이상 『삼국사기』 신라본기 해당조 및 열전 제4 이사부 참조.

兄) 파미루하간지 뒤에 등장한다. 이를 중시하면 그가 추문촌 출신일 가능성도 엿보인다. 하지만 오례혜찬간지는 추문촌 파미루하간지보다 외위가 더 높았고, 두 인물 표기 사이에는 파손된 부분이 많아 별도의 지명이 표기되었을 가능성도 배제할 수 없다. 이에 오례혜찬간지는 단양 적성 인근의 외위자일 가능성도 있다. 찬간지 이상의 외위가 주로 전략적 요충지에서 확인되는 점으로 볼 때, 간지의 상향분화는 요충지에 대한 신라의 정책과 무관하지 않았을 것이다. 즉 전략적 요충지에 대해 지역세력의 협조를 이끌어 내기 위해 신라는 기존 간군 외위보다 상급 외위를 수여했다고 볼 수 있다.

이처럼 봉평비 이후 6세기 중엽까지 간군 외위의 위계는 급격한 분화를 보였다. 봉평비 단계까지 행정촌의 간위자는 기존 자치권을 바탕으로 비간 위호로 구성된 비교적 단순한 위계를 통솔했다. 그런데 간군 외위가 간지, 하간지 외에 고간, 찬간지, 상간지 등으로 분화하면서 비간 외위에 맞먹는 층위를 이루게 되었다. 이에 따라 간군 외위에 반영된 자치적 위호의 성격은 크게 약화되었고, 관위의 성격이 강화되었다. 간군 외위를 차별적으로 수여함으로써 신라 국가는 간층 사이의 유대를 약화시키는 대신 간군 외위를 보다 체계적으로 통제하게 되었다.

그런데 외위의 위계가 전체적으로 크게 증가하면서 어떤 형태로든 외위 전반에 대해 재정비할 필요성이 생겨났을 것이다. 이 중에서 상향분화한 간군 외위를 갑자기 통합하는 것은 전략적 요충지의 지역 세력을 우대해 온 추세로 보아 현실성이 떨어졌을 것이다. 하간지(下干支)는 명활산성비(551)와 오작비(578) 사이 시기에 간지(干支)(7등)로 통합되었지만, 이는 최소한 찬간지에 이르는 간군 외위의 상향분화가 이루어진 이후의 상황이며, 신라의 영토확장이 대체로 일단락된 뒤의 현상이다. 영토확장이 적극적으로 추진된 6세기 중엽까지 간군 외위는 상향 분화의 추세를 보였다. 적어도 554년 이전에는 고간이 출현했고, 561년 이전에 술간도 등장했다〈표 2〉. 이러한 시기에 간군 외위의 통합을 시도했다고 보기는 어려울 것이다.

반면 비간 외위에 대해서는 재편을 추진하기가 상대적으로 용이했을 것이다. 하급 외위는 재편의 대상이 되더라도 간군 외위에 비해 저항이 작았을 것이기 때문이다. 그 중에서도 최하급이었던 일금지는 6부의 위호에서 유래한 여타 비간 외위와 달리 자치적 위호에 기반을 두고 있었다. 간군과 비간군으로 구성된 외위의 효율적 개편을 추구하던 신라의 입장에서 일금지는 우선적인 재편의 대상이 되었을 것이다. 이에 신라는 외위의 위계를 조정하면서 비간 외위를 6부 계통의 위호로 일원적 편성을 추구한 것으로 보인다. 이에 일금지를 폐지함으로써 지방세력 통제와 외위 운영의 효율성을 도모한 것이다.

그런데 상대적으로 비대해진 간군 외위에 대처한다는 점에서 보면, 일금지의 명칭만을 바꾸는 것은 별다른 효과를 기대하기 어려웠을 것이다. 또한 직능상으로 일금지보다 아척의 역할이 상대적으로 컸던 점을 함께 고려할 때, 일금지의 폐지가 명칭만 아척으로 수정한 것이라면 다소 어색해 보인다. 그렇다면 일금지는 명칭만 아척으로 바뀌었다기보다 그 위의 아척으로 통합되었다고 보는 편이 합리적일 것이다.

아척이 설치된 시기는 금석문상으로 명활산성비(551) 이전이다. 그런데 봉평비 이후 일정 시점에 일금지가 아척에 통합되었다면, 아척은 봉평비 이전에 6부에서 유래한 비간 위호가 설치될 때 함께 수여되었을 것이다. 봉평비의 건립 시기를 고려하면, 아척을 설치한 시기도 율령반포 전후일 것이다.

결국 일금지의 폐지는 간군 외위의 상향분화를 배경으로 비간 외위를 일원적으로 편성하려는 정책의 일환으로 추진되었다. 이 과정에서 일금지가 아척으로 통합됨으로써 비간 외위는 6부에서 유래한 위호로 일원적 편성을 대체로 완료한 것이다.

5. 맺음말

본고에서는 일금지(壹金知)의 변화를 중심으로 신라의 비간(非干) 외위가 편성되는 과정을 살펴보았다. 이제 그 결과를 정리하면 다음과 같다.

일금지는 상급을 나타내는 '일', 존장자나 지배자를 나타내는 금, 존칭형 어미인 '지'로 구성되어 상급 지배자 내지 존장자를 의미했다. 여타 비간 외위와 달리, 이는 지역 간지의 자치적 위호에서 유래했을 것이다. 일금지 는 중성리비·냉수리비에서는 간지의 최고 보위자로, 봉평비에서는 최하급 외위로 등장하는데, 이는 두 단계의 사이에 일금지의 위상이 변화했음을 보여준다.

원래 행정촌 단위에서는 자연촌 단위의 간지−일금지보다 상대적으로 다양한 자치적 위호가 존재했다. 이러한 위호는 중성리비·냉수리비 단계 이전에 신라의 공적 위호로 승인되어 외위의 시원적 형태를 이루었다. 이 러한 현상은 신라의 내지에서 시작되어 변경 지역으로 확산되었다. 율령 반포를 전후하여 비간 외위는 일벌~아척 등 6부에서 유래한 위호를 중심 으로 재편되었다. 하지만 일금지는 그대로 남아 하급 외위로 편성되었다. 그 결과 비간 외위가 행정촌에서는 일벌(一伐)−일척(一尺)−피일(彼日)−아척 (阿尺)−일금지로 편성되었고, 자연촌에서는 일금지가 유지되어 지역 단위 에 따라 차별적 위계를 이루었다. 이상을 통해 일금지는 관위적 성격을 띠 게 되었다.

6세기 초 이후 영토의 확장에 따라 신라는 지역세력의 협조를 이끌어내 기 위해 전략적 요충지를 중심으로 간군 외위의 상향분화를 추진했다. 이 는 간군 외위의 자치적 성격을 더욱 약화시키고 관위적 성격을 강화시켰 다. 결과적으로 외위의 위계는 크게 증가했고, 외위의 상층부가 비대해지 는 결과를 낳았다. 이에 신라는 비간 외위의 하급 위호를 통합하면서 6부 계통의 위호로 일원화를 추진했다. 그 결과 524~551년 사이에 일금지는 폐지되고 아척으로 통합되었다.

『한국고대사탐구』 21, 2015

Ⅲ
6세기 초중엽 신라의
비간(非干) 외위 운영과 급벌척(及伐尺)

1. 머리말

신라에서 외위는 상고 말부터 편성되어 지방통치의 하부 기능을 수행했다. 이 중에서 간군(干群) 외위는 기존 간층을 계승하여 지역세력을 대표해 지방관을 보위했고, 비간(非干) 외위는 간군 외위 아래서 실무적 역할을 수행했다.

『삼국사기』 직관지 외위조에는 674년경 5경(京) 9주(州)에 나가 살았던 6도(徒) 진골이 별도로 칭하고 경위에 견주었던 외위가 악간(嶽干)(1)부터 아척(阿尺)(11)까지 정리되어 있다. 이 중에서 간군 외위는 율령반포 이후 일정 시점부터 상향분화하여 대체로 통일기까지 완성되었다고 이해되고 있다. 위 기록에서 비간 외위는 일척(一尺)(9)이 누락되었지만, 일벌(8)부터 아척(11)까지 편성된 것으로 이해되어 왔다.[1]

그런데 울진봉평리신라비(이하에서 '봉평비'), 포항냉수리신라비(이하에서 '냉수리비'), 포항중성리신라비(이하에서 '중성리비')에서 일금지가 지역세력의 위

---

1) 김철준, 『한국고대사회연구』, 지식산업사, 1975, 152~153쪽.

호로 확인되면서, 이것이 최소한 5세기 말부터 존재하다가 봉평비(524) 이후 단양적성비(551?)나 명활산성비(551) 이전에 소멸되었음이 확인되었다. 일금지에 대해서는 자치적 위호설,[2] 외위의 전신설,[3] 외위설,[4] 자치적 위호에 바탕을 둔 외위설 등이 제기되었다.[5] 일금지는 대체로 외위였다는 설이 대세를 이루고 있다고 보아도 좋을 것이다. 『삼국사기』 직관지에 등장하는 외위는 율령반포 이후 일정한 시점까지 재편을 거친 결과임이 확인된 것이다.

이러한 상황에서 성산산성 목간에서 6세기 후반경 아척 아래에 별도의 외위인 급벌척(急伐尺. 거벌척居伐尺)이 존재했다는 견해가 제기되었다.[6] 나아가 거벌척을 비롯한 비간 외위가 이미 율령반포 단계에 편성되었다고 설명되었다.[7] 이는 『삼국사기』 직관지에 기재된 외위가 편성되기까지의 과정에 대해 구체적인 상을 제시했다는 점에서 의미가 있다. 다만 이를 설명하기 위해 제시된 봉평비의 판독에는 아직 논란의 여지가 남아있고, 당시 외위체계의 편성방향이 어떠했는지에 대한 구체적인 설명도 과제로 남아있다고 생각된다. 이에 급벌척이 편성되고 비간 외위가 재편되는 과정에 대해 재검토할 필요성이 있다고 볼 수 있다.

2) 전덕재, 「신라 율령 반포의 배경과 의의」 『역사교육』 119, 2011, 70쪽.

3) 박남수, 「〈포항 중성리신라비〉에 나타난 신라 6부와 관등제」 『사학연구』 100, 2010, 473~476쪽.

4) 김희만, 「영일 냉수비와 신라의 관등제」 『경주사학』 9, 1990, 27쪽 ; 이문기, 「포항중성리신라비의 발견과 그 의의」 『한국고대사연구』 56, 2009, 49쪽 ; 강종훈, 「포항중성리신라비의 내용과 성격」 『한국고대사연구』 56, 2009, 164쪽.

5) 이부오, 「신라의 비간외위(非干外位) 편성과 일금지(壹金知)」 『한국고대사탐구』 21, 2015, 24~31쪽.

6) 윤선태, 「함안 성산산성 출토 신라 하찰의 재검토」 『사림』 41, 2012, 159쪽, 163쪽.

7) 윤선태, 「신라 초기 외위체계와 '급벌척(及伐尺)'」 『동국사학』 61, 2016, 166~172쪽.

이와 관련하여 필자는 율령에서 추구한 정책방향과 외위 편성의 상관성에 대해 검토하려 한다. 또한 봉평비의 외위 관련 부분에 대한 판독과 급벌척의 편성 과정을 재검토함으로써 신라 외위 운영의 한 단면을 밝혀보려한다.

2. 율령반포와 비간 외위의 구성방향

중성리비(501)와 냉수리비(503)에 따르면, 상고말 신라의 외위는 간지(干支)와 일금지를 주축으로 운영되었다. 이는 봉평비(524)에 등장하는 외위와는 적지 않은 차이를 보이고 있다. 이에 본장에서는 율령반포를 전후하여 신라가 기존 외위에 대해 어떤 방향으로 재구성을 꾀했는지 비간 외위를 중심으로 살펴보려 한다.

우선 냉수리비의 진이마촌에서 보이는 유지(臾支) 간지(干支)는 촌주를 칭했다. 중성리비의 소두고리촌에서 보이는 구추열지 간지와 나음지촌의 복악 간지는 직책을 명시하지 않았지만 촌주의 역할을 했다고 여겨진다. 이러한 역할로 보아 간지는 기존 간층의 유력자에게 부여되었을 것이다.

원래 간지는 기존 소국이나 읍락의 지배자를 가리키는 일반적 위호였다. 음즙벌주(音汁伐主)가 간(干)으로 불린 것이나[8] 『삼국지』 변진조에서 소별읍(小別邑)에 존재한 거수(渠帥)가 이를 가리킨다. 그런데 국읍의 지배자는 주수(主帥)로 불렸고, 거수 중에서도 세력이 큰 경우에는 신지(臣智), 험측(險側), 번예(樊濊), 살해(殺奚), 차읍(借邑) 등으로 다양하게 불렸다. 파사이사금 5년에 청우(靑牛)를 바쳤다는 고타군주(古陀郡主)나 조분이사금 7년에 무리를 거느리고 6부로 와서 항복한 골벌국왕(骨伐國王)도 실제로는 이상에 준하는 별도의 위호를 칭했을 가능성이 있다. 5세기 말까지 확보된 신

---

8) 『삼국사기』 권1 신라본기1 파사이사금 23년 8월.

라의 영역 내에서 소국이나 읍락의 지배자는 이상을 포함해 다양한 위호를 칭했을 것이다. 신라는 이러한 위호를 통합해 '간지'를 부여했다. 이는 기존 소국이나 읍락의 간층 대표에게 지역 내에서 일정한 자치권을 부여하고 신라의 지방통치에 협조토록 하기 위한 조치였다.

간지 아래에는 일금지가 최고 보위자로 임명되었다. 간지와의 밀접성으로 보아 일금지 역시 간층에서 임명되었을 가능성이 크다. 일금지는 울진 봉평비에서도 나타나는 점으로 보아 국가 차원에서 편성된 외위로 볼 수 있다. 이는 중성리비의 6부에서 일벌(壹伐)이 간지의 최고 보위자였던 점과 비교될 수 있다. 신라는 지역세력에 대해 외위를 부여함으로써 6부와는 별개의 위계를 구축한 것이다. 그런데 중성리비에 등장하는 간거벌의 일사리와 진벌의 일(壹)○는 촌에 준하는 지역을 대표해 사인(使人)인 도사(道使)의 영(令)에 협조했다. 지역에 따라 무위호자가 간지에 준하는 역할을 하기도 했던 것이다.

원래 소국 거수 아래에는 다양한 위계의 보위자가 존재했다. 국중(國中)에서 성곽을 쌓은 주체로 등장하는 관가(官家)는[9] 거수와 그 보위자들을 포함했다고 볼 수 있다. 파사 23년 한기부에는 이찬(伊飡) 이하 위비자(位卑者)가 존재했다. 조분 7년 6부로 와서 항복한 골벌국왕 아음부가 거느렸던 '무리'도 그의 통치에 협조했던 인물들을 포함했을 것이다. 이상의 보위자들은 한기부의 이찬 같은 '고위자'와 그 아래의 위비자에 준하는 다양한 위계로 구성되었을 것이다. 이러한 위계는 5세기 말경 외위가 편성될 당시의 지역세력 내에서도 여전히 통용되었을 가능성이 있다.

하지만 중성리비와 냉수리비에서 간지의 보위자로는 일금지만 등장하며, 무외위자가 비중있는 역할을 한 경우가 두드러진다. 신라는 기존 지역세력의 자치적 위호를 대부분 인정하지 않았다. 하지만 당시 외위는 위계

---

9) 『삼국지』 권30 위서 오환선비동이전30 한.

가 단순했고, 간지의 자치권도 일정 부분 인정되었다. 이로 보아 5세기 말경 외위는 신라 국가와 지역세력의 일정한 타협의 산물로 생각된다. 신라국가는 지역세력의 상층부에 한해 위계를 조정함으로써, 도사의 통치에 협조토록 한 것이다.

그런데 지증왕 5년(504) 신라는 파리(波里) · 미실(彌實, 흥해) · 진덕(珍德) · 골화(骨火, 영천) 등 12성을 쌓아 지역에 대한 방어와 통제를 강화했고, 지증왕 6년에는 실직주(悉直州, 삼척)를 설치해 군주(軍主)를 파견하기 시작했다. 소지마립간 9년(487)에는 사방우역(四方郵驛)을 처음으로 설치하고 관도(官道)를 수리한 점으로 보아[10] 신라는 5세기 말 이래 도사(道使)의 파견을 확대하고 이들에 대해 유기적 관리체계를 강화해 갔다고 생각된다. 이를 효율적으로 수행하기 위해서는 지역세력 내에서 통용되던 기존의 자치적 위호를 외위체계로 흡수할 필요성이 커졌을 것이다. 이에 대한 직접적인 자료는 거의 찾을 수 없지만, 율령반포는 중요한 기점이 되었을 것이다.

가-1) 율령(律令)을 반시(頒示)하고, 처음으로 백관 공복(公服)의 주자지질(朱紫之秩)을 정했다. (『삼국사기』 권4 신라본기 법흥왕 7년 춘 정월)

가-2) 제23대 법흥왕 때 처음으로 6부(部) 사람들의 복색(服色) 존비(尊卑) 제도를 정했지만, 여전히 오랑캐의 풍속 같았다. (『삼국사기』 권33 잡지2 색복)

이와 같이 법흥왕 7년(520) 신라는 율령을 반포하면서 백관(百官) 공복(公服)의 주자지질(朱紫之秩)을 정했는데(사료 가-1), 백관은 6부 사람들로 구성되었다(가-2). 이에 당시 백관의 공복은 경위를 위주로 했고 외위는 색복의 대상과 일정한 거리가 있었음을 알 수 있다. 물론 율령에서는 외위에 대

---

10) 『삼국사기』 권3 신라본기3 소지마립간 9년 3월.

해서도 일정한 기준을 제시했을 가능성이 있다. 그런데 중고기까지 다수의 기사에 보이는 '내외병마사(內外兵馬事)'나 소지 4년의 '내외유사(內外有司)'처럼 6부와 지방을 모두 포괄하는 사안에 대해서는 대체로 그러한 취지의 표현을 덧붙였다. 율령반포에서 공복의 대상을 6부로 한정한 점으로 보아 외위 편성은 경위에 비해 정연함이 상대적으로 떨어졌을 개연성이 있다.

율령반포 당시에 외의가 어떠했는지 정확히 알 수 없지만, 봉평비를 통해 개략적인 상황을 짐작할 수 있다. 우선 여기에 언급된 지역세력을 정리하면 〈표 1〉과 같다.

〈표 1〉 봉평비의 지역세력

근거지	직명	역할	외위					
			하간지	일벌(8)	일척(9)	파단(10)	일금지	무외위
거벌모라		입비협조	이지파		신일지			
		처벌대상		이모리 (장60)		미의지 (장60)	사리 (장60)	
아대혜촌								나이리 (장60)
갈시조촌	촌사인 (村使人)							나이리거□척 (장100)
남미지촌								익사 (장100)
?	?							어즉근리 (장100)

이처럼 당시 거벌모라에서는 성의 실화(失火)와 관련된 모종의 사건을 처리하는 과정에서 하간지(下干支)와 일척(一尺)(9)이 거벌모라 도사를 도와 입비에 협조했다. 거벌모라인 중에서도 일벌(一伐)(8), 피일(彼日, 파단○지波旦組只)(10), 일금지는 장 60의 처벌을 받았다. 하간지는 6부의 간지를 고려해 기존 촌의 간지가 한 단계 낮은 외위로 격하된 존재라고 이해되고 있다.[11]

---

11) 박남수, 앞의 글, 2010 : 『신라 화백제도와 화랑도』, 주류성, 2013, 86~89쪽.

일벌·일척·피일은 어의상으로 각각 경위인 일벌간(一伐干)(1)·일척간(一尺干)(2)·파진간지(波珍干支)(4)에서 '간지'를 제외한 부분과 같다. 하지만 이들 외위가 완성 단계의 경위에서 어의를 그대로 차용해 설치되었는지는 의문이다. 나마(奈麻) 이하의 비간 경위는 외위에서 차용되지 않았기 때문이다.

여기서 중성리비의 본파탁과 금평에서 간지(干支)의 보위자로 등장하는 일벌(壹伐)이 주목된다. 이는 봉평비에 등장하는 최고 비간 외위인 일벌(一伐)과 명칭이 같다. 또한 파사 23년 기사에서 등장하는 6부의 이찬(伊湌)은 위호가 경위 일척간(一尺干)(2)과 같고, 그 아래에는 위비자(位卑者)들이 존재했다. 이에 6부에는 이미 일벌 이하의 위계가 형성되어 있었다고 추정된다.[12] 그렇다면 일벌~피일은 대체로 6부의 위호가 외위에 적용된 것으로 볼 수 있다. 반면 일금지는 경주 인근 지역의 자치적 위호가 외위로 적용된 것으로 생각된다.[13] 율령반포에서 비간 외위는 6부의 자치적 위호에서 유래한 위호와 경주 인근 간지의 보위자에서 유래한 위호를 결합해 구성되었다고 볼 수 있다.

그런데 갈시조촌사인(村使人)으로서 장100의 처벌을 받은 나이리거○척(奈尒利居O尺)은 어떤 위호를 칭했는지 논란의 여지가 있다. 이와 관련하여 '나이리'가 인명이고 '거벌척(居伐尺)'이 위호라는 견해가 제기되었고,[14] 필자는'나이리거'가 인명이고 '○척(尺)'이 위호라는 견해를 제시한 바 있다.[15] '거벌척'설은 성산산성 218번 목간의 급벌척(及伐尺)을 외위로 판단하고 봉평비 Ⅷ-17을 '伐(벌)'로 판독한 결과다. '○척(尺)'설은 '○'의 잔존 필획을

---

12) 노태돈, 「삼국시대의 〈부部〉에 관한 연구」『한국사론』 2, 1975, 28~32쪽.

13) 이부오, 앞의 글, 2015, 20쪽.

14) 윤선태, 「신라 외위제의 성립과 변천 –신출자료를 중심으로–」『제8회 한국목간학회 학술회의 신라의 관등제와 골품제』, 한국목간학회·국립중앙박물관연구기획부, 2015.10.30 : 앞의 글, 2016, 167쪽 ; 박남수, 「신라 법흥왕대 '급벌척(及伐尺)'과 성산산성 출토 목간의 '역법(役法)'」『신라사학보』 40, 2017, 34~35쪽.

15) 이부오, 앞의 글, 2015, 29쪽.

伐(벌) 대신 ⼘로 판독한 결과다. 당시에 필자는 위 목간의 '거벌척(居伐尺)'을 외위로 판단하지 않았다. 그런데 최근에 성산산성 4면목간에서 급벌척(及伐尺)이 외위로 확인되면서,[16] 성산산성 218번 목간의 급벌척(及伐尺)도 외위임이 확인되었다.[17] 다만 봉평비의 Ⅷ-17을 '伐(벌)'로 판독할 만할 근거가 확보되었는지에 대해서는 여전히 의문이 있다. 이와 관련하여 Ⅷ-17 주변의 역탁본을 〈그림 1〉로, Ⅷ-17 사진과 탁본을 〈그림 2〉로 제시했다.

〈그림 1〉 봉평비의 Ⅷ-17 주변 역탁본[18]

Ⅷ-17은 우측 상단에서 시작된 균열로 손상을 입은 상태다〈그림 1〉. 이 글자를 伐(벌)로 판독한 첫 번째 근거는 탁본 및 실물사진, 이 비문 내 '伐

16) 국립가야문화재연구소 제공 문화재청 보도자료, 2017.1.4.
17) 주보돈, 「함안 성산산성 출토 목간 연구의 진전을 위한 제언」 『함안 성산산성 출토 목간의 국제적 위상』, 국립가야문화재연구소·한국목간학회, 2018.10.25~10.26, 26~27쪽. 급벌척이 미완성 관등이라는 견해도 있다(국립가야문화재연구소, 『한국의 고대목간』 Ⅱ, 2017, 22쪽).
18) 한국고대사연구회 편, 『한국고대사연구』 2, 1989, 별첨 그림1.

(벌)'자의 사례라고 한다.[19] 하지만 〈그림 1~2〉와 관련하여 어느 위치의 어느 필획이 '伐(벌)'을 구성하는지에 대해서는 구체적인 설명이 없다. 아마도 〈그림 2〉 탁본의 상단 중앙부에서 좌하로 그어진 선, 그리고 이 선의 중앙에서 아래로 그어진 듯한 윤곽을 합쳐 '人(인)'으로 파악한 듯하고, 그 우측의 윤곽선을 '戈(과)'로 파악한 것 같다. 하지만 〈그림 1〉 역탁본에서 Ⅷ-17은 이러한 윤곽선과 큰 차이가 있다. 〈그림 1〉의 Ⅷ-17 부분을 보면 (회색 굵은 선 네모의 안) 상단의 우측에서 왼쪽으로 내려온 긴 획 같은 것이 보이지만, 이 선에서 아래로 그은 획이 보이지 않는다. 우측의 가로선은 '戈(과)'의 제1획과 유사한 면이 있지만, 이것이 '戈(과)'를 구성하는지는 모호하다.

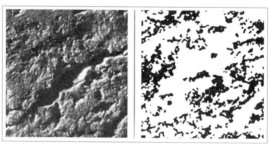

〈그림 2〉 봉평비의 Ⅷ-17 사진과 탁본[20]

　두 번째 근거는 '울진 봉평리 신라비 전시관' 심현용 선생님의 도움이라 한다.[21] 그런데 심현용 선생님은 Ⅷ-17을 '伐(벌)'로 판독해야 한다고 조언했다기보다 판독에서 전반적인 도움을 주었을 뿐이라고 언급하였다. 대신 Ⅷ-17에서 잔존해 있는 필획은 〈그림 3〉 즉 釆이라고 사진으로 확인해

19) 강종훈, 「울진봉평신라비의 재검토」 『동방학지』148, 2009, 15쪽 ; 윤선태, 앞의 글, 2016, 166쪽.
20) 울진군청·중원문화재보존·공주대학교 문화재진단보존기술연구실, 『울진 봉평리 신라비의 과학적 조사 및 보존처리 보고서』, 2013, 167쪽.
21) 윤선태, 앞의 글, 2016, 167쪽.

주었다. 이 필획은 글자의 전체인지 일부인지 단언할 수 없다. 다만 획의 구성과 획별 공간 배치가 일단 '伐(벌)'과는 차이가 있다. 봉평비에서는 '伐(벌)'이 다양한 형태로 표기되었다. 'イ'변의 첫획이 일반적인 형태와 유사한 경우도 있지만(Ⅵ-43/X-25), 해당 획이 다소 과대하거나(Ⅲ-6) 두 번째 획이 상당히 짧은 것(Ⅶ-19), 첫 획과 두 번째 획이 거의 하나의 선처럼 표기된 것(Ⅳ-5) 등이 있다. 어느 것도 뜨와 일치한다고 보기는 어렵다.

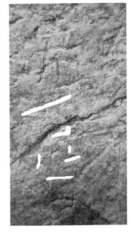

〈그림 3〉 봉평비 Ⅷ-17의
잔존 필획22)

한편 함안 성산산성 목간에서는 뜨의 첫획이나 마지막 획과 유사한 형태의 획이 伐(벌)에 연접된 사례가 있다. 69번 목간에서 𡉚의23) 첫 획이 그 사례이지만, 𡉚는 '一伐(일벌)'이므로 그 첫획은 伐(벌)과 무관하다. 뜨의 마지막 가로획은 성산산성 목간 108번 𡉚의24) 그것과 유사하지만, 후자의 가로획은 支(지)의 첫 획이기 때문에 그 앞의 글자인 伐(벌)과 무관하다.

이처럼 뜨는 필획이 불확실하여 글자를 특정하기가 불가능한 상황이다. 만일 해당 인물의 이름이 '나이리'라면, 거○척(居뜨尺)이 외위나 여타 위호일 가능성을 고려할 수 있다. 나이리는 아대혜촌의 무외위자로 등장하는 인물과 같은 이름이기도 하며, 중고기 금석문에서 '리(利)'는 경위와 외위, 무외위의 인명어미로 광범위하게 사용되었다. 반면 신라의 솔거(率居)나 고조선의 우거(右渠)처럼 '거'가 인명어미로 사용된 사례도 확인된다. '리(利)' 뒤에 별도의 인명어미가 붙은 사례도 봉평비의 모리지(牟利智), 천전리서석 을

---

22) 이 필획은 심현용 선생님이 표시해 준 것을 그대로 따른 것이다.
23) 손환일 편저, 『한국 목간자전』, 국립가야문화재연구소, 2011, 370쪽.
24) 손환일, 앞의 책, 2011, 409쪽.

사명(乙巳銘)의 이리부지(尒利夫智), 기미명(己未銘)의 일리등차(一利等次)부인(夫人)처럼 적지 않다. 또한 신라의 인명 중에는 모척(毛尺)도 있으므로,25) 거○척(居彡尺)이나 ○척(彡尺)이 인명일 가능성도 고려할 수 있다. 그러면 이상의 가능성을 검증해 보자.

우선 아대혜촌사인은 1명이 확실한데, 남미지촌사인 익사는 부여받은 장(杖)의 숫자가 어즉근리와 같은 100이면서도 별도로 기재되었다. 이로 보아 촌사인 '나이리거彡척'이 2명의 무외위자일 가능성은 크지 않을 것이다. 따라서 이 중에서 이름은 나이리(奈尒利) 또는 나이리거(奈尒利居)일 것이고, 위호는 거○척(居彡尺) 또는 ○척(彡尺)일 것이다.

봉평비에서 일금지 이상의 외위로 확실한 인물은 모두 거벌모라 출신이다. 거벌모라 휘하의 아대혜촌·남미지촌의 촌사인이 모두 무외위인 점으로 보면, 갈시조촌의 촌사인인 나이리(거)도 무외위일 개연성을 고려할 수 있다. 다만 급벌척이 외위로 확인된 상황에서는 거○척(居彡尺)이 어떤 형태로든 거벌척 내지 급벌척과 상당한 유사성을 가졌다고 인정하지 않을 수 없다. 또한 신라의 인명어미에서 거(居)나 척(尺)보다 리(利)가 압도적으로 많은 점도 무시하기 어렵다. 그렇다면 나이리거○척(奈尒利居彡尺)에서 이름은 나이리이고 위호는 거○척(居彡尺)으로 보아야 할 것이다.

거○척(居彡尺)이 칭한 촌사인은 직명이다. 중고기까지 금석문에서 사인(使人)은 신라 국가나 지방관의 업무와 관련되고 있다. 중성리비에 보이는 도사(道使), 영천 청제비에서 비의 건립과 관련하여 파견된 대사(大舍)는 사인의 역할을 했고, 단양적성비에는 물사벌성 당주사인(幢主使人)이 보이기 때문이다. 이에 촌사인은 촌주에 대한 보조 역할보다 도사의 통치와 관련된 임무를 수행하기 위한 직명일 것이다. 이에 거○척(居彡尺)은 최소한 이와 동일한 직명은 아닌 셈이다. 하지만 이 위호가 거벌모라나 갈시조촌의

---

25) 『삼국사기』 권5 신라본기5 태종무열왕 7년 8월 2일.

통치를 위한 공적 역할과 연관되었던 점만은 부인하기 어렵다.

거〇(居彡)의 의미는 분명하지 않지만,[26] 일벌(一伐)의 '일(一)'과 비교해 볼 순 있다. 일벌은 중성리비에서 부 간지(干支)의 최고 보위자로 등장하며, 일벌간(一伐干)은 경위 1등인 이벌찬(伊伐湌) 즉 각간(角干)을 가리켰다. 이는 주다(酒多) 즉 샐한으로도 전한다. 이는 경장(京長)을 가리킨다는 견해도 있지만,[27] 샐은 높다는 의미로 볼 수 있다. 이에 외위 일벌의 '일(一)'은 비간 외위 중에서 높다는 의미로 사용되었을 것이다. 이와 비교하면 훗날 비간 외위의 최하급이 된 급벌척의 '급벌'(거벌)은 일단 그 반대의 의미로 사용되었을 가능성이 있다.

이와 관련하여 『삼국유사』 신라시조 혁거세왕조에서 탁부를 급량부(及梁部)라 한 점이 주목된다. 양부가 바로 탁부였으니 '급'은 탁부를 일정하게 수식하기 위해 사용되었을 것이다. 이는 사량부가 탁부와 별도의 근거지였던 점과도 비교될 수 있다. 사량부의 '사'에 대해서는 '새롭다'는 의미로 해석된 바 있다.[28] 사량부 세력이 실제로 양부에서 갈라져 나왔는지는 확인하기 어렵다. 다만 양부는 이사금기 이후 사량부보다 우위에 있었고 이사금~마립간의 근거지로서, 6부에 대해 중심 기능을 수행했다. 이러한 기능으로 인해 양부는 6부에 대해 '중심' 내지 '근본'에 해당하는 근거지로 인식되었을 것이다. 하지만 급벌척은 비간 외위의 '중심'은 아니었고 외위의 최하급을 이루었다. 이상을 고려하면 거〇척(居彡尺)에서 거〇(居彡)는 '중심'보다 하위의 '기초적' 역할과 관련하여 사용되었을 것이다.

---

26) 거〇(居彡)에 대응하는 거벌(居伐)에 대해서는 간(干)을 수식하는 '대(大)'를 의미하는 동시에 간지(干支)의 세력이 '작음'을 나타낸다는 견해가 제시된 바 있다(윤선태, 「신라 경위 간군 관등의 어원과 성립과정」『신라문화』 45, 2015, 117쪽).

27) 양주동, 『고가연구』, 일조각, 1965, 387쪽.

28) 말송보화(末松保和), 『신라사의 제문제新羅史の諸問題』, 동양문고(東洋文庫), 1954, 300쪽.

거○(居○)는 냉수리비에 등장하는 거벌간지(居伐干支)에서 간지를 제외한 부분과 유사해 보이기도 한다. 하지만 '거○(居○)'이 경위인 거벌간지에서 차용되었다고 단언할 수 없다. 상급 비간 외위인 일벌(一伐)은 6부의 위호에서 차용되었기 때문이다. 또한 거벌간지는 진골이 승진할 수 있는 관등 상한보다 훨씬 아래에 위치했고, 봉평비에서는 아간지(阿干支)와 함께 본파부의 오간지(五干支)나 잠탁부의 간지(干支)보다 뒤에 기재되었다. 왕과 진골의 관계를 고려하면, 6부에서 '거벌'은 원래 간지의 직계 친족과는 상당한 거리가 있었을 것이며, 그 위계도 일벌(一伐)~피일(彼日)보다 훨씬 낮았을 것이다. 이에 거○(居○)이 거벌과 연관되었다면 낮은 수준의 보위 기능과 무관하지 않았을 것이다.

'척(尺)'은 일척간(一尺干)(2)·아척간(阿尺干)(6)·사척간(沙尺干)(8)·급척간(及尺干)(9)처럼 간(干)과 어울릴 때에는 간군 경위의 위호를 구성했다. 하지만 척으로 끝나는 위호는 일척(一尺)·아척(阿尺) 같은 비간 외위를 구성하거나 장척(匠尺)·문척(文尺)·서척(書尺)·도척(道尺) 같은 실무적 직책을 나타내는 데 쓰였다. 이러한 직책은 간군·비간군 외위에 의해 두루 수행되었고, 일척은 비간 외위 중에서는 상급에 속한다. 다만 그 역할로 보아 거○척(居○尺)에서 척은 지배자보다 실무자의 의미로 사용되었을 가능성이 크다.

이상으로 보아 거○척(居○尺)은 지방통치와 관련된 하급 보조자 역할을 했을 것이다. 문제는 봉평비에서 동시에 존재했던 일금지와의 관계가 어떠했는가 하는 것이다.

봉평비에서 처벌대상이 위계를 기준으로 기재되었다면, 거○척(居○尺)은 바로 앞의 동명이인이며 아대혜촌사인(村使人)인 나이리와 같은 위상을 가진 셈이다. 하지만 거○척(居○尺)은 공적 위호였던 이상, 일정한 사회적 위상을 반영했을 것이다. 그가 장 100의 처벌을 받은 인물 중에서 맨앞에 등장한 것은 최소한 그 위상이 무위호자보다 높았음을 보여준다. 남미지촌 사인 익사(翼糸) 뒤에 등장하는 어즉근리는 앞서 언급한 것처럼, 장 100의 처벌을 받으면서도 그 사실이 별도로 언급되었다. 이로 보아 어즉근리는 나이리 거○척(居፫尺)의 직접적인 통솔을 받았을 가능성이 크지 않은 것 같다. 하지만 거○척(居፫尺)은 장 100을 받은 인물 중에서 유일하게 위호를 칭하고 맨앞에 기재된 이상, 무위호 촌사인보다 높은 위상을 가졌을 것이다.

반면 거○척(居፫尺)은 무위호자인 아대혜촌의 나이리와 이름이 같고 다수의 촌사인이 무위호자인 점을 간과할 수 없다. 이는 거○척(居፫尺)이 무위호 촌사인에 비해 위상의 차이가 그리 크지 않았을 가능성을 보여준다. 그런데 일금지는 모종의 사건과 관련하여 일벌(一伐)·파단(波旦)과 함께 책임을 졌고, 중성리비와 냉수리비에서 간지의 최고 보위자로 등장한다. 이는 6부에서 '거벌'이 간지의 상위 보위자에 비해 위상의 차이가 컸던 점과 대조를 이룬다. 이런 점에서 거○척(居፫尺)은 일금지보다 위상이 낮았을 것이다.

또한 6부의 위호에서 유래한 일벌~피일은 경주 인근의 자치적 위호에서 유래한 일금지보다[29] 높은 위계로 편성되었다. 이러한 상황에서 역시 6부의 위호와 연관된 거○척(居፫尺)이 일금지 아래 외위로 편성되었을 가능성은 크지 않을 것이다. 이러한 편성은 6부의 지배세력을 지역세력에 비해 우월적으로 내세웠던 신라의 관행과도 어긋나기 때문이다. 이에 거○척(居፫尺)은 외위이기보다 지방통치와 관련된 실무적 보조자에 대한 위호로 생각된다.

율령반포 당시의 간군 외위는 간지에서 유래하는 하간지(下干支)로 구성되었고, 비간 외위는 6부에서 유래한 위호와 경주 인근 지역세력의 자치적 위호에서 유래한 일부 위호로 구성되었다. 이는 지역세력의 자치적 위호를 대부분 부인하고 일원적 외위체계를 꾀한 결과였다. 하지만 무외위 실무 보조자인 거○척(居፫尺)의 존재와 무위호자의 공적 역할로 보아 외위가 지역세력 내의 위호를 모두 수용하진 못했을 가능성이 크다. 이러한 상황은

---

29) 이부오, 앞의 글, 2015, 24~31쪽.

이후 지방통치 과정에서 일정한 변화의 가능성을 남겨둔 셈이다.

3. 비간 외위 증설과 급벌척

신라는 봉평비 이후 6세기 중엽까지 간군 외위의 상향분화를 추진했다. 이는 영토확장에 따라 지역세력을 우대함으로써 지방통치에 대한 협조를 이끌어내기 위한 조치였다. 이 기간 동안 비간 외위도 일정한 변화를 겪었는데, 앞서 언급한 것처럼 『삼국사기』 직관지에 따라 일벌(8)~아척(11)으로 편성되었다고 이해되어 왔다. 그런데 성산산성 목간의 급벌척(及伐尺)이 외위로 확인됨에 따라 비간 외위의 재편과정에 대해 새로운 검토가 필요하게 되었다. 이에 본장에서는 급벌척의 편성 과정과 이에 따른 비간 외위 구성의 특징을 파악해 보려 한다. 우선 급벌척의 사례를 제시하면 다음과 같다.

> 나-1) 성산산성 목간
> 218-1. 正月中 比思伐 古尸沙阿尺 夷喙
> 정월중 비사벌 고시사 아척과 이탁
> 218-2. 羅兮(落)及伐尺 幷作前(瓷)酒四斗瓮.[30]
> 나혜(락) 급벌척이 4말들이 항아리의 전(자)주를 함께 만들었다.
> 나-2) 상동 149-1
> 及伐城文尸伊**急伐尺**稗石.[31]
> 급벌성 문시이 급벌척의 패석.

---

30) 국립가야문화재연구소, 『한국의 고대목간』 II, 2017, 507쪽.
31) 윤선태, 앞의 글, 2012, 159쪽. '急伐尺(급벌척)'은 원래 鳥伐尺으로 판독된 바 있다(손환일 편저, 위의 책, 2011, 253쪽).

나-3) 상동 4면목간

　　1면: 三月中 眞乃滅村主 憹怖白.

　　　　3월에 진내멸촌주가 괴롭고 두려워하며 아룁니다.

　　2면: □城在弥卽尒智大舍下智前 去[32]白之.

　　　　□성에 계신 미즉이지 대사 하지 앞에 나아가 아룁니다.

　　3면: 卽白. 先節 卒日代法. 稚然

　　　　아뢸 말씀은 다음과 같습니다. 앞서 60일 대법이 적용되었습
　　　　니다. 어리석게도

　　4면: 伊他罷及伐尺案言 □法卅代告 今卅日食 去[33]白之[34].

　　　　이타리 급벌척이 □법으로 30(일) 대신한다고 고했습니다. (이
　　　　에) 지금 30일 식으로 나아가 아룁니다.

이처럼 함안 성산산성 목간 218번에서는 비사벌(比思伐)의 고시사(古尸沙)
아척(阿尺)과 이탁(夷喙)의 나혜(락)(羅兮落) 급벌척(及伐尺)이 전(자)(前瓷)의 주
(酒) 4두옹(斗瓮)을 함께 만들었다고(作) 한다. 이 목간의 급벌척(及伐尺)은 외
위로서는 주목받지 않았었는데, 149번 목간의 급벌성(及伐城) 문시이(文尸
伊)가 칭한 위호가 기존의 판독이었던 鳥伐尺(오벌척)이[35] 아니라 急伐尺(급

---

32) 적외선 사진에서 이 글자는 圖이고 제4면에서는 圖이다(국립가야문화재연구소,
　　『한국의 고대목간』Ⅱ, 2017, 509쪽). 이전에 제공된 보도자료의 사진에서는 각
　　각 圖와 圖였다. 원논문에서 필자는 이 필획을 근거로 '書(去)'로 파악했다. 하지만
　　그 뒤 적외선 사진의 필획을 접한 뒤 국립가야문화재연구소의 판독에 따랐음을
　　밝힌다.

33) 위 각주와 같음.

34) 국립가야문화재연구소 제공 문화재청 보도자료, 2017.1.4 ; 최장미, 「함안 성산
　　산성 제17차 발굴조사 출토 목간 자료 검토」『목간과 문자』, 2017, 202쪽. 제시
　　된 원문의 2면을 제4면으로, 원문의 4면을 제2면으로 보는 견해도 있다(손환일,
　　「함안 성산산성 출토 문서목간의 의미와 서체 -17차 발굴조사 성과 발표문을 중
　　심으로-」, 신라사학회 제162회 월례발표회, 2017.2.18).

35) 손환일 편저, 앞의 책, 2011, 253쪽.

벌척)이라는 주장이 제기되면서 주목을 받았다.[36] 그 첫글자 '彡'는 필획이 모호하지만, 상단의 제1·2획을 중심으로 보면 急에 다소 가까워 보인다. 또한 최근 성산산성 4면목간에서 급벌척(及伐尺)이 확인되면서(사료 나-3) 당시 급벌척이 외위로 존재한 사실이 분명해졌다. 이들 목간의 사용시기는 532년 전후,[37] 561년 전후,[38] 561년을 하한으로 하는 몇 년간,[39] 6세기 후반,[40] 6세기 중엽~말,[41] 7세기 초라는 견해가 제출되었다.[42]

성산산성 제17차 조사에서는 목간들이 매몰된 동문지 안쪽 부엽층의 조성과 주변 체성벽의 조성이 단일한 계획하에 이루어졌고 성벽의 축조는 6세기 후반경에 이루어졌다고 보고되었다.[43] 성벽 기저부와 부엽층 내의 토기는 6세기 전반~후반에 걸쳐있다고 한다.[44] 내벽 보축이 체성벽과 별도로 6세기 말~7세기 전반에 이루어졌다는 관점에서는 목간 제작의 시기를 6세기 3/4분기~말로 보았다.[45]

이 문제는 제17차 조사에서 발견된 성산산성 21호 목간과 밀접히 연관되어 있다. 이 목간의 1면 서두를 '壬子寧(왕자녕)' 대신 '壬子年(임자년)'으로

---

36) 윤선태, 앞의 글, 2012, 159쪽.

36) 윤선태, 앞의 글, 2012, 159쪽.
37) 박남수, 앞의 글, 2017, 72쪽.
38) 전덕재, 「함안 성산산성 목간의 연구현황과 쟁점」 『신라문화』 31, 2008, 6~7쪽.
39) 이경섭, 「함안 성산산성 목간의 연구현황과 과제」 『신라문화』 23, 2004, 14쪽.
40) 윤선태, 「함안 성산산성 출토 신라목간의 용도」 『진단학보』 88, 1999, 21~22쪽.
41) 윤상덕, 「함안 성산산성 축조연대에 대하여」 『목간과 문자』 14, 2015, 91쪽.
42) 이주헌, 「함안 성산산성 부엽층과 출토유물의 검토」 『목간과 문자』 14, 2015, 64쪽.
43) 국립가야문화재연구소, 『함안 성산산성VI -17차 발굴조사 보고서-』, 2017, 153쪽, 178쪽.
44) 국립가야문화재연구소, 앞의 책, 2017, 196쪽.
45) 김재홍, 「함안 성산산성과 출토목간의 연대」 『함안 성산산성 출토 목간의 국제적 위상』, 국립가야문화재연구소·한국목간학회, 2018.10.25~10.26, 179~181쪽.

판독하면, 이 목간의 제작연대는 532년 또는 592년이 될 수 있다.[46] 그 시기가 532년이라면, 법흥왕 19년(532) 금관가야가 항복해 온 시기를 전후하여 신라가 아라가야(함안)까지 진출한 셈이다. 그런데 안라(安羅)는 흠명 2년(541)과 동 5년(544) 현재 존속했다가 동 23년(562)에 멸망했다고 전한다.[47] 561년 신라가 아라(阿羅) 파사산(波斯山)에 축성했다고[48] 인정하더라도 532년에 신라가 함안 성산산성을 쌓았다고 보기는 어려울 것이다. 그렇다면 위 사료에 제시된 목간의 제작시기는 532년보다 592년 전후일 가능성이 더 크다. 급벌척(及伐尺)은 591년 이전의 어느 시점에 외위로 편성된 셈이다. 문제는 그 구체적인 시점이 언제인가 하는 점이다.

이를 파악하기 위해 우선 봉평비 이후 급벌척이 확인되기까지를 중심으로 지역세력의 외위를 정리하면 〈표 2〉와 같다. 앞서 언급한 것처럼 봉평비 건립 당시에 거○척(居⊃尺)이 지역세력의 위호로서 존재했다면, 급벌척은 이 위호에 연원을 두고서 524년 이후 592년 이전에 외위로 편성되었다고 볼 수 있다. 이 기간 동안 비간 외위의 가시적인 변화는 524년 이후 일정 시점에 일금지가 소멸하고 단양적성비(551?)와 명활산성비(551)에서 아척(阿尺)이 출현했다는 것이다. 아척은 봉평비에서 보이지 않기 때문에 율령반포 단계에서 설치되었는지 여부를 확인할 길이 없다. 명확한 근거가 없는 상황에서 아척이 출현한 시기는 율령이 반포된 520년 또는 그 이후 551년 사이로 보아야 할 것이다.

이 기간 동안 일금지의 폐지와 아척의 등장은 비간 외위의 재편과 관련되었을 가능성이 크다. 또한 지역의 자치적 위호에 연원을 두었던 일금지의 폐지와 새로운 비간 외위의 편성은 외위체계에 대한 새로운 정책방향을 시사한다.

---

46) 손환일, 앞의 발표문, 2017.2.18, 29~32쪽.

47) 『일본서기』 해당조.

48) 『일본서기』 해당조.

〈표 2〉 율령반포 이후 신라 외위의 역할

외위	봉평비(524)	청제비(536)	적성비(551?)	명활산성비(551)	진흥15(554)	창녕비(561)	성산목간(561?~592?)	오작비(578)	남산신성비(591)	비(比)경위(674)
1.악간										일길찬
2.술간						서인/촌주				사찬
3.고간					군주비장					급찬
4.귀간								대공척	군중상인	대나마
5.찬간			적성전사법						군상촌주 군(중)상인	나마
6.상간							세곡책임		군상촌주 군상인 작상인 성착상인 장척	대사
7.간		사인		□척			세곡책임	대공척	장척	사지
하간지	입비협조		공형	군중상인/공인						
8.일벌	杖60			공인 □척?			세곡책임	도척(道尺)	문척 면석착	길차
9.일척	입비협조						세곡책임	도척/문작인	회석착	
10.피일	장60			장인 공인				도척	(소)석착	소오
11.아척			□인	서사인(書寫人)			세곡책임		문척 면착	선저지(조위)
일금지	장60									
급벌척							并作前□酒 4□瓮49)			
무외위	촌사인(장60, 장100)	간지보위	아이차(현양대상)						□착상 외착인	

49) 함께 술을 빚은 급벌척의 이름은 나혜(락)이다(나-1). 이외에 급벌성 문시이급벌척(急伐尺)은 패석(稗石)을 책임졌고(나-2), 구벌 미나(未那) 조시지 거벌척(居伐尺)은 노(奴)의 패석을 책임졌다(가야5587)(국립가야문화재연구소, 『한국의 고대목간』Ⅱ, 2017, 509쪽). 진내멸촌의 이타리급벌척(及伐尺)은 60일 대법(代法)을 책임져야 하는 위치에 있었는데 30일 대법(代法)으로 수행했고, 이 과정에서 촌주의 통솔을 받은 것으로 나타난다(나-3).

다만 이것만으로는 급벌척(及伐尺)이 외위로 편성된 시기가 551년 이전인지 그 이후인지 판단할 수 없다. 여기서 주목되는 것은 같은 시기 간군 외위의 변화다. 외위 재편에서 정치적 비중이 큰 쪽은 비간 외위보다 간군 외위였다고 생각된다. 비간 외위는 간군 외위의 재편에 영향을 미치기보다 간군 외위 변화에 연동하여 재편되었을 가능성이 크기 때문이다. 이에 간군 외위의 단계별 변화는 급벌척 설치를 포함한 비간 외위의 재편에 일정한 시사점을 줄 수도 있다.

첫째, 간지가 외위로 복구되는 단계를 살펴보자. 청제비 병진명(536)에서는 입비에 협조한 중작촌(衆作村)의 지□리(只□利)간지(干支)가 보인다. 간지가 외위로서 다시 등장한 것은 6부의 간지가 경위로 편입되면서 지역세력에게 간지가 허용된 결과로 이해되고 있다.[50] 그런데 간지의 최고 보위자인 도이리(徒尒利)는 무외위자로 나타난다. 그렇다고 해서 봉평비에 출현했던 비간 외위가 모두 폐지되었을리는 없다. 다만 봉평비에서 촌사인의 대부분이 무위호였던 점과 비교하면, 촌 간지(干支)의 보위자들 중 상당수가 아직 외위를 칭하지 않았을 가능성을 확인할 수 있다. 그렇다면 536년까지는 비간 외위가 본격적으로 증설되었을 가능성은 크지 않다고 생각된다.

둘째, 간지가 상향분화하기 시작하는 단계가 주목된다. 청제비 병진명 건립 이후 일정 시점에는 상간(上干)(6)이 설치되었고, 명활산성 건립(551) 이전까지 찬간(撰干)(5)이 분화했다. 이후 간군 외위의 상향분화는 법흥왕대 이후 영토의 확장 과정에서 특정 지역세력을 우대한 결과로 생각된다. 간군 외위의 분화는 비간 외위에 대한 정비의 필요성도 제기했을 가능성이 있다. 따라서 이 기간 동안 일금지가 폐지된 것은 급벌척의 설치와 연동되었을 개연성이 고려될 수 있다.

셋째, 간지(干支)·하간지(下干支)를 간지로 통합한 시기도 외위 재편에서

---

50) 하일식, 『신라 집권 관료제 연구』, 혜안, 2006, 241쪽.

중요한 기점이 되었을 것이다. 간지와 하간지는 명활산성비(551)에서 공존했으나, 대구 무술오작비(578)와 남산신성비(591)나 성산산성 목간에서는 간지만 확인된다. 하간지는 551년 이후 591년 이전에 소멸한 것이다. 551~561년 사이에는 간군 외위의 상향분화가 추가로 진행되어 고간(高干)(4)과 술간(述干)(2)이 새로 편성되었다〈표 2〉. 이미 551년 이전에 간지(干支)(7)보다 높다는 어의를 가진 상간(上干)(6) 외에 찬간(撰干)(5)이 출현했으므로, 고간(高干)과 술간(述干)은 기존의 간군 외위보다 더욱 우대한다는 의미로 첨설되었을 것이다.

이것도 외위 재편 과정에서 큰 변화이긴 했지만, 비간 외위의 재편과 연동되었다는 근거는 찾아지지 않는다. 또한 고간과 술간의 설치는 553년 신라가 한강 하류를 차지하고 낙동강 이서 지역에 대한 압박을 강화하던 상황과 밀접히 연관되었다. 554년 고간 도도(都刀)는 신라가 금강유역으로 진출하기 위한 전략적 요충지였던 삼년산군(三年山郡, 보은) 출신이었고, 신주(新州) 군주(軍主) 김무력(金武力)의 비장(裨將)을 맡고 있었다.[51] 561년 창녕비에 등장하는 촌주인 술간은 대가야 방면으로 진출하는 요충지였던 비자벌(比子伐) 출신으로 생각된다. 이러한 지역에서 단기간에 기존 간군 외위보다 높은 외위가 2개 이상 설치되었다면, 이는 비간 외위를 포함한 외위 전체에 대한 재편과는 거리를 두었을 가능성이 있다. 이보다는 전략적 요충지의 지역세력에 대한 우대가 실질적인 동기로 작용했을 것이다. 이 기간 동안 하간지가 간지로 통합된 것은 간지의 상향분화 진전에 따라 다소 번다해진 간군 외위를 재정리하는 차원에서 이루어졌을 것이다.

이상으로 보면 비간 외위 재편은 외위 간지의 복구 단계나 하간지의 소멸 단계보다 간지의 상향분화가 시작되는 단계와 연관될 가능성이 가장 크다. 즉 비간 외위의 재편은 대체로 청제비(536)부터 명활산성비(551) 사

---

51) 『삼국사기』 권4 신라본기4 진흥왕 15년 7월.

이에 이루어졌다고 볼 수 있다. 급벌척도 이 시기에 일금지의 폐지와 연동하여 편성되었을 것이다. 이로써 비간 외위는 일벌, 일척, 피일, 아척에 이어 급벌척에 이르는 체계를 갖추게 되었다.[52] 지역세력의 자치적 위호에서 유래한 비간 외위는 폐지되고, 비간 외위 전체가 6부에서 유래한 위호를 중심으로 일원적 체계를 갖춘 것이다.

만일 이 과정에서 일금지가 급벌척으로 바뀌었다면, 기존 일금지를 칭했던 인물들은 위상이 격하된 셈이다. 그런데 청제비 이후 간지가 외위로 복원된 뒤 간군 외위는 오랫동안 상향분화하는 경향을 보였다. 이러한 상황에서 비간 외위인 일금지만 일방적으로 하향식 개편을 했다고 보기는 어렵다. 기존 연구에서는 일금지가 아척으로 대치[53] 내지 통합되거나[54] 아척의 모태가 되었다고 이해되었는데,[55] 이는 급벌척의 존재를 전제로 하지 않은 결론이었다. 또한 아척과 급벌척 사이에 별도의 외위가 존재했는지 여부는 확인할 수 없는 상황이다. 그렇다면 일금지는 아척 내지 급벌척으로 대치되었다고 보는 편이 무난할 것이다.

봉평비 단계까지 지방통치와 관련된 지역세력의 일부는 무외위자였다. 하지만 명활산성비 이후에는 그러한 사례가 드문 편이다. 남산신성비에서 무외위자로 확실한 인물은 작업 실무자로 추정되는 □착상(捉上) 수이차(首尒次, 제1비)와 이동촌(伊同村)의 외착인(外捉人) □□(제9비) 정도이다. 이는 기존의 무외위자 중에서 지방통치 관련 업무에 협조한 세력이 대부분 하급 비간 외위로 편성된 결과로 생각된다. 이들 중에는 외위체계로 편입되지

---

52) 급벌척 위에 사간지(沙干支)에 대응하는 사척(沙尺)이나 일길간지(一吉干支)에 대응하는 일길척(一吉尺)이 존재했는지 여부는 현재로서는 단언할 수 없다.

53) 박남수, 앞의 글, 2010, 475쪽.

54) 이부오, 앞의 글, 2015, 39쪽.

55) 주보돈, 「울진 봉평리 신라비와 신라의 동해안 경영」『울진 봉평리 신라비와 한국고대 금석문』, 울진군·한국고대사학회, 2011, 90쪽.

않았던 지역 내 자치적 위호나 이를 계승한 세력도 포함되었을 가능성이 있다. 이를 통해 지방통치에 협조하는 지역세력에 대한 외위 편성은 사실상 완료되었다. 6세기 초중엽 비간 외위 재편은 증가하는 지방통치 사무를 효율적으로 수행하는 동시에 이에 협조했던 무외위자를 외위체계로 흡수하기 위한 조치였다고 볼 수 있다.

그러면 급벌척이 실제로 어떤 역할을 했는지 살펴보자. 성산산성 목간에서 나혜(락)(羅兮落) 급벌척(及伐尺)은 비사벌(比思伐)의 고시사(古尸沙) 아척(阿尺)과 함께 전(자)주(前瓷酒) 4두옹(斗甕)을 만드는 임무를 수행했다(사료 나-1). 이탁과 비사벌은 서로 가까운 지역일 가능성이 큰데, 하나의 성이나 행정촌 아래의 지명인지 여부는 불분명하다. 다만 급벌척은 아척과 함께 지방통치와 관련된 실무적 임무를 맡았음을 알 수 있다.

급벌성(及伐城)에서는 문시이(文尸伊) 급벌척(急伐尺)이 패석(稗石)과 관련되었다(사료 나-2). 성산산성 목간에서 곡식과 관련된 인물에 대해서는 세곡의 부담자설,[56] 노역과 관련된 지급 대상자설[57] 등이 있다. 그런데 전체 곡식과 관련된 목간 중에서 외위자의 비중이 적지 않은 점, 외위자+무외위자(노奴)의 사례가 다수인 점 등으로 볼 때, 목간에 등장하는 외위는 조세의 납부, 운송 등과 관련된 책임의 소재를 위해 기재되었을 가능성이 크다고 생각된다.

성산산성 목간에서 패석(稗石) 제출을 담당한 외위는 간군인 상간(上干)(6), 간(干)(7)부터 비간군인 일벌(一伐)(8), 일척(一尺)(9), 아척(阿尺)(11)까지 다양하게 나타난다. 급벌척도 여타 외위와 마찬가지로 조세 수취에서 일정한 책임을 맡은 것으로 볼 수 있다. 이러한 역할은 급벌척이 상급 비간 외

---

56) 윤선태, 앞의 글, 2012, 168쪽.

57) 홍승우, 「함안 성산산성 출토 하찰목간의 서식과 성격」, 『함안 성산산성 출토 목간의 국제적 위상』, 국립가야문화재연구소·한국목간학회, 2018.10.25~10.26, 119쪽.

위의 보조역할만 맡은 것이 아니라, 일정한 임무의 책임자 역할도 맡았음을 보여준다.

성산산성 4면목간에서 진내멸촌주가 미즉이지 대사(大舍)에게 보고한 바에 따르면, 이타리(伊他羅) 급벌척(及伐尺)은 □법(法)에 따라 30일을 대신하면(代) 된다고 고하고서 30일의 '식(食)'으로 간다고 했다. '□법'에서 □는 필획이 '代(대)'와는 거리가 있어 보이는데, 전후 맥락으로 보아 대법(代法)과 연관된 법이거나 그 상위법 또는 하위법일 것이다. 거벌척은 성산산성의 운영과 관련된 이러한 법에 따라 규정된 의무를 졌다고 볼 수 있다.

여기서 '식(食)'은 '먹었다'[58] 또는 식량으로 해석되었다.[59] 그런데 그 전에는, 제3면의 언급처럼 대법(代法)에는 해당 기간이 60일로 되어 있었다. 진내멸 촌주는 30일만 대신하면 된다는 이타리 급벌척의 고(告)를 받아들인 자신의 행위에 대해 스스로 어리석었다고 여기며 두려워하고 있다. 이타리 급벌척은 기존의 대법에서 60일을 머무르면서 임무를 수행해야 했으나, 다른 법을 근거로 대면서 30일만 머물면서 임무를 수행했다고 볼 수 있다.

이러한 임무가 무엇인지는 명시되지 않았다. 다만 성산산성 목간에서 외위자의 대표적인 임무는 패석(稗石) 같은 세곡에 대한 책임이다. 남산신성비에서 비간 외위는 대체로 간군 외위의 책임 하에 문척(文尺), 면석착(面石捉) 같은 보조적 임무를 수행했다〈표 2〉. 이에 급벌척은 여타 비간 외위처럼 자신의 근거지에 들어오는 조세를 수납하고 관리하거나 인력동원에 협조하는 임무를 졌다고 볼 수 있다. 4면목간의 서술맥락으로 보면 이러한 임무는 여타 외위자를 보조하기보다 단독으로 지위진 것이다. 급벌척도 일상적인 업무에서는 간군 외위의 지휘에 협조하는 역할을 담당했을 것이다. 다만 중요도가 작은 임무나 주어진 상황에 따라 지역내 조세 수취나

---

58) 국립가야문화재연구소 제공 문화재청 보도자료, 2017.1.4.

59) 박남수, 앞의 글, 2017, 49쪽.

인력 동원에서 개별적으로 책임을 졌다고 생각된다.

대법(代法)은 성산산성의 운영에서 외위자의 임무에 적용되었다. 진내멸 촌주는 이와 관련된 상황을 경위인 대사에게 보고했다. 대법은 특이상황에서 다른 외위자의 임무를 대신하도록 규정한 것으로 생각된다. 거꾸로 말하면 지방통치에서 조세수납이나 인력동원에서 외위자의 임무가 원래 법으로 규정되었던 것이다. 이 중에서 특이상황에 적용된 대법은 본규정을 제시한 □법보다 하위법이었을 것이다. □법은 기존의 60일 임무수행 관행을 30일로 바꾸는 근거가 되었다는 점에서는 대법보다 상위법일 가능성이 있다. 이와 유사한 사례가 단양적성비에서도 확인된다. 여기에 보이는 적성전사법(赤城佃舍法)은 지방통치와 관련된 법 중에서 적성 주변에 한정적으로 적용되었다는 점에서 비교적 하위법으로 볼 수 있다. 반면 단양적성비에 보이는 국법(國法)은 상위법에 해당한다. 거벌척과 같은 외위자의 임무는 이상에 준하는 상위법과 하위법에 근거해 제시되었을 것이다.

520년 반포된 율령은 6부와 지역세력에 대해 일원적 통치체제의 구현을 목표로 삼았을 가능성이 크지만, 외위 편성에서는 이러한 목표가 완벽하게 실현되지 않았다. 그런데 이후 신라는 적지 않은 영(令)을 발표했다. 법흥왕 15년(528)에는 불교를 공인했고, 동 16년에는 영을 내려 살생을 금지시켰다고 한다. 동 23년(534)에 처음으로 연호를 제정한 것도 교(敎)나 영(令)의 형식을 취했을 것이다. 동 25년에는 지방관이 가족을 동반할 수 있도록 허락했다.[60] 이상의 교나 영은 율령반포의 목적을 상황에 맞게 달성하기 위한 조치로 볼 수 있다. 외위와 관련된 법은 이러한 목적을 지방통치에서 구현하기 위한 조치였다. 그렇다면 일금지의 폐지나 급벌척의 설치는 대체로 상위법으로 규정되었을 것이다.

이후 급벌척은 남산신성비(591)를 비롯한 금석문에서 확인되지 않는다.

---

60) 이상 『삼국사기』 권4, 신라본기 해당조.

이와 관련하여『삼국사기』직관지에 정리된 외위를 제시하면 다음과 같다.

> 다) 외위. 문무왕 14년 6도(徒) 진골을 5경 9주에 나가 살게 하였고 관명을
> 별도로 칭하였다. 그 위계는 경위에 견주었다. 악간(嶽干)은 일길찬에
> 견주었고 술간(述干)은 사찬에 견주었고 고간(高干)은 급찬에 견주었고
> 귀간(貴干)은 대나마에 견주었고 선간(選干, 혹은 찬간撰干)은 나마에 견
> 주었고 상간(上干)은 대사에 견주었고 간(干)은 사지에 견주었고 일벌
> (一伐)은 길차에 견주었고 피일(彼日)은 소오에 견주었고 아척(阿尺)은
> 선저지에 견주었다. (『삼국사기』권40 직관 하 외관)

이처럼 문무왕 14년(674) 당시의 외위는 악간(嶽干)(1)부터 아척(阿尺)(11)
까지만 소개되었다. 여기서 급벌척이 보이지 않는 이유로서, 6세기 말~7
세기 중엽 사이에 그것이 사라졌을 가능성과[61] 외위조에서 누락되었을 가
능성을 생각할 수 있다.

전자는 외위에 대한 대대적인 재편 가능성을 전제로 한다. 이와 관련하
여 남산신성비(591)까지 보이지 않던 악간이 새로 등장한 점이 주목된다.
바로 아래 술간(2)이 561년 이전에 출현한 이후, 악간은 최초로 추가 상향
분화한 외위다. 하지만 실제 인물의 활동에서 사례를 찾을 수 없어 악간은
술간과 성격이 유사했다는 견해도 제시되었는데,[62] 아마도 삼국통일 과정
에서 특별한 공을 세운 인물에게 예외적 조치로 수여되었을 것이다. 그렇
다면 6세기 말부터 7세기 중엽 사이에 간군 외위에 대해서는 별다른 개편
이 없었던 셈이다. 이러한 상황에서 비간 외위 중에서도 아척 아래만 폐지

---

61) 급벌척의 소멸 시점은 진흥왕대 이후 진평왕대(579~632) 이전으로 추정된 바 있
다. 이 견해에서는 같은 시기에 사척(沙尺)도 함께 소멸되었다고 한다(윤선태, 앞
의 글, 2016, 168쪽).
62) 김철준, 앞의 책, 1975, 152쪽.

한 흔적이나 그럴 만한 이유를 찾을 수 없다.

후자의 측면에서 살펴보자. 직관지에 등장하는 외위는 당시 외위를 종합적으로 정리하려는 의도와는 거리를 두고 있다. 이는 6도(徒) 진골로서 5경과 9주에 나가 거주할 경우에 별도로 칭했던 관명을 제시하는 데 목적을 두었다. 이러한 기준에서 악간은 경위 일길찬에 견주었고, 순차적으로 내려오면서 아척은 선저지에 견주었다는 것이다. 아척보다 낮은 외위가 존재했는지 여부는 언급되지 않았고, 위 사료의 기술 취지와도 거리가 있어 보인다.

그런데 신라는 6부의 지배세력을 다른 지역세력보다 우월하게 위치짓는 정책을 유지했다. 이는 봉평비에서 '신라 6부'를 강조한 사실에서도 확인된다. 삼국통일 과정에서는 백제와 고구려의 관위자에게 신라의 경위를 수여할 때에도 신라 출신보다 상대적으로 낮은 것으로 적용했다. 백제의 달솔(達率)에게 신라의 외위인 귀간(貴干)(4)을 수여하고, 순차적으로 장덕(將德)에게 일척(9)을 수여한 경우도 마찬가지다.[63] 백제의 달솔은 2품이었지만, 신라의 귀간은 비간군 경위인 대나마(10)에 견주었을 뿐이다. 이 기록에서도 귀간 아래의 신라 외위는 존재하지 않았다는 것이 아니라, 기술하는 범위의 밖이었을 뿐이다. 그렇다면 6도 진골의 경위와 외위를 견줄 때에도, 외위를 경위보다 낮게 비교했을 것이다. 이에 경위인 선저지(17)에 견줄 수 없는 하급 비간 외위가 별도로 존재했을 가능성이 크다. 이러한 외위에는 아척보다 낮은 급벌척이 포함되었을 것이다.

결국 급벌척은 청제비(536)~명활산성비(551) 사이에 외위로 편성되었고, 674년경까지도 최하급 비간 외위로 존속했다고 볼 수 있다. 이후 삼국통일의 완성을 전후하여 외위가 폐지되면서 급벌척도 소멸된 것이다.

---

63) 『삼국사기』 권40 직관 하 외관.

4. 맺음말

본고는 6세기 초중엽에 신라 외위의 하나인 급벌척(及伐尺)이 설치되고 비간 외위가 재편되는 과정을 재검토하기 위해 작성되었다. 이제 그 결과를 정리하면 다음과 같다.

5세기 말경 신라는 지역세력에게 간지(干支)와 일금지를 외위로 수여해 일정한 자치권을 부여하고 지방통치에 협조토록 했다. 지역세력의 자치적 위호는 원칙적으로 부정되었지만, 지역세력 내에서는 이러한 위호가 외위와 혼용되었다. 5세기 말 이후 도사의 파견이 확대되면서 외위와 지역세력의 실제 위호를 일원화할 필요성이 제기되었다. 520년 율령반포를 전후하여 신라는 6부의 자치적 위호를 이용해 비간 외위로서 일벌(一伐)(8), 일척(一尺)(9), 피일(彼日)(10) 등을 설치했지만, 경주 인근의 자치적 위호에서 유래했던 일금지는 유지되었다. 두 계통의 위호를 모두 활용함으로써 신라는 지역세력의 위호에 대한 통일적 위계화를 꾀하면서도 지역세력과 일정한 타협을 이루었다. 봉평비에서 Ⅷ-16~18의 거○척(居3尺)은 지방통치와 관련된 실무적 보조자에 대한 위호이며, 일금지보다 위상이 낮았다.

비간 외위의 재편은 간군 외위의 변화와 연동되었다. 그 중에서도 청제비(536) 직전 간지(干支)의 복구는 비간 외위의 본격적인 재편을 동반하지 않았다. 551년 이후 578년 이전 간지와 하간지(下干支)의 통합은 다소 번다해진 간군 외위를 정리하는 차원에서 이루어졌다. 급벌척은 간지의 상향분화가 시작된 단계 즉 청제비(536)부터 명활산성비(551) 사이에 외위로 첨설되었을 것이다. 비슷한 시기에 일금지가 폐지되면서 비간 외위는 모두 6부 계통의 위호로 편성되었고, 일금지는 아척, 거벌척 등으로 대치되었다. 지역세력에서 통용되던 자치적 위호나 하위 지배층에 대한 외위 편입은 이를 통해 사실상 완료되었다.

'급벌'은 간군 외위를 보좌하는 하위의 '기초적' 역할을 의미했다. 이에 급벌척은 일상적인 업무에서는 간군 외위의 지휘에 협조했지만, 조세 수취나 인력 동원에서는 책임자 역할도 맡았다. 급벌척을 비롯한 외위의 설치는 국법(國法)이나 □법 같은 상위법으로 규정되었다. 급벌척의 임무를 대신하는 기준은 대법(代法)과 같은 하위법으로 규정되었다. 급벌척은 비간 외위의 최하급을 구성하다가 삼국통일의 완성을 전후하여 여타 외위와 함께 소멸되었다고 생각된다.

『한국고대사탐구』 26, 2017

Ⅳ
6세기 초중엽 신라의
간군(干群) 외위 재편과 촌민 동원

1. 머리말

신라의 간군(干群) 외위(外位)는 소국이나 읍락의 지배자인 간지(干支)에서 유래하여 지방관의 통치에 협조하는 상층 위계를 형성했다. 특히 중고기에 들어서 본격적으로 분화한 간군 외위는 신라의 급격한 영역확장과 맞물려 지방통치체제를 확립하는 데 커다란 역할을 했다.

비간(非干) 외위가 울진봉평리신라비(이하에서 '봉평비')와 단양신라적성비(이하에서 '적성비') 사이에 일벌(一伐)~급벌척(及伐尺)으로 정리된 반면, 간군 외위는 6세기 중엽까지 지속적으로 상향 분화했다. 외위의 편성 시기는 남산신성비와 『삼국사기』 직관지를 근거로 6세기 중후반부터 문무왕 14년(674)까지로 추정된 바 있다.[1] 적성비(551?)에서 확인된 찬간지(撰干支) 이하를 근거로 외위체계의 완성시기가 551년 이전으로 추정되기도 했다.[2]

---

1) 말송보화(末松保和), 『신라사의 제문제新羅史の諸問題』, 동양문고(東洋文庫), 1954, 282~287쪽.

2) 이기동, 「신라 관등제도의 성립연대문제와 적성비의 발견」 『사학지』 12, 1978,

하지만 적성비 단계까지 찬간지 이하가 첨설되고 창녕신라진흥왕척경비(이하에서 '창녕비', 561) 단계까지 술간(述干) 이하가 증설되었다는 점은 인정되어도 좋을 것이다.[3]

그런데 상향분화의 전기를 열었던 상간지(上干支)의 출현은 봉평비 단계,[4] 6세기 2/4분기,[5] 영천청제비 병진명(536) 단계,[6] 단양적성비 이전인 550년 이전,[7] 봉평비와 적성비 사이[8] 등으로 추정되어 일치된 견해에 도달하지 못했다. 신라 국가의 지방통치체제 편성에서 간군 외위의 역할은 자료가 비교적 풍부한 남산신성비 단계의 역역(力役) 동원을 중심으로 파악되었다.[9] 그런데 남산신성비는 주군제(州郡制)와 외위체제가 완성된 이후의 상황을 보여준다. 간군 외위의 역할이 자리매김되는 과정을 이해하기 위해서는 이것이 상향분화한 배경과 과정에 대한 이해가 선결되어야 한다.

적성비의 발견은 이러한 과정을 주목하는 데 큰 계기가 되었다.[10] 하지만 간군 외위의 첨설 과정이 지역세력에 대한 지배형태나 동원방식에서 가

142쪽 : 『신라골품제사회와 화랑도』, 일조각, 1984, 382~388쪽.

3) 하일식, 『신라 집권 관료제 연구』, 혜안, 2006, 241쪽.

4) 김희만, 「영일 냉수비와 신라의 관등제」『경주사학』9, 1990, 28~29쪽.

5) 이용현, 「율령 제정 전후의 신라 관등 -중고 초기 문자자료를 통해-」『목간과 문자』15, 2015, 92쪽.

6) 하일식, 앞의 책, 2006, 241쪽.

7) 노중국, 「금석문·목간 자료를 활용한 한국고대사 연구과제와 몇 가지 재해석」『한국고대사연구』57, 2010, 40쪽.

8) 이부오, 「신라의 비간(非干) 외위(外位) 편성과정과 일금지(壹金知)」『한국고대사탐구』21, 2015, 36쪽.

9) 이종욱, 「남산신성비를 통하여 본 신라의 지방통치체제」『역사학보』64, 1974.

10) 이기동, 앞의 글, 1978.

겨온 변화에 대해서는 구체적인 설명이 이루어지지 않았다고 생각된다. 이는 율령반포 이후 신라의 지방통치체제 운영을 해명하는 데에도 적지 않은 한계로 작용했다.

간군 외위가 분화하기 이전인 상고기의 지역세력 동원에서는 주수(主帥)와 거수(渠帥) 즉 간지(干支)의 역할이 중시되었다.[11] 이러한 역할은 외위가 편성된 이후 간군 외위의 역할을 이해하는 데 연결고리가 될 수 있다. 그런데 상고기 지역세력의 동원에서 간지의 역할이 항상 동일했다고 보기는 어려울 것이다. 상고말 금석문에 나타난 간지의 역할은 소국 간지가 사로국에 복속한 이후 상당한 변화를 겪은 뒤의 상황으로 보이기 때문이다. 이러한 변화에 대한 파악은 중고 초기 이후 간군 외위의 역할을 이해하는 데에도 도움을 줄 것이다. 이후 간군 외위가 상향분화하는 과정에서 이들의 역할이 어떤 방식으로 변화하는지 파악할 필요가 있다.

지역에 대한 신라의 인적 동원은 역역을 중심으로 파악되어 왔다. 그런데 군역 동원, 그리고 지방통치와 관련된 직임의 수여도 넓은 의미에서 인적 동원에 포함될 수 있다. 그 중에서도 지배세력에 대한 외위 수여는 촌민들을 동원하는 효과적인 수단으로 인식되었을 것이다. 이와 관련하여 본고에서는 중성리비와 냉수리비에 등장하는 간지를 중심으로 상고말 신라의 촌민 동원에서 간지의 역할과 그 의미를 파악하려 한다. 이를 전제로 중고 초기의 봉평비에 나타난 촌민 동원방식과 지역세력의 역할을 살펴볼 것이다. 나아가 간군 외위의 상향분화 과정에서 나타난 촌민 동원방식의 변화를 파악할 것이다. 이를 통해 간군 외위의 분화가 신라의 지방통치체제 편성에서 가진 의미를 밝히는 것이 본고의 목적이다.

---

11) 김재홍, 『신라 중고기 촌제의 성립과 지방사회구조』, 서울대학교 박사학위논문, 2001, 124쪽.

2. 중성리비·냉수리비를 통해 본 촌민 동원 방식과 간지(干支)

신라의 촌민 동원을 구체적으로 보여주는 자료는 중고기 금석문이다. 그런데 이는 상고말부터 이루어진 촌민 동원에 바탕을 두고 있었다. 이에 본장에서는 상고말인 지증왕대에 건립된 금석문을 통해 촌민 동원에서 간지가 했던 역할을 살펴보려 한다.

우선 포항중성리신라비(이하에서 '중성리비', 501)·영일냉수리신라비(이하에서 '냉수리비', 503)에 나타난 지역세력과 6부에서 파견된 인물을 정리하면 〈표 1〉과 같다.

〈표 1〉 중성리비 · 냉수리비의 지역세력과 사인(使人) · 전사인(典事人)

시기	근거지	직명	역할	경위		외위			비고
				나마(11)	무위호	간지(7)	일금지	무위호	
중성리비 (501)	탁	나소독지 도사	사인 (使人)		염모지				영(令)
	사탁				추수지				
	?				과서모리				백구(白口)
	간거벌		영(令) 대상				일시리		
	소두고리촌					구추열지	비죽휴		
	나음지촌					복악	주근		
	진벌							일○	
냉수리비 (503)	사탁		전사인 (典事人)	일부지	도로불, 수구휴				
	탁	탐수도사			심자공(公)				
	탁				사부, 나사리				
	사탁				(소)나지				
	진이마촌	촌주	기(記)			유지			
								수지	

중성리비에서 사인(使人)인 나소독지(奈蘇毒只) 도사(道使) 염모지(念牟智)는 지절로 이하의 교(敎)를 바탕으로 소두고리촌 일대의 이권과 관련된 영(令)

을 추수지(鄒須智)와 함께 내렸다. 소두고리촌의 구추열지 간지(干支)-비죽휴일금지(壹金知)는 나음지촌의 복악 간지(干支)-주근 일금지(壹金知)와 함께 자신의 촌을 대표해 모단벌탁 작민사간지에게 돌아가라는 명령을 받았다고 생각된다.[12) 이 일대와 관련된 사안에 대해 촌의 대표와 그 보위자가 6부의 결정 사항을 시행하는 데 협조한 것이다. 도사는 나소독지 일대에 주둔하면서 주변을 통치하다가 교(教)의 지침에 따라 파견되었을 것이다. 나소독지의 위치는 흥해 분지의 인근이거나 경주-안강-포항-영덕을 연결하는 교통로의 어느 지점일 것이다. 6부인이 관련된 지역의 이권 분쟁을 해결하기 위해 도사는 간지와 일금지를 매개로 주변 촌내의 사안에 대해 개입할 수 있었던 것이다.

냉수리비에서는 진이마촌의 재(財) 분쟁과 관련하여 사탁 일부지(壹夫智) 나마(奈麻), 도로불(到盧弗), 수구휴(須仇休) 외에 탁 탐수(耽須)도사(道使) 심자공(心訾公), 그리고 탁 사부(沙夫), 나사리(那斯利), (소)나지(蘇那支)가 파견되었다. 이들은 전사인으로서, 위 분쟁과 관련된 6부의 공론교(共論教)를 현지에 전달하고 처리하는 역할을 했다. 이 중에서 일부지나마를 비롯한 대부분의 인물은 위 사안의 처리를 위해 임시로 파견되었다. 반면 도사 심자공은 탐수 일대에 주둔하다가 진이마촌의 분쟁을 처리하기 위해 파견되었을 것이다. 이에 진이마촌의 촌주(村主)인 유지(臾支) 간지(干支)와 수지(須支) 일금지(壹今智)가 촌을 대표하여 비의 건립에 협조했다.

---

12) 중성리비 IX행에서 '운(云)'의 주체는 VI행의 사인(使人)(이우태, 「포항 중성리신라비의 건립 연대와 성격」,『발견기념 학술심포지엄 포항 중성리신라비』, 국립경주문화재연구소, 2009.9.3, 81쪽), 옛사람(선석열, 「포항 중성리신라비'의 금석학적 위치」, 앞의 책, 43쪽), 진벌일(珍伐壹)(하일식, 「포항 중성리신라비와 신라 관등제」,『한국고대사연구』 56, 2009, 185쪽) 등으로 파악된 바 있다. 이와 관련하여 필자는 '운'의 주체를 간지-일금지 등으로 본 바 있다(이부오, 「지증마립간대 신라 6부의 정치적 성격과 간지」,『신라사학보』 28, 2013, 15쪽). 그런데 이 경우 모단벌탁 작민사간지에게 돌아가야(還) 하는 주체가 모호해진다고 판단하여 여기서는 '운'의 주체를 사인(使人)으로 수정하였다.

도사의 근거지인 탐수는 촌명이라는 설과[13] 6부로부터 사신이 파견된 교통로(道)의 범위라는 설이 있다.[14] 전자는 '탐수도사'라는 표현을 중시한 것이고, 후자는 『삼국사기』 신라본기 파사이사금 11년조에 등장하는 사자(使者), 소지마립간 19년에 보이는 관도(官道)를 중시한 결과다. 지방관이 파견되는 초기 단계에서는 6부로부터 파견된 사신(使臣)이 일정한 방면의 교통로를 거쳐 주어진 임무를 수행했을 가능성이 있다. 그런데 도사 앞의 '탐수'와 '나소독지'는 교통로와 관련된 단서를 동반하지 않았고, 특정 지명에 가까운 표현이다.

진이마촌은 포항시 신광면 분지의 남쪽 구석에 위치했고, 탐수 지역 휘하의 촌으로 볼 수 있다. 탐수 지역은 포항시 신광면 분지인지, 아니면 안강에서 영덕에 이르는 도로의 어느 지점인지 알 수 없다. 그런데 소두고리촌·나음지촌은 진이마촌에서 동쪽으로 인접하면서도 진이마촌을 통제한 도사와는 별도의 도사에게 통제를 받았다. 나소독지와 탐수의 도사가 동시에 경주-안강-포항-영덕에 이르는 교통로의 주변 지역 전체를 중복 통제했다고 보기는 곤란하다. 따라서 냉수리비의 탐수도사와 중성리비의 나소독지도사는 경주-안강-포항-영덕의 교통로를 전체적으로 통제하기보다 비가 위치한 분지로부터 그리 멀지 않은 지역에 근거해 주변 지역을 각각 통제했을 가능성이 크다. 중성리비·냉수리비 단계의 도사는 특정한 치소에 머물다가 필요에 따라 간지-일금지를 매개로 주변 촌내의 사안에 대해 개입할 수 있었다.

'탐수'와 '나소독지'는 지역 단위를 동반하지 않아 성(城)인지 촌(村)인지 단정할 수 없다. 그런데 봉평비에서 도사의 치소인 거벌모라는 뒤에 지역 단위를 명시하지 않았지만, 휘하에 다수의 촌을 거느렸다. 도사가 주재한 실지(悉支)는 기존 실직국의 존재로 보아 역시 휘하에는 다수의 촌을 거느

---

13) 강봉룡, 『신라 지방통치체제 연구』, 서울대학교 박사학위논문, 1994, 37~38쪽.
14) 김재홍, 앞의 글, 2001, 109쪽.

렸을 것이다. 안압지 출토 명활산성비에서는 도사가 촌에 근거했고, 남산 신성비에서는 '노함도사'와 '노함촌'이 동시에 확인된다. 도사의 주둔지는 유력한 촌을 끼거나 인접해 입지했음을 알 수 있다. 남산신성비 제2비에서는 구리성(仇利城) 도사(道使)가 보이므로, 도사의 치소에는 대체로 성이 구축되었음을 알 수 있다. 도사의 근거지는 치소의 시설과 인근의 유력한 촌 중에서 어느 쪽을 지칭하는가에 따라 성 또는 촌으로 불렸을 것이다. 이러한 주둔지는 행정성(촌)으로 볼 수 있다. 탐수와 나소독지의 휘하에도 다수 촌이 존재했다. 이에 도사의 치소인 탐수와 나소독지는 행정성(촌)의 일종으로 볼 수 있다. 이러한 성(촌)의 휘하에서 통제를 받은 촌은 인근 촌에 대한 행정기능을 수행하지 않았다는 점에서 일반촌으로 볼 수 있다.[15]

여기서 탐수도사와 나소독지도사의 역할은 촌민들을 동원한 사례와는 거리가 있다. 다만 도사가 간지-일금지를 매개로 촌내 사안에 개입했다면, 국가적 요구에 따라 촌민들을 동원했을 가능성도 배제할 수 없다. 문제는 이것이 구체적으로 어떻게 이루어졌는가 하는 점이다. 여기서 상고기 이래 6부와의 관계에서 지역세력의 역할은 6세기 초의 촌민 동원방식을 파악하는 데 비교자료가 될 수 있다.

예를 들면 파사이사금 5년에는 고타군주(古陁郡主)가 청우(靑牛)를 바쳤다

---

15) 지방관이 파견된 촌과 그 휘하의 촌은 각각 행정성(촌)과 자연촌으로 파악된 바 있다(주보돈, 「신라의 촌락구조와 그 변화」 『국사관논총』 35, 1992, 69쪽). 행정성(촌)은 도사의 치소로서 휘하의 촌에 대해 행정적 기능을 수행했다. 필자도 휘하의 촌을 앞에서 자연촌이라 칭했다(401쪽). 그런데 자연촌은 행정성(촌)과 대비될 순 있지만, 촌으로 편성되지 않은 자연부락이나 '벌(伐)'과 혼동될 소지도 있다. 이와 관련하여 중심촌과 나머지 촌으로 구분한 것은(김재홍, 앞의 글, 2001, 109~111쪽) 촌 중에서 도사 치소의 중심지 기능을 부각했다는 점에서는 의미가 있다. 하지만 '나머지 촌'은 해당 촌이 중심촌이나 여타 촌과의 관계에서 차지하는 위상을 표현하는 데 충분하지 않다고 생각한다. 행정성(촌) 휘하의 촌은 주변의 자연부락에 대해 중심지 기능을 했지만, 지방관이 파견되지 않고 행정성(촌)의 통제를 받았다는 점을 중시해 여기서는 일반촌이라 칭했다.

고 전한다.[16] 군은 금석문에서 명활산성비(551)부터 보인다. 이에 군주(郡主)는 6세기 이후의 용어로 표현된 것이고, 실제로는 사로국에 복속한 고타(안동) 소국의 간지를 가리킬 것이다. 복속 소국의 간지는 공납의 헌납 등에서 책임을 지는 동시에 소국을 대표했다고 볼 수 있다. 파사 23년에는 금관국의 수로를 위해 개최된 연회에서 5부(部)가 이찬(伊飡)으로 하여금 접대를 주관하게 했다고 전한다.[17] 여기서 부주(部主)는 중성리비에 보이는 간지의 연원이 되었을 것이다. 이사금과 부의 관계에서도 간지가 부를 대표했다. 상고 초기 사로국에 대한 공물 헌납이나 이사금과의 관계에서 간지가 소국이나 부를 대표한 것이다.

사로국에 복속한 뒤에도 소국 간지의 지배조직은 대체로 잔존했을 것이다. 그 중에서도 국읍의 간지 즉 주수(主帥)는 휘하 읍락의 간지에 대해 일정한 통제권을 행사했을 것이다.[18] 이러한 통제권은 국읍의 간지가 사로국과의 관계에서 옛 소국 지역을 대표하는 기반이 되었다.

하지만 간지의 역할이 반드시 자율적 판단에 따른 것은 아니었다. 파사 23년 수로를 위해 연회를 개최하도록 명령을 내린 주체는 이사금이었다. 파사 25년에는 실직(悉直)에서 반란이 일어나자, 사로국은 이를 진압하고 남은 무리를 남비(南鄙)로 옮겼다고 한다.[19] 반란의 주체가 실직이었다는 것은 소국 간지의 자치적 위계가 유지되었음을 의미한다. 일성 13년의 압독(押督)이 반란을 일으켰다는 것도[20] 이와 유사한 사정을 보여준다. 소국의 간지는 공물 헌납 등에서 지역을 대표했으나, 사로국의 의사에 반하는

16) 『삼국사기』 권1 신라본기 파사이사금 5년 여름 5월.
17) 『삼국사기』 권1 신라본기 파사이사금 23년 가을 8월.
18) 가야의 금관국에서는 거서간(居西干) 격(格)의 지배자 아래에 간(干)의 지위가 인정되었다고 한다(김철준, 『한국고대사회연구』, 지식산업사, 1975, 146쪽).
19) 『삼국사기』 권1 신라본기 파사이사금 25년 가을 8월.
20) 『삼국사기』 권1 신라본기 일성이사금 13년 겨울 10월.

경우에는 본거지에서 제거될 수도 있었다. 사로국과의 관계에서 이들에게 상당한 강제성이 동반된 것이다.

유례이사금 10년에는 사벌주(沙伐州)의 호민(豪民) 80여 가(家)를 사도성으로 이주시켰다고 전한다.[21] 사벌주는 주군제 실시 이후의 용어이므로 『삼국사기』 열전 석우로(昔于老)조에 보이는 사량벌국(沙梁伐國, 상주)을 가리킬 것이다. 이는 소국 간지에 대한 강제성이 점차 강화되었음을 보여준다. 호민 80여 가는 사벌 지역의 읍락에 근거했던 구성원 중의 일부를 가리킨다. 기존의 사민이 반란 세력을 제거하기 위한 것이었다면, 이사금대 말기부터는 국가적 필요에 따라 간지 휘하의 일부 구성원을 이주시킬 수도 있었다. 이사금대 말기~마립간대 초기를 거치는 동안 지역 내에서 간지는 여전히 상당한 역할을 했지만, 간지에 대한 6부의 영향력이 강화되는 추세는 지속되었다고 볼 수 있다.

눌지마립간은 고구려와 왜에 인질로 가 있던 두 아우를 구하기 위해 수주촌간(水酒村干) 벌보말(伐寶靺), 일리촌간(一利村干) 구리내(仇里迺), 이이촌간(利伊村干) 파로(波老)에게 협조를 구했다.[22] 외형적으로는 6부와의 관계에서 촌간 즉 간지가 주도권을 행사한 것처럼 보인다. 하지만 촌간이라는 표현으로 보아 단위지역 내에서 간지는 6부의 승인을 전제로 존속할 수 있었을 것이다. 또한 마립간의 요구에 대해 이들이 예외없이 동시에 협조한 점으로 보아 6부가 간지에 대해 행사한 강제성은 지속적으로 커졌다고 생각된다.

자비마립간 11년(468)에는 하슬라인(何瑟羅人)으로서 나이 15세 이상인 자가 징발되어 이하(泥河)에 성을 쌓았다.[23] 실직에 소국이 존재했던 점으로 보아 그 북쪽으로 인접한 대분지인 하슬라에도 원래 소국이 존재했을

---

21) 『삼국사기』 권2 신라본기 유례이사금 10년 봄 2월.
22) 『삼국사기』 권45 열전 제5 박제상.
23) 『삼국사기』 권3 신라본기 자비마립간 11년 가을 9월.

것이다. 옛 소국 단위에서 정부(丁夫)를 일괄적으로 동원하기 위해서는 간지와 그 보위자들을 체계적으로 움직일 필요가 있었다. 이 즈음부터 소백산맥 너머에서 3년간 축성작업을 벌여 자비마립간 13년(470)에 삼년산성(三年山城, 보은)을 완공한 경우나[24] 소지마립간 8년(486) 일선계(一善界)의 정부 3천 명을 징발해 삼년산성(三年山城)과 굴산성(屈山城)을 고쳐 쌓은 경우에는[25] 위와 같은 체계가 더욱 원활하게 작동되어야 했다. 지증마립간 5년(504) 역부(役夫)를 징발해 파리(波里)·미실(彌實)·진덕(珍德)·골화(骨火) 등 12성을 쌓을 때에는[26] 더욱 광범위한 지역에서 체계적인 동원이 요구되었다. 당시 간지의 자치적 위계가 소멸되었다는 근거는 없으므로, 이상의 동원에서는 지역의 간지가 보위자들을 이끌고 읍락인들을 동원했을 것이다. 여기에는 읍락의 간지와 보위자들의 협조도 필요했다고 생각된다.

이 과정에서 신라가 6부의 위호를 이들에게 수여했다는 근거는 없다. 이러한 위호를 갑자기 설치하는 것은 간지와 그 보위자들의 협조를 이끌어내는 데 효율적인 방식도 아니었다. 신라는 간지의 자치적 위계를 승인함으로써 지역에서 효율적인 인적 동원을 추구했을 것이다. 중성리비·냉수리비 단계의 간지도 시기적으로 가까운 5세기 말의 간지를 계승했다고 볼 수 있다.

〈표 1〉에서 간지-일금지는 촌을 단위로 동일하게 편성되었다. 이들은 영(令)의 대상이라는 점에서 간거벌·진벌의 무위호자와 동일한 역할을 했다. 이에 간지-일금지의 근거지인 소두고리촌과 나음지촌은 공간의 크기가 간거벌·진벌과 유사했을 가능성이 있다. 신라에 복속하기 이전 소두고리·나음지는 세력의 크기도 간거벌·진벌과 유사한 읍락이었을 가능성이 있다. 하지만 촌은 소두고리·나음지에서만 선택적으로 편성되었고, 간

---

24) 『삼국사기』 권3 신라본기 자비마립간 13년.

25) 『삼국사기』 권3 신라본기 소지마립간 8년 봄 정월.

26) 『삼국사기』 권4 신라본기 지증마립간 5년 가을 9월.

지—일금지도 이곳에서만 선택적으로 승인되었다. 벌의 무위호자와 촌의 간지—일금지가 모두 영의 대상으로 나타난 것은 이들의 위상이 동일하기 때문이 아니라 촌과 벌이 모두 공간적으로 기존 읍락을 이어받았기 때문이라 생각된다. 냉수리비에서는 촌의 간지—일금지가 재(財) 문제를 처리하고 비문 기록을 담당했다. 촌의 편성과 간지—일금지의 승인에서 신라국가의 선택권이 작용한 것이다.

벌(伐)에도 원래 간지에 준하는 세력이 존재했을 가능성을 배제할 수 없다. 하지만 중성리비로 보는 한, 이러한 지위는 신라 국가의 공적 위호 대상에서 제외되었다. 촌으로 편성된 지역에 한해 간지—일금지가 편성되어 지역지배와 관련된 교(敎)의 결정사항을 추진하는 데 책임을 졌다. 그렇다면 간지—일금지는 자치적 위호이기보다 외위의 시원적 형태로 볼 수 있다.[27]

그 시기는 중성리비와 냉수리비를 고려하면 6세기 초 이전으로 판단된다. 바로 그 직전인 5세기 말의 축성활동에서는 지역세력을 체계적으로 편성할 필요성이 부각되었다. 또한 소지 9년(487) 사방(四方)의 우역(郵驛)을 처음으로 설치하고 관도(官道)를 수리했다는 점으로[28] 보아 주요 교통로의 전략적 요충지에 파견된 도사는 간지 이하의 지역세력과 촌민들을 동원하는 임무를 맡았을 것이다. 결국 5세기 말경 체계적인 인적 동원을 추진하는 과정에서 간지의 자치적 위계는 간지—일금지라는 외위로 편성된 것이다.

이렇게 보면 중성리비와 냉수리비에서 촌 간지가 각각 사인(使人)과 전사인(典事人)에게 협조한 내용은 경제적 이권을 둘러싼 분쟁에만 한정되었다고 단정하기 어렵다. 5세기 말까지 축성활동에서 간지의 자치적 위계가 인력동원의 매개 역할을 했던 점과 달리, 중성리비의 나소독지도사와 냉수리비의 탐수도사는 촌에서 간지—일금지를 매개로 촌민들을 동원할 수 있었

---

27) 이부오, 앞의 글, 2015, 24쪽.
28) 『삼국사기』 권3 신라본기 소지마립간 9년 3월.

을 것이다. 중고기에도 지역에서 인적 동원의 기본단위가 촌이었던 점으로 보아 위 벌(伐)에 대해서는 인근 촌의 간지를 매개로 동원했을 가능성이 있다. 중성리비·냉수리비에서 간지-일금지는 촌민들을 동원하는 중심적인 매개역할을 한 것이다.

이상과 같이 5세기 말 이후 신라는 촌 간지와 보위자를 매개로 촌민들을 동원하는 체계를 갖추었다. 도사가 파견된 행정성(촌)과 일반촌의 관계는 기존 국읍-읍락의 관계와 반드시 일치했다고 단정할 수 없다. 도사의 치소 선정에서는 국읍인지 여부보다 교통로상의 전략적 요충지가 더 중요한 기준으로 작용했을 것이기 때문이다. 도사가 복수의 국읍 지역을 통솔하거나 그 반대인 경우도 고려할 수 있다. 어느 경우에도 도사가 간지와 보위자를 매개로 촌민을 동원하는 방식에는 별다른 차이가 없었다고 생각된다.

3. 봉평비에 나타난 촌민 동원 방식과 하간지(下干支)

법흥왕 7년(520) 율령반포는 신라의 외위 정비에서 중요한 계기로 인정되고 있다. 하지만 당시 간군 외위의 구성에 대해서는 견해차가 적지 않아 촌민 동원에서 이들의 역할은 불분명한 상황이다. 이에 본장에서는 봉평비(524)에 나타난 하간지(下干支)의 역할을 중심으로 당시 간군 외위의 구성과 함께 이것이 촌민 동원에서 가진 의미를 검토해 보자.

우선 봉평비에서 지역세력 동원과 관련된 부분을 정리하면 다음과 같다.

> 가) 別教令.
> 별도로 다음과 같이 교령을 내렸다.
> ① 居伐牟羅 男弥只 本是奴人. 雖是奴人 前時王大教法.
> 거벌모라의 남미지는 본래 노인 지역이다. 비록 노인 지역이지만 전시기의 왕께서 대교법을 내렸다.

② 道俠阼隘 禾[29]耶界[30]城 失火遶[31]城. 我[32]大軍起.

길이 좁고 험한데, 화야계성에서 과실로 인한 불이 성을 둘러쌌다. 이에 우리가 대군을 일으켰다.

若有者 一行爲[33](?)之人 備主[34]尊王.

만일 한번이라도 이를 행하는 사람이 있다면 주인을 보위하고 왕을 존중하는 일이 될 것이다.

③ 太奴村 負共值叉. 其餘事 種種奴人法 ……

---

29) 이 글자(Ⅳ-30)는 '介(이)'로 파악되어 왔으나, 여기서는 새로운 판독을 따랐다 (울진군청·중원문화재보존·공주대학교 문화재진단보존기술연구실, 『울진 봉평리 신라비의 과학적 조사 및 보존처리 보고서』, 2013, 150쪽).

30) 이 글자(Ⅳ-32)는 '悤(은)'으로 판독되어 왔는데, 여기서는 울진군청 외, 앞의 책, 2013, 151쪽을 따랐다. 이 글자의 상부는 囷보다 田에 가깝다. 아래획의 '六' 모양은 여타 글자의 '心'획보다 界(계)의 제6·7획에 가깝다. 悉(실)(Ⅲ-34)과 心 (심)(Ⅲ-22)에서는 '心(심)'의 제3획이 제2획의 왼쪽으로 표시되었다. 悉(실)(Ⅶ -8)에서는 그런지 안 그런지가 모호하고, 또 다른 悉(실)(Ⅷ-35)에서는 '心'의 제3획이 제2획과 겹치듯이 표기되었다. 이상의 '心'획은 Ⅳ-32와는 거리가 있다고 판단된다.

31) 이 글자(Ⅳ-36)는 迭(질)로 판독되기도 했으나(울진군청 외, 앞의 책, 2013, 151쪽), 획의 형태가 遶(요)에 가까워 보이므로 기존 판독을 따랐다(한국고대사회연구소 편, 『역주 한국고대금석문』Ⅱ, 가락국사적개발연구원, 1992, 15쪽).

32) 이 글자(Ⅳ-38)는 기존에 到(도)(이문기, 「울진봉평신라비와 중고기의 6부문제」 『한국고대사연구』2, 1989, 141쪽), 村(촌)(한국고대사회연구소 편, 앞의 책, 1992, 15쪽), 我(아)로 판독되었다(울진군청 외, 앞의 책, 2013, 151쪽). 그런데 이 글자가 到라면 2획의 가로선이 우측으로 너무 많이 뻗은 편이다. 또한 이 글자는 봉평비의 村(촌)(Ⅴ-13/Ⅶ-43/Ⅷ-10/Ⅷ-22)에서 우획이 거의 분명하게 '寸'인 점과 차이가 있다. 또한 제2획의 가로선이 비교적 확실하므로 我(아)에 가깝다고 볼 수 있다.

33) 이 글자(Ⅴ-4)는 白(백)으로 판독되기도 했으나(임세권, 「울진봉평신라비의 금석학적 고찰」『한국고대사연구』2, 1989, 79쪽), 여기서는 필획의 모양을 고려했다(이명식, 「울진지방의 역사·지리적 환경과 봉평신라비」『한국고대사연구』2, 1989, 39쪽).

34) 울진군청 외, 앞의 책, 2013, 153쪽.

태노촌은 5배 만큼을 부담해야 한다. 그 나머지 사항에 대해서는 종
종의 노인법으로 ……

④ (處)事大人 …… 居伐牟羅道使 卒次小舍帝智 悉支道使 烏婁次小舍帝智.
일을 처리한 책임자들은 …… 거벌모라도사 졸차소사제지, 실지도사
오루차소사제지이다.

⑤ 居伐牟羅 尼牟利一伐 弥宜智波旦 組只斯利一金智 阿大兮村使人 奈尒
利 杖六十.
거벌모라 니모리일벌, 미의지파단, ○지사리일금지, 아대혜촌사인 나
이리는 장 60에 처한다.
葛尸條村使人 奈尒利居︷尺 男弥只村使人 翼糸 杖百.
갈시조촌사인 나이리거○척, 남미지촌사인 익사는 장 100에 처한다.
於卽斤利 杖百.
어즉근리는 장 100에 처한다.
悉支軍主 喙部 尒夫智奈麻 ……
실지군주 탁부 이부지나마 ……

⑥ 居伐牟羅 異知巴下干支 辛日智一尺. 世中字三百九十八.[35]
거벌모라 이지파 하간지, 신일지일척. 이때 마친 글자는 398이다.

위에 따르면 거벌모라(居伐牟羅)의 남미지촌(男弥只村)은 본래 노인(奴人) 지
역이었음에도 불구하고 전시(前時)에 왕이 대교법(大教法)을 적용해 주었다
(사료 가-①). 그런데 화야계성(禾耶界城)의 실화(失火)로 말미암아(가-②) 별교
령(別教令)에 따른 조치를 받았다. 이로써 태노촌(太奴村)은 공치오(共値五)라
는 부담을 지게 되었다(가-③). 공치오에서 '치오(値五)'는 동원할 정(丁)이
다섯 배라는 의미로 파악된 바 있다.[36] 봉평비에서 본파부의 오간지(五干

---

35) 울진군청 외, 앞의 책, 2013, 148~179쪽.

36) 김기섭, 「울진봉평신라비에 보이는 '共値五(공치오)'의 의미와 계연(計烟)의 기원」,
『한국사연구』103, 1998, 18쪽.

女)가 잠탁부의 간지 앞에 온 점으로 보면,[37] 공치오의 오(五)는 부담의 등급이 높다는 의미일 수도 있다. 오간지는 간지보다 앞선 위상을 가졌다고 볼 수 있기 때문이다. 어느 쪽이든 일부 노인촌에 대해 커다란 부담을 지도록 교령을 내린 것이다. 부담 내용은 조세와 관련될 가능성이 크지만, 화야계성의 실화는 촌민들의 동원과 무관하지 않았을 것이다.

태노촌(太奴村)은 노인 및 노인촌과 연계되어 기재되었으므로, 노인촌 중에서도 규모가 큰 촌을 가리켰을 것이다. 사료 가)-①의 남미지촌은 이에 포함될 것이다. 거벌모라는 노인촌 자체이기보다 이를 포괄하는 상위의 지역단위로 제시되었다. 이곳은 도사의 근거지였으므로 남미지촌을 포괄하는 행정촌으로 볼 수 있다. 화야계성의 실화와 관련하여 처벌을 받은 인물의 근거지 중에서 아대혜촌과 갈시조촌은(가-⑤) '本是奴人(본시노인)'의 대상으로 적시되지 않았다. 이에 아대혜촌과 갈시조촌은 노인촌이었는지 여부를 단언하기 어렵다. 다만 거벌모라 휘하에는 여타 일반촌도 존재했을 것이다. 노인촌은 일반촌에 비해 조세 등에서 차별적 대우를 받은 것이다.

그런데 여타 사항(其餘事)에 대해서는 태노촌이 종종노인법(種種奴人法)의 적용을 받았다(사료 가-③). 이 사항은 '공치오' 외의 각 종 부담으로서 노역동원 등을 포함할 것이다. 또한 화야계성 사건은 위 인물들이 장형(杖刑)을 받는 근거가 되었다. 그 이유는 성의 운영과 관련하여 주어진 임무를 제대로 이행하지 않은 데 있었을 것이다. 이와 관련하여 노인촌이 별도의 법으로 관리되었다면, 여타 일반촌과 노인촌은 노역동원에서도 차별적으로 관리되었다고 볼 수 있다. 이러한 동원과 관련된 인물들을 사료 가)에 따라

---

37) 봉평비 Ⅰ-33~Ⅱ-2에 대해서는 '五干支(오간지)'로 판독하는 견해와(심현용, 「고고자료로 본 5~6세기 신라의 강릉지역 지배방식」 『문화재』 제42-3호, 2009, 21쪽) '干支(간지)'로 보는 입장이 있다(선석열, 「6세기 초반 금석문을 통해 본 『양서』 신라전의 관등 사료 비판」 『지역과 역사』 28호, 부경역사연구소, 2011, 120~121쪽). 그런데 최근의 보고와(울진군청 외, 앞의 책, 2013, 137~138쪽) 비문의 현상으로 보아 五干支(오간지)를 부정할 순 없을 것이다.

정리하면 〈표 2〉와 같다.

〈표 2〉 봉평비의 지역세력과 처사대인(處事大人)

근거지	직명	역할	경위			외위					기타위호	무위호
			나마(11)	사족지(12)	소사제지(13)	하간지	일벌(8)	일척(9)	파단(10)	일금지		
탁부			내사지	비수루								
사탁부			일등지	(구)차								
탁부	거벌모라도사	처사대인			(졸)(차)							
	실지도사				오루차							
거벌모라		입비협조				이지파	신일지					
							니모리(장60)	미의지(장60)		사리일금지(一金[38]智)(장60)		
아대혜촌	촌사인	처벌대상										나이리(장60)
갈시조촌										나이리 거〇척(장100)		
남미지촌												익사(장100)
?	?											어즉근리(장100)
탁부	실지군주		이부지									

여기서 처사대인(處[39]事大人)은 화야계성 사건에 따른 조치를 이행한 경

---

38) 필자는 이 글자(Ⅶ-38)를 '숙'으로 판독하는 견해를(문경현, 「거벌모라 남미지비의 새 검토」『수촌박영석교수화갑기념한국사학논총』상, 탐구당, 1992, 286쪽) 따른 바 있으나(이부오, 앞의 글, 2015, 13쪽), 여기서는 세부사진의 판독을(울진군청 외, 앞의 책, 2013, 164쪽) 수용했다.

39) Ⅵ-10에 대해서는 處(처)(최광식, 「울진봉평신라비의 석문와 내용」『한국고대사연구』2, 1989, 101쪽) 혹은 麥(맥)으로 판독되었다(임세권, 「울진봉평신라비의 금석학적 고찰」『한국고대사연구』2, 1989, 79쪽). 후자일 경우에 麥(맥)은 Ⅵ행

위자(京位者)다. 이들 중에서 탁부의 내사지나마(12등)와 비수루사족지(12등), 그리고 사탁부의 일등지나마와 구차사족지는 상대적으로 높은 경위를 칭했으므로 본사안의 처리를 위해 6부로부터 임시로 파견되었을 것이다. 거벌모라도사(居伐牟羅道使)인 졸차소사제지(小舍帝智)(13등)는 휘하의 촌들을 실질적으로 관리하는 지방관이었다. 인근의 실지도사(悉支道使)도 같은 경위를 칭하고서 거벌모라 지역의 중대사안 처리에 협조했다. 실지군주(悉支軍主) 이부지나마는 처사대인이 아니지만, 주치(州治) 주변의 중대 사안에 대해 군주가 책임졌음을 보여준다. 이처럼 촌민 동원과 관련한 중대사안이 발생하면, 별교령(別敎令)에 따라 6부에서 처사대인이 파견되어 처리방침을 전달했다. 도사는 군주의 지휘를 받고 인근 도사와 협조하여 신라 국가의 정책을 휘하 성촌에서 시행했다.

이를 위해 거벌모라의 이지파(異知巴) 하간지(下干支)는 신일지(辛日智) 일척(一尺)(9등)을 거느리고 비의 건립에 협조했다. 하간지는 봉평비에서 확인되는 유일한 간군 외위이다. '세중자(世中字)[40] 삼백구십팔(三百九十八[41])'(사료 가-⑥)로 보아 이지파 하간지는 글자를 새기는 데 주도적 역할을 했다고 생각된다. 냉수리비에서는 '고기(故記)'의 형태로 협조한 간지가 촌주였고, 영천청제비 병진명의 말미에도 중작촌(衆作村)의 간지(干支)가 등장한다. 창녕비에서는 서인(書人)이 당시 최고의 외위인 술간(述干)을 칭했다. 무술오

서두 '新羅六部(신라6부)'에 연결되고, '事大人(사대인)'과는 관계가 없게 된다. 여기서는 전자를 취했다.

40) 봉평비 X-41는 원래 '子(자)' 또는 '丁(정)'(남풍현, 「울진봉평신라비에 대한 어학적 고찰」『한국고대사연구』 2, 1989, 52쪽), 率(솔)로 판독되어(최광식, 앞의 글, 1989, 95쪽, 104쪽) 노인(奴人)의 수를 가리킨다고 이해되었다(한국고대사회연구소 편, 앞의 책, 1992, 21쪽). 이 경우, 바로 뒤의 '398'은 입비에 참여한 사람의 숫자로 파악될 수 있다. 하지만 세부사진과 탁본을 보면 '子(자)'획 위에 가로획이 있고 그 위에 다시 점이 보인다(울진군청 외, 앞의 책, 2013, 179쪽).

41) 실제로 새긴 글자는 399자다.

작비처럼 문작인(文作人)이 일척(一尺)에 불과한 경우도 있지만, 입비 협조의 대표자는 대체로 지역의 외위를 대표하거나 최소한 이에 가까운 인물이었다. 이런 점에서 거벌모라의 이지파 하간지도 다르지 않았을 것이다.

　냉수리비 단계까지 지역 촌에는 간지가 확인된다. 일찍이 학계에서는 하간지(下干支)가 간지와 동일하다는 견해가 제시되었다.[42] 그런데 명활산성비(551)에서는 간지와 하간지가 동시가 확인되므로, 이러한 견해는 551년 이후와 하간지가 확인되지 않는 남산신성비(591) 이전의 어느 시점에나 개연성을 생각해 볼 수 있다. 간지가 봉평비 단계에서 상간지와 하간지로 분화했다는 견해도 제시되었지만,[43] 금석문상으로는 확인되지 않는다. 또한 당시에 어의상 6부의 간지보다 높은 외위가 존재했을지 의문도 생긴다. 현재 학계에서는 하간지가 지역의 간지를 6부 간지보다 낮게 격하시킨 외위라고 이해하는 경향이 강한 편이다.[44] 이러한 이해는 봉평비에서 최고 외위인 하간지가 6부의 간지보다 낮은 위호를 칭한 데 근거를 두고 있다. 봉평비의 교(敎) 참여자 중에서 잠탁부의 (미)흔지간지는 사탁부 이(점)지태아간지(太阿干支)(5등)보다 앞에 기재되어 있어 이벌찬~파진찬에 해당하는 관등의 위상을 가지게 되었고, 이에 따라 지역의 간지가 하간지로 바뀌었다고 한다.[45]

　이와 관련하여 필자는 봉평비의 거벌모라에서 하간지 외에 간지가 존재

---

42) 이기동, 앞의 책, 1984, 388쪽.

43) 김희만, 앞의 글, 1990, 28~29쪽 ; 전덕재, 「6세기 금석문을 통해 본 신라 관등제의 정비과정」『목간과 문자』5, 2010, 87쪽.

44) 주보돈, 「6세기초 신라왕권의 위상과 관등제의 성립」『역사교육논집』13・14, 1990, 265쪽 ; 하일식, 앞의 책, 2006, 232~233쪽 ; 박남수, 『신라 화백제도와 화랑도』, 주류성, 2013, 89쪽.

45) 박남수, 「〈포항 중성리신라비〉에 나타난 신라 6부와 관등제」『사학연구』100, 2010 ; 앞의 책, 2013, 86~89쪽.

했다고 추정한 바 있다.[46] 그런데 법흥왕 7년의 율령반포에서는 백관공복 (百官公服)의 주자지질(朱紫之秩)을 처음으로 정했다.[47] 이러한 위계의 주요 대상은 '백관'이지만, 6부와 지역세력의 위호 사이에도 영향을 미쳤을 가능성을 배제할 수 없다.

거벌모라에서 이지파 하간지의 위상을 파악하기 위해서는 여타 세력과의 관계를 파악할 필요가 있다. 화야계성 사건과 관련하여 니모리(尼牟利) 일벌(一伐)(8등), 미의지(弥宜智)파단(波旦, 피일)(10등), 사리(斯利)일금지(一金智)는 장 60의 처벌을 받았다. 같은 사안으로 인해 갈시조촌사인(葛尸條村使人) 나이리(奈尓利)거○척(居○尺)과 남미지촌사인(男弥只村使人) 익사(翼糸)는 장 100의 처벌을 받았다. 이들을 배열한 첫 번째 기준은 장의 숫자이고, 두 번째 기준은 위호다. 익사 뒤의 어즉근리(於卽斤利)가 남미지촌인이었다면 같은 '장 100'을 별도로 표기할 필요는 없었다. 이에 어즉근리의 근거지는 남미지촌이 아닐 가능성도 배제할 수 없다. 하지만 이상의 인물들이 전체적으로 일관된 기준으로 배열된 점으로 볼 때, 이들에 대해 단일한 통솔체계가 작동되었음을 알 수 있다.

이러한 통솔의 주체가 간지(干支)였다면, 그의 잘못을 드러내는 내용이 비문에 표현되었을 것이다. 하지만 이러한 내용은 비문에 등장하지 않는다. 반대로 이지파 하간지에 대해서도 처벌 대상자와 관련된 책임을 물었다는 내용이 보이지 않는다. 이는 화야계성 사건이 신라에 대한 지역세력의 반란 차원보다 촌민 동원에서 부여된 의무의 불이행 차원에서 접근되었음을 시사한다. 부여된 의무로서는 성벽과 내부 시설의 구축이나 보수 등을 생각할 수 있다. 비 건립 협조의 대표자가 하간지인 점을 고려할 때, 당시 거벌모라인들의 동원에서 지역세력을 대표한 인물은 하간지였을 가능성이 있다.

---

46) 이부오, 「상고말 신라의 외위 편성과 간지」『신라사학보』 34, 2015, 209~211쪽.
47) 『삼국사기』 권4 신라본기 법흥왕 7년 봄 정월.

동원된 인물 중에서 거벌모라의 니모리일벌·미의지파단·사리일금지는 모두 장 60의 처벌을 받았다고 나란히 제시되었다. 이들은 동일한 임무나 서로 연관된 임무를 부여받았을 것이다. 반면 신일지일척은 처벌 대상에서 제외되었고, 입비 작업에서 하간지를 돕기 위한 최고 보위자로 활동했다. 이상의 인물군은 화야계성과 관련된 활동에 동원되면서도 세부적으로는 별도의 임무를 부여받았다고 볼 수 있다.

아대혜촌사인 나이리는 거벌모라의 비간 외위자들과 함께 장 60을 받았다. 이는 거벌모라의 비간 외위자들이 주변 일반촌의 촌사인들과 함께 동일하거나 서로 연관된 임무를 수행했음을 보여준다. 장 100의 처벌을 받은 갈시조촌사인 나이리거○척과 남미지촌사인 익사도 위 인물들의 임무와 무관하지 않았을 것이다.

여기서 촌사인(村使人)은 표현만으로는 그 운영주체가 촌주인지 도사인지 분명하지 않다. 예를 들면 단양적성비에 보이는 물사벌성 당주사인(幢主使人)의 운영주체는 분명히 당주다. 촌사인의 운영주체가 촌주였다면, 이는 촌주사인(村主使人)으로 기재되었을 가능성이 크다. 중성리비에서 사인(使人)으로 등장하는 나소독지도사나 과서모리는 본래 6부로부터 파견되었지만, 파견 주체는 명시되지 않았다. 영천청제비 병진명의 서두에 등장하는 사인도 이 점에서 마찬가지다. 이들이 중앙으로부터 파견되었다는 점은 특별히 명시하지 않아도 쉽게 파악될 수 있는 내용이다. 봉평비의 촌사인도 해당 지역을 관할하는 도사가 운영주체였으므로, 굳이 도사의 사인임이 언급되지 않았을 것이다.

남미지촌사인 익사 뒤에 등장하는 어즉근리는 장의 댓수가 똑같이 100이면서도 별도로 표기되었다. 어즉근리는 세부적으로는 앞의 인물들과 별도의 임무를 수행했을 가능성이 있다. 화야계성에서는 거벌모라의 비간 외위와 일반촌의 촌사인들이 협조하여 임무를 수행했지만, 세부적으로는 비간 외위 사이와 촌사인 사이에 임무가 분화되어 있었던 것이다.

촌사인들은 거의 무위호자인데, 갈시조촌의 나이리(奈尒利)거○척(居䂖48)尺)만 위호를 칭했다. 䂖은 필획이 분명하지 않아 미상으로 처리되었는데, 최근에 䂖를 伐(벌)로 보아 나이리가 거벌척(居伐尺)이라는 외위를 지녔다고 추정되었다.49) 하지만 䂖를 伐(벌)로 읽기에는 무리가 있다. '리(利)'는 중고기까지 신라 금석문에서 인명어미로 많이 쓰였고, 나이리는 아대혜촌사인의 이름으로 등장한다. 봉평비에서는 모'리'지(牟利智)소오제지(小烏帝智)나사'리'(斯利)공길지지(公吉之智)처럼 리 뒤에 인명어미가 추가된 경우도 있다. 중고기 역역동원에서 확인되는 문척(文尺), 장척(匠尺), 도척(道尺) 등의 사례를 고려하면, 나이리(奈尒利)거○척(居䂖尺)에서 위호가 ○척(䂖尺)일 가능성도 있지만, 여기서는 나이리(奈尒利)를 인명으로 거○척(居䂖尺)을 위호로 보고자 한다.50)

나이리(奈尒利)거○척(居䂖尺)은 杖 100의 처벌을 받은 인물 중에서는 가장 먼저 등장하므로, 어즉근리나 남미조촌의 익사보다 높은 위상을 지닌 점은 분명하다. 하지만 나이리거○척은 장 60의 처벌을 받은 거벌모라의 사리일금지나 무위호인 아대혜촌 나이리의 뒤에 기재되었다. 거○척은 장의 댓수 구분보다 비중이 떨어지는 위상을 지녔지만, 지역세력 동원에서는 촌사인과 같은 공적 임무를 맡은 것이다. 이로 보아 거○척은 지방통치와 관련

---

48) Ⅷ-17~18을 '○척(䂖尺)'으로 보는 근거에 대해서는 이 책 429~431쪽을 참조 바람.

49) 강종훈, 「울진봉평신라비의 재검토」『동방학지』148, 2009, 15쪽 ; 윤선태, 「신라 외위제의 성립과 변천-신출자료를 중심으로-」『제8회 한국목간학회 학술회의 신라의 관등제와 골품제』, 한국목간학회·국립중앙박물관연구기획부, 2015.10.30, 41쪽 ; 이용현, 앞의 글, 2015, 90쪽.

50) 원논문에서는 나이리거를 인명으로 보았으나, 그 뒤 나이리를 인명으로 수정해 보았음을 밝힌다(「6세기 초중엽 신라의 비간외위非干外位 운영과 급벌척及伐尺」『한국고대사탐구학보』26, 2017, 18쪽).

된 실무적 보조자에 대한 위호일 것이다.[51]

촌사인들이 거○척이나 무위호에 한정된 것은 중성리비와 냉수리비에서 간지-일금지가 촌의 대표와 보위자로 등장한 점과 차이가 있다. 봉평비 단계에서 기존의 외위 자체가 모두 소멸했다고 보기는 어렵다. 거벌모라 휘하의 일반촌에서도 촌사인과 구분되는 촌주가 존재했을 것이다.[52] 평상시에 촌의 운영은 이들이 담당했을 것이다. 화야계성 운영과 관련하여 도사는 필요에 따라 이들과 별도로 촌사인을 동원했다. 촌사인은 무위호자 2인과 거○척을 포함한 점으로 보아 외위처럼 고정된 직임과는 거리가 있었다고 생각된다. 도사는 성의 운영과 관련된 임무를 수행하기 위해 촌사인이라는 직임을 부여했을 것이다. 이들을 매개로 한 동원 대상범위는 국가적 목표나 지역의 상황에 따라 일정하게 변화했을 가능성이 있다.

이처럼 봉평비 단계의 거벌모라에서는 하간지 휘하에서 행정촌의 비간외위와 일반촌의 촌사인이 일괄적 체계 하에 동원되었다. 세부적인 임무는 비간 외위와 촌사인을 묶어서 부여하거나 비간 외위나 촌사인 사이에서도 별도로 부여되었다. 이는 중성리비와 냉수리비에서 촌별로 간지-일금지가 매개 역할을 했던 점과 차이가 있다. 촌민 동원에서 행정촌과 일반촌의 연계가 강화되었고, 하간지는 행정촌과 일반촌의 인적 동원을 책임지는 동시에 도사의 보위자 역할을 하게 되었다. 봉평비 직전에 비간 외위의 대부분이 6부에서 유래한 위호로 편성된 것은 기존 간지의 보위자도 이러한 역할을 보조하는 위상으로 편입되었음을 보여줄 것이다.

그러나 하간지가 비간 외위를 거느린 점이나 휘하 촌사인을 통솔한 점은 거벌모라 일대에서 자치적 기반을 일정 부분 인정받았음을 시사한다. 거벌모라 휘하의 일반촌에서 촌민들을 동원하는 데 주로 무위호자가 활동

---

51) 이부오, 앞의 글, 2017, 21쪽.

52) 김재홍, 「신라 중고기 도사(道使)의 운영과 성격 변화」 『한국학논총』 44, 2015, 18쪽.

한 점으로 보아 일반촌의 촌주도 촌의 일상적인 운영에서는 자신의 보위자를 통해 일정 부분 자치적 운영이 가능했을 것이다. 촌사인을 동원하기 위해서는 촌주의 협조가 필요했다고 생각된다. 하간지 설치와 비간 외위 재편은 이들을 왕의 대리인인 도사의 보위자로 편입한 조치였지만, 실제 운영에서는 적지 않은 한계도 있었던 것이다.

봉평비의 건립 시기로 보아 하간지는 율령반포를 전후하여 설치되었을 것이다. 율령반포에서는 외위자가 신라 국가와 도사에 져야 할 복종의 의무를 법률적으로 제시했을 것이다. 구체적인 사항은 별교령(別敎令)의 형태로 하달되었다. 하간지는 이러한 범위 내에서 자신의 세력기반을 일정 부분 인정받은 것이다.

4. 간군 외위의 상향분화와 촌민 동원 방식의 변화

봉평비 단계와 단양적성비 단계 사이에 상간지(上干支)가 출현하면서 간군 외위는 상향 분화를 시작했다. 본장에서는 이것이 간군 외위의 위상과 지역세력 동원방식에 가져온 변화를 살펴보자.

봉평비 이후 지역세력이 처음 확인되는 금석문은 영천청제비 병진명(536)이다. 이 비문에서 지역세력이 분명한 인물은 중작촌(衆作村)의 지□리(只□利)간지(干支)와 도이리(徒尒利)다. 작인(作人)으로는 7천 명이 동원되었다고 하므로, 다수의 외위가 이러한 동원에서 책임을 졌을 것이다. 이들 중에서 중작촌 지□리간지가 차지한 위상을 정확히 알 순 없다. 하지만 청제의 완성을 기념하는 비를 세우는 데 지역세력을 대표했다면, 지□리간지는 적어도 중작촌을 대표하는 외위자였을 것이다. 이 비에 등장하는 경위는 사인(使人)인 대사(大舍)(12등)~소오(小烏)(16등)뿐이지만, 영천청제비 병진명은 6부인이 간위를 매개로 촌민들을 동원했던 기존 방식과 특별히 어긋나진 않는다.

외위에서 간지가 다시 출현한 배경으로는 6부의 간지가 소멸한 점이 지적되었다.[53] 6부 간지가 상급 경위로 분화함에 따라 외위에 간지가 설치되었다는 것이다.[54] 6부의 간지는 봉평비 이후에 사라지는데, 이들 중 적어도 일부는 경위로 편입되었을 것이다. 또한 율령반포 이후 거벌모라에서 최고 외위가 하간지로 편성된 것은 6부와 촌의 위계를 단일한 기준으로 재편하려는 정책의 결과였다. 6부의 간지가 경위로 편입된 상황에서 지역세력 외위의 상한을 하간지로 제한할 필요성은 사라졌을 것이다.

또한 532년에 금관가야가 항복해 왔는데, 『일본서기』흠명기 2년(541) 4월의 임나(任那) 재건 모임에서는 한기(旱岐) 외에 다라(多羅)의 하한기(下旱岐) 이타(夷他), 안라(安羅)의 차한기(次旱岐) 이탄해(夷呑奚), 대불손(大不孫), 구취모리(久取柔利)가 확인된다. 금관가야의 위호는 정확히 알 수 없으나, 가야 지역에서는 한기와 하한기 즉 간지와 하간지에 비견되는 위호가 이전부터 존재했다. 금관가야가 신라로 편입되면, 최고 외위를 하간지로 하는 기존의 외위체계는 재편의 필요성이 생겼을 것이다. 이에 하간지 위에 간지를 설치함으로써 하간지는 간군 외위의 하급 위계로 편성되었다.[55] 이러한 재편은 지역의 인적 동원에서도 일정한 변화를 가져왔을 것이다.

영천청제비 병진명 직후 촌민 동원과 관련하여 중요한 정보를 제공하는 자료는 551년 직전에 건립된[56] 적성비다. 이와 관련된 부분을 정리하면

---

53) 하일식, 앞의 책, 2006, 241쪽.

54) 박남수, 앞의 책, 2013, 94쪽.

55) 금관가야의 항복은 상간지(上干支) 출현의 계기가 되었다는 견해가 있다(주보돈, 『신라 중고기의 지방통치와 촌락』, 계명대학교 박사학위논문, 1995, 109~111쪽). 그러한 개연성을 배제할 수 없지만, 영천청제비 병진명에서 최고 외위는 간지이므로, 필자는 그 여부에 대한 판단을 보류하였다.

56) 그 시기는 신라가 도살성·금현성을 차지한 550년 3월 이후, 죽령(竹嶺) 이북 고현(高峴) 이남의 10군을 차지한 551년 3월 이전이라는 견해도 제출되었다(장창은, 「4세기 후반~6세기 중반 단양지역을 둘러싼 신라와 고구려의 각축」, 『한국고

사료 나) 및 〈표 3〉과 같다.

나) 1.□□□□月中 王敎事.

□월에 왕께서 교하신 일이다.

大衆等 喙部伊史夫智伊干…… 6.……節敎事.

대중 등인 탁부 이사부지이간……이 이때 교한 일이다.

赤城 也尒次 7.□□□□中 作善囪懷懃力使死人.

적성의 야이차는 ……에 선을 행할 마음을 품고 부지런히 힘을 쓰다 가 죽음에 이른 사람이다.

是以後 其妻三 8.□□□□□□□□□□許利之四年.

이후에 그의 처 삼……에게는 ……의 혜택을 4년간 허락한다.

小女 師文 9.□□□□□□□□

소녀 사문……

公兄 鄒文村 巴珎婁下干支

공형 추문촌 하진루하간지……

10.□□□□□□□□□者 更赤城烟去使之.

(전)자의 경우에는 적성연으로부터 다시 떠나게 한다.

後者 公 11.□□□□□□□□異葉耶 國法中分与.

후자의 경우에는 공(公)……이엽(異葉)이든 국법으로 제공한다.

雖然 伊12.□□□□□□□□子 刀只 小女.

그러나 이(伊)……자(子) 도지 소녀.

烏禮兮撰干支 13.□□□□□□□□使法 赤城佃舍法爲之 別官賜 14.□□□□□弗兮女 道豆只 又 悅利巴 小子 刀羅兮 15.□□□ □□合五人之.

오례혜 찬간지는 법에 따라 적성연전사법을 적용하여 별관(別官)에서 제공……불혜의 딸 도두지, 그리고 열리파, 소자 도라혜 ……합해 5명으로 한다.

대사탐구』21, 2015, 61~71쪽).

別敎. 自此後 國中 如也尒次 16.□□□□□□懷懃力使人事 若其生子
女 子年少 17.□□□□□□□兄弟耶 如此白者 大人耶 小人耶 18.□□□□
□□□

별도로 교한다. 차후로 나라 안에서 야이차처럼 부지런히 힘쓸 마음
을 품고 일하게 할 경우, 그가 자녀를 낳는다면 아들이 연소할 경우에는
……형제이든, 이처럼 명백하다면 대인이든 소인이든 ……

□□部 奈弗耽郝失利大舍 鄒文 19.□□□□□□□□□ 勿思伐城幢主
使人 那利村 20.□□□□□□□ □□人 勿支次阿尺.

……부 나불탐학실리대사, 추문 ……, 물사벌성 당주사인 나리촌
…… 인(人) 물지차아척.

書人 喙部 21.□□□□□□□□ㅅ人

서인은 탁부 ……인.

石書立人 非今皆里村 22.□□□□□□□□智大鳥之.

석서립인은 비금개리촌……지대오지다.

(한국고대사회연구소 편, 『역주한국고대금석문』 Ⅱ, 가락국사적개발연구원, 1992,
35쪽)

*숫자는 비문의 行임.

1~6행의 왕경인은 모두 교(敎) 참여자다. 바로 이어 적성(赤城) 야이차
등이 언급되었는데, 이는 여타 중고기 비문의 서두에 지역인들을 통솔한
왕경인이나 지방관이 온 점과 차이가 있다. 왕경인은 20행의 서인(書人) 탁
부(喙部) □□□와 22행의 석서립인(石書立人) □□□지(智)대오지(大鳥之)(15
등)에 불과하다. 비의 상부는 크게 파손되었는데, 이 부분에 별도의 경위가
기재되었을 가능성을 배제할 순 없다. 하지만 다른 비문에 비해 지역세력
의 비중은 분명히 크다. 이는 적성비의 건립 목적이 축제(築堤)나 축성(築城)
이 아니라 신라의 통치와 관련된 지역인의 희생을 추모하고 현양하는 데
있었기 때문이다.

두 충원할 순 없었다. 그 구성원이 백제·고구려의 지배하에 있었던 도살성·금현성 출신이 아닌 점도 분명하다. 2성에 주둔하는 군사의 상당수는 도살성·금현성 이외 지역에 근거한 간군 외위의 협조로 동원되었을 것이다. 근거지를 벗어난 동원은 추문촌뿐 아니라 다른 지역에서도 이루어졌고, 군사력 동원도 여기에 포함된 것이다. 근거지를 벗어난 동원은 적어도 상고말부터 이루어졌지만, 진흥왕대 영역의 확장에 따라 더욱 확대되었음을 알 수 있다.

다음 사료는 군사력 동원에서 지역세력의 협조가 좀 더 체계적으로 이루어진 사례를 보여준다.

> 다) 가을 7월에 명활성(明活城)을 고쳐쌓았다. 백제 왕 명농(明襛)이 가량(加良)과 함께 와서 관산성(管山城)을 공격했다. 군주(軍主)인 각간(角干) 우덕(于德)과 이찬(伊湌) 탐지(耽知) 등이 맞서 싸웠으나 전세가 불리했다. 신주(新州) 군주(軍主) 김무력(金武力)이 주의 군사를 이끌고 나아가 교전했는데, 비장(裨將)인 삼년산군(三年山郡) 고간(高干) 도도(都刀)가 급히 공격해 백제 왕을 죽였다. 이에 모든 군사가 승리의 기세를 타고 크게 이겼다. 좌평(佐平) 네 명과 군사 2만 9천 6백 명의 목을 베었고, 한 마리의 말도 되돌아가지 못했다. (『삼국사기』 권4 신라본기 진흥왕 15년)

위와 같이 진흥왕 15년(554)에는 신주(新州, 하남) 군주(軍主) 김무력(金武力)이 관산성(옥천) 전투에서 백제 성왕의 군대를 공격할 때, 비장(裨將)인 삼년산군(三年山郡, 보은) 고간(高干) 도도(都刀)가 성왕을 죽이는 공을 세웠다. 그는 『일본서기』 흠명기 5년조에서 좌지촌(佐知村) 사마노(飼馬奴) 고도(苦都)로 기재되었다. 고도는 도도(都刀)를 가리킨다고 보아도 좋을 것이다. 삼년산군의 원래 지명은 『삼국사기』 지리지에서 전하지 않는다. 『삼국사기』 신라본기 벌휴이사금 7년조에 등장하는 와산(蛙山)은 보은일 가능성이 있지만, 발음상 좌지촌과 큰 차이가 있다. 그렇더라도 좌지촌은 삼년산군 주변의 지명으로 보아도 좋을 것이다. 사마노는 도도(都刀)의 위호를 비하한 표현으로 보이며 고간과는 큰 차이가 있다. 하지만 진흥왕 22년(561) 건립된 창녕비에서 술간(述干)(2등)이 보이므로, 고간(高干)(3등)에 해당하는 외위는 당시에 존재했다고 보아도 좋을 것이다.

치소의 위치로 보아 삼년산군은 평소에 신주의 통솔을 받지 않았을 것이다. 처음에 백제군을 상대한 장군은 군주(軍主)인 각간(角干) 우덕(于德)과 이찬(伊飡) 탐지(耽知)였다. 관산성에 가까운 주치는 사벌주(沙伐州, 상주)이고, 법흥왕 12년(524) 사벌주 군주로 부임한 인물은 대아찬(大阿飡) 이등(伊登)이었다.[60] 진흥왕 18년(557) 사벌주을 폐지하는 대신 감문주(甘文州)를 설치할 때 군주로 온 인물은 사찬(沙飡) 기종(起宗)이었다.[61] 그 사이에 별도의 군주가 파견되었을 것이지만, 그가 이찬을 거느린 각간이었을 가능성은 거의 없다. 각간 우덕은 사벌주 군주이기보다 관산성 전투를 위해 특별히 임명된 군주였을 것이다. 각간 우덕이 백제군의 공격을 저지하는 데 실패하자, 고간 도도는 관산성 일대의 신라군을 지원하기 위해 급히 이동해 온 신주 군주의 휘하에 비장으로 편입되었다.

고간은 당시 사료상 최고 외위였으므로, 삼년산군에서 간군 외위를 대표한 인물로 볼 수 있다. 위 사료에서 지역세력은 고간 도도만 보이지만, 그 휘하에는 성왕의 호위대인 보기(步騎) 50명을 급습하여 성왕을 살해할 만한 군사들이 있었다.[62] 이들의 대부분은 삼년산군의 간군 외위 이하 비간 외위와 촌민으로 구성되었을 것이다.

이들이 신주 군주의 비장으로 동원된 것은 관산성 전투라는 특수한 상황에 기인했다. 그런데 이러한 동원이 신속히 이루어져 효과를 발휘한 점에 주목할 필요가 있다. 다수 지역의 간군 외위가 필요에 따라 군주 아래

---

60) 『삼국사기』 권4 신라본기 법흥왕 12년.
61) 『삼국사기』 권4 신라본기 진흥왕 18년.
62) 『삼국사기』 권26 백제본기 성왕 32년 가을 7월.

신속하게 동원되는 체제가 마련되었기 때문이다.

위 사료로 보아 고간은 대체로 554년 이전에 출현했고, 그 아래의 귀간(貴干)도 그 이전에 출현했음에 틀림없다. 적성비의 찬간지에 이어 보다 상위의 간군 외위가 짧은 기간 동안 연달아 설치된 것이다. 적성비나 위 사료로 보아 간군 외위의 잇단 첨설은 전략적 요충지의 지역세력을 우대함으로써 효율적인 동원체제를 편성하려는 정책의 결과라 할 수 있다. 이를 통해 전략적 요충지 주변 성촌의 지역세력과 촌민들을 효과적으로 동원하는 체제를 편성한 것이다.

적성비 21행의 석서립인(石書立人)에는 비금개리촌(非今皆里村) □□□□가 포함되었는데, 그는 경위 15등인 □□□지(智)대오지(大烏之)보다 앞에 기재되었다. 『삼국사기』 외위조에서 대오에 비견된 외위는 일척(9등)이므로, 비금개리촌의 인물은 최소한 일벌(8등) 이상이었다고 볼 수 있다. 앞서 언급한 것처럼 냉수리비와 중고기 금석문에서 입비에 협조한 인물들은 간군 외위였다. 그런데 창녕비에서는 당시 최고의 외위인 술간(2등)도 대사(경위 12등)보다 뒤에 기재되었다. 이로 보아 비금개리촌의 입석비인은 적어도 하간지 이상의 외위를 칭했을 것이다. 그의 입비 협조는 파진루하간지나 오례혜 찬간지와는 별도의 임무로 부여되었다.

간군 외위 사이에 업무를 달리하는 현상은 시기가 가까운 명활산성비(551)에서 더욱 두드러진다. 이와 관련된 내용을 정리하면 〈표 4〉와 같다.

명활산성작성비에서는 상인라두(上人邏頭) 이피이리길지(吉之)(14등)의 지휘 아래 오대곡(烏大谷)의 구지지(仇智支) 하간지(下干支)가 군중상인(郡中上人) 역할을 했다. 군중상인은 남산신성비 제2비에서 사도성(沙刀城)과 구리성(久利城)에 모두 등장한다. 이로 보아 〈표 4〉의 군중상인도 군(郡) 전체의 지역세력을 대표하기보다 군에서 동원된 오대곡의 인물들을 대표했을 것이다. 지역이 명시되지 않은 추혜(抽兮) 하간지(下干支)는 공인(工人) 중 한 도(徒)를 35일간 통솔하여 길이 4보 5척 1촌의 구간을 책임졌다. 복수의 하간지가 군중상인과 개별 도 책임자로 각각 활동한 것이다. 그런데 일벌(一

伐)과 파일(波日, 피일)도 각각 도를 통솔하여 동일한 크기의 구간을 책임졌다. 이들은 상인라두의 지휘 하에서 모두 합해 높이 10보, 길이 14보 3척 3촌을 담당했다고 기재되었다.[63] 간군 외위가 군인(郡人)을 대표할 뿐 아니라 개별적 업무를 분담했고, 비간 외위와 동일한 업무를 담당할 수도 있었다.

<표 4> 명활산성비의 지방관과 외위

근거지	직명	역할	경위		외위							비고
			길지(14)	?	(□)간지	간지	하간지	?	일별	파일	아척	
본파부	상인라두		이피이리									
오대곡		군중상인(郡中上人)					구지지					
..?		장인(匠人)								비지휴		
..?		공인(工人)					추혜					도(徒) 책임
..?		공인(工人)							문질혜	□첨리		도 책임
..?		서사인(書寫人)									원흔리	이상 명활산성작성비
탁부	□□촌도사			□□□								이하 안압지 출토 명활산성비
?		?			□□□							
?		대공척(大工尺)						광혜지				
?		□척				두루지						
?		(공인)?							□□□			도 책임

안압지 출토 명활산성비는 상부가 크게 잘려나가 문맥의 파악이 곤란하지만, (□)간지(干支)가 도사 뒤에 등장하므로 그 아래에서 군중상인(郡中上人)에 준하는 역할을 했다고 생각된다. 또한 별도의 간지가 '□[64]척(尺)'의

---

63) 개인별 책임 구간인 4보 5척 1촌에 3人을 곱하면 13보 5척 3촌이 된다.

64) 비문의 제2행에 대공척(大工尺)이 별도로 제시되었으니, '□척(尺)'은 이와 별개의 직책이다. 잔존한 '_'획만으로 보면 '匠尺(장척)'을 상정할 수 있다. 그런데 잔존

역할을 맡았다. 둘 사이에 기재된 대공척(大工尺)은 외위를 알 수 없지만, 대구 무술오작비에서는 귀간지(貴干支)로 나타난다. 이에 〈표 4〉의 대공척은 간군 외위였다고 보아도 좋을 것이다. 간군 외위가 군인(郡人)을 대표하거나 전문적인 직책을 맡은 것은 두 명활산성비에서 동일하다. 그런데 안압지 명활산성비에서 □□□일벌(一伐)의 도가 맡은 구간은 '14보'가 확인되어 명활산성작성비의 개별 도에 비해 담당 구간이 세 배 가량 된다. 이는 동원 인력이나 지형조건을 고려한 결과일 것이다. 촌민 동원에서 상황에 따라 외위별 임무는 탄력적으로 부여되었을 가능성이 확인된다.

이처럼 간군 외위와 관련된 업무분담의 전문화는 비간 외위 업무와 중복되는 현상을 동반했다. 업무분담에서 간지의 배타성은 위축되었다. 간지는 지역세력의 대표가 아니라 간군 외위의 하위로 변했다.[65] 간군 외위 사이의 연계는 국가적으로 부여된 임무를 효율적으로 수행하는 데 중점을 두었다. 간군 외위는 여전히 지역세력을 대표하는 역할을 일정부분 했을 것이지만, 이들의 자치적 요소는 퇴색되었다. 대신 간군 외위는 지방통치와 관련된 업무를 수행하는 위계의 성격을 강하게 띠면서 지방관의 보위자라는 위상을 굳히게 되었다.

이상의 변화와 관련하여 창녕비(561)에서 서인(書人) 역할을 한 술간(述干)이 주목된다. 대등(大等) 외에 사방군주(四方軍主) 이하의 지방관이 왕을 수행한 상황에서 술간이 맡은 서인 역할은 지역세력의 최고 위상을 보여준다. 이는 술간이 비자벌주(比子伐州)의 지역세력을 대표하는 최고의 외위로

한 '＿'획의 좌측 끝에서 올라가는 세로획의 흔적이 없는 점으로 보아 그 가능성은 크지 않다. 잔존한 '＿'획은 2행 大工尺(대공척)의 '工(공)'에서 '＿'획에 연결되는 세로획이 두드러지지 않은 점과 유사해 보인다. 이런 점에서 □尺(척)은 工尺(공척)일 가능성을 배제할 수 없다.

65) 명활산성비(551)와 남산신성비(591) 사이에 하간지(下干支)가 간지(干支)로 통합된 것은 간군 외위의 상향분화에 따라 간군 외위 내에서 간지와 하간지의 상대적 위상이 하락한 점과 무관하지 않았다고 생각된다.

인정받은 결과였다. 고간 위에 별도의 외위를 재차 첨설할 만큼 비자벌주 치소 주변의 지역세력 대표를 특별히 우대한 것이다.

하지만 앞서 언급한 것처럼 술간은 경위 12등인 대사(大舍)보다 뒤에 기재되었다. 이는 『삼국사기』 외위조에서 술간이 사찬(沙湌)(8등)에 비견된 것보다 훨씬 낮은 위상으로 대우받았음을 보여준다. 이는 술간이 고간보다 우월한 지위를 부여받았지만 군주 이하 지방관에 대한 협조자라는 한계를 벗어나지 못했음을 반영한다. 술간의 첨설은 지역세력에게 최고의 우월적 지위를 인정한 것이지만, 간군 외위를 매개로 동원체제를 강화하려는 국가 정책의 연장선상에서 이루어졌다고 볼 수 있다.

이상의 조치를 위해서는 비간 외위도 체계적으로 운영할 필요가 있었다. 간군 외위의 상향분화가 진행되는 동안 비간 외위의 변화폭은 매우 작았다. 봉평비 이후 적성비 이전에 일금지가 아척-급벌척으로 대치되고서 '일벌-일척-피일-아척-급벌척'의 위계가 7세기 후반에 외위가 소멸될 때까지 유지되었다.

금석문에서는 명활산성비에 이르기까지 일반촌의 비간 외위는 거의 확인되지 않는다. 이것이 일반촌 지명을 생략한 결과인지, 적성비·명활산성비에 보이는 비간 외위가 행정촌에 근거했기 때문인지는 쉽게 단정하기 어렵다. 다만 일금지가 적성비 단계 이전에 아척으로 통합된 점으로 볼 때, 6세기 중엽에도 일반촌의 비간 외위는 대체로 최하급인 아척 이하에 가까웠을 가능성이 있다.

성산산성 목간의 구리벌(仇利伐. 임하)에서도 비간 외위는 이곳에 직속된 인물에게만 일벌(一伐) 등이 확인되고, 휘하 일반촌의 인물은 모두 무외위 자다.[66] 그런데 일반촌인 고타(古陀) 신촌(新村)에서는 지리지(智利知)일척(一尺)이 보인다.[67] 구벌(丘伐) 내의 미나(未那)에서는 조시지(早尸智)거벌척(居伐

---

66) 손환일 편저, 『한국 목간자전』, 국립가야문화재연구소, 2011, 242~258쪽.
67) 손환일 편저, 앞의 책, 2011, 244쪽.

尺)이 확인된다.[68] 이는 일반촌 단위에서 비간 외위의 수여가 점차 증가했을 가능성을 시사한다. 무술오작비(578)에서 도척(道尺) 중 일반촌 단위의 일벌(一伐)·일척(一尺)이 다수 등장하는 것은[69] 6세기 중엽을 거치면서 일반촌 단위에서 상급 비간 외위의 수여가 점차 확대되었음을 보여준다. 이러한 변화는 행정촌 이하에서 각 종 동원이 확대되는 바탕이 되었을 것이다. 촌민 동원에서 행정촌의 간군 외위가 여전히 주도적 역할을 했으나, 일반촌에서도 비간 외위가 확대되어 이에 협조한 것이다.

6세기 초중엽에 간군 외위의 상향분화는 동원군 및 역역동원의 수요가 급격히 증가하는 과정과 동반되었다. 간군 외위의 상향분화는 이러한 동원에 대해 협조를 이끌어내기 위한 수단으로 이용되었다. 이는 주군(州郡) 아래 행정성(촌)과 일반촌에 대한 지배를 강화하는 결과를 가져왔다. 간군 외위는 군주와 도사로 대표되는 지방관의 보위자라는 위상을 확고히 하게 되었다. 이는 진흥왕대인 6세기 중엽에 신라가 급격히 영역을 확장하고 이를 유지하는 바탕이 되었다.

5. 맺음말

본고에서는 촌민에 대한 동원방식을 기준으로 삼아 6세기 초중엽에 신라 간군 외위의 역할이 변화하는 과정을 살펴보았다. 그 결과를 정리하면 다음과 같다.

상고기에 간지(干支)는 지역세력을 대표해 6부와의 관계를 주도했다. 하지만 이들에 대한 6부의 영향력은 이사금대부터 점차 강화되기 시작했다. 마립간기에는 이들에 대해 일괄적 요구가 가능하게 되었다. 이는 지역에

---

68) 국립가야문화재연구소, 『한국의 고대목간』 Ⅱ, 2017, 509쪽.
69) 한국고대사회연구소 편, 앞의 책, 1992, 101쪽.

서 인적 동원을 추진하는 바탕이 되었다. 5세기 말 이래 활발한 축성활동 과정에서 신라는 간지의 자치적 위계를 외위로 승인해 촌민들을 동원하는 매개로 삼았다. 그 기점은 소지마립간 9년(487) 전후일 것이다. 중성리비와 냉수리비의 간지-일금지는 이상의 과정을 통해 기존 간지의 자치적 위계가 외위의 시원적 형태로 변화했음을 보여준다.

520년 율령반포를 계기로 최고 외위는 하간지(下干支)로 변화했다. 성(城)의 운영에서 행정촌인 거벌모라의 하간지는 지역세력을 대표해 비간 외위를 거느리고 일반촌의 촌사인(村使人)을 통솔했다. 세부적인 임무는 비간 외위에게 개별적으로 분담되었다. 촌사인의 대부분은 무외위자였지만, 촌의 일상적인 운영은 촌주가 담당했을 것이다. 도사는 촌주의 협조를 통해 무외위자에게 촌사인의 직임을 부여함으로써 촌민 동원의 효율성을 추구했다. 율령반포에서는 외위자의 이러한 의무를 법적으로 규정했을 것이다. 중대한 사안에 대해서는 별교령(別敎令)으로 처리방향을 제시했다. 이를 통해 하간지는 도사에 대한 보위자의 성격을 띠게 되었으나, 휘하의 비간 외위와 무외위자를 통솔함으로써 지역세력 대표로서의 자치적 기반을 일정 부분 유지했다.

524~551년 사이에 간지(干支)·상간지(上干支)·찬간지(撰干支)가 첨설되었고, 561년 이전에 귀간(貴干)(4등)·고간(高干)(3등)·술간(述干)(2등)이 추가되었다. 이 과정에서 간군 외위는 성촌의 운영과 관련된 전문적인 업무를 부여받았다. 이러한 임무가 비간 외위의 임무와 중복됨으로써 기존 간위(干位)의 배타적 위상은 약화되었다. 간군 외위는 성촌을 벗어난 요충지로의 촌민 동원, 변경 성에 대한 주둔군 충원, 군주(軍主)의 작전을 위한 긴급한 동원 등에서 책임을 맡았다. 이 과정에서 간지는 지역세력의 대표이기보다 간군 외위의 하위자로 자리매김 되었다. 간군 외위의 자치적 기반은 사실상 해체되었다. 이들은 간층의 유력자로서 지방관의 보위자라는 위치를 굳히게 되었다.

간군 외위의 상향분화는 전략적 요충지의 지역세력을 우대하는 동시에 동원체제를 강화하는 정책의 결과였다. 이를 뒷받침하기 위해 일반촌에서도 비간 외위를 확대하여 촌민 동원의 효율성을 도모했다. 이상의 변화는 진흥왕대인 6세기 중엽에 신라가 급격히 영역을 확장하고 유지하는 바탕이 되었다.

『신라사학보』 36, 2016

찾아보기

ㄱ

가우호(加優呼) 81

각간(角干) 우덕(于德) 480

간지(干支) 362, 367, 417

갈시'조'촌(葛尸条村) 268

감문국 162

감문군(甘文郡) 175

감문주(甘文州) 175

감산사 미륵보살조상기 291

개로왕 327

거도(居道) 172, 364

거벌간지(居伐干支) 378, 434

거벌모라 263

거벌척(居伐尺) 428

거서간(居西干) 33, 44

거수(渠帥) 69, 79

거점성 135, 171

거점성주(據點城主) 365, 366

거○척(居王尺) 435, 471

거칠산국(居柒山國) 155, 205

검단토성 153

견아성(犬牙城) 230

계림(鷄林) 52

고간(高干) 413, 417, 442

고간(高干) 도도(都刀) 418, 479

고구현(高丘縣) 178

고도(苦都) 479

고모산성 337

고시사(古尸沙) 아척(阿尺) 437

고지진국(古之辰國) 77

고타(古陁) 173

고타국(古陁國) 256

고타군 318

고타군주(古陁郡主) 363, 457

고타소국(古陁小國) 240

고타야군(古陁耶郡) 180

골벌국(骨伐國) 155, 161, 246

골벌국왕(骨伐國王) 175
골벌국왕 아음부(阿音夫) 246
골화(骨火) 229, 379
골화소국(骨火小國) 175
공형(公兄) 478
관가(官家) 425
관도(官道) 456, 461
관산성(管山城) 334
관위 419
광석성 347
괴양(狗壤) 251
교섭권(交涉圈) 39
구도(仇道) 157, 160, 243, 246, 249
구례성 347
구리벌(仇利伐) 373
구리성(仇利城) 도사(道使) 457
구벌(仇伐) 254, 303, 373
구벌성(仇伐城) 260
구수혜(仇須兮) 160, 246
구야국(狗倻國) 109, 219
구양(狗壤) 168
구양성(狗壤城) 332, 335
구지지(仇智支) 하간지(下干支) 384, 481
구추열지 간지(干支) 373, 424, 455
국법(國法) 446
국읍(國邑) 69
국읍 간층(干層) 141
국읍성(國邑城) 144, 221

국읍 주수 28
군주(軍主) 418, 426
군중상인(郡中上人) 481
굴산성(屈山城) 265, 341
굴현(屈縣) 339, 350
귀간(貴干) 481
귀의후(歸義侯) 47, 81
근군(近郡) 162
금관국(金官國) 52
금지(今知) 찬간(撰干) 396
금현성(金峴城) 478
급량부(及梁部) 433
급벌척(及伐尺) 428, 443
기리영 106
길동군(吉同郡) 339
김지성(金志誠) 291

ㄴ

나갈(羅渴) 111
나마(奈麻) 극종(克宗) 262
나말(奈末) 377
나'소'독지(奈蘇毒只) 267
나음지촌 263
나이리(奈尒利) 471
나혜(락)(羅兮落) 급벌척(及伐尺) 437
낙랑군 24
날이군(捺已郡) 260, 318
남미지촌(男弥只村) 464

남부도위(南部都尉) 43
남진정책 327
낭성산성 349
낭자곡성(娘子谷城) 333
내령(奈靈) 173
내지왕(乃智王) 406
노(奴) 탐하리(耽下里) 203
노함도사 457
노함촌 457
녹유소호 220

ㄷ

다벌국(多伐國) 136
다인현(多仁縣) 178
단밀현(單密縣) 178
단양적성비 415
단혼제 289
달벌성(達伐城) 139, 149, 262
달벌성주 151
달이현(達已縣) 254
답달군(沓達郡) 350
답달비군 332
답달성 331
대공척(大工尺) 483
대교법(大敎法) 464
대령책(大嶺柵) 205
대리리 고분군 284
대방군 102

대법(代法) 445
도사(道使) 375, 426, 461
도살성(道薩城) 170, 478
도위(都尉) 81, 115
도이리(徒尒利) 441
동부도위(東部都尉) 43
동이한국인 46
동이현(東暆縣) 211
둔유현(屯有縣) 166

ㅁ

마두책(馬頭柵) 146, 215
마한 37
마한왕 27, 95, 119
마한인 64, 65
만약현(滿若縣) 208
매곡산성 340
매곡현(昧谷縣) 339
맹소(孟召) 333
모단벌(牟旦伐) 373
모로성(眊老城) 344
모산성(母山城) 168, 251
모즉지매금왕 398
모혜현(眊兮縣) 180
목지국(目支國) 91, 93
목지국왕 59, 77
목지국 진왕 113
문소군(聞韶郡) 178

문시이(文尸伊) 급벌척(急伐尺) 444

미소(未召) 267

미소(味炤) 267

미실(彌實) 229, 379

미조(未祖) 267

미질부(彌秩夫) 227, 337, 379

ㅂ

백장(伯長) 81, 115

백제국(百濟國) 96, 97

백현산성 338

벌(伐) 461

변관(邊官) 365

별교령(別敎令) 464

복악 간지(干支) 373, 424, 455

복암성 161

복제(復除) 23

복천동고분군 187

복혼제 291

봉무토성 153

봉산성 151

부계계승 294

부곡성(缶谷城) 168, 173, 251

부곡성주 253

부사군(夫沙郡) 192

부종사(部從事) 오림(吳林) 106

부주(部主) 367, 402, 458

북명인 214

불내예왕(不耐濊王) 211, 216

비옥현(比屋縣) 178

비자벌(比子伐) 442

비지국(比只國) 136

ㅅ

사간지(沙干支) 378

사도성(沙道城) 154

사량벌국(沙梁伐國) 175, 363, 459

사로국 27

사벌국(沙伐國) 154, 173

사부지왕(斯夫智王) 406

사시성 347

살매현(薩買縣) 339

삼년산군(三年山郡) 338

삼년산성(三年山城) 181, 265, 328, 334

삼직(三直) 322

삽라군(歃羅郡) 태수(太守) 369

삽량군태수(歃良郡太守) 192

삽량주간(歃良州干) 192, 262, 369

상간(上干) 417

상간지(上干支) 383, 394, 477

상대적 신뢰도 206

상대적인 신뢰도 247

상수위(上首位) 403

서인(書人) 476

석남본 201

석서립인(石書立人) 476, 481

선저지 448

성미산성 332

세장형(細長型)목곽묘 141

소국병합 120

소국연맹 27

소두고리촌 263

소라현(召羅縣) 339

소리산현(所利山縣) 339

소마시(蘇馬諟) 45, 46, 75

소문국(召文國) 110

소문군(召文郡) 237

소흥본(紹興本) 103

송계리산성 227

수로왕 131

수주촌간(水酒村干) 벌보말(伐寶靺)
          190, 368

수지(須支) 일금지(壹今智) 455

숙암리산성 209

술간(述干) 413, 442, 483

신라 6부 448

신미제국(新彌諸國) 120

신봉동고분군 319

신분고국(臣濆沽國) 103

신지(臣智) 67, 114, 163

실직(悉直)의 원(原) 218

실직곡국(悉直谷國) 128, 200

실직성(悉直城) 226

실직주(悉直州) 군주 251

ㅇ

아간지(阿干支) 378, 434

아도비(阿道碑) 292

아동혜현(阿冬兮縣) 339

아시촌(阿尸村) 301

아질간(阿叱干) 396

아차혜촌(阿且兮村) 266

아척(阿尺) 413, 415, 443

안라(安羅) 439

안정동고분군 265

압독국(押督國) 129, 200

압량소국(押梁小國) 205

역계경(歷谿卿) 31

연수원년(延壽元年) 323

염사국 21, 31, 35

염사치(廉斯鑡) 21

영동 7현 214

영역지배 124, 145

영천 청제비 413

오례혜(烏禮兮) 찬간지(撰干支) 477

옹공예(雍公叡) 62

와산(蛙山) 168, 251

와산성(蛙山城) 332, 334

왕조(王調)의 난 43

요거성(腰車城) 154

우계현(羽谿縣) 208

우로(于老) 146, 175, 217, 242, 243

우류조부리지간(宇流助富利智干) 218

우벌성(于伐城) 320

우산성(牛山城) 230

우술성(雨述城) 347

우시산국(于尸山國) 205

울진봉평리신라비 358, 390

웅천책 113

원산향(圓山鄉) 110, 170, 248, 251

월지국(月支國) 73, 91

위군현(魏郡縣) 67

위비자(位卑者) 367, 402, 425

위솔선(魏率善) 읍군(邑君) 81

유지(臾支) 간지(干支) 372, 424, 455

음즙벌국(音汁伐國) 128, 132, 200

음즙벌주(音汁伐主) 타추간(陀鄒干) 203

음즙지국(音汁只國) 202

음질국(音質國) 200

읍락 거수 28

읍장(邑長) 47

읍차(邑借) 114

의성양식 토기 179

이간(伊干) 377

이벌찬(伊伐湌) 433

이사부(異斯夫) 377

이이촌간(利伊村干) 파로(波老) 190, 368

이지파(異知巴) 하간지(下干支) 467

이질부례지간기(伊叱夫禮智干岐) 377

이찬(伊湌) 367, 402, 425

이찬(伊湌) 탐지(耽知) 480

이'추'지(尒鄒智) 267

이하(泥河) 205, 227, 337

이하성(泥河城) 229, 379

일간지(壹干支) 396

일계현(日谿縣) 178

일고지(壹告支) 397

일금지(壹金知) 304, 367, 390, 415

일길간지(一吉干支) 378, 393, 399

일리촌간(一利村干) 구리내(仇里迺) 190, 368

일모산군(一牟山郡) 350

일벌(一伐) 413, 427

일벌(壹伐) 367

일부다처제 291

일선군(一善郡) 192

壬子年(임자년) 438

일척(一尺) 413, 427

임당 G5 · 6호 143

임당동 · 조영동고분군 187

임당유적 148, 293

임신본 201

ㅈ

자연촌 401

자치권 71

자치성(自治城) 171, 193, 221, 340

장림동고분군 188

적성전사법(赤城佃舍法) 446, 477

전사인(典事人) 375

절거리(節居利) 261

절대적 신뢰도 207

정합성(整合性) 199

조비천현(助比川縣) 339

조선유민(朝鮮遺民) 69

조왕(祖王)령(令) 319

조탑동고분 188

종종노인법(種種奴人法) 465

좌군주(左軍主) 246

좌라성 347

좌우군주(左右軍主) 167

좌우장군(左右將軍) 345

주근 일금지(壹金知) 455

주성산성 341, 349

주수(主帥) 34, 69, 402, 458

주수집단 33

죽령 318

죽령현(竹嶺縣) 208

준왕 91

중국(衆國) 93

중랑장(中郎將) 81, 115

중층성(重層性) 66, 199

지도로갈문왕(至都盧葛文王) 406

직(職) 366

직선(直宣) 151

진국(辰國) 68, 92

진내멸 촌주 445

진덕(珍德) 229, 379

진왕(辰王) 20, 58, 59, 62, 97, 163, 250

진이마촌(珍而麻村) 261, 263

진충(眞忠) 111

진한(辰韓) 21, 59

진한 6국 51

진한 8국 104, 105, 166

진한 15,000인 37

진한 소국연맹 37, 124

진한연맹 167

진한왕(辰韓王) 83, 117, 119, 250

진한 우거수 25, 34

진한인 61

ㅊ

차한기(次旱岐) 385, 403, 474

찬간지(撰干支) 383, 417

처사대인(處事大人) 466

초팔국(草八國) 136

촌간(村干) 300

촌사인(村使人) 407, 415, 470

추문촌(鄒文村) 237, 267, 301

추포현(推浦縣) 267

추혜(抽兮) 하간지(下干支) 384, 481

충주고구려비 225

ㅌ

타추간(陁鄒干) 362
탐수도사(耽須道使) 342
탐수도사(耽須道使) 심자공(心訾公)
　　　372
탑리고분 184, 256, 277, 289
태노촌(太奴村) 464
태왕(太王) 321
통솔권(統率圈) 40
통솔권(統率權) 31, 39, 49
통행본(通行本) 65, 79, 103

ㅍ

파리(波里) 229, 379
파사산(波斯山) 439
포항냉수리신라비 358, 390
포항중성리신라비 228, 360, 390
풍납토성 112
피일(彼日) 427

ㅎ

하간지(下干支) 304, 381, 427
하슬라 210
하슬라성주(何瑟羅城主) 223
하한기(下旱岐) 385, 403, 474
학미리고분군 257

한(韓) 나해(那奚) 66, 107
한기부주(漢祇部主) 132
한염사읍군 47, 50
한지부주(漢祇部主) 보제(保齊) 203
함림산성 341
함자현 36
해리현(海利縣) 208
핵가족 288, 296
행정성(촌) 457
행정촌 401
호공(瓠公) 242
호명성(狐鳴城) 227, 337, 379
호시(互市) 41
화려현(華麗縣) 211
화야계성(禾耶界城) 464
확대가족 295, 296
환영지말(桓靈之末) 98, 131
후평리 고분 256

• 이부오

1965년 안성 출생
충북대학교 역사교육과 졸업
한국정신문화연구원부속대학원 역사학과 석사과정 졸업
서강대학교 사학과 박사과정 졸업
충북대학교·국민대학교 강사
세종대학교 겸임교수
현 파주시 한가람중학교 근무

논저 _
『신라 군·성(촌)제의 기원과 소국집단』, 『삼국유사 기이편의 연구』(공저) 외 다수

역서 _
『중국 고대의 방사와 유생』, 『이마니시 류의 신라사연구』(공역),
『신정 삼국유사』 외 다수

신라의
영역지배
편성과정과
외위

초판인쇄일   2019년 4월 08일
초판발행일   2019년 4월 10일
지 은 이   이부오
발 행 인   김선경
책 임 편 집   김소라
발 행 처   도서출판 서경문화사
            주소 : 서울시 종로구 이화장길 70-14(204호)
            전화 : 743-8203, 8205 / 팩스 : 743-8210
            메일 : sk8203@chol.com
신 고 번 호   제1994-000041호
ISBN   978-89-6062-214-2   93900
ⓒ 이부오, 2019

정가 29,000